서양의 지적 운동 Ⅱ

김영한 엮음

서양의 지적운동 Ⅱ

초판 제1쇄 발행 1998. 3. 30.
초판 제4쇄 발행 2013. 3. 30.

엮은이   김 영 한
펴낸이   김 경 희
펴낸곳   (주)지식산업사
         본사 ● 413-832, 경기도 파주시 교하읍 문발리 520-12
              전화 (031) 955-4226~7 팩스 (031)955-4228
         서울사무소 ● 110-040, 서울시 종로구 통의동 35-18
              전화 (02)734-1978 팩스 (02)720-7900
         한글문패 지식산업사
         영문문패 www.jisik.co.kr
         전자우편 jsp@jisik.co.kr
         등록번호 1-363
         등록날짜 1969. 5. 8.

책값 28,000원

ⓒ 김영한, 1998
ISBN 89-423-2027-9 93160

이 책을 읽고 저자에게 문의하고자 하는 이는
지식산업사 전자우편으로 연락 바랍니다.

머 리 말

편자는 처음의 약속대로 누락된 주요 '이즘'들을 추가하여 《서양의 지적 운동》을 보완할 예정이었다. 그러나 누락된 '이즘'들을 나열해보았더니 무려 30개가 넘었다. 따라서 보완보다는 차라리 책 한 권을 다시 엮는 것이 더 낫겠다는 생각이 들었다. 그리하여 1996년 9월부터 이 일에 착수하였으나, 원고수집 관계로 지금에 와서야 가까스로 《서양의 지적 운동 II》를 상재(上梓)하게 되었다. 《서양의 지적 운동 I·II》에는 모두 44개의 '이즘'에 대한 글들이 실려 있다. 과문한 탓인지는 몰라도 이처럼 많은 '이즘'들을 본격적으로 다룬 책은 세계적으로도 이례적이 아닐까 한다.

II권의 글들은 I권과는 다른 기준에서 분류하였는데 이것은 어디까지나 편집상의 편의 때문이었다. 이번에는 가급적 연관성과 공통성이 많은 '이즘'을 한데 묶고자 하였으므로 I장은 개인주의, II장은 전체주의, III장은 사회주의, IV장은 근대와 탈근대에 초점을 두었다.

〈I. 개인의 자유와 행복〉에서는 개인주의 가치관에 뿌리를 둔 '이즘'들을 다루었다. 개인주의는 개인이 사회와 국가보다 우선한다는 사상이다. 근대 개인주의는 인간을 '정신적 개체'로 파악한 르네상스 휴머니즘에서 비롯되었고 중세 교회의 보편주의에 대한 종교적 개인주의의 반발이라 할 수 있는 종교개혁(프로테스탄티즘)에 의해 발전되었다. 개인주의는 개인의 자유와 책임을 강조하는 근대 자유쥬의의 핵심적 요소였으며 정부의 통제와 간섭을 배제하고 개인의 자유와 이익을 최대한으로 추구하려는 경제적 자유주의와 자본주의의 기반이었다.

그러나 개인주의는 민주주의와 공리주의와는 개념상으로 대립된다고 할 수 있다. 왜냐하면 민주주의는 개인이 아닌 다수의 지배를 뜻하며 공리주의는 '최대다수의 최대행복'을 주장하기 때문이다. 그럼에도 불구하고 민주주의와 공리주의를 개인주의의 범주에 넣은 것은 자유민주주의가 추구하는 것이 기본적으로 개인의 자유와 권리라는 점, 그리고 공리주의도 결국은 자유주의의 테두리 안에 있다는 점에서이다.

〈Ⅱ. 집단과 전체에 대한 헌신〉에서는 개인주의에 반대되는 '이즘'들을 정리하였다. 개인은 전체 속에서 존재 가치를 갖는다는 전체주의가 본래 이탈리아의 파시즘, 독일의 나치즘, 일본의 군국주의를 가리키는 용어였으나 제2차세계대전 이후 냉전체제에서는 공산주의를 지칭하는 말로 더 많이 쓰이게 되었다. 그러나 공산주의는 이 책에서 사회주의의 범주로 분류되었으므로 다음 장에서 다루어질 것이다.

개인에 대립되는 집단개념으로는 민중주의·인종주의·애국주의를 생각할 수 있다. 민중주의와 인종주의가 계급이나 집단에 대한 절대적 헌신을 요구한다면 애국주의는 조국과 나라에 대한 충성과 사랑을 요구한다. 그러나 애국주의는 '내 조국' '내 나라'에 대한 맹목적인 사랑을 가리키는 것이 아니라 진정한 '자유공동체'로서의 내 나라에 대한 사랑을 뜻한다는 점에 특징이 있다. 보수주의는 의미상 개인과 전체의 문제와는 거리가 멀어 보인다. 그러나 보수주의가 지키고 수호하고자 하는 것이 기존의 제도와 체제라는 점에서 편의상 전체주의에 포함시켰다.

〈Ⅲ. 사회주의의 다양한 모습〉은 원칙적으로 제2장에 합칠 수도 있으나 사회주의의 여러 유형을 한눈에 바라볼 수 있도록 하기 위해 독립된 장으로 분리하였다. 유토피아 사회주의에서 공산주의에 이르기까지 유럽 각국의 사회주의를 한곳에서 일목요연하게 살펴볼 수 있게 된 것이 이 책의 특징이며 장점이라 할 수 있다. 다만 최근에 관심이 높아지고 있는 공동체주의(Communitarianism)를 수록하지 못한 것이 아쉽다.

〈Ⅳ. 근대와 탈근대〉에서는 현대 사조를 언급하게 된 관계로 자연히 모더니즘과 포스트모더니즘으로 관심이 가게 되었다. 18세기 계몽주의 시대 이래 유럽문화를 지배해온 이성주의와 합리주의의 세계관을 가리켜 모더니즘이라고 한다면, 포스트모더니즘은 모더니즘에 반대하여 이를 해체시키려는 문화운동이라고 하겠다. 구조주의가 인간 주체의 죽음을 선언하고 생태주의가 환경오염과 생태계 파괴의 위험을 경고하는 것은 모더니즘에 내포된 합리주의와 과학주의에 대한 비판이며 도전이라 할 수 있다. 만일 포스트모더니즘이 모더니즘을 해체시키고자 한다면 그 이론적 근거는 과연 무엇이겠는가? 그것은 니힐리즘에 기초할 수밖에 없다는 점에서 이에 대한 조명이 중요하다고 여겨진다.

일정한 주제를 비판하고 공격하는 것보다 그것을 체계적으로 정리하고 종합하는 것이 더 어렵다는 것은 집필자 모두의 공통된 감회일 것이다. 바쁘고 어려운 여건에서도 오직 신의(信義)와 사명으로 옥고를 써주신 집필진 여러분께 충심으로 사의를 표한다. 그리고 이 책의 출판을 위해 적극적으로 협조해주신 지식산업사의 김경희 사장과 편집에 수고를 아끼지 않은 변선웅 국장께도 감사한다.

1998년 3월 16일
김영한

차 례

Ⅲ. 사회주의의 다양한 모습

Ⅳ. 근대와 탈근대

I. 개인의 자유와 행복

휴머니즘 · 김영한
프로테스탄티즘 · 박준철
자유주의 · 박우룡
민주주의 · 강정인
공리주의 · 이태숙
자본주의 · 길인성
개인주의 · 조지형

휴머니즘
Humanism

김 영 한

I. 머리말

휴머니즘이란 매우 모호한 개념이다. 휴머니즘을 인간주의·인본주의·
인도주의·인문주의·인간중심주의 등으로 다양하게 번역하고 있다는 사
실에서도 그 개념의 다의성과 복잡성을 알 수 있다.

넓은 의미의 휴머니즘은 인간의 가치와 존엄을 강조하고 인간의 삶
과 조건에 우선적으로 관심을 두는 사상과 사조를 가리킨다.[1] 그러나
인간의 조건과 가치는 입장과 관점에 따라 달라지기 때문에 휴머니즘
은 개념상으로 많은 혼동과 모순을 초래해왔다. 다시 말하면 인간을
신학적 관점에서 보는가, 자연적 관점에서 보는가에 따라 그리고 사회
적 관점에서 평가하는가, 도덕적 관점에서 평가하는가에 따라서 휴머
니즘의 의미가 크게 달라질 수밖에 없다. 그러므로 인간은 신에 대비
될 때도 있고 동물에 비교될 때도 있다. 경우에 따라서는 전체로 파악
되기도 하고 개체로 이해되기도 한다. 이 점에서 휴머니즘은 하나의
체계적 '이즘'이라고 보기가 어렵다. 앨런 블록(Alan Bullock)이 주장하
듯이 그것은 "광범한 사상적 경향 내지 신념"에 불과하다.[2]

그러므로 적당한 수식어만 붙이면 휴머니즘의 종류와 유형은 수없
이 생겨날 수 있다. 시대적으로는 '고대 휴머니즘' '중세 휴머니즘' '르

네상스 휴머니즘' '현대 휴머니즘' 등이 있을 수 있고, 현대 휴머니즘은 다시 마르크스주의 휴머니즘, 그리스도교 휴머니즘(마리탱), 실존주의 휴머니즘(사르트르), 과학적 휴머니즘(헉슬리), 실용주의 휴머니즘(쉴러), 등으로 구분된다. 국가 및 지역별로는 '영국 휴머니즘' '프랑스 휴머니즘' '한국 휴머니즘'이 있을 수 있다. 그리고 분야별로는 '문학적 휴머니즘' '종교적 휴머니즘' '과학적 휴머니즘' 등이 있고 '종교적 휴머니즘'은 '그리스도교 휴머니즘' '불교 휴머니즘' '유교 휴머니즘' 등으로 분류될 수 있다. 사실상 인류역사에서 휴머니즘이 존재하지 않았던 시대는 없었다고 하겠다. 왜냐하면 사회적 불평등과 갈등이 존재하고 이로 인한 인간성의 왜곡과 억압이 발생하는 곳에서는 언제나 인간의 자유와 해방, 존엄과 복지를 옹호하는 사상이 일어날 수 있기 때문이다.

그러나 인간과 관련된 모든 분야에 휴머니즘이라는 개념을 확대 적용하는 것은 개념의 혼란과 더불어 그것의 본래 의미를 퇴색시키는 결과를 초래하였다. 그리하여 오늘날 휴머니즘이란 말은 단지 인간의 삶에 대한 포괄적인 관심 이상을 의미하지 않는 것으로 되어 버렸다. 더욱이 최근에는 포스트모더니즘의 영향을 받아 인간의 내면성과 주체성 자체를 부정하는 반휴머니즘(antihumanism)이 출현함으로써 휴머니즘은 실제적으로나 이론적으로 위기에 처하게 되었다.[3]

좁은 의미의 휴머니즘은 서양의 근대문화와 지적 전통을 형성하는 데 중요한 요소가 된 특정한 교육·문화 운동을 일컫는다. 그것은 14세기 이탈리아에서 시작하여 유럽으로 전파된 운동으로, 이른바 르네상스 휴머니즘을 말한다.[4] 이 운동의 지적 기원은 멀리 고대 그리스로 올라간다. 그리스인들은 '파이데이아($\pi\alpha\iota\delta\epsilon\iota\alpha$)'를 교육의 목표로 삼았는데 그것이 추구하는 것은 '인간성'과 '수월성(秀越性)'이었다. 파이데이아의 이상(理想)은 로마에 계승되어 '후마니타스'(humanitas)로 표현되었고 르네상스 시대에는 '스투디아 후마니타티스(studia humanitatis)'를 통해 부활함으로써 휴머니즘의 꽃이 피게 되었다.

이 전통은 그후 18세기말, 독일의 네오휴머니즘(Neuhumanismus)으로 이어졌고 20세기초, 바이마르(Weimar) 공화국에서 잠시 발아되었으나 히틀러의 집권과 제2차세계대전으로 더 이상 성장하지 못하였다. 오늘날에는 각 대학의 인문학 교과과정을 통해서 그 맥이 유지되고 있다. 지금까지 살펴본 바와 같이 좁은 의미의 휴머니즘은 한마디로 고대 그리스인들의 교육적 이상인 '파이데이아' 부활의 역사였다고 하겠다.[5]

휴머니즘의 역사를 개관해볼 때 서양 근대문화는 르네상스 휴머니즘의 산물임을 알 수 있다. 르네상스 휴머니즘은 인간을 신의 세계로부터 해방시켜 자연과 역사의 세계로 끌어들였고 고대문화와 그리스도교문화, 즉 헬레니즘과 헤브라이즘을 결합하여 서양의 독특한 인문주의 전통을 수립하는 데 기여하였다. 뿐만 아니라 이 전통은 근대세계의 전개과정에서 추진된 산업화와 근대화의 물결을 타고 전 세계의 민족과 문화에도 적지 않은 영향을 주었다. 그러므로 필자는 이 글에서 하나의 지적 운동으로서, 서양역사에 현저한 공헌을 한 르네상스 휴머니즘에 초점을 두어 서술할 것이며 보편적인 '인간철학'으로서의 휴머니즘에 관해서는 언급하지 않기로 하겠다.

II. '후마니타스'의 이상

'르네상스(Renaissance)'는 '재생' 또는 '부활'을 뜻하는 프랑스어이다. 그러나 역사적 개념으로 이 말을 사용할 때는 일반적으로 두 가지 의미를 갖고 있다. 좁은 의미의 르네상스는 14~16세기의 유럽에서 일어난 새로운 문화운동을 가리킨다. 이 운동은 처음 이탈리아에서 시작되어 15세기 후반에는 알프스 이북의 유럽으로 전파되었고, 학문·예술·사상 등에서 고대의 그리스·로마 문화를 부활하여 이를 본받으려 한 점에 특징이 있다. 고대 문화의 부활은 단순히 고대세계로의 복귀를 뜻하는 것이 아니다. 인간적 현세적 성격이 강한 고대문화로 관심을 돌린 것은 중세의 초월적 종교적 문화에 대한 거부감의 표시로서 이

점에서 고대문화의 부활은 새로운 근대문화의 형성에 중요한 기반을 제공하게 되었다.

넓은 의미의 르네상스는 역사적 시대 개념을 뜻한다. 14~16세기는 중세에서 근대로 넘어가는 과도기로서 문화적인 면에서뿐만 아니라 정치·경제·사회 면에서도 큰 변화가 일어난 시대였다. 정치적으로는 지방분권적 봉건제도가 무너지고 중앙집권적 국민국가가 출현하였으며, 경제적으로는 장원제도가 해체되면서 자본주의가 발생하였다. 상업과 도시가 발달함에 따라 시민계급이 새로운 사회세력으로 등장하였고 신 중심의 세계관은 인간 중심의 세계관으로 바뀌고 있었다. 이처럼 이 시대는 중세적 요소가 기울어져가고 근대적 요소가 대두하는 큰 전환기였다.

르네상스를 새로운 문화운동으로 본다면 그 운동의 지도이념이 바로 휴머니즘이었고 르네상스를 과도기라는 시대개념으로 파악한다 하더라도 그 시대정신을 이끌어간 지적 운동이 휴머니즘이었다. 그러므로 르네상스에 대한 해석에 관계없이 휴머니즘은 근대문화 탄생의 지적 토양이었다고 하겠다.

휴머니즘(Humanismus)이란 말을 처음으로 사용한 것은 19세기 초였다. 독일의 교육학자 니이타머(Friedrich I. Niethammer)는 1808년 《현대 교수법 이론에서 휴머니즘과 박애주의의 논쟁》[6]이라는 책을 출간했다. 여기에서 그는 중등학교의 인성교육을 위해 고전교육을 강화할 필요성이 있음을 역설하고 고전교육을 강조하려는 뜻에서 새로 만든 용어가 휴머니즘이었다. 이와 거의 동일한 취지에서 휴머니즘의 개념을 역사서술에 도입한 사람은 포이그트(Georg Voigt)이다. 그는 1859년 《고전고대의 부활 및 휴머니즘의 첫세기》[7]에서 르네상스를 휴머니즘의 시대라고 주장하였고 일 년 후에 이 주장은 《이탈리아 르네상스의 문화》[8]라는 유명한 책을 쓴 부르크하르트에 의해 다시 옹호되었다.

휴머니즘이 고전교육 및 고전학문과 긴밀한 관계가 있다는 것은 '휴머니스트(humanist)'라는 말에서 더욱 잘 드러난다. 지금까지의 연구에서 밝혀진 바에 의하면 humanist 즉, 라틴어의 humanista와 이탈리아어의 umanista가 처음 발생한 시기는 15세기 후반이었다. 이 말은 당시 이탈리아 대학의 학생들 사이에서 통용되었던 일종의 은어로서 고전어와 고전문학을 가르치는 대학교수나 중등학교 교사를 지칭하는 용어였다. 16세기 경에는 교사만이 아니라 고전학문을 배우는 학생과 연구자들에게도 확대 적용되었다. 그 당시 대학에서 시민법 교수를 레기스타(legista), 교회법 교수를 카노니스타(canonista)라고 부른 것처럼 고전학문에 바탕을 둔 '스투디아 후마니타티스(studia humanitatis)'를 가르치는 사람을 humanista 또는 umanista라 하였다.[9]

그러면 '스투디아 후마니타티스'란 무엇인가? 오늘날의 인문학(humanities)으로 번역될 수 있는 '스투디아 후마니타티스'는 '후마니타스(humanitas)'를 연구하고 가르치는 학문이다. 후마니타스는 '인간성' '인간다움'의 뜻을 갖고 있는데 본래 이 말은 그리스어 '파이데이아(교양·교육)'를 로마인들이 라틴어로 옮긴 것이다. 기원전 150년경, 그리스문화와 로마문화의 융합을 목표로 삼았던 스키피오(Scipio Aemilianus) 서클에서 후마니타스를 barbaritas(야만성)의 반대 개념으로 사용하였다.[10] 따라서 후마니타스는 '야만'과 '무지'에 반대되는 '교양' '교육' '학식' '학문'의 뜻을 갖게 되었다. 그러므로 휴마니타스 즉 '인간성'과 '인간다움'을 소유한 사람이란 곧 교양 있고 학식 있는 사람을 가리키게 되었다. 바꾸어 말하면 학식과 교양이 있는 사람만이 '사람다운 사람(homo humanus)'이 될 수 있으므로 교양이야말로 인간의 덕성과 수월성을 가늠하는 척도가 되었다.[11]

'인간(homo)'의 특징을 나타내 주는 단어인 humanus(인간적, 인간다운)와 humanitas(인간성, 인간다움)가 고대 라틴어에서 두 가지 특별한 의미를 갖고 있었다는 것은 휴머니타스의 개념에 혼란을 주는 요인이 되었다. humanus에는 '인간다운'의 뜻 이외에 '인정 있는(benevolent)'의 뜻과 '학식 있는(learned)'의 뜻이 내포되어 있다.[12] 전자의 의미는 오늘날까지 남아 있지만 후자의 의미는 이미 중세 라틴어에서 사라졌고 현대의 영어(human), 불어(humain), 이탈리아어(umano), 독일어(menschlich) 등에서 도 그 흔적을 찾아볼 수 없다. 그렇다면 왜 고대에서는 humanus와 humanitas에 '교양'과 '학식'의 뜻이 큰 비중을 차지하고 있었는가? 그 것은 고대인들이 인간의 우월성을 동물과의 비교에서 찾고자 하였기 때문이다. 그들은 이 원칙을 인간사회에도 똑같이 적용하여 '사람다운 사람'과 '짐승 같은 사람'을 차별화하였다. 이 같은 사실은 그리스인들이 이방인을 야만인이라 경멸하고 고대사회에서 노예를 '영혼을 가진 동 물'로 간주하였다는 점에서 잘 입증되고 있다.

후마니타스에 대한 개념적 혼란은 이미 고대에서도 있었던 것으로 여겨진다. 2세기의 작가 겔리우스(Aulus Gellius)는 후마니타스의 올바 른 사용법을 정의할 필요성을 느껴 《아티카 야화(夜話)》에서 그 뜻을 분명하게 밝히고 있다. 그에 의하면 후마니타스는 일반적으로 생각하 기 쉬운 그리스어의 '필란트로피아($\varphi\iota\lambda\alpha\gamma\theta\rho\omega\pi\iota\alpha$)'가 아니라 '파이데 이아'의 뜻으로 사용되고 있다는 것이다. '필란트로피아'는 "모든 사람 에게 차별없이 느껴지는 우애와 호감"을 뜻하지만 '파이데이아'는 "인 문학과 그 교육"을 가리킨다. 겔리우스는 그 같은 학문과 교육을 받을 수 있는 능력은 동물 가운데 인간에게만 부여되어 있으므로 이를 추구 하는 사람은 "고도로 인간화된다"고 주장하였다.[13]

고대의 라틴 작가 가운데 후마니타스라는 말을 많이 쓴 사람은 키 케로(Cicero)였다. 그는 이상적 인간상을 웅변가에서 찾았다. 웅변가는 폭넓은 학식과 경험 그리고 남을 설득할 수 있는 능력을 가져야 한다. 그래야 남을 선도하고 남에게 덕행을 권장할 수 있기 때문이다. 키케 로가 볼 때 후마니타스에 대한 연구와 교육이야말로 웅변가의 육성에 가장 적합한 교육이었다.[14] 따라서 그는 후마니타스에 관한 학문인 '스 투디아 후마니타티스'를 가리켜 인간정신을 고귀하고 완전하게 해주는 학문이며 인간에게 가장 가치 있는 연구라고 찬양하였다.

고대에서 적극적으로 찬양받았던 '후마니타스'는 중세에서 부정적으 로 평가되었다. 왜냐하면 고대에서의 후마니타스는 인간보다 열등한 동물에 비교된 개념이었으나 중세에서의 후마니타스는 인간보다 우월한 신(divinitas)에 대비된 개념이었기 때문이다. 그리스도교의 관점에서 본 인간은 타락하기 쉬운 허약한 존재에 불과하였고 현세는 죄와 고통으로 얼룩진 눈물의 계곡이었다.[15] 따라서 중세에서는 '인간적'이 되면 될수록 그리고 '인간다워'지면 질수록 그것은 신으로부터 멀어지는 것을 뜻하였다. 이처럼 고대에서 인정받았던 인간의 현세적 영광은 공허한 것이 되어버렸으므로 인문교육과 교양교육도 제대로 평가받을 수가 없었다.

후마니타스에 대한 고대의 개념이 부활되고 인문학이 활기를 띠게 된 것은 르네상스 시대에 와서였다. 르네상스 휴머니스트들은 로마작가들, 특히 키케로와 겔리우스의 영향을 받아 후마니타스를 "인간의 품위에 가장 잘 어울리는 교양"으로 정의하고 이에 대한 학문인 스투디아 후마니타티스를 매우 중시하였다. 15세기의 대표적 휴머니스트인 브루니(Leonardo Bruni)는 스투디아 후마니타티스를 가리켜 "인간을 완전하게 만들어주는 최고의 학문"이라고 주장하였고 베리제리오(Pier P. Vergerio)는 "인간의 정신을 고귀하게 하고 신체의 재능을 최고도로 발휘하게 하는 학문"이라고 강조하였다.[16]

이와 같은 르네상스 휴머니스트들의 주장은 르네상스 휴머니즘이 일차적으로 교육·학문 운동이었음을 강력히 시사해주고 있다. 그들의 교육은 오늘날의 인문교육에 해당된다. 그것은 인간의 정신과 신체의 조화 있는 발전, 지혜와 수사(웅변)의 결합, 교양과 덕성의 함양을 목표로 한다. 휴머니스트들은 이와 같은 교육을 통해 도시국가에 필요한 건전한 시민과 정치 엘리트들을 배출해낼 수 있다고 생각하였다.[17]

학문운동으로서의 휴머니즘의 성격은 교과과정에서 잘 드러난다. 르네상스 시대의 학교문서나 도서관 목록에 의하면 15세기 초의 스투디아 후마니타티스는 분명히 한정된 교과과정으로 되어 있다. 그것은 문법·시·수사·역사·도덕철학의 5과목 분야로서 이들에 대한 연구는 모두 고전에 토대를 두고 있다. 휴머니스트 학문은 그 당시의 독특한 지적 관심의 발로였다. 그들의 관심은 신 중심에서 인간 중심으로, 내세에서 현세로 바뀌고 있었다. 특히 그들은 인간의 실제생활과 관련된 실용적 실천적 가치에 많은 관심을 가졌다.

휴머니스트들은 중세의 전통적 학문인 논리학·자연철학·형이상학을 배척하였고 신학·의학·법학 같은 전문직업을 위한 학문과 자신들의 학문을 차별화하였다. 그들이 볼 때 중세의 학문은 지나치게 추상적이고 전문적이어서 현실과 유리되어 있었다. 중세의 스콜라 철학자들은 진리의 존재는 자명하다고 믿었으므로 자명한 진리를 논증하는 데 역점을 두었다. 휴머니스트들이 볼 때 그 같은 학문이야말로 현실과 거리가 있는 순수하고 사변적인 학문이었다. 베르제리오는 신학은 오로지 순수이성에 의해 접근할 수 있는 주제만을 다루는 학문이고 의학과 법학은 단순한 직업학문인 관계로 자유인간에게 적합한 학문이 아니라고 주장하였다.

중세학문에 비하면 스투디아 후마니타티스는 일상생활과 직접 관계가 있는 생활의 지혜와 기술을 가르치는 학문이었다. 문법은 정확한 표현을 가르치는 기초과목이고, 시는 도덕적 진실을 깨우쳐주며, 수사는 올바른 판단과 선택을 하도록 설득하는 학예이다. 역사는 실례를 통해 교훈을 주며 도덕철학은 현명한 지혜를 제공해준다.[18] 이와 같은 학문을 통해 인간은 개인적으로 지혜와 덕성을 겸비한 교양인이 될 수 있고 사회적으로는 자유정신과 책임의식이 조화된 건전한 시민과 정치 엘리트로 육성될 수 있다고 휴머니스트들은 확신하였다. 이러한 확신을 통해 그들은 인간에 대한 새로운 인식과 자각을 갖게 되었으며 세계에 대해서도 새로운 인식을 하게 되었다. 그러나 휴머니즘은 인간의 실천적 가치문제에 주된 관심을 두고 있기 때문에 그 성격상 확고한 지적 체계의 수립을 필요로 하지 않는다. 왜냐하면 휴머니스트들은 엄격한 체계화가 오히려 자유인간을 구속한다고 믿고 있기 때문이었다. 이러한 면에서 휴머니즘은 어떠한 인간철학과도 일치되기가 어렵다. 그러나 그것은 상이한 제철학들을 언제나 포용할 수 있는 가능성을 갖고 있다. 휴머니즘의 다양한 개념은 이러한 사실에서 연유한다.

Ⅲ. 휴머니즘의 특성

교육·학문 운동으로서의 휴머니즘이 지향하는 것은 결국 인간의 교양과 덕성이었다. 지적 운동의 관점에서 볼 때 교양과 덕성은 대단히 소극적 개념에 불과해 보이지만 사실에 있어서는 그렇지가 않다. 왜냐하면 고대에서의 교양은 야만의 자연상태로부터의 해방을 뜻하는 것이며, 르네상스 시대에서의 교양은 초월적인 신의 세계로부터의 해방정신을 표현한 것이기 때문이다. 그렇다면 교양과 해방(자유)의 원리로서 르네상스 휴머니즘이 지니는 역사적 특성은 무엇인가?

첫째, 서양의 지적 전통은 크게 보면 논리학(철학) 중심의 학풍과 수사학 중심의 학풍이 서로 대립 경쟁한 과정이었다고 할 수 있다.[19]

고대의 소크라테스 철학과 소피스트 철학, 중세 말의 스콜라 철학과 르네상스 휴머니즘, 현대의 모더니즘과 포스트모더니즘 간의 갈등이 그 대표적 예이다. 이와 같은 관점에서 볼 때, 르네상스 휴머니즘은 그리스의 소피스트, 로마의 키케로, 중세의 문서 작성자들(dictatores)로 이어져 내려오는 수사학 전통의 대표주자라 할 수 있다.

일반적으로 수사학은 필연의 세계가 아닌 개연의 세계를 다룬다. 철학이 사건 뒤의 숨은 진리를 찾으려 하고 보이는 현상과 보이지 않는 목적과의 관계를 밝히려 한다면, 수사학은 사건과 현상의 개연적 진리를 추구하고 영속이 아닌 변화를, 일자(一者)가 아닌 다자를, 보편이 아닌 특수를 중시한다. 그러므로 철학적 전통이 이성에 의한 논리적 체계를 확립하려는 과학과 그 교육의 기초가 되었다면 수사학 전통은 언어에 의한 효과적 설득을 목표로 하는 인문학과 그 교육의 토대가 되었다.

휴머니스트들의 입장에서 볼 때 인간의 행동지표와 교훈을 합리적 방법으로 확립하려는 시도는 막다른 골목에 도달한 것이나 다름없었다. 만일 윤리와 정치가 수학공식처럼 정확한 논리적 구조를 가진다면 그것은 이미 다른 세계의 윤리와 정치이지 결코 인간세계의 것은 될 수 없다. 실제생활의 도덕적 정치적 판단은 많은 복잡성과 모호성 속에서 이루어지며, 그것은 철학자나 과학자들이 생각하는 것과는 차이가 있는 예측이 불가능한 것이다. 설혹 인간이 이성을 가지고 있다고 해서 그것이 결코 덕 있는 행위를 의미하는 것은 아니다. 휴머니스트들은 언어·문학·도덕 같은 수사학 커리큘럼에 입각한 교육이 오히려 엄격한 논리학에 입각한 교육보다 실제생활에 더 도움이 되는 직관과 정신적 융통성을 부여해준다고 생각하였다.

수사학은 또한 인간중심 사상이나 실용주의와 긴밀한 관계가 있다.[20] 수사학자들은 인간에 관심을 집중하였으므로 인간의 영역을 넘어선 문제에는 대체로 무관심하였다. 이 점에서 그들은 철학자들과 구분된다. 철학자들도 학문의 출발점과 강조점을 인간에 두고 있다. 그러나 그들의 궁극적 관심은 인간과 초월적 세계, 모두에 있다. 이에 비해 수사학자들이 관심을 갖는 것은 인간과 사회이다. 그 가운데서도 그들이 추구하는 것은 인간의 본질이나 궁극적 목적이 아니라 실제 생활의 효용과 가치의 문제이다. 그들은 궁극적인 것보다는 직접적인 것을, 분석과 추론보다는 적용과 기술을 더 중시하였다. 그들에게 바람직한 것은 덕·선·정의·행복 등에 대한 올바른 인식이 아니라 실제 생활을 통하여 그러한 상태에 도달하는 것이요, 그들을 실천하려는 의지였다. 철학자들이 진리의 추구와 개인의 완성을 위해 고독한 내면생활과 명상생활(vita contemplativa)을 좋아하였다면, 수사학자들은 사회적 출세와 성공을 위해 실천적 또는 행동적 생활(vita activa)을 좋아하였다. 전자의 목표가 현인(sapiens)이 되는 데 있다면 후자의 목표는 다재다능한 예인(artist)이 되는 데 있었다. 르네상스 휴머니스트들 가운데서 체계적인 대철학자를 발견하기 힘들어도 백과전서적 만능인을 쉽게 찾아낼 수 있는 것은 이러한 이유에서이다.[21]

둘째, 스콜라 철학의 특징이 주지주의(主知主義)에 있다면 휴머니즘의 특징은 주의주의(主意主義)에 있다. 12세기의 스콜라 철학자인 아벨라르(Pierre Abelard)는 《그리스도교 신학》(*Theologia Christiana*)에서 "무슨 지식이든 나쁜 것은 없다. 설혹 악에 대한 지식이라도 그것은 선이다"라고 주장하였다. 왜냐하면 지식은 악을 피하고 극복할 수 있는 힘을 주기 때문이라는 것이다. 따라서 그는 결단과 행동에 앞서 정확한 지식과 인식의 필요성을 강조하였다. 그러나 14세기의 페트라르카(Petrarca)는 지성보다 의지를, 지식보다 실천적 덕을 더 높이 평가하고 있다. 그는 《무지론》(無知論)에서 "명철한 지성보다 선하고 경건한 의지를 추구하는 것이 더 좋다. 의지의 목표는 선에 있고 지성의 목표는 진리에 있다. 진리를 아는 것보다 선을 행하는 것이 더욱 좋다"고 언급하였다.[22]

페트라르카 이후의 휴머니스트들 역시 대체로 그와 동일한 입장을 취하고 있다. 콜루치오 살루타티(Coluccio Salutati)는 학문의 목적은 지식보다 덕행에 있고 덕행을 유도하는 의지가 지성보다 우월하다고 역설하였다. 특히 그는 이성과 의지와의 관계에 대하여 페트라르카보다 일보 진전된 이론을 제시하고 있다. 그는 인간의 행동은 이성의 산물이 아니라 마음과 의지의 산물이며 관념을 행동으로 전향시키는 것도 이성의 작용이 아니라 감각의 작용이라고 믿었다. 그는 인간이 합리적 존재라는 가정을 불신하였고 따라서 감정을 무시하는 인간론에 반대하였다.[23]

스콜라 철학자들이 이성을 강조한 데 반하여 휴머니스트들은 의지를 중시하였다. 전자의 목표가 진리의 논증에 있다면 후자의 목표는 인간을 도덕적 생활로 이끄는 데 있었다. 목적의 차이는 방법의 차이마저 보여준다. 스콜라 철학자들은 모든 지식이 인간의 이성을 통해 합리적으로 그리고 논리적으로 추구될 수 있다고 믿었으므로 변증론을 절대시하였다. 이 때문에 아우구스티누스·아벨라르·토마스 아퀴나스는 변증론을 '학문의 왕자'라고 찬양하였다. 그러나 휴머니스트들은 지식의 기능이 진리의 증명보다 진리를 받아들여 실천하는데 있다고 생각하였다. 그러므로 그들에게 중요한 것은 인간의 의지를 움직이고 마음을 감동시킬 수 있는 효과적 설득이었다. 휴머니스트가 수사학을 존중하게 된 것은 그것이 가장 효과적인 설득술을 가르쳐 주는 학문이라고 믿었기 때문이었다. 이 점에서 중세 스콜라 철학자들의 주지주의로부터 르네상스 휴머니스트들의 주의주의로의 전향은 논리학 중심의 학풍으로부터 수사학 중심의 학풍으로의 전향이었다고 말할 수 있다. 이때부터 그들은 논리학에서 수사학으로, 형이상학에서 윤리학으로, 자연철학에서 문학과 교육으로 눈을 돌리게 되었다.

세째, 이탈리아의 르네상스 휴머니즘은 시대적 상황에 따라 그 성격을 달리하였다. 14세기의 휴머니즘은 주로 문학 및 학문운동이었고 15세기의 휴머니즘은 시민적, 정치적 성격이 강하였다. 그러나 16세기에 와서 휴머니즘은 군주적, 궁정적 이상을 추구하는 지적 운동으로 변하였다. 페트라르카를 비롯한 14세기의 휴머니스트들은 학문연구와 저술활동에 몰두한 문인(literati)들이었다. 그들은 스토아 철학의 금욕적 윤리관에 입각하여 마음의 평정을 유지하기 위한 '고독한 생활과 명상생활(vita contemplativa et solitaria)'을 예찬하였다. 그러나 15세기에 들어와서 은둔생활과 명상생활에 대한 예찬은 현실에 적극적으로 참여하는 '행동적 생활과 정치적 생활(vita activa et politica)'에 대한 예찬으로 바뀌게 되었다. 이것은 각 도시국가에서 공화정이 발전하면서 시민들의 책임의식과 자유의식이 각성되었기 때문이다. 특히 1402년 '이탈리아의 통일과 평화'의 기치를 내세운 전제적 밀라노와 '이탈리아의 자유'를 옹호하려는 공화적 피렌체, 이 양 진영 사이의 싸움으로 이탈리아는 심각한 정치적 위기를 맞게 되었다. 그러나 밀라노의 침략에 대항하여 피렌체 시민들이 자유를 성공적으로 수호함으로써 그들의 현실참여 의식과 자유의식은 매우 고양되었다. 이 같은 점은 그들의 새로운 역사의식과 도덕관에서 엿볼 수 있다.

새로운 역사의식은 피렌체인들이 그들의 도시역사를 서술하는 태도에서 잘 나타나고 있다. 그들이 볼 때 로마인의 위업이나 현재 그들이 성취한 공적은 모두 자유의 산물이었다. 고대문화가 몰락한 것은 로마 제국에서 자유가 상실되었기 때문이며 이탈리아에서 새로운 문화가 부활된 것은 자유로운 도시공화국이 발생하였기 때문이다. 이로부터 그들은 중세의 전형적인 신의 섭리사관에서 벗어나서 역사에서의 인간 동기와 사회제도를 중시하게 되었다.

피린체인들의 적극적인 사회참여 생활은 새로운 윤리관을 초래하였다. 14세기의 휴머니스트들은 일반적으로 프란체스코 수도회의 청빈을 이상으로 삼았고 부와 세속적 지위와 감정을 경멸하는 스토아 철학에 물들어 있었다. 그러나 15세기에 와서 휴머니스트들은 부를 적극적으로 평가하기 시작하였다. 그들은 부를 시민생활의 토대로 간주하였고 심지어 덕을 실행하기 위한 필요조건으로 생각하였다. 그들은 희노애락의 감정에 내포된 도덕적 가치를 인정하였으며 야망과 명예의 추구가 높은 뜻을 실현해주는 원동력이 된다고 주장하였다. 휴머니스트들의 이와 같은 도덕적, 심리적 태도의 변화는 결국 인간은 사회적 책임을 지는 실천적 행동을 해야 된다는 관점에서 비롯된 것이었다.[24]

휴머니즘의 시민적 정치적 특성은 15세기 후반, 참주정치의 대두와 신플라톤주의의 발전으로 쇠퇴하였다. 따라서 15세기 초에 왕성하였던 '행동적 참여생활'의 이상은 다시 '명상생활'의 이상으로 대체되었다. 참주들의 궁정에 기생(寄生)할 수밖에 없는 휴머니스트들은 시민의 자유와 의무를 강조하는 공화주의적 덕성보다는 안정과 평화를 중시하는 군주정의 덕성에 더욱 관심을 갖게 되었고 이상적 시민상보다는 이상적 군주상의 제시에 더욱 열중하였다. 이상적 군주와 궁정인의 상(像)이 무엇인가는 카스틸리오네(B. Castiglione, 1478~1529)의 《정신론》(廷臣論, Il Cortegiano)에 잘 나타나 있다. 이 책에 의하면 이상적 궁정인은 모든 면에 능통한 만능인이며 학식과 교양을 겸비한 우아하고 예의바른 사람이어야 하였다. 이 같은 인간상은 비단 16세기 상류계급의 이상이었을 뿐만 아니라 그 이후로 진정한 유럽 '신사(神士)'의 이상이 되었지만 시민적 휴머니즘의 이상적 인간상과는 거리가 있다.

네째, 알프스 이북의 '북방 휴머니즘'은 이탈리아 휴머니즘에 비해 사회비판적, 종교개혁적 경향이 강하였으므로 이를 '그리스도교적 휴머니즘(Christian Humanism)', 또는 '성서적 휴머니즘(Biblical Humanism)'이라고 한다. 흔히 이탈리아 르네상스는 예술과 학문을 낳았고 알프스 이북의 르네상스는 종교와 사회개혁을 낳았다고 주장한다. 이것은 알프스 이북의 유럽에서는 아직도 봉건제도와 교회의 힘이 강력하게 남아 있어 갈등의 요소가 많았기 때문이다. 이 같은 차이는 고전 연구에서도 분명하게 드러난다. 이탈리아 휴머니스트들의 고전 연구는 세속적인 그리스·로마의 정신으로 돌아가기 위한 것이었음에 반해, 북방 휴머니스트들의 고전 연구는 성서와 초기 교회의 정신으로 복귀하기 위한 것이었다.

북방 휴머니스트들은 자연히 성서와 초기 교부들의 원전(原典)을 연구하기 위해 그리스어와 히브리어를 배우게 되었고 그 결과 초기 교회 시대의 생활과 정신에 비추어 세속화된 현실사회와 교회를 신랄히 비판하게 되었다. '휴머니즘의 왕자(王者)'로 불리는 네덜란드의 에라스무스(Desiderius Erasmus, 1469?~1536)는 《우신예찬》(愚神禮讚, *Encomium Moriae*)을 저술하여 당시의 교회와 성직자의 타락을 풍자하였고, 그리스어판 《신약성서》를 번역하여 《불가타 성서》의 오류를 폭로하였다. 그러나 에라스무스의 목표는 그리스도교 세계의 평화와 통일이었지 분열과 전복이 아니었다. 따라서 루터가 종교개혁을 일으키자 그는 중용을 지켜 중재를 하려고 노력하였으나 교황청과 루터파, 양측으로부터 비난을 사게 되었다. 독일의 로이힐린(Johannes Reuchlin, 1455~1522)은 유태교 경전을 연구하다가 법정에 고발되었고 후텐(Ulrich von Hutten, 1488~1523)은 교황청에 대한 반감에서 루터의 개혁을 지지하였다. 프랑스의 뷰데(Guillaume Budé, 1467~1540)와 데타플(Lefèvre d'Etaples, 1455~1536)은 《신약성서》를 연구하여 구원은 선행에 의해서가 아니라 신의 은총과 믿음에 의해 가능하다고 주장하였다. 영국의 콜레트(John Colet,

1467?~1519)는 고위 성직자로 있으면서 교회의 개혁을 지지하였고 모어(Thomas More, 1478~1535)는 《유토피아》를 통하여 영국사회의 부조리와 부패를 고발하였다.

르네상스 휴머니즘이 종교개혁을 불가피하게 만들었거나 개혁에 직접적 동기가 되지는 않았으나 종교개혁의 지적 배경이 된 것은 부인하기 어렵다.[25] 휴머니스트들은 그리스도교 고전(古典)을 통하여 초기 교회의 순수한 정신을 이해하게 되었고 동시에 현실 교회의 부패와 타락에 위기감을 느끼게 되었다. 그러나 그들의 종교적 위기의식은 내면적인 것이었지 외면적인 것은 아니었다. 그들은 산상수훈(山上垂訓)에 입각한 종교적 내면성을 강조하고 허례허식에 가까운 교회의 폐단들을 최소화하려고 노력하였을 뿐, 루터처럼 교회의 근본적 개혁을 원하지는 않았다. 그러므로 낮게는 보카치오의 《데카메론》에 나타난 성직자의 타락에 대한 조롱으로부터 높게는 피코와 에라스무스의 그리스도교 정화운동에 이르기까지 그들의 활동은 그리스도교 전통 안에서의 개혁운동이었지 그리스도교 사회 자체를 붕괴시키려는 운동이 아니었다.

Ⅳ. 휴머니즘의 역사적 의의

르네상스 휴머니즘은 서양 근대세계에 많은 영향을 미쳤다. 우선 그것은 오늘의 서양문명에 토대가 된 고전문화를 부활하여 전승시켰다. 그러므로 르네상스 휴머니즘이 없었다면 서양문화에서 고전주의 전통은 대부분 사라졌을지도 모른다. 물론 중세인들도 고전을 연구하였다. 12세기에는 라틴어 고전과 라틴어 시 그리고 로마법이 부활하였으며 아랍인에 의해 더욱 발전된 그리스의 과학과 철학이 대부분 부활하였다. 이른바 '12세기 르네상스' 또는 '12세기 휴머니즘'을 통해 고전 연구가 활발하였다.[26]

그러나 중세의 고전 연구와 르네상스의 고전 연구는 본질적인 면에서 차이가 있다. 중세인의 고전 연구는 고전에 대한 자각이 없었다. 그들은 그리스도교 세계관을 이해하기 위한 수단으로 고전을 연구하였을 뿐이다. 따라서 그들의 고대 예찬은 영원히 사라져버린 세계에 대한 회한에 지나지 않았다. 그러나 르네상스인의 고전 연구는 그 자체가 생(生)의 목표였다. 그러므로 그들의 고대 예찬에는 고대의 영광과 위대성을 부활시키고 고대인의 덕성과 교훈을 본받으려는 의지가 깃들어 있었다.

이와 같은 차이는 12세기의 대표적인 휴머니스트 존 오브 솔즈베리 (John of Salisbury)와 14세기의 휴머니스트 페트라르카의 태도에서 잘 드러난다. 솔즈베리는 고전을 읽어도 그것에 아무런 매력을 느끼지 못하였다. 그는 고전에 해박한 지식을 가지고 있어서 자신의 생각을 적절히 표현하기 위한 문구를 찾아내는 데는 탁월한 재능을 가지고 있었다. 그러나 고대인의 생활과 인생관에 대해서는 아무런 감동을 느끼지 못하였다. 그러나 페트라르카는 처음으로 고대문학의 아름다움에 심취하여 거기에 정열을 쏟았고 고대의 학문과 사상에 완전히 공감하였다.

르네상스의 고전 연구는 라틴 연구와 그리스 연구로 나눌 수 있다. 라틴어는 중세에서 공용어이며 학술어였다. 그러나 문체가 거칠고 세련되지 못하였으므로 휴머니스트들은 키케로를 비롯한 유명한 라틴작가들의 훌륭한 문체를 연구하여 이를 본받으려고 노력하였다. 그렇다고 라틴 연구는 문체의 모방으로 그치지 않았다. 오히려 이를 계기로 고대인의 사상과 세계관에 접근하게 되면서부터 라틴 연구는 더욱 왕성해지게 되었다. 이에 비해 그리스어는 중세 유럽에서 거의 통용되지 않았으므로 이를 해독할 수 있는 사람이 극히 드물었다. 페트라르카조차 그리스어 책을 손에 들고 이를 읽지 못해 안타까워할 정도였다. 그리스 연구는 14세기말, 동로마제국의 학자인 크리솔로라스(Manuel Chrysoloras, 1350?~1415)의 이탈리아 방문으로 자극을 받게 되었고, 1453년 동로마제국의 멸망으로 많은 학자들이 이탈리아로 피난 오게 되어 활기를 띠게 되었다. 1462년 피렌체에 '플라톤 학원(Academia

Platonica)'이 창설되고 피치노(Marsilio Ficino, 1433~1499)와 피코(Pico della Mirandola, 1463~1494) 같은 당대의 일급학자들이 여기에 모이게 됨으로써 그리스 연구는 성황을 이루게 되었다.

휴머니즘은 유럽 각국의 자국어(自國語) 문학 또는 국민문학의 발전에도 크게 기여하였다. 자국어 문학의 발생은 민족의식의 성장과 중앙집권 국가의 출현이라는 정치적 배경과도 긴밀한 관계가 있다. 단테(Dante, 1265~1321)는 이탈리아어로 《신곡》(神曲)을 써서 불후의 명성을 남겼고 페트라르카는 서정시집, 《칸초니에레》(*Canzoniere*)에서 인간과 자연의 아름다움을 노래하였다. 보카치오의 《데카메론》은 근대 단편소설의 효시였다. 영국의 초서(Geoffrey Chaucer, 1340?~1400)는 《데카메론》의 영향을 받아 《캔터베리 이야기》를 저술하였고 셰익스피어(Shakespear, 1564~1616)는 《햄릿》《오델로》《맥베드》 등 많은 희곡작품을 써서 영국의 국민문학에 기초를 놓았다. 프랑스의 라블레(François Rabelais, 1494~1563)는 《가르강튀아와 팡타그뤼엘》에서 자유분방한 인간정신을 고취하였고 몽테뉴(Michelde Montaigne, 1533~1592)는 《수상록》에서 인간성을 깊이있게 성찰함으로써 근대 수필문학의 선구자가 되었다. 스페인의 세르반테스(Miguel de Cervantes)는 《동키호테》에서 중세의 기사도를 풍자하면서도 햄릿과는 대조되는 낙천적이고 행동적인 인간형을 묘사하였다.

르네상스 휴머니즘은 비판정신과 새로운 역사의식을 초래하였다. 휴머니스트들은 문헌을 수집하여 고증하고 유물을 판정하는 가운데 문헌과 역사적 사실에 대한 비판정신을 기르게 되었다. 대표적인 예가 로렌조 발라(Lorenzo Valla, 1406~1457)이다. 그는 언어분석과 사실고증을 통하여 교황의 세속 지배권의 근거가 되었던 〈콘스탄티누스의 기증장〉(*Donatio Constantini*)이 중세에 만들어진 위조문서임을 폭로하였다. 이같은 비판정신은 현실사회에 대해서도 그대로 적용되었다. 교회와 성직자들의 타락에 대한 휴머니스트들의 신랄한 비판은 종교개혁의 정신적 풍토를 조성하였고 마키아벨리는 《군주론》에서 혼란과 무질서에 빠

져 있는 이탈리아의 정치현실을 예리하게 비판하였다.[27]

이와 같은 비판정신과 현실주의는 새로운 역사의식과 역사관에 영향을 주었다. 중세의 역사관은 한마디로 신의 섭리사관이었으므로 모든 역사적 현상은 초자연적 인과관계에 의해 설명되었다. 그러나 휴머니스트들은 역사를 인간의 동기에 의해 일어나는 인간행위의 기록으로 보았다. 브루니는 《피렌체사》의 서술에서 기적과 전설을 배제하였고 마키아벨리는 역사발전에서의 인과적 요인을 강조하였다. 이와 같은 현세적 인간 중심적인 역사관은 시대구분 문제에서도 전통적인 그리스도교 사관과 현저한 차이를 보여주고 있다. 중세의 교부들은 예수의 탄생을 기점으로 하여 그 이전을 암흑과 죄악의 시대로, 그 이후를 광명과 진리의 시대로 이분하고 이를 바탕으로 역사를 기술하였다. 이에 반해 르네상스 휴머니스트들은 그리스·로마의 고전문화를 높이 평가하고 고전문화가 부활한 자신들의 시대를 '새로운 시대'로 인식함으로써 고대·중세·근대라는 3분법의 토대를 마련하였다.

르네상스가 근대세계에 공헌한 가장 큰 업적은 '인간의 발견'이다. 르네상스 시대에 와서 사람들은 자아의식이 각성되고 개성적이 되어 인간을 '정신적 개체'로 인식하였으며 인간의 덕성과 능력을 적극적으로 평가하였다.[28] 이 같은 '인간의 발견'으로 말미암아 다채롭고 개성적인 르네상스 문화가 꽃피게 되었고 근대 개인주의가 발전하게 되었다. 르네상스인들의 강한 자아의식과 개성은 그들의 명예추구욕에서 잘 드러난다. 르네상스의 문인·학자·예술가·참주들은 한결같이 불후의 명성을 얻으려는 열망에서 학문과 예술에 몰두하였고 또 이를 적극적으로 후원하였다. 르네상스인들이 명예에 대한 욕구가 얼마나 강렬했는가는 밀라노의 참주인 스포르차를 살해하려다 실패하여 사형을 당하게 된 지롤라모(Girolamo)의 다음과 같은 독백에서 잘 나타난다. "정신 차려라 지롤라모! 세상 사람들은 오랫동안 나를 기억할 것이다. 죽음은 괴로우나 명예는 영원하다."

명성을 얻고자 하는 심리에서 자서전·전기·역사서가 많이 저술되었

다. 첼리니(Benvenuto Cellini, 1500~1571)의 《자서전》과 보카치오의 《단
테전》, 바자리의 《이탈리아 미술가 평전》, 빌라니의 《피렌체 명인전》
등이 대표적 예인데 이들은 모두 인간의 내면적 심리상태를 객관적으
로 묘사했다는 점에 특징이 있다. 도시국가의 명성을 위해 저술된 역사
서로는 브루니·마키아벨리·귀차르디니(Francesco Guicciardini, 1483~1540)
가 각각 쓴 《피렌체사》가 유명하다.

개성의 발달로 다재다능한 만능인(l'umo universale)이 출현하였다. 알
베르티(Leon Battista Alberti, 1405~1472)는 인문학 자연과학 예술 분야
에 모두 정통할 뿐만 아니라 심지어 걷기, 말타기, 구두 고치기, 동전
높이 던지기에서도 자신을 능가할 사람이 없다고 호언하였다. 레오나
르도 다 빈치와 미켈란젤로가 회화·건축·시·음악 등에 두루 통달한
만능의 천재라는 것은 널리 알려진 사실이다. 이 점에서 르네상스는
다재다능한 천재의 세기이며 개성이 최고도로 발휘되는 개인의 완성시
대였다.

개인에 대한 자각은 마침내 인간 전반의 문제로 관심을 확대시키게
되었고 그 결과 인간의 자유와 존엄성의 관념이 대두되었다. 이같은
관념은 주로 마네티(Giannozzo Manetti, 1396~1459), 피치노, 피코 같은
신플라톤주의 철학자들에 의해 옹호되었다. 피코는 《인간의 존엄성에
관하여》(De hominis dignitate)에서 "오직 인간에게만 스스로의 자유의
사에 따라 성장 발전할 수 있는 가능성이 주어져 있다"고 강조함으로
써 신의 피조물 가운데 인간만이 자유의지에 따라 신의 경지에 도달할
수도, 아니면 동물의 상태로 전락할 수도 있다고 역설하였다.[29] 그러므
로 "사람은 마음만 먹으면 무엇이든 해낼 수 있다"는 알베르티의 신념
과 인간은 의지로 자신의 운명을 극복할 수 있다는 피코의 믿음은 중
세의 부정적 인간관을 자신에 찬 긍정적 인간관으로 바꾸어 놓게 되었
다. 이제 사람들은 인간의 존엄과 고귀성은 혈통과 가문이 아니라 개
인의 덕성과 능력에 달려 있다고 믿게 되었다.

르네상스는 '인간의 발견'과 더불어 '세계의 발견'을 가져왔다. 휴머

니즘은 수사와 도덕을 중시하는 인문학에 역점을 두었으므로 자연과학
의 발전에 직접적으로 기여하지는 못하였다. 그러나 휴머니즘에 내포
된 현세주의는 세계와 자연으로 눈을 돌리게 하였다. 새로운 세계에 대
한 호기심과 미지의 세계에 대한 탐험심에 이끌려 많은 사람들이 여행
을 하게 되었고 이것은 결과적으로 지리상의 발견을 초래하였다. 자연
에 대한 관심은 자연의 아름다움을 있는 그대로 표현하려는 문학활동
과 예술활동을 자극하였고 자연을 관찰하고 탐구하려는 정신은 근대과
학과 기술의 발달에 밑바탕이 되었다. 코페르니쿠스(Copernicus, 1473~
1543)의 지동설(地動說)과 이를 지지한 케플러(Johann Kepler, 1571~1630)
와 갈릴레이(Galileo Galilei, 1564~1642)의 학설에 의해 우주의 신비가 하
나씩 밝혀지면서 마침내 중세의 우주관을 뒤엎는 과학혁명이 일어나게
되었다. 구텐베르크(Johann Gutenberg, 1400?~1468)가 발명한 활판인쇄술
은 새로운 지식과 사상의 전파에 획기적으로 공헌하여 17세기의 지적
혁명을 가능하게 하였다.

르네상스 휴머니즘은 문학·미술·역사·철학·과학 등 거의 모든 분야
에서 근대 세계로 가는 문을 열어 놓았다. 그렇다고 이것은 휴머니즘
이 중세의 전통을 완전히 극복했음을 의미하는 것은 아니다. 엄밀히
말하면, 르네상스 휴머니즘은 근대도 중세도 아닌 중도적 세계관을 갖
고 있었다.[30] 그것은 중세사회에 대한 반발이었고 중세의 우주관에 대
한 대반란이었다. 그러나 그것은 중세의 우주관을 대체할 만한 자체의
명백한 우주관을 갖지 못하였다. 따라서 중세적 이념과 정신을 거부하
면서도 프로테스탄티즘이나 기계적 우주관을 수용할 수 없었다. 다만
그리스도교의 윤리관과 고대의 가치관을 조화시키고 이성과 경건을 결
합시키고자 시도하였을 뿐이다. 르네상스 휴머니즘의 특성과 한계는
바로 여기에 있다.

주

1) Salvatore Puledda, *On Being Human : Interpretation of Humanism from the Renaissance to the Present*(San Diego, 1997), p. 1.
2) Alan Bullock, *The Humanist Tradition in the West*(London, 1985), p. 9.
3) Tony Davis, *Humanism*(London, 1997), pp. 69~71.
4) Nicola Abbagnano, "Humanism", *The Encyclopedia of Philosophy* 4, p. 69.
5) A. Robert Caponigri, "Humanism", *Western Society and Marxism Communism* VI, p. 179.
6) F. I. Niethammer, *Der Streit des Humanismus und Philanthropismus in der Theorie des Erziehungsunterrichts unserer Zeit*(Jena, 1808)
7) Georg Voigt, *Die Wiederbelebung des classischen Altertums, oder das erste Jahrhundert des Humanismus*(Berlin, 1859).
8) Jacob Burckhardt, *Die Kultur der Renaissance in Italien*(Berlin, 1860)
9) P. O. Kristeller, *Renaissance Thought and Its Sources*(New York, 1979), p. 22.
10) Giorgio de Santillana, *The Age of Adventure*(New York, 1956), p. 11.
11) Joseph A. Mazzeo, *Renaissance and Revolution*(London, 1967), p. 35.
12) Vito R. Giustiniani, "Homo, Humanus, and the Meanings of Humanism", *Journal of the History of Ideas*, XLVI, 2(1985), p. 168.
13) Aulus Gellius, *Noctes Atticae*, tr. J. C. Rolfe(London, 1967), pp. 457~458.
14) Cicero, *De Oratore* II. 35, tr. E. W. Sutton(London, 1967), p. 223.
15) S. Puledda, *On Being Human*, p. 6.
16) P. P. Vergerio, *De Ingenuis Moribus in The Renaissance and the Reformation*, ed. by D. Weinstein(New York, 1966), p. 74.
17) Charles G. Nauert, Jr., *Humanism and the Culture of Renaissance Europe*(Cambridge, 1995), p. 15.
18) Donald R. Kelley, *Renaissance Humanism*(Boston, 1991), p. 76ff.
19) P. O. Kristeller, *Renaissance Thought and Its Sources*, Part V. 참조; Bruce A. Kimball, Orators and Philosophers(New York, 1986).
20) Nancy S. Struever, *The Language of History in the Renaissance*(Princeton, 1970), p. 10.
21) 김영한, 《르네상스 휴머니즘과 유토피아니즘》(탐구당, 1989), p. 124.
22) Petrarca, *De sui ipsius et multorum ignorantia*, tr. H. Nachod in P. O. Kristeller et als., eds., *The Renaissance Philosophy of Man*, p. 105. Abelard 와 Petrarca를 비교한 것은 양자간에 유사성이 많기 때문이다. 첫째, 그들은 모

두 심리적 예민성과 강한 자아의식의 소유자였다. 둘째, 그들은 진정한 철학은 〈예수의 철학〉이며 신의 지혜는 계시를 통해 나타난다고 주장하였다. 셋째, 그들은 세속학문 특히 고전학문의 가치를 인정하였다.

23) Charles Trinkaus, *In Our Image and Likeness : Humanity and Divinity in Italian Humanist Thought*, vol. 1(Chicago, 1970), p. 22.

24) Hans Baron, *The Crisis of the Early Italian Renaissance*(Princeton, 1966).

25) Lewis W. Spitz, "Humanism and the Protestant Reformation", in Albert Rabil, Jr., ed., *Renaissance Humanism* 3(Philadelphia, 1988), p. 381.

26) Charles H. Haskins, *The Renaissance of the Twelfth Century*(Cambridge. 1971), p. 6.

27) 마키아벨리, 《군주론》, 강정인 역(까치, 1994) 참조.

28) J. Burckhardt, *Die Kultur der Renaissance in Italien*, Abschnitt II 참조.

29) 성염 편저, 《피코 델라 미란돌라》(철학과 현실사, 1996) 참조.

30) C. Brinton, *The Shaping of the Modern Mind*(New York, 1956), p. 24.

프로테스탄티즘
Protestantism

박 준 철

Ⅰ. 프로테스탄트 신학

　프로테스탄티즘이라는 용어는 1529년 4월에 개최된 제2차 슈파이어 제국회의(Imperial Diet of Speyer)에 그 기원을 두고 있다. 이 회의에서 신성로마제국 황제 카를5세(Karl V, r. 1519~1555)와 가톨릭 제후들은 잠정적이기는 하지만 사실상 루터(Martin Luther, 1483~1546)파를 인정했던 제1차 슈파이어 제국회의(1526)의 결정을 번복하고 가톨릭교회만이 합법임을 재천명하였다. 4월 19일 루터파를 지지하는 6명의 제후와 14개 자치도시의 대표자들은 이 새로운 결정에 대해서 공식적으로 '항의(Protest)'를 표명했고, 가톨릭측에서는 이들을 '프로테스탄트(Protestant)', 즉 '항의하는 자'라는 부정적 의미로 호칭하게 되었다. 그후 '프로테스탄트'의 지칭 대상은 루터파뿐만 아니라 칼뱅(Jean Calvin, 1509~1564)파, 츠빙글리(Ulrich Zwingli, 1484~1531)파, 재세례파(Anabaptists), 영국국교도(Anglicans), 청교도(Puritans)를 포함하여 종교개혁의 신조를 따르는 모든 비가톨릭 기독교인들로 확대되었다. 따라서 프로테스탄티즘은 이 '항의하는 자'들과 그들의 후예들이 공유하는 이념이자 추구하는 실천목표인 것이다.[1]

1. 믿음지상주의('sola fides')

프로테스탄트들의 항의대상은 중세 가톨릭교회이며 이 항의는 1517년 10월 31일 비텐베르크대학 부속성당에 부착된 95개 조 반박문과 함께 시작된다. 면벌부 판매의 부당성을 지적한 이 반박문은 한 대학교수의 한가로운 학문적 공박이 아니었다. 그 바탕에는 '인간의 구원은 어떻게 가능한가'라는 절대절명의 화두에 고뇌해 온 한 수도사의 획기적 깨우침과 종교개혁기부터 현재에 이르기까지 모든 프로테스탄트 종파가 우선적으로 신봉하는 핵심적 교리가 깔려 있다. 구원은 교회의식의 준수나 인간의 선행이 아니라 믿음을 통해서만 주어진다는 이 믿음지상주의는 천 년의 장구한 세월을 거쳐 확립, 고수되어 온 중세의 구원론에 대한 도전이자 그에 근거한 가톨릭교회의 제반관례와 제도에 대한 총체적 부정이다. 바로 여기에 95개 조 반박문의 혁명성이 있는 것이다.

중세의 정통신학에 의하면 인간이 구원에 이르기 위해서는 두 가지 조건을 필요로 한다.[2] 첫번째 조건은 신의 은총에 힘입어 죄의 속박에서 벗어나는 것이다. 여기서 '신의 은총'이라 함은 스스로의 힘으로는 자신의 죄를 씻을 수 없는 인간에게 신이 아무런 대가 없이 죄를 씻어낼 수 있는 길을 열어놓았음을 의미한다. 그리고 그 '길'은 무엇보다도 신의 섭리에 따라 제정되고 교회에 의해 관할, 집행되는 세례와 고해성사에 있다는 것이다. 세례는 인간을 원죄의 굴레로부터 해방시키고, 고해성사는 세례 후의 삶 속에서 거듭되는 일상의 죄들을 씻어내는 역할을 한다. 따라서 중세인들에게는 이 두 성례(sacrament)를 준수하는 일이 구원을 향한 그들의 기나긴 여정의 출발점이 된다.

구원의 두번째 조건은 인간의 선행이다. 인간은 그 선천적 속성상 죄로부터 완전히 자유로와질 수는 없지만, 반복되는 고해성사와 다양한 교회의식의 준수는 인간의 타락한 성향을 꾸준히 개선시키며 그렇게 개선된―혹은, 개선되어 가는―속성 하에서 인간은 자발적으로 신앙적 도덕적 선행을 수행할 수 있다. 이러한 인간의 선행은 신으로부터 그 가상함을 인정받으며 결국 구원에 지대한 공헌을 한다는 것이다. 즉 신과 이웃을 위한 인간의 실천적 노력은 구원성취의 필요조건인 셈이다.

중세의 구원론은 당시인들의 생활 속에 극명하게 반영되어 있다. 교회는 다양한 의식의 준수를 포함하여 부단한 인간의 노력을 요구한다. 청빈·순결·복종이 수도사뿐만 아니라 모든 성직자들이 끊임없이 추구해야 할 이상이라면, 고해성사, 성지순례, 금식기도, 면벌부 구매, 자선금 기부 등은 평신도들에게 늘 익숙한 일상의 한 부분이다.[3] 그러나 이러한 종교적 메커니즘은 애초부터 훗날 종교개혁가들의 지탄대상이 되는 문제점들을 수태하고 있었고 이 문제점들은 중세말에 이르러 확연히 드러나기 시작하였다. 기계적으로 반복되는 교회의식의 준수 속에서 신앙생활이 다분히 외형화, 도식화, 습관화되는 경향이 농후해지고, 그와 더불어 개인의 내면적 신앙과 영적 갈구는 도외시되기 십상이었다.[4] 한편 수시로 요구되는 다양한 신앙적, 윤리적 행위들은 상당수의 당시인들에게 심리적, 경제적 부담으로 다가왔고 이는 급기야 기존 교회에 대한 저항과 불만의 한 요인으로 자리잡게 된다.[5]

프로테스탄트의 믿음지상주의는 상술한 중세의 구원론과 정면으로 대치된다. 의식준수와 외부로 나타나는 행위보다는 내면적 믿음을 강조하는 이 교리는 인간의 속성에 대한 부정적 시각에서 출발한다. 인간은 선험적으로 악을 지향하는 존재이며 성례는 이러한 인간의 본질적 성향을 변화시킬 수 없다. 결국 인간은 신으로부터 의롭다고 인정받을 만한 어떠한 선행도 할 수 없으며 항상 죄인의 상태로 존속한다. 따라서 구원은 교회의식의 준수와 인간의 선행을 조건으로 하는 신과 인간 사이의 거래물이 아니라 죄로 인해 영원한 파멸에 이를 수밖에 없는 인간에게 신이 부여하는 선물이며 전적으로 그의 은총이라는 것이다. 이것이 바로 루터가 아우구스티누스 수도원 다락방에서 깨달은

《로마서》 1장 17절("복음에는 하나님의 의가 나타나서…… 기록된 바 오직 의인은 믿음으로 말미암아 살리라 함과 같으니라")의 의미인 것이다. 그가 여기에서 이해한 '하나님의 의'는 "하나님이 우리를 믿음에 의해 의롭게 인정하는" 것이며 인간은 이 '하나님의 의'에 힘입어 구원을 얻게 된다는 것이다.[6] 결국 프로테스탄트 구원론이 강조하는 것은 성례의 준수와 선행의 축적을 통한 인간 자신의 성화(聖化, sanctification)가 아니라 의롭지 못한 인간이 예수를 구세주로 믿을 때 그를 의롭다고 인정(justification)하는 신의 은총이다. 한 마디로 말하자면, 구원은 행위를 통해 '성취하는 것'이 아니라 믿음을 통해 '주어지는 것'이다. 종교개혁을 지지한 대중들은 구원은 오직 내적 믿음의 소산이며 신과 개개인의 직접적 교통의 결과라는 이 믿음지상주의에서 기존의 구원론에서 비롯된 다양한 종교적 굴레와 부담의 돌파구를 찾았던 것이다. 그들에게 이 새로운 구원론은 개인의 영적 자유를 의미하는 것이었다.

2. 만인사제주의('priesthood of all believers')

만인사제주의(萬人司祭主義)는 프로테스탄티즘을 특징짓는 또 하나의 중추적 교리이다. 만인사제주의 역시 중세의 구원론에 대한 부정이며 또한 믿음지상주의의 당연한 귀결이다. 그러나 그 영역은 구별된다. 믿음지상주의가 신과 인간의 관계를 새로이 설정하였다면, 만인사제주의는 성직자와 평신도의 관계를 재규정하는 것이다. 전자가 영적 자유를 추구한다면, 후자는 영적 평등을 강조한다.

시기마다 정도의 차이는 있지만, 중세교회에서 성직자가 차지하는 비중은 거의 절대적이다. 수도성직자(regular clergy)는 그들의 금욕주의적 '행위'와 '준수'를 통해서 평신도들에게 삶의 이상적 모델을 제시하고 재속성직자(secular clergy)인 사제는 구원을 향한 그들의 항해를 직접 인도하는 조타수 역할을 한다. 중세인들의 삶은 사제가 집전하는 세례와 함께 시작되며 사제의 축복이 곁들어진 종부성사와 함께 끝을 맺는다. 사제는 그들이 고백하는 죄의 경중을 판단하며, 그 판단에 따라 참회고행을 명령하고, 신을 대신해서 그 죄를 용서한다. 그는 구원과 관련된 평신도의 모든 '행위'와 '준수'를 관할하고, 독려하며, 또한 감독하는 신앙의 길라잡이이다. 이렇듯 막중한 기능을 수행하는 사제의 직위는 신이 내린 것으로 인정되며 따라서 사제의 서품은 7성례에 포함된다. 한마디로 중세인들의 구원은 사제의 도움 없이는 불가능하며, 그래서 성직자는 평신도와 구별된 영적 상위계급이자 그들의 정신적 봉건영주인 것이다.

그러나 의식의 준수와 경건한 행위가 구원에 아무런 영향을 끼치지 못한다면, 다양한 교회의식을 관장하고 종교적, 도덕적 선행의 안내자 역할을 하는 사제의 의미와 위상은 격하될 수밖에 없다. 마찬가지로 구원이 신과 개개인의 직접적 교통을 통해 이루어진다면, 사제는 더 이상 구원의 중개자가 될 수 없다. 영생은 사제의 도움 없이 평신도 개인의 독자적 믿음에 의해 가능하기 때문에 모든 기독교인들은 스스로 자신의 사제가 되는 것이고, 따라서 사제와 평신도의 구별 없이 모든 기독교인들은 평등하다는 것이다. 결국 기존의 구원론에 기초한 교회의식과 관행으로부터의 자유가 사제의 권위로부터의 해방을 의미하게 되었다. 영적 자유가 영적 평등으로 이어진 셈이다.

3. 성경지상주의('sola Scriptura')

초기 프로테스탄트들은 하나의 심각한 현실적 문제에 봉착하게 된다. 믿음지상주의와 만인사제주의가 기존의 교리, 성례, 사제계급이 향유해온 권위를 전면적으로 배격함에 따라 예기치 않았던 일종의 권위의 공백현상이 나타나게 되었다. 영적 자유와 영적 평등이라는 대전제는 정립되었지만 일상의 종교생활에 필요한 세부적 준거틀이 사라진 것이다. 이 권위의 공백은 종교개혁가들이 이미 일관되게 주창해온 성경지상주의에 의해 메워진다.

종교개혁 이래로 프로테스탄트 각 종파는 성경의 해석에서 상당한 차이를 보여왔고, 또한 성경 해석의 차이가 종파분립의 주요 원인으로 작용하기도 하였다. 루터파와 츠빙글리파는 성찬(Eucharist)에 대한 그들의 견해차 때문에 줄곧 대립국면을 유지하였고[7], 오늘날 미국 개신교의 일파인 메노파(Mennonites)와 암만파(Amish)의 기원이 된 재세례파는 유아세례를 거부함으로써 가톨릭은 말할 것도 없이 16세기의 모든 프로테스탄트 종파들에 의해서도 이단으로 간주되었으며, 영국국교도와 청교도의 갈등은 예배형식과 제의(祭衣) 사용에 대한 이견으로 시작되었다. 그러나 개별적 사안과 관련된 성경 해석의 차이에도 불구하고 성경에 대한 프로테스탄트 종파들의 기본입장과 추구하는 방향은 동일하다. 성경의 절대적 그리고 '유일한' 권위에 대한 공통된 믿음이 그것이며 이 점이 바로 그들을 동질의 단일집단으로 묶어주는 또 하나의 요체이다.

물론 기독교 역사를 통하여 성경의 권위를 부정하는 종파는 없다. 중세 가톨릭교회 역시 마찬가지이다. 그럼에도 불구하고 종교개혁가들이 기존교회를 공격하게 된 데에는 중요한 이유가 있다. 요컨대 성경의 근거성 유무에 상관없이 교황의 교서, 종교회의의 결정, 교회법 등이 성경에 못지 않은 권위를 누렸다는 점이다. 예를 들면, 클레멘트 6 세(Clement VI, r. 1342~1352)의 교서 〈우니게니투스〉(Unigenitus, 1343)는 아무런 성경적 근거 없이도 면벌부 구매를 구원의 한 방법으로 제도화시켰으며[8], 롬바르두스(Petrus Lombardus, 1100~1160)가 12세기 중반에 편찬한 《전거집》(*Sententiarum libri IV*)은 중세대학의 신학부에서 성경을 능가하는 위상을 차지하였다.[9] 간단히 말하자면, 중세교회에서도 성경의 권위는 인정되었으나 성경만이 권위를 갖고 있었던 것은 아니다. 'Scriptura'는 강조되었으나 'sola'의 의미가 결여되었던 것이다.

프로테스탄티즘은 이 점에서 현격한 대조를 보이고 있다. 성경에 기초하지 않은 어떠한 권위도 인정하지 않겠다는 것이다. "성경은 모든 인간의 지혜를 앞선다"[10]라는 칼뱅의 일갈 속에, 성경의 내용에서 일탈된 설교를 법으로 금지시킨 1520년 취리히 시의회의 결정 속에, 또한 《전거집》 강의가 폐지된 프로테스탄트 대학들의 커리큘럼 속에 종교 개혁이 제시한 이 새로운 성경관이 투영되어 있다. '오직' 성경만이 믿음의 출처이고, 신앙생활의 지침이며, 교리와 교회관례의 타당성을 진단하는 가늠자가 된다는 것이다. 1521년 4월 17일 보름스(Worms) 제국회의에서 카를 5세를 향한 루터의 결연한 외침은 프로테스탄티즘의 성경지상주의를 상징적으로 대변하고 있다.

성경의 증거나 명백한 이성이 나를 확신시키지 않는 한(왜냐하면 나는 잘 알려지다시피 종종 오류를 범하고 서로 모순되는 교황이나 종교회의들을 신뢰할 수 없기 때문에), 나는 내가 인용한 성경에 사로잡혀 있으며 나의 양심은 하나님의 말씀에 포로가 되어 있다. (따라서) 나는 어떤 것도 철회할 수도 없고 철회하지도 않겠다……내가 여기 서 있나이다. 주여 나를 도와주소서, 아멘.[11]

Ⅱ. 프로테스탄티즘의 정치사상

위에서 살펴보았듯이 프로테스탄티즘의 본질적 성격은 중세말 가톨릭교회의 교리와 관행을 부정하고 거기에 새로운 대안을 제시하고자 한 교회개혁운동이다. 그러나 프로테스탄티즘은 단순한 종교운동 이상의 의미를 갖고 있다. 종교개혁가들이 교회개혁을 통하여 궁극적으로 의도한 것은 신의 뜻에 부합하는 이상세계의 건설이었고, 이러한 그들의 의도는 필연적으로 인간 삶의 광범위한 정신적, 물질적 영역에 새로운 질서와 가치를 부여하려는 노력으로 이어지게 되었으며, 그 결과로 프로테스탄티즘은 추후 서유럽사회의 다양한 분야에 간과할 수 없는 영향을 남기게 되었다. 먼저, 종교개혁가들의 정치사상과 그 역사적 의미에 본 단원의 초점을 맞추어 본다.

1. 교회와 국가의 관계

교회와 국가의 대립은 중세사의 한 페이지를 장식한 중요한 주제이다. 황제 하인리히 4 세(Heinrich IV, r. 1056~1106)의 '카노사의 굴욕'은 장기간 세속군주의 영향력 하에 놓여 있던 교회의 권위 회복을 알리는 신호탄이었고 이러한 움직임은 유럽의 정치를 좌우하면서 교황권의 절정기를 구가한 인노센트 3 세의 치세로 이어진다. 한편 필립 4 세(Philip IV, r. 1285~1314)에게 당한 보니파키우스 8 세(Bonifacius VIII, r. 1294~1303)의 수모는 그의 교황권 지상주의가 당시 욱일승천하던 세속군주의 권위를 무시한 시대착오적 발상이었음을 예증하며 이러한 교(敎), 속(俗) 관계구도의 변화는 곧이어 찾아온 '바빌론 유폐(Babylonian Captivity, 1309~1376)'에서 여실히 드러난다. 이와 같은 교황과 군주 혹은 교회와 국가의 알력은 권력의 확보라는 지극히 현실적 동기에서 비롯되었지만, 그 근저에는 서로 다른 세계관의 충돌이 있다. 그 하나는, 영혼이 육체보다, 정신이 물질보다, 내세가 현세보다 중요하듯이 영원한 영혼 구원을 담당하는 교회가 현세의 일시적 안녕을 책임지는 군주보다 우월한 권위를 갖는다는 사상이다. 아우구스티누스의 《신국》에 명료히 표출된 이 세계관은 교회의 지도자들 사이에 면면히 계승되어 내려온 전통이다. 또 다른 하나는, 교회의 역할은 단순히 신앙적 문제에 국한되어 있는 반면 세속의 군주는 현세의 모든 사회질서를 관할하는 일과 더불어 기독교 세계의 속인 지도자로서 교회를 보호하는 권한을 신으로부터 부여받았으므로 지상에서 군주를 능가하는 권력은 없으며 교회는 국가의 한 부서에 불과하다는 사상이다. 이 세계관은 중세말 중앙집권화를 통해 세력 신장을 모색한 세속군주들의 이해와 합치되었고 또한 교황의 범유럽적 정치권력이 상실되어가는 당시의 현실을 반영하고 있다.[12]

그 지지대상의 차이에도 불구하고 상술한 두 개의 세계관은 중요한 공통점을 갖고 있다. 비록 교회와 국가의 관계를 우월과 종속의 관계로 바라보고 있지만 양자 모두 기본적으로 종교적 영역과 정치적 영역을 구분하는 이원론적 시각을 그 바탕에 깔고 있다. 종교개혁가들이 원론적으로 제시한 이상적 교·속 관계 속에는 이러한 이원론적 시각이 그대로 답습되어 있다. 그들 역시 교회와 국가에 독자적 기능과 분리된 범주를 부여하였다. 천상의 지복을 가르치는 것이 교회의 본분이라면, 지상의 평화와 질서유지는 군주의 임무라는 것이다. 루터는 1523년의 한 논문에서 소위 '두 개의 왕국' 이론을 다음과 같이 펼치고 있다.

> 하나님은 두 개의 정부를 제정하였다. (하나는) 영적 정부인데 성령은 이 정부를 통하여 기독교인들과 의로운 자들을 만든다 ……(또 하나는) 비신앙인들과 사악한 무리들을 억압하는 세속정부이다. 전자는 의로움을 만들고 후자는 외적 평화를 가져오기 때문에 양자 모두 존속해야 한다. 어느 한 쪽만은 이 세상을 위해 충분하지 못하다.[13]

흔히 신정주의자(theocrat)로 불리는 칼뱅도 교회와 국가의 역할구분을 일관되게 주장하였다. 그는 세속군주의 직위와 권한은 속세의 정의실현을 위해 신이 내린 성스러운 것으로 인식하는 한편 교회의 고유권한에 대해서는 강한 집착을 보였다.[14] 츠빙글리 역시 그의 〈신과 인간의 의에 관하여〉(1523)에서 교회는 신자의 내면적 믿음을, 군주는 백성의 외형적 행위를 관장한다면서 동일한 견해를 피력하였다.[15] 간단히 말하자면, 종교개혁가들에게 이 '두개의 왕국'은 반드시 양립되어야 하는 기독교세계의 양날개이자 인간사회를 지탱하는 두 개의 주춧돌이다. 그들은 "가이사의 것은 가이사에게, 하나님의 것은 하나님께"(〈누가복음〉 20장 25절) 주어지는 사회에서 참다운 교·속 관계를 찾았던 것이다.

그러나 16세기 프로테스탄트 종파들이 실질적으로 경험한 교회와 국가의 관계는 그들의 지도자들이 정립해놓은 기본구도와 판이한 도정을 밟게 된다. 그 근본적 이유는 종교개혁가 자신들에게 있다. 그들은 개별적 영역을 가진 '두 개의 왕국'이라는 대전제는 세워 놓았지만, 그 영역의 경계선과 한계를 명확히 구분한 청사진을 제시하지 못하였다. 게다가 교회와 국가에 구별된 역할을 부여하면서 그들이 의도한 양자의 관계는 배타적 관계가 아니라 협력과 상호의존의 관계이다.[16] 왜냐하면 세속의 권력만으로는 구원을 가져다 주지 못하고 평화와 질서가 결여된 상태에서 교회의 존립은 불가능하기 때문이라는 것이다. 결국 교회와 국가의 구체적 영역이 불분명한 상태에서 양자 사이의 긴밀한 유대는 '가이사의 것'과 '하나님의 것'이 혼동되는 현실로 이어지게 된다.

그 한 예가 바로 루터파가 대표하는 이른바 '군주교회(landesherrliche Kirchen-regiment)'[17]의 등장이다. 루터파 지역의 군주들은 교회 운영에서 과거 가톨릭 주교들이 소유했던 권한을 갖고 있었다. 지역교회의 최고 기관인 교회법정이나 매년 정기적으로 실시되는 교구시찰은 군주에 의해 임명된 정부관리와 성직자들이 주도하였고, 그들의 결정사항이나 점검결과는 군주에게 보고되었으며, 그는 이를 최종적으로 승인 또는 거부할 수 있었다. 이와 같이 교회가 세속군주의 영향권 아래 놓이게 된 현상은 당시 루터파가 직면한 현실적 문제와도 밀접히 맞물려 있다. 황제의 탄압정책에 실질적으로 대응할 수 있는 유일한 길은 루터파를 지지하는 정치권과의 결탁이었고, 이 과정에서 세속군주의 교회 장악이 자연스럽게 이루어진 것이다.

그러나 이러한 군주교회의 출현은 무엇보다도 루터의 만인사제주의 속에 이미 예고되어 있었다. 그는 〈독일 기독교 귀족에게 보내는 서한〉(1520)에서 세속군주도 유사시에는 교회업무에 개입할 수 있다고 밝히고 있다. 기독교인들은 각각 그 기능이 구별되어 있지만 "우리는 모두 머리이신 예수 그리스도에 속한 한 몸"이므로 "사실 평신도(와) 성직자, 군주(와) 주교 사이에는 다른 차이가 없다." 작금의 교회는 위기에 봉착하였고 "(교회개혁에) 더욱 적합한 사람들인 성직자들이 이에 무관심하므로" 기독교 귀족들은 일종의 '비상주교(Notbischof)'로서 교회의 모순을 제거하고 그 안녕과 번영을 위해 진력해야 할 의무가 있다. 비록 "검과 막대기"를 통하여 "행악자들을 처벌하고 법을 준수하는 자들을 보호하는 것"이 그들의 본연의 임무지만 "그들 모두 사제와 주교의 역할을 행할 수 있다." 왜냐하면 세속군주가 교회의 오류를 방관하는 것은 "눈이 심한 상처를 입었을 때 손이 아무런 도움을 주지 않는 것과 같으며", 이는 "비자연적"일 뿐만 아니라 "비기독교적"인 처사가 되기 때문이다.[18] 한마디로 루터가 인식한 교회와 국가의 개별적 영역은 절대적 불가침성을 띠고 있는 것은 아니었다. 그는 결코 군주교회의 출현을 의도하지는 않았지만 그의 만인사제주의는 군주들의 교회 장악을 신학적으로 합리화한 결과를 낳게 된 것이다..

군주교회는 루터파의 몫만은 아니다. 취리히의 종교개혁은 정부(시의회)의 결정에 따라 진행되었으며 나아가서 일종의 '국가교회주의(state-churchism)'를 표방하였다.[19] 또한 영국의 종교개혁은 그 출발부터 군주가 주도한 위로부터의 개혁이었고 국왕은 명실공히 영국교회의 수장으로 존속하였다. 이러한 군주교회체제는 유럽정치사에 중요한 영향을 끼친다. 1550년대 후반부터 신정정치의 양상을 보인 제네바의 칼뱅파와, 이론과 실제에서 국가와 교회의 완전분립을 지향한 급진파[20]의 경우를 제외한다면, 프로테스탄티즘은 결과적으로 교회를 국가에 복속시켜 근세초 유럽의 정치사를 풍미했던 절대주의 체제의 등장에 간과할 수 없는 공헌을 한 것이다.[21] '두 개의 왕국' 사상이 제시한 교·속분립의 거시적 구도는 양자의 긴밀한 협력에 대한 강조와 만인사제주의에 의해 손상될 수밖에 없었으며, 이는 결국 국가의 교회통제라는 현실로 이어지게 되었다. "종교개혁은 절대주의의 성장을 저지한 것이 아니라 오히려 북돋아 주었다"[22]라는 카를 홀(Karl Holl)의 통찰은 학계의 중론으로 자리잡고 있다.[23]

2. 민중과 통치자의 관계

근세초 유럽의 역사에서 프로테스탄티즘은 과격성을 띤 하나의 반체제 운동으로 전개되기도 하였다. 1524~1526년의 독일 농민전쟁, 1540년대 후반의 슈말칼덴 전쟁, 16세기 후반의 위그노 전쟁, 17세기의 영국혁명은 모두 프로테스탄티즘과 직접적으로 연관되어 있다. 그러나 민중과 통치자의 관계에 대한 프로테스탄트 정치관은 전반적으로 보수성을 띠고 있다. 대부분의 주요 종교개혁가들은 민중에 의한 혁명이나 통치자에 대한 백성의 적극적 저항을 단호히 부정하였다.[24] 그들에 따르면, 군주의 직위와 권한은 민중으로부터 유래하는 것이 아니라 신이 부여한 것이기 때문에 통치자에 대한 복종은 민중의 당연한 의무이다. 게다가 그들은 군주나 정부가 신의 뜻을 거역하는 경우에도 일반인이 취할 수 있는 유일한 대응은 수동적, 소극적 저항이라는 공통적 견해를 보였다. 폭군도 사회의 죄악을 응징하기 위한 신의 수단이므로 폭력과 유혈이 동반된 적극적 저항 대신 고난을 감수하고 탄압을 인내하는 태도를 보여야 된다는 것이다. 칼뱅은 그의 견해를 다음과 같이 표명하고 있다.

> 하나님께서 가장 엄중한 명령을 통하여 제정하신 …… 통치자들의 권위가 가장 비열한 자들에게 주어졌을 경우에도 우리는 그 권위를 무시하거나 거역하지 않도록 주의해야 한다. 왜냐하면, 제 멋대로 날뛰는 전제정치를 교정하는 것은 주님의 몫이기 때문이다. 우리는 그것이 우리에게 맡겨진 일이라고 생각해서는 안 된다. 우리에게는 복종하고 견디는 것 외에는 다른 어떤 명령도 주어지지 않았다.[25]

통치자에 대한 민중의 순응을 가장 강도 높게 주장한 종교개혁가는 공교롭게도 그 자신 카를 5세에 완강히 저항한 루터였다. 농민전쟁이 발발하기 이전부터 그의 입장은 확고하였다. 1522년의 한 논문에서 그는 "그것(반란)은 결코 희망하는 개선을 가져올 수 없으며 일반적으로 죄인들보다는 무고한 자들에게 해를 끼치게 되는" 결과를 초래한다고 역설하였다. 무력봉기는 단지 혼란만 야기하기 때문에 "그 명분이 아무리 올바르다 하더라도 어떠한 폭동도 정당하지 못하다"라는 것이 그의 일관된 지론이었다.[26] 다시 말하자면 그가 우선적으로 배격한 것은 폭정이 아니라 무질서였다. 한편 지속적인 충고와 설득에도 불구하고 농민전쟁이 급속도로 확산되고 과격한 양상을 띠게 되자 사태의 심각성을 인지한 루터는 제후들에 의한 준엄한 진압을 촉구하기에 이른다. 그는 "그 어떤 것도 반란도보다 더 유독하고, 유해하고, 극악무도한 것이 없다"라면서 제후들에게 "농민들을 때려 잡고, 살해하고, 칼로 찌르라"라는 혹독한 처방을 내린다. 그에게는 이러한 행위가 교회보호와 질서유지를 위한 불가피한 조치이며 "미친 개를 죽이는 것과 같이 정당"한 것이었다.[27]

민중의 항거를 정당화한 예외적 종교개혁가로는 스코틀랜드 프로테스탄트의 초기 지도자 가운데 한 사람인 녹스(John Knox, 1513~1572)와 1525년 농민전쟁을 주도했던 뮌처(Thomas Müntzer, ca. 1490~1525)를 들 수 있다. 스코틀랜드 정부의 프로테스탄트 탄압에 반기를 들다가 1549년 영국으로 쫓겨난 녹스는 매리 튜더(Mary Tudor)의 반프로테스탄트 정책을 피해 1554년 1월 다시 제네바로 이주한 후 자신의 급진적 정치사상을 노골적으로 표출하였다. 제네바에 도착하자마자 그는 칼뱅에게 "우상숭배를 강요하고 참 종교를 비난하는 통치자에게 복종하는 것이 필요한가?"라고 반문하면서 그러한 군주는 "무력에 의해" 타도되어야 한다고 주장하였다.[28] 같은 해 7월에 출간된 한 논문에서 그는 매리 튜더를 에드워드 6세(Edward VI) 당시에 제거하지 못한 것에 대한 아쉬움을 토로하였고, 또한 카를 5세를 네로보다 더 극악한 폭군으로 묘사하였다.[29] 한편 1520년경부터 종말론적 혁명사상을 보이기 시작한 뮌처는 민중봉기를 통하여 그의 천년왕국주의적 이상을 구현하려 한 가장 급진적 개혁가였다.[30] 그는 추종자들에게 지상낙원의 건설을 위해서는 검에 피가 마르지 않도록 모든 사악한 지배자들을 제거해야 된다고 호소하였다.[31] 녹스와 뮌처한테 기독교 세계를 올바로 이끌지 못하는 정부나 통치자에 대한 저항은 모든 신앙인의 의무이며, 또한 이 경우 집단적 무력의 사용은 신의 뜻에 부합된 합법적 수단인 것이다. 그러나 그들의 이러한 사상은 군주직위의 신수성(神授性)을 신봉한 당시의 프로테스탄트 지도자들에게 수용되기에는 너무나 급진적이었다. 루터는 뮌처를 "뮐하우젠(Mülhausen)의 우두머리 악마"[32]라고 불렀으며 칼뱅은 어떠한 경우라도 군주에 대한 민중의 무력봉기는 정당화될 수 없다면서 녹스의 주장을 일축하였다.[33]

자신의 사상을 직접 행동으로 실천한 뮌처는 마르크스주의자들로부터 높은 평가를 받아왔다. 계급투쟁을 통한 인류사회의 진보를 확신하고 종교개혁을 '초기 부르주아 혁명'[34] 또는 '봉건주의로부터 자본주의로의 이행'[35]의 한 과정으로 간주하는 그들에게는 뮌처야말로 봉건적 압제로부터 민중을 해방시키려 한 영웅인 것이다. 그는 인민의 루터이자 시대를 앞서간 초기 프롤레타리아 혁명의 위대한 지도자라는 것이다.[36] 이에 반해서, 민중과 통치자의 관계에 대해 가장 보수적 견해를 보인 루터는 신랄한 비난을 받아왔다. 마르크스주의자들에 따르면, 루터는 자신의 신학이 지향한 영적 자유와 영적 평등이 정치적 자유와 경제적 평등으로 승화되는 것을 외면한 반혁명적 인물이자 시류에 편승하고 통치자들과 영합한 기회주의자이다.[37] 루터는 군주들에게 "비겁한 굴종"[38]을 보였으며 그로 인해 농민전쟁을 실패로 돌아가게 한 "절대군주정의 대단한 아첨꾼"[39]으로 묘사되고 있다.

통치자에 대한 민중의 적극적 저항을 단호히 부인하였다는 면에서 16세기 종교개혁가들이 절대주의 체제의 도래에 적지 않은 공헌을 하였다는 점을 부인하기는 힘들다. 그럼에도 불구하고 그들을 절대군주정의 열렬한 신봉가인 보댕(Jean Bodin, 1530~1596)이나 보쉐(Jacques-Bénigne Bossuet, 1627~1704)와 같은 부류에 포함시킬 수 없는 이유는 그들이 폭정에 대한 제후들의 항거를 공통적으로 인정하였다는 것이다. 츠빙글리는 신성로마황제의 선출권을 갖고 있는 선제후(選帝侯, Kurfürst)들은 황제가 그 본연의 임무를 제대로 수행하지 못할 경우 그들의 단합된 행동을 통하여 황제를 폐위시킬 수 있다고 주장하였다.[40] 제후들의 저항권과 관련하여 가장 주목을 끄는 종교개혁가는 칼뱅이라 할 수 있다. 위에서 언급하였듯이 그는 《기독교강령》에서 불의한 통치자들에게도 백성의 복종을 촉구하였지만, 하위 권력자들은 이와는 달리 "왕들의 방종"을 좌시해서는 안 된다고 밝히고 있다. "만일 그들이 하층민들을 괴롭히는 왕들을 묵과한다면" 그것은 신의 명령에 대한 "극악한 배반"이다. 왜냐하면 "하나님은 그들(제후들)을 민중의 자유를 보호하는 자들로 임명"하였기 때문이다.[41] 이와 같은 칼뱅의 사상은 베자(Theodore Beza, 1519~1605)를 비롯한 16세기 후반 위그노 진영의 정치이론가들에 의해 계승 발전되어 갔을 뿐만 아니라[42] 점차 강화되는 왕권에 불만을 품고 있던 프랑스의 많은 귀족들을 칼뱅파에 가담케 하는 데 큰 역할을 하였다. 위그노전쟁의 명분과 토대는 이미 칼뱅의 신학 속에 숨어 있었던 것이다.

20세기 초의 종합적 사상가인 트뢸취(Ernst Troeltsch)는 비록 그 제한된 성격에도 불구하고 "칼뱅주의는 민주주의 정신이 성장하는 데 있어서 현저한 역할을 하였다"고 평가하였다. 한편 그는 루터파의 정치사상을 분석하면서 칼뱅파와 "아주 다른" 면모를 부각시켰다.[43] 루터파는 "특권층이 중앙정부에 복속하는 것"과 군주에 대한 그들의 "소극적 저항"을 강조함으로써 "정치적으로 절대주의를 승인"한 가장 보수적 프로테스탄트 종파라는 것이다.[44] 그러나 이러한 트뢸취의 주장은 당시의 사실을 상당히 왜곡하고 있다. 이미 1520년대 중반 작센(Sachsen)의 법학자들은 카를 5세에 대한 독일 제후들의 저항권을 법리적으로 옹호하였고, 루터파의 지도자들인 부겐하겐(Johannes Bugenhagen), 멜란히톤(Philip Melanchthon), 부처(Martin Butzer) 등은 여기에 다양한 신학적 근거를 제공하였다.[45]

한편 1530년 아우그스부르크 제국회의에서 루터파의 주장이 재차 거부되면서 가톨릭과의 완전결별이 불가피해지고 또한 양측 사이의 무력충돌이 가시화되자 그동안 제후들에게 상위군주에 복종할 것을 권고해 왔던 루터마저도 불의한 황제에 대한 그들의 적극적 대항에 정당성을 부여하였다.[46] 슈말칼덴전쟁에서 카를 5세에 무력으로 저항한 루터파 제후들의 행위는 결코 루터의 정치사상과 유리된 것이 아니었다.

그한테도 통치자에 대한 절대적 복종은 일반 민중의 의무이기는 하지만 제후들의 미덕은 아닌 것이다. 전반적으로 보아 16세기 프로테스탄티즘이 절대주의체제의 발전에 사상적으로 이바지하였다는 점에 이의를 제기하기는 어렵지만, 그 공헌은 제한적이며, 따라서 지나치게 획일화된 평가는 지양되어야 할 것이다.

Ⅲ. 프로테스탄티즘과 자본주의

프로테스탄티즘 사학사를 통하여 가장 획기적인 작품 가운데 하나는 독일의 종교사회학자 막스 베버(Max Weber)가 저술한 《프로테스탄트 윤리와 자본주의 정신》이다. 1904년과 그 이듬해에 두 편의 연결된 논문으로 처음 발표된 이 작품에서 베버는 근대 자본주의 정신의 기원을 프로테스탄티즘─특히 칼뱅파의 신학─에서 찾음으로써 학계의 비상한 관심과 대대적인 반응을 유발하였다.

그의 논지는 무엇보다도 당시 유럽의 사학계를 풍미하던 마르크스적 유물사관에 대한 노골적 반박이다. 그는 인간의 역사를 "특정한 경제적 변화의 필연적 산물로 추론하는 것은…… 어떠한 경제법칙으로도 단순화될 수 없는 수많은 역사적 조건들"[47]을 무시한 결정론적 역사해석이라고 질타하였다. 그가 관찰한 프로테스탄티즘과 자본주의의 역학관계는 오히려, 마르크스주의자들의 개념을 빌자면, '상부구조'가 '하부구조'를 지배하는 양태를 보이고 있다. 그러나 베버는 자본주의를 단순히 종교개혁의 창조물로 간주하는 관념론적 목적사관 역시 "어리석고 교조주의적"[48]이라고 경고한다. 그가 의도한 바는 단지 종교적 이념도 역사의 진행을 결정하는 다양한 요소의 하나이며 경우에 따라서는 가장 주도적인 역할을 할 수도 있다는 것이다.

베버는 프로테스탄트 신학에 포함된 두 개의 개념에 착상하여 그의 결론을 이끌어 내었다. 그 하나가 바로 만인사제주의에서 파생된 '소명

(Beruf)'의 개념이다. 만인사제주의는 모든 기독교인의 영적 평등을 강조함으로써 성직자와 평신도의 차별성을 불식시켰고 이는 세속적 일반 직업에 새로운 종교적 의미를 가져다 주었다. 모든 기독교인은 신의 영광을 지상에 실현하기 위한 특정한 소명을 부여받았으며 자기에게 주어진 직업에 충실하는 것이 이 소명을 완수하는 길이라는 것이다. 요컨대, 열심히 일하는 것 자체가 곧 신을 위한 거룩한 행위로 인정된 것이다. 베버는 "세속적 활동의 이러한 도덕적 정당화는 종교개혁이 낳은 가장 중요한 결과 가운데 하나"[49]라고 평가하고 있다.

소명의 개념과 더불어 자본주의 정신을 고무한 또 하나의 핵심적 요소는 칼뱅의 예정론이다. 베버는 구원받을 자와 저주받을 자는 만세 전부터 신에 의해 예정되어 있다는 이 교리의 "극도의 잔임함"과 프로테스탄트 직업관을 연결짓고 있다. 구원이 이미 예정되어 있다면 모든 신자의 우선적 관심사는 자신의 구원 여부이고 그 필연적 결과는 알 수 없는 미래에 대한 초조와 근심이다. 그런데 칼뱅은 선행과 현세에서 성공을 예정된 구원의 증거로(구원의 조건은 결코 아님) 규정함으로써 구원의 불확실성에서 비롯되는 염려와 심리적 불안을 해소시켰다는 것이다.[50] 따라서 소명의 성공적 수행은 신의 지상명령을 이행하는 것일 뿐만 아니라 구원의 확신을 가져다 주는 이중의 역할을 한다. 결국 이러한 신학적 사상에 입각한 칼뱅주의는 실천적 삶과 적극적 사회활동을 권장하게 되었고 나아가 자기 노력에 의한 영리 추구와 부의 축적을 종교적으로 정당화하였다는 것이다.

그러나 소명의식과 예정론이 낳은 프로테스탄트 직업윤리는 단순한 영리 추구가 아닌 일종의 '세속적 금욕주의(this-worldly asceticism)'를 표방한다. 베버는 이 세속적 금욕주의를 근대 자본주의 정신의 본질로서 파악한다. 세속적 금욕주의는 속세와의 단절과 자기부정을 강조하는 중세의 '수도원적 금욕주의(monastic asceticism)'와 구별되며 또한 무분별한 사치와 방종으로 이어지는 부의 추구를 배격한다. 칼뱅주의에서 "게으른 명상"은 "일을 거부하는 것"이며 이것은 "신의 은총이 결여"되었다는 것을 의미한다.[51] 한편 나태와 향락에 목적을 둔 축재는 신이 부여한 소명의 배반으로 간주되었다.[52] 이와는 달리 세속적 금욕주의는 적극적으로 이윤을 추구하되 근면, 검소, 엄격한 자기절제를 통하여 이익을 증대시키고 여기서 늘어난 자본을 재투자하여 부의 극대화를 도모하는 근실한 직업윤리이다. 이것이 바로 근대 부르주아계급의 지배적 정신이라는 것이다.[53]

《프로테스탄트 윤리와 자본주의 정신》는 각계각층의 다양한 비판을 불러 일으켰다.[54] 대표적 비판들을 유형별로 나누어 보면, ① 칼뱅파와 무관한 지역에서도 자본주의는 진척되었다. ② 16세기 가톨릭 신학 속에도 소명의 개념과 자본주의 정신에 부합되는 요소가 내재되어 있다. ③ 칼뱅파의 신학은 근대적 자본주의의 토대를 마련한 것이 아니라 오히려 이미 궤도에 오른 자본주의 체제에 대한 긍정적 적응의 소산이다. 즉 인과관계가 도치되었다는 것이다. ④ 칼뱅파의 신학과 자본주의 정신을 일방적 인과관계나 시기적 전후관계가 아닌 상호작용의 관계로 보아야 한다.

마르크스주의자들이 주장하는 ③번을 제외한 위의 비판적 시각들이 공통적으로 지적하는 것은 베버의 분석의 편벽성이다. 그는 프로테스탄트 신학을 거의 자본주의 정신의 유일한 출처로 간주하고 또한 양자 사이의 역학관계를 획일적으로 규정함으로써 자신이 지탄한 '어리석고 교조주의적'인 해석으로부터 탈피하는 데 실패하였다는 것이다. 그럼에도 불구하고 위의 비판들은 프로테스탄트 신학과 자본주의 정신의 화합성을 기본적으로 인정하고 있다. 이는 결국 베버의 논지가 비록 과장되었기는 하지만 어느 정도 타당성을 띠고 있다는 점을 의미하는 것이다. 자본주의 정신이 프로테스탄티즘의 창조물은 아닐지라도 적어도 그것에 의해 지지되고 그 성장이 가속화되었다는 것은 부정할 수 없는 사실이다.

Ⅳ. 프로테스탄티즘의 사회·문화적 영향

1. 교육

역사상의 많은 '이즘'들이 그러하듯이, 프로테스탄티즘 역시 사회·문화적 산물인 동시에 사회·문화적 변동의 주체였다. 프로테스탄티즘이 고무 촉진한 다양한 사회·문화적 변화 가운데 그 결과가 가장 광범위하게 나타난 분야는 교육이다. 종교개혁가들은 그들이 주도한 교회 개혁의 성패는 프로테스탄트 교리의 대중적 확산여부에 달려 있으며, 이를 위해서는 유능한 목회자의 양성과 효율적 평신도 교육이 필요불가결하다는 것을 간파하고 있었다. 이러한 그들의 인식은 다양한 교육프로그램의 제정과 실시로 구체화되었고, 이는 나아가 성직자와 일반대중의 교육수준을 상승시키는 데에 견인차 역할을 하였다.[55]

먼저 성직자의 교육수준은 중세 말과 비교하여 현저하게 향상되었다. 12세기말 이래로 대학의 수는 우후죽순처럼 증가해왔지만, 중세 말의 여건은 성직자 교육에 별다른 개선을 가져다 주지 못하였다. 가문의 배경없이 높은 학력만으로는 성직계층 내의 신분상승이 어려웠고 또한 일반 사제의 주요 기능이 고급교육을 받지 않아도 가능했던 성례집전이었기 때문에 당시의 성직자들한테 대학교육의 필요성은 그다지 높지 않았고 결과적으로 대학에서 수학한 성직자의 비율은 저조하였다.[56] 종교개혁기의 상황은 이와는 현격한 대조를 보인다. 일선 목회자들의 교육수준 제고가 종교개혁가들의 우선적 관심사로 대두되면서 대학교육의 이수는 서품의 중요한 관건으로 제도화되고 또한 교권 내의 신분상승도 학력 중심으로 이루어져 결국 프로테스탄트 성직자들의 대부분이 대학졸업자로 구성되는 두드러진 변화가 나타났다.[57] 새로운 종교적 이념을 사회의 저변에 정착시키려는 노력이 성직자들을 명실상부한 지적 엘리트 계급으로 부상시켜 놓은 것이다.

성직자 교육의 질적인 측면에서도 괄목할 만한 변화를 찾을 수 있다. 믿음지상주의가 성례집전의 의미를 대폭 축소시켰다면 성경지상주의는 성경교육과 설교를 목회자의 중추적 기능으로 대체시켰다. 성경지식의 효율적 습득과 전달에 대한 강조는 어학과 수사학 교육의 중요성을 부각시켰고, 이는 대학 교과과정의 혁신으로 이어지게 되었다. 결과적으로 스콜라스티시즘(scholasticism)의 총아인 사변적 논리학 위주로 편성되어 왔던 대학의 커리큘럼은 종교개혁과 더불어 '스투디아 후마니타티스(studia humanitatis)'를 중심으로 개편되었다. 중세말 이래로 스콜라스티시즘의 현학성을 공격하고 휴머니즘을 그 대안으로 확립하고자 한 인문주의자들의 열망은 종교개혁이라는 외부적 요인에 의하여 비로소 결실을 보게 된 것이다.[58] 인문교육의 확산과 제도적 정착은 프로테스탄티즘이 낳은 가장 소중한 문화적 유산 가운데 하나이다.

프로테스탄티즘은 일반대중의 교육수준 향상에도 상당한 기여를 하였다. 성경지상주의의 취지에 따라 평신도들의 성경 읽기가 권장되었고, 프로테스탄트 교리의 대중적 확산의 일환으로 교리문답(catechism) 교육이 의무화되었다.[59] 성경과 교리문답서를 읽기 위해서는 최소한의 일반교육이 필요하였고, 이를 고려하여 종교개혁가들은 여러 경로를 통해 대중교육의 확대를 모색하였다. 많은 초·중등 교육기관이 설립되었을 뿐만 아니라[60] 자녀의 학교교육은 부모의 기본적 의무로 간주되었다.[61] 비록 종교적 동기에서 비롯되었지만, 문맹퇴치와 만인교육은 프로테스탄티즘이 추구한 절실한 목표였으며 그 이행과정은 지식의 보편적 확대를 동반하였다. '열려진 성경'이라는 이상이 대중교육의 진흥으로 이어진 것이다.

프로테스탄트 교육정책이 가져온 또 하나의 중요한 변화는 속어(俗語, vernacular)의 발전이다. 라틴어보다는 대중들에게 익숙한 속어가 성경지식과 새로운 교리의 습득에 적합하다는 점이 강조되면서 속어 사용과 속어교육이 적극적으로 장려되었다. 또한 종교개혁가들은 그들의 성경 번역과 저술을 통하여 속어의 활성화에 크게 이바지하였다. 루터는 최초의 독일어 성경을 번역(1522년 출간)하였고 또한 교리문답서뿐만 아니라 그의 글 가운데 상당수를 독일어로 저술하였다. 그의 독일어 성경과 독일어 작품들이 독일문학사의 한 분수령을 이루었다는 것은 널리 알려진 사실이다. 칼뱅 역시 수많은 불어저술을 남겼고, 그 자신이 1541년에 직접 번역한 《기독교강령》은 "불어의 고전적 작품"[62]으로 평가된다. 한편 1524년에 출판된 틴데일(William Tyndale, ca. 1492~1536)의 영어 《신약성서》는 1530년대 후반부터 영국의 모든 교구에서 사용됨으로써[63] 영어의 대중화에 혁혁한 공을 세웠다. 이와 같은 속어의 발전은 결국 유럽의 공용어였던 라틴어의 퇴락을 재촉하였고 그와 더불어 유럽 각국의 독자적 정체성을 드높여 근대 민족주의 형성에도 일조하였다.

2. 결혼과 가정

"나는 나의 카티(Katharina von Bora, 루터의 아내)를 프랑스나 베네치아와 바꾸지 않겠다."[64] 결혼생활 6년째에 접어든 루터의 고백이다. 순결과 독신생활의 종교적 금욕주의를 부단히 추구해야 했던 중세의 성직자들한테서는 결코 상상될 수 없는 이 고백은 프로테스탄티즘의 사회적 혁신성을 압축하여 나타내고 있다. 성직자의 결혼과 가정의 의미 부각은 프로테스탄티즘이 낳은 가장 두드러진 사회적 변화이다.

종교개혁가들은 성직자의 독신생활을 의무화한 중세교회의 부당성을 일차적으로 성경에서 찾았다. 루터는 사도 바울이 개인의 자유로운 선택으로 규정한 성직자의 독처(獨處)를 강요하는 것은 비성서적 오류라고 지적하였고,[65] 비텐베르크 개혁가들 가운데 가장 먼저 결혼을 실천에 옮긴 카를슈타트(Andreas Karlstadt, ca. 1480~1541)는 교회를 감독하는 자는 "한 아내의 남편"이 되어야 한다는 《디모데전서》 3장 2절에 입각하여 성직자의 결혼을 강도 높게 주창하였다.[66] 또 다른 근거는 바로 믿음지상주의이다. 순결의 유지라는 일종의 '행위'와 '준수'는 구원과 전혀 무관하며, 따라서 독신생활의 의무화는 모든 기독교인들에게 영적 자유를 허락한 신의 뜻에 정면으로 위배된다는 것이다.

성직자의 결혼이 인정된 데에는 인간의 한계에 대한 이해와 목회생활에 대한 현실적 고려도 크게 작용하였다. 성적 욕구는 모든 인간의 자연적 본능이므로 제어되기보다는 결혼을 통해 해소되어야 하며 그렇게 될 때 성직자는 좀더 나은 목회활동을 수행할 수 있다는 것이다. 종교개혁가들에 따르면, 독신생활은 대부분의 성직자들에게는 감내할 수 없는 생리적 억압이며, 그 결과는 고결한 생활이 아니라 오히려 성적 타락과 위선이다. 카를슈타트는 성직자에게 강요된 독신생활은 은밀한 동거뿐만 아니라 간음, 동성연애, 자위행위를 조장하여 그들을 음란의 나락에 빠뜨린다고 강조하였다.[67] 또한 억압된 성적 욕구는 나아가 성직수행의 큰 걸림돌이 된다. 츠빙글리를 위시한 11명의 스위스 성직자들이 1522년 7월 콘스탄스(Constance)의 주교에게 제출한 성직자 결혼허가 탄원서는 이를 확연히 예시하고 있다. 그들은 "비록 부끄러운 얘기지만, 우리는 불타오르는 정욕 때문에 그 동안 많은 흉측한 짓들을 해왔다"고 심경을 토로한 후 "마음을 상하게 할 정도로 자주 그리고 격렬하게 타오르는 욕망의 불길만으로도 결혼의 명백하고 충분한 이유가 된다"면서 제도적 개선을 촉구하였다. 일반인들로부터 "음탕하고 뻔뻔스런 개"로 여겨지는 자신들이 그들에게 복음을 가르치는 모순된 현실을 바로잡기 위해서는 성직자의 결혼이 허가되어야 한다는 것이다.[68]

독신생활이 목회활동에 장애가 된다면, 결혼과 가정생활은 다양한 이익을 제공한다. 결혼은 성직자를 육체적 욕망의 굴레로부터 해방시켜 안정된 목회생활를 가능하게 할 뿐만 아니라 가정을 이루고 있는 평신도들의 고통과 문제점들을 파악하고 그들에게 좀더 걸맞는 조언과 교훈을 주는 데 도움이 된다는 것이다. 또한 성직자 역시 배우자나 자녀와의 사랑을 통하여 이웃사랑의 의미를 터득할 수 있다는 것이다. 요컨대 프로테스탄트 성직자들에게 결혼과 가정생활은 더 이상 배격의 대상이 아니라 지향의 대상이자 축복이 된 셈이다. 종교개혁가들의 소망과 오랜 노력은 결국 결실을 맺게 된다. 1525년 취리히에서 최초로 성직자의 결혼을 허용하는 법령이 제정된 후 신성로마제국(1548)과 영국(에드워드 6 세의 통치기간 중)에서도 프로테스탄트 성직자들의 결혼권이 법적으로 승인되었다.

독신과 순결이라는 기존의 미덕이 거부되고 성직자의 결혼이 인정되면서 가정의 일반적 의미와 중요성은 한층 제고되었다. 무엇보다도 가정은 신앙과 삶의 으뜸가는 배움터로 간주되었다. 종교개혁가들은 부모들에게 신뢰와 애정을 가지고 자녀를 양육하고 그들의 신앙교육과 일반교육에 노력을 경주하라고 독려하였다. 한편 자녀는 부모의 사랑을 통하여 인간을 향한 신의 사랑을 대리 경험하게 되고 부모에 대한 순종과 공경을 통해서 신을 경외하는 마음가짐을 갖게 된다면서 가정생활의 중요성을 부각시켰다. 또한 가정은 "사회적 인간관계의 원형"을 가르치는 사회교육의 현장이다.[69] 가정은 그 구성원들에게 질서의식을 고취시키고 협력과 나눔의 덕목을 함양시키는 소중한 울타리라는 것이다. 뿐만 아니라 가정은 육체와 정신을 맑게 해주는 안식처이다. 루터는 "결혼생활 속에서 간음과 음란은 사라지며", 이는 나아가 "건강한 몸과 건전한 의식"을 가져다 주고, 여성은 어린이와 함께 있을 때 "더욱 청결하고 행복해진다"면서 가정의 혜택을 강조하였다.[70]

결혼과 가정의 의미 격상은 하나의 커다란 사회적 변화를 동반하게 된다. 속세와의 연루가 배제된 금욕주의적 은둔생활에 주어진 이상적 가치는 소멸하게 된 반면 가족과의 동거동락은 모든 기독교인들에게 허락된 신의 은총으로 인식되게 된다. 점차 가정중심적으로 변모해간 근대인들의 생활양식과 의식구조의 정신적 토대는 프로테스탄티즘 속에서 발아되었던 것이다. 여기에서 우리는 프로테스탄티즘이 함유한 고도의 사회적 진보성을 발견할 수 있다.

V. 프로테스탄티즘의 근대성과 중세성

흔히 루터는 그와 동시대를 살아간 코페르니쿠스와 비견된다. 그의 신학은 지동설을 방불케 하는 충격이었고 기독교 세계의 '코페르니쿠스적 전환'을 가져왔다. 그렇다면 루터의 획기적 신학을 그 중심부에 두고 있는 프로테스탄티즘은 유럽사에서 어떠한 시대적 의미를 지니고 있는가? 좀더 구체적으로 묻는다면, 중세사회를 이끌어온 가톨릭교회를 부정한 프로테스탄티즘은 과연 근대적인가? 이 질문들에 대한 답변은 일차적으로 중세와 근대를 어떠한 잣대로 규정하는가에 따라 달라질 수밖에 없다. 학계의 통례적 시대구분에 수반되는 자의성(恣意性)을 염두에 두면서 프로테스탄티즘의 근대성과 중세성을 일별해 보기로 한다.

개성의 발견 또는 개인의 정체성 고양이라는 면에서 프로테스탄트 종교개혁은 르네상스와 더불어 근대의 출발로 평가될 수 있다.[71] 르네상스가 세속적 개인주의를 표방했다면 프로테스탄티즘은 종교적 개인주의를 지향하였다. 믿음지상주의는 개인의 믿음을 구원의 충분조건으로 제시함으로써 중세의 구원론에 기초한 객관화되고 외형화된 종교적 메커니즘 속에서 상실된 개인의 주관적, 내면적 신앙을 회복시켜 놓았다. 프로테스탄트들에게는 구원이 외부의 제도적 도움 없이도 충분히 가능한 개인적 영역에 위치하게 되었고 이는 '교회의 바깥에 구원은 없다'라는 중세교회의 신념과 전통을 뿌리채 흔들어버렸다. 끊임없이 요구되어 온 수많은 '행위'와 '준수'로부터의 자유 그리고 그것들을 관장해 온 사제의 권위로부터의 해방은 신앙의 개인화를 의미하게 되었고, 이는 나아가 인간의 자아의식을 고취시키고 개인의 중요성을 확대시켰다고 볼 수 있다. 프로테스탄티즘은 개인의 종교이자 "르네상스의 신학적 실현"[72]이며 바로 여기에 그 근대성이 확연히 표출되어 있는 것이다.

부르크하르트(Jakob Burckhardt)가 근대의 여명기로 규정한 르네상스의 한 사상적 특징은 인간능력에 대한 신뢰이다. 계몽주의를 근대의 출발로 간주하는 데에도 유사한 관점이 실려 있다. 자연의 이치와 이성에 순응하여 삶을 영위하면 인간은 얼마든지 자신의 의지로써 행복과 번영을 성취할 수 있으며 결국 그렇게 될 때 인류는 무한히 진보한다는 신념이 근대사회의 정신이라는 것이다. 이 점에서 프로테스탄트 신학은 근대에 역행하는 일면을 갖고 있다. 구원은 '성취되는 것'이 아니라 '주어지는 것'이라는 교리 속에는 인간의 자율성에 대한 부정적 시각이 깔려 있다. 더구나 칼뱅이나 루터의 예정론을 핵심적 프로테스탄트 신학의 범주에 포함시킨다면[73], 프로테스탄티즘이 제시한 인간상은 철저하게 타율적 존재일 수 밖에 없다. 그는 예기치 않은 새로운 삶에 환호하는 나사로가 될 수도 있지만, 한편으로는 거부할 수 없는 운명 앞에 처절하게 괴로워하는 영원한 오이디푸스가 될 수도 있다. 상당수의 계몽주의 철학가들이 이신론(理神論, deism)을 내세운 것은 바로 이러한 신의 독단적 이미지에 대한 거부였다. 그들이 희구한 신은 인간에 의해 진행되는 인간의 역사를 단지 먼 곳에서 관조함으로써 인간에게 자율성을 허락하는 신이었다. 이 점을 고려해 볼 때, 인간의 자발적 노력이 구원에 큰 역할을 한다는 중세의 구원론이 오히려 근대적이라고 할 수 있다. 거기에는 인간 자신의 의지와 행위로써 앞날을 개척할 수 있는 최소한의 여지가 존재한다. 한마디로 프로테스탄트 신학이 그려낸 인간은 중세교회의 속박에서는 해방되었지만 의지의 구속이라는 더욱 큰 멍에를 감수해야만 하는 것이다. 프로테스탄트 신학이 갖고 있는 근대적 성격의 한계점이 여기에 뚜렷이 나타난다.

그럼에도 불구하고 프로테스탄티즘은 유럽사회의 근대화에 여러 모로 큰 공헌을 하였다. 종교개혁은 기독교세계를 양분함으로써 교회의 일체성과 결속력을 크게 약화시켰고 또한 결과적으로 국가의 교회 간섭을 정당화함으로써 중세말 이래로 진행되어 온 국가의 교회 장악을 가속화시켰다. 이에 의해 촉진된 절대주의 체제는 왕권신수설과 통치자에 대한 민중의 무조건적 복종을 강조한 대다수의 종교개혁가들에 의해 그 명분과 입지가 더욱 공고해졌다. 한편 만인사제주의에서 파생된 소명의식과 칼뱅의 예정론은 현세에서의 적극적 이윤 추구를 합리화시켜 근대 자본주의 정신을 고무시켰다. 이와 더불어 성직자 및 일반대중의 교육수준은 향상되었고, 중세의 지식세계를 석권해온 스콜라스티시즘의 퇴락과 함께 인문주의 교육이 본격적으로 실시되었으며 또한 근대 유럽국가의 언어들이 활성화되는 계기가 마련되었다. 한편 성직자 결혼의 인정과 고양된 가정의 의미는 근대적 사회구조의 도래를 재촉하였다.

그러나 이러한 프로테스탄티즘의 다양한 근대적 면모 역시 간과할 수 없는 한계점들을 노출하고 있다. 아내와 자녀의 절대적 복종이 요구된 기존의 엄격한 가부장적 가족관계는 그대로 존속되었을 뿐만 아니라 출산의 위험이나 남성의 억압을 피하기 위한 하나의 방편이었던 독신생활이 비하됨으로써 여성이 가정과 남성에 더욱 구속되는 결과가 나타났다.[74] 비록 군주의 위상은 드높여졌지만 프로테스탄티즘 속에는 어떤 제도나 가치보다도 국가 그 자체가 우선적으로 고려되어야 한다는 마키아벨리적 국가이성개념[75]이 결여되었고 거기에 나타난 국가의 본원적 존재 이유는 기독교세계의 보호에 있었다. 마찬가지로 부의 축적, 교육의 확대, 속어의 장려 등 이 모두가 궁극적으로는 종교적 동기에서 비롯되었다. 이 점에서 프로테스탄티즘에 대한 트뢸취의 평가는 각별한 주목을 요구한다. 그에 의하면 프로테스탄트 종교개혁은 결코 근대의 출발이 아니며 기존 중세사회의 패러다임 내에서 이루어진 일종의 보수적 개혁에 불과하다. 신앙과 인간사회와 관련된 개별적 분야들에 있어서 혁신적인 대안들이 제시되었지만 초이성적인 세계관과 교회중심의 문화는 그대로 답습되었고 그것이 지향한 이상사회는 역시 초자연적인 기준에 의해 운영되는 전근대적 사회라는 것이다. 근대의 기원을 과학혁명과 계몽주의에 두고 있는 그가 인식한 프로테스탄트 종교개혁은 결국 중세와의 단절이 아니라 연속인 것이다.[76]

중세교회에 대한 항의로 시작된 프로테스탄티즘은 근대성과 중세성이 공존하는 전환기적 현상이었다. 그리고 그것은 격동과 풍랑의 세월을 거쳐가면서 인간사회의 구석구석에 거대한 족적을 남긴 역사의 큰 물줄기였다. 그러나 그 성격이 중세적이건 근대적이건간에 프로테스탄티즘은 단순히 흘러간 과거의 운동만으로 존재하는 것은 아니다. 비록 그 역동성은 둔화되었지만 오늘날도 지구상의 곳곳에 살아 숨쉬며 그 영향력을 발휘하고 있다. 구원의 한 방법으로서 여전히 많은 현대인들의 삶 속에 자리잡고 있으며 우리는 그것이 남긴 유산을 알게 모르게 향유하고 있다. 나아가 합리성에 기초한 과학문명이 개벽 이래 인류의 최대과제인 구원문제를 해결하지 못하는 한 프로테스탄티즘은 초미의 관심사로 영속할 것이다.

주

1) 약 5세기 가까이 존속해온 프로테스탄티즘의 다양한 면모를 제한된 지면에 시기별·주제별로 총망라하는 작업은 거의 불가능하다는 판단하에 필자는 본 논문을 주로 16세기 프로테스탄티즘의 핵심적 분야에 국한시키기로 한다.
2) Steven Ozment, *The Age of Reform 1250~1550 : An Intellectual and Religious History of Late Medieval and Reformation Europe*(New Haven, 1980), pp. 22~42는 중세의 정통구원론과 다양한 비주류 구원론을 소개하고 있다.
3) 교황 인노센트 3세(Innocent III, r. 1198~1216)가 주재한 1215년의 제4차 라테란 종교회의(Fourth Lateran Council)는 모든 성인 기독교인들의 정기적(적어도 1년에 1회 이상) 고해성사 수행을 의무화하였다.
4) Bernd Moeller, "Piety in Germany around 1500", *The Reformation in Medieval Perspective*, ed. by S. Ozment(Chicago, 1971), pp. 50~75.
5) Ozment, *op. cit.*, pp. 204~222.
6) 루터는 1545년에 그동안 그가 라틴어로 쓴 저술들을 새로이 편집하였는데, 그 서문에서 자신이 어떻게 《로마서》 1장 17절을 이해하였는지 생생히 술회하고 있다. "Preface to the Complete Edition of Luther's Latin Writings", *Martin Luther : Selections from His Writings*, ed. by John Dillenberger(New York, 1961), p. 11.
7) 루터와 츠빙글리는 프로테스탄트의 단합을 도모하기 위하여 헤센의 백작 필

립(Landgraf Philipp von Hessen)이 주선한 양자 간의 마르부르크 담화 (Marburg Colloquy, 1529)에도 불구하고 성찬에 대한 그들의 이견을 좁히지 못하였고 결국 비텐베르크와 취리히는 츠빙글리가 사망한 이후에도 독자적 노선을 걷게 된다.

8) Ozment, *op. cit.*, p. 217. '면벌부(免罰符)'대신 종종 '면죄부(免罪符)'라는 용어를 사용하는 관례는 시정해야 한다. 중세신학에 따르면 죄는 고해성사를 통하여 사제가 신을 대리하여 용서하는 것이다. 그러나 그 죄에 따르는 벌은 고해성사에도 불구하고 여전히 남게 되는데, 연옥에서 받게 될 이 벌을 현세에서 대신하는 것이 참회고행이며, 이는 구원에 필요한 공적을 쌓는 수단이기도 하다. 따라서 〈우니게니투스〉에 의해 참회고행의 한 형태로 인정된 '인둘겐티아' (indulgentia)의 구매는 '죄'를 용서하는 것이 아니라 '벌'을 면하게 하는 기능을 한다.

9) 박준철, 〈중세말 독일의 反聖職主義와 대학교육〉,《역사학보》149(1996), pp. 160~165.

10) "Institutes of the Christian Religion-1536", *John Calvin : Selections from His Writings*, ed. by John Dillenberger (Ann Arbor, 1975), p. 360.

11) Lewis Spitz, *The Protestant Reformation 1517~1559*(New York, 1985), p. 75에서 재인용.

12) Walter Ullmann, *A History of Political Thought : The Middle Ages*(Baltimore, 1970)에는 교·속 관계를 포함한 중세 정치사상의 다양한 주제가 거시적으로 묘사되어 있다.

13) "Temporal Authority : To What Extent it Should be Obeyed", *Luther's Work,* 이하 *LW*(St. Louis, 1955), vol. 45, p. 91.

14) Spitz, *op. cit.*, p. 213, 221.

15) Steven Ozment, *The Reformation in the Cities*(New Haven, 1975), pp. 133~134.

16) Heinrich Bornkamm, *Luthers Lehre von den zwei Reichen im Zusammenhang seiner Theologie*(Gütersloh, 1960), p. 10.

17) 필자가 '군주교회'로 번역한 'landesherrliche Kirchenregiment'는 독일의 종교개혁 사가 카를 홀(Karl Holl)이 처음 사용한 용어로서 영어권에서는 일반적으로 'princely church'로 표현한다. 이 '군주교회'의 발달과정을 위해서는 그의 "Luther und das landesherriche Kirchenregiment", *Gesammelte Aufsätze zur Kirchengeschichte,* vol. 1(Tübingen, 1923), pp. 326~380 ; *The Cultural Significance of the Reformation*, trans. by Karl and Barbara Hertz and John H. Lichtblau(Cleveland, 1959), pp. 45~105 참조.

18) 본 문단에 지금까지 인용된 문구들은 *Martin Luther : Selections from His Writings*, pp. 409~410.

19) Spitz, *op. cit.*, p. 363.

20) 많은 학자들은 16세기 급진파들의 대표적 공통점을 교회와 국가의 분리에서 찾고 있으며 이 점에서 그들을 가장 '근대적' 프로테스탄트로 규정하고 있다. George H. Williams, *The Radical Reformation*(London, 1962), p. 815 ; Ernst Troeltsch, *Protestantism and Progress* : *A Historical Study of the Relation of Protestantism to the Modern World*, trans. by W. Montgomery(Boston, 1958), p. 48 ; Roland H. Bainton, "The Left Wing of the Reformation", *Studies on the Reformation*(Boston, 1963), p. 121.

21) Troeltsch, *op. cit.*, p. 109.

22) Holl, *The Cultural Significance of the Reformation*, p. 60.

23) James Kittelson은 그의 "Strasbourg, the Landesherrlichekirchenregiment, and the Relative Autonomy of Lutheran Churches in Sixteenth-Century Germany", *Locus*, vol. 2(1990) pp. 131~143에서 홀의 의견을 실증적 차원에서 반박하고 있으나, 슈트라스부르크에 국한된 이 논문이 루터파의 일반적 경향을 대변한다고 보기는 어렵다.

24) Ozment, *The Age of Reform*, pp. 419~421.

25) "Institutes of Christian Religion-1536", *op. cit.*, p. 504.

26) 인용된 문구들은 "A Sincere Admonition to All Christians to Gurad Against Insurrection and Rebellion", *LW*, vol. 13, p. 271.

27) "Against the Robbing and Murdering Peasants", *Works of Martin Luther*(Philadelphia, 1931), vol. 4, pp. 248~250.

28) Jasper Ridley, *John Knox*(New York, 1968), pp. 178~179에서 재인용.

29) *Ibid.*, pp. 184~186, p. 209.

30) 박양식, 〈종교개혁 시대의 천년왕국운동〉(서강대학교 박사학위 논문, 1996), pp. 89~133는 군주와 민중에 대한 뮌처의 사상을 잘 요약하고 있다.

31) Spitz, *The Age of Reform*, p. 105.

32) Ozment, *The Age of Reform*, p. 284.

33) Ridley, *op. cit.*, pp. 179~180.

34) 종교개혁을 '초기 부르주아 혁명'으로 개념화한 학자는 엥겔스이며 이 개념은 20세기 후반의 대표적 마르크스주의적 종교개혁사가인 슈타인메츠에 의해 보다 확고하게 정립되었다. Max Steinmetz, "Reformation und Bauernkrieg in der Historiographie der DDR", *Zeitschrift für Geschichtswissenschaft*, vol. 8(1960), pp. 160 ff ; idem, "Die frühbürgerlichen Revolution in Deutschland(1476~ 1536)", *Reformation oder frühbürgerliche Revolution?*, ed. by Rainer Wohlfeil(Munich, 1972), pp. 42~55.

35) R. H. Hilton, ed., *The Transition from Feudalism to Capitalism*(London, 1978)에 기고된 논문들 참조.

36) Abraham Friesen, "Thomas Müntzer in Marxist Thought", *Church History* vol. 34(1965), pp. 306~327.

37) A. G. Dickens and John M. Tonkin, *The Reformation in Historical Thought*(Cambridge, Mass., 1985)의 제10장 "Materialist Perspectives : The Marxists", pp. 234~263.

38) Friedrich Engels, "The Peasant War in Germany", in his *The German Revolution*, ed. by Leonard Krieger, trans. by M. J. Oglin(Chicago, 1967), p. 52.

39) Ozment, *The Age of Reform*, p. 273에서 재인용.

40) 일부 학자들은 츠빙글리가 이러한 사상을 갖게 된 데에는 1522년 바젤에서 출판된 마르실리우스(Marsilius of Padua, ca. 1280~1343)의 《평화의 수호자》 (*Defensor Pacis*)의 영향이 컸다는 의견을 제시하고 있다. G. R. Potter, *Zwingli*(Cambridge, 1976), p. 120, note 5.

41) "Institutes of Christian Religion-1536", *op. cit.*, p. 505.

42) John T. McNeil, ed., *Calvin : On God and Political Duty*(New York, 1956), pp. ⅹⅶ~ⅹⅸ.

43) Treoltsch, *op. cit*, pp. 112~117. 인용문구들은 p. 117.

44) *Ibid.*, pp. 111~113.

45) Cynthia Shoenberger, "The Development of the Lutheran Theory of Resistance 1523~1530", *Sixteenth Century Journal*, vol. 8(1977), pp. 61~76.

46) Idem, "Luther on Resistance to Authority", *Journal of the History of Ideas*, vol. 40(1979), pp. 3~20. 제후들의 항거를 옹호하는 루터의 대표적 논문은 "Dr. M. Luther's Warning to His Dear German People (1531)", *LW*, vol. 47, pp. 11~55.

47) Max Weber, *The Protestant Ethic and the Spirit of Capitalism*, trans. by Talcot Parson(New York, 1976), p. 91.

48) *Ibid.*

49) *Ibid.*, p. 54, 80~81. 인용문은 p. 81.

50) *Ibid.*, pp. 98~115.

51) *Ibid.*, pp. 158~159.

52) *Ibid.*, pp. 162~163.

53) *Ibid.*, p. 172~174.

54) Dickens, *op. cit,* pp. 267~273과 Anthony Gidden's Introduction to *The Protestant Ethic*, pp. 8~12는 베버의 논지에 대한 비판들과 문헌들을 일목요연하게 소개하고 있다.

55) James Kittelson, "Learning and Education : Phase Two of the Reformation", *Die dänische Refomation vor ihrem internationalen Hintergrund*, ed. by Leif

Grane and Kai Horby(Göttingen, 1990), pp. 149~163.

56) 박준철, 〈중세말 독일의 反聖職主義와 대학교육〉, 앞의 논문, pp. 141~147.

57) 박준철, 〈르네상스 휴머니즘과 종교개혁의 관계—멜란히톤의 비텐베르크 대학 커리큘럼 개편을 중심으로—〉, 《서양사론》 52(1997), pp. 10~12.

58) 같은 논문, pp. 20~31.

59) Gerald Strauss는 그의 *Luther's House of Learning : Indoctrination of the Young in the German Reformation*(Baltimore, 1978)에서 루터파 지역에서 실시된 교리문답 교육의 실상과 그 결과를 상세히 기술하고 있다.

60) 종교개혁가이자 휴머니스트 교육가인 멜란히톤은 수십 개의 라틴학교와 김나지움을 설립하여 생존 당시부터 '독일의 교사(Praeceptor Germaniae)'로 불렸다.

61) 루터는 "A Sermon on Keeping Children in School"(1530), *LW*, vol. 46, pp. 213~258에서 어린이 교육의 다양한 종교·사회적 효용성을 설명하면서 부모들에게 어린이를 학교에 보내 라고 강력히 촉구하였다.

62) Spitz, *op. cit.*, p. 216.

63) A. G. Dickens, *The English Reformation*(London, 1964), pp. 131~135.

64) Tabletalk no 49. (1531), *LW*, vol. 54, p. 8.

65) "On Monastic Vow" (1521), *Ibid.*, vol. 44, p. 262.

66) Ozment, *The Age of Reform*, p. 384.

67) *Ibid.*, p. 383.

68) *Ibid.*, pp. 387~388에서 재인용

69) Troeltsch, *op. cit.*, p. 94.

70) "The Estate of Marriage", *LW* vol. 45, pp. 43, 46.

71) W. Dilthey, "The Interpretation and Analysis of Man in the 15th and 16th Centuries", *The Reformation : Basic Interpretations*, ed. by Lewis Spitz (Lexington, 1972), pp. 11~24.

72) William Bouwsma, "Renaissance and Reformation", *Luther and the Dawn of the Modern Era : Papers for the Fourth International Congress for Luther Research*, ed. by H. A. Oberman(Leiden, 1974), p. 129.

73) 종교개혁가들 가운데 칼뱅만이 체계적인 예정론을 제시하였다. 루터는 구원받을 자는 신에 의해 이미 예정되어 있지만 한 인간이 구원에서 제외되는 것은 신이 예정한 것이 아니라 본인의 책임이라는 논리적으로 모순된 주장을 펼쳤다. 한편 그의 사후 루터파 내에서는 예정론을 주장 하는 '순수한 루터파(Gnesio-Lutherans)'와 신인협력설(神人協力說, synergism)에 기울어진 멜란히톤의 대립이 있었다. 이에 반해 재세례파를 비롯한 대부분의 급진적 개혁파들은 예정론을 부인하였다.

74) Natalie Z. Davis, "City Women and Religious Change in Sixteenth Century France", *A Sampler of Women's Studies*, ed. by Dorothy G. McGuigan(Ann

Arbor, 1973), pp. 17~46.
75) 곽차섭, 〈마키아벨리즘〉, 《서양의 지적 전통》, 김영한·임지현 편(지식산업사, 1994), pp. 219~220.
76) Troeltsch, *op. cit.*, esp., pp. 69~70, 85~86.

자유주의
Liberalism

박 우 룡

I. 해석의 문제

자유주의는 카멜레온과 같은 이념이다. 이 명칭은 유럽권에서는 주로 '고전적 자유주의'를 일컫는 말이고, 미국에서는 '진보주의'와 거의 동의어로 사용된다. 이처럼 자유주의가 딱 잘라 정의내리기 난감한 "매우 애매모호한"[1] 이념으로 비치는 것은 다양한 역사적 전개과정을 거쳤기 때문이다. 따라서 자유주의를 좀더 올바로 이해하기 위해서는 번거롭지만 그 역사적 연원과 전개과정을 살펴야만 한다.

역사적인 맥락에서 자유주의는 크게 '고전적 자유주의(classical liberalism)'와 '사회적 자유주의(social liberalism)'로 나뉜다. 자유주의를 두 흐름으로 구분하는 근거는 국가가 개인과 집단의 경제·사회적 영역에 개입하는 문제를 어떻게 받아들이는가에 있다. 고전적 자유주의가 일관되게 국가의 불간섭을 자유를 지키기 위한 우선적인 요건으로 인식하고 있는 반면 사회적 자유주의는 국가의 개입을 개인의 자유와 기회의 영역을 효과적으로 넓히기 위한 필수적인 요소라는 입장을 견지한다. 혹자는 전자를 '소극적 자유(negative liberty)'로 후자를 '적극적 자유(positive liberty)'로 달리 부르기도 한다.

유럽인들이 자유주의를 해석하는 데 보수적 경향을 보이는 것은 그들이 국가권력으로부터 탄압을 받았던 역사적 경험에 연유한다. 특히 그러한 경험을 통해 경제적 자유가 보장되는 환경 아래에서만 자유주의의 이상이 실현될 수 있다는 믿음을 갖게 되었으므로 그들은 정치적 자유와 자유시장경제와의 연관성을 강조하며 자유주의와 민주주의를 엄격히 구분하려 한다. 이 견해에 따르면 자유와 민주주의적 평등의 관계는 결코 해소될 수 없는 갈등의 관계에 놓이게 된다. 그러나 그와 같은 자유주의는 역사적으로 부르주아의 계급이익을 대변한 이념이었다는 인식이 지배적이다.

사회적 자유주의는 국가 개입을 통해 분배정의와 복지국가를 지향하는 개혁의 이념이다. 1870년대부터 산업자본주의가 초래한 빈곤과 실업의 문제가 본격적으로 밀어닥치자, 영국을 선두로 그에 대한 해결책을 모색하는 과정에서 나타난 '수정된' 자유주의이다. 고전적 자유주의로 출발해서 19세기 중반에 이르러 "정치적 평등"의 민주적 자유주의로 진화했던 자유주의는 마침내 "경제적 평등", 즉 사회적 자유주의로 변모하였다.[2] 이 새로운 경향은 20세기 유럽의 사회민주주의 출현에 큰 영향을 끼쳤고, 미국 진보주의의 발전에 이념적 기초를 제공하였다.

한편 현대 자유주의의 복잡한 현실은 이와 같은 이분법적 사고를 무색하게 만든다. 오늘날 자유주의의 이념적 스펙트럼이 좌파의 사회민주주의에서부터 '신우파(New Right)'의 '자유지상주의(libertarianism)'에 이르기까지 다양하고, 각 이념들이 추구하는 가치들도 중첩된 경우가 허다하기 때문이다. 그러므로 자유주의를 이해할 때, 그것을 더 이상 한 사회집단의 전유물이거나 특정 경제제도의 지지자들만의 이념이 아닌, "서유럽 정치학의 모든 특징적 전통의 현대적 표현"[3]으로 보려는 또 다른 시각도 염두에 두어야 할 것이다.

Ⅱ. 초기 자유주의의 성립

1. 역사적 기초

인간이 자유를 추구한 오랜 역사적 흔적에도 불구하고, 고대와 중세에는 그것이 하나의 독자적인 이념적 전통으로 존재하지는 않았다.[4] 자유를 이상으로 여긴 흔적은 일찍이 고대 그리스에서도 발견된다. 그러나 도시국가 체제의 그리스에서 추구했던 자유는 '집단적' 자유였다. 외적의 침입으로부터 자기 집단을 보호하고, 자기 집단의 이상을 실현하려는 동기에서 자유를 추구하였던 것이다. 그러므로 당시 소크라테스가 추구한 '이성적 개인의 도덕적 완성'이라는 이상도 아테네의 번영과 질서를 목표로 한 것이었다.

고대 그리스의 폴리스 체제가 붕괴하고 거대 제국이 출현하면서, 자신들의 준거집단인 소규모 공동체를 잃어버린 시민들은 불안감과 소외감에 사로잡혀 있었다. 이때 등장한 스토아주의(Stoicism)는 모든 인간의 평등함과 존엄을 일깨우고, 개인의 내적 힘과 자기실현의 목표를 제시하여 세계시민주의와 개인주의의 사상적 기반을 마련하고, 그리스도교의 보편 종교로의 가능성을 열어주었다. 그리스도교는 헤브라이즘 안에 깃든 인간의 도덕적 자율성과 개인의 가치의 문제를 종교적 차원의 보편적 가치로 끌어 올림으로써 서구사회에 개인과 자유의 문제를 하나의 주요한 관심사로 제기하였다.

그러나 중세의 계급사회로 접어들면서 다시 '집단적' 자유 또는 '특권적' 자유가 지배적인 경향이 되었다. 중세교회의 성직자 집단은 세속 권력의 침해를 받지 않으려는 데서, 또 귀족들이나 도시의 상인들은 외부 권력의 침해로부터 자기 집단의 이익을 보호하려는 데서, 자유를 적극적으로 추구하였다. 즉 중세의 자유는 지배권력으로부터 빼앗거나 사들인 권리였으며, 한 개인으로서보다는 특정집단의 구성원으로서 갖게 되는 특권이었다. 당연히 그와 같은 자유는 보편적인 이념이 될 수 없었다.

자유주의는 본질적으로 근대적인 이념이다. 무엇보다도 자유주의의 핵심인 개인주의적 가치관은 르네상스와 종교개혁, 16·17세기의 근대 과학의 출현, 봉건적 질서의 자본주의적 질서로의 이행과정을 거치면서 그 기초가 다져졌다. 르네상스는 인간의 관심을 초월적 내세로부터 지상의 현실로 이동시킴으로써 근대의 개인주의와 세속주의가 발전할 계기를 마련하였다. 르네상스 휴머니즘은 중세의 신 중심적 가치관에 압도되었던 인간 중심적 가치관을 부활시켜 개인을 역사의 주체로, 무한한 잠재력을 지닌 창조적 인간으로 재생시켰다.

프로테스탄트 종교개혁은 신과의 직접 만남을 강조하는 개인신앙과, 성서 해석상의 개인적 판단을 허락하는 새로운 교리를 제공함으로써, 개인주의 발달의 중요한 터전을 제공하였다. 오랜 기간의 치열한 종교전쟁 속에서 '종교적 관용'을 주장하는 합리주의적 태도와 개인의 도덕적 평등을 존중하는 경향이 생겨났다. 이제 자신의 양심과 신념에 따른 종교적, 정치적 태도로 처벌을 받거나 투옥을 당하지 않는 시민적, 개인적 자유의 전통이 본격적으로 생겨나기 시작하였다.

17세기의 과학혁명은 자연과 인간사회에 대한 인식에 혁명적 변화를 가져왔다. 이 혁명은 세계를 한치의 오차도 없는 보편적이고 자동적인 불변의 법칙에 의해 움직이는 기계와 동일시하는 '기계적 우주관(Mechanical Universe)'을 제시하였다. 인간이 '이성'의 힘을 통해 자연의 보편적 법칙을 발견한 사실은 인간사회에서도 그와 같은 '자연법'을 찾을 수 있을 것이라는 기대감을 불러일으켰다. 당대의 개혁주의자들은 만약 현행의 종교·제도·가치관 등이 그 법에 어긋날 때, 그에 맞도록 잘못된 부분을 교정함으로써 인간사회의 '진보'가 가능할 것으로 믿게 되었다. 이와 같은 사고방식은 결국 기존의 체제와 가치관에 도전하는 계몽사상의 대전제가 되었다.

영국의 뉴턴과 로크(John Locke)가 뿌린 지성의 씨앗은 유럽으로 전

파되어 계몽사상의 지적(知的) 혁명을 이루었다. 그 새로운 지적 경향
은 특히 프랑스에서 두드러졌다. 18세기의 프랑스의 계몽사상가들은
뛰어난 탐구정신과 탁월한 저술을 통해 당시 유럽의 지식인들을 계몽
하고, 그들의 여론을 대변하였다. 그들은 종교적 관용, 지적 자유, 진보
적 교육사상, 경제적 자유주의, 근대적 국가이론 등을 통해서 유럽인들
의 생활과 사상에 일대 변화를 가져다 주었다. 특히 이 사상은 귀족계
급이 누리고 있는 특권에 점점 분노하고 있던 신흥 중산계급이 아직도
잔재하는 봉건제도·중상주의·절대군주제·검열제도를 공격하는 자유주
의 투쟁의 중심이념이 되었다.[5]

2. 자유주의 혁명

자유주의는 영국의 명예혁명, 미국의 독립혁명, 프랑스혁명을 통해
새로운 정치질서를 주도하는 이념으로 자리잡았다. 이 혁명들을 통해
초기 자유주의가 추구한 두 가지 목표는 전제(專制) 권력에 대한 저항
이요, 중세적 질서와 특권의 파괴였다. 혁명을 주도한 세력은 바로 부
르주아 계급으로 16~18세기에 이르는 동안 과학발전과 기술혁신, 자
본주의적 경제질서의 발전, 계몽사상 등에 의해 성장한 상공업에 종사
하는 중산계급과 전문직업인, 지방의 젠트리 등이 이에 속한다. 부르주
아 계급은 자신들의 이상과 이해 관계를 추구하는 데서 점차 기존의
귀족, 나아가 절대군주와 대립하게 되었다.
1688년 영국의 명예혁명은 사상 최초의 '자유주의 혁명'이었다. 이
혁명은 전제적 군주를 타도하고 영국의 국가형태를 제한군주제, 즉 입
헌군주제로 새롭게 변화시키려는 정치적 목적에서 출발하였다. 그 결
과 국가권력은 부르주아 계급이 다수를 차지하는 의회의 수중에 들어
오게 되었다. 새로운 정치질서는 1689년의 권리장전에 나타난 법치주
의, 권력의 분립, 반대파의 권리 보장 등의 중요한 원칙들에 의하여 확
고하게 자리잡았다. 그와 더불어 1688년의 '관용법(寬容法)'은 영국의

종교적 자유의 이정표가 되었으며, 1695년의 '언론자유법'은 표현의 자유를 확보하는 결정적 계기가 되었다. 명예혁명에 의해 촉진된 입헌주의, 종교적 관용, 상업활동의 자유는 18세기 유럽과 미국 자유주의자들에게 "하나의 기준"[6]이 되었다.

명예혁명의 "가장 중요한 지적 성과"[7]인 로크의 《시민정부론》(*Two Treatises of Civil Government*, 1690)은 18세기 자유주의 운동의 근본원리를 제시하였다. 로크는 이 저서에서 개인의 자연권(생명·자유·재산)을 제대로 보호하기 위해 국가와 국가권력이 성립한다는 새로운 시민국가의 원리를 전개한다. 그는 홉스(Thomas Hobbes)를 따라 국가의 기원을 자연상태의 한계를 극복하기 위한 하나의 조치로 해석한다. 그러나 홉스가 잔인한 '자연 상태'가 국가의 절대권력을 정당화한다고 본 데 반해, 로크는 자연상태에서 자연권(특히 재산)이 불완전하게 행사되는 불편함을 덜기 위해서 피치자들의 합의와 동의에 의해 국가가 세워진다는 입장이었다. 이 사회계약 이론은 권력자의 권력 남용시에 개인의 저항권 행사를 정당화해주는 것으로 미국 독립혁명과 프랑스혁명의 발발에 결정적 영향을 끼쳤다.

명예혁명에 이어 자유주의 발전에 크게 기여한 사건은 미국 독립혁명이다. 이 혁명은 독립선언을 통해 '권력의 정당성은 피치자의 동의'에서 유래한다는 고전적 자유주의의 정치이념을 역사상 처음으로 표명하였다. 또한 독립선언은 '만인은 평등하게 창조'되었으며 '생명, 자유 및 행복에 대한 양도 불가의 권리'를 가지고 있으며, 이 권리는 '절대로 억압될 수 없다'는 내용도 담고 있다. 따라서 이러한 권리를 억압하는 전제적인 정부를 타도하는 것은 인민의 권리이자 의무라는 것이다.

독립혁명의 궁극적 산물은 미합중국 헌법이었다. 헌법의 전문(前文)과 모든 조항은 "정치적 자유주의의 역사에서 하나의 이정표"[8]가 되었다. 이 역사상 최초의 성문헌법은 그 유례가 없는 연방제 공화국의 모태가 되었다. 특히 새 정부의 중심 원리인 삼권분립의 원리는 권력기관들 사이의 '견제와 균형'을 통해 권력의 독점을 방지하였다. 1791년의 10개 조항의 권리장전이 원래의 헌법에 덧붙여졌다. 수정헌법으로 불리는 이 장전은 개인의 자유를 보장하기 위해서 연방정부의 권한을 제한, 개인의 신앙·언론·출판 및 집회의 자유를 보장하고, 국교회의 설립을 금지하여 정치와 종교를 분리시키는 것을 그 내용으로 한다.

'정치혁명인 동시에 사회혁명'이었던 프랑스혁명은 그 동기와 결과가 앞선 두 혁명에 비해 "더 복합적이고 덜 자유주의적"[9]이었다. 왜냐하면 혁명기간 동안 자유주의는 민주주의·민족주의·사회주의와 경쟁하는 이념이 되었기 때문이다. 〈인권선언〉은 정부의 목적을 인간의 양보할 수 없는 천부적 권리인 자유·재산·안전 및 압제에 대한 저항의 권리들을 확보해주는 데 있다고 명시하였다. 인민 주권의 원리가 선언되어 모든 시민은 법률 제정에 참여할 권리를 가지게 되었다. 또한 평등이 강조되어 인간은 각자의 능력에 따라 모든 명예와 직업을 평등하게 누릴 수 있다고 하였다.

프랑스혁명은 1791년 헌법을 통해 절대군주제를 제한군주제로 탈바꿈시키려고 시도하였다. 그 내용은 행정권은 왕에게 위임하고, 입법권은 재산에 의한 제한 선거로 선출된 단원제 입법부에 속하게 하는 것이었다. 또한 봉건제도와 신분제도의 폐지, 동업조합의 폐지, 장자상속제 폐지, 종교적 관용 등을 통해서 새롭고 자유로운 사회질서를 수립하였다. 그러나 그 성과에도 불구하고 혁명 초기에는 대부르주아의 지배체제가 대세였다.

그러나 프랑스혁명은 부르주아혁명에 그치지 않고 루소의 인민주권을 실현하려는 민주주의 혁명의 단계로까지 발전해 나갔다. 1793년 헌법에서 추구된 성인남자 보통선거권, 노동권, 생존권, 복지정책 등의 내용은 훗날 민주주의와 사회주의 운동의 중요한 선례로 받아들여지기도 한다. 루소의 '덕의 공화국'을 실현하려는 로베스피에르(M. Robespierre)의 시도는 구질서를 청산하는 데는 그 나름의 기여는 했지만, 그때 시도된 공포정치는 인류의 역사에 개인의 자유를 압살하는 테러와 만행의 선례가 되었다. 또한 이 시기에 출현하여 이데올로기화된 민족주의

는 한편으로는 혁명의 성공적 수행에 크게 기여하고 각국의 통일과 독
립을 촉진하였지만, 다른 면에서는 훗날 유럽 혹은 세계의 역사에 커다
란 암영(暗影)을 예고하였다.

Ⅲ. 자유주의의 여러 가치

근대의 자유주의 운동들은 인류에게 자유주의의 몇 가지 핵심적 가
치들을 제공해주었다. 그러나 이 가치들을 둘러싸고 자유주의자들은
변함없이 지키려는 측과 몇 가지 가치들은 여전히 존중하면서도 개인
의 자유를 좀더 완전하고 효과적으로 실현하기 위해서 수정하려는 측
으로 나뉘게 되었다.

1. 개인주의

개인주의는 자유주의 사상의 형이상학적 존재론적 핵심이자, 도덕·
정치·경제·문화적 실존의 기초이다.[10] 고전적 자유주의 체제 안에서
'개인'은 보통 단일한 자아 속의 닫혀진 존재로 이해되고 있다. 즉 개
인의 경계(境界)는 신체의 경계인 것이다. 이 개인주의를 따를 때, 개인
은 신체와 능력의 '소유자'이며 사회로부터 어떠한 도움도 받지 않는
존재이다. 바로 그 개인이 노동을 통해서 생산하는 재화를 그의 소유
로 인정하는 것이 '소유적 개인주의'의 출발점이다.

개인은 사회보다 더 실제적이며, 우선한다는 개인관은 바로 로크와
홉스의 정치사상에서 본격적으로 제기되었다. 이 개인주의는 오직 개
인의 요구와 이익이 최우선이며, 인간의 이성도 그것을 달성하는 수단
에 불과하다고 본다. 그러므로 각 개인은 오직 자기 내부의 요구와 열
망에 의해 움직이며, 그 자신의 이익의 최상의 판단자이다. 개인만이
스스로에 대해 책임질 수 있으며, 따라서 유일한 선은 개별적 선이다.

이러한 개인중심적 시각을 따르면 사회제도적 측면에서 개인을 판단해서는 안 되며, 개인에 대한 어떠한 집단적 혹은 제도적 책임도 존재하지 않게 된다. 사회와 국가는 그 의미와 기능이 현저하게 축소되는 것이다. 이와 같은 개인주의는 19세기까지 고전적 자유주의의 핵심을 이루었다.

영국의 스펜서(Herbert Spencer)는 개인주의적 자유주의의 대표적 이데올로그였다. 국가의 간섭으로부터 개인의 자유를 적극적으로 옹호했던 그는 《개인 대 국가》(*The Man versus the State*, 1884)에서 당시 글래드스턴 내각의 개혁정책을 '군사형 사회'로 복귀한 것이라고 강력하게 비판하였다. 그는 '산업형 사회'만이 국가의 강제로부터 개인을 자유롭게 하고 경제적 개인주의를 극대화시킬 수 있는 가장 진정한 자유를 가져다 준다고 역설한다. 그러나 '개체가 모든 것을 결정한다'는 자신의 믿음을 진화론적 사회학을 통해 증명하려고 했던 그의 노력은 결국 '사회다윈주의(Social Darwinism)'의 그릇된 가치관을 초래하였다. 모든 세상을 경쟁과 적자생존의 시각에서 바라보는 사고방식은 바로 부르주아 계급의 경제적 이기주의와 서유럽 열강의 침략적 제국주의에 면죄부를 주었다.

독일의 훔볼트(Wilhelm von Humboldt) 역시 국가의 간섭을 부정적으로 보는 점에서는 스펜서와 일치하나, 그가 추구했던 개인주의는 크게 달랐다. 그는 개인의 최대한의 자기 완성 혹은 정서적 발전을 위해서 자유가 필요하다고 여겼다.[11] 자유는 개인이 "완전하고 일관된 전체에 이르는 가장 조화로운 발전"[12]에 이르는 길이기 때문이다. 그러나 국가의 강제는 개인의 발전을 가로막기 때문에 국가의 권위와 간섭의 한계를 명확히 하는 것이 개인의 자유를 보호하는 데 꼭 필요하다고 주장하였다.

19세기 말이 다가오면서 개인주의에 관한 기존의 인식은 변하기 시작하였다. 개인주의의 전통적인 가치관들—개인의 인격형성, 자조, 자립—은 '자아실현'의 주장으로 확대되었다. 사회개혁가들은 이제 개인에게 그 기회가 주어지기 위해서 국가가 적극적으로 그 장애물들을 제거해야 한다고 주장하였다.

2. 자유

자유는 자유주의자들에게 하나의 결정적 가치이며 자유주의 사상의 핵심이다. 자유에 대한 개념은 다른 개념들과 마찬가지로 다양하지만 보통 '소극적' 자유와 '적극적' 자유로 구분된다. 소극적 자유에 대한 주장은 과거 고전적 자유주의 시대의 주류를 이루었고 오늘날에도 그 전통은 이어지고 있다. 그 맥은 과거의 콩스탕(Benjamin Constant), 토크빌(Alexis de Tocqueville), 훔볼트, 스펜서, 시지윅(H. Sidgwick), 현대의 벌린(Isaiah Berlin), 하이예크(F. A. Hayek), 프리드만(Milton Friedman)과 노직(Robert Nozick)으로 이어져 내려온다.

로크 이래로 자유의 관념은 흔히 재산의 문제와 긴밀하게 연관되어 있다. 즉 사유재산은 "개인적 자유의 구현물"[13]이었으므로 고전적 자유주의의 '개인적 해방'은 신체적 권리와 재산의 권리에 대한 국가의 강제 혹은 제약으로부터의 자유를 그 주된 명제로 삼는 경우가 많았다. 그러한 시각에서의 강제의 의미와 범위도 또한 좁을 수밖에 없는 것이다. 강제는 첫째, 보통 '신체적' 구속(감옥, 무력행사)을 의미하며, 둘째 개인의 '외부로부터' 가해지는 것(X가 Y에게 가하는 무엇), 셋째 '의도적' 행위를 말한다.[14] 이 기준을 적용할 때 당연히 질병, 노령, 신체적 장애, 빈곤, 실업 혹은 기회의 부족 등은 개인의 자유를 억압하는 강제의 범주에서 제외되는 것이다.

초기의 소극적 자유는 1790년대부터는 정치적 자유에 대한 주장, 특히 선거권 확대 운동으로 점차 그 범위가 넓어졌다. 또 정치적 자유를 확대하는 것으로 여겼던 경제적 자유는 1840년대에 자유무역과 곡물법 폐지운동을 중심으로 추구되었다. 그리고 콥덴(Richard Cobden)과 브라이트(John Bright)가 추구했던 정치·경제적 자유주의는 부르주아적 자유주의의 완성을 돕는 일이었다.

결국 이러한 자유는 노동대중에게 실질적인 자유를 줄 수 없었다. 사실상 빈곤과 실업의 문제는 산업사회가 개인에게 가하는 가장 큰 강제였기 때문이다. 1870년대부터 소극적 자유는 그 이념적 한계를 여실히 드러내기 시작하여, 이제 자유는 더 이상 "제약 혹은 강제의 배제로만 이해되어서는 안 되는" 상황이 되었다. 자유는 "개인이 활동하고 즐길 수 있는 하나의 적극적인 능력이며, 또 타인들과 함께 공동으로 추구하고 누릴 수 있는 무엇"[15]이 되어야만 하였다. 그리하여 홉하우스(Leonard T. Hobhouse)와 비버리지(William Henry Beveridge)와 같은 개혁적 자유주의자들은 가난한 노동자들과 빈민들에게 진정한 자유를 보장해주기 위해서 사회와 국가가 적극적인 조치를 취할 것을 강력히 주장하기에 이르렀다.

3. 권리

개인의 권리에 관한 개념은 자연권 사상에서 출발한다. 고전적 자유주의자들은 생명·자유·재산의 권리에 관한 자연권 개념의 기원을 자연법 사상과, 신의 법률이 세계를 지배한다는 낙관론적 이신론(理神論)에서 찾았다. 그들은 인간의 근본가치인 이 권리들을 반(反)사회적, 보편적, 양도불가의 것이라고 정의하였다. 자연권 사상은 로크와 미국 독립혁명가들과 프랑스혁명의 지도자들의 손에서 기존정부에 대한 저항의 원리가 되었다.

물론 고전적 자유주의자들이 모두 자연권의 원리를 인정한 것은 아니었다. 19세기 벤담주의자들은 가장 최초로 이 원리를 분명하게 부정한 사례이다. 그들한테 권리는 이익을 보호하기 위한 '제도적 장치'이며, 궁극적으로 공리(功利)를 목표로 하는 것이었다. 또 그들이 보기에 '제도 이전의(pre-institutional)' 혹은 '사회 이전의(pre-social)' 자연권이란 결코 존재하지 않는다. 그린(Thomas Hill Green) 또한 반(反)사회적인

'자연상태'라는 관념은 오류라고 부정하였다. 인간은 본질적으로 사회적 산물이며, 권리는 항상 사회의 규범적 승인을 필요로 하기 때문에, 사회에 선행하는 어떤 '자연권'도 존재하지 않는다는 것이다.

생명과 재산의 권리에서 출발한 권리에 대한 주장은 자유언론, 정치적 자결(自決), 종교적 자유에 대한 요구로부터 소수민족, 인종집단, 여성, 빈민층의 권리 주장에 이르기까지 널리 확대되었다. 이전에는 기득권을 옹호하는 근거였던 권리는 결국 19세기 후반에 이르러 사회주의 운동을 촉발시켰던 한 요인이 되었다. 특히 재산에 관한 자연권의 관념은 19세기 말에 변화하기 시작하였다. 만약 재산이 개인 발전의 전제조건이라는 고전적 자유주의자들의 주장이 타당한 것이라면, 자유사회는 모든 인간에게 일정한 재산을 보장해줄 의무를 지고 있다는 사고방식이 점차 널리 퍼지게 되었다.

4. 입헌주의

자유주의의 국가관은 입헌주의의 오랜 지적 전통에서 생겨났다. 입헌주의는 자유주의가 성장한 터전이었으며, 사실상 자유주의 그 자체와 동일시되는 것이다. 자유주의는 처음부터 입헌주의적 주제에 그 운동의 초점을 맞춰왔다. 입헌주의적 전통의 주요 사항은 국가의 영역을 제한하고, 국가의 행위를 설명하며, 국가가 그 행위들에 대해 책임을 지도록 만들고, 국가가 특정 가치들을 실행하도록 확인하는 데 있었다.

근대 자유주의 혁명들이 이루어낸 입헌주의의 가장 중요한 업적은 법치주의의 확립이었다.[16] 이 원칙은 앞의 세 혁명이 이루어낸 새로운 정치질서를 확립하기 위해 만들어진 여러 권리장전과 헌법에 명시되어 있다. 이 법치주의가 추구했던 첫째 목표는 모든 법률의 공정하고 보편적인 적용이었다. 법을 적용함에 있어서 과거에 귀족이나 성직자 집단에게 그랬던 것처럼, 어떠한 예외를 두어서도 안 되는 것이다. 둘째, 법은 각 개인이 자신의 설계대로 삶을 영위해 갈 수 있도록 가능한 최대 한도로 각 개인에게 평등한 권리를 보장해야 하는 것이다.

고전적 자유주의가 추구한 입헌주의의 또 다른 이상은 '최소국가'였다. 즉 국가의 이상적 역할은 내부의 질서를 유지하고 외적의 침략으로부터 국가를 방위하는 최소한의 기능에 머물러야 하며, 사적 영역과 공적 영역을 엄격하게 구분하여 그 권력행사의 범위가 제한되어야 한다는 것이다. 그러나 벤담(Jeremy Bentham)과 같은 일부 고전적 자유주의자들은 입헌주의의 범위를 국가가 공공의 이익을 추구하기 위해서 노력해야 한다는 데까지 확대하려 하였다. 또 19세기와 20세기에 걸쳐 경제 영역에서 국가의 적극적 역할을 주문하는 자유주의자들이 점차로 늘어나는 추세였다.

현대의 입헌주의 국가에 와서는 그 역할과 기능의 균형을 유지할 필요성이 더욱 커지게 되었다. 만약 국가가 지나치게 소극적인 역할에만 머물 경우, 개인은 경제적 강자의 지배를 받는 입장에 처하게 될 수 있을 것이고, 반면 국가가 지나치게 개인의 영역에 간섭할 경우, '국가주의' 혹은 '관료주의'의 위험에 빠질 가능성이 크기 때문이다.[17]

5. 경제적 자유주의

부르주아 중심의 고전적 자유주의가 추구한 경제적 자유주의의 핵심은 자유방임과 국가의 불간섭이었다. 영국의 고전경제학자들은 이 경제논리를 주도하였다. 이들은 경제활동을 규제하지 않는 것이 자연법칙을 따르는 태도라는 인식을 공유하고 있었다. 그들은 기업의 자유와 계약의 자유를 통해서 개인이 그 능력을 자유롭게 발전시킬 수 있는 경제체제를 수립하려고 하였다. 이 경제적 자유주의를 이론화한 대표적 인물은 리카도(David Ricardo, 1776~1823)와 맬더스(Thomas Malthus, 1766~1834)였다. 이들은 자신들의 사상적 원조인 아담 스미스의 이론을 더욱 발전시켜서 19세기 경제사상에 큰 영향을 미쳤다.

아담 스미스는 《국부론》(*Wealth of Nations*, 1776)을 통해서 경제적

자유주의의 합리적 토대를 구축하였다. 그는 중농주의자들의 자유방임 사상에서 많은 영향을 받았지만, 농업이 부의 유일한 원천이라는 그들의 생각과는 달리 상업과 공업도 부를 만들어낸다고 믿었다. 그는 모든 사람은 원래부터 상행위에 대한 소질을 타고 났는데, 그 천성을 잘 발휘할 수 있도록 자유롭게 내버려둔다면 경제활동이 촉진되어 재화의 생산이 증가될 것이라고 주장하였다. 자신의 이윤을 추구하기 위하여 열심히 노력하고 부를 축적하는 가운데 자연히 '눈에 보이지 않는 손'이 작용해서 공공의 이익을 함께 증가시킬 것으로 믿었다. 그러므로 정부가 기업가들이 자유롭게 활동하도록 방임하는 정책을 취하는 것이 현명한 처사라는 것이다.

맬더스는 '인구의 원리'를 통해 고전경제학에 이론적으로 기여하였다. 이 원리에 따르면 식량의 증가는 인구의 증가를 결코 따르지 못하기 때문에 증가하는 인구와 식량의 부족분과의 균형은 기아·전쟁·질병 그 밖의 다른 재난에 의해 인구가 감소함으로써 이루어진다. 그러한 과정을 거치면서 살아남는 인구와 소멸하는 인구가 자연적으로 나뉘진다는 것이다. 거기에서 살아남지 못한 인간들은 자연스럽게 도태되도록 놔두는 것이 바로 자연의 질서에 순응하는 것이다. 따라서 맬더스는 정부나 자선단체나 노동조합이 늘 가난한 사람의 운명을 개선하려고 온갖 노력을 다하더라도 '인구의 원리'는 계속 작용할 것이라고 내다봤다.

리카도는 노동도 자유시장에서 매매되는 일종의 상품으로 간주했다. 따라서 노동자의 임금도 역시 다른 상품들처럼 자연법칙에 의해 결정되는 '자연가격'이고, 그 가격은 노동자 자신과 가족의 생계를 유지하는 '최저 생활 임금'의 수준에 맞는 액수가 되어야 한다. 노동자가 생활급 이상의 임금을 취득하게 되면 기업가의 이윤은 그만큼 감소하고 그에 따라 투자 확대에 필요한 자본이 부족하게 된다. 또 노동자의 높은 임금은 그만큼 다른 노동자들을 희생시키게 된다. 왜냐하면 임금 총액은 기업가가 노동자들에게 지불하기 위해 정해놓은 '기금'을 초과할 수 없기 때문이다. 리카도의 '임금철칙' 이론에 따르면 저임금은 노동자들의 피할 수 없는 운명이었다.

이러한 논리들을 동원해서 맨체스터의 부르주아 계급은 노동자의 빈곤과 열등한 지위는 노동자 개인의 실패에 따른 자연스런 결과이므로 그들의 불행에 대해 유산자들은 하등 책임을 느낄 필요가 없으며 국가 또한 그러한 자연의 질서에 개입해서는 안 된다는 결론을 내린다. 고전경제학은 노동자와 빈곤층에게는 한마디로 '암울한 경제학'이었다. 당연히 자유방임의 불간섭주의는 19세기 말의 산업적 폐단을 막는 데 속수무책일 수밖에 없었다. 결국 이 논리는 용도폐기될 수밖에 없게 되었고, 이제 국가가 적극적으로 경제의 영역에 개입하는 '국가 개입주의'가 이를 대신하게 되었다.

Ⅳ. 고전적 자유주의의 여러 유형

앞에서 살펴본 바와 같이 고전적 자유주의는 앙시앵 레짐의 봉건적 신분제의 옹호, 종교적 불관용, 보호무역 등으로 표현된 절대주의에 대해 시민의 정치·경제적 자유를 옹호하려는 새로운 운동의 이념으로 출현하였다. 그리고 이 자유주의는 부르주아 계급의 계급적 이해 관계를 반영한 사상이었다. 사실상 고전적 자유주의가 발전했던 전 기간을 통하여 독일을 제외하고는 모든 분야에서 그 창의력과 통솔력과 추진력은 부르주아지로부터 나왔다. 그러나 이러한 공통점에도 불구하고 각 나라마다 발전상에서 큰 차이를 보였다.

1. 영국

영국의 자유주의는 어떤 이념적 틀에 얽매이지 않으면서, "유기체가 서서히 성장하듯이"[18] 점차 발전해 나간 점이 특징이다. 영국에서 자유주의가 하나의 사상, 하나의 정치적 프로그램으로 가장 발전한 것은 명예혁명과 1867년의 선거법 개정 사이의 기간이다. 휘그주의, 경제적 자유주의, 공리주의는 고전적 자유주의의 핵심 내용을 이루며, 각기 다른 시기에 등장하여 발전을 이끌었다. 영국의 자유주의는 처음에는 종교적 자유와 관용, 입헌주의, 정치적 권리 등 제한된 요구로부터 출발하였으나, 점차로 정치·경제적 조직화의 적극적인 이론으로 발전하여 광범한 국민적 호소력을 가진 운동이 되었다. 자유주의의 점진적인 발전상은 영국만의 독특한 것이며, 엄밀히 말하자면 '고전적 자유주의'라는 표현은 영국의 경우에 국한해서 사용되는 말이다.[19]

영국에서의 자유주의의 점진적인 발전은 체제의 지속적인 안정이 그를 뒷받침하였고 안정의 우선적 요인은 정당정치의 확립에서 찾을 수 있다. 정치집단 사이의 정치적 갈등이 의회 내에서 정당간의 토론과 타협을 통해 해소될 수 있는 길이 제도화되었던 것이다. 또 영국 왕실은 온건한 정책을 유지했고, 국방은 유럽대륙에 비해 상대적으로 안정되었다. 귀족계급도 농업과 산업의 발전, 법의 집행, 지방정치와 의회정치 등에 적극 참여하여 체제 발전에 그 나름의 역할을 하였다.

영국의 교회세력도 국교도·비국교도 할 것 없이 결과적으로 체제의 안정에 기여하였다. 18세기의 대표적 종교운동인 웨슬리(John Wesley)의 감리교운동(The Methodist Movement)은 하층민의 체제 불만의 여지를 종교적 열정으로 승화시켰다. 특히 19세기의 복음주의운동(The Evangelical Movement)은 도덕성과 근면·검소·품격을 중·상류계급의 가치관으로 자리잡도록 만들었으며, 그들 가운데 상당수를 빈민과 소외계층을 돕는 봉사활동과 사회개혁운동에 헌신하도록 이끌었다.

영국의 자유주의의 이념적 기반은 1688년 명예혁명 이후, 휘그주의(Whiggism)에 의해 본격적으로 마련되었다. 앵글로 색슨 시대로부터 전해져 내려오는 오랜 입헌주의적 전통과 시민의 권리를 스튜어트 왕조의 전제정치로부터 보호하려 했던 휘그주의자들이 추구한 정치적 이상은 의회 우위, 법치주의, 반대파의 권리보장, 권력의 분립, 토지재산권의 보호 등이었다. 그러나 프랑스혁명기에 이르러 휘그주의는 변하기 시작한다. 과거의 입헌주의적 이상들은 상업적 부, 계몽주의, 진보라는 가치들을 새롭게 포함하게 되었다.

영국의 고전적 자유주의를 구성하는 또 다른 경향은 급진주의(Radicalism)였다. 페인(Tom Paine)은 최초로 그리고 가장 효과적으로 이 이념을 표현하였다.[20] 그는 《인간의 권리》(*Rights of Man*, 1791)에서 명예혁명과 프랑스혁명의 정치적 의미와 목적을 결합시켰다. 거기에서 그가 로크의 《시민정부론》과 루소의 《사회계약론》(*Social Contract*, 1762)을 근거로 주장하려고 했던 내용은 '인민주권설'이었다. 그는 주권은 군주나 혹은 일부 귀족적 당파에 있는 것이 아니라 인민에게 있다고 강조하였다. 페인을 위시한 영국의 급진주의자들은 정부는 인민의 동의를 기반으로 국가를 통치해야 하고, 인민의 자연권은 존중되어야 하며, 권리는 미국이나 프랑스처럼 헌법에 명문화되어야 한다고 주장하였다. 그들은 그 목표를 이루기 위하여 1790년대부터 1820년대까지 의회개혁과 선거법 개정을 적극적으로 추진하였다.

19세기로 들어오면서 산업혁명이 탄생시킨 산업계급은 나폴레옹전쟁을 통해 더 견고해진 토지귀족의 특권에 분노하기 시작하였다. 1840년대에 중간계급 인사들은 영국의 많은 문제가 소수 특권층의 거대한 토지 소유에서 비롯되었다고 주장하였다. 그들은 자신들의 경제활동에 가장 큰 걸림돌로 작용했던 특권과 규제를 철폐할 것을 요구하였다. 그들은 대내적으로 산업활동의 자유와 대외적으로 수출입의 자유를 원했다. 맨체스터학파는 고전경제학을 통해서 중간계급의 경제적 자유주의의 주장을 이론적으로 뒷받침하였다. 그들은 영국의 자유주의 전통에 프랑스적 합리주의의 요소를 가미한 이른바 "합성(合成) 자유주의"[21]를 추구하였다.

그러나 경제적 자유주의의 실현은 정책적 뒷받침 없이는 불가능한 것이었다. 그러기 위해서는 우선 토지귀족의 정치적 독점을 막고 부르주아지의 정치 참여와 역할을 보장할 정치적 개혁이 시급하였다. 그 과제를 이론화하고 실천하는 일은 벤담에서 콥덴에 이르는 많은 '철학적 급진주의자들'의 몫이었다. 그리하여 벤담과 제임스 밀(James Mill)은 공리(功利)와 시장(市場)이라는 두 개념을 통해서 입헌주의적 자유주의와 경제적 자유주의를 하나로 통합시켰다. 그들은 '최대 다수의 최대 행복'이라는 공리주의의 이상이 실현되려면 모든 사람에게 최대한의 실질적 자유가 보장되어야 한다고 주장하였다. 결국 1832년 선거법 개정을 통해 정치적 발언권을 확보한 중간계급은 1846년의 곡물법 폐지에서 경제적 자유주의의 결정적 승리를 이끌어냈다.

그러나 자유방임의 경제논리는 노동자와 빈민에게는 가혹한 것이었다. 신구빈법(1834)이 빈민들을 끔찍한 작업환경으로 밀어넣었던 일이나, 1846년부터 수년 간 아일랜드에 기근이 엄습했을 때 150만의 인구가 굶주려 죽어가는데도 정부가 수수방관한 데서, 경제적 자유주의가 경제적 약자들에게는 얼마나 비정한 것이었는가를 잘 알 수 있다. 고전적 자유주의는 "교조적이고 비인간적인"[22] 이념으로 변질되어가고 있었던 것이다. 또한 1870년대에 불경기가 밀어닥치자 빈곤의 실상이 폭로되고 대규모 실업이 발생하면서, 중간계급적 자유주의는 그 한계를 여지없이 드러내고 말았다. 마침내 고전적 자유주의는 1880년대에 와서 '신자유주의'로 이념적 수정을 겪을 수밖에 없게 되었다.

2. 유럽대륙

유럽대륙에서 고전적 자유주의는 충분하게 발전하지 못했다. 이 지역에서 정치적 자유주의는 광범한 사회운동과 효과적인 정당운동으로 확대 발전되지 못하고 '단편적이고 분파적인' 현상에 머물렀다. 그 이유는 내란과 종교분쟁, 상공업의 느린 발전, 잦은 전쟁, 지나치게 강한 권위주의적 전통, 대중의 정치 참여 배제, 특권의 옹호 등에서 찾을 수 있을 것이다. 그러나 무엇보다도 경제적 자유주의를 강력하게 추진해 나갈 중산계급이 충분히 성장하지 못한 점이 결정적 약점으로 작용하였다. 이러한 환경 때문에 이 지역의 자유주의는 오랫동안 소수 부르주아지와 학자 및 언론인들의 탁상공론에 머물렀으며, 사회적 지지기반도 매우 취약하였다.

1) 프랑스

왕정복고기에 프랑스 자유주의자들이 직면한 문제는 권력 집중의 대응책을 마련하는 일이었다. 구체제를 철저히 파괴한 프랑스혁명이 권력의 집중과 비대화를 낳았기 때문이다. 1793년의 민주주의 실험은 공포정치로 변질되었고, 결국 나폴레옹의 황제정치를 탄생시켰다. 이 과정에서 권위주의 정치문화가 자리잡게 되었던 것이다. 부정적 유산을 극복하기 위해서 19세기 프랑스의 자유주의자들은 성문헌법, 권력기관의 상호 견제, 소수대표제 등 여러 가지 제도적 방안을 강구하였다. 또한 그들은 제도적 장치만으로는 한계가 있으므로 권력남용을 방지하는 전통과 관습을 가진 영국의 자유주의 체제에 시선을 돌렸다. 그리하여 영국형 자유주의와 프랑스형 자유주의를 접목시키려는 경향이 나타났다.[23]

이 흐름을 주도한 대표적 인물은 콩스탕이었다. 콩스탕은 개인적 자유의 옹호를 위해서 정부 활동의 범위가 축소되어야 한다고 주장하였다. 자신의《정치학 원리》(*Principle of Politics*, 1815)에서 자유를 '개인적 자유'와 '정치적 자유'로 구분하여, 공공 생활에의 완전한 참여를 자유와 동일시한 고대세계의 자유를 '정치적 자유'의 원형으로 보았다. 반면 그는 각 개인이 남의 간섭을 받지 않고 자신의 의사대로 행동하고 재산을 처분할 수 있는 '개인적 자유'를 근대적 자유라고 보았다. 그에게 '정치적 자유'의 과도한 추구는 상대적으로 '개인적 자유'의 위축과 파괴를 불러오는 것이었다. 그 점에서 그는 나폴레옹시대가 프랑스 자유주의 발전에 커다란 장애가 되었다고 지적하였다. 그러므로 그는 입헌군주제와 대의제도를 통해 국가권력을 제한할 것을 주장하였다.

한편 콩스탕은 부르주아 계급의 정치적 주도권 장악을 프랑스혁명의 가장 큰 업적으로 인식하였다. 국가권력의 제한을 역설한 것도 부르주아 계급의 권리를 보호하려는 데 있었다. 재산 있는 시민만이 국가의 정치와 긴밀한 이해관계를 가진다고 본 그는 유산자들에게만 투표권이 주어져야 한다고 믿었다. 당연히 그는 '다수의 전제'도 분명히 반대하였다. 그가 보기에 민주주의란 사유재산제를 부정하고 다수의 이름 아래 전제주의를 일반화하는 것일 따름이기 때문이다.

기조(Francois Guizot) 역시 부르주아의 계급 이익을 적극적으로 대변한 정치가였다. 그는 부르주아 계급만이 정치 참여에 충분한 재산과 지적 능력을 가지고 있으므로 그들에 의해 정치가 이루어질 때 참다운 자유가 확보될 것으로 확신하였다. 그는 7월왕정에서는 전 국민을 대표한 약 20만의 부르주아가 국민을 통치하면서 국민의 재산과 자유를 잘 보호하고 있기 때문에 계급간의 갈등은 발생하지 않을 것으로 낙관하였다. 그는 정치적 참여를 원하는 사람은 누구나 그 문호가 개방되어 있는 부르주아 계급의 수준에 올라서야 한다고 보았다. 그의 그러한 사고방식에서 볼 때, 선거권의 확대와 정치적 권리행사에 대한 하층계급의 요구는 부당한 것이었다. 7월왕정은 기조의 '보수적 자유주의'를 철저히 실천하였다. 그러나 선거권의 요구에 대한 기조의 완강한 거부는 1848년 2월혁명 발생의 하나의 도화선이 되었다.

이처럼 1848년 이전의 프랑스 자유주의는 정치적 실천면에서 소극적이었다. 특히 선거권을 확대하는 문제는 더욱 그랬는데 당시 프랑스 자유주의의 근본적인 취약점 때문이었다. 즉 그 이념은 소수파의 신조였다. 실제로 다수 프랑스인들은 반자유주의자들인 가톨릭주의자들이었거나 자코뱅주의자들이었다. 따라서 1848년의 혁명은 결국 1852년 나폴레옹 3세의 제정(帝政)을 초래하였다. 그 제정기는 프랑스 자유주의자들에게 암울한 시기였다. 과거 앙시앵 레짐 때보다도 더 대중적 지지가 높고 더 효율적인 전제정치가 실시되었기 때문이다.

1870년의 프랑스 제정의 급작스런 몰락에 뒤이어 등장한 제3공화정은 1791년 이래 어떤 정권보다도 더욱 자유주의적이었다. 비록 자유주의 정당은 하나도 없었지만, 다양한 부류의 자유주의자들은 정부에서 주요한 역할을 하였다. 이 시기에 프랑스의 고전적 자유주의는 민족주의와 제국주의의 영향 아래에서 더욱 국가 개입적인 경향의 이념으로 변화하였다.

2) 독일

독일의 구질서는 유럽 어느 나라보다도 탄압적이었기 때문에 그들 민족의 자유에 대한 요구도 영국이나 프랑스보다 훨씬 강렬하고 급진적인 것이었다. 그럼에도 불구하고 독일의 자유주의는 영국이나 프랑스만큼 영향력이 크지 못했다. 그것은 프랑스의 계몽주의를 독일인의 정서에 맞도록 변형시키려는 노력과 프랑스혁명과 나폴레옹의 지배에 대한 반발과 수용의 결과였다.

칸트는 전자의 경향을 대표하여 독일 자유주의의 한 원형을 제시한 인물이다. 모든 인간을 절대 목적으로 존중해야 한다고 주장하는 칸트는 개인적 자유의 원리와 자유로운 개인들로 이루어진 사회상을 제시하였다. 그는 자유란 도덕적 존재로서의 독립된 인간의 완전한 자율성을 기반으로 해야 한다고 믿었다. 또 그는 인간은 자신의 재능을 기르고 이용할 수 있는 기회의 평등을 보장받아야 한다고 주장하였다. 그러므로 시민사회는 사회 각 성원의 자유와 평등의 실현을 그 존재가치로 삼는다고 보았다.

독일의 자유주의자들은 프랑스혁명에서 추구된 반교회주의와 귀족적 지배질서의 폐지를 독일에서도 역시 수용하려고 하였다. 그러면서도 프랑스 지배 아래서 싹튼 적대감은 프랑스혁명의 사상적 바탕이 된 계몽사상의 합리주의에 대한 보수·낭만적 반동으로 드러났다. 이와 같은 이중적 태도는 1815~1848년 독일 자유주의의 한 특징으로 드러났다.

독일 자유주의자들은 계몽사상의 합리주의적 개인관과 확연히 구분되는 자아의 실현(Bildung)이라는 낭만주의적 개인관을 발전시켰다. 이 관념은 독자적인 인격을 가지고 있는 각 개인은 자유로운 선택과 표현의 창조적 과정을 통해 자아의 실현에 이르게 된다는 사고방식이다.[24] 홈볼트는 이 이상을 정치학에 접목시켰다. 그는 개성의 발현과 발전은 개인이 최대한의 자유와 자기결정권을 가질 때 가능한 일이므로, 국가는 오직 개인의 권리 보호를 위한 기능만을 수행하는 '최소국가'에 머물러야 한다고 주장하였다. 이러한 사상은 쉴러(Johann Friedrich von Schiller)와 괴테(Johann Wolfgang von Göthe)의 문학작품에서도 역시 발견된다.

이 국가의 초기 자유주의자들은 '최소국가'를 지향하면서도 현실적 태도는 그러지 않았다. 많은 자유주의자들은 특히 교육발전을 위한 국가의 적극적인 역할을 원했다. 홈볼트 자신이 프러시아의 공무원으로서 국가교육제도의 재건설에 중요한 역할을 하였다. 또한 대부분의 자유주의자들은 아담 스미스의 경제이론을 추종하고 자유무역을 지지하면서도, 취약한 산업에 대한 국가의 보호를 강력하게 주장하였다.

19세기 전반 독일의 자유주의운동은 메테르니히체제의 심한 탄압 속에서 성장하였다. 독일 자유주의자들은 입헌정부, 양심의 자유, 자유무역과 노동력의 자유로운 이동, 그리고 무엇보다도 법치주의와 같은 자유주의의 여러 가치들의 실현을 위해 노력하였다. 그러나 독일에서 자유주의 사상과 정책을 주도해 나갈 중간계급의 성장이 더딘 점은 치명적인 약점이었다.

19세기 중엽부터 급속한 산업발전에도 불구하고 독일의 부르주아계급은 자유주의 운동의 주도권을 행사할 수 없었다. 그것은 중산계급에 대한 귀족의 계급적 우월성을 확신하고 있었던 프리드리히 대왕이 하층귀족의 충성에 왕권의 기반을 두려고 한 독일적 특수성 때문이었다. 하층귀족인 융커들 역시 그들의 영토가 경제적 자립을 보장해줄 만큼 넉넉하지 못했기 때문에 관직을 이용해서 부족한 수입을 보충하려고 했다. 특히 장교 출신의 융커들은 대부분 관직자가 되었다. 점차로 군사적 기율과 절대적 복종이 독일의 정치문화를 지배해감으로써 극렬한 반(反)자유주의적 반동이 뒤따랐다. 결국 칸트의 자유주의적 사회사상으로 출발한 독일의 관념론은 헤겔에 이르러 보수주의적인 국가 중심적 사상으로 끝나고 말았던 것이다.

독일의 자유주의가 국민적 지지를 얻게 된 것은 민족주의와의 결합을 통해서였다. 나폴레옹의 침략 이후, 민족의 해방과 통일은 독일 자유주의의 절대적 과제가 되었다. 독일의 대다수 자유주의자들은 자유란 오직 민주적 민족국가 안에서 실현될 수 있다고 믿게 되었다. 이러한 그들의 태도는 국민들의 절대적인 지지를 받았으며, 국민들에게 끼친 영향도 매우 컸다. 당시 자유주의자들은 1848년의 혁명과 프랑크푸르트 국민회의를 통해 통일된 자유주의 독일이라는 이상을 단기간에 실현할 수 있을 것으로 생각하였다. 그러나 그 혁명은 분쇄되었고 통일의 꿈은 오스트리아의 반대로 일단 사라졌다.

그러한 상황에서 1850년 이후 자유주의자들은 좌로는 사회주의자들로부터 우로는 비스마르크가 이끄는 보수주의자들로부터 도전을 받게 되었다. 그들은 프롤레타리아 대중의 출현이 야기한 사회문제 대처에 큰 어려움을 겪었다. 또 1870년에 독일민족의 통일은 실현되었지만, 그 주역은 바로 자유주의를 적대시하는 비스마르크였다. 독일의 민족적 통일은 자유가 꽃필 수 있는 조건이 아니라, 관료주의적 정치가 더욱 강화되는 계기가 되었다. 비스마르크의 등장과 더불어서 자유주의자들은 그의 정책을 지지하는 민족주의적 자유주의자들과, 그를 반대하는 고전적 자유주의자들로 분열되었다. 그리고 고전적 자유주의는 점차로 그 기반을 상실해갔다.

3. 미국

비록 미국에는 전국적인 자유주의 정당이 존재한 적은 없지만, 자유주의는 미국의 정치적 전통에 있어서 하나의 본질적 요소이다.[25] 종교적 박해로부터 피난을 왔던 퓨리탄의 선조들은 양심의 자유, 정부권력의 제한과 같은 자유주의적 원리와 프로테스탄트의 근로윤리와 결합된 경제적 가치관들을 신대륙으로 옮겨 왔다. 로크와 몽테스키외의 입헌주의와 루소의 민주적, 평등주의적 정서는 토마스 제퍼슨(Thomas Jefferson)과 같은 지도적 인물들에 의해 미국 독립혁명과 헌정질서 수립의 이념적 기반이 되었다. 초기에는 영국의 영향을 받았지만, 미국에는 영국과 같은 의미의 온전한 고전적 자유주의가 존재하지 않았다. 그것은 미국만의 예외적인 환경과 그에 따른 정치문화의 차이 때문이다.

미국 자유주의는 로크적 자연권 사상과 공화주의를 이념적 기초로 하였다. 1760년대까지 영국과 미국의 자유주의적 정치사상의 가장 적극적인 지지자는 휘그파였다. 18세기 미국정치를 이끌었던 토지 젠트리를 중심으로 한 재산가들은 휘그파의 정치사상을 잘 알고 있었으며 그들이 혁명을 일으켰을 때 정당성을 로크의 자연권 이론에서 찾았다. 그러나 혁명의 투쟁과정에서 그리고 그 후에 정부의 수립과정에서 지대한 영향을 미친 또 다른 정치사상은 공화주의였다.

공화주의의 이상은 독립적인 시민의 정치참여와 국가에 대한 직접적인 봉사를 통한 자기 발전을 도모하는 안정된 정치질서의 실현에 있었다. 청교도혁명을 겪은 뒤, 해링턴(James Harrington)은 독립적인 시민의 지위는 오직 토지재산권의 소유를 통해서만 보장될 수 있으며, 따라서 재산의 폭넓은 분배만이 공화국의 안전을 유지하는 필수적인 조건이 된다고 주장하였다. 17세기 말의 영국의 혼합군주정은 그와 같은 공화주의적 이상과 동일시되었다. 그러나 휘그정부가 점차 부패해감으로써 그 이상은 현실정치와 동떨어진 것이 되었다. 휘그정부의 반대파들이 고발하는 정치적 부패의 문제는 공화주의를 좀더 현실적인 정치이념으로 발전시키는 계기를 마련하고, 미국의 독립혁명에 정당성을 부여해주었다.

공화주의적 이상을 추구하던 18세기의 미국인들은 아담 스미스의 자유방임의 이상을 크게 경계하였다. 이미 18세기 초부터 영국의 공화주의자들도 산업화의 진전이 시민의 독립적 지위를 위협할 것이라고 우려하였다. 산업혁명이 진행되면서 아담 스미스의 낙관론이 무너지고,

노동계급은 산업발전에 따른 증대된 부의 혜택을 받지 못한다는 사실이 그와 같은 주장을 뒷받침하였다.

그러나 제퍼슨과 매디슨(James Madison)과 같은 지도자들은 당대의 미국인들에게 미국은 영국과 다를 것이라는 자신감을 심어주었다. 그러한 비관적 예측은 광대한 토지로부터 생산되는 식량으로 인구증가를 충분히 감당할 수 있는 미국에는 해당되지 않는다는 것이었다. 19세기 초 미국의 소생산자 자본주의 역시 공화적 자유주의를 실현해 나가는 데 희망적인 경제환경을 제공하였다.

이와 같이 '미국적 예외주의(American Exceptionalism)'에 기초한 민주적, 소생산자적, 공화주의적 자유주의는 1830년대까지 널리 퍼졌다. 새로운 정치엘리트들은 1820·1830년대에 정당제도를 발전시켰다. 이 제도는 선거권의 민주적 확대를 촉진시키면서, 분파적 계급적 적대감을 정당정치의 테두리 속으로 끌어들였다. 그러나 이 자유주의는 보편적 자유는 아니었다. 여성과 노예를 배제한 자유주의였기 때문이었다.

남북전쟁 이후의 산업발전은 농업의 경제적 우위를 더 이상 불가능한 것으로 만들었다. 이미 그 전쟁 이전에도 독립적 소유권의 이상은 노동자들과 농민들에게 점점 비현실적인 것이 되어가고 있었다. 산업주의시대 혹은 도금시대(Gilded Age) 동안에 남북전쟁 이전의 미국적 예외주의의 이상은 급격한 경제적 집중과 노동자와 농민의 시위, 서부 프런티어의 마감으로 무너져가고 있었다. 이제 산업발전으로 가장 직접적인 혜택을 입었던 북동부의 기업—금융 엘리트는 공화주의적 자유주의를 경제적 자유주의로 교체하는 데 앞장섰다.

남북전쟁 이전 대부분의 공공정책은 자유방임을 강력하게 반영하지 않았다. 그러나 1857년의 공황과 1870년대의 불경기 이후, 공공투자가 크게 위축되고 기업과 정부 사이에 부패가 만연해지면서, 그 노선을 널리 받아들이게 되었다. 허버트 스펜서의 사회적 다윈주의가 자유주의의 주요 논리가 되었으며, 섬너(William Graham Sumner)와 같은 인물은 국가의 유일한 역할은 각 개인에게 시장에서 경쟁할 수 있는 자유를 보장해 주는 데 그쳐야 할 것이라는, 극단적 자유방임을 주장하였다. 그들은 국가의 복지뿐만 아니라, 심지어 사적 자선마저도 사회의 건강에 해로운 것으로 비난하였다.

그리하여 산업주의 시대에 각 계급은 분열하였다. 기업가들은 맬더스의 법칙은 미국에서는 단지 일시적 현상일 따름이며, 노동자는 개인의 자치를 추구할 충분한 능력을 가지고 있다고 주장하였다. 그러나 노동자와 농부들은 산업주의를 새로운 노예화의 시작이라고 비판하면서 공화주의적 이상을 포기하려고 하지 않았다. 그들은 전국적인 노동조합과 정당의 결성을 통한 공화국을 꿈꾸었다. 중간계급 집단들은 분배구조의 개선과 헨리 조지(Henry George)의 단일세(Single Tax)를 통해서 남북전쟁 이전의 경제적 독립의 이상을 되찾으려고 하였다. 남서부의 농민들도 전투적 농민운동의 깃발을 들었다. 인민당(The Populist party)은 민주적 집단주의의 확대를 주장하면서 급진 세력의 결집을 시도하였다.

사회주의적 운동이 발전할 가능성을 보이기 시작하자, 보수주의자들은 더욱 우경화되었다. 법원도 기업과 기업가를 옹호하는 방향으로 판결하였다. 기업가들은 기업이 국가의 번영을 창출하므로 정부의 최우선의 의무는 기업을 돕는 일이라는 주장을 확대시켰다. 마침내 1896년 선거에서 급진파에 대한 온건파와 보수파의 연합은 승리하였다. 그것은 미국의 자유주의의 전통에서 생산수단의 소유를 통한 국민 각자의 독립이라는, 공화적 자유주의의 이상의 종말을 고하는 것이었다. 이제 거대 기업군과 경제력의 집중을 자본주의 발전과정의 불가피한 결과로 받아들이려는 풍조가 생겨나게 되었다. 이것은 1930년대 뉴딜정책이 시작될 때까지 미국 자유주의의 지배적 경향이었다.

V. 사회적 자유주의

1. 민주적 자유주의의 출현

17·18세기 자유주의의 확산에도 불구하고 유럽 전역에서 자유주의의 실질적인 수혜자는 사실상 재산가를 비롯한 소수에 불과했다. 그러나 19세기 중반이 되면서 본격적으로 대두한 노동자들의 기존체제에 대한 도전은 자유주의를 더 이상 영국 맨체스터의 방직업자나 프랑스 7월왕정의 부르주아지와 같은 소수 계층에 봉사하는 이념으로만 머물수 없게 만들었다. 중간계급이 자신들의 기득권을 수호하기 위해 내세운 재산자격에 따른 제한선거의 방어벽은 이제 어쩔 수 없이 무너지게 되었다.

인민주권사상이 촉발시킨 성인남자 보통선거 운동은 1830년대의 잭슨 대통령 시대에 미국의 북부 및 서부의 여러 주의 모든 성인남자에게 투표권을 부여하였다. 유럽 노동자들도 1848년의 여러 혁명적 운동을 통해 그들의 참정권을 주장하였다. 그리하여 19세기 말에 이르러서 서유럽 대부분의 국가에서 성년남자의 보통선거제도가 사실상 실현되었다. 이미 자유주의가 '민주적 자유주의(democratic libralism)' 단계로 발전한다는 역사적 당위성을 인정하고 그 이론적 근거를 제시한 대표적 인물들은 바로 토크빌과 존 스튜어트 밀(John Stuart Mill)이었다.

1831~1832년의 미국여행에서 민중적 평등사회의 도래가 세계사의 시대적 조류 방향임을 확신하였던 토크빌은 《미국 민주주의》(*Democracy in America*, 1835)에서 인간사회가 재산, 지식, 정치권력, 사회적 지위 등 여러 방면에서 평등한 방향으로 나가는 것은 신의 섭리에 의한 필연적 과정이라고 지적하였다.[26] 즉 정치적 경제적 근대화는 귀족정치의 시대를 종결시키고 민주정치의 평등시대를 도래케 했다는 것이다. 그러한 시각에서 토크빌은 7월왕정의 자유주의가 역사적 흐름과는 동떨어진 부르

주아의 계급이념에 머무르고 있는 점을 비판하였다. 토론의 정치문화를 이상으로 여긴 밀은 모든 사회계층이 함께 참여하는 민주정치를 주장하였다. 그는 토론은 다양한 계층의 이해를 골고루 반영하고, 각 시민이 정치적 결정과정에 참여함으로써 책임 있는 능동적 시민이 되도록 만들어주는 최상의 방법이라고 믿었다.

그러나 두 사람은 민주주의의 장점뿐만 아니라 부정적 결과를 예견하고 있었다. 그들은 이미 대중 민주주의가 다수의 전제(專制)로 흐를 가능성을 경고하였다. 토크빌은 평등화, 민주화의 도래를 역사적 필연으로 보면서도, 정치적 측면에서 보통선거제를 통한 다수전제의 가능성과 민주주의의 탈을 쓴 독재의 가능성을 예고하였다. 또 그는 사회적으로도 평등이 보편적으로 이루어지게 될 때, 획일화된 성격과 행동방식이 사회 전반을 지배할 위험성이 크다는 사실을 내다보았다. 밀도 적절한 제어장치가 마련되지 않은 민주주의는 폭도의 정치로 변질될 가능성이 클 것이라고 염려하였다. 그는 국가권력이 개인의 자유에 가하는 제약 못지 않게 획일적이고 편협한 사회적 여론이 개인의 자유와 개성을 말살함으로써 사회의 진보를 가로막을 수 있다고 판단하였다.

2. 자유주의 수정의 시대적 요구

19세기 후반의 유럽 노동자들은 형식적으로 투표권과 시민적 자유를 부여받고 있었지만 안정된 생계를 보장받지 못하고 있었다. 산업발전으로 혜택을 입기는 했으나 그 정도는 제한적인 것이어서 많은 노동자들은 여전히 극도의 빈곤상태에서 살았다. 그 사정은 최고의 경제적 번영을 누리고 있던 영국도 예외가 아니었다. 그들의 빈곤과 실업·질병·불구 및 노령의 문제는 기존의 자유방임의 국가정책으로는 도저히 감당할 수 없는 것이었다. 이와 같은 상황에서 사회주의 사상이 지식인들과 노동대중들 사이로 급속히 침투하기 시작하였다.

그러나 부르주아 계급은 이러한 시대적 변화에 능동적으로 대처하지 않았다. 이미 이 계급은 기득권을 누리면서부터 "보수적 사고방식과 습관"에 사로잡혀 있었고 자유를 자기 계급의 "독점적 특권"으로 만들어서 산업과 금융 및 토지를 독점한 "새로운 귀족"으로 성장하였다.[27] 계급적 이기심과 배타주의에 빠져 있었던 이 계급의 다수는 국가가 사회개혁 입법이나 교육법을 추진하는 것을 격렬하게 반대하며, 일반대중에게 정치적 권리가 확대되는 것을 막으려 했다. 이러한 태도는 노동자 계급의 단체행동이 시작되면서 더욱 두드러졌다.

당시의 경제적 상황도 기존 자유방임적 자유주의 체제의 변화를 요구하였다. 영국에서 공업이 처음 출현하였을 때, 경제발전을 촉진하는 최상의 방법은 경제적 자유와 자발성을 통한 자유경쟁이었다. 그러나 산업의 성장과 더불어 기업들이 대규모로 조직화되고, 자본의 집중이 가속화되면서 자유시장경제의 질서를 해치는 기업활동이 늘어났다. 이러한 상황에서 국가는 불가피하게 공정한 시장질서를 보호해야 할 입장이 되었다. 또 세계적 규모의 무역 경쟁의 시대가 도래하면서 국가는 제국주의와 보호무역주의 노선을 지향하게 되었다.

1870~1930년 사이에 고전적 자유주의는 시대상황에 적응하여 변모하기 시작하였다. 하나는 '사회적 자유주의(social liberalism)'의 출현이요, 다른 하나는 '신고전적 자유주의(neo-classical liberalism)'의 등장이었다. 전자의 경향은 자유민주주의가 상대적으로 안정된 영국·프랑스·미국에서 주로 나타났고, 후자의 흐름은 민주주의가 거의 존재하지 않았거나, 혹은 존재하더라도 자유주의자들에게서 크게 불신받았던 이탈리아·독일·오스트리아 같은 나라에서 발전하였다.

3. 사회적 자유주의의 추구

1) 영국

영국에서 산업화의 부정적 결과인 빈곤·실업·질병 등의 문제는 비단 개인만의 문제가 아니라, 사회적 문제들이었다. 그러한 문제들은 개인의 능력을 벗어나는 것이었으므로 과거처럼 개인의 자선에만 맡겨서는 안 되는 것들이었다. 이제 자유는 과거와 같이 개인을 홀로 내버려두는 '개인해방'의 테두리를 벗어나야 할 시대가 도래한 것이다. "만약 한 인간이 빈곤에 의해, 과다한 노동시간에 의해, 생계의 불안에 의해 구속받고 압박받고 있다면 그에게는 어떠한 진정한 자유도 존재할 수 없기" 때문이다. 그러므로 그가 "진정으로 자유롭기 위해서는 이러한 상황들로부터 해방되어야만 하는 것이다."[28] 이제 자유주의가 '사회적 해방'의 이념으로서 역할을 해야 할 시대가 온 것이다.

이 사회적 자유주의로의 방향 전환은 바로 영국의 '신자유주의'에서 시작되었다. 이 신자유주의의 핵심은 정부의 적극적인 역할을 강조하는 점이었다. 이 자유주의는 그린, 홉하우스, 홉슨(J. A. Hobson), 케인즈(J. M. Keynes), 비버리지와 같은 인물들이 발전시켰으며, 20세기초 지도적 정치가들인 아스퀴스(H. H. Asquith)와 조지(David Lloyd George), 처칠(Winston Churchill)에 의해 국가정책에 적극적으로 반영되었다.

신자유주의는 개인주의적 사회관 대신에 '유기적(有機的) 사회관'을 그 이론적 출발점으로 삼는다.[29] 그들은 공동체가 일정한 인간활동의 영역에서 개인의 발전과 완성을 돕는 책임을 가지고 있다고 믿었다. 이 사회관을 제시한 선구적 인물은 그린이다. 그는 하나의 정신적 가능태인 개인의 발전은 사회적 제도들에 달려 있다고 보았다. 즉 사회는 개인의 자아실현과 인격발전을 돕는 하나의 중요한 수단이다. 그린의 사상적 영향을 받은 홉하우스도 개인은 기본적으로 "자기주도적이지만, 공공의 이익 안에서 자신의 이익을 발견한다"[30]고 믿었다. 따라서 사회는 특별히 경쟁적 경제체제의 부정적 결과들—빈곤·빈민굴·실업—을 더 이상 용납해서는 안 되는 것이다.

국가는 이러한 부정적 요소들을 제거하는 조치를 취함으로써 개인의 발전을 위한 기회의 평등을 촉진하는 데 그 일차적 목표를 두어야 하는 것이다. "개인의 자유는 자아발전을 위한 동등한 기회를 제공받는 데 달려 있다"[31]고 인식하는 홉슨은 좀더 폭넓은 국가의 개입과 역할을 옹호하였다. 국가는 그러한 작업을 하는 데 드는 비용을 다른 국민들에게 함께 부담할 것을 청할 권리를 갖는다. 특히 국가는 불로소득 혹은 사회에 의해 창출된 부를 이용할 권리를 갖는다. 1906~1914년의 자유당 정부 아래에서 복지 입법이 이루어진 배경에는 이러한 인식이 자리잡고 있었다.

그러나 신자유주의가 고전적 자유주의와의 "극적인 단절"을 말하는 것은 아니었다.[32] 국가 개입의 필요성을 역설하면서도 신자유주의자들은 사회주의를 지향하지는 않았다. 그들은 누구도 시장경제의 포기를 원치 않았으므로 당연히 계급투쟁과 생산·교환·분배의 수단의 국유화를 지향하는 목적을 가진 마르크스적 사회주의를 단호하게 거부하였다. 1914년 이전의 많은 신자유주의자들은 자본주의를 윤리적인 것으로 만들기를 원했던 것이다.

이 시기에 사회 입법을 실현하기 위한 노력들은 진정한 자유주의적 고려에서 출발하였다. 노동자 착취에 대한 보호장치·질병·사고 그리고 노년의 무능력과 같은 일반적인 위험들에 대한 대책들은 주로 개인을 위해 추구되는 목표들이었다. 이를 뒷받침하는 증거는 국가의 원조를 받기 위해서는 개인의 노력이 우선되어야 한다는 입장에서도 잘 드러나고 있다. 즉 개인적인 저축을 하는 사람만이 법률이 주는 혜택을 입을 수 있도록 규정한 점이 그것이다. 1890년대와 1900년대의 노령연금과 국민보험 같은 것들이 대표적 사례이다.

20세기 초부터 신자유주의의 가치관은 홉하우스와 홉슨의 주도 아래 《맨체스터 가디안》(*Manchester Guardian*), 《데일리 뉴스》(*Daily News*), 《네이션》(*Nation*) 등의 언론을 통해 대중에게 널리 전파되었다. 이 새로운 경향은 1930년대부터 1970년대 초까지 영국과 서유럽 국가들의 사회 민주주의와 미국의 진보주의 발전에 큰 영향을 끼쳤다.[33]

1930년대에 케인즈는 윤리적 측면에서 자본주의 체제를 개혁하려는 신자유주의 노선에 경제적 논리를 보완함으로써 좀더 기능적인 이론이 되도록 하였다. 그는 효과적으로 실업과 빈곤을 줄이고, 자본주의의 생산력을 완전하게 해방시키기 위해서 시장에 대한 국가의 감독을 강조하였다. 그는 제1차세계대전에 이어 발생한 대공황에 대한 대응으로 쓴 자신의 《고용, 이자와 화폐에 관한 일반이론》(*General Theory of Employment, Interest and Money*, 1936)에서 자유방임 경제학이 빈번하게 초래하는 역효과를 지적하고, 특정 경제영역에 대한 국가개입의 필요성을 주장하였다. 그는 저축과 투자를 개인의 판단과 이윤이라는 우연에 맡겨두는 데서 자유시장의 최악의 결과가 생겨난다고 보았다. 특히 부의 분배에서 큰 불평등이 존재할 때는 더욱 그렇다고 여겼다.

그리하여 케인즈는 완전고용이 이루어지는 수준까지 소비자의 수요를 늘리기 위해서 누진과세를 통한 소비와 투자에 대한 국가의 더 큰 관리가 필요하다고 주장하였다. 그러나 경제적 활동은 여전히 개인과 자본가의 수중에 남아 있어야 한다고 주장하였다. 케인즈의 주장은 빈곤에 대한 광범한 사회정책을 주장하는 비버리지의 개혁이론과 함께 1945년 이후 노동당에 채택되어 복지국가의 이론적 기반이 되었다.

2) 프랑스

같은 시기에 프랑스에서도 영국의 신자유주의와 동일한 이념과 정책들이 추구되었다. 이 움직임을 주도한 인물은 푸이에(Alfred Fouillée, 1838~1912)와 뒤르켕(Émile Durkheim, 1858~1917)과 같은 연대주의(solidarism)적 사상가들과 이들의 사상적 영향을 받은 부르주아(Léon Bourgeois, 1851~1927)와 같은 진보적 정치가들이었다. 그들은 개인의 자유는 사회적 환경에 의존한다는 인식을 토대로 수많은 사회적 경제적 개혁을 추구하였다. 특히 사회학은 제3공화정의 공식철학이 되어서 '연대주의적 자유주의(solidarist liberalism)'가 당시의 사회적 상황에 적절한 이념임을 이론적으로 뒷받침하였다.[34]

연대주의자들은 현대사회에서 개인이 발전할 수 있는 더 큰 기회를 얻게 되는 것은 개인들 사이의 좀더 폭넓고 다양한 상호의존관계 때문이라고 보았다. 즉 개인은 자신의 모든 것을 사회에 크게 '빚지고' 있다는 것이다. 따라서 우리는 사회의 주변사람들이 우리에게 제공한 서비스들에 대해 공정한 대가를 지불할 의무를 가지며, 우리의 조상들로부터 받은 혜택에 대해서도 그 보답으로 후세들에게 새로운 공동의 유산을 물려줄 책임이 있는 것이다. 프랑스의 자유주의자들은 이러한 주장에서 공공사업과 복지정책의 재원을 조달하기 위한 누진과세의 당위성을 도출하였다.

그들이 추구한 복지정책은 주로 다양한 협동보장제도를 통해서, 모든 사회구성원이 서로 협동하여 이루어 낸 '사회적 자산'으로부터 생겨난 이익을 공유하는 것뿐만 아니라, '사회적 위험'도 함께 부담하도록 사회적 분위기를 조성하는 데 있었다. 심지어 몇몇 자유주의자들은 모든 재산은 본질적으로 '사회적 재산'이므로 국가가 소유하면서, 개인이나 혹은 다양한 협동적 기업활동에 빌려주어야 한다는 데까지 나아갔다. 그럼에도 그들 대다수는 국가의 역할을 직접적인 운영보다는 조정에 한정시켰다. 그들이 생각하는 국가의 이상적인 기능은 국가의 설비나 계획을 통해 개인의 활동을 대신하는 것이 아니라, 개인의 상호 의존을 발전시키는 법률과 제도들을 마련하여 개인들간의 상호 협력의 실행을 촉진시키는 일이었다. 그러므로 프랑스에서는 연금, 실업과 질병 보험과 같은 복지국가적 시도는 거의 이루어지지 않았다.

3) 미국

미국은 1920년대 말까지만 하더라도 자유방임의 원리를 존중하는 고전적 자유주의의 사회였다. 당시 미국사회는 개인주의, 자유경쟁, 자유기업, 근로윤리와 같은 자유방임체제 아래의 부르주아적 가치들이 지배하는 세계였다. 그 시절 미국의 보수주의자들은 산업자본주의 체제가 가장 효율적이고 공평한 제도라고 믿었던 반면, 개혁주의자들은 그 제도가 무질서·낭비·불평등을 초래한다고 주장하였다. 자본주의의 폐단에 대한 광범위한 비난에 자극을 받은 각 분야의 자유주의적 개혁가들(Progressives)은 정부의 역할을 통해서 그러한 것들을 교정할 것을 제안하였다. 그들이 보기에 정부의 개입은 피할 수 없는 역사의 귀결이었다.[35] 20세기 미국의 신자유주의적 개혁의 첫물결인 '진보주의 운동'은 그 주요 목표를 공화주의적 정부의 부활에 두었다.

신자유주의자들이 추구한 두번째 목표는 경제적 재화를 좀더 공평하게 분배하는 일이었다. '사회적 복지'를 지향하는 개혁가들이 볼 때, 정부가 다루어야 할 핵심적 문제는 자유주의 시장경제의 과도하게 불평등한 분배구조였다. 비록 '혁신주의 시대'와 1920년대를 거치면서 사회복지의 주장이 어느 정도 제기되기는 했지만 대공황 때까지 연방정부는 그에 대한 책임을 인정하지 않았다. 그러나 1930년대의 대공황과 뉴딜정책은 미국을 정부간섭 주의의 대표적인 국가로 급격히 변모시켰다. 1929년 10월의 주식시장 붕괴로 미국경제는 일대 타격을 받게 되었고, 이를 기점으로 3년 동안 계속된 대공황은 미국의 국가경제를 거의 붕괴상태로 내몰았다. 이러한 경제적 위기 앞에 미국을 지배해오던 개인주의와 자유방임의 고전적 자유주의에 대한 믿음은 철저하게 무너져 내렸다. 그러므로 1932년 대통령 선거에서 정권은 그에 대한 해결을 약속한 프랭클린 루즈벨트(Franklin D. Roosevelt)의 민주당으로 넘어갔다.

민주당은 종래의 자유방임 정책의 한계를 극복하기 위해서 마침내 정부간섭주의의 이념을 도입하였다. 그리하여 미국사회는 경제의 국가통제, 부의 재분배, 사회보장과 같은 유럽적 복지국가의 가치관이 광범하게 자리잡기 시작하였다. 민주당의 뉴딜정책은 국가가 경제문제에 적극적으로 개입하여 전통적 자유주의의 범위를 크게 벗어난 대표적인 사례였다. 그 결과 1940년대 초에 이르러 미국사회는 전통적인 자유방임 체제에 새로운 정부간섭의 요소가 첨가된 제3의 혼합경제 체제, 즉 수정자본주의 체제를 수립하게 되었다.

뉴딜의 프로그램들은 최소한의 '복지국가'를 창출하는 데까지 확대되었다. 그 시기는 1960년대와 1970년대의 자유주의적 개혁의 세번째 큰 흐름의 시기였다. 존슨이 뉴딜을 가장 확대시킨 것은 1950년대에 시작된 미국 흑인의 민권운동을 정치적으로 인정해준 점이다. 그의 '위대한 사회(Great Society)' 프로그램은 빈곤 문제에 초점을 두었다. 흑인과 여성의 평등한 권리를 요구하는 운동 속에서 자유주의자들은 강력한 개혁적 전통을 수립하였다.

이와 같은 전통은 1980년에 보수주의자인 레이건이 대통령에 선출되면서 일대 도전에 직면하게 되었다. 그는 정치적으로 실행가능한 것으로 입증된 이전의 많은 개혁주의적 프로그램을 폐지시켰다.

4. 신고전적 자유주의의 대응

이탈리아의 루지에로(Guidode Ruggiero, 1888~1948)와 크로체(Benedetto Croce, 1866~1952), 독일의 브렌타노(Lujo Brentano, 1844~1931) 등과 같은 몇몇 사상가들은 영국의 모델을 좇아서 신자유주의적 이념을 개발하려고 노력했지만, 그다지 성공적이지 못했다. 그 이유는 이들 나라의 자유주의자들이 그러한 진보적 정책을 추구하기에는 노동계급을 지나치게 두려워했으며, 기존의 자유주의적 정치에 비판적인 인사들도 그 정책들을 국가권력을 강화하려는 시도로 해석했기 때문이다.

사회적 자유주의를 반대하는 이들은 이 이념이 복잡하고 비타협적인 현실에 맞지 않는 도덕적 이념이라고 보았다. 그들은 고전적 자유주의의 전통을 고수하면서, 사회적 자유주의와는 전혀 다른 방식으로 자유주의의 방향을 모색하려고 하였다. 대표적 인물은 이탈리아의 파레토(Vilfredo Pareto, 1848~1923), 오스트리아학파의 경제학자들, 독일의 사회학자 베버(Max Weber, 1864~1920)였다.

파레토는 밀과 스펜서의 적극적인 추종자로 이탈리아의 비자유주의적인 실상을 비판하고 사회주의자들의 불만에 공감하였다. 그는 초기 자유주의자들이 자유시장경제에 부여했던 장점들도 대부분 배척하였다. 그에게 시장은 단지 개인이 자신의 이익과 욕구를 최대한 추구하는 하나의 현실적인 수단에 불과한 것이었다. 그는 대중민주주의도 다양한 엘리트 집단들이 국가권력을 장악하기 위해 정당성을 확보하는 수단에 불과하다고 보았다. 그들 엘리트들은 표방하는 명분이 무엇이든지간에 국가를 통해 항상 자신들의 권력과 부를 추구하려고 노력한다는 것이다. 그는 또한 가치판단은 본질적으로 주관적인 행위이므로, 그것을 하나의 합리적 혹은 객관적 기준 위에 놓으려는 모든 시도는 비자유적인 것이라고 간주하였다. 따라서 그는 국가의 역할을 재화와 노동이 자유롭게 거래되는 시장질서를 유지하는 기능 정도로 대폭 축소시켜야 한다고 주장하였다.

‘주관적 가치이론’은 칼 맹거(Carl Menger, 1840~1921), 미제스(Ludwig von Mises,1881~1973), 그리고 하이예크(F. A. Hayek) 등의 오스트리아 학파의 경제적 자유주의의 핵심을 이룬다. 그들은 인간은 자유로운 행동과 선택에서 그 의미와 가치를 찾는 존재이며, 시장은 인간의 주관적인 선택을 가능케 할 유일한 메커니즘이라고 보았다. 그들은 사회주의적 계획경제 체제는 비실제적이며 필연적으로 강제를 수반하는 체제라고 주장하였다. 사회주의 경제는 부담과 혜택의 공정한 할당과 자원의 분배를 위한 하나의 객관적 기준이 실제로 존재할 수 있다는 가정에서 출발한다. 그와 반대로 이 학파는 재화와 욕구의 상대적 가치를 합리적 혹은 효율적으로 결정하는 일은 불가능하다고 인식하였다. 그들은 오직 가격 메커니즘을 통하여 수요와 공급의 힘에 반응하는 시장체제만이 생산물과 서비스의 공정한 교환비율을 설정할 수 있으며, 개인들에게 이윤 동기를 부여하여 일의 효율성을 높이려고 노력하도록 만든다고 믿었다. 그들은 계획경제체제는 필연적으로 특정의 소비와 생산양식들을 강요하는 독재적 규제를 수반하며, 국민들의 삶에 대한 국가권력의 지배력강화와 관료주의적 침체 속에서 그들이 추구하는 경제적 목표를 달성하지 못한 채 붕괴되고 말 것이라고 단언하였다.

하이예크는 《예종의 길》(*The Road to Serfdom*, 1944)에서 케인즈류의 국가개입적 혹은 재분배적 자유주의를 강력하게 비판한다. 20세기 전반기 보수적 자유주의를 선도한 학자였던 그는 자유주의를 ‘진화적’ 자유주의와 '설계적' 자유주의, 두 가지로 구분하여 전자를 자유주의의 본령이라고 보았다.[36] 그는 자유주의를 역사적 진화과정에서 자연스럽게 형성된 질서의 이념으로 이해하였다. 따라서 인간의 정신이나 사회질서는 의식적 통제나 인공적 설계와 같은 방법으로 만들어 낼 수 없다. 그러한 비자생적 사회질서는 개인의 자유를 보장해 줄 수 없을 것이다. 그러므로 정부는 법과 일반규칙의 집행 외의 모든 강제력의 행사를 삼가야 한다는 것이다. 정부는 사회보장정책 등과 같은 인위적인 배분적 정의 혹은 사회적 정의를 추구해서는 안 된다는 것이다.

이 학파의 이론은 초기에는 거의 지지를 받지 못했다. 그러나 1930년대에 지도적 인사들의 이민을 통하여 그 이론의 맥이 학계에 이어져 내려왔다. 그들의 이론은 미제스·하이예크 등의 학자들이 1947년에 설립한 몽 펠르렝회(Mont Pelérin Society)를 통해 전파되었다. 1970년대에 와서 그들의 주장들은 '신우파'의 경제적 사고에 영향을 주고, 대처 수상과 레이건 대통령의 보수주의적 경제정책의 이론적 배경이 되었다.

베버(Max Weber)는 인간의 자율적 활동영역과 개인의 선택을 반영하는 자원의 배분방식인 시장경제에 국가가 개입하는 문제를 비판하는 점에서 오스트리아학파와 입장을 같이한다. 그러나 그는 20세기의 복잡한 사회적 정치적 환경 아래에서 19세기의 경제적 가치관으로 복귀하는 문제에 대해서는 입장을 달리하였다. 그는 고전적 자유주의의 가치관들과 관행들을 자본주의 초기 국면에서 생겨난 우연발생적인 것으로 보았다. 그러므로 독일, 이탈리아 혹은 러시아같이 산업화가 늦게 시작되어 선진 자본주의의 단계로 바로 진입한 국가들의 경우에는 고전적 자유주의가 발전할 가능성이 적을 것이라고 파악하였다. 또한 대중정당들과 산업조직들이 개인의 선택에 미친 영향에서 알 수 있듯이, 현대 세계의 대규모의 조직들의 구조적 힘 앞에서 전통적 자유주의의 개인주의적, 기업적, 합리주의적 정신들을 시대에 뒤떨어진 것이 되고 말았다.

베버는 현대사회에서는 오직 산업계의 거물들이나 정치지도자들만

이 자유주의가 요구하는 책임과 창조성을 가지고 활동할 만한 위치에
있다고 믿었다. 대중이 민주정치의 주역이 될 때, 잘못된 정보와 설익
은 견해들이 뒤죽박죽되는 난맥상을 초래할 것이며 대중선동가의 출현
가능성도 아주 높다는 것이다. 그는 시장경제와 민주주의라는 자유주
의적 제도를 사회의 엘리트들과 이익집단들이 일정 수준의 경쟁을 유
지하는 메커니즘으로 바꿔 생각하려고 하였다. 그는 정책의 채택과 합
리성의 추구는 일반국민들이 할 일이라기보다는, 국민들의 표를 얻기
위해 노력하는 정당 지도자들간의 경쟁에서 이루어진다고 보았다. 경
쟁적 정당체제 아래 토론을 통해 등장하는 유능한 인물이 국가의 정치
와 정책을 주도하게 된다는 것이다.

VI. 현대의 자유주의

1. 냉전시대의 자유주의

1920년대와 1930년대에 파시즘과 공산주의가 등장하면서 자유주의
는 크게 쇠퇴한 것으로 여겨졌다. 당시에 많은 사람들에게 좌우파의
권위주의적 체제 아래에서 자유주의는 더 이상 시대에 맞지 않는 이념
으로 보였다. 그러나 한편으로 또 다른 사람들은 오히려 그러한 상황
은 자유주의를 더 절실하게 필요로 한다고 믿었다. 결국, 제2차세계대
전이 끝나고 냉전시대가 도래하면서 자유주의는 공산주의와 파시스트
정권의 전체주의에 맞서는 이념으로 그 위상이 재확립되기에 이르렀
다. 하이에크의 《예종의 길》을 필두로 잇따라 등장한 자유주의적 저술
들의 출현은 당시에 전체주의에 대한 이념적 대응책으로 자유주의가
적극적으로 추구되었음을 말해준다.[37]
이 저술들에서 자유주의자들이 일관되게 강조하는 바는 전체주의
이론들은 이념적, 유토피아적, 역사결정론적, 전체론적 경향을 띤 반면,

자유주의는 경험적 다원주의적 특징을 가지며 이상국가의 건설을 목표로 하지 않고, 인간의 다양한 가치관과 관심사들을 평화롭게 표현하도록 허용하는 이념이라는 점이다. 그들은 어떤 추상적인 구도 아래 사회를 새롭게 재편하려는 전체주의의 광적인 욕구 대신에, 체제의 점진적인 개선과 시대변화에의 적응을 옹호하였다. 그들은 시장경제 체제가 인간의 목적을 달성하기 위한 본질적인 장치라고 간주하였다. 신고전적 자유주의자들과 달리 이와 같은 역할 수행에 기존 제도들이 적절하다는 데에 더 낙관적이었다. 그러나 그들의 입장이 모두 동일하지는 않았다. 하이예크가 복지국가를 사회주의적 유토피아주의의 한 위험한 경향이라고 보았던 반면, 벌린은 그것을 개혁적 자유주의의 한 방식으로 보았다.

이 시기에 자유주의 정당들은 침체하였지만, 자유주의 이론가들은 서구의 이념적 갈등은 일단락되고 자유주의가 주도적 이념으로 자리잡게 되었다고 자신있게 선언하였다. 1950년대 동안과 1960년대 초반까지 이와 같은 견해는 전후(戰後)의 경제적 활기가 가져온 전반적인 번영에 의해 잘 뒷받침되었다. 서독의 사회민주당과 영국의 노동당은 사회주의의 전통적인 목적들이 달성되었다고 보았을 정도였다. 계급의 문제도 프롤레타리아 계급이 점차 부르주아 계급으로 흡수되어가면서 더 이상 중요한 문제가 되지 않게 되었다고 여겨졌다.

그러나 그와 같은 낙관론은 그리 오래 가지 못했다. 1960년대 후반부터 미국의 흑인 민권운동, 그 영향을 받은 세계 각지의 집단시위, 제3세계의 해방운동, 특히 베트남전쟁의 패배와 그로 인한 심각한 정치적 분열상, 선진국들에게 높은 인플레와 대량실업을 가져온 1970년대와 1980년대의 세계적 불경기 등 여러 문제와 사건들이 발생하였다. 그런 일들은 현대사회에도 이념적인 갈등이 국가적 혹은 국제적 차원에서 여전히 존재하고 있다는 사실을 확인시켜 주었다. 그러나 이러한 상황에서 현대사회의 분열을 해결하는 중립적 이념으로서 자유주의의 역할에 대한 기대도 역시 커져 갔다.

2. 세기 말의 자유주의

1960년대와 1970년대에 이데올로기의 양극화 시대가 다시 찾아왔다. 자유주의 경제체제가 전후의 경제적 활기를 1970년대까지 지속시키는 데 실패함으로써 보수주의적 자유주의가 되살아나고 사회적 자유주의는 수세의 입장에 놓이게 되었다. 현대사회에서 고전적 자유주의와 사회적 자유주의 가운데 어느 쪽이 더 필요한가에 대한 논쟁이 재연되었다.

이 논쟁은 1970년대 초부터 미국학계에서 보수주의적 자유주의의 입장을 대변하는 노직과 사회적 자유주의를 대변하는 존 롤즈(John Rawls, 1921~)를 중심으로 전개되었다. 노직이 개인의 자연권적 자유를 적극적으로 옹호하는 '자유지상주의'를 대변한다면, 롤즈는 사회·경제적 정의의 실현을 위해 '복지국가적 평등주의'를 대표한다.

롤즈의 《정의론》(*A Theory of Justice*, 1972)은 제2차세계대전 이후 서구에서 쓰여진 가장 중요한 정치학 저술 가운데 하나이다. 그는 사고실험(思考室驗)을 통해서 하나의 '원초상태'를 가정하도록 요구한다.[38] 즉 그는 우리가 만약 우리 자신이 어떤 부류의 인간인지 알지 못하고, 우리가 사회에서 어떤 지위에 오를 것인지, 혹은 어떤 환경에서 살게 될 것인지를 알지 못하는 상태에 처해 있게 된다면, 어떠한 원칙들을 채택하게 될지를 상상해 볼 것을 묻고 있다.

이러한 상태에서 우리는 자신의 견해와 상관없이 모든 사람들에게 동일한 관심과 존중심을 갖게 된다는 것이다. 롤즈는 이와 같은 사고실험을 통해 누구나 정당하다고 받아들이며, 특정 신조나 생활양식에 관한 어떤 선입견들에 의해 오염되지 않은, 정의이론을 만들 수 있을 것으로 믿는다. 롤즈의 정의의 원리는 첫째, 각 개인은 다른 모든 사람이 누리는 자유와 일치하는 최대 수준의 자유를 구가할 수 있어야 한다는 것이다. 따라서 국가는 가능한한 평등한 자유를 누릴 수 있는 가장 광범위한 체제를 제공해야만 하는 것이다. 둘째, 인종·성별·종교 등에 관계없이 사회에서 직업과 지위를 얻을 수 있는 평등한 기회가 반드시 주어져야 한다. 그러므로, 롤즈에게 있어서 현대적 정의의 기준으로 받아들일 수 있는 유일한 기준은 진리 혹은 선보다는 공정성(fairness)이다.

사회적 자유주의자들처럼 롤즈는 자유와 평등이라는 자유주의적 가치와, 효율성과 조화를 이루는 사회정의에 대한 관심을 결합시키려고 노력하였다. 그러면서도 그가 사회적 자유주의자들과 다른 점은 국가의 복지정책에 대한 자신의 주장을 전통적 자유주의와 분리시키려고 노력했다는 점이다. 그는 자유주의적 개인관을 고수하면서도 다원주의적 개방사회를 추구하고, 자유주의 사회를 지향하면서도 그 사회가 평등주의적 원리를 구현하는 사회이기를 바란다. 그러므로 그는 부의 재분배와 누진세제의 필요성을 주장하고 불우한 사람들을 돕기 위한 국가의 간섭을 정당한 것으로 여긴다.

그러면서도 롤즈는 불평등이 완전하게 해소될 수 있으리라고 생각하지 않았다. 오히려 개인들의 자존심을 상하지 않는 한 어느 정도의 불평등은 불가피하다고 본다. 그러나 그가 보기에 인간의 자존심은 그의 수입의 다과에 달려 있는 것이 아니라, 기본적 권리와 자유를 다른 모든 사람들과 똑같이 누릴 자격이 있느냐 없느냐에 달려 있다는 것이다. 롤즈는 경제적 사회적 평등과 법적 정치적 평등을 구분한다. 결국 평등주의와 자유주의의 결합은 법적 정치적 평등에서 가능하다는 것이다.

롤즈의 《정의론》이 출간된 지 3년 뒤에 노직의 《아나키, 국가와 유토피아》(*Anarchy, State and Utopia*, 1974)가 나왔다. 그는 이 저서에서 사유재산권과 자유시장경제를 옹호하면서 롤즈와는 정반대로 정부의 복지정책을 비판한다. 그는 시장경제질서의 장점은 어떤 특정한 이익도 대변하지 않으며, 시장에서 분배된 결과는 단지 개인들 사이의 수많은 교환들이 이루어낸 비의도적인 결과라고 보았다. 따라서 만약 아무도 고의적으로 그리고 물리적으로 물건을 교환하도록 혹은 자신의 노동력을 팔도록 강요당하지만 않는다면, 그리고 직장을 구하려는 사람과 팔려는 물건을 차별대우하는 아무런 법률적 장벽이 존재하지만 않는다면, 자유와 평등의 자유주의적 기준은 충족될 것이고, 시장제도는 공정한 것으로 판명될 것이다. 그러므로 정부는 성인들간의 합의를 통해 이루어지는 자본주의적 활동에 개입할 어떠한 정당한 근거도 가지고 있지 않다는 것이다.

노직은 자원을 분배하거나 경제에 개입하려는 정부의 시도를 국민들이 원치 않을 사회적 목적을 위해서 이용하려는 불법적인 것이라고 주장하였다. 그는 사회복지, 사회정의의 실현을 명분으로 내세우는 정부 간섭의 증가는 국가권력을 더욱 강화시킬 것이며, 그와 같은 '확대국가'적 경향은 바로 전체주의 국가로 가는 지름길이라는 것이다. 이와 같은 노직의 주장은 인간은 스스로의 동의가 없이는 자신의 생명·신체·재산을 침해당할 수 없다는 로크의 자연권 사상에 기초한 고전적 자유주의로 복귀하고 있는 것이다.

Ⅶ. 맺음말

롤즈와 노직 두 사람이 선도했던 현대 자유주의 논쟁은 어느 한쪽으로 주도권이 주어지지 않는다. 고전적 자유주의는 영국의 대처수상과 미국의 레이건 대통령이 이 노선을 통해 '영국병'을 치유하고 재정적자와 불경기를 극복한 데 성공한 이후 새롭게 주목받고 있다. 반면 사회적 자유주의는 선진국에서의 과다한 복지비용과 복지정책이 국가경제와 재정에 무거운 부담을 주고 있다는 주장이 공감을 사고 있는 요즘 상대적으로 위축되어 있는 실정이다. 그러나 이러한 논쟁은 이미 분배정의와 사회복지가 상당 수준에 달해 있는 나라들에서의 일이다. 고전적 자유주의의 대표적 덕목인 '자조(自助)'와 같은 논리가 모든 나라에 똑같이 적용되지는 않는다. 아직도 지구상에는 사회복지가 실행되지 못하고 분배정의의 실현이 요원한 나라가 부지기수이다.

이러한 마당에 사회적 자유주의냐 고전적 자유주의냐의 논쟁보다는 인간의 진정한 해방과 삶의 질을 향상시키기 위한 최선의 자유주의가 무엇인가의 공통분모를 찾는 노력이 우선해야 할 것이다.

세기 말이 다가오면서 오히려 고전적 자유주의와 사회적 자유주의의 거리가 점차 좁혀지는 하나의 경향이 등장한다. 대표적 사례로 각기 사회적 자유주의 경향의 정강정책을 표방해온 미국 민주당의 빌 클린턴 대통령과 영국 노동당의 토니 블레어 수상의 정치노선이 고전적 자유주의의 보수노선에 크게 접근하고 있는 점을 들 수 있다. 프랑스의 좌우동거(Co-habitation)정권의 연속적 출현도 오늘날의 자유주의의 행로가 어떠해야 하는가를 일깨워주는 또 다른 경향이다. 이 새로운 경향들은 시대상황과 시대적 요구에 능동적으로 '적응'해서 변모를 거듭해온 자유주의의 역사적 특징의 또 하나의 반복 사례로 불러도 무방할 것이다.

이러한 점들을 고려하여, 역사적 변천을 이해할 때는 자유주의가 고전적 자유주의와 사회적 자유주의라는 양대산맥으로 이루어져 있음을 기억해야 하겠지만, 오늘날에는 자유주의가 활발하게 추구하는 메타이데올로기로서의 역할과 그에 따른 다원성(多元性)의 측면에도 주목해야 할 것이다.

주

1) Norman Barry, "Liberalism", in Nigel Ashford and Stephen Davies eds., *A Dictionary of Conservative and Libertarian Thought*(London and New York, 1991), p. 159.

2) J. Salwyn Schapiro, *Liberalism : Its meaning and history*(Van Nostrand, 1958), p. 18.

3) F. Watkins, *The Political Tradition of the West : a Study in the Develpment of Modern Liberalism*(Cambridge, Mass., 1948), p. IX.

4) David Smith, "Liberalism", in David Shills ed., *International Encyclopedia of the Social Science*(New York and London, 1974) vol. 9, p. 277.

5) Schapiro, *op. cit.*, p. 19.

6) John Zvesper, "Liberalism" in David Miller ed., *The Blackwell Encyclopedia of Political Thought*(New York, 1987), p. 286.

7) Volker Sellin, 'Liberalism,' in C. D. Kerning ed., *Marxism, Communism and Western Society, A Comparative Encyclopedia*(New York, 1972), vol. 5, p. 201.

8) Schapiro, *op. cit.*, p. 30.

9) Zvesper, *op. cit.*, p. 286.

10) Andrew Vincent, *Modern Political Ideologies*(Oxford UK & Cambridge USA, 1992), p. 32.

11) *Ibid.*, p. 34.

12) *Ibid.*, p. 16.

13) John Gray, *Liberalism*(Milton Keynes, 1986), p. 62.

14) Vincent, *op. cit.*, p. 37.

15) Green, *Works*, vol. 3, pp. 370~371 in Andrew Vincent, *op. cit.*, p. 40.

16) Richard Bellamy, "Liberalism" in Roger Eatwell and Anthony Wright eds., *Contemporary Political Ideologies*(London, 1993), p. 27.

17) Smith, *op. cit.*, p. 277.

18) Guido de Ruggiero, "Liberalism", in E.R.A. Seligman ed., *Encyclopedia of the Social Sciences*(New York, 1933), p. 437.

19) Smith., *op. cit.*, p. 79.

20) 그 밖에도 Richard Price와 Joseph Priestly, James Mackintosh, William Godwin, Mary Wollstonecraft, Percy Shelley 등이 당대의 대표적 급진주의자였다.

21) Ruggiero, *op. cit.*, p. 442.

22) 노명식, 《자유주의의 원리와 역사》(민음사, 1994), p. 213.

23) Ruggiero, *op. cit.*, p. 431.

24) 훔볼트는 1792~1793년에 자신의 저술을 완성하지만 1851년에 가서야 《국가의 영역과 의무》(*The Sphere and Duties of the State*)라는 제목으로 출간하였다. 이 저서는 밀(J. S. Mill)의 《자유론》(*On Liberty*, 1859)의 많은 부분에 영감을 준 것으로 알려지고 있다.

25) Dorothy Ross, "Liberalism" in Jack P. Green ed., *Encyclopedia of American Political History : Studies of the Principal Movements and Ideas*(New York, 1984), pp. 750.

26) Tocqueville, *Democracy in America* vol. 1(London, 1946), p. lxxii.

27) Ruggiero, *op. cit.*, p. 439.

28) Samuel, *Memoirs*, p. 25 in Andrew Vincent, op. cit., p. 40.

29) George L. Bernstein, *Liberalism and Liberal Politics in Edwardian England*(London, 1986), p. 96.

30) Hobhouse, *Liberalism*(New York, 1964), p. 128.

31) J. A. Hobson, *The Crisis of Liberalism : New Issues of Democracy*(London, 1909), p. xi.

32) A. Vincent, *op. cit.*, p. 41.

33) R. Bellamy, *op. cit.*, p. 33.

34) *Ibid.*, pp. 35~36.

35) D. Ross, *op. cit.*, p. 758.

36) 그 밖의 대표적 저술들로는 Karl Popper, *The Open Society and its Enemies*(1945) ; Albert Camus, *The Rebel*(1951) ; J. L. Talmon, *Origins of Totalitarian Democracy*(1952) ; Isaiah Berlin, *Four Essays on Liberty*(1969) 등이 있다.

37) Hayek, *Studies in Philosophy Politics and Economics*(London, 1967), p. 85. 신일철, 《현대 사회철학과 한국사상》(문예출판사, 1997), p. 16에서 재인용.

38) John Rawls, *A History of Justice*(Oxford, 1972), p. 544. 노명식, 앞의 책, p. 266에서 재인용.

민주주의*
Democracy

강 정 인

Ⅰ. 머리말

제2차세계대전 이후 민주주의는 마치 인류의 보편적 종교로 자리잡은 것처럼 보인다. 1951년에 작성된 유네스코의 한 보고서는 "……세계 역사상 최초로 …… 실제적인 정치인들이나 정치이론가들 공히 그들이 방어하고자 하는 제도와 그들이 주장하고자 하는 이론에서 민주적 요소를 강조하는 데 의견을 같이하고 있다"라고 지적한 바 있다.[1] 이러한 지적은 최근 구 사회주의권 및 제3세계의 많은 국가들이 민주화됨으로써 그 어느 때보다 더 많은 적실성을 확보하게 되었다.

이처럼 민주주의가 20세기에 들어와서 인류의 보편적 종교로 자리잡게 된 사실과는 대조적으로 민주주의라는 정치이념과 제도를 발전시킨 서양에서 지난 2천여 년 동안 극히 최근에 이르기까지 거의 대부분의 정치가나 사상가들이 —중대한 예외인 루소를 제외하고는— 민주주의를 부정적인 정치체제로 생각해왔다는 점을 상기할 필요가 있다. 심지어 현대 민주주의 사상가들에게 끊임없는 영감의 원천을 제공해 온고대 민주주의가 탄생한 아테네에서조차도 투키디데스·플라톤 및 아리스토텔레스를 비롯한 주요 이론가들이 아테네를 비롯한 그리스 민주주의에 대해 매우 비판적이었다는 점은 널리 알려진 사실이다. 그들은 아테네 민주제가 그 이론 및 실천 양면에서 대외적으로는 전쟁 때나 평화 때나 경박하고 성급하며, 대내적으로는 정치적 불안과 천박한 정신에 의해서 지배되는 것으로 보았다. 아테네 민주주의에 대한 그들의 비판은 민주정 아래의 아테네제국이 과두제 형태를 취한 스파르타 및 그 동맹국들에게 펠로폰네소스전쟁(B.C. 431~404년)에서 패퇴하였고, 그 이후 아테네가 결정적으로 쇠퇴하게 되었다는 역사적 사실과 결코 무관하지 않을 것이다.

그러나 오늘날 민주주의가 보편적으로 수용되고 또 긍정적인 의미를 가진 단어가 됨에 따라 '민주주의'는 그 외연이 확장되고 또 빈번히 남용되어 왔으며, 바로 그러한 사실 때문에 그 의미가 혼란에 빠지고 왜곡이 되었다. 따라서 일부 학자들은 민주주의라는 용어 사용을 포기할 것을 주장하거나,[2] 미국의 정치학자 다알(Robert Dahl)처럼, 다두정(多頭政, polyarchy)과 같은 신조어(新造語)를 만들어 사용하기도 한다. 그러나 민주주의의 개념적 의미는 '인민에 의한 지배'라는 점에서 명백하며, 민주주의의 상이한 이론들은 얼마나 많은 민주주의가 바람직한가 또는 실천 가능한가, 그리고 그것이 어떠한 제도적 장치를 통해 지속적으로 실현될 수 있는가를 둘러싸고 전개되는 논쟁에 대한 다양한 반응으로 해석하는 것이 온당할 듯하다.[3]

Ⅱ. 인민에 의한 지배로서의 민주주의

1. 민주주의의 개념과 의미

우리 말의 민주주의라는 단어는 19세기말 일본인들의 번역을 통해 들어온 것이다. 잘 알다시피 민주주의는 영어로 데모크라시(democracy)인데, 그 어원은 그리스어의 'democratia'이다. 이 단어는 인민(people)을 의미하는 '데모스(demos)'와 '지배(rule)'를 의미하는 '크라토스(kratos)'의 합성어이다. 그리스어로 데모스는 부자나 귀족에 대립하는 말로서, 시민단(市民團), 보통사람 또는 하층계급을 지칭하는 단어였다. 따라서 우리는 가장 일반적인 의미에서 민주주의를 '인민에 의한 지배'로 정의할 수 있다.

이처럼 오늘날 우리가 이해하는 민주주의의 기원은 고대 그리스의 도시국가에까지 소급되지만, 앞으로 설명할 것처럼 오늘날의 민주주의는 아테네를 비롯한 고대 그리스 도시국가에 존재하던 민주주의와는 많은 점에서 다르다. 《브리태니커 백과사전》(*Encyclopedia Britanica*, 1971)은 오늘날 민주주의가 지닌 여러 가지 의미를 네 가지로 요약하여 다음과 같이 제시하고 있다

① 직접민주주의
본래적 의미에서 전체 시민이 정치적 결정을 내릴 수 있는 권한을 직접적으로 그리고 다수결에 의해 행사하는 정부형태
② 대의민주주의
시민들이 그 동일한 권한을 스스로 행사하는 것이 아니라 그들이 선출하고 그들에게 책임을 지는 대표자를 통해서 행사하는 정부형태
③ 자유민주주의 (또는 입헌민주주의)
언론의 자유나 종교의 자유와 같이 개인 또는 집단이 향유하는 일정한 권리를 소수자에게 보장하기 위해 고안된 헌법적 제한의 틀 내에서 다수가 권력을 행사하는, 그리고 통상 대의 민주주의 형식을 취하는 정부형태
④ 사회·경제 민주주의
정부형태가 위에서 말한 세 가지 의미에서 민주적이든 아니든 상관없이 사회경제적 차이, 특히 사유재산의 불평등한 분배에서 나오는 차이를 최소화하고자 하는 경향이 있는 정치·사회체제.[4]

민주주의에 관한 위의 네 가지의 의미들은 오늘날 우리가 통상 이해하는 민주주의의 다양한 의미 그리고 서양의 민주주의 발전 역사 및 그 유형을 반영하고 있기 때문에 민주주의의 발전과 유형을 검토하면서 이것들을 좀더 구체적으로 고찰하겠다. 우선 '인민에 의한 지배'로서의 민주주의가 의미하는 바를 자세히 검토하기로 하자.

2. '인민에 의한 지배'의 개념요소들

　민주주의를 1차적으로 '인민에 의한 지배'로 이해할 때, 거기에는 이미 논리적으로 인민주권론, 자유 및 평등의 개념이 담겨 있다. 전체 인민이 직접 또는 자신들의 대표자를 통해서 공동체의 헌법·법률 및 정책과 관련하여 최고의 정치적 권력을 행사한다는 점에서 민주주의는 인민주권론을 전제한다. 또 민주주의가 통제·지배 또는 의사 결정의 문제와 관련되어 있는 한, 그것은 당연히 자유의 관념과도 연관되어 있다. 따라서 오늘날에도 "자유의 원칙 가운데 하나는 모두가 번갈아가며 지배하고 지배당하는 것이다"라는 아리스토텔레스의 언명[5]은 여전히 유효하다.

　또한 민주주의는 어느 누구도 정치적 의사결정 과정으로부터 배제되어서는 안 될 것을 요구한다는 점에서 기초적인 정치적 평등의 관념이 내재되어 있다. 그러나 민주주의가 어느 시민도 다른 시민에 비해 너무나 많은 재산을 가져서는 안 된다라는 주장에서 강조되는 것처럼 정치적 평등에서 더 나아가 엄격한 사회경제적 평등마저도 논리적으로 요구하는가라는 문제는 아직 해결되지 않은 문제이다.[6] 물론 루소는 《사회계약론》(Le Contra Social, 1762)에서 사회적 지위나 재산상의 비교적 엄격한 평등을 민주주의의 필요조건으로 제시했고, 마르크스주의자들 역시 궁극적으로 생산수단의 사적 소유를 폐지함으로써만 민주적 사회가 가능하다고 주장했지만, 역사적으로 실현된 고대 아테네의 민주주의나 오늘날의 자유민주주의는 그 이론이나 경험에서 엄격한 사회경제적 평등을 요구하지 않았음은 물론, 사실상 시민들간의 심각한 사회경제적 불평등을 용인해왔으며 이로 인해 심각한 계급적 갈등에 시달리기도 했다.

　그러나 오늘날 대체로 일정한 생활수준의 확보와 부의 커다란 불평등의 부재는 민주주의가 제대로 작동하기 위한 필요조건으로 인정되고 있다. 따라서 서유럽의 선진 자본주의-자유민주국가들에서는 복지국가론 및 사회민주주의적 정당의 출현과 더불어 비록 자본주의체제를 유지하는 골격 안에서지만 사회경제적 불평등을 완화시키는 다양한 사회복지 정책을 채택해왔으며, 또 그러한 노력은 일정한 성과를 거두었다. 그럼에도 불구하고 시민들이 투표상의 평등을 제외하고는 그 밖의 다른 영역에서 정치적으로 평등한 영향력을 행사하고 있지는 못하며, 이는 사실상 자유민주주의의 본질적 한계로 인식되고 있다.[7]

이제 민주주의의 정의를 구성하는 '인민에 의한 지배'의 구성요소들을 분석해보기로 하자. 그리스 민주제는 오늘날의 관점에서 보면, 여성·노예·거주 외국인 등을 배제했기 때문에 그 참가 범위에서 제한적 민주주의라고 할 수 있다. 이에 비해 근대 민주주의의 발전과정은 정치적 의사 결정과정에 참여할 수 있는 시민의 범주를 점차 확대하는 과정이었다. 서구 민주주의의 발전과정은 재산·교육수준·인종 및 성에 의한 참정권의 제한을 철폐하는 과정이었던 것이다. 따라서 오늘날 현대 민주국가에서 선거권은 미성년자·광인·범죄자 등을 제외한 거의 모든 성인 남녀에게 부여되어 있다.[8]

'지배'에 대해 생각해볼 경우에도 고대 그리스 민주주의의 개념과 현대 자유민주주의의 개념 사이에는 커다란 차이가 있다. 아테네에서 민회는 최고의 의사결정기관으로서 그 권한은 이론상 무제한적이었으며 천부불가양의 권리라는 관념에 의해 그 행사가 제한받지 않았다. 따라서 민회는 때로 언론의 자유를 침해하는 법률을 통과시키기도 했다. 그러나 오늘날 자유민주주의 아래에서 인민에 의한 지배의 개념은 그처럼 넓은 권한을 인정하지 않는다. 말하자면 입헌민주주의의 원칙상 시민들이 결정하는 것이면 무엇이든지 민주적 결정으로 받아들여지는 것은 아니다. 곧 오늘날 시민의 민주적 결정은 그 내용에서 헌법상의 제약을 받는다.[9]

또 오늘날 시민은 정치적 의사 결정에서 아테네 시민이 누렸던 것과 같은 동일한 직접적 영향력을 행사하지 못한다. 적어도 전국적 정치에 관한 한 근대 민주국가는 보통 그 인구와 영토에서 아테네보다 훨씬 더 크기 때문에, 모든 시민이 정치적 의사 결정에 직접 참가하여 영향력을 행사한다는 것은 불가능하다. 따라서 오늘날 대의민주주의 국가에서 시민의 정치적 영향력은 자신을 대신하여 결정을 내릴 사람을 일정한 정치적 절차에 따라 선출할 수 있는 권리를 가진다는 점에서 지배한다고 말할 수 있을 뿐이다.[10] 곧 아테네 민주주의는 직접 민주제로서 시민들이 정치적 의사결정에 직접 참가함으로써 지배했는 데 반해, 오늘날 대의 민주제에서 시민은 그들을 위해 정치적 결정을 내릴 수 있는 대표자를 선출함으로써 지배한다고 말할 수 있을 뿐이다.

마지막으로 인민에 의한 지배는 그것이 정치적 의사결정을 내리는 것이든 아니면 대표자를 선출하는 것이든, 다수에 의한 지배를 의미한다. 이론상으로는 참여한 모든 시민이 전원 합의로 결정하는 것이 민주주의의 이상에 더욱 충실할 것이다. 왜냐하면 다수결원칙에 따라 소수가 다수의 선택에 승복해야 된다면, 소수는 자신이 찬성하지 않은 결정에 복종해야 하는 셈이 되고 이는 민주주의가 추구하는 자율이나 자치의 이상에 반한다고 생각할 수 있기 때문이다. 그러나 사회의 규모가 커지고 다원주의화됨에 따라 다양하고 상이한 의견·이익·믿음이 공존하는 현대사회에서 다수결은 불가피한 민주적 의사결정 방식으로 받아들여지고 있다.[11]

Ⅲ. 민주주의의 유형과 발전

1. 아테네 민주주의 : 직접 민주주의

초보적 형태의 직접 민주주의는 아마도 원시 씨족사회나 부족사회에까지 거슬러 올라갈 수 있겠지만, 오늘날 서양의 정치전통에서 민주주의라는 관념의 기원은 아테네 민주정을 비롯한 고대 그리스 도시국가의 정치적 경험과 관련되어 있다. 잘 알려져 있다시피 정의·자유·입헌정부·법치주의 등과 같은 현대의 중요한 정치적 개념들 역시 그리스 도시국가의 정치 제도에 관한 그리스 사상가들의 성찰에서 비롯된다. 폴리스(polis)라고 불리던 도시국가들을 중심으로 한 고대 그리스 문명은 기원전 5세기경 아테네를 중심으로 하여 그 절정에 이르렀다. 도시국가라 함은 자유로운 시민들이 신전을 중심으로 생활을 영위하며 정치적으로 폴리스라고 불리던 도시가 자유·독립의 주권적 존재로서 기능하던 국가형태를 말한다.[12]

그리스 민주주의의 상징인 아테네에서 민주주의의 발전은 기원전 6세기초 솔론(Solon)의 개혁에서 비롯되어 페이시스트라토스(Peisistratos)의 개혁을 거쳐 6세기말 정치적 실권을 거의 전 시민에게 부여한, 아테네 민주주의의 아버지라고 불리는 클레이스테네스(Cleisthenes)의 개혁에서 그 기본 골격이 완성되었다. 그 이후 몇 차례의 개혁을 통해서 아테네 민주정은 기원전 450년경을 전후로 한 페리클레스의 지배 아래에서 그 절정에 이른다. 민주주의라는 용어는 헤로도토스(Herodotos) 시대 이래 공동체의 특정한 계급이 아니라 모든 시민에게 정치권력이 존재하는 정부형태를 지칭하기 위해 사용된 것으로 추정된다. 그리스 철학자들은 주로 정부형태의 하나로서 민주주의에 관심을 가졌으며, 사회형태로서는 별다른 관심을 보이지 않았다.[13]

플라톤과 아리스토텔레스 역시 그들의 주요한 정치적 저작에서 민주주의를 5개 또는 6개의 정부형태 가운데 하나로 주목했으며, 앞에서 지적한 것처럼 양자 모두 민주주의를 부정적으로 서술했다. 플라톤은 《국가》(*The Republic*)에서 정부형태를 이상국가·명예지배정·과두정·민주정·참주정으로 구분하고 민주정을 참주정 다음으로 타락된 정부형태로 묘사했다. 플라톤이 《국가》에서 철학자가 통치하는 이상국가를 정당화하는 과정은—예컨대 유명한 '동굴의 비유'나 '선장의 비유'에서 극적으로 드러난 것처럼—아테네 민주정을 비판하는 과정과 동전의 양면처럼 불가분의 관계를 형성하고 있다. 아리스토텔레스 역시 《정치학》(*The Politics*)에서 통치자의 수(1인, 소수, 다수)와 그 통치자들이 공동선을 추구하는가(선한 정부 대 타락한 정부) 여부에 따라 정부형태를 군주정과 참주정, 귀족정과 과두정, 혼합정(polity)과 민주정, 6가지로 분류했다. 그에 따르면 민주정은 다수의 빈곤한 시민들이 공동선이 아니라 자신들의 이익을 추구하기 위해 통치하는 타락한 정부형태였다.

또한 고대 그리스 민주주의는 근대의 민주주의와 근본적으로 다르다. 고대 그리스 민주주의는 전체 시민이 직접 입법부를 구성하고 대의제는 아직 알려지지 않은 직접 민주제이다. 따라서 모든 시민이 민회에 참석하여 정책을 토론하고 투표에 참가했다. 나아가 시민들은 많은 행정적, 사법적 직위에 취임할 수 있었으며 그들 가운데 일부는 선거를 통해 취임했지만, 그 밖의 많은 직책은 절대적 평등을 보장하기 위해 추첨에 따라 임명되었다.[14] 아리스토텔레스는 선거보다 추첨에 따라 임명하는 것이야말로 민주주의의 전형적 특징이라고 간주했다. "예컨대 관직을 임명하는 데 추첨을 사용하는 것은 민주적 방식으로 간주되고 투표를 사용하는 것은 과두제적 방식으로 간주된다."[15]

또 그리스 민주주의는 오늘날 자유민주주의의 중요한 원칙 가운데 하나인 권력 분립의 원칙을 인정하지 않았다. 모든 공직자들은 민회에 책임을 지고 있었으며, 일반 시민은 입법적 사안뿐만 아니라 행정적 및 사법적 문제를 심의할 권한도 가지고 있었다.[16] 그렇기 때문에 아리스토텔레스는 시민을 '심의와 사법적 관직에 참여할 수 있는 권리를 갖고 있는 자'로 정의하였다.[17]

게다가 행정관과 법률에 대한 시민의 지배는 또한 법원을 통해 완벽하게 관철되었다. 아테네의 다양한 법원들은 민·형사 사건에 대해 사법적 심리를 하는 오늘날의 사법부로서의 성격은 물론 행정적 혹은 입법적 사안들에 대해서도 폭넓은 권한을 가지고 있었다. 아테네 시민은 30세가 되면 누구나 추첨에 따라 법원에 배심원으로서 참여했으며, 대부분의 법원은 보통 501인 정도의 배심원으로 구성되어 있었다. 법원은 민회와 대등한 지위를 가졌으며, 민회와 법원은 둘 다 시민단 그 자체였다. 행정관에 대한 법원의 통제는 ① 어떤 후보자가 공직에 임용되기 전에 그의 자격을 심사하고, ② 공직자로 하여금 임기종료 전에 자신의 활동에 대한 보고서를 작성 제출하도록 하여 이를 검토하며, ③ 임기를 마친 모든 행정관의 공금운용 내역에 관한 심사 및 회계감사를 행함으로써 행사되었다. 또 법원은 사람뿐만 아니라 법률 자체도 심판함으로써 민회나 평의회가 통과시킨 법률이나 결정도 그것이 헌법에 배치된다는 이유로 무효를 선언할 수 있었다.[18]

이처럼 그리스인에게 시민권이란 항상 도시국가의 구성원으로서 공공업무에 참여할 수 있는 공적인 지위와 자격을 의미했다. 그리스인에게 시민권은 가족적 또는 공동체적 측면이 강한 대신 개인주의적이고 법적인 측면은 희박했다. 어떤 개인이 특정 권리들을 법적으로 보장받는 근대적 시민권의 개념은 그리스보다는 로마법상의 시민권 개념을 통해서 더 잘 파악될 수 있다. 곧 근대인들에게 시민권이란 개인적 권리를 확보한다는 뜻이 내포되어 있는 반면에 그리스인들에게 시민권이란 한 가족 성원들 사이에 그렇듯이 '공유한다' 또는 '나누어 가진다'라는 의미를 강하게 담고 있었던 것이다.[19]

아리스토텔레스가 《아테네의 헌법》(*The Athenian constitution*)에서 제시한 규모를 보면, 해마다 적어도 아테네 시민 6명 가운데 1명은 시민정부에서 일정한 역할—적어도 배심원의 역할—을 담당하고 있었던 것으로 여겨진다. 또 공직을 가지지 않은 시민이라도 민회를 통하여 해마다 적어도 10회 이상 정치문제에 관한 토의에 참가할 수 있었다.[20] 아테네에서 민주주의의 융성은 시민들이 민회와 법정에서 세부적인 정치적 문제들에 대해 공개적으로 토론하고 숙고할 수 있는 정치문화를 창출하게 하였고, 공식적이든 비공식적이든 공공문제에 관한 이러한 토론은 아테네 시민생활의 주요한 관심사이자 즐거움의 하나였다.[21]

아테네에서의 이러한 직접민주주의는 고대 도시국가의 크기가 하나의 도시와 주변 농경지 정도로 제한되어 있었고, 시민의 수가 좀처럼 1만 명을 넘지 않았기 때문에 가능했던 것이다. 더욱이 전체 시민단이 전체 성인 인구와 일치하지 않았다.[22] 앞에서 지적했던 것처럼, 시민들의 정치 활동에 많은 시간을 요구하는 직접 민주주의는 노예와 여성이 시민인 남성 가장을 위해 생산노동, 가사노동 등 주된 경제적 활동을 수행함으로써 얻을 수 있었던 여가 때문에 가능했다라는 것이 일반적인 지적이다. 곧 시민들간의 정치적 자유와 평등은 인정되었지만 그 원칙이 여성과 노예에게는 적용되지 않았던 것이다.[23]

아테네 민주주의는 페리클레스의 지배를 전후로 하여 절정기에 달했지만, 그리스 세계를 뒤흔든 펠로폰네소스전쟁(B.C. 431~404)에서 기원전 404년 아테네가 스파르타와 그 동맹국들에게 패퇴함으로써 거의 회복할 수 없는 타격을 입자 그 전성기 역시 막을 내린다. 이후 아테네 민주정은 장기간의 쇠퇴를 겪다가 로마의 정복과 더불어 기원전 322년 역사의 무대에서 사라지게 되었다.[24] 그리스 민주제는 역사적으로 매우 짧은 기간 동안만 지속되었으며, 그후 2천 년 동안 민주주의는 단절되었고, 대부분의 사상가들의 부정적 평가 때문에 유럽에서 근대 민주주의의 발전에 직접적인 영향력을 행사하지 못했다.

2. 근대 서유럽의 민주주의 : 자유민주주의·입헌민주주의

(1) 영국에서 자유주의적 과두지배체제의 확립

그리스 도시국가가 멸망한 때부터 근대 입헌주의가 대두하기까지, 민주주의의 이론과 실제에 적어도 2천 년의 공백이 있다. 로마는 과두제적인 공화국가였고, 유럽대륙의 정복과 더불어 전제적인 제국으로 발전하였다. 이후 게르만족의 대이동 및 서로마제국의 멸망에 뒤이어 유럽대륙에 등장한 국가는 부족적인 또는 봉건적인 왕국이었다. 그러나 중세의 봉건적 정치질서는 15~16세기에 이르러 군주의 권력이 강화됨에 따라 해체과정을 겪게 된다. 유럽의 국가들은 종교개혁의 소용돌이를 거치면서 17세기 중반에 이르러서는 점차 절대 군주국가로 발전하게 되었다.[25]

그러나 왕권으로부터 귀족의 권리를 보장한 마그나 카르타(Magna Carta, 1215) 이후 중세의 신분제적 의회의 전통이 강하게 남아 있던 영국은 유럽대륙이 절대국가로 발전하는 추세에 중요한 예외로 남아 있었다. 17세기 중반 종교적 대립 및 국왕의 조세권을 둘러싼 헌법상의 문제로 왕과 의회가 공개적으로 대립하게 되었고, 뒤이은 내전에서 의회군이 승리를 거둬 국왕 찰스1세를 처형하였다(청교도혁명). 그러나 크롬웰에 의한 공화제적 정부 역시 단명에 그치고, 왕정이 복원되었지만 왕의 권한 역시 예전보다 훨씬 약화되었다. 이렇게 왕정복고 후 국왕이 절대왕권에 입각하여 전제적인 지배를 시도함에 따라 일종의 궁정혁명인 명예혁명이 발발하였고 영국 군주제의 위상은 결정적으로 약화되어 의회가 입법과 재정을 완전히 통제하게 되었다. 의회 책임의 원칙이 발전함에 따라 의회의 권한은 행정부에까지 미치게 되었다. 18세기 중반에 이르러 국왕은 의회의 다수를 장악하는 정당의 지도자에게 내각의 구성을 위촉하게 되었으며 그들이 다수를 얻는 데 실패하면 내각을 해임하였다. 이로 인해 군주는 사실상 모든 효과적인 권력을 상실하게 되었고 의회의 최고성이 확립되게 되었다.[26]

이와 같은 영국의 근대 민주주의 발전과정에서 주목할 만한 사실은 먼저 자유주의 사상이 대두하고, 그 테두리 안에서 민주주의가 발전하였다는 것이다. 이러한 자유주의 사상의 등장에 가장 커다란 영향력을 끼친 것이 존 로크(John Locke)의 《통치제2론》(*The Second Treatise of Government*)이다. 이 저작에서 로크는 생명·자유·자산으로 정의되는 재산권을 인간의 자연권으로 선언한다. 정부는 이러한 권리를 보호하기 위해 체결된 사회계약에 의해 창설된다. 따라서 통치자가 계약조건을 위반하면 사회는 신탁위반을 이유로 통치자를 해임하고 교체할 권리를 가진다(인민의 저항권). 정부가 권력을 남용하는 것을 방지하는 최선의 방법은 정부의 권력을 분리하여 입법권과 행정권이 동일한 인물이 아니라 상이한 기관에 속하게 하는 것이다. 물론 이러한 로크의 이론은 영국의 혁명적 경험의 특정한 필요에 맞도록 고안된 것이었지만, 그 이론이 매우 일반적이고 평범한 언어로 서술되었기 때문에 다른 곳에도 쉽게 적용될 수 있었다. 로크의 자유주의 사상은 북아메리카의 영국 식민지에도 광범한 영향을 끼쳤다.[27]

이론과 실천 양면에서 17세기 영국에서의 자유주의적 과두지배체제의 출현은 궁극적으로 근대 자유민주주의의 발전에 중요한 역할을 하도록 운명지워졌다. 그러나 즉각적인 결과로 명예혁명을 통해 일어난 의회의 혁명은 전혀 민주적이 아니었다. 권력의 균형이 왕에서 의회로 움직였지만 의회 자체는 민주적이라기보다는 과두적 제도였다. 토지귀족은 세습적인 상원뿐만 아니라 지극히 제한된 참정권과 현저하게 불평등한 대표제도(부패선거구)를 통해 하원도 장악하고 있었다. 따라서 1832년의 개혁선거법이 통과될 때까지 영국정치의 과두제적 성격은 굳게 확립되어 있었다.[28]

(2) 루소의 민주주의 사상

미국혁명과 프랑스혁명 이전까지 엄격한 의미에서 민주주의적 입장을 가장 강력하게 견지하고 있던 유일한 이론가는 루소였다. 이 점에서 그의 《사회계약론》은 당시의 모든 저작들과는 달리 독특한 위상을 차지하고 있었다. 공화정이던 제네바에서 태어나 거기서 자랐기 때문에 그는 절대 군주제가 부상하던 시대에 맞서서 자랑스럽게 자신이 공화주의자임을 내세웠으며, 인민주권론을 주장했다.[29]

《사회계약론》에 따르면 어떠한 법률도 일반의지, 곧 전체 공동체의 합의를 표현하는 것이 아니면 정당하지 않다. 따라서 일반의지는 대표될 수 없다. 어떤 인간도 그 자신이 법적으로 구속되는 합의의 형성과정에 참여하지 않으면 충만한 도덕적 책임을 향유할 수 없으며, 따라서 진정한 인간이 될 수 없다. 이것은 그의 동료 시민들과 정기적인 회의에 참석하여 모든 법률안에 대해 각각 몸소 투표를 해야 한다는 것을 의미했다. 그는 또한 그러한 법률을 실천하기 위한 정부를 선임하기 위해 투표할 책임도 있다. 그렇게 수립된 정부는 인민 회의에서

표현된 일반의지에 전적으로 복종한다.[30]

입법적 회의의 본성과 기능에 대한 이러한 개념화는 그리스 민주제의 관행으로 회귀하는 것이었다. 그것은 규모가 작은 고대의 도시국가에나 적합하고, 근대적 상황에는 전적으로 부적합한 것이었다. 따라서 루소가 일반의지의 원칙을 직접 민주주의적으로 적용할 것을 제안한 것은 비현실적이었지만, 원칙 자체는 매우 중요했다. 만약 도덕적 책임을 부담하는 것이 인간 존엄의 핵심이라면, 인간은 자신의 인간성을 부인당하지 않는 한 기본적인 정치적 결정을 작성하는 데 참여할 수 있는 권한을 부정당할 수 없다.[31] 이러한 민주주의 이론을 루소는 화려하고도 일관된 문체로, 그것도 당시 유럽의 보편적 공용어였던 프랑스어로 담아 냈기 때문에, 그의 사상은 프랑스혁명은 물론 유럽대륙에서 민주주의 이론을 발전시키는 데 결정적인 영향을 끼쳤다.

(3) 미국과 유럽에서 자유민주주의의 발전과정

① 미국

민주주의가 미국 독립의 주된 목표는 아니었지만, 근대 민주주의에 대한 최초의 위대한 실험은 미국의 독립과 더불어 시도되었다. 북아메리카의 식민지인들로 하여금 독립을 주장하도록 만든 불만은 17세기 영국에서 왕과 의회를 대립하게 만든 쟁점, 곧 '대표 없는 과세'에 대한 반발이었다. 제퍼슨이 기초한 〈독립선언서〉에 담긴 정치이론 역시 로크의 《통치제 2 론》에 나타난 사상과 너무나도 흡사했다. 자연법상 자유롭고 평등한 인간의 권리, 동의에 의한 정부, 동의에 의한 과세. 따라서 명백히 그것은 입헌적, 자유주의적 정부에 대한 요구였지 민주적 정부에 대한 요구는 아니었다. 그러나 영국의 지배가 폐지되자 미국 사회의 민주적 요소는 신대륙의 평등한 사회적 조건에 힘입어 더욱 강력하게 표출되기 시작했다.[32]

새로이 독립된 주들은 권리장전을 포함하여 새로운 헌법을 제정했고, 참정권을 확대했으며, 행정부에 대한 의회의 권한을 크게 확대하였다. 1787년에 개최된 대륙 헌법회의의 목표는 이러한 민주적 경향을 억제하고, 독립투쟁 당시 체결된 연합협약을 좀더 강력하고 효과적인 연방제 형태로 바꾸는 것이었다. 대부분 보수적이던 대표들은 주정부의 권한을 견제하기 위해 강력한 중앙정부를 수립하기를 원했을 뿐만 아니라 인민의 다수가 중앙정부를 통제할 수 있는 권한을 제한하고자 했다. 그 결과 제정된 연방헌법은 민주적 요소와 반민주적 요소 사이의 타협이었다. 연방헌법은 각 주(州)에게 그들이 원하는 만큼 민주적이 되도록 허용했으나, 중요한 경제적 권력을 전적으로 연방정부에게만 부여함으로써 주정부가 개인의 사유재산에 관여할 수 있는 권한을 제한하였다. 민주적 직접 선거의 원칙을 주의회는 물론 연방의회에도 인정했지만, 대통령과 상원의원의 선거에는 간접선거의 원칙을 적용했다. 다수지배의 원칙은 권력분립의 원칙 및 정교한 견제와 균형의 체계에 의해 제한되었다.[33]

그러나 미국 사회에는 정치적 평등은 물론 사회적 평등에 대한 강력한 분위기가 존재했기 때문에 19세기 중반에 이르기까지 헌법의 제한적인 각종 장치들은 폐기되거나 또는 민주적으로 운영됨으로써 전적으로 또는 부분적으로 민주화되었다. 비록 신대륙의 원주민이 무자비하게 대량으로 학살, 탄압되었고 노예제가 존재했으며 흑인과 여성이 정치적으로 완전한 평등을 성취하기 위해서는 길고도 고통스러운 투쟁을 겪어야 했지만, 1856년에 이르러서는 백인 성인남성의 보통선거권이 확립되었다. 궁극적으로 미국 민주주의는 근대 입헌민주주의의 성공적인 사례로서 유럽인들의 마음에 자리잡게 되었다.

19세기 초반 미국을 방문하여 활기에 찬 민주주의를 목격한 프랑스의 사회학자인 토크빌은 《미국 민주주의》(*La Démocratie en Amérique*)를 저술함으로써 신생 민주주의의 위대성을 증언하였으며, 그의 저작은 유럽 전역에서 광범한 주목을 받았고 민주주의 사상사에서 중요한 이정표가 되었다.[34]

② 프랑스혁명

서유럽의 근대 민주주의 발전사에서 또 하나의 위대한 이정표는 프랑스혁명이었다. 혁명 당시 프랑스인의 법적인 권리와 정치적인 특권은 어디서나 그가 프랑스인이라는 사실에는 전혀 의존하지 않고, 관습이나 왕실의 특허가 사회·경제·정치 영역에서 그에게 부여한 특별한 지위에 의존하고 있었다. 복잡다기한 관습·특허·지위의 복합체에 따라 개인의 사회적 지위, 군대에서의 계급·경제적 지위, 세금 및 정치적 역할이 결정되었던 것이다. 따라서 프랑스 정치에는 수백 개의 지위·계급·신분에 따른 수백 개의 자유가 있었지만, 시민으로서 인간의 자유란 없었다. 결과적으로 프랑스혁명은 봉건주의를 폐지함으로써 이처럼 귀찮고 짜증스러운 지위의 복합체를 일소하고자 의도했던 것이다.[35] 따라서 프랑스혁명가들은 주로 '인간의 권리'라는 급진적인 새로운 개념과 더불어 계몽주의철학으로부터 영감을 받았다.[36]

하지만 루소를 제외한 프랑스 계몽주의 사상가들은 정치적 민주주의에는 커다란 관심을 가지고 있지 않았으며 단순히 법적 평등만을 원했다. 그들은 군주가 그 권력을 계몽주의적 개혁을 위해 사용할 수 있도록 설득할 수만 있다면 절대 군주제에도 만족할 태세가 되어 있었다. 그러나 그 희망이 좌절되었을 때 개혁가들은 주의를 인민들에게 돌리기 시작했으며 인민주권론을 지지하기 시작했다. 프랑스혁명가들은 기본적으로 법적 개혁가들로서 '자유·평등·박애'에 정열적인 관심을 가졌지만, 목표를 달성하는 데 사용할 수 있는 정치적 수단에는 대체로 무관심한 편이었다. 이 사실은 프랑스혁명이 한편으로 고도의 개혁주의적 성향을 가진 반면 다른 한편으로는 안정된 민주정치의 전통 수립에 실패한 점을 이해하는 데 도움이 된다.[37]

혁명운동의 정치적 불안정은 1789년에서 1804년까지 겪은 잦은 정권변동에서 확인된다. 15년 동안 프랑스는 절대군주제에서 입헌군주제로 무제한적인 민주제로, 급기야는 제국적인 독재로 거의 모든 정부형태의 순환을 경험했다.[38] 혁명은 루이 16 세가 재정상의 위기를 해결하기 위해 1614년 소집된 이래 한번도 소집되지 않은 3부회의를 소집하는 것으로 시작되었다. 사제(제1신분)와 귀족(제2신분)을 제외한 여타 계급을 대표하는 제3신분계급의 대표자들이 과거처럼 구태의연하게 불평등한 회의절차와 운영과정에 불만을 품고 자신들이야말로 프랑스 전체 국민의 진정한 대표자임을 선언하고 국민의회의 성립을 결의함으로써 국왕 및 귀족세력과 대립하였던 것이다. 그후 파리 시민에 의한 바스티유 감옥의 습격 등 일련의 정치적 사태를 거친 후 국왕은 국민의회를 국민의 대표기구로 승인하였고, 급기야 국민의회는 갖가지 신분상의 차별을 통해 프랑스 국민을 괴롭히던 봉건제도를 폐기하였으며 만인의 법 앞의 평등 원칙을 포함한 저 유명한 인권선언을 채택하였다.[39] 그 결과 혁명가들은 모든 사람에게 평등한 정치적 권리를 부여하고 평등한 정치적 의무를 부과하는 획일적인 시민권을 부여했으며, 모든 직업을 사회적 지위나 특정한 단체의 구성원의 지위와 상관없이 모든 자격 있는 사람에게 개방하고자 했다. 혁명은 정치의 중심에 평등한 시민권 그리고 그 상대자로서 모든 형태의 사회적 조직에 우월하는 주권적인 국민국가의 관념을 설정하였다.[40] 곧 군주가 계몽주의적 개혁에 반대하는 것으로 나타났을 때 혁명정부는 군주제마저 폐지하고 공화정부를 수립하였다.[41]

프랑스혁명은 근대 민주주의의 발전에 이중적인 유산을 남겼다. 혁명은 구체제의 전통을 폐지하고 '자유·평등·박애'라는 민주적 정치이념을 수립하고 보급하는 데는 성공적이었다. 법 앞의 평등을 비롯한 정치 이념은 인권선언부터 나폴레옹법전에 이르기까지 일련의 기본적인 법 개혁을 통해 구현되었고 유럽의 정치적 지형을 영구적으로 변화시켰다. 인민주권론을 선언하고 남성 보통선거권에 근거한 정기적인 선거와 국민투표를 실시함으로써 혁명은 정부에 대한 인민의 참여라는 관념에도 강력한 추진력을 제공하였다. 그러나 이러한 관념이 자코뱅 및 나폴레옹의 독재 정치와도 연관됨으로써 혁명은 민주적 제도의 성장을 억제하는 데도 기여했다. 혁명가들은 그 초기단계에서 민주적으로 선출된 의회에 의해서 행사되는 절대적 다수의 지배를 받아들였지만, 민주적 이념을 지속적으로 구현할 수 있는 일정한 형태의 안정된 민주적 정부를 수립하는 데는 실패했다. 대부분의 혁명가들은 법적, 사회적 평등의 실현을 위해서는 어떠한 정치적 수단의 사용도 정당화된다고 믿었으며, 이러한 관념은 프랑스혁명의 가장 강력하고 지속적인 유산으로 남게 되었다.[42]

③ 영국

프랑스가 근대 민주주의를 향한 정치적 변화를 유럽대륙에 태동시켰다면 영국은 최초의 그리고 가장 널리 영향력을 미친 효과적인 입헌 민주국가의 모델을 유럽에 제공하였다. 프랑스혁명 당시 영국은 1688년 명예혁명 이후 수립된 과두제적 체제를 여전히 유지하고 있었다. 그렇지만 궁극적으로 영국의 입헌적, 자유주의적 전통은 프랑스의 구체제와 달리 지속성을 잃지 않고 민주적 압력에 적응할 수 있을 만큼 강력하고 유연한 것임을 입증하였다. 그 결과 성취된 의회민주제는 미국의 대통령중심제와 대단히 달랐지만 그에 못지 않게 성공적이었다. 미국식의 모델을 추종한 라틴아메리카 지역을 제외하고 영국은 근대 입헌민주주의의 모델로서 거의 모든 곳에서 수용되었으며, 역사상 그 어떤 국가도 그토록 광범위하게 모방된 적은 없었다.[43]

19세기에 영국 헌법을 민주화하고자 하는 움직임은 벤담(J. Bentham)을 비롯하여 계몽주의사상에 영향을 받은 정치이론가들에 의해 추진되고 유지되었다. 사법적 개혁가였던 벤담은 '최대 다수의 최대 행복'이라는 공리주의 철학을 제창하면서 정부의 문책성과 순응성을 확보하기 위해 다수의 지배를 정당화했다. 밀(John Stuart Mill)은 토크빌과 마찬가지로 (우매한) 다수의 횡포에 경계심을 가지고 있었지만,《대의정부론》(*Considerations on Representative Government*)에서 다수의 지배를 인류의 도덕적인 자기교육에 필수불가결한 제도라는 관점에서 정당화했다. 뒤이어 루소의 영향을 받은 그린(Thomas Hill Green)은 민주적 과정 자체에 내재적인 도덕적 가치를 부여함으로써 민주주의를 정당화하고 동시에 20세기 복지국가의 수용을 위한 논거를 제공하였다.[44]

19세기 내내 프랑스가 민주주의를 확립하기 위해 정치적 혼란을 겪고 있던 것과 대조적으로 영국은 기존 제도의 틀 안에서 민주주의를 발전시켰다. 자유주의적 과두제에 의해 의회의 최고성은 이미 확립되었기 때문에, 민주화의 주된 목표는 부패선거구를 폐지하고 참정권을 확대함으로써 의회의 귀족적 기반을 약화시키고, 상원의 세습제 폐지 및 상원에 대한 하원의 우위를 확립하는 것이었다. 영국은 1832년의 선거법 개정을 비롯한 일련의 점진적인 개혁을 통해 20세기까지 지속적으로 의회대표제의 기반을 합리화하고 참정권을 점진적으로 확대하였다. 그 결과 성인남자의 보통선거권은 1918년에, 여성의 완전한 참정권은 1928년에야 비로소 인정되었다. 그리고 1911년의 법 개정을 통해 상원은 하원에 비해 분명히 종속적인 지위로 격하되었다. 이 모든 것을 성취하는 데 실로 1세기 이상이 소요되었다.[45]

④ 기타 유럽국가

여타 유럽국가에서 민주화운동의 주된 이념적 추진력은 프랑스혁명의 이념과 그것을 모방한 다양한 민족주의적 운동으로부터 유래하였다. 그러나 프랑스혁명이 안정된 민주적 전통과 제도를 수립하는 데 실패함에 따라, 유럽의 많은 국가들은 민주적 제도를 모색할 때 주로 영국의 모델을 따랐다.[46] 게다가 적어도 제1차세계대전 이전까지 군주제는 전 유럽에 걸쳐 보편적인 정부형태로 남아 있었다. 그런데 영국의 사례는 군주제가 입헌적이자 동시에 민주적일 수 있다는 점을 보여주었기 때문에 영국 헌법은 유럽의 민주적 정부의 주된 모델이 되었다.[47]

1815년 빈회의 이후 왕정복고가 시도되었지만, 유럽의 국가들이 한 세대 동안의 혁명적 변화를 겪은 후에 이전의 정치형태로 완전히 회귀한다는 것은 사실상 불가능한 일이었다. 루이 18세를 비롯한 유럽의 군주들은 지배계급의 권력을 손상시키지 않은 채 민중의 민주적 요구에 약간의 양보를 하고자 했고 당시까지 민주세력의 압력에 성공적으로 저항하던 영국의 과두제적 헌법은 모방의 좋은 대상이 되었다. 그 결과 프랑스를 비롯한 유럽의 군주제는 입헌군주제로 발전하였다. 나라마다 다르지만 많은 국가에서 그 이후의 사건 전개는 영국과 비슷한 과정을 밟았고 비슷한 단계를 거쳐 유럽의 정치는 점차 민주화되었다. 절대군주제는 점진적으로 인민이 모든 헌법적 권위의 원천이라는 원칙에 의해 대체되었다. 따라서 이들 국가들은 참정권을 확대하고 인민에 의해 선출된 입법부에 책임을 지는 내각에 입법권과 행정권을 부여하는 방향으로 발전하였다. 이러한 발전의 속도는 매우 불균등했으며, 종종 유럽대륙의 국가들이 영국보다 앞서 나가기도 했다. 예컨대 참정권의 확대에서는 프랑스가, 또 사회복지적 입법을 채택함에 있어서는 독일이 영국보다 앞서 가는 등 유럽대륙의 국가들이 좀더 앞서서 움직이기도 하였다. 그러나 1920년에 이르러 민주화 과정상의 이러한 불균등은 거의 해소되었다.[48]

3. 인민민주주의

19세기와 20세기 초에 민주주의의 이념은 주로 자유주의적 입헌주의와 연관되어 있었다. 미국의 윌슨 대통령이 "민주주의를 위해 안전한 세계를 만드는 것"이라고 미국의 제1차세계대전 참가 목표를 말했던 것에서 알 수 있듯이 이것이 바로 그가 염두에 둔 민주주의였다. 그러나 전쟁의 중요한 결과 가운데 하나는 볼셰비키혁명을 통해 러시아에서 공산정권이 출현한 것이었다. 그 이후 등장한 소련은 생산수단의 사적 소유를 폐지하고 소수의 자본가들에 의한 인민 대중의 착취를 일소함으로써 자신들이야말로 진정으로 민중적이며 민주적인 정권이라고 역설했다. 이러한 소련식의 공산체제는 제2차세계대전이 끝난 후 소련군이 주둔하던 중·동부 유럽에 급속히 확산되었다. 그리고 민족해방운동과 연계됨으로써 또는 소련의 지원 하에 중국·월맹·북한·쿠바 등에도 공산정권이 들어서게 되었으며, 이들 정권은 자신들을 자유민주주의체제와 구분하기 위해 '인민민주주의'라고 자처하였다.[49]

민주주의에 대한 이처럼 새로운 개념화의 이론적 기원은 프랑스혁명 시기까지 소급된다. 경제민주주의의 관념은 프랑스혁명 과정에서 비록 소수에 의해서이기는 하지만 강력하게 주장되었다. 바뵈프(G. Babeuf)의 지도 하에 있던 일단의 평등주의자들은 혁명가들이 주장한 법적인 평등에, 경제적 평등을 목표로 하는 경제질서의 근본적인 개혁이 수반되지 않는다면 혁명은 무의미하다고 주장하였다. 이러한 그들의 사상은 19세기 사회주의에 의해 계승되었다.[50]

프랑스혁명 전통에 깊이 영향을 받은 마르크스는 초기 사회주의자들의 사회경제적 이론을 더욱 정교하게 발전시켜 사회주의 이론을 완성하였고, 그 이론은 유럽 전역에 급속히 전파되었다. 모든 인간은 자신의 노동의 과실을 향유할 권리가 있다는 전제에서 출발하여 그는 자본주의가 잉여가치—노동에 의해서 창출되며 따라서 노동자에게 당연히 귀속되어야 하는—의 착취에 기초하고 있다고 주장했다.[51] 또한 마르크스는 프랑스혁명의 결과 자유로워진 것은 인간이 아니라 바로 자본이며, 자본가 계급에 의한 착취의 자유가 여전히 존재하는 한 평등은 달성될 수 없고 자연적 이기심으로부터는 박애가 도출될 수 없다고 주장했다.[52]

마르크스는 경제관계가 인간의 삶에서 결정적인 요소라고 믿었다. 정치·법률·종교는 유산계급의 이익을 위한 경제적 토대 위에 설립된 상부구조에 불과할 뿐이다. 따라서 자유주의적 입헌주의는 실상 본래의 의미대로 민주적인 것이 결코 아니다. 비록 법적이고 정치적인 권리는 형식적으로 무산대중에게 확대된다 할지라도, 결정적인 권력은 항상 생산수단의 소유자에게 기초하고 있기 때문에 경제적 불평등이 지속되는 한 민주주의는 불가능하다.[53] 따라서 부르주아 민주주의에 대한 마르크스주의의 가장 통렬한 비판은 부르주아 민주주의가 형식적으로 정치적 권리를 평등하게 보장하고 있지만, 이는 허울 좋은 외양에 불과할 뿐이며 법률상 보장된 평등한 정치적 권리는 현실에서는 불평등한 경제력에 의해 심하게 왜곡된다는 것이다. 아울러 부르주아지는 필요하다면 반동적인 상층계급과 연합하여 보통선거권마저 폐지할 준비가 되어 있기 때문에 부르주아지에게 민주주의는 계급투쟁의 일정한 단계에서 계급적 지배를 유지하기 위한 수단에 불과하다고 주장했다.[54] 따라서 프롤레타리아의 역사적 사명은 부르주아 국가를 전복시키는 것이며 자본가계급을 일소하고 생산수단을 사회화함으로써 진정으로 정의롭고 계급 없는 사회의 토대를 구축하는 것이었다.[55]

정치적 문제에 관한 태도에서 마르크스는 명백히 자코뱅 전통에 속했다. 그의 사상체계에서는 법적 관점보다 주로 경제적 관점에서 개념화된 평등이 민주주의의 정수였다. 그는 그러한 목적을 성취하는 데 사용해야 할 정치적 수단에 대해서는 관심을 거의 기울이지 않았다. 그는 프롤레타리아 혁명의 시기에 프롤레타리아 계급의 수는 자본가계급의 수를 훨씬 압도할 것이기 때문에 혁명은 다수의 혁명이라고 믿었으며 자본가계급을 제외한 다른 계급과 프롤레타리아 계급의 전술적 연대가능성을 인정했다. 그러나 그는 혁명적 활동, 특히 프롤레타리아의 전위대들이 혁명을 추진하기에 앞서 전체 인구의 다수의 지지를 또는 심지어 프롤레타리아 계급의 다수의 지지를 확보해야 하는지에 관해서는 명시적인 주장을 남겨 놓지 않았다. 또 그의 저술은 혁명기 또는 혁명 후에 수립될 정치제도에 관해 구체적인 청사진을 제시하지 않았다. 경제 민주주의의 성취에 열정적으로 몰두한 나머지 그것을 담아 낼 수 있는 민주적 제도와 절차의 문제에 관해서는 실제적인 관심이나 이해를 갖지 않았다.[56]

정치이론의 기본적인 문제에 관한 마르크스의 침묵으로 인해 그의 추종자들은 정치적 문제에 관해 다양한 입장을 취했다. 서유럽에서 대부분의 마르크스주의자는 점진적으로 입헌적 정부의 일반적인 기준에 적응하기 시작했으며, 경제 민주주의의 목표를 의회주의적 수단에 의해 달성하고자 했다. 서유럽의 많은 국가에서 사회당은 보통선거권의 도입과 더불어 많은 대표자들을 의회에 보낼 수 있었고, 또 사회주의적 개혁의 채택을 위한 정치적 압력을 성공적으로 행사했다. 하지만 그러한 전략은 혁명의 불가피성에 대한 마르크스 이론과 화해되기 어려웠기 때문에 정통 마르크스주의자들은 오랫동안 의회민주주의의 과정에 전적으로 협력한다는 관념을 거부하였다. 하지만 독일의 사회주의자인 베른슈타인(E. Bernstein)을 비롯한 수정주의자들이 제시한 의회주의를 통한 사회주의의 실천전략은 점차 광범위한 영향력을 가지게 되었으며, 사회민주당의 관행에 대한 이론적 정당화를 제공하였다. 이러한 수정주의적 전략을 통해 서유럽과 북유럽에서 사회민주당들은 근대 복지국가의 발전에 중요한 역할을 담당하였다.[57]

러시아에서 마르크스 정치이론의 발전은 근본적으로 다른 경로를 밟았다. 20세기 초에도 러시아의 차르(Czar) 제국은 여전히 절대군주제였으며, 근대의 입헌적 민주주의 방향으로 결코 많이 발전하지 못했다. 게다가 아직 산업화가 별로 진척되지 않은 데 기인한 산업 프롤레타리아의 숫적인 열세로 인해 러시아에서는 사회민주주의적 활동을 위한 정치 공간이 대단히 협소했다. 그러나 러시아 마르크스주의자들인 볼세비키당의 지도자 레닌은 이러한 상황에 굴복하기를 거부했다. 그는 마르크스 이론의 혁명적 측면을 역설하면서 그 이론을 재해석하여 혁명적 활동의 진정한 담당자로서 소수 전위의 역할을 강조하였다. 레닌은 또한 마르크스 자신이 좀처럼 사용하지 않던 프롤레타리아 독재라는 관념을 발전시켰다. 따라서 레닌에게 혁명의 진정한 대변인은 비프롤레타리아 다수가 아니며, 심지어 프롤레타리아 자체도 아니라 '프롤레타리아의 전위대', 곧 적절한 자격을 갖춘 혁명적 지도자들이었다. 1917년에 레닌이 지도하는 볼세비키는 혁명을 통해 러시아 제국의 대부분에 걸쳐 권력을 장악했다.[58]

레닌 역시 선거기제를 제아무리 교묘하게 잘 고안한다 할지라도 소수가 생산수단을 장악하고 통제하는 한 정치적 민주주의는 무의미하다는 마르크스의 입장을 고수했다. 그리고 계급지배와 민주주의가 배타적인 개념이 아니라는 전제 위에서 레닌은 압도적 다수인 억압받는 대중의 이익을 위한 프롤레타리아 독재가 진정으로 완성된 민주주의는 아니지만 소수의 자본가 계급의 이익을 위한 민주주의와는 비교할 수 없을 만큼 민주적이라고 주장했다. "프롤레타리아 독재는 어떠한 부르주아 민주주의보다 백만 배나 더 민주적이다. 소련의 정부는 가장 민주적인 부르주아 공화국보다 백만 배나 더 민주적이다."[59]

혁명의 결과 새로운 유형의 정권이 소련에 탄생하였으며, 그것은 1936년의 소비에트 연방 헌법에 의해 완전한 형태를 갖추었다. 그 특색의 많은 요소들은 입헌 민주주의의 표준적인 요소를 갖추고 있었다. '도시와 농촌의 노동하는 인민'의 이름으로 선포된 그 헌법은 보통선거에 의해 선출된 양원제, 연방정부와 구성 공화국들간의 연방제적인 권력의 분배 등 입헌민주주의에 친숙한 그 밖의 많은 요소들을 담고 있었다. 그것은 또한 완벽한 형태의 권리장전을 갖추고 있었다.[60]

그러나 헌법의 특이성은 그러한 형식적인 규정에 있는 것이 아니라 공산당에 부여한 지위에 있었다. 공산당의 지위는 전통적인 서구의 민주주의 개념을 부정하는 것이었다. 소련의 공산당은 입헌민주국가의 정당처럼 인민의 승인을 받기 위해 경쟁하는 많은 결사들 가운데 하나가 아니라 헌법상 정당한 정치적 활동의 유일한 원천으로 인정되었다. 어떠한 후보자도 공산당의 승인 없이는 선거후보가 될 수 없었으며, 어떠한 시민적, 정치적 권리도 당의 목표와 양립하지 않으면 유효할 수 없었다. 공산당의 지도적 역할은 고유한 정치적 영역뿐만 아니라 노동조합, 문화단체 등 모든 형태의 결사에 걸쳐 행사되는 총체적인 것이었다. 공산당 자체는 인민의 통제로부터 전적으로 면제되어 있었다. 이러한 체제의 목적은 혁명의 가장 열렬하고 유능한 지도자인 소수의 수중에 모든 권력을 부여함으로써 혁명의 지속적인 성공을 보장하기 위한 것이었다.[61]

민주주의라는 말의 통상적인 의미를 고려할 때 인민이 그 선호를 정당하게 표현할 수 있는 기회를 제공하지 않는 정부형태, 정치활동의 권리를 인구의 소수에게만 허용하는 정부형태는 민주주의의 반대이다.[62] 오늘날 대의 민주정치가 불가피하다는 전제에 설 때 정치적 평등을 실현하기 위해서는 사회경제적 평등—부와 소득의 공평한 배분, 교육기회 등 실질적 기회균등의 보장, 인간의 존엄성을 유지할 수 있는 최소한도의 생활보장—의 실현 이외에도 정치적 요소로는 첫째, 보통선거권 및 공정한 선거절차의 보장, 둘째, 박해의 두려움이나 특정한 특권을 누림이 없이 각 개인이 자신의 의견을 표현하고 이를 위해 행동을 취할 수 있는 자유(표현의 자유), 셋째, 정치적 목표를 달성하기 위해 타인과 더불어 결사를 조직할 수 있는 자유(정치적 활동의 자유)가 요구된다. 그리고 이러한 활동을 수행하기 위해서 각 개인이 평등한 기회를 가져야 한다. 특히 표현의 자유와 정치적 활동의 자유는 소수의 권익을 보호하기 위해서, 곧 소수가 다수의 지배적 의견이나 가치에 대항하여 자신들의 입장을 설득하기 위해서 필수적이다. 그리고 정치적 평등의 이상을 실효성 있게 확보하기 위해서는 사회 구성원의 정치적 영향력이 가급적 평등해야 하는데, 대부분의 선진 민주국가에서도 이러한 이상의 실현은 대단히 미흡하다. 다른 한편 그 이상(理想)의 최하한선은 정치적 비판과 반대의 자유를 정치적으로 박해해서는 안 된다는 것이다. 대부분의 선진 민주국가에서 그러한 최하한선은 대체로 존중되고 있으나 대부분의 공산주의 국가에서는 유감스럽게도 그러한 최하한선마저도 존중받지 못하고 있었다.

하지만 공산주의자는 1936년의 소련헌법이야말로 세계에서 가장 민주적이며, 자유주의적 헌법은 이와 비교하여 기본적으로 비민주적인 현실을 가리는 가면에 불과하다고 주장했다. 이러한 결론은 논리적으로 민주주의에 대한 마르크스의 전제로부터 도출되었다. 만약 민주주의가 일차적으로 정치적 권리의 문제라면, 소련체제가 민주주의라는 주장은 터무니없는 것이다. 그러나 마르크스주의의 특유한 용법에 의하면 민주주의의 필요충분조건은 단순히 생산수단의 사적 소유권을 폐지하는 데 있었다. 소련에는 사적 자본이 없었다. 이 점에서 소련은 다

른 자유주의적 국가보다 훨씬 더 민주적이었다.[63]

Ⅳ. 맺음말

바야흐로 자유민주주의는 20세기의 마감을 불과 몇 년 앞두고 세계사적으로 새로운 생명력을 부여받고 있다. 제2차세계대전 이후 제국주의로부터 독립한 대다수의 제3세계 인민들은 근대화의 일환으로 서구의 민주주의를 모방 추구하여 왔다. 하지만 그들의 기대나 소망과는 달리 1960·1970년대 이들 국가에 풍미한 것은 오히려 권위주의 정권들이었다.

1974년 포르투갈의 민주화를 시발로 하여 주로 1980년대 이후 오랫동안 권위주의 정권의 지배 하에 있던 남부유럽, 라틴아메리카 및 아시아의 많은 국가들은 새로운 민주화의 물결을 경험하고 있다. 게다가 1989년 이후 급속히 진전된 구소련 및 동유럽 지역에서의 사회주의체제—자유민주주의의 유일한 경쟁적 대안체제였던—의 붕괴 그리고 이에 따른 냉전체제의 종언과 더불어 이들 국가들 역시 민주화의 흐름에 합류하고 있다. 그 결과 우리는 민주주의의 전 세계적인 확산을 목격하고 있다.

그런데 우리는 최근 제3세계국가와 구 사회주의권 국가에서는 민주주의로의 이행과 정착이 이루어지고 있는 반면(사회주의권의 변혁을 전후해서) 서유럽의 선진 자유민주국가에서는 민주주의의 내포적 심화가 지체되거나 역전됨으로써 전 세계의 민주주의가 최소민주주의—곧 절차적 민주주의—차원으로 수렴하고 있는 역설적인 현상을 목격하고 있다. 민주주의의 내포적 심화란 자유민주주의가 형식적 차원에서뿐만 아니라 실질적으로도 민주화되는 것, 곧 노동자, 여성, 소수집단(종교·인종·이념·문화 등의 면에서), 장애자, 노인 등 주변화되고 소외된 모든 계층의 정치적 평등은 물론 실질적인 사회경제적 평등이 확보되고, 나아가 민주주의의 실천이 단순히 공식적인 정치영역에만 한정되지 않고, 직장·기업·학교·병원·가족 등 통상 사적 영역으로 간주되는 일상적인 삶의 영역으로 확산되는 것을 포함한다. 요컨대 내포적 심화는 (정치적 평등의 전제조건인) 사회경제적 평등을 어느 정도 확보하고 참여민주주의를 확산시킴으로써 현행 자유민주주의에서 평등과 참여의 요소가 강화되는 것을 그 핵심으로 한다.

글쓴이는 다른 글에서 서구 선진민주국가에서 민주주의의 내포적 심화가 역전되는 주된 원인으로 사회민주주의의 쇠퇴와 신보수주의의 발흥 등을 지적하면서 비교적 상세히 논한 바가 있기 때문에 이 글에서는 더 이상 논하지 않겠다.[64] 다만 앞에서 언급한 역설적인 현상의 주된 원인이 전 세계적인 차원에서의 자본주의 시장질서의 강화로 요약되는 최근 일련의 세계적 상황의 전개, 곧 사회주의권의 붕괴와 자본주의화, 우르과이라운드 타결을 통한 자유주의적 세계무역체제의 강화, 정보통신기술의 발전으로 인한 국제 금융시장의 급속한 지구화 등을 통해서 경제의 개방화와 시장화가 범세계적으로 확산 진척되고 있는 현상과 직결되어 있다는 점만 지적하고자 한다. 달리 표현하면 국내외적인 계급구도 및 계급간의 역학관계가 탈냉전 후 전 세계적으로 급속히 진행되고 있는 자본주의경제의 지구화, 그리고 자본가 계급에게 유리하게 작용하고 있는 이데올로기 지형상의 지각변동으로 인해 민주주의의 내포적 심화에 불리하게 형성되고 있다는 것이다.

주

* 이 글을 집필하며 주로 참고한 글은 다음과 같다. Frederick M. Watkins, "Democracy", *Encyclopedia Britanica*(Chicago, 1971), vol. 7, pp. 215~224 ; Klaus von Beyme, "Democracy", *Marxism, Communism & Western Society*(New York, 1972), vol. 2, pp. 313~336 ; Giovanni Sartori, "Democracy", *International Encyclopedia of the Social Sciences*(New York, 1968), vol. 4, pp. 112~121 ; 강정인, 〈세계화 그리고 민주주의의 미래〉, 《현대 민주주의론의 경향과 쟁점》, 강

정인·김세걸 엮음(문학과지성사, 1994), pp. 11~54 ; 마이클 레빈, 〈마르크스주의와 민주주의 이론〉, 같은 책, pp. 116~146 ; 데이비드 비담, 〈자유주의적 민주주의와 민주화의 한계〉, 같은 책, pp. 149~175 ; 조지 세바인, 〈민주주의의 두 전통〉, 같은 책, pp. 57~86 ; 노명식, 《프랑스혁명에서 빠리 꼼뮨까지 1789~1871》(까치, 1989) ; 조지 세이빈·토마스 솔슨, 《정치사상사 1》, 성유보·차남희 역(한길사, 1983) ; Aristotle, *Politics*(Oxford, 1969) ; Keith Graham, *The Battle of Democracy*(Brighton, 1986) ; John Rees, *Equality*(London, 1971). 특히 와킨즈(Watkins)의 《브리태니커 백과사전》의 민주주의 항목은 일반인이 쉽게 접근할 수 있도록 그 내용이 가장 평이하고, 근대 서양에서의 민주주의의 발전에 관한 간명하고도 개괄적인 역사적 기술을 담고 있기 때문에, 글쓴이는 그 항목을 기본 골격으로 삼아 집필하면서, 자신의 판단에 따라 필요한 내용을 보충하고, 불필요한 부분을 삭제하였다. 따라서 앞으로 이 글에서 《브리태니커 백과사전》의 '민주주의'를 인용하거나 요약할 때는 주에서 '*EB*'로 지칭하고 해당 쪽수를 기입하겠다. 글쓴이는 이 글의 주된 목적이 학술적인 데 있다기보다는 내용을 소개하는 데 있다고 생각했기 때문에, 평소 대학에서 강의하면서 여기저기서 끌어 모아 사용하던 자료들을 다듬어 좀더 알기 쉽고 체계적으로 제시하고자 노력했다. 마지막으로 이 글의 성격과 내용상 글쓴이는 이 글에서 자신의 학문적 '독창성'을 주장할 생각이 조금도 없음을 미리 밝혀 둔다.

1) Sartori, 1968, p. 112에서 재인용.
2) Ibid., p. 112 참조.
3) 비담, 1994, p. 150.
4) *EB*, p. 215.
5) *Politics*, p. 1317b ; p. Beyme 1972, p. 313에서 재인용.
6) Graham, 1986, p. 9.
7) Beyme, 1972, p. 317.
8) Graham, 1986, p. 13.
9) *Ibid.*, p. 16.
10) *Ibid.*, pp. 16~17.
11) *Ibid.*, 1986, pp. 17~18).
12) 세이빈·솔슨, 1983, p. 41.
13) Beyme 1972, p. 314.
14) *EB*, p. 216.
15) Politics, p. 1294b.
16) *EB*, p. 216.
17) *Politics*, p. 1275b
18) 세이빈·솔슨, 1983, pp. 49~51

19) 같은 책, p. 45
20) 같은 책, p. 54
21) 같은 책, p. 54
22) *EB*, p. 216
23) *EB*, p. 216
24) *EB*, p. 216
25) *EB*, p. 216
26) *EB*, p. 217
27) *EB*, p. 217
28) *EB*, p. 217
29) *EB*, p. 217
30) *EB*, p. 217
31) *EB*, p. 217
32) *EB*, pp. 217~218
33) *EB*, p. 218
34) *EB*, p. 218
35) 세바인, 1994, pp. 70~71
36) *EB*, p. 219
37) *EB*, p. 219
38) *EB*, p. 219
39) 노명식, 1989, pp. 41~59
40) 세바인, 1994, p. 71
41) *EB*, p. 219
42) *EB*, p. 219
43) *EB*, p. 219
44) *EB*, pp. 219~20
45) *EB*, p. 220
46) *EB*, p. 220
47) *EB*, p. 220
48) *EB*, p. 220~221
49) *EB*, p. 221
50) *EB*, p. 221
51) *EB*, p. 221~222
52) 레빈, 1994, p. 122
53) *EB*, p. 222
54) 레빈, 1994, p. 129
55) *EB*, p. 222

56) *EB*, p. 222
57) *EB*, p. 222
58) *EB*, p. 222
59) Rees, 1971, p. 46에서 재인용
60) *EB*, p. 222
61) *EB*, p. 222
62) *EB*, p. 222
63) *EB*, p. 222
64) 강정인, 1994, pp. 34~51 참조

공리주의
Utilitarianism

이 태 숙

I. 공리주의자의 범위

　공리주의라는 명칭은 서로 관련되는 다음 두 가지의 경우에 사용된다. 하나는 일정한 특징을 지닌 윤리론을 총칭하는 경우이고 또 하나는 구체적으로 18세기 후반 및 19세기 초에 영국인 벤담(J. Bentham, 1748~1832)이 제시한 철학 및 정치 사상을 지칭하는 경우이다. 이 양자가 관련이 있는 것은 공리주의 사상을 체계화하여 하나의 고전적 예를 제공한 사람이 벤담이기 때문이다. 실제로 공리주의라는 명칭도 벤담과 밀(J. S. Mill, 1806~1873)에서 비롯되었다.[1] 즉 벤담은 《도덕과 입법의 원리 서설》의 주제가 "공리의 원리(principle of utility)"라고 천명하였고, 밀은 벤담의 사상을 다룬 〈벤담〉에 이어 1863년에 〈공리주의〉를 발표함으로써 벤담의 사상 및 밀의 논설이 공리주의로 불리게 되었다.[2] 그러나 다소 포괄적인 사상이 으레 그렇듯이, 공리주의는 벤담에 이르는 사상의 계보와 벤담 이후의 사상적 발전을 포함한다. 우선 벤담의 계승자라고 일컫는 밀의 〈공리주의〉도 벤담의 견해와 대조되는 주장을 보여준다.

　그렇다면 여기에서 제기되는 문제는 벤담과 그의 '계승자'인 밀을 공리주의자로 분류하는 기준은 무엇인가이다. 그리고 더 일반적으로는

특정한 사상 및 사상가를 공리주의 및 공리주의자로서 분류하는 기준
은 무엇인가라는 문제다. 명백하게 이 기준은 공리주의를 어떻게 정의
하느냐에 따라서 정해진다. 그리고 이 글의 중요한 목적 가운데 하나
는 바로 공리주의의 요체를 밝혀내는 데 있으며 이 작업은 일련의 공
리주의자의 사상을 분석하여 공통된 기반과 특성을 추출하는 형태일
수밖에 없다. 따라서 이 글에서는 먼저 공리주의의 가장 기본적이고
일반적인 특성을 그 기준으로 삼아 공리주의자의 범위를 대략 설정할
필요가 있다.

이러한 요구에 부응하는 공리주의의 일반적 정의는 다음과 같은 것
이다 : "행위의 정당성 여부는 행위의 결과가 좋고 나쁨에 의거하여 평
가되어야 한다는 윤리론"[3]이다. 결과를 문제삼는 이 윤리론은, 행위 그
자체를 또는 의도를 결과에 관계없이 정당하다 혹은 부당하다고 평가
하는 일반적 도덕론과 대조된다. 우리는 이 윤리론의 성격을 본문에서
더 검토할 것이다. 그런데 공리주의는 윤리론에 한정되지 않으며 '공리
주의적' 사회 및 정치사상을 포함한다. 그렇다면 결과론적 윤리론을 기
반으로 하기 때문에 공리주의적이라고 분류할 수 있는 사회 및 정치사
상의 구체적인 모습은 무엇인가? 그것은 사회제도 및 국가를 수단으
로서 규정하고 그를 효용면에서 평가한다는 점이다. 이렇게 보면 근대
정치사상의 주요 부류인 자연권 이론가는 공리주의자로 분류된다. 주
지하다시피 그들은 사회 및 정부를 개인의 천부적 자연권을 보장하는
수단으로서 간주하기 때문이다.

따라서 아래에서 공리주의적 사회 및 정치사상을 고찰하는 자리에
서는 대표적 자연권 이론가인 홉스(T. Hobbes, 1588~1679)와 로크(J.
Locke, 1632~1704)의 사상을 검토하고 그를 '정통적' 공리주의자인 벤담
과 밀의 정치적 견해와 비교할 것이다. 그리고 벤담의 공리주의의 직
접 선구자로 지목되는 프랑스인 엘베시우스(C. A. Helvetius, 1715~1771)
의 견해를 간략하게 살펴봄으로써 벤담이 발전시킨 부분을 파악할 것
이다. 즉 이 글에서 주요 공리주의자로 선정하여 검토하는 사상가는

벤담과 밀, 홉스와 로크, 그리고 엘베시우스이다.

Ⅱ. 공리주의의 철학적 기반 및 공리주의 윤리론

1. 공리주의의 철학적 기반

공리주의의 일반적 성격을 파악하기 위해서 그 철학적 기반을 검토하는 것이 필요하다. 이에 관한 설명은 종교와 전통적 윤리론에 대하여 벤담이 내린 평가에서 찾아볼 수 있다. 벤담은 종교가 인간의 자아인식과 도덕론의 주된 원천이었다고 파악했는데, 그 영향을 매우 부정적으로 평가했다. 종교에 대한 벤담의 비판은 두 가지 사항으로 요약된다. 첫째, 종교는 근본적으로 반(反)인간적이라는 것이다. 종교는 신의 위대함과 전능함을 강조하면서 인간을 매우 저열하게 평가한다. 그리고 비인간적인 외부에 기준을 두고 인간을 평가함으로써 인간의 성향과 요구를 무시할 뿐 아니라 부정하고 투쟁의 대상이 된다. 본성에 대한 투쟁은 필경 패배로 끝나기 때문에 인간은 끝없는 모멸감과 자기소외를 경험하게 된다. 결국 종교는 인간을 불행하게 만든 요인이었다. 둘째, 벤담은 종교에 기반한 도덕이 비자유주의적이고 전제적이라고 평가했다. 그는 종교가 가르치는 도덕이 경험적 조사나 이성적 논증을 배제하고 신의 권위에 입각한 것이므로 결국은 종교 지도자의 상상 혹은 편견의 산물이라고 보았다. 따라서 인간은 자의적인 권력의 지배 아래에 있게 되었는데, 이러한 폐해는 종교의 반(反)이성적 성격에서 유래한다.

벤담은 매우 강렬한 반종교주의를 표방하고 있는데, 그렇다면 벤담이 제시한 공리주의의 철학적 기반은 인본주의라고 할 수 있다. 이 성격은 벤담의 윤리론에서 구체적으로 다음과 같은 모습으로 나타났다. 첫째, 그의 윤리론은 인간 본성의 경향과 욕구를 그대로 인정한다는 것이다.

인간에게 외부에서 혹은 초월적이라고 주장된 원천에서 나온 요구를 제기하지 않는다. 둘째, 윤리론은 도덕 과학이어야 한다. 윤리론은 과학적 인식에 기반하고 그 도덕률은 사람들이 토론하고 그 타당성을 평가할 수 있는 성격일 것이 요구된다. 이 조건을 만족시키는 도덕적 행위론은 행위의 의도가 아니라 그 결과를 문제삼는 것이다. 왜냐하면 의도는 주관적인 데 비하여 결과는 객관성을 지니기 때문이다. 결국 그한테 윤리론은 "결과를 문제삼는 합리주의적 도덕체계"이어야 했다.[4]

벤담이 대표한 공리주의 사상의 기반을 이와 같이 요약하면 공리주의는 18세기 서양에서 주도적인 사조였던 계몽주의와 맥을 같이하고 있음을 알 수 있다. 주지하다시피 계몽주의는 종교를 배척하고 세속적이며 인본주의적 가치관을 내세웠으며, 이성을 인류 구원의 열쇠로서 간주하였다. 계몽주의의 이러한 특성을 공리주의는 그대로 이어받았던 것이다.

2. 공리주의 윤리론

(1) 쾌락주의

공리주의 윤리론의 요체 즉 행위의 정당성 여부는 행위의 결과가 좋고 나쁨에 달려 있다는 결과론은 일반적 도덕론과 대조된다. 일반적 도덕론은 십계명 등의 도덕률을 중심에 두고 어떠한 상황에서도 그것을 지키도록 하는 의무론이다. 반면에 공리주의 윤리론은 행위의 결과를 중심에 둠으로써 상황에 따라서는 도덕률의 파기도 정당화한다. 그러므로 공리주의 윤리론의 핵심은 일반 도덕률을 넘어서 정당성을 판단할 기준인 '좋은 결과'의 내용이다. 공리주의자들이 대체로 정당성의 기준, 즉 선으로서 제시한 것은 행복이다. 벤담은 공리의 원리가 최대 행복의 원리라고 선언했고, 밀은 공리주의를 다음과 같이 설명했다. "공리주의는 행위가 행복을 증진시키는 정도에 비례하여 정당하다고 행복에 반대되는 것을 산출하는 한 부당하다고 주장한다." 다시 밀의 명료한 정의를 빌리면, 공리주의는 "공리 혹은 최대행복의 원리를 도덕의 기반으로 삼는 이념이다."[5] 그런데 행복이라는 개념은 상당히 포괄적이어서 전통적 윤리론자도 행복을 유일한 도덕적 선으로서 종종 내세운 바였다. 예를 들어 아리스토텔레스는 아주 명백하게 "행복은 ……모든 행위가 지향하는 목적이다"고 선언했다.[6] 그렇다면 공리주의 윤리론에서는 행복을 어떻게 규정하고 있는지 더 설명될 필요가 있다. 벤담의 《도덕과 입법의 원리 서설》의 첫 부분에서 바로 이 문제가 다루어졌다.

> 자연은 인류를 쾌락과 고통이라는 두 주재자의 지배 아래 두었다. 이 주재자들만이 우리가 무엇을 할 것인가를 결정하고 무엇을 해야 할 것인가를 지시한다. 한편으로는 정당성 여부의 기준이, 그리고 또 한편으로는 원인과 결과의 연쇄가 그들의 왕좌에 묶여 있다. 예속에서 벗어나고자 하는 우리의 모든 노력은 그 예속성을 증명하고 확인할 뿐이다. ……공리의 원리는 이 예속성을 인정하고 그를 체계의 기초로 삼아 이성과 법률의 손으로 행복의 전당을 이룩하는 것을 목적으로 한다. ……공리의 원리는 ……모든 행위를 ……그들의 이익이 문제가 되는 사람들의 행복을 증가시키는지 혹은 감소시키는지에 의거하여 승인 또는 불찬성하는 원리이다.

여기에서 벤담은 인간의 행동이 쾌락과 고통에 의하여 결정된다고 보았는데, 이는 심리적 쾌락주의의 표명에 다름이 아니다. 더 나아가 벤담의 견해는 윤리적 쾌락주의라고 규정된다. 윤리적 쾌락주의는 쾌락이 유일하게 본질적 선이라고 주장하는데, 벤담도 쾌락과 고통이 옳고 그름의 기준이라고 언명하고 있기 때문이다.[7] 이렇게 벤담은 선악과 정사(正邪)의 기준인 행복을 쾌락이라고 정의함으로써 그가 인간에서 가장 문제삼는 것이 감각이라는 인상을 준다. 그리고 벤담은 행복이 이익·유리함·이윤·편의·보수(報酬)와 같다고 설명하여 행복에 물질적 의미를 부여하였다. 공리주의의 '도덕적' 목표인 행복이 이렇게 감각적이고 물질적인 것이므로 칼라일(T. Carlyle)은 공리주의를 "돼지 철학”이라고 불렀다.

(2) 합리주의

위에 인용한 벤담의 논설에서 공리주의에 관한, 쾌락주의 외에 또 하나의 중요한 속성을 파악할 수 있다. 그것은 공리주의의 합리주의적 측면인데, 공리주의가 행복의 양을 문제삼으며 이성을 그 수단으로 한다는 언급에서 추출된다. 공리주의는 우선 인간을 합리적 존재로서 간주했는데 그 징표는 인간이 계산한다는 점이다.

> 쾌락과 고통과 같은 중요한 사안이 걸려 있을 때 …… 계산하지 않는 사람이 누가 있는가? 어떤 사람들은 덜 정확하게, 그리고 또 어떤 사람들은 더 정확하게 계산한다는 것은 사실이다. 그러나 모든 사람이 계산한다.[8]

공리주의에서는 계산이 도덕적 행위의 전제가 된다. 공리주의자는 상황을 감안하여 각 행위가 산출할 행복을 계산하고 비교하여 최대행복이 산출될 행위를 선택해야 하기 때문이다. 벤담 자신은 공리주의 윤리학을 도덕과학으로 만드는 것을 자신의 사명으로 삼았다. 그는 물리학의 방법을 윤리학에 도입하려고 노력했으며 윤리학의 뉴턴이 되기를 열망하였다.

도덕과 계산을 동반시킨 벤담의 쾌락 계산의 면모는 대강 다음과 같다. 그는 쾌락의 크기가 4개의 변수에 의하여 결정된다고 보았다 : 강도, 지속성, 확실성, 근접성. 행위가 산출한 쾌락을 계산하는 경우 두 변수가 추가된다 : 다산성, 순수성. 전자는 일차적으로 산출된 쾌락에 덧붙어서 다른 쾌락도 산출되는지에 관한 항목이고, 후자는 쾌락이 산출되면서 고통을 수반하는지에 관한 것이다. 그리고 행위에 의하여 영향받은 사람의 수도 고려해야 한다. 결국 벤담은 쾌락의 크기가 숫자로 나타나야 하며 쾌락과 고통은 각각 플러스와 마이너스로서 양자를 더하고 빼서 그 차이를 산정할 것을 기대하고 있는 것이다. 벤담이 이 계산에 수반되는 문제점을 인식 못한 것은 아니다. 그는 위의 변수들 가운데서 특히 강도·생산성·순수성 등은 산정하기 어렵다는 것을 시인했다. 그리고 각 개인의 쾌락을 더하는 것은 "20개의 사과와 20개의 배를 더하는 것"과 같다고 보았다. 그럼에도 불구하고 벤담이 쾌락과 고통의 객관적인 측정단위를 모색하고 돈을 그러한 단위로 내세운 사실은, 수학 및 자연과학적 방법에 대한 벤담의 신념을 잘 보여준다.[9] 이에 칼라일은 공리주의자를 "세고 산정하는 데 몰두하며" "기묘한 대조와 차감을 행하는 사람들"이라고 희화화했다.[10]

(3) 존 스튜어트 밀의 수정

밀이 벤담 사후 1830년대에 벤담의 윤리론에 내린 평가는 매우 비판적이었다. 그는 벤담이 인간의 감정 및 내재적 도덕심의 역할을 간과하였다고 지적하고, 벤담의 윤리론이 "차갑고 기계적이며 호감이 가지 않는 성격"이라고 평가했다.[11] 20여 년 후 노년의 밀은 공리주의 윤리론을 본격적으로 논의한 〈공리주의〉에서 공리의 원리를 일반 도덕률을 판정하는 제 1 원리로서 내세웠다. 즉 개별적인 상황에서 어떤 도덕률을 채용하느냐를 결정하는 것은, 특정 도덕률의 결과가 그 밖의 도덕률의 결과보다 좋은지를 문제삼는 공리주의에 의거한다는 것이다.

그러나 밀이 말하는 공리주의는 벤담의 주장과는 다르다. 밀은 일단 행복이 유일한 선이라고 인정하고, 행복은 쾌락이며 고통의 부재라고 규정하여 벤담의 기본교리를 받아들였다. 그러나 그는 쾌락에 질적 차이가 있다고 주장하였는데, 이는 쾌락 외에 다른 요소가 선을 규정한다는 논리가 되어 벤담의 전제를 부정하는 것이다. 그는 질적으로 우월한 쾌락은 현명한 사람이 선택한 것이라고 주장했는데, 이는 인간이 본성적으로 더 큰 쾌락을 추구한다는 벤담의 입장과 배치된다. 벤담과 밀의 견해 차이는 다음의 언명에서 뚜렷이 드러난다. 벤담은 "쾌락의 양이 같다면 아이들의 푸쉬핀 놀이나 시(詩)가 똑같다"고 말하였으나, 밀은 "만족한 바보보다 만족하지 못한 소크라테스가 낫다"고 선언하였다. 이로써 밀은 벤담의 윤리론의 특징적 방법인 쾌락 계산을 거부하였을 뿐 아니라, 공리주의와 다른 전통적 윤리론과의 구별을 모호하게 만들었다. 밀은 실제로 칸트의 도덕률이나 예수의 황금률도 공리주의론이라고 주장하였다.[12]

Ⅲ. 공리주의적 사회 및 정치사상

공리주의 윤리론을 체계화한 벤담이 전제한 인간은 대체로 감각적이며 물질적인 욕망을 최대한 충족시키고자 행동하는 자이다. 그의 이성은 행복을 효과적으로 최대화하는 데 필요한 수단이다. 인간을 이렇게 파악하였을 때 필연적으로 대두하는 문제는 인간 상호관계에 관한 것이다. 공리주의 사회사상가가 대답해야 할 문제는 대략 다음과 같다. 사회에서 각 개인의 행복을 최대화하는 일이 실현될 수 있는가? 만일 개인의 행복 추구가 타인의 그것과 충돌한다면 어떤 분야에서이며 어떤 양태인가? 인간의 상호관계에서 발생하는 문제들을 해결하기 위하여 사회제도와 국가정책 그리고 국가구조는 어떠한 원리에 의거하여야 하는가? 해답은 공리주의자에 따라 각각 다를 것이다. 그러나 공리주의 사회사상가들은 몇 가지 점에서 공통의 전제를 기반으로 한다.

첫째, 그들은 방법론적으로 개인주의적 접근을 채택한다. 즉 사회는 개인의 총합으로서 파악되며 사회 및 정치적 문제에 대한 타당한 접근방법은 개인의 속성, 개인의 상호관계에 대한 인식에서 출발하여야 한다는 것이다. 둘째, 이들이 상정하는 인간은 대체로 물질적인 욕망을 충족하는 데 몰두해 있다. 셋째, 사회조직 및 제도는 그 일차적인 기능이 개인의 욕망을 충족시키는 데에 있다.

이제 홉스와 로크, 엘베시우스, 그리고 벤담과 밀의 사상에서 사회문제가 각각 어떻게 제기되고 답변되는지 검토하기로 한다.

1. 자연권 이론가들 : 홉스와 로크

근대 자연권 이론의 창시자인 홉스는 17세기 영국 내란기의 저술 《리바이던》(*Leviathan*)을 개인의 속성을 구명하는 작업으로부터 시작하였다. 국가론을 전개함에 있어서―《리바이던》의 정식 제목은 《리바이던 종교적 및 시민적 공동체》이다―홉스는 이렇게 개인주의적 접근을 취한 것이다. 홉스가 파악한 인간은 먼저 행위자였다. 그는 인체를 스프링·바퀴 따위의 용어로 설명하고, 인간의 기본적 기능을 운동이라고 보았다. 그리고 인간행위의 기원을 욕구라고 파악하여 행위를 욕구 충족의 동기 및 심리의 원리로써 설명하였다. 홉스는 인간의 기본적 욕구를 자기보존의 욕구라고 규정했다.

이러한 개인들의 상호작용은 어떠한 양상을 띠는가? 홉스는 개인의 추구가 다른 사람의 욕구 추구를 결국 방해하게 된다고 보고, 인간의 상호관계를 갈등과 투쟁의 관계로 설정하였다. 즉 자연상태에서 인간은 "만인의 만인에 대한 투쟁" 관계에 놓여 있으며, 그의 삶은 "외롭고, 가난하고, 누추하고, 짐승 같고 단명하다." 홉스에 따르면, 인간의 자기 보존 욕구와 합리성은 사회계약을 맺음으로써 이러한 자연상태를 종식시키고 자기 보존에 유익한 사회체제를 설립하게 한다. 이로써 국가가 형성되는데, 따라서 국가는 개인의 기본적인 생명 보존의 욕구―홉스는 이를 자연권이라고 규정하고 생명권이라고 명명했다―를 충족시키기 위한 수단인 것이다. 그러나 국가는 강력한 통치권을 행사한다. 개인간의 투쟁을 종식시켜 인민의 생명을 지켜야 하기 때문이다. 이렇게 홉스의 정치사상은 앞에서 지적한 공리주의 정치사상의 세 가지 특성을 모두 보여준다.

한 세대 후 명예혁명을 계기로 제시된 로크의 정치사상은 홉스의 접근방식과 전제를 이어받았다. 로크도 자연권을 지닌 개인을 정치분석의 단위로 삼고 국가를 개인의 자연권을 보존하기 위한 수단으로 규정하였다. 홉스와 다른 점은 로크가 자연권의 내용을 생명권 외에 자유권과 재산권으로 확장한 점에서보다 자연상태를 "평화·선의·상호부조 및 상호보존"의 상태로 설정한 데에서 더 두드러진다. 즉 로크는 홉스와 달리 인간의 상호관계가 갈등이 아니라 이익을 초래한다고 파악하였으며, 개인의 이익이 자연적으로 조화를 이룬다고 전제한 것이다.

사회학자 파슨즈(T. Parsons)는 홉스와 로크의 정치사상이 공리주의적 사회관의 대조적 두 양태를 제시한다고 보았다. 그리고 인간 상호관계가 갈등적인지 조화되는지의 문제가 이후 정치 및 사회사상에서 중심적인 주제였으며, 이를 기준으로 근대 사회사상을 분류할 수 있다고 설명하였다. 그에 따르면 공리주의가 발전한 시기에 주로 채택된 사회관은 로크의 조화론이었으며, 그것이 스미스의 분업론 및 고전경제학의 기반이라는 것이다.[13] 벤담의 사회관도 그러한지를 우리는 다음에서 검토할 것이다.

2. 엘베시우스

벤담은 엘베시우스를 경험주의 철학자인 베이컨과 비교하고, 자신이 윤리학에서 뉴턴과 같은 인물이 되기를 희망함으로써 엘베시우스를 공리주의의 선구자로 인정하였다. 과연 1758년에 발간된 엘베시우스의 《정신론》(*De l'Esprit*)은 놀랄 만큼 벤담과 유사한 전제와 주장을 담고 있다. 먼저 엘베시우스는 윤리학이 물리학처럼 경험주의적 학문이 되어야 한다고 보았다. 그는 윤리학이 도덕적 충고와 비난 대신에 인간 행위의 원리를 밝혀야 한다고 주장하였다. 그에 의하면 인간의 행위는 본능적 충동인 쾌락의 추구와 고통의 회피에 의하여 설명될 수 있다. 그리고 그는 인간이 필연적으로 자신의 이익을 추구하기 마련이라고 보았다.

행위자로서의 인간의 속성을 검토한 엘베시우스는 법률의 역할을 강조하였다. 그는 개인의 이익 추구가 다른 사람과 충돌하지 않고 사회적 공정성을 확보하는 것은 오직 법의 강제에 의해서만 가능하다고

보았기 때문이다. 즉 법률의 기능은 개인의 이익을 공공의 이익과 일
치시키는 데에 있는 것이다. 따라서 그는 "인간을 도덕적으로 만드는
유일한 방식은 좋은 법률이다"라고 선언하였다. 그에 의하면 국민 전
체의 도덕의 수준도 어떤 법률들이 시행되고 있느냐에 달려 있다. 법
률이 이렇게 사회정책 그 자체인 데 비하여, 윤리학은 효과적인 법률
에 필요한 인간 행위에 관한 정보를 제공하는 위치에 머물러 있다. 엘
베시우스는 법률이 필수적이며 강력한 기능을 수행하도록 요청하고,
법률의 제정을 입법자의 소관으로 간주함으로써 매우 권위적이고 강력
한 정치권력을 상정하였다. 이는 홉스가 옹호한 정치권력과 매우 유사
하다. 엘베시우스는 로크의 자연권론이 전제한 개인 이익의 자연적인
조화를 전혀 믿지 않은 것이다. 파슨즈가 분류한 두 종류의 사회관 가
운데 엘베시우스는 명백하게 홉스의 편에 서 있다.[14]

3. 벤담의 사회관과 정책론

벤담은 엘베시우스의 충실한 제자였다. 그는 엘베시우스의 행위론과
법률론을 받아들였다. 《도덕과 입법의 원리 서설》이라는 제목이 시사
하는 바와 같이, 벤담도 엘베시우스처럼 '입법'을 위하여 윤리론을 전
개하였다. 그러므로 벤담 사상의 중심은 윤리론보다 법학으로 대변되
는 사회사상에 있다고 하겠다. 그렇다면 최대행복의 원리는 개인 윤리
이기보다 사회정책의 원리이며, 그런 의미에서 사회성을 지닌 최대다
수의 최대행복의 원리가 더 적절한 표현이다.[15] 벤담의 사회 및 정치사
상은 최대다수의 최대행복이 어떠한 정책과 제도를 통하여 구현될 수
있다고 보았는지를 살펴봄으로써 파악할 수 있다. 벤담의 정책론과 구
체적 제안들을 검토해보자.

(1) 정책의 목표
정부정책 일반에 관한 벤담의 견해는 1780년대에 작성된 《민법론》

에 나타나 있다. 그는 먼저 공리주의자답게 정부의 목표가 공동체의 행복을 최대화하는 데에 있다고 선언하였다. 그리고 최대행복은 안전·생계·풍요·평등이라는 4개의 하부목표를 통하여 달성될 수 있다고 주장하고 그 각각의 성격과 비중을 논하였다. 벤담에 따르면 안전은 공리의 원리 다음으로 중요하다. 왜냐하면 최대행복을 산출할 행위를 선택하기 위하여는 행위의 결과를 예상할 수 있도록 안정된 상황이 보장되어야 하기 때문이다. 벤담은 법률이 제공해야 하는 안전은 생명·신체·명예·재산, 그리고 생활상태에 관한 것이라고 열거했다. 한편 생계와 풍요는 같은 성격의 목표이다. 풍요는 생계를 전제하기 때문이다. 벤담은 생계나 풍요를 위하여 정부가 해야 할 일은 많지 않다고 보았다. 특히 풍요를 위해서 정부가 경제부면에 간섭하는 것은 불필요할 뿐 아니라 해롭다고 역설하였다. 생계의 유지도, 기본적으로는 욕구 및 그 충족이 자연의 작용이라고 인식되어, 정부의 개입이 불필요하다고 보았다. 그러나 그는 생계수단이 없는 사람들에 대하여 정부가 무관심할 수 없음을 인정하였다. 그는 정부가 식량 확보를 위하여 필요할 경우 가격통제와 비축제를 운영할 것을 주장하였고, 기존의 구빈제를 대신할 전국적인 '자선회사'를 제안하였다. 평등이 정책의 목표로서 제시된 것은 그가 법 앞에서 평등을 넘어서는 평등론자임을 시사한다. 그의 평등론은 평등의 당위를 공리론에 입각하여 전개함으로써 기존의 도덕적 평등론에서 벗어나 평등화론을 전개하였다고 평가된다. 즉 그는 재산이 많으면 한계 쾌락이 감소한다고 분석하였는데, 이는 공동체의 행복을 증진하기 위하여는 재산을 좀더 평등하게 분배해야 한다는 주장으로 이어질 수 있었던 것이다.

그러나 이러한 이론적인 업적에도 불구하고 실제로 벤담이 제안한 평등정책은 매우 제한된 것이다. 그는 평등을 정부의 다른 목표 즉 안전·풍요 그리고 생계에 대하여 위험한 경쟁자로서 규정하였다. 평등을 목표로 재산권이 침해된다면 근면한 경제활동을 하게 하는 자극이 사라져서 잉여의 축적은 물론 생계의 확보도 어렵게 되기 때문이다. 특히 평등은 가장 중요한 목표인 안전과 충돌하는 것으로 파악되었는데, 그는 "주저할 것 없이" 안전을 선택하여야 한다고 언명했다. 평등은 "안전을 해치지 않고, 법이 탄생시킨 예상을 저해하지 않고, 기존의 분배상태를 교란하지 않는 경우에만" 허용되는 것이다.

전체적으로 보아 벤담은 정부의 주된 기능을 국민의 안전을 보장하는 것에 두었다고 하겠다. 그런데 안전보장정책은 개인이 자신의 행복을 추구하도록 환경을 조성하는, 본질적으로 소극적인 성격이다. 그는 개인의 행복을 마련하는 일은 개인에게 "거의 전적으로 맡겨 두어야" 하며, 정부의 기능은 개인을 고통으로부터 보호하는 것이라고 언명했다.[16] 벤담은 정부가 공동체의 행복을 최대화해야 한다고 주장하여 적극적인 정책을 요구한 듯 보이지만, 실제 정부의 기능을 소극적인 정책으로 한정한 것이다. 이러한 소극적인 정부론은 개인 이익이 상호 조화된다고 상정하는 사회관의 산물이다.

(2) 정책 제안 — 경제정책론과 팬옵티콘 및 자선회사

벤담의 구체적인 정책 제안의 양상과 성격은 어떠한가? 먼저 벤담의 경제정책론을 보자. 벤담은 《정치경제학 편람》에서 이론의 여지없이 강력한 경제적 자유방임주의를 피력하고 있다. 그는 기존의 경제정책의 대부분이 하지 말아야 할 것을 해왔다고 평가하고, 따라서 당면 경제정책의 방향은 해왔던 것을 하지 않는 것이라고 선언했다. 그는 기존의 경제정책이 산업에 투자되는 자본을 증가시키고 산업 사이의 자본배분을 좀더 이롭게 하려는 목적을 지녔다고 파악했는데, 그는 "그러한 정책은 전부 항상 전혀 불필요하고 항상 다소간 유해하다"고 평가했다. 그리고 그는 정부의 간섭이 개인의 이익을 그 자신보다 정부가 더 잘 안다는 "기만"에 기반한다고 단정하였다.[17]

그러나 벤담이 1790년대에 내놓은 감옥개혁안 "팬옵티콘"과 빈민대책인 "자선회사"안은 전혀 다른 모습이다. 이 제안들은 효율적인 중앙감시가 가능한 건물형태와 효율적인 수용자 관리론을 근간으로 하고 있는데, 그 기본원리는 "경제성 우선의 경영원칙"으로 요약된다. 우선 '팬옵티콘'의 중앙감시제는 감시자가 수용자의 감방을 모두 감시할 수 있으나 수용자는 감시자를 볼 수 없게 하여 항상 감시된다고 느끼도록 고안된 것으로서 그 효율성과 경제성이 장점이다. 팬옵티콘의 경영을 계약제로 하고 죄수에게 관행이 된 중노동 대신에 생산적 노동을 부과한 것 등도 경제성의 원칙에 충실한 것이다. 벤담에 의하면 계약제는 정부의 비용절감, 교도소 경영자의 수익 증가, 그리고 죄수의 저축을 실현할 수 있는 제도였다. 벤담은 그러나 경영자의 탐욕으로부터 죄수를 보호하는 방책도 마련하였다. 경영실태의 공개와 평균치 이상의 죄수의 죽음에 대한 벌금의 징수가 그것이다. 벤담이 팬옵티콘 방식에 자부심을 지닌 정도는 그 자신이 경영자가 되기를 희망한 데에서 알 수 있다.[18]

같은 건물양식과 경영원칙을 빈민문제에 적용한 것이 "자선회사" 계획이다. 벤담은 빈민을 전국적으로 연결된 250개의 빈민노역장에 수용할 것을 제안하였는데, 그는 중앙 감시 건물과 주식회사 방식을 채용한 이 계획이 구빈세의 증가 없이 빈민을 구제할 뿐 아니라 전반적인 빈민대책이 될 것이라고 주장했다. 이 회사는 빈민에 대한 기록을 유지하고, 저축·대여·연금·사망위로금 등의 금융업무 외에 의료 및 교육 기능도 담당할 것이기 때문이다. 벤담은 이 업무들에 대한 세부지침을 일일이 마련하여 수용된 빈민이 완전하게 통제되도록 만들었다. 그러나 벤담은 이 회사의 빈민들이 결핍과 관리자의 압제로부터 자유롭다는 점에서 자유상태라고 주장하고 "그들을 군인이라 부르든, 사제라고 부르든, 기계라고 부르든, 그들이 행복하기만 하면 상관하지 않는다"고 선언했다.[19]

벤담의 교도소와 빈민수용소 계획은 최대행복의 원리에 따른 효율적인 경영의 실상이 무엇인지를 확연하게 드러낸다. 영국 공리주의에 관한 권위 있는 연구서인 《철학적 급진주의의 발전》의 저자 알레비(E. Halevy)는 그것이 서로 충돌하는 개인이익을 권위주의적으로 조정하는 공리주의 정책의 전형이라고 주장한다. 그러나 벤담은 자유 방임적 경제정책을 역설하였다. 이에 알레비는 벤담이 권위주의적 정책과 자유 방임적 정책을 각각 정치와 경제라는 다른 분야에서 채용하였다고 설명하고, 따라서 벤담은 개인의 이익이 조화된다는 사회관과 개인의 이익이 상충한다는 사회관을 함께 견지했다고 주장하였다.[20] 그러나 정책의 분야로서 정치와 경제는 구분될 수 있는 것인가?

(3) 중산계급

벤담의 팬옵티콘과 빈민대책에 대한 좀더 설득력 있는 분석은 이들이 사회의 일부 하층민을 대상으로 한다는 점에 주목한 것이다. 여기서 벤담의 목표는 전체 사회를 위하여 수용자들의 관리를 어떻게 효율화하는가이다. 이는 상호 방해나 피해를 최소화하면서 자신의 행복을 추구하는 기회를 개인에게 어떻게 최대화하는가를 목표로 삼은 벤담의 정책론 일반과 대조된다.[21] 그렇다면 벤담은 공동체의 구성원을 두 집단으로 분류하였다고 볼 수 있다. 한편으로 독자적이며 이성적으로—공리의 원리에 따라—사회활동을 영위하여 개인 및 공동체의 이익을 증진하는 집단과, 다른 한편으로 사회의 행복에 기여하지 않거나 해악을 끼치므로 전체 사회의 행복을 위하여 관리되어야 할 집단이라는 두 부류이다. 전자에 대한 타당한 정책은 벤담이 《민법론》에서 주장한 대로 개인활동이 보장되도록 안전을 유지하는 소극적인 것이 될 것이며, 후자에 대하여는 면밀하고 권위주의적으로 통제하는 적극적 정책이 필요하게 된다. 팬옵티콘과 자선회사는 후자에 해당되는 것이다.

두 사회 집단의 정체를 파레크는 각각 중산계급과 노동자·빈민·범죄자로 파악하였다. 벤담이 노동계급을 빈민 및 범죄자와 동일시한 것은 아니지만, 아무튼 후자의 집단에 대하여만 벤담이 국가의 필요성을 인정했다는 파레크의 주장은 타당하다고 하겠다. 중산계급을 가장 유덕한 계급이라고 평가하고 그들을 진보와 문명의 담지자라고 보아 장래의 희망을 걸었던 벤담은 그들에게는 관리나 통제를 목적으로 하는 정부의 기구나 법률이 필요없다고 보았던 것이다.[22] 권위주의적인 엘베시우스의 법이론이, 영국에서 강력한 중산계급의 실재와 그들에 대한 벤담의 옹호로 말미암아 자유방임론으로 바뀐 것이다. 엘베시우스의 권위주의는 영국에서는 하층계급에 대한 정책에만 적용될 것이었다.

그렇다고 벤담의 중산계급이 아무런 규제 없이 사회생활을 영위하는 것은 아니다. 그들은 다른 사람의 서비스 및 선의가 필요하므로 좋은 사회적 평판을 얻는 것이 필수적인 입장에 있다. 벤담은 이러한 사회적 규제를 매우 긍정적으로 평가했다. 그의 동기분석에 의하면 "평판에 대한 사랑"은 공리의 원리와 일치하는 '자비' 다음으로 도덕적인 동기이다. 그는 또 사회적 제재(制裁)와 도덕적 제재를 동의어로 사용함으로써 사회적 평판을 도덕의 기준으로 간주하였다. 따라서 중산계급은 정치권력으로부터 자유로우나 사회로부터는 전혀 자유롭지 않다. 그들은 행동·의견 그리고 신조에서 서로 일치되도록 심각한 압력 아래 놓여 있는 것이다.[23] 따라서 벤담이 상정한 사회에서는 자유의 문제가 사회적 평판 혹은 여론으로부터의 자유의 문제라고 하겠는데, 이것이 바로 밀의 《자유론》의 주제이다. 여기에서도 밀은 벤담의 입장을 배격하였다. 벤담이 도덕의 기준이라고 본 사회적 평판을 밀은 개인의 자유에 대한 가장 심각한 위협으로 꼽았던 것이다.

4. 벤담의 정치사상

(1) 자연권 이론의 배격 : 《정부론 단편》

벤담은 초기에는 법률 특히 형법 개혁에 관심을 집중하였으므로 정치학 문제를 본격적으로 검토한 바는 없다. 다만 블랙스톤(W. Blackstone)의 《영국법주석》(*Commentaries upon the Laws of England*)을 비판한 《정부론 단편》에서 그의 법과 권리 및 주권에 대한 개념을 찾아볼 수 있다. 벤담은 영국 관습법에 대한 블랙스톤의 찬양에 대항하여 모든 법률의 판단기준은 최대다수의 최대행복이라는 공리의 원리여야 한다고 주장하였다. 그리고 그는 사회계약론과 자연법 및 자연권 이론을 배격하였다. 그는 흄(D. Hume)을 따라 사회계약론이 허구라고 지적하고, 사회관계는 사람들이 일인 혹은 일단의 사람들에게 복종의 습관을 지닐 때 성립한다고 정의했다. 이 정의는 정부의 기원 및 기반을 역사적 존속에 두고 있는 듯 보이지만 벤담은 복종이 공리의 원리에 입각한 것으로 파악한다. 즉 복종의 해악이 저항이 가져올 해악보다 클 경우에 사람들은 저항에 돌입하게 된다는 것이다.

자연법과 자연권은 두 부면에서 비판되었다. 첫째는 그 개념이 오류라는 것이다. 법과 권리는 정치권력에 의하여 성립되는 사회적인 것이기 때문이다. 그리고 그는 법을 제정하는 최고 통치자의 권력 즉 주권이 제한되지 않는다고 주장하였다. 둘째, 자연법과 자연권론은 혁명의 이론으로서 무정부상태를 초래하므로 배격되어야 한다는 것이다. 이렇게 벤담은 정치적 자유론의 기반이었던 전통적 이론들을 모두 거부하였다.

그렇다고 해서 이 시기에 벤담의 법률론 및 정부론이 체제 유지를 옹호한다고 말할 수는 없다. 그가 블랙스톤을 비판한 주안점은 법률 개혁을 저지한다는 데에 있었다. 또 그는 국민의 저항권을 인정하였다. 그러나 벤담은 프랑스혁명을 비난한 데에서 보는 바와 같이 민주주의적 혁명론자도 아니었다. 그는 자유국가를 지향했다고 볼 수 있는데, 그것은 전통적 자유국가론과는 달랐다. 그는 "자유국가와 전제국가의 구분은 주권자의 …… 권력의 크기에 있는 것이 아니다"라고 파악했다.[24] 그는 개인의 자유가 정부권력을 축소함으로써 확보될 수 있다는 전통적 견해를 거부한 것이다.

벤담은 1810년대에 민주주의자로 전향하여 참정권 확대를 주장하고 그와 관련된 정치적 문제들을 다루게 되었다. 이러한 전환의 계기는 당시의 지배 엘리트에 분노하게 된 경험에서 마련되었다. 즉 법률 개혁론자였던 벤담은 "권력자들은 ……(제안이) 좋다는 것을 알기만 하면 기꺼이 채택한다"고 확신하고 있었으나 그가 10여년 동안 추진했던

팬옵티콘의 설립이 좌절되자 권력자들이 "사악한 이익"을 추구하는 집단이라고 파악하게 된 것이다.[25]

(2) 정치 권력의 성격과 구조 : 《헌법전》

민주주의자인 후기 벤담의 정치사상은 1830년에 발행된 《헌법전》에 집대성되어 있다. 그는 자신의 정치사상을 ① 최대행복의 원리 ② 본인 우선의 원칙 ③ 이익 결합의 원칙 이렇게 세 원리로 요약하였다. 첫번째 원리는 정부의 당위적 목표이며 두번째 원리는 정부의 현실적 목표이므로, 필요한 것은 지배자의 이익을 일반이익과 일치시키는 세번째 원리이다. 세번째 원리를 구현할 제도가 민주주의적 선거제인데, 이는 국민이 지배자를 해고할 수 있게 함으로써 지배자를 국민에게 의존하게 만드는 방식이다. 벤담은 민주주의적 선거제의 구체적 내용으로서 비밀선거, 성인남자 선거권, 평등 선거구, 매년 선거를 꼽았다. 이는 당시 급진적 의회 개혁론자들의 요구인데 흥미로운 것은 그가 제한선거를 배격할 때 자유주의적 개혁가들의 논리였던 당위론을 폈다는 점이다. 즉 그는 가장 가난하고 무력한 사람의 행복도 가장 부유하고 강력한 자의 행복과 똑같이 존중되어야 한다고 선언하였다. 그러나 벤담은 선거권 확대만을 요구했던 자유주의자들과는 달리 국가의 구조와 기능을 논하였는데, 여기서 그는 중앙집권화, 관료제, 행정부의 기능과 기구의 확대 등을 제안함으로써 20세기 국가의 원형을 제공했다고 평가받는다.[26]

다양한 행정부의 기능을 나열하고 기묘하기까지한 관료 충원 방식을 제안한 벤담의 논의는[27] 확실히 이전의 팬옵티콘이나 자선회사를 연상시킨다. 그렇다면 《헌법전》은 벤담이 빈민과 죄수에게 적용했던 관리방식을 국가의 전 영역에 확대한 것인가? 이에 대하여 두 가지 반론을 제기할 수 있다. 첫째는 《헌법전》에서 통제하고자 한 대상은 정부 지배자라는 사실이다. 그들은 소수이며 사악한 이해를 지닐 수 있는 자들이므로 면밀한 통제가 필요한 것이다. 그리고 벤담이 제안한 정부의 기능은 확실히 확대된 것이지만 그 성격은 기본적으로 국민의 안전을 보장한다는 소극적인 것이다. 둘째로 반면 국민 또는 일반인은 지배자에 대하여 막대한 통제권을 가지면서도 그들 자신은 규제받지 않는다. 그들은 매년 선거와 소환제를 통하여 의원과 관리를 통제하는 위에 벤담이 "여론재판소"라고 명명한 장치를 통하여 지배자에게 '도덕적 제재'를 가한다. 벤담은 여론재판소를 가장 중요한 헌법기구의 하나로서 내세울 정도로 여론이 권력을 행사해야 한다고 믿었다. 반면 여론 형성자인 국민은 어떠한 규제도 받지 않는다.《헌법전》에서도 일반인에 대한 정부의 정책은 자유방임이다.

벤담은 여론이 다수자와 소수자의 의견으로 갈라질 수 있다는 점을 언급하지 않았는데, 이에 밀은 벤담이 다수의 전제의 위험성을 파악하지 못했다고 비판했다. 벤담도 이론적으로 최대 행복론을 전개할 때는 소수자의 이익이 희생될 수 있다는 것을 인식하여 최대다수의 최대행복보다는 최대행복을 목표로 정할 것을 제안하기도 하였다.[28] 그러나 벤담은 다수를 형성하는 일반인들을 기본적으로 비도덕적이거나 비이성적이라고 상정하지 않았다. 그들은 대체로 유덕한 중산계급이었던 것이다. 반면 다수의 전제에 대한 밀의 우려는 사회 구성원을 지적 엘리트와 다소간 무지한 다수로 구분했던 자신의 사회관의 산물이었다. 밀의 우려는 심각하여 그는 벤담과 자신의 부친(James Mill)이 역설한 보통선거제를 거부했다. 벤담이 공리주의와 민주주의를 결합했다면 밀은 전자를 수정하고 후자로부터 후퇴한 것이다.

5. 공리주의와 자유주의

공리주의적 사회 및 정치사상은 19세기의 주도적 이념인 자유주의와 어떤 관계에 있는가? 지배적인 견해는 양자가 동일하다는 것이다. 고전적인 《정치사상사》의 저자 세이빈은 초기 자유주의를 다루는 장에서 벤담과 제임스 밀의 '철학적 급진주의'를 분석하였다.《사회과학

백과사전》에서도 "영국의 공리주의자들이……고전적 자유주의를 완성했다"고 설명한다. 과연 그러한가? 공리주의적 사회 및 정치사상을 간략하게 자유주의와 조목조목 비교해보자.

첫째 양 사상의 철학적 기반과 기원에 차이가 있는가? 그들의 철학적 기반은 근대사상의 연원인 계몽사상이라고 볼 수 있다. 그들은 모두 세속적이고 인본주의적이며, 이성을 인간 구원의 열쇠로 간주했다. 공리주의와 자유주의의 기원으로서 그 창시자를 문제삼는다면 전자는 벤담이며 후자는 로크일 것이다. 그런데 벤담은 많은 점에서 로크의 후계자이다. 구체적으로 벤담의 심리적 쾌락주의의 기원은 로크의《오성론》이라고 지적된다.[29]

둘째, 공리주의와 자유주의의 중심 개념은 무엇인가? 공리주의의 목표는 감각적이고 물질적으로 규정된 행복의 최대화이며, 자유주의의 목표는 로크가 자연권으로 파악한 생명·자유·재산권의 확보이다. 로크의 자연권의 구체적 의미도 많은 부분 물질적인 것으로 해석된다. 그러나 자유주의는 그 명칭이 시사하는 대로, '개인의 자유'를 그 자체 제일의 가치로서 내세우며 좀더 철저한 개인주의에 입각해 있다. 반면 벤담은 최대행복을 구현하는 정부의 목표에 자유를 포함시키지 않았다. 공리주의는 공동체 전체의 행복을 목표로 하므로 그 전제에서 개인주의적 요소는 약하다고 볼 수 있다. 공동체의 최대행복을 위한 벤담의 쾌락주의적 계산에 의거한다면, 예를 들어, 아기의 쾌락은 어른의 쾌락과 같은 비중을 요구할 수 없게 된다.[30] 즉 인간이 인간이라는 사실만으로 존엄성을 갖는다는 명제는 자유주의에서는 본질적이라고 주장될 수 있지만 공리주의에서는 부정될 수 있는 것이다.

셋째, 이러한 목표의 차이는 수단에서도 차이를 빚어낸다. 자유주의는 개인의 활동을 존중함으로써 정부의 자유방임정책을 요구하였다. 여기에는 개인의 활동이 사회에서 조화를 이루어 상호 유익한 결과를 빚어낸다는 믿음이 수반되었다. 한편 공리주의에서 최대행복의 이념은 기본적으로는 정부의 적극적인 개입과 조정을 요청한다고 볼 수 있다.

그러나 공리주의는 또한 최대행복이 정부의 자유방임정책과 개인활동에 의하여 달성된다고 믿어질 때 언제든지 자유방임정책을 옹호할 수 있다. 번영하는 중산계급의 나라 영국에서 벤담의 경제적 자유방임주의는 바로 이러한 성격의 것이다.

넷째, 양 사상은 중산계급을 사회의 주도세력으로서 설정한 점에서 일치한다. 공리주의와 자유주의는 모두 중산계급의 가치와 욕구를 반영하였다. 그러나 중산계급의 하층계급에 대한 태도는 양 사상에서 다르게 나타날 수 있다. 즉 자유주의는 '개인의 자유'에 입각하여 하층계급에 대하여도 자유방임론을 적용하는 반면 공리주의에서는 공동체의 최대행복을 위하여 하층계급을 효율적으로 관리할 것을 주장할 수 있다. 전체적으로 공리주의는 자유주의에 비하여 사회문제로서 제기된 —주로 하층민과 관련된— 문제에 대하여 정부가 개입하는 데에 필요한 논리를 제공해 준다고 하겠다.

IV. 벤담 사상의 영향과 공리주의의 효용

1. 벤담 사상의 영향

이론면에서 벤담 사상의 영향 문제는 공리주의론의 계승 발전에 관한 것이다. 벤담의 윤리론을 좀더 개인윤리의 방향으로 발전시키려는 기도가 19세기에 밀과 시지윅(H. Sidgwick)에 의하여 이루어졌다. 20세기에 와서도 공리주의는 "가장 사랑받지는 못 했을지라도 분명히 가장 많이 검토되는" 윤리론이다. 또한 벤담의 사상은 20세기의 후생경제학의 기원이라고 지적된다. 소비자의 만족도로서 정의되는 효용의 극대화를 목표로 하고 효용의 산정을 시도하는 점에서 후생경제학은 벤담의 쾌락설의 후계자이다.[31]

역사가들은 벤담이 19세기의 영국에 끼친 영향에 관심을 갖는데, 이에 관하여는 19세기에 이미 "법률 개혁의 시기와 벤담의 시기는 일치한다"는 평가가 내려진 바였다.[32] 그리고 자유주의 역사가 트레빌리언 (G. M. Trevelyan)은 벤담 사상의 영향력이 "펜이 칼보다 강하다"는 격언을 입증하는 최적의 예로 생각하였다.[33] 이 문제에 좀더 실증적으로 접근하면 벤담이 제안한 구체적 제도가 얼마나 실현되었는가가 초점이 된다. 벤담의 법률 개혁안은 그 성과가 상당하다고 평가된다. 구체적으로 형법의 완화, 주 법원의 설치, 증거주의 절차의 합리화, 그리고 사법부에서 요금 대신 급여제가 채택된 것 등이 열거된다.[34] 근래에 벤담 사상의 영향에 관한 논쟁은 벤담이 특히 《헌법전》에서 피력한 사상이 복지국가의 형성에 기여했는가를 둘러싼 것이다. 19세기 중기에 실시된 중앙정부 간섭의 구체적 예—신구빈법(1834), 교육위원제(1839), 철도국(1842), 보건국(1848), 공장과 감옥 및 광산에 대한 감독관제(1833, 1835, 1842), 정신병자 관리위원제(1845)—에서, 첫째 벤담의 제안과의 유사성 여부와 둘째 벤담파 혹은 공리주의자 혹은 철학적 급진주의자로 불리던 사람들의 역할이 문제인 것이다. 이렇게 논쟁이 실증적이 될수록 벤담 사상의 역할을 긍정하는 주장에 비하여 부정론이 유리한 듯하다. 왜냐하면 각 제도들은 상황의 제약 때문에 다소간 변형되기 마련이므로, 벤담 사상의 역할을 부정하는 학자들은 으레 벤담의 제안과 실제 제도 사이에 차이를 지적할 수 있기 때문이다. 이에 대하여 벤담 사상의 역할을 긍정하는 학자들은 부분적으로는, 제도의 형성이 반드시 특정한 사상에 기반하기 마련이라는 사상사가의 기본입장을 강조함으로써 대응하였다.[35]

그러나 벤담의 사상과 19세기 영국의 행정개혁 사이에 직접적인 인과관계를 수립하지는 못할지라도 특히 《헌법전》의 제안들이 19세기 이래 현대국가의 발전과 그 방향이 일치한다는 점은 사실이다. 보통·비밀선거로 선출하는 입법부와, 전문적 관료가 확대된, 그러나 여전히 일정한 한계 내에서의 기능을 수행하는 행정부는 현대국가의 기본 모습이다. 이러한 일치는 사상가로서 벤담의 작지 않은 업적으로서 꼽을 만하다.

2. 공리주의의 효용

공리주의는 역사적으로 어떤 효용을 지녔으며 앞으로도 어떤 효용을 지닐 것인가? 공리주의의 역사적 효용은 자연권 이론과의 관계에서 파악될 수 있다. 자연권 이론은 국가의 본질과 기원 그리고 기본적 헌정체제에 관한 이론이므로, 국가가 구체적으로 어떠한 제도에 의거하여 어떠한 방향의 정책을 펴나가야 할 것인가에 관하여 지침을 제공할 수 없었다. 그것은 기껏해야 제한적인 정부의 자유방임정책을 시사할 뿐이다. 여기에 공리주의의 효용이 존재한다. 즉 공리주의는 자연권 이론이 전제한 개인과 국가의 관계를 계승하여, 그러한 국가가 좀더 구체적으로 어떤 정책을 수행할 것인가에 관하여 이론을 제공한 것이다. 공리주의가 당시 자연권 이론에 비교적 합치하는 정체를 수립한 영국에서 발달하였다는 사실이 이러한 평가를 뒷받침한다.

영국에서 공리주의의 융성은 또한 당시 영국사회의 구조와 관련이 있다. 벤담 사상이 19세기 영국에서 커다란 영향력을 행사할 수 있었던 것은 그것이 중산계급의 가치와 열망을 표현하였기 때문이었다. 앞에서 본 대로 벤담은 인간이 본성 그대로 행복을 누릴 자격이 있다고 전제하였는데, 벤담에게 인간의 전형은 부르주아지이며 그들에게 장래의 희망을 걸었던 만큼 그의 정책론이 부르주아지의 가치와 요구를 반영할 수밖에 없었던 것이다. 마르크스는 벤담을 "부르주아 우둔성에서의 천재"라고 부름으로써 이 사실을 지적했다.[36] 프랑스의 공리주의는 권위주의적인 성격이었으나, 영국에서는 하층계급에 대한 정책 제안에서만 그러한 성격일 뿐 대체로 자유방임론으로 변화한 사실은 영국에서 부르주아지가 강성하였음을 입증한다.

공동체의 최대행복을 목표로 하는 공리주의는 기본적으로 기존제도에 대하여 혁명적이지는 않을지라도 상당히 개혁적인 입장을 견지한다. 벤담은 자신과 흄의 차이가 흄은 공리의 원리로써 현상을 설명하는 데 그쳤지만, 자신은 무엇을 해야 할 것인가를 제시한 데에 있다고 밝혔다.[37] 벤담의 이러한 입장은 철학의 과제가 단순히 세계를 해석하는 것이 아니라 세계를 변혁하는 데에 있다는 마르크스의 언명과 상통한다. 벤담의 《정부론 단편》에서 보는 것처럼 공리의 원리는 기존제도를 개혁하는 원리이다.

> 다음 (사실)은 매우 확실하다. 비판되지 않는 체제는 결코 개선되지 않는다는 것. 잘못된 것이 아무것도 발견되지 않으면 아무것도 고쳐지지 않는다는 것. 모든 것을 어떤 식으로든 정당화하고 아무것도 비난하지 않는 해법을 앞으로 계속 채택한다면, 그것은 우리가 희망할 수 있는 모든 여분의 행복에 대한 효과적인 장벽으로 서 있을 것이다. 그리고 이제까지 그 해법을 선택했다면 우리가 이미 누렸던 행복의 그 부분을 빼앗아가 버렸을 것이다.[38]

여기서 벤담은 행복의 증진이 기존제도의 비판과 개혁에 의하여 이루어진다고 명시하고 있다. 그런데 공리주의에서 개혁의 방향은 부르주아지가 지시한다.

그렇다면 공리주의의 효용은 많은 부분 부르주아지의 가치가 계속 지배적인 권력을 행사하느냐의 여부에 달려 있다고 하겠다. 이러한 관점에서 보면, 현대국가가 부르주아지 중심의 체제를 유지하는 한 공리주의는 현대국가를 운영하는 데 있어서 가장 유용한 지침으로 남을 수 있다. 물론 이러한 평가는, 자신의 《헌법전》이 1000년 뒤인 2825년까지는 세계의 모든 국가에서 실행되리라는 벤담의 장담과는[39] 커다란 격차가 있지만 말이다.

주

1) 공리주의 사상의 개관을 위해서는 J. O. Urmson, "Utilitarianism ; the Philosophy", *International Encyclopedia of the Social Sciences,* vol. 16(New York,

1974), pp. 224~229 참조.

2) J. Bentham, *An Introduction to the Principles of Morals and Legislation*(1789, Hafner, 1948). 벤담의 저작은 J. Bowring ed., *The Works of Jeremy Bentham*, 11 vols.(Edinburgh, 1843)으로 편찬되었는데, 편집상의 문제점과 수록되지 못한 많은 원고 때문에 총 40여 권 예정으로 새 전집이 현재 발간 중이다. 《도덕과 입법의 원리 서설》의 번역본으로는 《벤담 ; J. S. 밀》, 세계사상대전집 24(양우당, 1994)와 《벤담 ; 밀》, 세계의 대사상 9(휘문출판사, 1983)이 있다. J. S. Mill, "Bentham", B. Parekh ed., *Jeremy Bentham ; Critical Assessments*(Routledge, 1993), vol. 1, pp. 142~175에 수록됨 : J. S. Mill, "Utilitarianism", *Utili-tarianism, Liberty, and Representative Government*(Everyman's Library, no. 482, 1910). 번역본은 〈공리주의론〉, 《벤담 ; J. S. 밀》(양우당, 1994)이 있다.

3) Urmson, 앞의 글.

4) 이 부분은 B. Parekh, "Introduction : Bentham's Moral Vision", B. Parekh ed., *Jeremy Bentham : Critical Assessments*(Routledge, 1993), v. 1, xvii~lii 에 의거하였다.

5) J. S. Mill, "Utilitarianism".

6) R. Barrow, "What is Happiness?", *Utilitarianism ; A Contemporary Statement*(Edward Elgar, 1991)에서 재인용.

7) 쾌락주의에 관하여는 R. B. Brandt, "Hedonism", *Encyclopedia of Philosophy*(N. Y., 1967), v. 2, pp. 432~435 참조.

8) Bentham, *An Introduction to the Principles of Morals and Legislation*(1789, Hafner, 1948), pp. 187~188.

9) 같은 책, pp. 29~32, 43~69. 벤담의 쾌락 계산을 분석한 논문으로 W. C. Mitchell, "Bentham's Felicific Calculus", B. Parekh ed., *Jeremy Bentham ; Ten Critical Essays*(Frank Cass, 1974)가 있다.

10) T. Carlyle, *Edinburgh Review*, v. 46, p. 348, v. 49, pp. 447~452 : J. Dinwiddy, *Bentham*(Oxford Univ. 1989), p. 36에서 재인용.

11) J. S. Mill, "Bentham". 밀의 부친 제임스 밀은 벤담의 사상적 가르침뿐 아니라 경제적 후원을 받았다. 밀의 비판은 따라서 일부 사람에게는 배은망덕으로 비쳤다.

12) J. S. Mill, "Utilitarianism". 밀의 공리주의의 성격에 관하여는 Urmson, 앞의 글 참조.

13) 홉스와 로크의 정치사상에 관하여는 G. H. Sabine & T. L. Thorson, *A History of Political Theory*(Holt-Saunders, 1937, 1973)을 참조하였다. 번역본으로 《정치사상사》(한길사, 1983)가 있다 : T. Parsons, "Utilitarianism ; Sociological Thought", *International Encyclopedia of the Social Sciences*, v. 16, pp. 229~236.

14) 엘베시우스에 관하여는 Sabine의 위의 책을 참조하였다.

15) 최대다수의 최대행복이라는 용어는 F. Hutcheson이 만들어냈는데 벤담은 J. Priestley의 *Essay on the First Principles of Government*(1768)에서 발견하였다. Urmson, 앞의 글.

16) *Principles of the Civil Code*, in *The Works of Jeremy Bentham*, v. 1, pp. 297~364. 벤담의 평등론에 관한 연구로는 B. Parekh, "Bentham's Theory of Equality", *Jeremy Bentham : Critical Assessments*, v. 3, pp. 645~663이 있다.

17) 벤담은 경제에 관하여도 많은 저술을 남겨 그 일부를 편집한 것이 *Jeremy Bentham's Economic Writings*, W. Stark ed., 3 vols(London, 1952~1954)이다. "Manual of Political Economy"는 vol. 1, pp. 219~268에 있다. 벤담은 고전경제학 특히 리카도의 경제학에 동조하였다. 실제로 벤담은 자신이 제임스 밀을 통하여 리카도로 이어지는 계보에서 조부의 위치에 있다고 말하였다. 이론적으로도 고전경제학의 인간관, 사회적 조화론 및 자유방임적 경제정책 제안 등은 벤담의 입장과 동일하다. 다만 벤담의 경제연구는 경제과학을 지향한 것이 아니라 경제정책에 대한 시사를 얻고자 한 실용적인 것이었다.

18) *Panopticon : or the Inspection House*, in *The Works of Jeremy Bentham*, v. 4, pp. 37~172.

19) *Tracts on Poor Laws and Pauper Management ; Observations on the Poor Bill*, in *The Works of Jeremy Bentham*, v. 8, pp. 358~461. 이 주제에 관하여는 Dinwiddy, *op. cit.*, pp. 91~96을 참조하였다.

20) E. Halevy, *The Growth of Philosophic Radicalism*(1904, Beacon, 1960), M. Morris trans., pp. 479~514.

21) Dinwiddy, *op. cit.*, p. 96.

22) Parekh, "Introduction", *Jeremy Bentham : Ten Critical Essays*, ⅹⅹⅳ~ⅹⅹⅴ.

23) 같은 글, ⅹⅶ~ⅹⅷ. 벤담이 동기 및 제재(制裁)에 관하여 논한 부분은 *An Introduction to the Principles of Morals and Legislation*, pp. 24~28, 97~130이다.

24) Bentham, *A Fragment on Government*(1776, Oxford Univ., 1891).

25) 벤담이 민주주의자로 전환한 계기에 관하여는 Dinwiddy, *op. cit.*, pp. 7~14 참조.

26) *Constitutional Code*, in *The Works of Jeremy Bentham*, v. 9, pp. 1~662. 《헌법전》을 분석한 논문으로는 T. P. Peardon, "Bentham's Ideal Republic", *Jeremy Bentham : Critical Assessments*, v. 2, pp. 621~644가 있다.

27) 벤담이 제안한 새로운 행정부서는 방재(防災)·보건·교통·구빈(救貧)·교육 등이다. 관료의 자격으로는 공개시험에 합격한 전문가일 것이 요구되지만 그들의 보수체계는 낙찰제로서 보수를 받는 것이 아니라 돈을 제일 많이 기부하는 사람이 채용 우선권을 갖는다.

28) 벤담 사상에서 다수의 전제의 위험성에 관하여는 Dinwiddy, *op. cit.*, pp. 84~

86 참조.
29) Sabine, *op. cit.*, pp. 489~490.
30) 이러한 논리로 벤담은 영아 살해를 살인으로 간주하는 형법을 비판하고, 특히 미혼모의 영아 살해에 대한 처벌을 완화할 것을 주장했다. Dinwiddy, *op. cit.*, p. 112. Parekh는 벤담의 쾌락계산에 의거하면 영아보다 감각적으로 더 예민한 동물의 쾌락이 중시될 수 있다는 점을 지적한다. Parekh, "Introduction ; Bentham's Moral Vision."
31) 이 부분은 Dinwiddy, *op. cit.*, pp. 120~121에 의거하였다.
32) *Speeches of Henry, Lord Brougham upon Questions relating to Public Rights, Duties and Interests*(Edinburgh, 1838), II, p. 287 : S. E. Finer, "The Transmission of Benthamite Ideas 1820~50", *Jeremy Bentham : Critical Assessments,* v. 1, p. 476에서 재인용.
33) G. M. Trevelyan, *Britain in the Nineteenth Century*(London, 1937), p. 181 : D. Roberts, "Jeremy Bentham and the Victorian Administrative State", *Jeremy Bentham : Critical Assessments*, v. 3, p. 881에서 재인용.
34) Dinwiddy, *op. cit.*, p. 117.
35) 이 논쟁에 관하여는 이태숙, 〈19세기 영국의 정치개혁에 있어서 벤담 사상의 역할에 관한 논의〉, 《서양사론》 19(1978), pp. 37~63 참조.
36) K. Marx, "Bentham", *Jeremy Bentham : Critical Assessments*, v. 1, pp. 386~390. 벤담에 대한 마르크스의 평가에 관하여는 Dinwiddy, *op. cit.*, pp. 115~116 참조.
37) Dinwiddy, *op. cit.*, pp. 38~39에서 재인용.
38) Bentham, *A Fragment on Government*, p. 101.
39) Dinwiddy, *op. cit.*, p. 122에서 재인용.

자본주의
Capitalism

길 인 성

I. 자본주의의 여러 개념

오늘날 자본주의는 크게 두 가지 개념으로 사용되고 있다. 역사적으로 실재한 특정 경제체제나 발전단계로 이해하는 자본주의가 그 본래의 의미라면, 이러한 경제체제의 구현을 추구하는 사상이라는 의미도 병존하고 있는 것이다. 사실 자본주의란 표현은 많은 학자들이 사용을 기피하는 대상이다. 심지어는 다음과 같은 극단적인 배제론도 존재한다.

> 여러 이즘들 가운데 자본주의는 가장 말썽이 많은 개념이다. 이 단어는 불행하게도 가지각색의 의미와 정의로 사용되었기 때문에 모든 학자들의 사용에서 추방되어야 한다."[1]

그러나 대부분의 학자들은 이러한 문제점을 인식하면서도 자본주의란 용어를 사용해왔고 그 이유는 아마도 이것을 대체할 만한 적절한 표현들을 찾기 어렵기 때문일 것이다. 그렇다면 우리는 우선 경제체제로 파악하는 자본주의가 어떠한 의미로 사용되어 왔는가를 확인한 후, 그에 따라 자본주의사상의 형성과 변화를 살펴보아야 할 것이다.

경제학의 전통에서 파악하는 자본주의 경제란 생산요소가 사유화되고 생산을 위한 자원의 배분 그리고 소득의 분배가 시장에서 이루어지는 경제를 지칭한다. 시장에서 이루어진다는 것의 좀더 구체적인 의미는 시장가격에 기초하여 계약이 발생하고 교환이 성립하는 것이다. 시장에서 이루어지는 교환행위는 무엇보다도 개인의 합리적인 계산에 기초한 사리(私利) 추구의 결과이다. 이러한 의미에서 자본주의는 자유시장경제 혹은 시장경제와 대등한 개념으로 통용된다. 시장경제로 이해하는 자본주의와 대칭되는 개념은 두 가지가 있을 수 있다. 시장이 발생하기 이전의 자급자족적인 자연경제가 그 하나이며, 다른 하나는 사유재산권이 폐지되고 시장을 중앙정부의 계획으로 대체한 사회주의경제이다.

시장경제의 본격적인 출발은 18세기 후반의 산업혁명에서 비롯되었다는 견해가 일반적이다. 산업혁명은 공장제에 기초한 대량생산이 경제 전반에 파급됨으로써 인구의 증가와 도시화, 재래산업의 쇠퇴와 임금노동자 계층의 확대, 그리고 시장의 팽창에 따른 경쟁의 심화 등 광범위한 경제적 사회적 변화의 과정이었다. 따라서 혹자는 자본주의를 19세기 이후의 근대산업사회와 동일한 것으로 정의하기도 한다. 그러나 사유재산권에 기초한 시장거래를 자본주의의 핵심 요소로 파악한다면 산업혁명 이전 시기에도 상당 기간 자본주의적 발전을 관찰할 수 있다. 고대 로마시대에도 시장경제가 사유재산권을 기초로 번성하고 있었고, 중세 이후 서유럽 경제의 팽창도 국지적 상업과 해외시장의 확대와 밀접한 연관을 가지며 진행되었던 것이다. 이러한 문제를 감안한다면 어느 시기에 자본주의가 성립되었는가라는 질문보다는 자본주의적 요소가 어느 정도 존재했는가라는 질문을 제기하는 것이 바람직할 것이다.

통념에 반하여, 마르크스의 저술에서는 자본주의라는 용어가 등장하지 않는다. 대신 그는 자본주의적 생산양식이라는 개념을 사용하였다. 자본주의적 생산양식은 생산력의 측면에서는 생산과정에 자본 투입이 현저하게 증가하고, 생산관계에서는 자본가 계급에 의한 자본의 집중적 소유, 그리고 노동자 계급의 형성과 노동력의 자유거래라는 특징을 기

초로 한 것이었다. 이와 같은 새로운 생산양식은 18세기 이후의 공업화
된 경제에서 발생한 현상이었으며, 그 이전 수세기에 걸친 자본의 본원
적 축적은 이를 위한 준비과정이었다. 마르크스의 자본주의 발생에 관
한 해석에서 우리가 주목해야 할 점은 상업의 발전 즉 시장의 팽창이
자동적으로 자본주의 이행을 초래한 것은 아니라는 점이다. 마르크스의
말을 빌리면 "상인이 생산을 직접 장악하는 것"은 "그 자체로서는 낡은
생산양식(봉건제)을 타도할 수 없고", 오히려 그것을 보호하고 유지한다
고 주장하여 상업화의 질적인 차이를 강조하고 있음을 알 수 있다.[2]

    자본주의라는 표현이 학문적으로 널리 사용되는 계기는 좀바르트
(Werner Sombart)의 《근대자본주의》(*Der Moderne Kapitalismus*)가 제공
했다. 마르크스의 영향을 크게 받은 좀바르트에 의하면 경제체제는 세
가지 요인에 의해서 결정된다. 정신(spirit), 조직, 기술이 그것이며 이
가운데서도 정신이 가장 강조되는 요인이다. 자본주의의 정신은 최대
이윤을 추구하는 정신이며 이윤 추구는 생산활동의 가장 중요한 원리
이다. 자본주의 경제에서는 자본의 축적과 이를 통한 대규모 생산조직
이 발생하며 기술 역시 재래의 수공업과는 구별되어야 한다. 즉 이윤을
위해 변화와 혁신을 수용하는 합리성을 지닌 기술이어야 한다고 주장
하였다. 이러한 기준에 의하여 좀바르트는 서구 중세의 경제는 자본주
의 이전의 단계였고, 중세 말부터 종교의 제약에서 벗어난 자본주의적
경제활동이 발생하고 있었다고 주장하였다.[3]

    다음으로 20세기의 대표적 역사가인 브로델(Fernand Braudel)의 견해를
살펴보자. 브로델은 그의 《물질문명과 자본주의》(*Civilization matérielle,
économie et capitalisme*)에서 경제를 물질문명과 시장경제 그리고 자본
주의의 세 가지로 구성된 위계조직이라고 파악하였다. 이러한 구분 특
히 시장경제와 자본주의의 영역을 차별화하는 시각은 매우 흥미롭고
독특한 것임은 분명하다. 브로델에 의하면 시장경제는 "농업활동, 노
점, 수공업작업장, 상점, 증권거래소, 은행, 정기시장, 그리고 물론 시장
에 연결된 생산과 교환의 메커니즘들을 뜻한다."[4] 반면 자본주의라는

"상층의 영역은 차라리 계산과 투기의 영역이다."[5] 즉 일상적인 생산과 교환의 시장이 아니라 투기에 의한 거대 이윤이 발생할 수 있는, 예를 들면 16세기의 환업무와 같은, 특정 영역이었다. 하지만 브로델의 개념으로 19세기 이후의 자본주의의 성격을 설명할 수 있을까. 19세기 이후의 자본 축적이 투기와 예외적인 독점 이윤의 결과인가. 이러한 의문에 홉스봄(E. Hobsbawm)은 적절한 대답을 제공한 바가 있다. 즉 자본주의에서 이윤 추구는 대량생산에 기초한 총이윤의 극대화가 본질이며, 이것은 개별거래에서 이윤을 최대화하는 봉건제적 원리와 뚜렷하게 구분된다는 것이다.[6]

경제체제(혹은 그 일부분)로 파악하는 자본주의는 이와 같이 다양하게 인식되어 왔다. 그렇다면 어떤 개념을 기초로 자본주의 사상을 이해하는 것이 적절할 것인가. 자본주의의 핵심은 시장인가 계급인가 혹은 자본주의 정신에 있는가? 그 선택의 기준은 무엇보다도 오늘날의 자본주의 경제와 사상의 특질을 잘 설명할 수 있는 것에 맞추어지는 것이 바람직할 것이다. 이 기준에서 본다면 자본주의를 시장경제로 보는 것이 타당하다. 시장에 의한 자원 배분의 존재 여부가 20세기에 자본주의와 사회주의를 구분해 온 가장 중요한 특성이며, 또 자본주의 경제들 사이의 차이점을 설명하는 데에도 유용한 개념이기 때문이다. 시장 거래에 반대되는 자원 배분의 방식은 정부의 개입 혹은 계획에 의한 것이다. 중상주의 이후 서유럽의 국가들에서는 시장에 대한 정부의 개입 정도와 방법에 대하여 사상적 논쟁과 정책적 대립이 전개되어 왔다. 중상주의에 대한 아담 스미스(Adam Smith)와 중농주의자들의 비판, 스미스의 전통을 계승하는 영국의 자유방임(laissez-faire) 사상과 이에 대한 개입주의, 그리고 20세기의 케인즈주의(Keynesianism)와 자유주의의 대립이 그 대표적인 것이다. 결국 이 글은 이들 시장 대 정부 개입을 둘러싼 사상 대립의 역사적 변천을 중심으로 전개될 것이다.

Ⅱ. 중상주의와 자본주의

1. 중상주의 시대의 시장과 규제

중상주의(mercantilism) 연구의 대가인 헥셔(Eli F. Heckscher)는 중세사회를 보편주의와 특수성의 '기묘한 혼합체'라고 말한 바 있다.[7] 이때 보편주의란 물론 기독교사상과 이에서 파생된 제도들이고, 특수성이란 국민국가가 등장하기 이전 각 도시와 지역에 분산되어 있었던 정치권력과 경제적 분열을 지적한 것이었다. 중세사회의 특수성은 근대전기 국민국가의 등장으로 해소되어 간다. 이때 이들이 국가의 통합, 국력을 위해 추진한 경제정책과, 그 기반이 되었던 경제사상을 우리는 중상주의라고 칭한다.[8]

중상주의는 반자본주의적 사상이었는가. 중상주의 정책은 시장의 확대와 자본의 축적에 어떠한 영향을 끼치고 있었는가. 스미스가 파악하는 중상체제의 본질은 두 가지였다. 국부가 금·은으로 주조된 화폐량에 기초한다는 것과, 화폐의 증가를 위해 구축한 보호무역체제가 그것이다. 이러한 견해에 반영된 중상체제는 분명 반(反)시장적이며 특정집단의 독점적 이익에 봉사하는 폐쇄적인 규제 조치일 뿐이었다. 특히 19세기의 자유주의 경제사상과 비교하면 중상주의 경제정책의 반시장적 성격은 부인할 수 없는 사실이다.

중상주의를 하나의 사상체계로 자리잡게 한 것은 아이러니컬하게도 스미스였다고 할 수 있다. 스미스는 《국부론》(*The Wealth of Nations*)에서 당시 영국과 그 주변국가들의 보호주의정책을 '중상체제(the commercial or mercantile system)'라고 칭하며 그에 대한 통렬한 비판을 가하였는데, 이를 계기로 그다지 체계적이지 못했던 여러 사상적 흐름들이 하나로 묶여질 수 있었기 때문이다. 중상주의적 사고에는 실로 여러 흐름과 변화가 존재하고 있었다. 따라서 오늘날 중상주의를 바라보는 시각이 서로 충돌하고 있는 것은 오히려 당연하다고 할 것이다. 이 다양한 시각에서 특히 주목해야 할 점은 중상주의의 존재 여부에 관한 문제이다.

스미스 이후의 전통적인 인식은 사상과 경제정책의 양자로 구성된 중상주의가 실재하였다는 것이다. 그러나 근대 전기 유럽에서 중상주의라 불릴 수 있는 체계적이고 공통적인 '이즘'은 존재하지 않았다는 비판도 제기된 바 있다. 중상주의란 역사상 실재하지 않은 허구에 불과하며, 스미스와 프랑스의 중농주의자들이 자신들 이론의 정당성을 주장하기 위하여 가상의 공격대상을 만들고 그것을 중상체제라고 명명하였다는 것이다. 이러한 비판은 근대전기의 무역과 산업에 대한 규제가 무역수지의 흑자가 아니라 궁극적으로는 기득권의 보호와 왕실의 재정수입을 증가시키는 데 봉사하였다는 것을 환기시키고 있으며, 이 점은 스미스도 명백히 언급하고 있다. 경제정책은 왕실의 경제적 필요성에 따라 그때그때 자의적으로 집행되었을 뿐만 아니라, 각국은 그 지배계층의 경제적 이해관계에 따라 상이한 보호와 규제조치들을 만들어왔던 것이었다. 나아가 스미스 이후 고전학파 경제학자들이 중상주의 문제에 관심을 보이지 않았다는 사실도 그 실체에 대한 의문을 더하게 만드는 요인이라고 할 수 있다.[9]

이 같은 견해가 상당한 설득력을 갖는 것은 사실이나, 중상주의 전체를 부정하는 것은 아직은 소수의 의견이다. 이에 대한 대안으로서 현실정책으로서 중상주의라는 일관된 체계는 존재하지 않았으나 경제사상으로서의 큰 추세가 존재한 것은 사실이라는 절충적 견해도 제시되고 있다.[10] 그렇다면 사고체계로서의 중상주의는 무엇이었으며 그것은 자본주의적 발전에 얼마나 친화적이었는가. 중상주의자들의 경제관은 대외교역에 관한 것과 국내경제에 관한 것으로 나누어서 보는 것이 필요하다. 이것은 편의상의 필요뿐이 아니라 양 부문에 관한 사고가 상당한 차이를 보이기 때문이다.

우선 대외교역은 중상주의의 규제 논리가 가장 강하게 관철된 분야였다. 재화의 거래뿐만 아니라, 해운업과 같은 서비스 분야에도 자국의 흑자를 관철시키려는 통제가 행해졌고 또 특정지역과의 교역권이 일부 상인들에게 독점적으로 제공되는 것은 일반적 현상이었다. 상품교역에 있어서 수출은 완제품·공산품의 형태로 구성되어야 하며 국내생산의 원료가 경쟁국에 수출되는 것은 적극적으로 억제되었다. 그러나 간과해서는 안 될 점은 중상주의 시대의 보호무역에도 상이한 사고체계가 존재하였다는 사실이다. 16세기 그리고 17세기 초까지 영국의 무역규제를 관할하였던 이론은 중금주의(bullionism)였다. 이때 중금주의의 의미는 개개의 무역거래에 항상 흑자를 추구하는 거래차액의 사상이며, 수입은 그 최종 목적과 관계없이 배척의 대상이었다. 이에 대하여 토마스 먼(Thomas Mun)과 미셀든(Edward Misselden) 등에 의하여 구체화된 무역차액주의(balance-of-trade doctrine) 즉 좁은 의미의 중상주의는 17세기 전반에 나타난 경제사상의 일대 혁신이었다. 무역차액주의를 비유적으로 표현한 토마스 먼의 유명한 구절을 음미해보자.

> 만약 우리가 파종기에 농부가 많은 양질의 곡물을 땅에 던지는 행동만을 본다면, 우리는 그를 농부라기보다는 미친 사람으로 생각할 것이다. 그러나 우리가 그의 노력의 결실인 수확에서 그의 노력을 고려할 때 우리는 그의 행동의 가치와 풍부한 결실을 발견할 것이다.[11]

이때 파종의 행위는 바로 외국으로부터의 수입을 의미하는 것이고, 농부의 수확은 수입품의 중개무역을 통하여 좀더 많은 금·은을 획득하는 현상을 비유한 것이었다. 즉 수출을 위한 수입은 장려되어야 하며 이는 곧 무역의 규제가 개별거래에 대한 것에서 벗어나 무역수지의 흑자를 추구하는 방식으로 전환되어야 함을 설파한 것이었다. 먼의 이러한 주장은 자신이 관여하고 있던 동인도회사가 상품 수입으로 과다한 정화를 유출시키고 그것이 경기침체를 가져온다는 비난에 대한 논리적인 대응이었고, 무역차액주의는 실제로 17세기 후반 이후 영국 무역정책의 기조로 등장하고 있었다.

무역차액주의를 강조하는 이유는 이것이 규제와 시장이라는 중상주

의의 양면성을 가장 잘 보여주는 예이기 때문이다. 중상주의자들이 금·
은에 대한 집착을 버리지 않았고 또 무역수지의 흑자를 위하여 규제를
옹호하는 입장을 취한 것은 사실이다. 그러나 17세기에 이르러서 상당
수는 정부의 직접적인 통제방식에 반대하는 입장을 취하였고 특히 그
대표적 인물이었던 토마스 먼은 '17세기의 자유무역주의자'라는 평가까
지 받고 있는 것이다.

대외교역에서 흑자에 대한 집착 그리고 이를 위한 정부 규제가 매
우 보편적이었다고 한다면, 국내 경제정책의 영역은 국가에 따라 상당
한 차이를 보이고 있었다. 가장 큰 이유는 각국이 처했던 정치적 상황
과 경제적 특성이 상이했기 때문이었다. 국내정책에서 가장 중상주의
적 전형을 보여주는 것은 콜베르티즘(Colbertism)이라고 하는 프랑스의
중상주의정책이었다. 중앙정부의 단일한 기준에 따른 산업통제는 길드
제를 오히려 강화시켰고, 특정 상품의 생산에는 정부의 지원과 독점에
의한 매뉴팩처가 번성하고 있었다. 또한 국내 경제의 통합을 강화시키
기 위하여 국내 관세와 통행세의 제거를 위한 노력과 도로의 건설이
경주되었다. 이 모든 노력들은 한편으로는 자급자족을 통한 국력 증강
을 위한 것이었고, 이면에는 왕실 재정의 강화라는 좀더 현실적인 목
표를 가지고 있었다. 꼴베르티즘의 문제는 물론 지나친 통제였다. 심지
어는 옷감의 실올 숫자까지 중앙에서 통제하고 위반할 때는 중죄로 다
스리는 억압적 성격이었던 것이다.

17~18세기 영국의 국내 경제정책은 프랑스와 현격한 대비를 보이
고 있었다. 상공업에 대한 통제가 크게 사라지고 시장거래의 자유가
확보되었던 것이다. 프랑스와의 차이는 법률적인 것이라기보다는 주로
그 운영의 차이에서 비롯되는 것이었고, 이 시대의 영국 사상가들은
적어도 국내 경제문제에 있어서는 자유주의적인 성향을 강하게 보이고
있었다. 특히 로크(John Locke)와 노스(Dudley North) 그리고 사리 추구
가 공공의 이익을 가져온다는 주장으로 알려진 맨드빌(Bernard
Mandeville) 등이 그 대표적 인물이었다. 영국에서도 1563년 발포된 노

동자조례(Statute of Artificers)와 같은 국내 산업과 노동력에 관한 통제
장치가 존재하였고, 엘리자베스 시대에 제정된 구빈법(Poor Law)도 빈
민 구호와 더불어 노동력 이동에 대한 억제기능을 가지고 있었다. 그
러나 많은 정부의 통제 조치들은 17세기를 지나면서 실질적인 구속력
을 상실하게 되었고 특정 그룹에 부여되는 특권도 점차 줄어들었다.
특히 명예혁명을 계기로 왕권의 자의적 집행이 구속되면서 사유재산권
의 보장이 이루어졌고, 이를 기초로 국내 경제활동의 자유와 시장은
더욱 확대되었던 것이다.[12]

중상주의가 자본주의와 시장의 발전에 정합적이었는가 하는 판단은
그 규제의 효과를 어떻게 평가할 것인가에 달려 있다. 한편으로는 자원
배분의 효율성을 해쳐 총생산을 감소시킨다는 스미스적인 평가가 존재
함과 동시에 다른 한편으로는 영국의 중상주의정책 특히 항해법과 식
민지정책은 산업혁명의 모태가 되었다는 주장도 제기된 바 있다. 항해
법의 보호 아래에서 영국은 네덜란드 및 프랑스 등과 대항하면서 해운
업을 발전시킬 수 있었고, 식민지의 원료 공급과 공산품 수요는 산업혁
명을 위한 자본축적과 수요 팽창에 결정적 역할을 하였다는 것이다.

중상주의는 중세적 사고에서 스미스 이후의 근대경제사상으로 변화
해 가는 중도의 어느 지점에 위치한다고 볼 수 있다. 하지만 그것은
근대 자유주의에 크게 경도된 것이었다. 중상주의자들은 세속적, 물질
적이었고 정의가 아니라 힘을 추구한 현실주의자들이었다. 동시에 현
실로부터의 경험과 자료에 기초한 합리성을 추구하고 있었다. 중상주
의자들의 세계관에 대하여 일찍이 헥셔는 자유주의적 요소를 강조한
바 있다. 즉 기본적으로는 19세기의 자유주의자들이 거래의 자유에 대
하여 인식한 것과는 큰 차이가 없었다는 해석이었다. 다만 현실세계가
자연상태로는 불완전하고 조화롭지 못하다는 인식으로부터 '능숙한 정
치가의 조종'에 의한 보완을 추구한 것이 중상주의자들의 세계관이었
던 것이다.[13]

2. 중상주의에서 아담 스미스로

중상주의와 아담 스미스의 자유주의 경제관 사이에는 큰 간격이 존재한다. 그러나 이러한 사고체계의 혁명이 오로지 스미스에 의하여 이루어진 것은 아니었다. 스미스 이전에 이미 상당수의 이론가들은 중상주의적 국부론과 규제론에서 벗어나 경제활동의 자유를 주창하고 있었던 것이다. 심지어 스미스의 저술에 독창적인 것은 존재하지 않으며, 그는 단지 기존의 것들을 체계화하고 종합했을 뿐이라는 평가도 존재한다. 중상주의와 스미스를 연결하는 가교는 무엇이었는가.

영국에서 18세기 초 자유주의 경제관의 상징은 맨드빌이었다. 그는 《벌들의 우화》(*The Fables of the Bees : Private Vices, Public Benefits*)에서 개인의 사리 추구가 의도하지 않게 공익으로 발전한다는 주장을, 벌의 비유를 통하여 나타내었다. 오직 자신의 욕심을 만족시키기 위하여 꿀을 모으는 벌의 행위가 벌집에 꿀을 증가시키는 것과 같은 이치라는 것이었다. 맨드빌은 스미스의 사고 형성에 큰 영향을 준 것으로 평가된다. 그러나 그는 여전히 중상주의자였다. 무역에서의 흑자 유지를 강조하였고, 개인의 이익이 공익으로 조화되기 위해서는 '능숙한 정치가의 조종'이 필요하다는 견해를 유지하였던 것이다.[14]

프랑스에서 중농주의 사상의 형성은 콜베르티즘에 대한 반작용이었다. 18세기 중반 중농주의자들은 이미 자유무역을 포함한 경제활동의 자유를 보장해야 한다는 자유방임적 사상과 그리고 중상주의 경제정책의 화폐에 대한 집착을 비판하고 농업에 의한 국부 증가를 강조하고 있었다. 이러한 사상들이 스미스에게 지대한 영향을 주었음은 그의 《국부론》을 통해서도 명확히 드러난다. 특히 스미스는 중농주의의 창시자인 케네(Quesnay)를 '천재적이고 심오한' 이론가로 그리고 중농주의를 지금까지의 경제학 이론 가운데서 가장 진리에 접근하였다고 평가한 것이다. 그러나 스미스는 중농주의자들과 완전한 의견 일치에 도달할 수는 없었다. 특히 상인과 수공업자 및 제조업자를 비생산적인 계급으로 간주하는 것을 용인할 수 없었고, 이 점에서 자신과 중농주의 이론의 차이점을 부각시키고 있었던 것이다.

맨드빌과 중농주의자들과 더불어 스미스에게 영향을 끼친 사상가로 데이비드 흄(David Hume)을 빠뜨릴 수 없다. 흄은 역사와 철학뿐만 아니라, 경제사상에서도 후대에 뚜렷한 영향을 남긴 인물이었다. 그는 중상주의의 비판자로서 자유무역의 옹호자 그리고 경제적 자유의 신봉자로서 스미스의 동반자였다. 흄의 경제사상에서 가장 높이 평가되는 것은 정화유동이론(specie-flow mechanism)으로서 무역차액에 의한 화폐축적의 불가능을 이론적으로 구명한 것이었다. 즉 무역차액은 화폐의 유입을 낳고 결국 물가의 상승을 통하여 무역수지의 흑자가 제거된다는 설명이었다. 이 이론은 스미스의 중상주의에 대한 비판을 이론적으로 보완하는 중요한 의미를 지니고 있었으며, 중상주의의 화폐관에 대한 치명적인 공격이었다고 평가된다.

Ⅲ. 아담 스미스와 시장경제

20세기 말의 시대 사조에서 가장 뚜렷한 현상의 하나는 아담 스미스의 부활이라고 할 수 있다. 물론 이 현상은 시대를 초월한 그의 이론의 생명력에 연유하고 있다. 우리는 스미스의 이론이 탄생한 경제적 배경을 18세기 말까지 진행된 자본의 축적과 새로운 기술의 탄생 등 자본주의적 변화에서 찾곤 한다. 그러나 200여 년 전 스미스 시대의 경제는 20세기보다는 중세적 경제에 한층 가까운 것이었다고 할 수 있다. 유럽대륙은 물론 영국에서도 대부분의 경제활동은 전통적인 틀을 크게 벗어나지 못한 상황이었다. 후대인들이 산업혁명이라고 명명한 현상은 스미스를 포함한 동시대인들에 의하여 인지되지 못하였고, 공업부문은 아직 소규모의 농촌공업과 매뉴팩처가 지배적이었다. 근대

전기 이후 대외교역의 팽창이 두드러지기는 하였으나 특권상인들에 의하여 폐쇄적으로 운영되고 있었고, 농업은 늘어나는 인구를 부양하기에 힘겨운 형편이었다. 스미스가 실제로 인용하는 공업활동은 수공업적인 생산에 불과하였으며, 산업자본가는 아직 그의 서술에 등장하지 않았던 것이다.

18세기 말에는 분명 엄청난 변화를 예고하는 기술혁신이 진행되고 있었다. 제철업과 면공업에서 나타난 신기술들 그리고 증기기관의 발명과 같은 중대한 사건들이 전개되고 있었던 것이다. 이들 역시 스미스에 의하여 포착되지 못하였으며 이것은 분명 스미스가 가진 한계를 보여주고 있다. 그러나 경제변화의 연속성을 강조하는 최근의 경제사 연구 결과들을 감안하면, 스미스의 '무지'는 어느 정도 납득된다. 즉 18세기 말의 경제적 성과는 매우 점진적인 과정이었으며 몇몇 신기술의 출현이 경제 전체에 미치는 효과는 아직 미미한 단계였던 것이다. 결국 스미스는 생전에 자본주의 경제의 본격적인 생산력 증가를 미처 경험하지 못하였다. 그럼에도 불구하고 국부 증가(경제성장)를 위한 보편적인 원리와 처방을 제시한 점에서 그의 놀라운 예언자적 능력을 발견하게 되는 것이다.

오늘날 시장경제의 원리를 설명하는 출발점은 사리 추구이며 그 종착지는 정부 간섭의 배제이다. 스미스는 통상 이러한 개인주의적이며 자유방임적인 이론의 창시자로 인식되고 있다. 이 이론에 따르면 개인의 이익을 위한 합리적인 선택들이 시장에서 수요와 공급을 형성하고 가격이 성립되며, 이에 따라 효율적인 자원배분이 발생한다. 시장의 조화로운 질서에 정부가 개입하여 시장기능을 방해하면 자원은 가장 생산적인 곳에 이용되지 못하고 결국 총생산(즉 스미스의 국부)은 감소된다. 과연 스미스는 통념과 같이 개인들의 이기심이 사회적으로 조화될 것으로 믿었으며, 또 정부의 기능은 작을수록 바람직한 것으로 생각했는가. 이러한 문제를 이해하기 위하여 우리는 《국부론》의 내용을 구체적으로 살펴볼 필요가 있다.

《국부론》은 모두 5편으로 구성되어 있다. 제1편은 생산과 가치 그리고 분배에 관한 경제학적인 분석이고, 제2편은 경제적 번영을 가져오는 원천으로서 자본의 축적에 관한 논의가 담겨 있다. 제3편에는 로마제국 이후 유럽의 경제적 변화과정이 상업과 농업의 연관성을 중심으로 서술된다. 제4편은 중상주의와 중농주의 등 '정치경제학(political economy)'에 관한 해설과 비판, 그리고 제5편에는 국가의 재정 즉 지출과 조세제도에 관한 논의로 구성되어 있다.

스미스한테는 국부가 국민소득과 대등한 개념이다. 즉 "토지와 노동에 의한 연간 생산물의 교환가치"인 것이다. 따라서 그것의 증가는 오늘날의 경제성장과 유사한 개념이라고 할 수 있다. 연간 생산물의 크기는 두 가지 조건에 의하여 규정된다. 하나는 "국민이 노동할 때 발휘하는 숙련과 기교" 즉 개별 노동자의 생산성이며, 다른 하나는 "유용한 노동에 종사하는 사람들의 수와 그렇지 않은 사람들의 수 사이의 비율이다." 이 두 가지 요인 가운데 스미스는 전자를 보다 주요한 것으로 생각한다.[15]

노동에서 숙련과 기교를 포함한 생산성의 향상은 분업의 결과이고 분업의 정도는 시장의 크기에 따라 제약된다. 따라서 시장의 크기는 생산성과 나아가 국부의 증가를 결정 짓는 요인이다. 스미스에 따르면 분업은 인간의 본능인 교환의 성향에서 발생한다. 개인들은 사회적 분업의 한 부분을 담당하며 이를 통하여 자신이 필요로 하는 것을 효과적으로 조달한다. 여기에서 우리는 스미스의 이기심에 대한 언급을 접하게 되는데, 즉 인간은 자신이 필요로 하는 것을 얻기 위해 동료의 자비심이 아니라 그의 이기심, 다시 말하면 교환의 이익에 호소하게 되는 것이다. 결국 스미스에 따르면 "우리가 식사할 수 있는 것은 정육점 주인, 양조장 주인, 빵집 주인의 자비에 의한 것이 아니라 자신의 이익에 대한 그들의 관심 때문"인 것이다.[16]

위에서 본 바와 같이 연간 생산물의 크기를 결정하는 또 다른 요인은 "유용한 노동에 종사하는 사람들의 수"이며 유용 노동량의 증대는 자본의 증대에 전적으로 의존한다. 여기에서 유용한 노동은 생산적 노동을 의미한다. 스미스는 대상의 가치를 증가시키는 노동을 생산적 노동 그렇지 못한 노동을 비생산적인 것으로 구분하고, 전자에는 농업·제조업·상업에 종사하는 노동이며, 후자에 속하는 것으로서 하인·군인·의사·음악가 들을 들고 있다. 즉 재화가 아닌 서비스의 창출에 투여되는 노동의 대부분은 비생산적인 것으로 간주하고 있음을 보여준다. 이에 더하여 스미스는 동일한 자본을 투자할 때, 농업이 연간생산물과 생산적 노동량을 가장 크게 확대하는 효과를 가지고 있다고 주장한다. 농업 다음에는 제조업이며, 상업이 가장 적은 효과를 발생시키는 산업으로 지적한다. 따라서 국가의 번영을 위해서는 보다 많은 자본과 노동이 농업에 투여되어야 하며, 18세기 미국에서 진행되고 있었던 빠른 진보는 이것을 증명해주고 있다는 것이다. 이러한 주장으로부터 스미스가 중농주의의 영향을 상당히 받고 있었다는 사실이 명백해지며, 오늘날의 생산의 개념 그리고 경제성장에 관한 이해와의 차이도 드러난다.

스미스는 제4편을 중상주의에 대한 비판에 할애하고 있다. 스미스는 우선 중상주의자들의 국부가 화폐로 구성된다는 관념을 명백한 오류로 지적하고 있다. 그리고 화폐의 유입을 위한 관세와 여타 보호무역의 수단이 노동과 기타 자원의 효율적인 투입을 저해함으로써 총생산물의 가치를 감소시킬 것이라는 점을 명확히 보여주고 있다 그러나 스미스는 시대적 상황을 도외시한 단순한 이론가는 아니었다. 즉 자유무역이 유보되어야 하는 몇 가지 예외를 지적하고 있는 것이다. 이 가운데에서 특히 우리의 관심을 끄는 것은 대목은 "국방이 풍요보다 훨씬 중요하기 때문에 항해법은 아마도 영국의 모든 무역 규제 가운데서 가장 현명한 것"이라는 영국의 중상주의정책의 핵심 규제 입법을 옹호하는 스미스의 견해이다.[17] 이러한 예외적 상황이 존재하기는 하나, 스미스는 중상주의가 국부의 증가라는 명분 아래 상인·제조업자 등 소수의 이익을 위해 고안된 보호체제에 불과하다고 결론을 내리고 있다.

《국부론》의 마지막 부분은 왕 또는 국가의 세입과 세출을 다루고

있는데, 스미스는 이곳에서 국가의 세 가지 의무 혹은 역할을 규정하
고 있다. 스미스의 이론이 자유방임사상으로 해석되고 있는 통념에 비
추어 정부의 역할에 관한 그의 주장이 무엇이며 이것이 어떻게 역사적
으로 계승되어 왔는가는 각별한 중요성을 갖는다. 스미스는 정부의 역
할을 "사회를 다른 독립사회의 폭력과 침략으로부터 보호하는 의무",
"사회의 각 구성원을 다른 구성원의 불의와 억압으로부터 보호하는 의
무" 그리고 일정한 "공공시설과 공공사업을……건설하고 유지하는" 것
으로 규정한다.[18] 앞의 두 가지는 국방과 사법의 역할을 의미하는 것으
로 모든 국가가 공통적으로 수행할 최소한의 것이다. 국가가 세번째의
의무를 수행해야 하는 이유는 그것들이 "전체사회에 큰 이익을 줌에도
불구하고 그것에서 오는 이윤이 어떤 개인 또는 소수의 개인들에게 그
비용을 보상해 줄 수 없으며, 따라서 어떤 개인 또는 소수의 개인들이
그것을 건설하고 유지하는 것을 기대할 수 없는 성질"이기 때문이다.[19]
이러한 공공사업은 두 가지 종류가 있는데 하나는 상업을 편리하게 하
는 도로·교량·운하·항구 등의 건설이며 다른 하나는 학문과 종교적
교화를 위한 교육이다. 그러나 스미스가 모든 종류의 공공건설과 교육
에 정부가 재정 부담을 통하여 참여하는 것으로 기대한 것은 아니었
다. 공공시설의 혜택을 누리는 이용자들의 부담에 의하여 건설과 유지
가 이루어지는 것이 좀더 바람직하다고 보았으며, 교육에서도 교육비
를 부담할 수 없는 서민들에게 기본교육을 제공하는 데에 정부역할이
국한되어야 한다는 것이 스미스의 생각이었다.

지금까지 우리는 《국부론》의 핵심내용을 살펴보았는데, 후대 학자들
의 논의에서 가장 큰 쟁점 가운데 하나는 스미스가 과연 자유방임주의
를 어느 정도까지 옹호하고 있었는가라는 문제이다. 1920년대에 쓰여
진 바이너(Jacob Viner)의 논문은 아직도 이 문제의 논의에서 출발점이
되고 있다.[20] 《국부론》의 내용에 의하면 스미스는 분명 매우 제한된
범위로 정부의 역할을 축소시키고 있었다. 그러나 바이너는 이 글에서
스미스는 결코 교조적인 자유방임주의자가 아니었으며, 유능하고 정직

한 정부가 존재하였다면 좀더 넓은 영역에서 정부의 역할을 인정했을 것이라는 점을 강조한 바 있다. 즉 스미스가 정부의 간섭에 반대한 현실적인 이유는 중상주의시대의 무절제하고 무능한 정부에 기인한 바 크다는 것이었다. 이와 동시에 스미스는 산업혁명을 예견하지 못했으며, 결과적으로 19세기의 새로운 산업사회에서 요구되는 정부의 새로운 역할 ―노동자들의 보호와 공공보건 따위―을 미리 내다볼 수 없었을 것이라는 주장을 펴고 있다. 이러한 견해는 스미스가 기본적으로 약자에 대한 동정심과 독점과 특권의 소지자들에 대한 강한 거부감을 가진 인물이었다는 점에서 추론된다. 또한 《국부론》에는 구빈법에 대한 언급이 이루어지지 않고 있는데, 19세기의 경제학자들과는 달리 스미스는 정부에 의한 빈민 구호에 찬성했을 것이라는 것도 바이너의 주장이다. 바이너의 견해는 스미스를 해석할 때, 상당한 영향력을 행사해 온 것이 사실이다. 그러나 다수의 학자들은 그가 스미스를 지나치게 확대 해석했다고 비판하고 여전히 스미스를 최소한의 정부를 옹호하는 자유방임의 주창자로 평가하고 있다.

《국부론》에서는 개인의 이익 추구가 타인의 욕구를 충족시키는 기본 동기이며 개인들의 이익이 보이지 않는 손에 의하여 사회적으로 조화되는 원리를 담고 있다. 반면 스미스의 또 하나의 대표작인 《도덕감정론》(*The Theory of Moral Sentiments*)은 타인의 처지에 대한 도덕적 고려를 통하여 사회의 질서와 조화가 유지된다는 주장을 전개한다. 남을 고려하는 인간의 품성은 신에 의해 부여된 천부적인 것이며 이를 통하여 개인 이익에 몰두하는 것이 적절하게 억제될 수 있다는 것이다. 따라서 《국부론》과 《도덕감정론》에서 나타난 스미스의 견해가 상호 모순된 것으로 파악되기도 한다. 도덕적 감정에 의한 조화의 원리가 《국부론》에서는 언급되지 않는 이유는 무엇일까. 스미스의 견해가 《도덕감정론》의 출간 후 변화한 것인가. 이 문제 역시 간단히 해결될 수 없는 스미스 연구의 주요 주제로 논쟁의 대상이 되어 왔다. 그러나 오늘날 대다수의 스미스 연구자들은 양자간에 일관성이 유지되고 있다는 쪽에 의견을 모으고 있다. 《국부론》의 경제적 세계는 《도덕감정론》에서 다루어지는 좀더 넓은 세계의 특수한 경우로 해석함으로써 양자 간의 충돌이 조정되었던 것이다.[21]

스미스에 관한 무수한 재해석과 평가는 그의 독창성을 평가절하하기도 하고, 또 여러 주장들 사이의 모순과 불일치 혹은 명백한 오류를 지적하기도 한다. 그러나 변함없이 인정되는 것은 그가 위대한 '시스템 구축자'였다는 사실이다. 자본주의 경제의 작동 원리를 누구보다도 종합적으로 파악하고 시장질서를 중심으로 한 새로운 경제학과 사회사상의 틀을 제공해 주었던 것이다. 그러나 분명 염두에 두어야 할 것은 스미스가 상정한 시장은 경쟁적인 것이었다. 시장을 정부규제에 대하여 우월한 기구로 인정한 것이 독점적 시장에 대해서도 동일하게 성립되는 것은 결코 아니었다. 이와 동시에 스미스는 기존질서의 파괴자였다. 정부의 무능과 나태에 대하여 그리고 당시의 특권계층 특히 상인과 공업자본가들의 독점에 기초한 축재에 통렬한 비판을 가하는 개혁가였던 것이다. 이러한 의미에서 20세기 스미스 추종자들의 대부분이 보수세력이라는 점은 아이러니라고 할 수 있다.

Ⅳ. 19세기의 자유방임사상과 정부의 개입

자유방임 혹은 경제적 자유주의의 사전적 의미는 정부가 개인의 행위, 특히 경제활동에 간섭하지 않는 신조를 의미한다. 이것은 자유시장경제의 효율성에 대한 신념과 사유재산권의 불가침성, 그리고 개인간의 계약에 대한 불개입의 원칙에서 나온다.[22] 이러한 일반적인 의미에서 아담 스미스는 분명 자유방임주의자였다. 그러나 앞에서 지적한 바와 같이 그는 교조주의적인 자유방임주의자는 아니었다. 정부의 역할이 국방과 사법적 질서의 유지에만 국한된 것이 아니라, 공공시설과 교육의 제공 등 시장이 적절한 공급을 제공하지 못하는 영역에서 정부의 제한된 기여를 인정하였던 것이다. 정부의 경제적 역할에 관한 스미스의 입장은 19세기 전반기 고전학파 경제이론가들에게 계승되었고, 19세기 중반 밀(J. S. Mill)에 의하여 "자유방임으로부터의 모든 이탈은, 그 이익이 크지 않다면, 악행이다"[23]라고 다시 한번 확인되었다. 밀의 표현에서 드러나듯이 19세기는 적어도 영국에게는 자유방임의 시대였다. 그러나 시간이 지남에 따라 새로운 산업사회에서 자유주의원칙의 충실한 고수가 불가능하다는 것이 드러났으며, 사상적으로도 자유주의 내부에서의 이견이 발전되고 있었다.

19세기의 자유방임주의는 사상적으로는 고전파 경제학과 벤담(Jeremy Bentham)의 공리주의(utilitarianism)가 결합된 산물이었다. 19세기의 자유방임사상과 벤담의 공리주의의 관계는 오랫동안 논란거리였다. 한편에서는 자유방임을 공리주의의 가장 핵심적인 행동원리로서 평가하는가 하면 다른 한편에서는 영국 집단주의(collectivism)의 대표자로서 벤담을 꼽기도 한다. 벤담의 공리주의는 인간의 행복을 기쁨과 고통의 혼합체로 간주하며, '최대다수의 최대행복'을 사회에서 실현하는 것을 목표로 하였다. 이것은 단순한 쾌락주의와는 구별되는 철학이었다. 개인의 선택이 타인에게 영향을 끼치는 경우, 개개인이 누릴 수 있는 기쁨의 합이 최대인 것을 택해야 하며, 신분과 관계없이 개인들의 기쁨과 고통은 동일하게 간주되었다. 평등의 사상이었던 것이다. 벤담은 보이지 않는 손에 의한 자연적 조화를 받아들이지 않았다. 범죄가 존재한다는 것이 그 단적인 반증이었다. 그렇다고 해서 공리주의자들이 정부의 역할을 긍정한 것은 아니었다. 정부는 필요악과 같은 것이었으며, 그 힘을 빌리지 않고 최대다수의 최대행복을 추구할 수 있기를 원했다. 이러한 의미에서 공리주의는 자유방임사상의 한 뿌리를 구성했다고 인정할 수 있을 것이다. 그러나 현실세계는 공리주의자들로 하여금 자유방임과 반대되는 노선을 취하게 하였다. 공장법(Factory Acts) 및 공공보건법(Public Health Act)과 같은 19세기 영국의 중요한 개혁 프로그램은 이들에 의하여 주도된 것이었기 때문이다. 결국 공리주의자들의 적극적 참여는 정부개입의 증가가 아니라 좀더 나은 정부를 위한 선택이었던 것이다.

고전학파 경제학은 스미스로부터 리카도(David Ricardo)와 맬더스(Thomas R. Malthus)를 통하여 밀에 전승되었다. 주지하는 바와 같이 맬더스는 《인구론》(*An Essay on the Principle of Population*)을 통해서, 그리고 리카도는 그의 자유무역이론과 지대론을 통하여 19세기초 경제학의 발전을 선도하였다. 이들이 스미스와 같이 정부의 개입을 반대한 입장을 취한 것은 분명하다. 그러나 정부의 역할에 관한 체계적인 이론을 전개한 것은 아니었고, 주요 정책 이슈들에 관한 견해를 통하여 이들의 자유주의적 입장이 개진되고 있었다.

우선 맬더스와 리카도는 모두 임금이 생존을 위한 최저수준에서 결정된다는 이론을 전개하였다. 《인구론》에 의하면 생존을 위한 최저수준 이상으로 임금이 상승하면 인구를 증가시키고, 이것은 다시 임금의 하락을 가져오게 된다. 임금의 증가는 인구의 억제 혹은 자본의 축적을 통해서 가능한 것이지 정부의 개입을 통해 이루어질 성질의 것이 아니었다. 즉 임금이란 "다른 모든 계약들과 마찬가지로 시장의 공정하고 자유로운 경쟁에 맡겨두어야 하며, 법률의 개입에 의하여 통제되어서는 안 된다"는 것이 이들의 기본적 입장이었다.[24] 인구문제와 노동에 관한 이들의 견해는 특히 구빈법(Poor Law)에 대한 반대에서 잘 드러난다. 당시 영국의 구빈법은 이미 200여 년에 걸쳐 유지되어 온 유서 깊은 전통이었으며, 그 운영은 각 교구가 해당 교구민들한테서 세금을 징수하여 지역내의 빈민들을 구호하는 형태로 이루어졌다. 이 제도에 대한 맬더스의 견해는 19세기 전반기의 자유방임적 사상을 대표적으로 반영한 것이었다. 맬더스는 민간의 경제행위에 대한 정부의 근거 없는 간섭은 하나의 전제(專制)라는 원칙 밑에서, 구빈법의 부정적인 효과를 분석하였다. 우선 구빈제도의 가장 큰 문제점은 빈곤층으로 하여금 결혼을 앞당기게 하여 인구증가를 가중시키고, 경제적인 독립을 불가능하게 만드는 것이었다. 또한 인구의 증가와 빈민층의 소비증대는 물가의 상승을 발생시키므로, 구빈법은 생활능력을 갖춘 계층들에게도 많은 고통을 가져다주는 부정적인 대상으로 파악한 것이다. 구빈제도에 대한 맬더스의 처방은 종래의 구빈법을 폐지하여 자유경쟁적 노동시장을 확립하고, 극심한 빈곤이 발생하는 경우 수용시설을 잠정적으로 설치하여 수용자들이 그 안에서 노동을 하게 함으로써 자립능력을 배양시키는 것이었다. 이러한 맬더스의 분석과 처방은 이후 영국의 구빈제도와 사회정책의 수립에 중요한 지침이 되었으며, 1834년 신구빈법(New Poor Law)에 크게 반영되고 있었다.

맬더스와 리카도를 비교할 때, 시장원리에 더욱 충실한 이론가는 리카도였으며, 그의 진가는 비교우위론을 통한 자유무역이론의 전개에서 드러난다. 리카도에 비하여 맬더스에게서는 전형적인 자유방임적 사상가라고 평가하기 곤란한 절충적 입장이 드러난다. 그 대표적인 경우가 그가 리카도와 벌였던 곡물법 논쟁이었다. 나폴레옹전쟁 때 영국에서 곡물을 수입하는 것이 봉쇄되었으므로 곡물가격과 지대도 크게 등귀하였다. 전쟁 후에도 지주와 농민들은 높은 가격을 유지하기 위하여 보호를 요구했고 1815년의 새로운 곡물법은 이들의 요구를 반영한 것이었다. 곡물법 논쟁에서 리카도는 자유무역의 원칙을 주장하였음에 반하여 맬더스는 수입 곡물로부터 농업생산자들을 보호하기 위한 곡물법에 찬성함으로써 자유무역 원칙의 유보를 인정하였던 것이다.

밀은 정부의 역할에 관한 좀더 체계적인 분석을 시도하였다. 밀은 자신의 입장이 굳건히 자유방임에 서 있음을 앞에서 인용한 구절을 통해 보여주고 있다. 그러나 동시에 그는 현대 자본주의 국가들이 수행하는 여러 기능의 필요성을 인정함으로써, 실질적으로는 자유방임에서 이탈함을 보여주고 있다. 밀은 우선 정부의 기능을 필요기능과 선택적 기능으로 분류한다. 필요기능이란 모든 형태의 정부가 수행해야 하는 공통분모이며, 조세징수, 화폐주조, 통일된 도량형의 확립, 사법질서의 확립, 재산권의 보호, 계약의 준수 그리고 도로와 항구 등 공공시설의 제공 등이 여기에 속한다. 그러나 밀은 추가적으로 유치산업의 보호,

아동의 의무교육, 공장의 작업시간 규제 등과 같은 영역에서 정부의 역할을 인정하였던 것이다. 특히 교육에 대하여 밀은 정부에 의한 제공이 원칙적으로 받아들여질 수 있는 사안의 하나이며 (정부)간섭 배제의 원칙이 보편적으로 적용될 필요가 없는 경우로 간주하였다. 밀이 스미스와 벤담의 후계자로서 자유시장경제에서 발생하는 문제에 대처하기 위한 정부의 개입을 어느 정도 인정하였다면, 철저하게 자유시장에 대한 개입을 반대한 인물은 허버트 스펜서(Herbert Spencer)와 그를 추종하는 사회진화론자들이었다. 이들에게 시장에서의 경쟁은 '적자생존'이 발생하는 과정이었으며, 정부의 개입은 생명체의 성장에 대한 방해와 같이 해로운 것으로 간주되었다. 19세기 후반기에 이르러 영국의 자유방임사상은 둘로 분열되고 있었던 것이다. 그러나 사회진화론적 자유방임사상은 영국에서보다는 오히려 미국에서 크게 영향력을 행사하고 있었다. 19세기 후반 미국의 급속한 경제발전과 부의 축적은 사회진화론을 흡수하기에 이상적인 토양을 제공하였던 것이다.

다음으로 자유방임주의가 역사적으로 어떻게 실천되어 왔는가를 확인해보자. 적어도 영국에서는 18세기말 이후 19세기 중반에 이르기까지 정부개입의 축소가 다각도로 진행되어 왔던 것은 분명하다. 1813년 동인도회사의 인도에 대한 무역의 독점권이 폐지되었고, 1820년대는 모직물과 가죽 등 제조업을 규제하여 온 여러 법규들이 사라졌다. 또 1824년에는 노동자들의 노동조합운동을 제한하던 결사금지법(Combination Act)이 폐지되고, 기술자들의 이민과 기계 및 작업 도구의 수출을 금지하는 조항도 없어졌다. 1830년대에는 최고이자율을 5퍼센트에서 묶어놓던 고리대금법(Usury Laws)의 실질적인 해체도 이루어졌다.

자유방임의 도래를 상징하는 사건은 무엇보다도 1846년에 이루어진 곡물법의 폐지였다. 이후 영국은 급속도로 자유무역의 길로 들어서며 1860년경에 이르면 거의 완전한 자유무역을 실천하는 최초의 국가가 된다. 곡물법을 비롯한 관세장벽의 해체운동은 맨체스터학파(Manchester School)에 의하여 주도되었다. 이들은 콥덴(Richard Cobden)을 중심으로

1838년 반곡물법동맹(Anti-Corn Law League)을 결성하고 곡물의 무관세 수입을 주장하였다. 곡물법 폐지 운동은 의회 내의 농업보호주의자들에 의하여 저지당하여 오다가 1845년 아일랜드 대기근의 발생으로 드디어 관철되기에 이른다. 곡물법에 이어 1849년 중상주의 보호입법의 근간인 항해법(Navigation Acts)도 폐지됨으로써 영국은 자유무역의 시대로 진입하였다.

그러나 많은 학자들은 19세기 영국에서 정부의 역할을 자유방임이라는 개념으로 단순화시키는 것에 반대한다. 우선 19세기에 폐지된 정부의 규제 조치들의 다수는 이미 중상주의 시대부터 사문화된 것이었다. 이런 상황 때문에 정부개입의 실질적인 감소 효과는 크게 과장될 위험성이 있었다. 다음으로, 밀이 인식하고 있었듯이 공업화의 진전은 새로운 영역에서 정부의 역할을 요구하고 있었다. 이러한 요구가 영국에서 분명하게 드러난 것은 공장법과 공공보건법 등의 제정 과정이었다. 개혁법안들에 대하여 자유주의자들은 기본적으로 개인들간의 계약에 정부가 개입해서는 안 된다는 원칙을 고수하고 있었다. 그러나 경우에 따라 그 적용의 강도는 차이가 있었다. 예컨대, 순수하게 경제문제가 아닌 공중보건과 같은 사안에 대해서는 어느 정도 정부의 역할을 인정하는 융통성이 있었으며, 공장법에 있어서는 정부규제가 가능한 대상을 주로 여성과 계약의 주체가 될 수 없는 아동들의 노동조건으로 국한시켜 개입배제의 원칙을 가능한 한 고수하려는 입장을 보였다. 셋째로, 각 지역이 점차 통합됨에 따라 지역 특유의 규제가 폐지되거나 혹은 중앙정부에 의한 단일 규제로 대체되었다. 자유방임원칙이 크게 반영된 것으로 평가되는 신구빈법도 이러한 의미에서 양면성을 지닌 변화였다. 과거의 구빈법이 각 교구에 의해서 자율적으로 운영되는 구호체계였음에 반하여 신구빈법은 비록 시장의 원칙이 크게 반영된 조치이기는 하나 중앙정부에 의한 통합적 관리가 실시되고 있었던 것이다.

결론적으로 영국에서 자유방임의 원칙은 19세기 중반에 이르기까지 고수되고 있었다고 할 수 있다. 그러나 새로운 산업사회의 개혁 요구를 완전히 봉쇄할 수는 없는 상황이었다. 그 과정에서 새로운 법안들이 의회를 통과했으며 그것은 자유방임과 개혁주의자들 사이 절충의 산물이었다. 지배적인 견해에 의하면 19세기 후반의 영국에서 자유방임사상은 상당히 퇴조하였다고 평가된다. 가장 중요한 이유는 자유경쟁시장의 유지가 최선이라는 믿음을 훼손시키는 거대한 변화들이 전개되고 있었기 때문이다. 1873년부터 시작된 대공황과 경쟁국들의 성장이 시장경제에 대한 신뢰를 흔들어 놓았으며, 미국과 독일에 비해서는 그 정도가 약하지만, 대기업들에 의한 시장의 독과점화 현상은 공정한 경쟁을 크게 저해하고 있었던 것이다. 이에 더하여 선거권의 확대로 복지정책에 대한 요구가 증대하는 상황이었다. 그러나 자유주의를 대체할 대안으로 사회주의 혹은 복지국가의 이념이 크게 성장한 것도 아니었다. 케인즈(John Maynard Keynes)의 말을 빌면 변화는 아직 "공중에 머물러 있을 뿐"이었다.

경제적 자유주의는 유럽대륙에서도 어느 정도 성장하고 있었고 자유무역의 원칙이 확산되는 기미도 보였다. 따라서 1840년대 이후 수십 년은 유럽에서 무역거래량의 증가가 대단히 빠른 속도로 확산되고 있었으며 각국은 보호의 장벽을 낮추고 있었다. 그러나 유럽대륙의 시장경제에 대한 믿음은 영국에 비하여 크게 미약한 것일 수밖에 없었다. 국가의 온정주의 전통과 영국에 비하여 후진적이었던 경제 상황이 결합되어 자유주의의 확산을 방해하고 있었던 것이다.

V. 20세기의 자본주의 : 케인즈주의와 자유주의

20세기의 자본주의 경제사상은 무엇보다도 케인즈주의와 반케인즈주의 즉 경제적 자유주의의 대립 구도를 통해 이해될 수 있다. 케인즈주의가 시장경제의 실패에 주목하고 이를 해결하기 위한 정부의 개입을 주창하였다면 20세기의 자유주의는 전체주의의 확대를 경계하고 자유시장경제를 모토로 하고 있다. 케인즈주의가 1930년대 자본주의 경제의 위기를 배경으로 케인즈라는 탁월한 이론가에 의하여 형성되었다면, 20세기의 자유주의는 시장기구의 효율성에 대한 신념을 표방하는 다양한 이론 집단들로 구성되어 있다. 여기에서는 그 대표격인 하이예크(Friedrich A. Hayek)와 프리드만(Milton Friedman)을 중심으로 케인즈주의와의 사상적 대립을 살펴보겠다.

케인즈주의 대두의 사상사적 의미 그리고 양 이론체계의 대립을 잘 이해하기 위해서는 스미스 이후 20세기 초에 이르는 경제학 이론의 전개과정을 간략하게나마 정리해볼 필요가 있다. 《국부론》에 전개된 스미스의 경제학은 영국에서는 리카도·맬더스 그리고 밀에 의하여 계승되어 19세기의 고전파 정치경제학으로 자리잡았다. 이와 동시에 프랑스에서는 세이(Jean-Baptiste Say)에 의하여 공급이 수요를 창출한다는 원칙 따라서 시장에 일반적인 초과공급은 발생할 수 없다는 이론이 전개되어 시장경제에 대한 이론적 무게를 더해주고 있었다. 그러나 현실 경제에서는 불황과 같은 위기의 상황이 반복되었고, 이는 시장의 자동조절 기능의 허점을 무엇보다도 잘 보여주는 증거였다. 이러한 시장의 불균형 상황 즉 초과공급 상황을 이론화하려는 시도는 맬더스에서 이미 나타났으나 이를 체계화하고 역사적 의미를 부여한 것은 마르크스였다. 한편 19세기 후반 마르크스가 자본주의 경제의 공황을 이론화하고 그 붕괴를 예언하고 있을 때, 보이지 않는 손을 신봉하는 일군의 이론가들은 신고전파(neo-classical)경제학이라고 불리는 새로운 이론체계를 발전시키고 있었다. 이들은 스미스 이후의 고전파 정치경제학 그리고 세이의 균형이론을 계승하면서, 새로운 분석방법을 도입하여 '과학적' 면모의 이론으로 발전하고 있었다. 인간의 주관적 효용에 입각한 새로운 가격이론과 '일반균형'이라는 완결된 수학적 형식을 갖추게 되었던 것이다. 이렇게 시장균형과 시장에 의한 자원배분의 효율성을 모토로 하는 신고전파 경제학은 적어도 1920년대까지 서구의 경제이론과 정책의 수행에 부동의 권위를 유지하고 있었다. 그렇지만 마르크스와 그의 추종자들이 예언한 자본주의의 위기가 제1차세계대전, 러시아혁명 그리고 1930년의 대공황 등으로 현실화되자 기존의 경제이론에 대한 신뢰 나아가 시장에 대한 믿음은 크게 흔들릴 수밖에 없었다. 대량실업은 무엇보다도 시장이 제대로 기능하지 못한다는 증거였으나 기존의 경제이론은 임금과 물가 하락을 통한 정상상태로의 복귀라는 처방만을 반복하고 있었기 때문이다.

케인즈 이론은 이러한 경제이론의 전통과 시대적 배경을 가지고 탄생하였다. 1936년 《일반이론》(*The General Theory of Employment, Interest and Money*)을 발표하기 이전에 케인즈는 이미 세계적인 명성의 인물이었다. 여기에는 베르사유조약에서 독일과 여타 패전국들에게 부과된 배상책임의 가혹성과 그것이 유럽경제의 회복에 미칠 악영향을 호소한 《평화의 경제적 결과》(*The Economic Consequences of the Peace*)에 기인한 바가 컸다. 케인즈가 그리는 바람직한 경제체제는 경제의 효율성, 사회정의 그리고 개인의 경제적 자유가 보장되는 시스템이었다. 제1차세계대전 이전의 유럽은 비록 불완전하기는 하나 경제적 효율성과 자유를 향유하고 있었다. 개인의 재산권 보장과 무역의 자유, 자본 이동의 자유가 보장되었으며, 이를 기초로 역사상 유래 없는 경제적 번영이 구가된 시기였다.

그러나 다른 한편, 19세기의 자본주의 경제는 본질적으로 매우 불안정한 것이었으며 문제의 핵심은 소득과 부의 불공정한 분배였다. 불공정 분배는 자본가 계급에 의한 대규모의 축적과 재투자를 가능케 했으며 그 규모는 19세기를 그 이전과 구분짓는 중요한 특질이었던 것이다. 그러나 케인즈가 우려하던 구세기의 위태로운 균형은 제1차세계대전으로 무너지고 말았다. 번영이 기초했던 제도들은 정지되었고 분배에 순응했던 노동자들의 자세도 변화하고 있었던 것이다. "이제 더 이상 미래를 낙관할 수 없는 자본가 계급이 소비에 탐닉하기 시작한다면, 그들에 대한 몰수의 시간은 더 빨리 다가올 뿐이다"라고 비관적인 전망을 내리게 되었던 것이다.[25] 홉슨(John A. Hobson)을 비롯한 20세기

초의 진보적 지식인들과 같이 케인즈 역시 좀더 공평한 분배를 통한 사회개혁을 믿고 있었다. 이것만이 자유방임이 가져올 자본주의 체제의 붕괴를 막는 대안으로 인식되었던 것이다.

대공황의 정확한 원인에 관해서는 아직까지 무수한 논의가 진행되고 있는 형편이다. 그러나 분명한 것은 수요의 급격한 위축이 대규모의 실업과 소득의 감소를 가져온 것이었고, 경기의 회복은 수요의 증대를 요구하고 있었다. 이때 고전파 그리고 신고전파에 속한 대부분의 학자들은 시장의 자발적인 조정, 즉 이자율 하락에 의한 투자의 증가와 물가 하락에 의한 소비 증가 그리고 임금 하락에 따른 고용 증가라는 처방을 제시하고 있었다. 이것은 이론적으로는 부정할 수 없는 논리였다. 그러나 케인즈는 이러한 조정에 오랜 시간이 요구된다는 사실을 지적하고, 대신 정부지출을 늘림으로써 수요를 확대하여야 한다고 주장했다는 것은 잘 알려진 사실이다. 1930년대 중반 이후 여러 나라의 경제는 회복되고 있었다. 특히 나치즘 밑에서 독일 경제의 회복은 가장 빠른 것이었다. 한편 미국 경제의 회복은 케인즈의 처방이 뉴딜정책으로 실시되었기 때문이라는 주장 역시 보편적인 인식이다. 그러나 이러한 속설은 전문가들 사이에서는 이미 오래 전에 부정되었다. 즉 케인즈의 처방에 따른 회복은 뉴딜이 아니라 제2차세계대전 중의 전비 지출로 비로소 이루어졌다는 점이 밝혀졌고, 본격적인 케인즈주의의 시대는 제2차세계대전 이후에나 시작된다는 것이었다.

제2차세계대전의 종료 후 서구 자본주의에서는 광범위한 개혁의 필요성이 대두되었다. 전쟁 피해로부터의 복구, 사회주의의 확산 그리고 1930년대의 대공황에 대한 생생한 기억은 새로운 정책 그리고 새로운 체제에 대한 요구를 낳고 있었던 것이다. 이러한 과제에 대하여 서유럽 내부에서는 몇 가지 방향의 개혁 프로그램이 전개되었다. 첫째로 철도·전력·은행과 같은 중요 산업의 국유화, 다음으로 연금과 의료보험 등 사회보장 시스템의 확대 및 교육부문에 대한 정부지원의 확대, 그리고 실업의 축소 등 거시경제의 안정화를 위한 재정과 금융정책이 추진되었던 것이다. 특히 재정과 금융정책을 통하여 완전고용과 물가의 안정을 실현시킬 수 있다는 자신감이 팽배한 시대였고 이것은 1970년대 경기침체가 발생할 때까지 지속되었다. 이들 프로그램에 이론적 기반이 되었던 것은 물론 케인즈의 《일반이론》과 복지국가론이었다.

경제개혁의 움직임은 정도의 차이는 있지만 미국에서도 진행되었다. 특히 1946년에 통과된 고용법(Employment Act)은 대통령을 위한 경제자문위원회를 발족시키고, 중앙정부에게 고용을 일정 수준으로 유지할 책임을 부과하는 개입적 성격이 농후한 조치였다. 1930년대의 대량실업에 대한 공포 그리고 전쟁 중의 통제와 계획의 기억들이 전후에 완전고용을 위한 정부의 개입으로 연장되고 있었던 것이다.

제2차세계대전 후의 개혁은 두말할 것도 없이 정부의 권한과 책임을 크게 확대시켰다. 자본주의는 계획경제와의 간격을 좁히고 있었던 것이다. 제1차세계대전 직전까지도 영국의 국민총생산에서 정부지출이 차지하는 비중은 12퍼센트에 불과하였고 이 수준은 19세기 초에 비하여 별 변화가 없었다. 그러나 1950년에 이르러서는 정부지출의 비중은 40퍼센트에 달하였던 것이다.

그러나 우리는 이러한 시대적 변화 속에서도 이를 비판하는 소수의 그룹이 있었다는 점에 주목해야 한다. 역사는 이들의 경고와 예언의 타당성을 입증하는 방향으로 전개되었기 때문이다. 그 대표적인 인물은 오스트리아 출신의 경제학자인 하이에크였다. 제2차세계대전 이전 하이에크는 주로 그의 화폐이론 그리고 케인즈에 대한 비판으로 알려졌다. 그의 케인즈에 대한 비판은 단지 특정 경제이론의 영역에 국한된 것은 아니었다. 케인즈 이론이 가져올 정부개입의 확대와 계획경제화를 문명에 대한 전체주의의 위협으로 거부하였던 것이다. 하이에크의 이러한 입장은 그의 《예종의 길》(*The Road to Serfdom*)에 잘 나타나 있다. 그는 여기에서 계획경제의 확대를 경계하며 이를 저지하지 못하면 영국조차도 러시아나 독일과 같은 전체주의로 빠져들 것을 경고하고 있다. 하이에크가 20세기 경제적 자유주의의 대표자라는 사실은 그의 주도로 1947년 몽 펠르렝회(Mont Pélerin Society)를 결성하고, 자유주의의 보호를 위해 진력하였다는 것에서 상징적으로 드러난다.

하이예크는 시장경제를 누구보다도 신봉하였다. 그러나 그는 다른 이론가들에 의하여 주장되던 최소비용에 의한 경제적 효율성의 개념 혹은 최대다수의 최대행복과 같은 공리주의적 관점을 신봉하는 것은 아니었다. 그에 의하면 자유경쟁시장의 진정한 가치는 그것이 물질적인 복지를 증진시켜 준다는 측면이 아니라, 개인들의 자발적인 접촉에 의하여 지식의 확대와 제도의 개선을 가져다 주기 때문이라는 것이다. 물질적인 효율성은 이에 부수적인 것이었다. 하이예크에 의하면 시장·화폐·사법제도와 같이 현대사회의 바람직한 모든 제도들은 누구의 계획에 의하여 창조된 것이 아니라 개인들 간의 자발적인 접촉과 교환에 의해 진화된 것이었다. 즉 사회에서 진정한 진화는 적자생존에 의한 인간의 선택이 아니라 제도들의 진화과정이었으며, 이것을 가로막는 계획과 간섭은 자유와 시장에 기초한 진화의 길을 봉쇄하는 것이었다. 또한 정부의 개입에 의한 시장 실패의 교정도 바람직한 것이 아니었다. 시장은 그 자체가 수정과정을 밟기 때문이었다.

하이예크는 분명 자신을 자유방임주의자와 구분하고 있다. 자신이 주장하는 자유주의는 개인들의 행위가 경쟁에 의하여 조정되어야 한다는 신념이지만, 이것이 정부의 개입을 전적으로 배제해야 한다는 입장은 아니라는 것이다. 예를 들어 국가가 도량형 제도가 엄격하게 준수되도록 하는 것은 개입이지만 자유주의의 원칙을 따르는 것이고, 파업과 같은 '폭력적' 행위를 그대로 방치하는 것은 오히려 자유주의와 상치되는 것이다. 마찬가지로 건축에 관한 규제 혹은 공장의 작업조건에 관한 규제들도 자유주의 내에서 수용될 수 있다. 그러나 이러한 규제들은 일시적인 것으로 그치거나 특정 개인에게 선택적으로 적용되어서는 곤란하다. 사회의 모든 구성원들이 규제나 법의 제약 아래에서 자신들 행위의 효과에 대해서 예측할 수 있는 상황이 마련되어야 한다는 것이다. 하이예크는 이것을 '법의 지배(Rule of Law)'라고 칭하였다. 결국 하이예크는 정부의 개입과 규제를 인정하고 있으며 그가 옹호하는 자유주의는 규제되는 자유주의인 것이다. 법의 지배에서는 자원의 최종적인 활용은 개인의 선택의 문제이고, 정부는 규칙만을 정할 뿐이다. 반면 하이예크가 생각하는 계획경제 혹은 사회주의의 가장 중요한 문제점은 예측가능한 시장의 기능이 상실되고, 특정인에 의한 임의적인 결정이 발생한다는 것이다. 이때 정부는 생산수단의 최종적인 사용까지 결정하게 된다. 그러나 정부의 이러한 결정은 원칙에 의한 것이 아니라 자의적인 것이 될 수밖에 없다. 누구의 이익이 더 중요한가의 문제를 특정 개인의 결정에 맡기게 되는 상황이 발생하는 것이다.

하이예크의 자유주의 논의가 주로 철학적인 차원의 것이었음에 반하여, 케인즈주의에 대한 좀더 직접적인 도전은 밀튼 프리드만에 의하여 전개되었다. 프리드만은 케인즈 이후 가장 영향력 있는 경제학자로 인정되곤 하는데, 그의 영향력은 경제이론가로서의 탁월함과 자신의 사상을 대중에게 설파하는 전도사적인 능력이 결합된 결과였다. 프리드만은 20세기 후반기의 가장 정력적인 자유방임적 자본주의의 옹호자였던 것이다.

프리드만의 경제이론은 화폐이론을 중심으로 하고 있다. 물가와 소득의 변화를 설명하는 가장 중요한 변수가 통화량이라는 그의 통화주의(monetarism)는 정책적으로는 케인즈학파의 적극적인 재정정책이나 정부의 인위적인 경제개입에 대한 반대이론으로 전개되었다. 이러한 입장은 19세기 고전파로부터의 경제의 자동조정기능에 대한 신봉의 전통을 계승하는 것이었다. 1970년대는 프리드만의 통화주의가 케인즈주의를 대체하는 전환기였다. 세계적인 불황과 높은 인플레이션은 케인즈 이론에 의지한 정부의 안정화 정책을 무력화시켰고, 대신 1970년대 후반부터 미국과 영국을 중심으로 통화주의에 기초한 경제의 운용이 시작되었던 것이다. 그러나 1980년대 후반부터는 프리드만식 처방의 한계가 노출되면서 통화주의의 영향력은 다시 위축되기에 이르렀다. 결국 통화주의는 케인즈주의를 대체한 것이라기보다는 그 한계를 분명히 노출시키고 새로운 이론을 모색하게 만드는 역할을 수행했다고 평가할 수 있다.

프리드만의 자유주의 이론가로서의 면모는 그의 정부관에서 잘 드러난다. 프리드만의 정부의 역할에 대한 논의는 스미스를 준거로 하여 전개된다. 스미스가 지적한 정부의 세 가지 역할을 평가하면서, 프리드만은 정부의 방위와 치안 및 사법의 기능은 당연한 것으로 인정한다. 다만 여기에서도 그 본연의 기능을 벗어나는 과도한 확대의 위험을 경고하고 있다. 정부의 세번째 기능 즉 공공사업과 시설의 공급 그리고 교육의 제공에 관하여, 프리드만은 상당한 유보를 표명하고 있다. 원론적으로는 프리드만도 그 필요성을 인정하고 있으나, 현실적으로는 특정 정부사업의 비용과 혜택의 정확한 산출에 의하여 그 필요성이 증명되어야 한다는 것이다. 이와 동시에 '시장의 실패'를 해결하기 위한 개입은 오히려 '정부의 실패'를 통하여 사태를 악화시킬 수 있으며, 한번 시작된 정부의 사업은 좀처럼 중단시킬 수 없다는 문제점도 지적하고 있다. 프리드만의 이러한 주장은 정부의 규제 기능에 대한 비판으로 잘 드러난다. 소비자보호와 환경보호 그리고 독과점 규제는 현대사회에서 정부 규제가 필요하다고 인정되는 대표적인 영역이다. 그러나 이러한 활동에 대해서도 그는 대단히 회의적이다. 우선 소비자보호와 환경보호의 영역에서 미국 정부의 규제 조치는 비용에 비하여 효과적이지 못했다고 판단한다. 이러한 문제에 정부가 개입하지 않는다면, 시장에서의 경쟁과 선택을 통하여 보다 적절하게 해결될 것이며, 독과점에 대한 해결책도 정부의 규제가 아닌 시장원리 즉 자유무역의 확대를 통한 국제경쟁의 강화를 통하여 해결될 수 있다고 주장한다. 프리드만의 이러한 입장은 하이예크의 자유주의와 상당한 차이를 보이고 있다. 스미스를 위시한 19세기 자유주의 사상가들이 과연 어느 입장을 옹호할지 궁금해지는 대목이다.

VI. 맺음말

지금으로부터 100여 년 전, 20세기를 눈앞에 두고 유럽과 북미의 선진 세계는 공업화와 신기술 개발에 따른 번영을 구가하고 있었다. 자유무역의 신장은 상품시장을 확대시켰고, 자본과 노동력의 국제 이동은 시장경제의 범위를 이미 전 세계적으로 넓히고 있었다. 시장의 '세계화'는 이미 19세기의 마지막에 이르러 완성을 바라보고 있었던 것이다. 그러나 불과 몇 년 후 자본주의 경제는 제1차세계대전에서 대공황으로 이어지는 암흑기를 경험하였다. 100여 년이 지난 지금의 시장경제는 위기를 스스로 극복할 힘을 갖춘 것일까.

자본주의 경제와 자본주의 사상의 미래를 예측하는 것은 위험한 일이다. 역사상 위대한 사상가들의 예언은 예외없이 잘못으로 판명되거나 시대착오적인 것으로 드러났기 때문이다. 마르크스와 그 후계자들의 경우는 말할 것도 없고, 인구 조절 능력과 경제성장의 가능성을 과소평가했던 맬더스, 산업혁명의 시대에 살았으면서 매뉴팩처나 수공업자들만을 언급했던 스미스도 미래를 내다보는 능력은 부족했던 것 같다. 20세기 자본주의 사상의 진로를 바꾸어 놓았던 케인즈의 이론도 30여 년을 채 유지하지 못하고 그 영향력을 크게 상실해버리고 말았고, 자본주의 세계 내부의 소위 종속과 착취의 관계를 부동의 것으로 예측한 이론도 설명력을 상실한 지 오래이다. 심지어는 최근까지 유행했던 미국 경제의 퇴조론까지 자취를 감추었으며, 시장경제가 경제체제 변화의 종착지라는 주장도 이러한 점에 비추어보면 성급한 예단이 아닐 수 없다.

이러한 문제의 본질은 자본주의 경제가 달성해온 엄청난 생산능력의 확대를 사전에 예견할 수 없었기 때문이다. 생산성의 증가에 따르는 경제성장은 맬더스 이후 마르크스에 이르는 19세기의 모든 비관적인 전망이 기우에 불과했음을 증명했고, 이후 1970년대의 성장한계론에 이르는 모든 암울한 주장도 성급한 것임이 명확해지고 있다. 특히 20세기 후반기에 진행된 세계경제의 장기적 성장은 과거와 비견될 수 없는 급진적인 현상이었으며, 정보혁명으로 불리는 1980년대 이후의 기술혁신은 생산성의 증가가 앞으로도 상당 기간 지속될 현상임을 예상케 해주고 있다. 동시에 자본주의 경제가 가진 경기변동의 심각성도 제2차세계대전 이후 크게 완화된 것으로 관찰된다.

그러나 현재의 세계 자본주의 경제가 불안 요인을 모두 떨쳐버린 것은 아니다. 무엇보다도 심각한 사실은, 제2차세계대전 이후 부국과 빈국들 간의 경제적 격차가 계속 확대되었으며 미래에도 이 추세는 지속될 것으로 전망된다는 점이다. 특히 다수의 저소득국가들이 가지고 있는 식량 문제는 우리가 아직도 맬더스의 세계를 완전히 극복하지 못했음을 상기시켜 주고 있다. 환경문제에 대한 우려와 국제간 대규모 자본이동에 의한 불안정 요인들도 자본주의가 대처해야 할 과제임에 분명하다. 문제는 이러한 불안의 요인들이 전적으로 시장기구에 의해 해결되기는 곤란한 문제들이라는 데 있다. 결국 자본주의 경제에 새로운 위기가 대두될 때, 이를 해결하기 위한 대안으로 정부의 적극적 개입과 그에 따른 시장의 위축이 나타날 가능성은 충분히 잠재해 있다고 생각할 것이다.

주

1) Herbert Heaton, "Criteria of Periodization in Economic History", *Journal of Economic History 15*(1955), p. 268.
2) 카를 마르크스, 《자본론 III》 상권, 김수행 역(비봉출판사, 1990), pp. 400~401 ; R. H. Hilton, "Capitalism-What's in a Name?" *Past and Present,* no. 1(1952).
3) 좀바르트에 대한 비판은 T. S. Ashton, "Treatment of Capitalism by Historians", in F. A. Hayek ed., *Capitalism and the Historians*(Chicago, 1954) 참조.
4) 페르낭 브로델, 《물질문명과 자본주의》 상권, 주경철 역(까치, 1995), p. 12.

5) 같은 책, p. 12.

6) Eric Hobsbaum, "The Crisis of the Seventeenth Century", *Past and Present,* no. 5(1954), p. 40.

7) Eli F. Heckscher, *Mercantilism,* revised ed., vol 1(London, 1955), p. 35.

8) 이러한 해석은 Heckscher에서 비롯된 것이다.

9) A. V. Judge, "The Idea of a Mercantile State", *Transactions of the Royal Historical Society,* 4th series, vol. 21(1939), D. C. Coleman ed, *Revisions in Mercantilism*(London, 1969)에 재수록.

10) D. C. Coleman, "Eli Heckscher and the Idea of Mercantilism", in D. C. Coleman, ed., *Revisions in Mercantilism.*

11) 아담 스미스, 《국부론》 상권, 김수행 역(동아출판사, 1992), p. 410에서 재인용.

12) D. North and B. R. Weingast, "Constitutions and Commitment : The Evolution of Institutions Governing Public Choice in Seventeenth-Century England," *Journal of Economic History* 49(1989), pp. 803~832 참조.

13) Heckscher, *Mercantilism.,* Part V 참조.

14) 중상주의 이후 경제사상의 연구에 탁월한 업적을 남긴 Jacob Viner는 Mandeville을 자유방임사상의 초기 인물로 간주하는 것을 비판한다. 그러나 Viner의 이러한 해석은 다시 비판의 대상이 되었다. Viner, "Introduction to Bernard Mandeville, A Letter to Dion(1732)", in Jacob Viner, *Essays on the Intellectual History of Economics*(Princeton, 1991). Nathan Rosenberg, "Mandeville and Laissez-Faire", *Journal of History of Ideas* 24 (1963), pp. 183~196.

15) 아담 스미스, 앞의 책, p. 8.

16) 같은 책, p. 24.

17) 같은 책, p. 442.

18) 아담 스미스, 《국부론》 하권(동아출판사, 1992), p. 191·208·221.

19) 같은 책, p. 221.

20) Jacob Viner, "Adam Smith and Laissez Faire", *Journal of Political Economy* 35 (1927), pp. 198~232.

21) 이에 관한 상세한 논의들은 John Cunningham Wood, ed., *Adam Smith, Critical Assessments,* vol 1 (London, 1984)에 수록된 논문들을 참고.

22) 자유방임과 경제적 자유주의는 동일한 개념으로 사용되기도 하고 전자를 후자의 극단적 형태로 인식하기도 한다. 여기에서는 대등한 개념으로 사용할 것이다.

23) J. S. Mill, *Principles of Political Economy,* W. J. Ashley ed.(London, 1921), p. 950.

24) David Ricardo, "On the Principles of Political Economy and Taxation", in

Piero Sraffa ed., *The Works and Correspondence of David Ricardo*, vol 1 (Cambridge, 1970), p. 105.
25) John M. Keynes, *The Economic Consequences of the Peace* (New York, 1988 ; originally 1920), pp. 19~20.

개인주의
Individualism

조 지 형

Ⅰ. 개인주의의 개념과 특성

개인주의라는 용어가 사용되기 시작한 것은 19세기에 들어와서이다. 19세기에 출현한 여러 다른 주의들(isms)과 마찬가지로, 개인주의는 다양한 의미를 함축하고 있다. 이미 베버(Max Weber)가 간파하였던 것처럼, 개인주의의 의미는 "극도의 이질성"[1]까지 포함하고 있다. 이질성과 모호성을 가지게 된 이유에는 이 용어가 사용되기 시작하였던 때의 사상·문화적 콘텍스트와 깊은 관련이 있다. 프랑스인들이 최초로 사용하기 시작한 개인주의(individualisme)라는 용어는 프랑스혁명과 그 원인으로 간주되었던 계몽사상에 대한 19세기 유럽의 지적(知的) 반동에서 유래하였다.

개인의 권익과 이성을 지나치게 숭배하고 찬양하는 것을 비난하면서 프랑스혁명의 지적 반동을 처음 이끌었던 사람들은 버크(Edmund Burke)와 메스트르(Joseph de Maistre)와 같은 보수주의자들이었다. 그들은 프랑스혁명이 유럽에 진정한 자유가 아닌 방종을 만연케 하였으며 전통과 권위를 파괴하였다고 주장하였다. 그들은 그 가운데서도 특히 개인의 권익과 이성에 대한 지나친 강조를 지적하면서 개인의 이성이란 본질적으로 모든 사회적 연대성에 배치되는 것이며 이성의 발휘는 곧 정신·사회적 혼란을 초래한다고 비난하였다. 이러한 지적 반동 속에서, 1820년 메스트르는 최초로 개인주의라는 용어를 언급하였다.[2] 그는 프랑스혁명에 의해 혼란과 무질서 속으로 빠져 들어가고 있던 당시 상황을 경고하면서, "이러한 심원하고도 섬뜩한 정신의 분열, 모든 이론의 영원한 파괴가 가장 절대적인 개인주의를 초래하고 있다"[3]라고 적었다.

그러나 개인주의라는 용어를 체계적으로 사용하기 시작한 사람들은 1820년대 중반의 생시몽주의자들이었다.[4] 그들의 주장도 역시 프랑스혁명의 지적 반동의 성격을 띠고 있었다. 그들은 계몽주의와 프랑스혁명의 영향에 따른 개인에 대한 과도한 숭배와 이성의 맹종을 지적하면서 사회의 원자화(元子化)를 경고하고, 유기적이며 조화로운 사회질서의 건설을 추구하였다. 생시몽주의자들은 개인주의가 이기주의를 교사함으로써 사회적, 정치적, 경제적으로 무질서와 혼란을 초래하고 있으며 궁극적으로는 인류의 도덕적 가치를 파괴하고 있다고 비난하였다. 그들은 미래의 유기적 유토피아를 건설하기 위하여 이러한 현재의 위기를 반드시 극복하여야 한다고 주장하였다. 이들에게는 개인주의라는 용어가 전통적인 사회질서의 통일성과 연대성을 파괴하고 사회의 원자화와 무질서를 초래하는 여러 원인들에 대하여 포괄적으로 지칭하는 것으로서 경멸적이고 부정적인 의미를 내포하고 있었다. 개인주의의 이러한 부정적인 정치적, 문화적 상징성과 의미는 카베(Etienne Cabet), 블랑키(Auguste Blanqui), 푸리에(Charles Fourier), 조레스(Jean Jaurès) 등의 사회주의자 혹은 유토피아주의자와, 콩스탕(Benjamin Constant) 등의 자유주의자들에 의하여 재생산되고 확대되었다.

그러나 토크빌(Alexis de Tocqueville)은 1830년대에 개인주의 특유의 자유주의적 의미를 발견하였다. 그는 개인주의를 민주주의의 자연적 소산으로 파악하였다. 물론 그에게도 개인주의는 사회적 유대감과 연대성을 파괴하는 부정적인 것이었다. 그는《미국 민주주의》(*Democracy in America*)에서 개인주의가 몰고 온 개인의 사회적, 정치적, 도덕적 고립 및 공공생활과 공익에 대한 무관심, 사회연대성의 파괴와 사회의 원자화로 인하여 무한정의 폭압적 정치권력이 등장하여 확대될 것이라고 경고했다. 그는 개인주의가 처음에는 단지 공공생활의 덕을 약화시킬 뿐이지만 결국 이기주의로 치달아 사회를 파괴하고 말 것이라고 생각하였다. 그러나 토크빌은 '개성'을 올바르게 계몽화된 자기이익으로 규정함으로써 개인주의의 긍정성을 내다보았다. 그는 개인이 개성을 정당하게 발휘함으로써 역동적이며 적극적인 시민으로서 사회에 참여, 공헌할 수 있을 것이라고 믿었다.[5] 토크빌은 미국여행 경험을 통하여 개인주의의 부정적이며 파괴적인 결과들이 사실상 자유로운 정치체제와 적극적인 시민생활에 의하여 극복될 수 있으리라 확신하였던 것이다.

이러한 개인주의에 대한 토크빌의 관념은 미국의 국가적 가치 및 이상(理想)과 맞물리면서 변용되고 확산되었다. 19세기초 낭만주의에 의해 고취, 앙양된 민주주의의 이상은 모든 사회적 규제와 제한으로부터 개인의 자유가 전제되고 개인의 권리와 정신적·도덕적 성장이 최대로 보장될 때 실현되는 것이라고 간주되었다. 더욱이 개인주의를 토대로 하는 민주주의의 이상은 인류역사의 보편적인 과정인 동시에 목적이며 신의 섭리에 의해 보장되는 역사로 해석되었다. 이러한 인식과 해석은 각 개인의 종교적 능력과 구속(救贖)을 강조한 청교도주의(Puritanism), 개인의 완전성을 신뢰한 초절주의(超絶主義)와 결부되면서 개인주의에 긍정적이며 적극적인 의미를 부여하였다. 더욱이 노예문제와 남북전쟁을 겪으면서 이데올로기의 필요성을 절감하고 있었던 자본주의적인 북부의 문화적 요구는 스펜서(Herbert Spencer)의 자유방임 이론과 사회적 다윈주의의 확산을 통하여 개인주의를 미국적 이데올로기로서 담론화하였다.[6]

독일에서도 낭만주의는 개인주의의 개념에 새롭게 긍정적인 상징성과 의미를 불어넣었다. 프랑스적 개인주의의 부정적인 의미는 18세기의 개인주의로 규정되어 폐기되었다. 이러한 문화적 전환은 개인주의의 개념이 훔볼트(Wilhelm von Humboldt), 쉴레겔(Friedrich Schlegel), 노발리스(Novalis), 쉴라이에르마허(Friedrich Schleiermacher) 등이 주장한 '개성'과 실질적으로 동일시되면서 가능하였다. 그들에게 개성이란 개인의 독특성, 자기 실현, 자기 완성을 주요 이념으로 삼는 낭만적 개념이었다. 사회학자 짐멜(Georg Simmel)이 설명한 바와 같이, 사회의 원자화와 개인의 고립을 의미하는 부정적인 의미의 프랑스적 개인주의와 달리 독일의 '신(新)개인주의'는 양적 의미가 아닌 질적 의미를 갖는 '차별의 개인주의'로서, 본성과 자기실현에서 개개인의 개성이 다른 사람들과 비교될 때 명확히 드러나는 개성의 독특성을 추구하는 것이었다. 말하자면 신개인주의는 단순히 '단일성의 개인주의'가 아니라 '독특성의 개인주의'를 의미하였다.[7] 더욱이 개인과 개성의 개념은 세계관의 이념과 결부되면서 단순히 한 사람의 개인을 지칭하는 것이 아니라 개인과 사회를 포함한 여러 이질적인 다양한 요소들이 유기적으로 통합된 초개인적인 역사적 추동력(推動力), 특히 민족 혹은 국가를 지칭하는 것으로 확대되었다.[8] 이러한 문화적 변용과 의미 확대는 쉴라이에르마허, 헤르더(J. G. Herder), 피히테(J. G. Fichte), 셸링(F. W. J. Schelling),, 헤겔(G. W. H. Hegel) 등 여러 독일 사상가의 지적 세계에서 쉽게 발견될 수 있다.

이와 같은 문화 확산과 의미변화를 통하여 개인주의는 다양한 이질적인 의미들을 갖게 되었다. 개인주의는 처음에 사회와 전통을 위협하고 파괴하는 반사회적인 담론으로 지칭되다가 모든 사회적 규제와 간섭을 벗어나 개인의 개성을 충분히 발휘케 하는 담론으로 간주되었다. 나아가 개인주의는 사회와 역사를 이끌어나가는 신의 섭리의 구현이며 보편적 역사의 실현 혹은 초개인적 문화·역사적 추동력으로서 개인 혹은 민족·국가를 중핵으로 하는 담론으로 변화되었다. 그렇다면 이와 같이 다양한 의미의 개인주의의 스펙트럼 속에서 과연 어떤 의미의 개인주의가 진정한 개인주의인가? 어떤 기본적 요소가 개인주의를 진정한 개인주의로 만드는가? 종교·정치·경제·철학적으로 개인주의는 무엇을 의미하는가? 이른바 '주체의 죽음'을 이야기하는 오늘의 포스트모던 사회 속에서 개인주의는 무엇을 의미하는가? 주체가 사라진 속에서도 개인주의는 살아남을 수 있는가? 이러한 문제의식 속에서 개인주의를 가능한 한 긍정적인 의미로 이해하면서 개괄적으로 살펴보고자 한다.

Ⅱ. 개인주의의 기본 요소

루크스(Steven Lukes)가 지적한 바와 같이, 개인주의에는 다음의 다섯 가지 기본 요소가 있다.[9] 첫번째 기본 요소로서 개인의 존엄성을 들 수 있다. 이 관념은 기독교 전통, 특히 신약적 전통에 연원한다.[10] 본래 유대교에서 인간과 하나님의 관계는 직접적인 개인적 관계가 아니라 이스라엘이라는 선민과의 집단적 관계였다. 하지만 율법화 그리고 예수와 기독교의 등장으로 죄와 참회의 문제는 공동체에 대한 희생과 형벌(즉, 개인의 외적 세계)보다는 개인의 의식(내적 세계)과 밀접한 연관성을 갖게 되었다.[11] 더욱이 "너희가 여기 있는 내 형제 가운데 가장 보잘것없는 사람 하나에게 해준 것이 곧 내게 해준 것(마태 25 : 40)"이라는 예수의 말씀은 모든 개개인이 사회적 신분과 지위에 상관없이 하나님의 자녀로서 소중하게 존중되어야 한다는 언명으로 이해되었다. 이러한 기독교의 개인주의적 전통은 개인의 존엄성을 함축하고 있는 것이며 어떠한 사회적, 국가적 범주도 부차적인 것으로 간주하는 것이다.

그러나 중세의 기독교 세계, 즉 공동체가 개인을 '흡수'하는 유기체적 담론 속에서 개인은 사회 혹은 공동체의 한 부분 혹은 기능으로서 공동선을 추구하는 존재였다. 이러한 공동체적 정치문화 속에서, 기독교 신앙을 공개적으로 비난하여 파문된 사람을 살해하는 것은 전혀 인간의 존엄성에 위배되는 것이 아니라고 인식되었다. 개인은 개인 그 자체로서가 아니라 그가 속해 있는 사회의 한 기능으로 인식되었고,

개인들의 총체로서 공동체는 존재론적 사회종교적 의미에서 개인에 거의 절대적으로 우월하였기 때문이었다. 그러나 중세의 공동체적 담론 속에는 이미 성 아우구스티누스(St. Augustinus)를 통하여 하나님과의 관계에서 "객체와 주체로서 인식되는 개인"의 관념이 출현하고 있었다.[12] 개인의 존엄성은 르네상스에 이르러 공개적으로 찬양되기에 이르렀다. 피치노(Marsilio Ficino)와 같은 인문주의자들은 중세적인 '존재의 대연쇄' 개념틀 속에서 자신의 휴머니즘적 견해를 피력하면서 인간을 "자연의 모든 경이(驚異) 가운데 가장 훌륭한 것"이며 "자연의 중심"이라고 찬양하였다.[13] 이러한 개인의 존엄성에 대한 강조는 루터와 칼뱅의 종교개혁을 통하여 구속(救贖) 문제와 관련되면서 확대 강화되었다.

하지만 인간의 존엄성에 대한 가장 인상적이며 체계적인 주장을 개진한 인물은 칸트(Immanuel Kant)였다. 그는 인간을 합리적인 존재로 규정하고 인간이 자의적인 목적을 위한 수단으로서가 아니라 인간 그 자체의 목적으로 존재하며, 또한 목적 그 자체로서 존중되어야 한다고 주장하였다. 인간의 절대적 존엄성은 궁극적 가치로서의 인간을 전제하는 것이다. 말하자면 개인의 외부에 존재하는 사회적 요소는 부차적, 수단적 가치를 가질 뿐이다. 어떠한 것이든 사회적 요소에 궁극적인 가치를 두는 것은 물신숭배(fetishism)이다. 그러므로 인간의 존엄성은 개인주의의 도덕적 원리를 구성하고 있는 개념이라고 할 수 있다.

개인주의의 두번째 주요 요소로 개인의 자율성을 지적할 수 있다. 자율성이란 각 개인이 자신의 의지와 의사에 따라 자신의 생각과 행동을 결정할 수 있으며, 자신 외에 외부의 간섭과 개입에 좌우되지 않아야 한다는 것이다. 가장 먼저 개인의 자율성을 분명하게 주장한 인물은 아퀴나스(St. Thomas Aquinas)였다. 그는 각 사람이 하나님으로부터 부여받은 지식에 따라 자신의 행위를 시문(試問)해야 한다고 주장하였다. 이러한 자율성의 주장은 루터와 칼뱅의 만인사제설 그리고 각 개인의 신앙과 경건을 최대의 과제로 삼았던 종교개혁을 통하여 강화되었다. 종교개혁가들은 개인의 구원 문제에 오직 자기 자신 외에 어떤 누구도, 설령 그것이 교회나 교황이라 할지라도, 간섭할 수 없다고 확신하였다. 또한 르네상스 인문주의자들은 개인의 자유로운 양심과 자율적인 결정을 강조하였으며, 계몽사상가들은 무엇보다도 이성에 따른 개인의 사적 판단과 결정을 찬양하였다.

이러한 자율성의 원리는 누구보다도 칸트에 의하여 확고하고 체계적으로 개진되었다. 칸트에게 개인의 자율성을 보장해주는 것은 신이 아니라 내적 자아의 의지, 즉 인간 내면의 '자율적 의지'이다. 칸트의 자율적 의지는 진리에 대한 각 개인에게 내재적인 직관적 지식, 즉 정언명령(定言命令)에 따라 행동함으로써 외적(外的) 요구와 이기적 목적에 상관없이 현상계의 이면에 존재하는 실체를 인식할 수 있도록 해준다. 자율적 의지를 통하여 개인은 완전히 독립적인 도덕적 판단을 내리는 행위자로서 규정되며 자연과 우주의 도덕적 중심에 서게 된다. 칸트에게 개인은 도덕적 능력과 도덕적 판단 정합성을 위하여 더 이상 신의 존재를 필요로 하지 않는다. 이러한 자율성은 개인의 적극적 자유를 보장해주며 동시에 행위에 대한 개인의 도덕적 책임과 의무를 촉구한다. 개인의 도덕적 판단과 가치에 따라, 개인의 자율적 의지는 이른바 '합리성'을 갖게 되고 그 개인이 속해 있는 공동체의 도덕적 가치와 목적 그리고 공동선을 실현하는 추동력이 된다. 그러나 개인의 도덕적 판단과 가치가 자율성이라는 이름 아래 결국 '개인적인' 객관성을 띠고 있는 한, 이러한 자율성의 사회적 적극성은 권위 혹은 폭압의 원천이며 근거로서 작용할 수도 있다.

세번째의 주요 요소는 공적 세계 속에서 사적 존재의 향유, 즉 프라이버시이다. 프라이버시는 다른 사람들로부터 어떠한 간섭과 통제도 받지 않고 오직 자신이 원하는 대로 자신의 생각과 행동을 향유할 수 있는 사적 자유이며 사적 생활이다. 물론 고전고대 혹은 중세에 사적 혹은 내적 영역에 대한 약간의 각성과 향유가 있었으며, 이러한 종류의 프라이버시는 주로 종교적인 목적 혹은 공공생활에서 벗어난 개인적 은둔, 개인적인 재충전, 또는 (성적 욕구를 포함한) 욕구충족을 위하여 탐구되었다. 특히 성 아우구스티누스의 《고백록》(*Confessions*)에 나타나는 개인의 내적 세계에 대한 면밀한 탐색과 신앙고백, 그리고 중세 신비주의에서 나타나는 신과의 비밀스러운 직접적인 만남에 대한 추구는 개인의 자아를 상당히 일깨우는 것이었다.

그럼에도 불구하고 근대적 의미의 프라이버시는 모든 공적인 간섭과 침해를 배제하는 사상과 행동의 영역이며 그 향유를 의미한다. 이러한 맥락에서 프라이버시의 강조는 자유주의의 핵심이념인 소극적 자유와 직접적으로 연관성을 갖고 있다. 사실 토크빌이 경고하였던 것은 다름 아니라 근대 시민들이 공공생활에서 물러나 자신의 세계, 즉 프라이버시 속으로 지나치게 칩거함으로써 출현하는 가공할 국가권력의 파괴적인 사회적, 정치적 과정 및 그 결과였던 것이다. 그러나 대부분의 자유주의 사상가들은 토크빌과 달리 부정적 의미가 아니라 공적 침해와 간섭으로부터의 자유라는 긍정적 의미에서 프라이버시를 적극적으로 평가하였던 것이다. 요컨대 진리와 선에 대한 개인적 판단과 이에 따른 개인 생활의 보장은 자기실현을 위한 전제이며 기초 조건인 것이다.

개인주의의 네번째 기본 요소로서 자기 실현 혹은 자기 발전을 들 수 있다. 프라이버시의 이념이 근대적인 의미에서 자유주의적이라고 한다면, 자기 실현의 이념은 낭만주의적이라고 할 수 있다. 자기 실현의 이념과 현상은 이탈리아 르네상스에서 쉽게 발견될 수 있지만, 좀 더 명확하게 구체화된 것은 쉴레겔·쉴라이에르마허·홈볼트 등의 독일 낭만주의자들에 의해서였다. 그들은 개인의 창조적인 발전과 완성을 확고하게 신뢰함으로써 개인의 원자화 그리고 사회와 전통의 분해라는 '단일성의 개인주의'로부터 '독특성의 개인주의'를 향한 전환을 성공적으로 수행하였다. 그들은 개성을 인간의 가장 본질적인 것인 동시에 영원한 것으로 파악하고 개성의 발휘, 즉 각 개인이 자신의 독특한 방법과 노력을 통해 인간성을 실현하는 것을 각 개개인에게 부여된 신의 섭리 혹은 자연법의 구현으로 주장하였다.

그러나 자기 실현이 반드시 사회적 성격을 띠는 것은 아니다. 개인
주의의 부정적인 측면에 주목하고 이를 경고하였던 생시몽주의자, 사
회주의자, 유토피아주의자, 보수주의자, 소수의 자유주의자들에게 자기
실현이란 오히려 사회와 전통, 그리고 역사발전에 저해되는, 혹은 이를
파괴하는 비사회적 또는 반사회적인 것이었다. 또한 밀(John Stuart
Mill) 등의 자유주의자들은 사회의 억압과 간섭에서 벗어나 자기 자신
의 독특한 실현을 추구하였으며, 마르크스 등의 사회주의자들과 크로
포트킨(Pyotr A. Kropotkin) 등의 아나키스트들은 자기 발전을 다른 사
람들과의 공동체 속에서 실현되어야 하는 것으로 파악하였다. 그러나
자기 실현이 어떤 성격을 띠는 것이든 상관없이 각 개인의 이상이며
개인주의의 절대적 최종적인 목적임에는 틀림없다고 할 수 있다.[14]

마지막으로 개인주의는 추상적 개인을 전제로 한다. 개인주의의 담
론 안에서, 개인은 어떤 일정한 이익·욕구·의도가 주어져 있는 존재로
전제되고 사회 혹은 국가는 개인의 필요와 목적에 적절히 반응하며 충
족시켜 주는 사회적 장치와 체제가 이미 마련되어 있는 것으로 상정된
다. 하지만 개인과 사회의 관계는 독립적이며, 사회적 장치와 체제는
개인의 필요와 목적에 대해 종속적인 관계를 갖고 있는 것으로 전제된
다. 개인의 고정된 심리적 특징이 결국 개인의 사상과 행위를 결정하
며, 개인의 이익·욕구 그리고 권리를 결정하게 되는 것이다.

따라서 개인의 주권적 권위는 자기충족적 성격을 띠게 된다. 개인은
이성의 담지자(擔持者) 혹은 신의 이미지의 담지자로 설명되고, 개인의
주권적 권위는 최상인 동시에 최종적이고 사회는 개인의 의지와 권력
의 총체적 결합으로 그려진다. 이러한 추상적 개인의 관념은 특히 근
대 자연권 이론과 사회계약론 그리고 롤즈(John Rawls)의 이론을 통하
여 가장 특징적으로 표출되었다. 이러한 추상적 개인의 허구성을 누구
보다도 심도 있고 명료하게 간파한 인물은 마르크스였다. 그는 인간을
역사의 산물로서가 아니라 자연의 산물로 파악하는 개인주의적 담론을
'환상'이라고 규정하였다. 마르크스에게는 인간이 가장 엄밀한 의미에

서 정치적 존재, 즉 사회적 동물일 뿐만 아니라 오직 사회 안에서만이 개인으로 발전할 수 있는 존재인 것이다.

그러므로 이러한 추상적 개인의 관념은 많은 사상가로부터 비판의 대상이 되어 왔으며, 개인에 대한 새로운 사회적 개념이 모색되어 왔다는 것은 의심할 여지가 없다. 이와 더불어 사회는 단순히 그 구성원의 총합이고 사회구성원은 사회보다 선행하는 실제적인 존재이며 사회에 독립적으로 삶을 영위하는 존재라는 주장이 쉽게 의문시되었고 자연스럽게 반박과 비난의 대상이 되어 왔다. 간단히 말하자면 인간은 본질적으로 사회적 존재이다. 인간은 사회 속에서 존재하고 사회 속에서만이 개인으로 존재할 수 있는 것이다. 그러므로 브래들리(F. H. Bradley)가 지적한 바와 같이, 추상적 개인의 관념은 "분리할 수 없는 것을 분리한 이론적 시도"[15]였다고 할 수 있다. 그럼에도 불구하고 추상적 개인의 관념을 통하여 개진되었던 개인과 사회 자체에 대한 폭넓고 심오한 통찰력과 이해를 전적으로 백안시할 수는 없다. 왜냐하면 실제로 추상적 개인의 관념은 단순히 단위개념으로 존재하는 것이 아니라 개인주의의 다른 요소와 관념들, 그리고 다른 '불순물들'과 섞여 변화하고 움직이면서 현실 속에 존재하기 때문이다.

Ⅲ. 특징화 담론으로서의 개인주의

개인주의는 어떤 사회적 행위·제도·시대의 특징을 규정하고 설명할 때 성격 규명(糾明)의 한 요소로서 사용된다. 물론 이 경우의 개인주의를 19세기의 개인주의와 동일하게 취급할 수는 없다. 비록 이 경우의 개인주의는 구체적으로 어느 정도 일관된 체계를 갖춘 이론 혹은 이데올로기로서 존재하고 있기는 않지만, 사고방식·생활방식 및 실천에서 개인주의적 성향을 다분히 간직하고 있어 그 성향과 성격을 포괄적인 의미에서 개인주의라고 부르는 것이다. 이러한 특징화 담론으로서의 개인주의가 언급되는 대표적인 경우로는 '12세기 개인주의'와 '르네상스 개인주의'가 있다.

부르크하르트(Jakob Burckhardt)가 르네상스 개인주의를 처음 적극적으로 주장한 이래, 약간의 수정과 비판이 가해졌지만 그의 견해는 여전히 숙고할 만한 가치가 있다. 그에 의하면, 르네상스 개인주의는 무엇보다도 이탈리아 르네상스의 시대정신과 세계관의 핵심을 꿰뚫는 특징으로서 자아의 각성, 개인능력의 확신과 개성의 발휘, 그리고 인간의 발견을 의미한다.[16] 르네상스 개인주의는 중세 보편주의의 일률성(一律性)과 통일성의 폭압 속에서 보편적 사회질서의 하나의 부분·기능만으로 폄하되어 왔던 개인의 존재가치를 적극적으로 평가하고 이를 모든 사회적 구속으로부터 해방시켜 절대화하려는 지적 성향을 말한다. 또한 그것은 구체적인 현실 속에서 개인의 독특한 능력의 자유로운 발휘와 계발을 통하여 개인뿐 아니라 인간 자신에 대한 자신감과 신뢰감을 구축하고 인간의 전체성을 확보하려는 지적 인식이다.

이러한 르네상스 개인주의는 예술분야에서 가장 특징적으로 표출되었다. 르네상스 휴머니즘은 고전고대의 고전(古典)을 탐독하고 이를 연구하는 것인 동시에 나아가 그 속에서 인간과 인간성에 대한 새로운 인식을 통해 개체로서의 개인의 우월성과 인간의 전체성을 추구하는 것이었다. 그러나 르네상스인들에게 예술은 무엇보다도 그들의 창조적인 개성과 휴머니즘적 세계관이 거의 아무런 장애 없이 폭발적으로 표출된 분야였다. 기술자로서의 중세 미술가는 예술의 창조적 활동을 통해 사회적 명성과 신망을 얻고 예술가로 격상되었다. 그들은 더 이상 공동체적 요구와 과업에 얽매이지 않고 자신들만의 독특한 사실주의적인 양식을 통해 자신들의 종교적, 철학적, 심리적 감정과 관념을 자유롭게 표현하였다. 심지어 그들은 외적 조건이 아닌 자신의 심리적, 내적 변화에 따라 작업 도중 자의적으로 예술작품의 양식을 변경하기도 하였으며, 미완성 작품으로 남겨두기도 하였다.[17]

이러한 르네상스 시대의 '개인의 발견'은 갑작스럽게 일어난 사건이었을까? 12세기의 개인주의를 주장하는 학자들은 르네상스 시대의 개인의 발견이 14~15세기에 돌연히 발생한 변화라기보다는 11세기 후반 혹은 12세기 중반 이후에 진행된 점진적인 발전의 결과라고 주장한다. 사실 이러한 12세기 개인주의의 주장은 어떻게 중세의 유럽이 오늘날의 유럽으로 전개 발달하였는가에 초점을 둔 '유럽의 형성' 논쟁의 한 부분이며, 보다 작게는 14~15세기의 르네상스(the renaissance)에 못지 않는 르네상스(a renaissance)가 중세에도 존재하였는가를 다루는 '12세기 르네상스' 논쟁의 한 부분이다.[18]

12세기 개인주의는 연속성의 입장에서 중세 세계를 해석한다. 물론 중세 기독교는 단순히 신앙이 아니라 예수의 가르침에 따른 공동체이자 세계로서 개인을 그 한 부분으로 제도화하였다. 그러나 부르크하르트가 주장한 바와 같이, 중세에 인간의 의식이 아직 '꿈꾸듯' 잠을 자고 있었던 것은 아니었다. 기독교는 유럽세계에 점진적으로 개인주의적 세계관을 가져다 주고 있었다. 기독교의 삼위일체와 예수의 이원성(神性과 인간성) 논쟁은 개성에 대한 새로운 해석을 초래하였다. 신의 인격은 예수의 인간됨으로 인간성과 통합될 수 있다고 간주되었고, 인간은 신의 이미지를 따라 창조되었으므로 불멸의 형이상학적 근거를 갖고 있다고 인정되었다. 이러한 공동체적 이상과 관념은 개인에 대한 새로운 관념의 비옥한 토양이 되었다. 성직자와 지식인들은 성경의 적극적 텍스트 읽기와 설교를 통하여 이러한 관념을 점차 새롭게 혹은 때때로 '심오하고도 급진적인 재해석'을 시도하면서 신의 이미지에 적합한 개인의 종교적 책임을 강조하게 되었다.[19]

또한 참된 신앙과 구원을 위하여 참회를 강조한 것은 중세 기독교 세계에 자기 반성과 참회의 문화를 창출하였다. 성 아우구스티누스, 귀베르 드 노겡(Guibert de Nogent), 아벨라르(Pierre Abélard) 등의 참회록적 자서전은 이러한 문화의 대표적 예라고 할 수 있다. 특히 10세기 이후, 중세 자서전 작가들은 점차 자신의 독특한 내면세계와 개성을 깊이 탐구하였으며 기독교 전통의 제한과 틀에 박힌 문학적 수사에서 벗어나 자신에 대한 분명한 자기인식을 표출하기 시작하였다. '죄'에 대한 자발적인 회개와 서술은 자신의 행위에 대한 분석과 반성을 통해 인간 내면의 경험과 자아에 질서와 깊이를 가져다 주었다. 귀베르 드 노겡은 "다른 어떤 것보다도 자기 자신을 자신에게 드러내 보여주고, 외부에(다른 사람들에게) 비쳐지고 있는 것을 자신의 내적 자아 속에서, 즉 그의 마음속에서 되돌아보며, 그래서 마치 자신의 눈앞에 있는 자화상처럼 자신을 설득력 있게 반성하도록 하는 것보다 유익한 설교가 없는 것 같다"고 믿었다.[20] 이러한 참회와 자기반성의 문화는 1215년의 고해의 의무화를 통하여 자기 성찰의 원칙을 확립하는 것으로 이어져 지식인뿐 아니라 일반인들에게도 영향을 끼쳤고, 비록 고해성사의 남용 혹은 의미없는 의식의 반복으로 손쉽게 이어지기도 했으나, 도덕적 자기 충족성을 기반으로 한 자기 반성의 기회를 통해 개인 의식의 중요성을 점차 일깨워 주었다.

개인에 대한 사회의 우월성은 12세기를 지나면서 점차 역전이 되고 르네상스에 이르러 개인의 우월성과 절대성이 분명하고 현저하게 강조되었다. 그러나 의심할 여지없이 르네상스 개인주의는 12세기 개인주의의 단순한 연속도 아니며 단순한 단절도 아니다. 르네상스 자아는 신앙교육적 목적을 위하여 객관화된 자아, 즉 보편적 모범이 아니라 집단과의 차별성과 개별성을 위하여 주관화된 자아, 즉 특수한 모범(천재)이었다. 그러나 르네상스 자아는 성 아우구스티누스의 자아와 같이 자서전적 자아가 아니라 다른 전문작가에 의해 '객관화'되어 묘사된 자아였다. 그 자아는 기독교 신학적 콘텍스트로부터 벗어나 있었을 뿐 아니라 탐욕·자만심·명예심·야망으로 가득차 있는 자아로서 기독교의 제도화된 도덕적 자아관과 세계관의 뿌리까지 흔들어놓았다. 그럼에도 불구하고 르네상스 자아는 아직 진리와 거짓을 최종적으로 결정하는 '주체'는 아니었다. 인간이 '주체'가 되기 위해서는 세계가 더욱 세속화되어 신 중심의 이데올로기에서 완전히 벗어나야 했던 것이다. 그러므로 12세기의 개인주의와 르네상스의 개인주의는 엄밀하게 말해서, 아직 진정한 의미의 개인주의가 아니었다. 우리는 단지 어느 한 시대와 사회의 모습과 특징을 개괄적으로 이해하기 위해 개인주의라는 관념을 적용할 수 있을 것이다.

IV. 합리화 담론으로서의 개인주의

개인주의는 어떤 제도·규범·가치 등을 체계적으로 혹은 교의적으로 합리화하려는 의지와 행위 혹은 이론을 지칭하는 것이다. 19세기에 이르러 가장 전형적으로 발전한 합리화 담론으로서의 개인주의는 정치 분야를 비롯 종교·경제·철학·윤리 등의 분야에서 뚜렷하게 나타났다. 포괄적으로 합리화 담론으로서의 개인주의는 신교주의·자유주의·자본주의와 밀접한 연관성을 갖고 있으면서 역사적으로는 이를 정당화하는 역할을 담당하였다. 개인주의는 근대 시민사회의 자유와 평등 문제에 직·간접적으로 관련되면서 기존질서 안에 포함되어 있던 폭압 문제를 제기하고 이를 새로운 틀 안에서 해결하는 역할을 수행하였다. 또한 다른 한편으로 개인주의는 사회문제를 복잡하게 하고 혼란스럽게 함으로써 오히려 위기와 갈등을 가중시키는 결과를 가져오기도 하였다. 합리화 담론으로서의 개인주의의 역동성과 복잡성을 좀더 쉽게 이해하기 위해서 종교·정치·경제·철학적 개인주의로 편의상 구분하여 설명하도록 하겠다.

종교적 개인주의는 신과 인간 사이에 어떠한 중재적인 존재도 용인하지 않는 직접적인 관계를 추구하며 구원과 종교 문제에 개인의 최종적인 권리와 책임을 강조하는 합리화 담론이다. 종교적 개인주의는 신과 개인 사이의 관계에서 성직자·예식·종파 등의 어떠한 제도와 제도권적 가르침도 부차적인 것으로 간주한다. 또한 종교적 개인주의에서 신과 인간의 관계는 전 인류에 대한 총체적 관계가 아니라 각 개인에 국한되는 개별적 관계로 규정된다. 이러한 종교적 개인주의는 세속적

운동이라기보다는 종교적 운동의 결과이며 르네상스보다는 종교개혁의 결과이다.[21]

종교적 개인주의의 가장 중요한 개념은 이신칭의(以信稱義, justificiation by faith)와 만인사제이다. 신 앞에서 의인으로 불리는 것은 어떤 종교적 제도나 중재자의 권능과 자비에 의해서 이루어지는 것이 아니라 오직 개인의 믿음에 의해서 가능한 것이다. 또한 모든 개인은 신 앞에서 스스로 사제가 되어 자신의 믿음을 유지, 발전시킬 배타적 권리와 ·의무를 갖는다. 따라서 종교적 개인주의는 개인의 진실한 믿음을 위하여 스스로 행하는 자기 반성과 자기 성찰의 가능성을 전제로 하며, 개인은 신의 은총 안에서 자아중심적 존재와 자기 완성적 존재로 규정된다.

이러한 종교적 개인주의의 특징과 성향은 공동체적 성격이 매우 농후한 교파에서부터 사교적(私敎的) 신비주의에 이르기까지 여러 다양한 개신교 교파의 교리에서 특징적으로 발견된다. 비록 루터가 "거의 종교적 개인주의의 화신"[22]에 버금하는 인물로 평가되기도 하지만, 종교적 개인주의를 가장 적절하게 실현하고 표명하고 있는 교파는 칼뱅주의이다.[23] 가톨릭의 집단적 구원에 반대하여 칼뱅주의는 개인의 내적, 종교적 고립과 개별적 구원을 강조하고 예정론(doctrine of predestination)을 통하여 구원문제를 제도와 종교예식에서 완전히 분리하고자 하였다. 그러나 현실적으로 가톨릭 등의 다른 교파의 종교적, 정치적 탄압과 갈등 속에서 종교적 개인주의자들은 자신들의 독자적인 공동체를 구성해야만 했다. 또한 종교적 개인주의자, 특히 칼뱅주의자들은 제네바·스코틀랜드·메사추세츠 등지에서 보여주었던 것처럼 권위주의적이었으며 다른 종교적 믿음과 교파에 대하여 불관용과 탄압의 정책을 실시하기도 하였다. 그러나 종교적 개인주의의 추상적 관념과 이상은 점차 종교적 평등이론을 통하여 모든 믿음의 독립성과 독자성을 인정하는 종교적 다원주의의 지적 토대를 마련하였고 정교분리원칙을 통하여 정치적 억압으로부터 종교적 자유의 길을 열었다. 또한 이러한 경향은 종교적 색채가 점차 퇴색하면서 세속적인 정치·경제·철학적 개인주의의 문화적 배경과 지적 기반을 제공해주기도 하였다.

정치적 개인주의는 종교적 개인주의의 구원문제와 마찬가지로 정치문제에서 개인을 최종적인 권리와 책임을 갖고 있는 존재로 전제하고 어떤 사회적 간섭과 개입도 배제하려는 합리화 담론이다. 정치적 개인주의에서 개인은 그 사회의 시민으로 규정되며 자신의 정치적 요구와 이상을 스스로 결정할 수 있는 합리적인 존재로 간주된다. 나아가 이러한 개인은 이른바 '원칙적으로' 정치적 의미에서 모두 평등하며 자유롭기 때문에, 각자의 정치적 욕망과 이상이 실현될 수 있도록 각 개인에게 동일한 정치권력과 동일한 정치 참여의 가능성이 주어져야 한다고 간주된다. 이러한 이유로 정치적 개인주의는 일반적으로 민주주의의 원천이며 기반이 된다고 믿어진다.

정치적 개인주의의 담론을 구성하는 주요한 개념으로는 사회계약과 대의(代議)가 있다. 근대적 사회계약이론은 특히 홉스·로크·루소에 의해 주창되었으며, 계몽사상을 통해 가장 명확하게 발전하였다. 근대적 사회계약이론에 의하면, 사회는 자연상태에서 이성의 담지자인 개개인의 합리적인 동의에 의해 구성되며 정부의 권위와 정당성은 시민으로부터 유래한다. 즉 개인은 사회와 정부보다 우선하여 존재하며 우월하다. 따라서 사회와 정부는 시민의 이익을 위해 봉사해야 하고 자유로운 선거를 통한 피치자의 합의에 의하여 유지된다. 여기에서 사회와 정부의 존립을 정당화하는 선거는 정치적 개인주의의 담론 속에서 추상화된 주권자로서의 개인의 개념에 의해 규정된다. 선거는 각 개인의 이익을 반영할 뿐 그 사회의 계급이나 세습적 혹은 후천적 신분질서의 이익을 대변하는 것이 아니라고 본다. 왜냐하면 정부의 기본목적은 개인의 권리와 이익을 보호, 충족시키는 데 있기 때문이다.

따라서 정치적 개인주의는 자기이익의 추구라는 원칙에 기초한 자유방임적 정부와 사회질서를 추구한다. 각 개인의 자기 이익 혹은 이기심은 자유방임적 정부와 사회질서의 공공안녕과 정치적 권위를 보장, 합리화하는 근거가 된다. 자연상태를 홉스처럼 부정적으로 판단하든 로크와 루소처럼 긍정적으로 판단하든간에 상관없이, 즉 자연상태의 위험한 '만인에 대한 만인의 투쟁'을 벗어나기 위하여서든 혹은 '자유와 생명 그리고 재산'을 지키기 위하여서든간에 상관없이, 자기 이익의 충족이라는 목표는 이성을 가진 모든 개개인에게 최상의 목표가 된다. 이러한 목표의 효과적인 달성을 위하여 사회계약은 개인간에는 결속의 계약, 지배자에 대해서는 종속의 계약이라는 이중의 정치적 의미를 갖게 된다.[24] 그리고 이와 같은 최상의 목표를 부정하는 어떠한 간섭과 행위도 자연권에 위배되는 것으로 간주되고 '혁명'의 대상이 되는 것이다. 미국의 〈독립선언〉, 프랑스의 〈인권선언〉 등에서 볼 수 있는 바와 같이, 이러한 정치적 논리는 '자연법'과 '자연권'이라는 이름 아래 보편타당한 것으로 정당화된다.

이와 같은 정치적 개인주의의 특징과 성격은 특히 18·19세기의 여러 자유주의적 정치이념에서 발견된다. 정부를 필요악으로 혹은 최소의 정부를 최선의 정부로 파악하는 고전적 자유주의적 이념에서부터, 정부를 단지 국민의 의사를 수행하는 양식으로 파악하는 급진적인 민주주의 혹은 아나키즘에까지 개인의 자연권과 자기 이익에 대한 개인주의적 옹호론이 스며들어가 있다. 또한 정치적 개인주의의 모습은, 만족하는 개인의 수적 우세에서 최상의 사회형태를 찾으려 했던 최대다수의 최대행복이라는 벤담식 공리주의에서도 찾아볼 수 있다. 이러한 정치적 개인주의 사회에서 개인은 자연법에 따라 자유롭고 평등하며, 독립적이고 합리적인 존재이다. 그러나 전통과 관습 그리고 (버크가 말한) "편견이 복잡하게 얽혀 구성된 계서적 사회(보수주의), 개인의 의사에 관계없이 개인이 생산관계 속에 편입되는 착취와 지배관계의 사회(마르크스주의) 혹은 계급사회(사회주의), 다양한 이해관계에 근거한 다양한 집단·단체·조직 등의 복합적 영향관계로 구성된 사회(다원주의)에서 개인은 자유롭지도 않으며 독립적이지도 않다. 이들의 관점에서 볼 때, 정치적 개인주의 안에서 개인이란 천진난만한 허상일 뿐이다. 그럼에도 불구하고 정치적 개인주의는 비록 천진난만하지만 '순수한' 관점에서 기존의 정치구조와 구조물(봉건체제)을 해체함으로써 기존체제와 기득권의 폭압으로부터 개인(시민계급)의 권리를 옹호하여 주었다는 점을 간과해서는 안 될 것이다. 더욱이 정치적 개인주의의 개인은 보수주의에서든 사회주의에서든 다원주의에서든 상관없이 개인의 권리 보장이라는 측면에서 여전히 살아 숨쉬고 있는 이상적 목표인 것이다.

경제적 개인주의는 개인의 경제적 자유를 중핵으로 개인의 이윤을 극대화하고 이를 가능케 하는 경제정책·기구·제도를 합리화하는 담론을 지칭한다. 정치적 개인주의의 사회 개념과 마찬가지로, 경제적 개인주의의 사회 개념은 기본적으로 개인의 경제적 요구에 의하여 구성되는 자유시장이다. 자유시장에서 집단·계급 혹은 생산관계의 영향력과 이해관계는 무시된다. 또한 경제단위로서 개인간의 관계 외의 사회적 간섭과 규제는 거부된다. 따라서 정치적 개인주의의 개인과 마찬가지로 경제적 개인주의의 개인은 독립적이고 합리적 존재로 상정된다. 이러한 경제적 개인주의는 자본주의의 이론적 토대이며 자양분으로서 이를 정당화하는 담론으로 활용된다.

경제적 개인주의의 담론에서 가장 중요한 개념은 사적(私的) 소유와 경제적 자유이다.[25] 경제적 개인주의 아래에서, 개인은 자기 자신의 경제적 이익과 이기심을 충족하기 위하여 '합리적으로' 경제활동을 실행한다. 그리고 개인의 경제적 자기 발전이라는 이 원칙만을 위하여 사회의 경제적 기구·정책·제도가 존재한다. 개인주의적 경제적 장치와 제도는 개개인으로 하여금 스스로 자신들의 각각 독특한 경제적 욕구와 성향 등을 자유경쟁을 통하여 실천, 실현시킴으로써 자유시장을 이른바 '건전하게' 유지시킨다. 이러한 자유경쟁시장 하에서 각 개인의 사적 소유는 '건전하게' 보호되며, 생산·계약·교환에 관한 개인의 경제적 자유는 '건전하게' 실현된다고 믿는다.

이러한 경제적 개인주의의 담론 하에서는 자유방임 체제가 경제적 자유를 가장 적절하게 보장하고 실현할 수 있는 경제체제로 간주된다.

자유방임 체제는 국가간섭의 최소화와 경제적 자유의 극대화를 가장 효율적이고도 적절한 경제제도의 요체로 파악하고 사적 소유에 기반한 자유경쟁의 원리를 부정하는 모든 경제적 활동과 이념을 자연법에 어긋나는 인위적이며 부도덕한 것으로 간주한다. 경제적 개인주의에서 자유경쟁의 원리는 단순한 특정사실에 근거한 추상적 주장이라기보다는 사실의 인과관계를 이론적으로 분석하려는 논리적이며 보편적인 경제적 원리일 뿐만 아니라 보편적인 정치적 요구로서 강조된다.[26] 따라서 이러한 자유경쟁 원리의 내재적인 정치적 성격은 근대 시민계급이 과학과 자본주의의 발달을 통하여 절대왕정을 타도하여 시민사회를 확보하고 나아가 민족국가를 건설하고 팽창하려는 욕구와 행위(제국주의)를 경제적 개인주의의 자연스러운 논리적 연장으로 정당화한다.[27]

또한 동일한 맥락에서, '보이지 않는 손'에 의하여 '합리적으로' 움직이는 자유시장 체제를 주장하는 아담 스미스와 리카도 등의 고전경제 이론은 최선의 정부를 최소의 정부에서 찾았던 로크 등의 고전적 자유주의와 함께 최소정부·경찰국가의 합리화 담론을 공유하고 있다고 할 수 있다. 그러나 사회복지와 노동조합의 결성을 반대하였던 자유주의적 정치가들과 달리, 아담 스미스와 같은 고전경제 이론가들은 작업환경·건강·위생과 같은 부문에서 부분적으로 국가 간섭을 용인하였다. 사실 경제적 개인주의의 담론을 극도로 발전시키고 옹호한 사람들은 오히려 20세기의 경제적 보수주의자인 미제스(Ludwig von Mises), 프리드만(Milton Friedman), 하이예크(F. A. Hayek) 등이었다. 이들은 20세기의 복지 자유주의의 포괄적인 경제계획과 재분배 및 복지정책의 실천에 직면하여 효과적인 경쟁체제를 기반으로 하는 자유문명 세계와 '진정한' 개인주의를 옹호하려고 하였다. 그들에게서 복지자유주의는 사회에 대한 개인의 '굴종의 길'이며 자본주의를 사회주의와 전체주의로 끌어내리는 경제적으로 비효율적인 '미끄러운 비탈길'로 간주되었다.[28] 비록 19세기의 경제적 개인주의가 독점자본주의의 등장과 확대를 정당화하기도 하였지만, 그동안 정부와 국가 혹은 사적(私的) 개인의 간섭과 규제에 의해 억눌려 있었던 개인의 경제적 창조성과 노력이 발휘되도록 분위기를 조성하여 주었다. 특히 20세기의 경제적 보수주의자들은 과도하고 비효율적인 복지정책이 개인을 나태하게 하고 경제구조를 왜곡, 파괴시킨다는 사실을 명확하게 인식시키는 데 일조하였던 것이다.

철학적 개인주의는 개인을 지식의 주체로 파악하고 개인적 경험을 지식의 근원으로 규정함으로써 개인의 외적 세계에 존재하는 지식에 대한 정당성을 배제하고 자신의 내적 지식을 절대화하려는 합리화 담론이다. 철학적 개인주의에서 개인은 세계와 우주에 존재하는 모든 것들을 관조하고 명상하는 존재가 아니라 자연과 역사를 포함하여 존재하는 모든 존재자 전체를 인식대상, 지식대상으로 삼는 존재, 즉 주체가 된다. 철학적 개인주의는 필연적으로 오직 개인만이 모든 존재자로부터 독립하여 존재하며 자율성을 갖는다고 주장한다. 왜냐하면 개인으로서의 인간을 제외한 다른 존재자가 독립성 혹은 자율성을 갖게 된다면, 인간은 지식의 객체로 전락할 수밖에 없기 때문이다.

철학적 개인주의에서 가장 중요한 핵심적 개념은 권력이성의 주체로서의 인간이다. 데카르트가 처음으로 가장 분명하게 제시한 바와 같이, 철학적 개인주의는 인간의 존재에 대한 절대 확고부동한 기초를 "나는 생각한다, 그러므로 나는 존재한다(*cogito ergo, sum*)"는 언명(言明)에서 찾는다. 철학적 개인주의에서 개인은 단순히 자기 자신의 존재를 사유하는 주체일 뿐 아니라 다른 모든 존재자의 존재를 대상·객체로서 사유하는 주체이다. 즉 진정한 주체는 자신 외의 존재자를 사유할 때 그 존재자와 '동시에' 사유되며 '함께' 현존하게 되는 존재자인 것이다. 따라서 주체는 모든 존재자의 존재 근거가 되는 절대부동의 기초가 된다. 이러한 주체는 역사와 자연의 중심에 서서 역사와 자연의 힘과 작용을 분석, 해명하고 주인으로서 이를 지배하고 관리한다. 그러므로 철학적 개인주의에서 개인은 개인의 욕구에 따라 역사와 자연을 독점, 지배, 이용하는 능동적 이성이며 권력이성이다.

이러한 철학적 개인주의는 객체·존재 우선의 철학을 주체·의식 우

선의 철학으로 변화시킴으로써 현대 주체성 철학의 기본적 토대를 형
성하였다. 신 중심의 이데올로기에서 완전히 벗어난 인간은 더 이상
신의 피조물이 아니었다. 인간은 자신(주체)의 의식(사유)에 따라 세계
와 우주의 모든 존재자의 존재와 의미를 결정하는 형이상학적 절대자
가 되었다. 그러나 데카르트적 절대자(주체)는 인식질서와 존재질서 사
이에 발생할 자아분열을 내포하고 있었다. 이분법적 질서 속에서의 자
아분열과 그 간극은 개인으로서 인간의 전체성과 통합성, 즉 개성을
확보하는 데 장애가 되었다. 이러한 자아분열과 형이상학적 간극을 화
해시키려는 노력이 라이프니츠(G. W. Leibniz), 흄(David Hume), 버클리
(George Berkeley), 칸트, 셸링, 헤겔 등에 의해 이루어졌다.[29]

철학적 개인주의는 인간을 권력이성의 주체로 만들어 자연과 역사
의 주인이 되게 하였다. 그러나 주체인식 과정에서 인간(개인)은 인간
(또 다른 개인)을 객체화하고 종속시키는 것을 정당화한다. 또한 논리적,
보편적, 절대적 권력이성의 주체를 중핵으로 하는 주체성의 형이상학
은 역사와 자연의 지배를 통하여 현대 과학기술 문명의 기초와 발전,
현대 서양문명의 토대와 확대를 제공, 정당화하였지만, 다른 한편으로
자연(환경)의 비윤리적 오용과 악용, 다른 사람들과 그들의 문화(계급·
인종·민족·국가)의 종속을 정당화하였다. 또한 철학적 개인주의는 현대
성의 기본적 특징으로서 주체/객체, 주관/객관, 절대성/상대성, 진리/허
위 등의 이항대립적 담론구조를 형성하고 고착화하는 데 거의 결정적
으로 기여함으로써 자아분열과 소외를 사회화, 국제화하고 인간사회와
국제사회에서 억압과 종속의 대상으로서 영원한 타자(the other)를 창출
하였다. 그럼에도 불구하고 철학적 개인주의는 인간의 주체적 인식을
통하여 자연과 역사의 중심에 인간을 위치시키는 이른바 '인본주의'를
구체화하였다. 개인은 자신의 사유와 행위에서 최종적이며 절대적인
권위를 가지게 되었으며 이에 따라 최종적인 책임도 떠맡게 되었다.
요컨대 철학적 개인주의는 도덕적 원칙과 가치, 그리고 도덕적 판단의
근본적인 원천과 기준을 개인에 위치시키는 윤리적 개인주의의 형이상

학적 토대를 마련하였던 것이다.

V. 설명 담론으로서의 개인주의

개인주의는 어떤 가치·행위·사건·규범·제도·체제 등에 대한 체계적인 설명과정의 준거틀이며 근거로서 사용된다. 개인주의는 설명대상의 문제를 분석하고 그 해결 혹은 이해를 위하여 이용되는 설명담론이다. 이러한 방법론적 개인주의는 특히 사회적 집단적 거대(巨大) 대상을 개인적 미세(微細) 행위와 전략의 관점에서 설명하려는 담론이다. 달리 말하면 설명담론으로서의 개인주의는 연구자의 연구성향에 관한 것이며 연구방법의 방법론적 성격 자체에 관한 것이다.

방법론적 개인주의에서 무엇보다도 중요한 관념은 개인의 역사 추동성(推動性)이다. 기본적으로 방법론적 개인주의는 개인을 역사형성과 사회변동의 유일한 추동인자로 간주한다. 그리고 개인이라는 관점에서는 모든 사회현상과 변동을 설명할 수 있다고 주장한다. 구체적으로 방법론적 개인주의는 개인의 역사 추동성에 대한 설명·이해에서 이기적 혹은 합리적 동기를 중요시한다. 그러나 이러한 이기적, 합리적 동기에 대한 방법론적 차별성이 비이기적 혹은 비합리적 동기에 의해 설명될 수 있는 특별한 경우를 배제하는 것은 아니다. 형이상학적, 방법론적 개방성을 위하여 방법론적 개인주의에서의 개인은 개인의 물리적 자원과 환경까지를 포함하는 포괄적인 의미를 갖는다. 그럼에도 불구하고 역사형성과 사회변동에서 비개인적·비인간적 요소들은 각 개인의 최종적인 결정에 부차적인 중요성을 가질 뿐이라고 본다. 마르크스주의 등과 같은 역사법칙주의의 '빈곤'과 총체론적 연구방법론을 신랄하게 비판하였던 포퍼(Karl Popper)가 지적한 바와 같이, 역사에 의미를 부여하는 것은 바로 인간이기 때문이다.[30] 개인은 비개인적 요소들에 대한 자신의 일련의 독특한, 무의식적 혹은 의식적 반응을 통하여 역사를 형성하고 사회를 변화시키는 것이다.

따라서 방법론적 개인주의는 기본적으로 총체론(wholism)과 대치되는 담론이다. 방법론적 개인주의는 사회가 유기체적 전체를 구성하고 있어서 본질적으로 사회적인 성격을 갖는 거대법칙에 의해 지배된다는 총체론을 부정한다. 방법론적 개인주의는 개인의 행위를 제도 안에서는 개인의 '역할'을 통하여, 유기체적 사회체제 안에서는 제도의 '기능'을 통하여 설명하려는 접근방법의 정당성을 거부한다. 방법론적 개인주의는 또한 기본적으로 계급·민족·인종·전통 등과 같은 집합체를 가지고 역사형성과 사회변동을 설명하려는 총체론의 설명양식을 거부한다. 따라서 총체론적 방법론은 개개인의 욕구·성향·신조·상호의존성, 그리고 개인의 물리적 자원과 환경 등을 제대로 분석 이해하지 못하는 "최하급의 설명"[31]에 지나지 않는다고 간주된다.

또한 방법론적 개인주의는 사회를 구성하고 있는 개인들의 행위와 성격을 통하여 사회적 행위·과정·구조·제도 등의 모든 사회적 현상을 설명하려는 담론이다. 방법론적 개인주의는 복잡한 것을 간단명료하게 설명할 수 있다는 심미적 이점과 긴 시간에 걸쳐 형성된 구성물을 단기구성물을 통하여 설명함으로써 혼동의 위험성을 줄일 수 있다는 과학적 이점이 있다.[32] 물론 이러한 장점 못지 않게 여러 단점이 있는데, 그 하나는 방법론적 개인주의가 필연적으로 환원주의적(reductionist) 성격을 갖고 있다는 점이다. 이러한 환원과정은 사실과 유리된 콘텍스트에서 일어나며, 지나친 단순화에서 오는 조야성(粗野性)을 드러낸다. 그러나 방법론적 개인주의는 사회구성원인 개인간의 관계에서 모든 사회현상의 인과관계를 찾는 원자론적 이론과는 다르다. 방법론적 개인주의는 개개인이 가지고 있는 이타심·질투와 같은 감성과 정서 사이의 상호의존성을 인정하며 동시에 게임이론에서 보듯이 개개인이 서로 강력하게 영향력을 주고받는, 다른 사람의 결정과 행위의 상호의존성을 수용한다.[33] 따라서 방법론적 개인주의는 개개인의 행위의 결과가 개인의 목적과 의도에 반드시 일치한다고는 주장하지 않고, 오히려 개인행위와 그 결과 사이의 간접성, 비예측성, 그리고 복잡성을 주장한다.

이러한 맥락에서 방법론적 개인주의의 적용이 반드시 윤리적 개인주의의 수용을 의미하는 것은 아니다.[34] 오히려 방법론적 개인주의는 어떤 사회적 거대 사건·현상·구조를 어떤 개인의 욕망·신념·성격의 단순한 결과로 간주하거나 그 개인을 희생양으로 삼는 것을 거부한다. 오히려 방법론적 개인주의는 개개인이 처해 있는 복잡한 개인간의 관계와 문화적 상황의 변화를 통해 불행스런 역사의 변화를 희구하는 방법론이다.[35] 방법론적 개인주의는 계급·인종·민족·전통과 같은 비개인적인 요소에 독립성을 부여하여 개인의 직접적인 역사적 책임에 대한 회피를 조장해온 과거의 방법론을 반성, 질타하는 것이다. 요컨대 방법론적 개인주의는 개인으로서의 인간만이 역사에 대하여 책임을 질 수 있다고 보는 것이다.

VI. 맺음말

개인주의는 '주체'에 대한 특징화, 합리화, 설명 담론이다.[36] 개인주의는 주체성 담론을 통하여 개인(인간)을 세계·역사·자연·우주 속의 중심으로 옮겨놓았다. 개인주의를 통하여 개인은 종교적·정치적·경제적·철학적으로 주체가 되었으며 타자에 대한 권력과 자신에 대한 책임을 부여받았다. 부르크하르트와 같이 개인주의에 강력히 영향받은 역사가들은 역사 속에서 '개인의 발견'을 통하여 개인의 역사를 구축하였으며, 개인의 관점에서 모든 사회현상을 분석, 이해하려고 하였다. 그러나 다른 한편으로, 개인은 자신이 아닌 모든 것(세계·역사·자연·우주)을 보편적, 영속적 타자(the other)로서 억압과 종속의 대상(객체)으로 만들고 이에 대한 절대적, 능동적 권력을 장악하였다. 따라서 개인주의는 가진 자의 이데올로기로 쉽게 변질되는 경향이 매우 농후하였다. 정치·경제·문화 분야뿐 아니라 국내·국제 사회에서 개인주의는 부르조아지의 성장 및 자본주의의 팽창과 밀접하게 연결되었던 것이다. 더욱이 파시즘·인종차별주의·제국주의·인종 대학살 등에서 보여주었던 것처럼, 개인은 다른 개인을 완전히 객체화, 물화(物化)함으로써 스스로 인간적 존재로서 존립하기를 포기하기도 하였다.

인간은 본질적으로 홀로 생존할 수 없는 사회적 존재라는 점에서, '개인'은 발견된 것이 아니라 창조된 것이었다. 하지만 그것은 거짓 혹은 허위라는 의미에서 허구가 아니라 만들어진 것이라는 의미에서의 픽션, 즉 가상세계의 진리이다. 개인주의의 개인은 계몽사상과 프랑스혁명의 물결 속에서 모든 외부의 억압과 간섭으로부터 벗어나려고 몸부림치는 간절한 갈망 속에서 자율적인 존재로서 존경을 받으며 자신을 실현해 나가려는 추상화(抽象畵) 속의 주인공이다. 이러한 이유로 폭압 속에 있는 혹은 그러한 속에 있다고 믿는 모든 개인들과 공동체에게 개인주의의 개인은 아직까지도 거센 저항의 이데올로기적 도구가 될 수 있다.

그리고 좀더 넓게는 개인주의란 '모더니티(modernity)'라고 부르는 기획 혹은 거대담론의 일부이다. 다른 근대적 주의들(isms)과 마찬가지로, 개인주의도 주체와 객체, 인식질서와 존재질서, 초시공성과 시공성, 절대성과 상대성, 진리와 허위, 선과 악 등의 이항대립적 담론 속에서 성장하고 영향력을 발휘하였던 것이다. 이러한 이유로 이항대립적 담론 속에서 개인주의는 스스로 자기분열 내지는 자기모순의 성격과 모습을 드러낼 수밖에 없었다. 하지만 개인주의를 올바르고 정당하게 평가하기 위해서는 모더니티의 담론 안에서 개인의 관념을 둘러싸고 벌어졌던 갈등과 대화, 즉 개인과 자아, 개인과 주체, 보편적 개인과 특정 개인, 타자와 동시에 그리고 함께 주체가 되는 상호주체성의 개인들, 그리고 다원적 개념으로서의 주체와 개인 사이의 다양하면서도 역동적인 갈등과 대화를 충실히 고려해야 한다. 나아가 포괄적으로는 모더니티와 포스트모더니티 사이에서도 그러한 대화가 진행되고 있다는 것을 염두에 두어야 한다.

사실 개인주의 문제는 포스트 모더니즘과 이에 관련된 사상적·정치적·문화적 논쟁에서 중핵을 이루고 있다. 푸코(Michel Foucault), 데리다(Jacques Derrida), 라캉(Jacaues Lacan), 부르드외(Pierre Bourdieu), 알튀세(Louis Althusser) 등의 반(反)인본주의의 공격은 다름 아닌 개인주의를 바탕으로 하는 이른바 '인본주의'와 그것을 기반으로 하는 서양 지적 전통과 담론에 대한 문화적 반란이기 때문이다. 권력과 지식(푸코), 언어와 기호(데리다), 무의식적 열망과 충동(라캉), 사회경제적 요소(부르디외, 알튀세)에 의해 자율성과 주체성을 잃어버린 현실 속의 개인에게 있어서, 이른바 '인본주의'는 진정한 인본주의의 추구를 위하여 오히려 해체의 대상일 수밖에 없는 것이다. 그러므로 개인에 대한 진정한 이해와 인식은 모더니티와 포스트모더니티라고 부르는 것에 대한 전반적이며 총체적인 재검토를 통해서만이 가능할 것이다.

주

1) Max Weber, *The Protestant Ethic and the Spirit of Capitalism*, trans. Talcott Parsons(London, 1930), p. 222.

2) Steven Lukes, "The Meanings of 'Individualism'", *Journal of the History of Ideas*, XXXII(1971), p. 46.

3) Joseph de Maistre, "Extrait d'une Conversation", *Oeuvres Complètes*(Lyon, 1884~7), XIV, p. 286.

4) Yehoshua Arieli, *Individualism and Nationalism in American Ideology*(Cambridge, 1964), 221 ; Lukes, "The Meanings of 'Individualism'", p. 47.

5) Arieli, *Individualism and Nationalism in American Ideology*, p. 196.

6) *Ibid.*, pp. 246~347.

7) Georg Simmel, "Individual and Society in Eighteenth and Nineteenth Century Views of Life : An Example of Philosphical Sociology", *The Sociology of Georg Simmel*, trans. and ed. K. H. Wolff(Glencoe, Ⅲ., 1950), pp. 78~84.

8) Louis Dumont, *Essays on Individualism : Modern Ideology in Anthropological Perspective*(Chicago, 1986), pp. 113~148.

9) Steven Lukes, *Individualism*(Oxfordl, 1973), pp. 45~87. 루크스의 주장에 대한 비판적인 검토로는 김영한의 《서양사론》 16집 pp. 107~114과 R. P. Hisks, *Community without Coercion : Getting Along with the Minimal State*(Newark, 1982), pp. 13~17을 참조.

10) A. D. Lindsay, "Individualism", *Encyclopedia of the Social Sciences*(New York, 1930~33), Ⅶ, p. 676.

11) Julian Jaynes, *The Emergence of Consciousness in the Breakdown of the Bicameral Mind*(New York, 1976), 318 ; John E. Smith, "The Individual and the Judeo-Christian Tradition", in *The Status of the Individual in East and West*, ed. Charles A. Moore(Honolulu, 1968) 참조.

12) John Freccero, "Autobiography and Narrative", in *Reconstructing Individualism*, ed. Thomas C. Heller, et al.(Stanford, 1986), p. 17.

13) P. O. Kristeller, "The Philosophy of Man in the Italian Renaissance", *Italica*, ⅩⅩⅣ(1947), p. 100에서 재인용.

14) Lukes, *Individualism*, pp. 71~72.

15) F. H. Bradley, "My Station and Its Duties", in *Ethical Studies*, 2d ed.(Oxford, 1927), p. 171.

16) 차하순은 르네상스 개인주의의 개념을 첫째, 집단에 대립되는 개인을 논하는 개인주의, 둘째 개성(personality)의 발휘 또는 자아의 각성이라는 면에서의 개인주의, 셋째 문학작품을 포함하는 서술일반 및 미술작품에 나타나는 개별적 부분에 대한 상세한 묘사와 사실적 표현에서의 개인주의로 구분하여 설명하고 있다. 차하순, 〈Renaissance Individualism의 개념〉, 《서양사론》 Ⅳ (1963), pp. 50~74.

17) Rudolf Wittkower, "Individualism in Art and Artists : A Renaissance Problem", *Journal of the History of Ideas*, ⅩⅦ(1961), pp. 291~302.

18) 12세기 르네상스의 대표적 연구로는 Charles Homer Haskins, *The Renaissance of the Twelfth Century*(Cambridge, 1927)을 참조. 12세기의 개인주의는 누구보다도 모리스(Colin Morris)에 의해서 가장 명확하게 주장되어졌다. Colin Morris, *The Discovery of the Individual, 1050~1200*(London, 1972).

19) Aaron Gurevich, *The Origins of European Individualism*, trans. Katharine Judelson(Oxford, 1995), p. 175.

20) Morris, *Discovery of the Individual*, p. 67.

21) Ernst Troeltch, *The Social Teaching of the Christian Churches*, trans. Olive Wyon, 2 vols.(New York, 1960), Ⅰ : 328.

22) R. S. Devane, *The Failure of Individualism : A Documented Essay*(Westport, Conn., 1948.), p. 29.

23) Troeltch, *Social Teaching*, Ⅰ : 88 ; Lukes, *Individualism*, 95 ; Dumont,

Essays on Individualism, pp. 52~59.

24) Dumont, *Essays on Individualism*, pp. 72~92.

25) Hector M. Robertson, *Aspects of the Rise of Economic Individualism*(Cambridge, 1933), p. 34.

26) Gunnar Myrdal, *The Political Element in the Development of Economic Theory*, trans. P. Streeten(Cambridge, 1955), p. 4.

27) 이러한 맥락에서 맥퍼슨(C. B. Macpherson)의 '소유적 개인주의(possessive individualism)'의 분석은 특히 주목할 만한 것이다. C. B. Macpherson, *The Political Theory of Possessive Individualism* (Oxford, 1962). 소유적 자유주의에 대한 국내 소개에 관해서는 임희완, 《역사의 이해》(건국대학교 출판부, 1996), pp. 265~270을 참조.

28) Frederick A Hayek, *The Road to Serfdom*, 6th ed.(Chicago, 1944).

29) Alain Renaut, *The Era of the Individual : A Contribution to a History of Subjectivity*, trans. M. B. DeBevoise and Franklin Philip (Princeton, 1997), 특히 pp. 61~138 참조. 강영안, 《주체는 죽었는가 : 현대 철학의 포스트 모던 경향》(문예출판사, 1997), 특히 pp. 103~179 참조.

30) Karl Popper, *The Open Society and Its Enemies*, 4th ed., 2 vols.(New York, 1962) ; idem, *The Poverty of Historicism*, 2d ed.(London, 1961).

31) J. W. N. Watkins, "Historical Explanation in the Social Sciences", in *Patrick Gardiner*, ed., *Theories of History* ed. Patrick Gardiner(Glencoe, Ⅲ., 1959), p. 505.

32) John Elster, "Marxism and Methodological Individualism", in *Individualism : Theories and Methods*, eds., Pierre Birnbaum and Jean Lea, trans. by John Gaffney(Oxford, 1990), p. 47..

33) *Ibid.*, 48.

34) 윤리적 개인주의에 대한 간략한 설명에 관해서는 Lukes, *Individualism*, pp. 99~106 참조.

35) Watkins, "Historical Explanation in the Social Sciences", p. 510.

36) Pierre Birnbaum and Jean Leca, "Introduction", in *Individualism*, pp. 1~14.

Ⅱ. 집단과 전체에 대한 헌신

민중주의
Populism

안 윤 모

Ⅰ. 머리말

흔히 인민주의로 알려진 민중주의(Populism)라는 용어는[1] 역사적 현상을 설명하는 데 아주 쓸모가 많다. 왜냐하면 그것은 사회주의·아나키즘·파시즘과 같은 급진주의적인 이데올로기의 틀 안에서는 잘 이해되지 않는 많은 사회현상을 설명할 수 있기 때문이다. 그럼에도 이제까지 민중주의의 중요성은 제대로 인정받지 못하였다. 그것은 러시아의 나로드니키, 미국의 민중당, 아르헨티나의 페론주의자들, 그리고 1950년대 프랑스의 푸자디스트 및 1990년대 미국의 '백인민병대'를 가리키는 정도로 희미하게 기억되고 있을 뿐이다. 특히 사회주의나 파시즘과 혼동되어 그 속에 파묻혀 버리는 경우, 그것은 단순한 감정이나 증후군으로 무시되는 경우가 많았다.

그러나 민중주의는 그 나름대로 이론체계를 갖춘 하나의 이데올로기로 인정되어야 할 뿐만 아니라 역사적 현상을 설명하는 주요한 도구로서 사용되어야 할 필요가 있다. 좀더 직접적으로, 그것은 구한말의 동학운동, 오늘날의 북한을 비롯한 제3세계의 후진국들에서 일어나고 있는 현상을 이해하는 데 적용될 수 있는 것이다.

아주 기본적인 의미에서 민중주의는 '민중(the people)'의 도덕성과 생산성을 찬양하고, '민중'이 사회를 지배해야 한다고 믿는 마음이라고 정의할 수 있다. 피터 와일즈(Peter Wiles)의 표현을 빌리면 "민중주의는 압도적인 다수를 이루고 있는 순박한 민중 속에, 그리고 그들의 집단적 전통 속에 미덕이 깃들어 있다는 대전제에 토대를 둔 신조나 운동"인 것이다."[2]

그러나 구체적으로 민중이 누구인지, 또한 민중이 요구하는 것은 무엇인지, 그리고 그것의 목표에 도달하기 위한 수단은 무엇인지와 같은 구체적인 문제라는 관점에서 보면, 민중주의는 아주 복잡한 모습으로 나타나게 된다. 그러므로 여기서는 수많은 종류의 민중주의의 내용들 가운데서 공통적인 것만을 추출함으로써 그것의 일반적인 개념을 정의하고자 한다. 이 문제를 다룰 때 필자는 세 가지 문제에 초점을 맞추었다. 첫째는 하나의 이데올로기로서 민중주의가 어떤 이론을 가지고 있는가 하는 문제이다. 둘째는 구체적으로 민중은 누구를 가리키는가 하는 문제이다. 셋째는 민중주의를 진보적인 이념으로 볼 것인가 아니면 보수적이고 반동적인 이념으로 볼 것인가 하는 문제이다.

Ⅱ. 민중주의 이론의 특징

1. 반엘리트주의와 음모설

민중주의의 본질이 '민중'을 최고의 가치로 열렬히 찬양하고 '민중'에 호소하려는 태도라고 한다면, 반대로 그것은 '민중'의 반대자들을 가장 증오하는 태도라고도 정의할 수 있다. 바꾸어 말하면, 민중주의는 민중의 적(敵)들, 즉 사회를 지배하는 '엘리트'에 대한 분노의 감정이라고 할 수 있는 것이다. 그러한 의미에서 해리 레이저(Harry Lazer)는 민중주의가 '민중의 다수 의견이 엘리트적인 소수에 의해 억제되고 있다는 믿음이다'[3]라고 정의했던 것이다.

　이러한 관점에서 본다면 민중주의 이론의 출발점은 반엘리트주의(antielitism)이다. 다시 말해 민중주의는 근본적으로 권력의 중심에서 소외되어 있다고 느끼는 사람들의 이데올로기이며, 따라서 반체제의 이데올로기이며, 힘 있는 자들 앞에서 자신의 왜소함과 무력감을 느끼는 자들과 소시민의 비애를 표현한 이념인 것이다.

　그러나 민중의 적, 즉 엘리트가 구체적으로 어떤 사람들이었는가에 대해서는 시대와 지역에 따라 의견이 달랐다. 러시아의 '나로드니키'에게 민중의 적은 관료·지주·성직자·자본가를 포함한 지배층 전체였다. 미국의 민중당에게는 민중의 적이 경제적 조작자들인 금융가와 철도업자 및 산업가들이었다. 그리고 아르헨티나의 페론주의자들에게는 대지주·군부·자본가·지식인들이 민중의 적이었다. 이와는 달리 1980년대 미국의 백인민병대들에게는 진보적인 민주당 정치가들과 그들에게 봉사하는 진보적인 지식인들이 민중의 적이었다.

　엘리트에 대한 증오의 이론적 근거는 도덕적인 것이다. 그것은 민중은 도덕적이며 생산적인데 반해 엘리트는 게으르고 방탕하다는 것, 그리고 민중의 고달픈 생활은 사악한 엘리트들이 민중을 수탈하기 위해 은밀히 음모를 꾸미고 있다는 소박한 생각이었다.

　이와 같은 음모설이 가장 뚜렷하게 나타난 경우가 19세기말 미국의 민중주의 운동이었다. 미국은 전통적으로 기회와 물질적 성취를 강조하는 나라였기 때문에, 열심히 일하면 반드시 부와 행복이 온다고 믿는 마음이 사회 전반에 걸쳐 널리 퍼져 있었다. 그러한 근로윤리(work ethic)는 사실상 국민철학으로서 미국사회에 자리를 잡았다. 그러나 그러한 대중적인 '미국적 꿈'은 소수의 사악한 엘리트의 농간으로 깨지고 있다는 생각이 널리 퍼지게 되고, 그에 따라 분노가 폭발하게 되었는데, 이것이 바로 민중주의의 표현이었다. 그러한 감정은 나중에 1930년대의 휴이 롱(Huey P. Long), 1950년대의 조셉 맥카시(Joseph R. McCarthy) 지지자들에게서 계속 나타났다. 분노의 감정이 나타난 데는 경제적인 요인이 중요했기 때문에, 민중주의 운동은 경제적으로 어려운 시기에 일어났다. 예를 들면 19세기말 미국 민중주의 운동은 중서부 지방의 농업 지대에서 계속되는 가뭄과 농산물 가격 폭락으로 좌절감과 절망감을 느낀 농민들 속에서 일어났던 것이다.

2. 영도자 이론과 영웅주의

민중의 곤경은 기성 정치인들과 지식인들에 의해 고쳐질 가망은 없다는 것이 민중주의자들의 생각이었다. '힘 있는 자들'인 정치인과 지식인에 대한 깊은 불신감을 가지고 있기 때문에, 그들은 부조리의 시정이 민중의 직접 행동에 의해 이루어져야 한다고 생각하였다.

행동은 크게 두 가지 방법으로 나타났다. 첫째는 '특권세력'이 지배하는 정부를 민중의 지배 밑에 놓으려는 직접 민주주의 운동이다. 그러한 운동을 미국에서는 풀뿌리 민주주의(grass-roots democracy)라고 불렀고, 캐나다의 사스카체완에서는 참여 민주제(participatory democracy)라고 불렀다. 그리고 그것을 실현할 구체적인 수단으로서 민중주의자들은 중요한 문제를 민중이 직접 투표로 결정하는 주민투표제, 필요한 법안을 민중이 직접 제출하는 주민발의제, 민중의 이익에 반대되는 행동을 한 공직자를 내쫓는 소환제와 같은 제도의 도입을 추진하였다.

둘째는 반란이나 혁명의 방법을 통해 특권세력을 견제하거나 타도하려는 운동으로서, 보통 의회정치가 발달되지 않은 후진국에서 나타나는 현상이다. 이 경우에 민중은 엘리트에 대항한 '성스러운 싸움'을 벌이게 된다. 그리고 악(惡)에 대한 선(善)의 싸움에서 거인 골리앗을 무찌른 작은 소년 다윗과 같은 평범한 영웅들이 나오게 되고, 평범한 전사들의 영웅적인 행동에 관한 이야기를 통해 민중의 힘을 끌어낸다.

그러나 이와 같은 작은 영웅들의 힘만으로는 막강한 엘리트를 이길 수 없으므로, 민중의 힘을 조직하고 이끌 위대한 영도자가 필요하다. 영도자는 평민의 편에 확실하게 서서 민중과 신비롭게 접촉하며 민중과 생활을 같이하는 위대한 영웅이다. 그는 민중이 무엇을 원하는지,

다시 말해 민중의 전체 의사를 가장 잘 알고, 또한 그들을 대변하는 초인이다. 그는 자신이 새 세상을 이룩할 영도자의 운명을 타고났다고 스스로 믿는 비교(秘敎)의 교주인 것이다.

3. 전통주의와 반지성주의

기성 체제에 대한 대안으로서 민중주의자들이 내놓는 새로운 '유토피아'는 과거에 뿌리를 둔 것이다. 이러한 의미에서 민중주의는 과거의 '좋은 시절'로 되돌아가려는 복고주의적인 기질을 가지고 있다. 그것은 민중의 고통은 사악한 엘리트의 농간으로 과거의 '황금시대'에 있었던 좋은 질서와 가치가 파괴되고 사라진 데서 나오게 되었다는 생각을 가지고 있다. 그러한 의미에서 민중주의는 사회의 변화를 싫어하고 낡은 것을 고수하려는 전통주의자들의 이념이다. 그래서 피터 캘버트(Peter Calvert)는 민중주의를 가리켜, "변화하는 사회 속에서 전통적인 가치들을 실현하려는 농촌 운동이다"[4]라고 정의했던 것이다.

19세기말 유럽과 아메리카의 민중주의 운동은 근본적으로 새로운 산업사회와 도시사회에 반대하고 농촌적이고 농업적인 사회를 유지하려는 것이었다. 그들은 새롭게 나타난 낯선 거대한 산업체, 거대한 노동조합, 거대한 정부에 대해 놀랐고, 또한 두려워하였다. 그리고 거기서 파생된 가혹한 경쟁 체제나 복잡한 법 제도들을 싫어하였다.

이처럼 민중주의가 '옛날의 가치들'에 매달리는 이유는 그것들을 도덕적이고 좋은 것으로 생각하였을 뿐만 아니라 단순하고 친숙한 것으로 생각하였기 때문이다. 이러한 의미에서 민중주의는 근본적으로 미래에 대한 실천계획이라기보다는 과거에 존재했었다고 생각되는 것을 되찾고자 하는 복고 운동이다. 그리고 그것은 변화에 대한 두려움, 또는 변화의 과정에서 일어난 긴장감에 대한 대응이라고 정의할 수 있다.

그 때문에 민중주의자들은 복잡한 이론과 그것을 내세우는 지식인들을 싫어하는 반지성주의(anti-intellectualism), 반합리주의(antirationalism)

의 태도를 가지고 있다. 따라서 민중주의는 과학과 기술에 적대적인 태도를 보이고 종교적인 성향을 드러내는 경우가 많다. 그리고 그것은 역사와 정치에 대해 아주 단순한 시각을 갖고 있다. 그리고 대부분의 경우에는 경제문제에만 관심을 두고 있기 때문에, 그것은 소박한 경제적 결정론에 빠지는 것이 보통이다.

경제적 어려움이 계속되는 지역에서는 곤경에 대한 책임을 다른 사람들에게 돌리는 것이 민중주의의 또 다른 특징이다. 다시 말해 민중주의 운동에는 희생양이 따르게 마련인데, 그것을 정당화하는 이론이 바로 인종주의(racism)이다. 그 때문에 동유럽의 소농 운동에는 반(反)유대주의의 성격이 나타났다. 그것은 특히 폴란드와 루마니아의 농촌 지역에서 두드러졌다. 예를 들어 폴란드에서 유대인들은 지방의 상업과 여관업을 장악하고 있었다. 그들의 생활방식은 근면과 절약을 강조하는 프로테스탄트 윤리와 비슷했기 때문에, 유대인들은 유복하게 살았다. 유대인들은 소농들의 음주와 낭비 생활을 이용하여 돈을 벌고 있었다. 루마니아에서는 유대인들이 소련의 공산주의 사상에 물들어 있다는 생각이 널리 퍼져 있었기 때문에, 여기서의 반(反)유대 감정은 나중에 파시스트 운동으로 연결되었다.

미국의 경우에 그러한 희생양은 소수인종인 흑인이나 이민자들이었다. 이러한 결과를 가져오게 한 점에서 민중주의는 공범자였다. 왜냐하면 민중주의는 토착주의 인종주의적(nativist-racist) 성향을 계속 강화해 왔기 때문이다.

Ⅲ. 농민과 민중주의

1. 생산자로서의 민중

민중주의자들에게 민중은 주로 농민을 가리키며, 이는 오래된 농본주의에 뿌리를 두고 있다. 따라서 그것은 주로 농업적이고 농촌적인 사회에서 산업적이고 도시적인 사회로 넘어가는 과정에서 상대적으로 손해를 본 농민들과 농촌 지역의 감정을 표현하고 있다. 이러한 의미에서 워슬리(Peter Worsley)는 민중주의를 가리켜 "근본적으로 산업자본과 금융자본의 침투로 위협을 느끼고 있는 농촌 사람들의 이데올로기이다"라고[5] 정의했던 것이다.

이 범주에 가장 잘 맞는 두 가지 예는 19세기 말의 미국 민중당(People's Party)과 러시아 '나로드니체스트보'이다. 이들한테서 나타난 민중주의는 근본적으로 농촌 급진주의이다. 그것은 현대의 도시사회에서 나타나는 부르주아 계급과 프롤레타리아 계급이 아닌, 제3의 농민 세력에 토대를 둔 급진주의이다. 두 운동은 모두 현대화 과정 또는 시장경제 도입의 과정에서 발생된 문제들을 해결해보려는 농민들의 움직임에서 출발하였다.

그러나 두 운동은 민중의 실체와 민중주의의 의미를 보는 태도에서 달랐다. 러시아의 나로드니키들에게는 민중이 소외되고 낭만적인 인텔리겐치아들이었다. 그들은 자신들이 농민을 대변한다고 생각하고 있었지만, 운동의 주역은 어디까지나 지식인들 자신이었다. 그들은 지식인들의 소외감과 서유럽화(westernization)에 대한 불안감을 반영하였다. 그들은 상류계급에게 과격한 모습으로 비쳐짐으로써 '사회주의적'이라는 명칭을 얻었지만, 그들이 바라는 것은 촌락 단위의 새로운 공동체 생활이었다.

이와는 달리 미국의 민중당은 자영농, 특히 상업적인 농민에 토대를 두고 있었다. 그들한테 '민중'은 생산자로서의 농민들이었고, 그들의 적은 농민들을 수탈하는 철도회사나 금융가들이었다. 과격하게 비쳐졌기 때문에 '사회주의적'이라는 명칭을 얻었지만, 그들이 바라는 것은 단순히 민중 정부에 의해 기업가와 금융가를 통제하는 것이었다.

그러한 미국 민중당의 또 다른 모델은 1930년대의 캐나다에서도 나타났다. 사스카체완 주의 농민들은 그들을 지배하고 있는 창고회사와 철도회사, 그리고 먼 곳에서 농산물 가격을 조작하는 국제시장에 대해 분노하였다. 대공황이 일어나면서 밀 가격이 폭락하고 가뭄이 겹치게 되자, 절망에 빠진 농민들은 협동공동체(Cooperative Commonwealth Federation)를 결성하고 토지의 국유화를 요구하였다. 농민들은 정부의 소작인이 되는 것이 자신들의 자주성을 지키는 길이라고 생각하였다. 앨버타 주에서도 그와 비슷한 운동이 일어났는데, 지도자는 근본주의 신앙을 강조하는 카리스마적이고 권위주의적인 목사였다. 두 지역에서는 모두 주민투표, 주민발의, 소환제와 같은 직접 민주제의 장치들을 요구하였다.

정부 개입의 요구는 1890년대의 독일 민중주의에서도 나타났다. 국제시장을 상대로 곡물을 생산하는 프로이센의 융커(토지귀족)들은, 곡물가격이 떨어지고 채무가 늘자, 농민동맹을 결성하여 도시의 금권 세력에 대항하였고 자기들에게 유리한 방향의 정부 개입을 요구하였다. 그러나 그들은 우파 성향과 반유대주의의 성향을 강하게 나타냈다.

이들은 유산계급이면서도 경제문제에 대해서는 정부 개입을 요구하는 모순된 태도를 보였다. 왜냐하면 정부 개입이나 국유화는 일반적으로 무산계급들이나 사회주의자들에 의해 주장되는 것이기 때문이다. 즉, 이들 상업적 농민들은 자기 토지에 대해서는 사유재산의 신성성(神聖性)을 주장하면서도, 대기업과 금융업자들의 재산에 대해서는 공익의 차원에서 정부가 간섭할 것을 요구했던 것이다.

2. 사유재산의 문제

이 모순된 재산관은 제1차세계대전 후 '녹색 봉기(Green Uprising)'로 알려진 동유럽의 민중주의 운동에서도 나타났다. 폴란드·체코슬로바키아·유고슬라비아·불가리아·루마니아의 민중주의 운동은 소농에 의해 주도되었다. 그들은 자본주의와 사회주의에 대한 대안으로 민중주의를 내세웠다. 그들이 제시한 이상적인 사회상은 가족농의 소규모

재산, 그리고 농민들의 협동 및 전통적인 농촌 가치의 보존에 토대를 둔 것이었다. 그들의 기본 감정은 인간과 땅의 신비로운 결합으로부터 모든 미덕이 발생한다는 것이었다.

동유럽의 소농들은 국제적인 연대조직인 '그린 인터내셔날(Green International)'을 형성하였다. 이들의 세력이 빠른 속도로 커가자, 소련의 지시를 받는 공산주의자들은 그것을 와해시키기 위해 대항조직을 만들었다. 그러나 동유럽의 정부들은 소련식 공산주의의 확산을 더 두려워했기 때문에 민중주의 운동을 지지하였다. 따라서 그들은 서둘러 토지개혁을 추진함으로써 소농들에게 토지를 분배하였다. 그 결과로 농민당들이 생겨나게 되었다.

동유럽의 소농들에게 가장 중요했던 것은 가족재산의 보존이었다. 그들은 러시아혁명 당시 농민의 토지·곡식·가축을 빼앗은 사실에 크게 놀랐다. 그들한테 재산의 근거는 법적 소유권이 아니라 근로였다. 그러므로 그들은 땀 흘려 얻지 않은 부자·지주·금권세력·고리대금업자의 재산은 옹호하지 않았다. 이들의 꿈은 독립적인 생산자들의 자발적인 협동에 토대를 둔 사회의 건설이었다. 사회주의자들이 국유화를 만능약으로 생각했던 것처럼, 그들은 협동조직을 만능약으로 생각하였다. 따라서 불가리아의 스탐볼리스키(Alexander Stambolski)는 정권을 잡자, 소농들에게 협동적 저장과 판매를 장려하였다.

소농들은 민주주의와 평등주의를 옹호하게 되었다. 왜냐하면 그들은 농촌에 대한 도시의 지배를 막기 위해 행정권을 분산시키려고 하는 동시에 불로소득을 얻는 기생충 계급을 거부했기 때문이다. 따라서 농민당들은 직접민주제의 수단인 주민발의제, 주민투표제, 소환제를 옹호하였다.

동유럽의 '그린' 운동은 소부르주아적인 안목을 표현하고 있었다. 그것들은 한편에서 과거의 봉건제에 의한 억압으로부터 벗어나려고 하면서도, 다른 한편에서는 자본주의나 사회주의의 거대한 체제를 회피하려고 하였다. 목표를 달성하려는 과정에서 그들은 혁명의 방법을 선택

하기도 하였지만, 전체적으로 보면 점진적인 개혁의 방법을 선택하였
다. 그러므로 소농들이 도끼를 들고 봉기하기를 바라던 혁명적인 지식
인들은 실망하였다.

소농들의 힘을 사회주의 혁명운동으로 전환시킨 경우도 있었는데,
그 대표적인 경우가 마오쩌둥주의였다. 그것은 나로드니키들처럼 소농
들의 전통적인 평등주의를 토대로 하여 사회주의를 건설하려고 하였
다. 따라서 마오쩌둥은 문화혁명(文化革命) 기간에 민중을 찬양하고 엘
리트와 전문가들을 공격하였다. 특히 젊은 지식인들을 농촌지역으로
보낸 사실은 19세기 러시아의 '브나로드' 운동을 상기시키는 것이었다.
"교육받은 젊은이들은 농촌으로 가서 빈농과 중하층 농민들한테 재교
육을 받아야 한다"고 마오쩌둥은 말했다.

3. 사회주의와의 관계

민중주의와 사회주의는 여러 가지 면에서 비슷한 점을 보여주고 있
다. 그 때문에 안드레제이 왈리키(Andrej Walieki)는 민중주의를 "현대
화의 문제에 부딪힌 후진적인 농업국에서 나타나는 사회주의이다"라
고[6] 정의하였다.

그러면서도 민중주의와 사회주의는 민중의 지지를 얻으려 한다는
점에서 경쟁적인 관계에 있었다. 경쟁의 과정에서 러시아의 경우에 승
리는 사회주의로 돌아갔다. 그러나 미국의 경우에 승리는 민중주의에
게 돌아갔다.

사회주의가 경쟁적인 개인주의와 자본주의적 자유주의의 가치를 거
부하고 있는 것과는 달리, 민중주의는 기성체제의 타도보다는 현재의
사회가 약속하고도 이행하지 못하고 있는 것들을 좀더 공정하게 나누
는 데 더 큰 관심을 가지고 있다. 당장의 조치만 이루어진다면, 그것만
으로도 변화는 충분하기 때문에, 민중주의는 그 이상 더 나아갈 마음
이 없다. 또한 민중주의는 산업화의 결과로 나타나는 권력의 집중화와

조직화를 두려워했기 때문에, 자본주의에 대해서는 물론 사회주의에 대해서도 꼭 같이 두려워하였다. 왜냐하면 그러한 현상은 사회주의 체제 밑에서도 나타나기 때문이다.

민중주의는 이론이 약하기 때문에 지적인 깊이의 부족을 메우기 위해 행동에서 더욱더 호전적인 성격을 띠게 된다. 그 때문에 기존체제의 기본 신념을 벗어나지 않으면서도 급진적인 모습을 보이게 되고, 그 결과 상류층에게 급진파라는 공격을 받는다. 이 사실은 평민의 인기를 얻게 만들었다. 이것은 특히 토착적인 미국인들에게 특히 매력적이었다. 왜냐하면 특히 미국의 경우에 사회주의는 유럽에서 온 이민 대중에 주로 기반을 두고 있었고, 따라서 외국적인 것으로 보였기 때문이다. 그 때문에 미국에서 민중주의는 사회주의 운동과 노동운동을 억제하는 데 기여하였다.

Ⅳ. 좌파와 우파

1. 좌파 민중주의

민중주의는 평범한 근로자들이 권력집단에 대해 분노를 느끼는 데서 출발하고 있다. 그렇기 때문에 분노를 느끼는 대상이 누구인가에 따라 민중주의의 성격이 달라지고, 따라서 민중주의자들은 좌파와 우파로 갈라지게 된다.

좌파 민중주의자들에게 민중의 적은 은행과 대기업, 군부–산업 복합체, 수사기관과 같은 권력집단들이었다. 따라서 그들은 권력집단들을 통제하는 방법들을 찾으려고 하였고, 그 결과로 19세기말 이후 민중주의자들은 반특권(反特權)과 반독점(反獨占)의 기치를 내세워왔다. 이상을 실현하는 하나의 방법으로 그들은 국유화를 주장하였지만, 좀더 현실적인 방법으로서 좌파 민중주의자들은 세금 부과를 통하여 부를 재분배하는 데에 역점을 두고 있다.

좌파 민중주의를 대변하는 사람들 가운데는 프레드 해리스(Fred Harris), 잭 뉴필드(Jack Newfield)와 제프 그린필드(Jeff Greenfield)가 있다. 이들은 경제력 집중을 비롯한 미국사회의 잘못된 문제들을 분석하고, 해결하기 위한 방법을 제시하고 있다. 여기서 제시한 해답의 핵심은 민주주의의 정치적 과정이 다시 시작되어야 한다는 것이다. 즉 선거자금 제한, 보고 의무, 정당개혁, 결정의 분권화, 공동체 참여의 확대와 같은 정치적 방법이 제대로 운영될 때에만, 미국은 당면한 문제들을 해결할 수 있다는 주장이다.

이와는 달리 제3세계의 좌파 민중주의는 혁명적인 성격을 띠고 있다. '민중'은 카리스마적인 지도자의 영도 밑에서 단결될 수 있고, 그에 따라 자연발생적인 민중혁명이 가능하다고 생각한다. 이러한 증후군은 낭만적인 마오쩌둥주의와 카스트로주의, 러시아의 나로드니체스트보 및 초기 단계의 파시즘에서 나타나고 있다.

2. 지식인과의 관계

지식인과 민중주의의 연대 관계는 혁명적인 민중주의의 경우에 뚜렷이 나타나며, 그 대표적인 경우는 19세기말 러시아의 '나로드니키'들이다. 그것은 오늘날의 제3세계 후진국들에서도 거의 공통적으로 나타나고 있다.

민중주의적 지식인들은 현대화(現代化)의 문제에 대해 모순되는 두 가지 태도를 가지고 있다. 한편에서 그들은 자기 나라의 전통으로 되돌아가기를 희망하면서도, 다른 한편으로는 서양의 선진사회한테 발전의 교훈을 얻으려 하기 때문이다. 즉 그들은 전통적인 요소를 많이 간직하고 있는 농촌사회의 보전에 초점을 두면서도, 도시화와 산업화에서 서양 선진국이 벌인 시행착오를 되풀이하지 않으려고 한다. 그들은 조상이 물려준 정치적 전통을 토대로 하여 자신의 고유한 방식으로 사회주의 사회를 건설하려고 한다. 그들은 '민중'을 찬양하고 미화하면서도 다른 한편에서는 '엘리트'의 중요성을 강조하고 있다.

오늘날의 '나로드니키'의 전형은 서인도제도 출신의 정신병리학자로서 알제리 혁명의 이론가인 프란츠 파농(Frantz Fanon)이다. 그는 마르크스의 프롤레타리아 혁명의 신화에 견줄 만한 반(反)식민주의적 농민반란의 신화를 만들어냈다.

그는 프랑스 식민지의 알제리인들을 두 종류로 분류하였다. 하나는 도시에 사는 부르주아지·노동자·정치지도자들로서, 유럽인 정복자들과의 접촉으로 기득권을 얻은 부패한 사람들이었다. 다른 하나는 농촌에 사는 민중들로서 고유한 전통을 보존하고 부패하지 않은 사람들이었다. 그는 농촌의 민중을 새로운 인간으로 바꾸고, 그들을 토대로 새로운 사회를 건설할 수 있다고 생각하였다. 그 방법은 혁명적 폭력이라고 주장하였다. "폭력은 깨끗하게 하는 힘이다. 그것은 토착민을 열등감에서 벗어나게 할 뿐만 아니라 절망감과 무기력에서 벗어나게 한다. 그것은 토착인에게서 두려움을 없애고 자존심을 되살려준다"고 그는 외쳤다. 반(反)식민혁명 이후에 나타날 사회는 진정으로 민중적인 사회였다. 그것은 중앙집권적이고 권위주의적인 국가 계획을 토대로 한 것이 아니라 농촌의 민중협동체(popular cooperatives)를 토대로 한 직접적인 민중정부였다.

이와 같은 '나로드니키' 형의 민중주의는 탄자니아에서도 보였다. 니에레레(Nyerere) 대통령은 '아프리카식 사회주의'의 건설을 꿈꾸었는데, 그것은 볼셰비키 출현 이전의 19세기 후반에 러시아인들이 꿈꾸던 농촌 사회주의와 비슷한 것으로, 전통적인 부족 공동체 의식에 토대를 둔 것이었다. "우리 아프리카인들은 민주주의(자본주의적 개인주의)를 배울 필요도 없고 사회주의로 개종할 필요도 없다. 두 가지의 뿌리는 모두 우리 자신의 과거, 즉 우리를 낳은 전통 사회 속에서 발견될 수 있다."고 그는 주장하였다. 그는 소농들의 공동체적 본능에 따라 농민들을 촌락공동체(village collectives) 속에 통합하려고 하였다.

그러나 이러한 민중주의적인 지식인들의 판단은 그릇된 것이었다. 왜냐하면 '반동적인' 민중과 '진보적인' 지식인의 대립이 나타났기 때문이다. 그것은 1950년대 볼리비아에서 혁명적인 토지 개혁이 이루어졌을 때 판명되었다. 그때 지도자들은 10퍼센트의 농토를 협동경작을 위해 남겨놓으려고 하였으나, 마을 사람들은 모두 집단주의적 계획에 반대하였다. 비슷한 현상은 페루와 베트남에서도 나타났다.

3. 우파 민중주의

우파 민중주의자들에게는 민중의 적이 좌파 민중주의자들의 그것과는 완전히 다르다. 증오의 대상은 정부와 언론기관에서 막강한 영향력을 행사하고 있는 진보적인 지식인들(social engineers) 및 민중을 선동하여 권력을 잡는 진보적인 정치가들이다.

우파 민중주의자들은 구체적인 정강을 제시하기보다는 감정적인 항의에 머무는 경우가 많다. 그들은 단순히 과거에 있었던 조건이나 정책을 부활시키려 하는 것이 보통이다. 예를 들면 미국의 우파 민중주의자들은 흑인을 비롯한 소수 인종들에게 유리한 학교에서의 인종통합(busing)에 반대하고, 범죄 조장의 위험이 있는 판사들의 관대한 판결 내용을 비난한다. 그들은 남부 농촌지역을 대변하는 인종주의적 정치가인 조지 월리스(George Wallace)처럼, 언론을 통해 막강한 영향력을 행사하는 진보적인 지식인들과 선거에서 빈민의 표를 얻기 위해 복지정책을 내세우는 진보적인 정치인들을 공격한다. 조지 월리스의 분노는 평민들의 단순하고도 깊은 분노와 두려움을 그대로 반영하고 있다. 그것은 변화와 미래에 대한 두려움, 오랫동안의 노력으로 얻은 것들을 잃어버릴지도 모른다는 두려움, 또는 꿈이 실현되지 않은 데 대한 좌절감을 표현하고 있는 것이다.

이 경우에 엘리트와 민중들(grassroots)의 대립이 일어나는 특수한 정치적 상황이 일어나게 되며, 따라서 분노한 민중은 권위주의적인 정치가들에 의해 대중독재(popular dictatorship)의 출현에 이용된다. 왜냐하면 민중의 대변자로 자처하는 카리스마적인 지도자들이 기성 정치가들과 지식인들에 대한 민중의 반감을 부추겨 권력을 잡거나 또는 강화하기 때문이다. 이러한 정치적 상황은 흔히 정치가의 민중주의라는 말로 불린다.

그러한 정치가들은 자신들이 지배 엘리트에 대항해 민중을 대변하고 있음을 국민투표로 증명하려고 하였는데, 대표적인 경우가 프랑스의 나폴레옹 3세와 샤를르 드골 및 아르헨티나의 페론이었다. 또한 대공황기의 미국에서 빈민의 편에 서서 대중적인 인기를 얻었던 가톨릭교회의 카글린(Coughlin) 신부와 뉴딜정책을 추진했던 프랭클린 루스벨트도 이 범주에 포함시킬 수 있다.

4. 미국의 특수성과 백인민병대

오늘날 선진국의 민중주의를 이해하는 데 미국의 경우가 크게 도움이 될 수 있다. 왜냐하면 그것은 1950년대의 매카시즘 출현 이후 미국의 정치 무대에서 뚜렷한 맥을 드러내왔기 때문이다.

미국의 민중주의도 유럽을 비롯한 다른 지역의 민중주의들과 비슷한 특징을 보여왔다. 좌파든 우파든간에 그것은 기본적으로는 농민에 토대를 두고 있고, 그 기원은 건국 초기의 급진적인 농본주의로 거슬러 올라간다. 그것은 뿌리깊은 농촌의 평등주의 정신을 강조하고 있다. 또한 그것은 근본적으로 저항의 이데올로기로 나타났다. 그리고 그것은 경제적 곤경이 찾아왔을 때 빠른 속도로 확산되어 가다가, 일단 상황이 좋아지면 즉각 쇠퇴해버리는 특징도 보여주었다. 과거의 제도와 가치로 돌아가려는 전통주의라는 측면에서도 그것은 다른 지역의 민중주의들과 같았다. 그러나 한 가지 문제에서 미국의 민중주의는 다른 지역의 민중주의들과 다른 특징을 보여 주고 있으며, 이것은 미국에서는 오늘날 독특한 백인민병대(militia)의 출현을 가져오게 하였다.

　문제의 핵심은 전통주의자로서의 민중주의자들이 되돌아갈 과거의 제도와 가치관이 다르다는 사실에 있었다. 다른 지역에서 과거는 대체로 봉건사회였고, 그러한 뿌리에 토대를 둔 민중주의자들의 이상사회는 집단주의적인 것이었다. 그러므로 그것은 또 다른 집단주의적 이데올로기들인 사회주의나 파시즘과 연결될 가능성이 컸다.

　그러나 미국의 민중주의자들이 되돌아갈 과거는 개인주의적인 것이었다. 미국 민중주의 이념의 지탱 세력인 농민은 농촌공동체에 매여 있던 가난한 소농이 아니라 시장 판매를 목적으로 생산하는 상업적인 농민이었기 때문이다. 따라서 전통주의자로서의 미국의 민중주의자들은 개인주의라는 부르주아적 가치가 지배하던 과거의 사회로 되돌아가려는 자유방임주의자였다. 때문에 그들은 자본주의적이고 자유주의적인 미국 체제가 사회주의에 의해 물들지 않은 순수한 상태로 유지되기를 희망하였다.

　그들은 사회주의를 받아들이기보다는 대신에 기존의 자본주의 경제제도를 개혁하려고 하였으므로, 민중주의는 자본주의에 대한 대안을 찾으려는 혁명운동을 좌절시키는 데 기여하였다. 그것은 결과적으로 사회주의와 공산주의의 조직화 운동을 억제함으로써 노동운동이 자본주의 제도 안에서 지속적인 세력의 하나로 자리잡는 데 도움을 주었다.

　이와 같은 미국적 풍토에서 최근에 갑자기 떠오르기 시작한 민중주의의 형태가 바로 백인민병대였고, 대표적인 것이 1995년에 오클라호마 주의 연방정부청사를 폭파한 미시간 민병대(Michigan militia)이다.

　1990년대의 이들 새로운 민중주의자들은 농업지대인 중서부와 남부의 백인 농민들이었다. 농민들은 자신들의 곤경이 클린턴 대통령을 비롯한 연방정부의 민주당의 진보적인 정치가들과 그들을 돕는 진보적인 언론인들의 음모에서 발생한다고 생각한다. 진보적인 정치가들은 선거에서 흑인들을 비롯한 빈민들의 표를 얻기 위해 진보적인 정책을 약속하고, 근면하고 정직한 생산자로서의 민중에게 무거운 세금을 물리게 된다는 것이다. 때문에 민중주의자들은 게으름과 범죄를 조장한다는 이유에서 복지국가의 폐지를 요구하고 있다.

농민들은 건실한 백인 중산층을 희생으로 하여 게으르고 무능한 소수 인종들을 유리하게 하는 소수세력 우대정책(Affirmative Action)의 폐지를 요구하고 있다. 특히 그들은 유대인을 두려워하고 미워하고 있다. 그들은 국가 의식과 애국심이 없는 유대인들이 국제연합을 중심으로 세계정부를 세움으로써 앵글로색슨적이고 프로테스탄트적(WASP)인 본래의 미국을 파괴하려 한다고 믿고 있다. 또한 그들은 사회주의에 물든 진보적인 유대인 언론인과 지식인들이 미국적인 자유의 체제를 무너뜨리고 있다고 믿고 있다. 그리고 그들은 미국이 가톨릭교도의 증가로 빈민과 봉건주의의 나라로 바뀌어가고 있다고 믿고 있다.

그러므로 그들은 미국이 다시 처음 건국 때의 상태로 돌아가야 한다고 주장한다. 처음의 헌법에서 규정해 놓은 원래의 미국, 즉 납세 의무와 병역 의무를 신성시하는 중산계급의 애국 시민들로 이루어진 공화국, 다시 말해 청교도적 윤리가 지배했던 단순하고도 도덕적인 사회로 되돌아가야 한다고 그들은 주장하고 있다. 그들은 사악한 엘리트의 손에 놓인 거대한 연방정부를 무너뜨리고 대신 민중이 지배하는 작은 지방 정부를 생활의 중심으로 삼으려고 하였다. '비미국적'이고 '비애국적'인 것을 제거하려는 데 있어서 그들은 과격하였고, 그 때문에 그들은 극우파(the far right)라는 별명을 얻었다.

V. 맺음말

민중주의의 개념을 정의하고 그 성격을 규정하기 위해서는 민중주의의 역사에서 나타난 몇 가지 사실들을 추가로 지적할 필요가 있다.

첫째로 민중주의는 분노의 감정에 토대를 두고 있으므로 좌파든 우파든 근본적으로 반체제적인 것이라는 사실이다. 때문에 그것은 언제나 다른 급진주의적인 이데올로기들과 손을 잡을 수 있었다. 그러나 이론 체계가 약하기 때문에 독립적인 이데올로기로 지속되기보다는 이론이 더 뚜렷하고 조직이 더 강한 다른 급진주의 이데올로기에 흡수되는 경우가 많았다. 민중주의가 사회주의·아나키즘·파시즘과 혼동되는 경우가 많았던 것은 바로 이러한 사실에서 오는 것이다.

둘째로 민중주의적 분노는 주로 경제적인 곤경에서 오는 것이기 때문에 그 운동의 운명은 경제 상태와 직접적으로 연결되어 있다는 사실이다. 아무리 과격한 민중주의 운동이라도 경제적 어려움이 해소되면, 빠르게 사라지는 특성을 보여주었다. 바꾸어 말하면 그것은 경제적 어려움이 오면 다시 빠르게 나타나는 특징을 가지고 있다는 말이 된다. 그것은 경제적 곤경에 빠지게 된 사람들이 사회체제와 그 지배자들에 대해 '속았다고' 느끼게 되는 순간에, 언제든지 다시 나타날 수 있는 종류의 급진주의 운동인 것이다.

셋째로 민중주의는 근본적으로 현대화의 과정에서 좌절감과 무력감을 느끼는 '낙오자들의 목소리(rhetoric of the underdog)'라는 사실이다. 이것은 민중주의 운동이 지속적인 현상으로 오래 남을 수 있음을 말해주는 것이다. 왜냐하면 경쟁적인 사회에서, 현대화의 과정에서 패배자와 낙오자는 항상 나올 것이고, 그 결과로 민중주의 운동도 항상 일어날 것이기 때문이다.

주

1) the power, 또는 the elite와 대립되는 개념으로서 the people 또는 the populace는 지금까지 인민으로 번역되는 경우가 많았으나, 오늘날에 와서는 우리 사회에서 널리 사용되고 있는 민중으로 번역하는 것이 더 정확한 듯이 보인다. 따라서 populism은 인민주의 대신 민중주의로 번역하고자 한다. 민중주의에 관한 일반적인 설명으로서는 Margaret Canovan, *Populism*(New York, 1981)이 좋고, 미국 민중주의에 관한 간결한 설명으로서는 Kenneth M. Dolbeare, *American Ideologies : The Competing Beliefs of the 1970s*(Chicago, 1978)이 좋다.

2) Peter Wiles, "A Syndrome, Not a Doctrine : Some Elementary Theses on Populism", in *Populism : Its Meanings and National Characteristics,* Ghita Ionescu and Ernest Gellner, eds.(London, 1969), p. 166.

3) Harry Lazer, "British Populism : The Labour Party and the Common Market Parliamentary Debate", *Political Science Quarterly* 91 No. 2(1976), p. 259.

4) Peter Calvert, quoted in the report of a conference "To Define Populism", held at the London School of Economics in May 1967 : *Government and Opposition* 3 Part 2(Spring, 1968) p.163.

5) Peter Worsley, *The Third World,* 2nd ed.(London, 1967), p. 167.

6) Andrezej Walicki, quoted in the report of a conference "To Define Populism", held at the London School of Economics in May 1967: *Government and Opposition* 3 Part 2(Spring, 1968), p. 158.

인종주의
Racism

황 혜 성

Ⅰ. 인종주의의 본질과 유형

오늘날 '인종'이라는 개념은 자신과 타자를 구분하고 이해하는 데 중요한 도구로 사용되고 있으며 인종주의는 과학적 근거가 없음에도 불구하고 보편적으로 받아들여지고 있다. 인종이라는 용어 자체는 영국에서 1508년 윌리엄 던버(William Dunbar)가 쓴 〈일곱 가지 죄의 춤〉(The Dance of the Sevin Deidly Synnis)이라는 제목의 시에서 처음으로 사용되었다.[1] 이 시가 쓰여진 때는 인간은 모두가 아담과 이브의 후손이며 신이 인간사를 관장하고 있다고 믿는 시기였고, 인종간의 차이는 바벨탑이 무너진 후 사람들이 여러 곳으로 흩어지게 되었기 때문이라고 믿는 그런 세계였다.

인종에 대한 연구는 18세기 말부터 자연과학자들에 의해 체계적으로 이루어지기 시작하였고, 19세기 중반기에 이르면 소위 '인종주의'라고 불리는 복잡한 사상체계가 과학분야에서 형성되었다. 다시 말해서 어떤 인종은 다른 인종보다 지적인 수준과 문화적인 수준에서 열등하다는 믿음을 지지하기 위하여 과학적 언어·개념·방법 그리고 과학의 권위까지 동원되기에 이르렀다. 이러한 과학적 인종주의는 제2차세계대전까지도 통용되었고, 1950년대 이후 더 이상 과학적 논쟁거리가 아

님에도 불구하고 상당수의 사람들에 의해 별 비판없이 받아들여지고 있다.[2]

인종주의를 명료하게 정의내리기는 쉽지 않다. 인종주의가 다양한 이론과 신념 그리고 행동양식과 관련되어 있을 뿐만 아니라, 인종주의 자체가 보편적 자연현상이기도 하고 구체적 역사조건을 기반으로 하는 역사적 형성물이기 때문이다. 그러나 보편적 현상으로서의 인종주의와 역사적 형성물로서의 인종주의는 구별되어야 한다. 전자는 단순히 인간은 생물학적 개체로서 나와 '타자'를 구분하고, 다른 인종과 내가 속한 인종이 다르다는 것을 인식하는 가치중립적 태도를 의미한다. 이에 따르면 인종이란 일종의 분류도구로서 사람은 모두 고유한 특성을 공유하고 있는 어떤 한 인종에 속한다. 그리고 그 특성이 서로 다른 인종을 구분하는 기준이 된다. 따라서 이러한 인종주의는 그 자체로서 위험한 것은 아니다.[3]

반면에 역사적인 형성물로서의 인종주의는 고대부터 있었던 인간에 대한 담론이 지난 2세기 동안 매우 유해한 이데올로기로 변화한 것으로서 배타적인 결과를 수반하였다. 이러한 인종주의는 인종간에는 물리적 차이와 더불어 정신적인 차이가 있고, 그 차이가 바로 한 인종의 본질이며 이는 생물학적으로 유전된다고 믿는다. 그러므로 눈에 보이는 인종적 차이가 곧 한 개인을 평가하는 데 충분한 기준이 된다고 생각한다. 이는 동시에 어느 한 인종이 생물학적으로 그리고 지적으로 다른 인종보다 우월하다고 믿는다.[4]

인종주의에 대한 전자와 후자 간의 차이는 미신과 교조의 차이로 설명되기도 한다. 즉 전자는 사람들의 일반적 태도로서 구전되는 이야기 형태로 존재하고, 후자는 체계적인 과학적 이념태로서 인쇄 매체를 통해 전해진다.[5] 여기에서 살펴보고자 하는 인종주의는 교조적 인종주의로서 이는 서유럽사회에서 19세기에 이르러 과학적 이론으로 무장된 상당히 현대적인 산물이다.

인종주의가 비록 19세기에 형성된 현대적 산물이기는 하지만 그 이

전까지 있었던 인종에 대한 담론을 고찰하지 않고서는 인종주의를 올바르게 이해하기 어렵다. '우리 인종'과 다른 인종을 구분하는 견해는 현재에만 국한된 것이 아니다. 비록 생물학이나 고고인류학적인 근거가 없기 때문에 그 양상과 영향력을 가늠하기는 어렵지만 인종간의 차이를 구분한 기록은 이미 고대부터 존재하였다. 그렇지만 중세에 이르러 모든 인간은 신의 창조물이며 한 조상의 자손이라는 그리스도교의 가르침으로 인종간의 차이를 강조하는 이야기가 설득력을 잃어갔다. 그후 지리상의 발견과 대항해시대를 거쳐 지리적인 폐쇄에서 벗어난 서유럽인들은 유색인종과 지속적으로 대면하게 되었고, 다른 종교와 생소한 생활방식을 지닌 유색인종을 열등하다고 생각하기에 이르렀다. 그들은 그리스도교 문명을 전파한다는 사명감으로 소위 '이교도들'을 개종시키고 미개한 그들을 깨우친다는 명목으로 식민제국을 건설하기 시작하였다. 그리고 과학적 방법까지 동원하여 인종주의를 만들어냈다. 인종주의가 이데올로기로 형성되는 과정에서 선민의식(選民意識), 백인 우월주의, 유럽민족 중심주의 등의 동종이종을 만들어냈고, 이 모든 인종주의 아류들은 19세기 말과 20세기 초에 민족주의·제국주의와 같은 다른 이념태와 합하여져 식민제국 건설, 민족말살 정책으로 이어졌다.

　이 글의 목적은 고대부터 행해진 인종에 대한 담론이 19세기에 인종주의라는 이념태로 발전하는 과정을 역사적 맥락에서 추적하는 데 있다. 즉 언제 그리고 왜 인종에 대한 기본적 개념이 형성되었고, 그 개념이 시간이 지남에 따라서 어떠한 변화를 보였으며, 그리고 그 변화 과정에서 어떠한 요인들이 결정적으로 작용하였고, 어떤 논의를 거쳐서 인종주의라는 이데올로기로 발전하였는가를 고찰하고자 한다. 아울러 인종주의의 특성과 유형, 그리고 후대에 미친 영향을 간략하게 언급하고자 한다.

Ⅱ. 인종에 대한 담론 : 고대

'우리 종족'과 다른 종족을 구분하는 이야기는 비단 서유럽 사회에만 존재했던 것은 아니다. 예를 들어서 고대 중국에서도 다른 종족에 대하여 구분하는 표현이 종종 발견된다. 기원전 3세기에 중국의 한 역사가는 먼 곳에서 온 "흡사 원숭이를 닮은 노란 머리에 파란 눈을 가진 야만인"에 대하여 언급하고 있다.[6] 고대 이집트에서도 이미 기원전 1350년경에 인종간의 차이를 보여주는 벽화를 그렸다. 그들은 사람들의 피부빛깔을 4가지로 구분하여 자신들의 얼굴은 빨간색으로, 동양인은 노란색으로, 북방 사람들은 흰색으로, 흑인들은 검정색으로 표현하였다. 이집트인들은 밝은 피부의 종족이 지배할 때에는 검은 사람들을 "악마 이시(Ish) 종족"이라고 불렀고, 검은 피부의 종족이 지배할 때에는 밝은 피부의 종족을 "창백하고 퇴폐적인 아바드(Arvad)족"이라고 불렀다.[7]

서유럽 지식인들은 고대 그리스문화와 헤브라이문화에서 다른 민족을 구분하는 태도의 기원을 찾는다. 기원전 5세기 히포크라테스는 다른 동방의 종족과 자기 종족의 차이를 기후와 지리의 차이 때문이라고 설명하면서 황폐한 그리스 토양이 그리스인들로 하여금 보다 강인하고 독자적인 기질을 갖게 만들었다고 주장하였다. 아리스토텔레스 역시 신체적, 기질적 차이는 기후 때문이라고 생각하였다. 한 종족의 특성을 외부적 환경 탓으로 돌리는 이와 같은 견해는 환경이 변화하면 그 특성이 변화할 가능성을 인정하고 있으므로 불변의 본성을 부정하는 것이다.[8]

따라서 그리스인들은 일반적으로 남쪽의 검은 에티오피아인(Ethiopians)이나 스키타이인(Scythians)과 같은 다른 민족이 그리스인보다 열등하다고 생각했지만 이것이 불변의 것이라고는 여기지 않았다. 그리스 지식인들은 호메로스가 《일리아드》에서 묘사한 제우스와 다른 여러 신들이 "아름다운 에티오피아인들"과 만찬을 즐기는 장면을 읽었고, 소크라테스 이전에 소피스트들이 한 사람의 가치를 결정하는 것은 피부색이 아니라 그 사람의 성격이라고 논하였던 것을 알고 있었다.[9]

그러나 《구약성서》는 민족 구별의 기준이 생김새나 관습이 아니라 신과의 관계라고 규정하였다. 〈창세기〉에서 여호와는 아브라함에게 "너의 고향과 네 아버지의 집, 네 친척을 떠나 내가 너에게 보여주는 곳으로 떠나라. 그러면 내가 너의 민족을 위대하게 만들고 너의 이름을 널리 떨치리라(창세기 12 : 1, 2)"라고 명하였다. 아브라함과 여호와 사이의 성약(聖約)으로 아브라함의 자손들은 특별한 역사적 위치를 지니게 되었고 야곱의 자손들이 '이스라엘 민족'이 되었다.[10]

《구약성서》에는 시리아인·아시리아인·페르시아인과 같이 우리에게 친숙한 종족으로부터 가나인·팔레스티나인·메데스인에 이르기까지 수많은 종족이 등장한다. 《구약성서》의 신학적 견지에 따르면 이러한 민족들이 히브리인과 본질적으로 다른 점은 이스라엘 민족이 누리는 여호와와의 특별한 관계를 그들은 지니지 않았다는 것이다. 이러한 점으로 미루어 보아 초기 유대인들의 글에서는 하느님이 민족들을 구분하기 위하여 각 민족에게 생물학적인 특성을 부여했다는 설명은 찾아보기 힘들다.

그러나 유대인들의 민족 구분에서 우리는 신과의 관계에 바탕을 둔 배타적인 선민의식을 발견한다. 에즈라(Ezra) 선지자는 이스라엘 사람과 아모니트인(Ammonite), 모라비아인(Morabite) 사이의 혼혈이 얼마나 경악스러운 일인가를 설교하였고, 모든 타지에서 온 여자와 아이들은 추방되었으며, 타인종과의 결혼은 금지되었다. 루스 베네딕트(Ruth Benedict) 여사는 이에 대하여 "현대의 인종주의 이전에 이미 광적인 인종주의가 이스라엘에서 있었음"을 보여준다고 지적하였다. 또 다른 현대작가는 예레미아(Jeremiah) 선지자의 "에티오피아인들이 자신의 피부빛을 바꿀 수 있겠느냐, 또는 표범이 그 반점을 바꿀 수 있겠느냐?"는 이야기가 성경에 나오는 최초의 흑인에 대한 모욕이라고 설명하였다.[11]

유대인의 선민의식을 보여주는 유명한 일화는 〈창세기〉에 그 근원을 두고 있다. 노아의 아들 함에 관한 일화에 따르면, 노아가 술 취하여 벌거벗고 누워 있는 모습을 보고, 함은 아버지가 벌거벗고 누워 있다고 형제들에게 말했으나, 다른 아들들은 눈을 돌리고 아버지를 덮어드렸다. 나중에 이런 사실을 안 노아는 화가 나서 함의 자손들에게 저주를 내렸다. 이 이야기로부터 흑인종은 저주받은 인종이라는 결론이 도출되었다. 그러나 〈창세기〉에서는 함이나 카인의 자손이 흑인종이라는 이야기는 찾아볼 수 없다. 그러나 기원 2세기에서 6세기에 구전되는 이야기를 모은 바빌로니아 탈무드에서 함의 자손들이 노아의 저주로 인하여 흑인이 되었다는 이야기가 나오고 있다.[12]

성서를 이용하여 인종간의 차이를 설명한 유대인들의 방법 외에도 고대 그리스 작가들은 신화와 전설로서 설명하고자 했다. 헬리오스(Helios)신의 아들인 파에톤(Phaethon)은 아버지에게 하루 동안만 태양전차를 몰게 해달라고 애원하고 승낙을 받았다. 그러나 그는 태양전차를 어떻게 운전하는지 몰라서 지구의 어떤 지역에는 너무 가까이 가서 그곳 사람들을 까맣게 태웠고, 또 어떤 지역으로부터는 너무 멀리 떨어져서 그 지역 사람들은 추워서 얼굴이 창백하게 되었다. 이 밖에도 로마의 건축사가 비투비우스(Vituvius)는 로마인들이 다른 종족보다 우수하다고 생각하였고, 이는 공기의 희박함과 열기 때문이라고 설명했다. 그는 북부의 불행한 사람들은 지나치게 습기가 많은 공기 때문에 지적으로 떨어진다고 생각했다.[13]

이와 같이 고대에 이미 종족간의 차이를 여러 가지 방식으로 설명하려는 노력이 행해졌다. 그러나 고대에는 다른 종족에 대하여 인종에 근거하여 차별하는 경우가 많지 않았다. 즉 고대 인도의 카스트제도는 인종적인 기원을 갖지 않았으며, 고대 그리스와 로마 문명에서도 노예와 인종 간에는 상관관계가 없었다. 정복지에서 포로가 되거나 채무를 갚지 못할 경우에 주로 노예가 되었다. 흑인들이 잡혀 올 경우에 그들을 노예로 삼기는 했지만 흑인들이 다른 인종보다 열등하기 때문에 노예에 더 적합하다는 생각은 없었다.

로마 말기에 이르러 콘스탄티누스 2세의 뒤를 이어 황제가 된 율리
아누스(F. C. Julianus)는 인종간의 형질 차이에 대하여 처음으로 이론을
정립하였다. 그는 모든 사람이 한 조상의 자손이라는 생각에 의문을 제
기하였고, 게르만인은 용맹스럽고, 그리스인과 로마인은 정치적인 성향
이 강하고 인간적이며, 이집트인들은 지혜롭고 세공에 뛰어나며, 시리
아인들은 지혜로우나 성질이 급하다고 판단하였다. 이러한 기질적 차이
가 어디에서 기인하는지 궁금해 하였던 그는 플라톤의 《티메우스》
(Timaeus)에서 그 설명을 찾았다. 이에 따르면 모든 사람은 제우스의 신
성한 피 한 방울로부터 만들어졌으나 각 인종은 제우스 밑의 여러 신들
의 성질을 이어받아 서로 다른 성향과 특질을 지니게 되었다. 즉 아테
네신의 자손들은 지혜로우나 호전적인 성질을 물려받았고, 아레스신의
자손은 전쟁을 좋아하는 성질을, 그리고 헤르메스신의 자손은 지혜롭고
온순한 성격을 물려받았다. 이러한 설명으로부터 줄리안 황제는 인종주
의적 결론을 도출해냈다. 그는 "사람의 영혼에 영원히 지워지지 않는
마크나 심볼이 찍어져 있지 않다면 그들의 자손들을 어떻게 구분할 수
있을까?"라는 의문을 제기하였고, 만약 어떤 사람의 조상이 훌륭하였고
그가 그 조상과 닮았을 때에 자신있게 그를 귀족태생이라고 말할 수 있
을 것이다"라고 답하였다. 그의 이론이 다른 시기에 등장하였더라면 아
마도 상당한 파문을 일으켰을 것이다. 그러나 당시에는 인종을 단지 신
체적 차이로만 구분하였을 뿐 우열은 가리지는 않았다.[14]

Ⅲ. 그리스도교와 인종주의

그리스도교는 중세의 보편적 이념으로서 중세문화의 중심이었다. 따
라서 중세문화는 종교적 신성성과 권위에 바탕을 두었고 모든 가치는
신의 명령이라는 초월적인 근거를 지녔다. 그리스도교는 절대적인 근

거를 마련해주는 대신에 사회로부터 보호를 받았다. 교회와 교회제도는 정치적인 보호를 받았으며 때로는 정권과 결합하여 막강한 세속적 권력과 엄청난 물질적 혜택을 누렸다. 진리문제에서도 그리스도의 가르침은 지배 이데올로기적 역할을 수행하여 그리스도교가 규정한 이외의 가르침이나 종파는 박해를 받았다.

그리스도교에서 이교도들은 사악한 무리들로 규정되었다. 그러나 그 시초부터 그리스도교는 모든 인류의 조상은 하나라고 강조하였기에 중세는 인종적 편견과는 거리가 먼 시기가 되었다. 쥴리안 황제가 죽은 뒤 몇 년 후에 아우구스티누스 성자는 "누구든 사람으로 태어나는 자는, 즉 도덕적이고 이성적인 사람은 그의 피부색, 행동, 목소리가 달라도 …… 한 조상의 자손임을 의심할 수 없다"고 말하였다. 그후 가톨릭 교회가 교세를 확장하고 교리를 전파하기 시작하였을 때에 전 인류는 아담과 이브의 후손이라는 단일인종기원설이 더욱 강조되었다. 인종적 편견은 고사하고 오히려 교육받은 프랑스 신사·숙녀들은 모슬렘 귀족들을 기독교로 개종시키기 위하여 그들과 결혼했고, 그에 따라 중동과 동방을 지배하는 길을 열기도 하였다.[15]

그러나 대항해시대가 열리고 유럽인들이 남아메리카의 원주민이나 아프리카의 흑인과 접촉함에 따라 인류는 한 조상의 자손이라는 그리스도교적 사고는 도전받게 되었다. 의심의 여지없이 유럽인들은 방대한 문화적 다양성을 받아들일 준비가 되어 있지 않은 상태에서 항해의 시대를 맞았다. 아메리카 대륙의 인디언들과 처음으로 교우한 유럽인들은 "왜 그들은 우리와 다른가"라는 문제를 숙고하게 되었고 급기야는 원주민들의 본성에 대한 여러 개념들을 만들어냈다.[16]

16세기 내내 유럽인들은 신세계 원주민들이 정말 사람일까, 짐승일까, 아니면 사람과 짐승 중간의 피조물일까에 관하여 끊임없이 논쟁하였다. 1540년 원주민들은 영원히 방황하도록 저주받은 이스라엘의 10번째 부족(Ten Lost Tribes)의 현대판 자손들이라는 주장이 등장하였고, 스페인의 역사가 곤잘로 페르난데스 드 오비도(Gonzalo Fernandez de

Oviedo)는 인디언들에 대하여 그들은 "본성이 게으르고, 사악하고, 감성적이고, 비열하며, 전반적으로 누워서 움직이지 않는 사람들이고……그들은 먹고, 마시고, 이교도이며 짐승같이 퇴폐적이고……그들의 머리통은 너무 두껍고 단단하여 그들과 싸울 때에는 칼로 머리를 치지 않도록 조심해야 한다. 칼날이 무뎌지기 때문이다"라고까지 기술하였다.[17]

간간히 신대륙의 원주민과 흑인은 유럽인과 전혀 다른 인종이라는 이야기를 하는 사람들도 나타났다. 1520년 파라셀수스(Paracelsus)는 인종다원설과 유사한 이론을 제시하였다. 즉 이 지구상의 사람들 가운데서 아담의 후손은 매우 적고, 흑인을 비롯하여 유색인종들은 전혀 다른 조상의 후손이라고 선언하였다. 1591년 브루노(Bruno) 역시 지각 있는 사람이라면 어느 누구도 에티오피아인과 유대인이 같은 조상의 자손이라고 생각하지 않을 것이며, 대탐험과 상업의 발달이 인종간의 자연스러운 구분을 무너뜨렸고, 따로 고립되어 살아야 할 인종들을 혼합시켜 위험한 결과를 가져왔다고 주장하였다. 루실리오 바니니(Lucilio Vanini)는 1619년에 에티오피아인들의 얼굴색이 원숭이와 비슷하므로 그들의 조상은 원숭이며, 그들은 한때 네 발로 걸었을 것이라고 말하였다.[18]

유색인종과 갑작스럽게 조우한 유럽인들은 그들과 다른 형태의 종교·문화·삶의 방식을 열등한 것으로 간주하기에 이르렀다. 그리고 자신들이 흑인이나 원주민보다 우월하다는 것을 증명하기 위하여 성서를 이용하였다. 그들은 고대 유대인들로부터 전해 내려오는 노아와 세 아들 이야기를 이용하여 흑인들이 저주받은 인종임을 증명하고자 하였다. 특히 유색인종의 열등함을 설명하는 데서 유럽인들은 흰색과 검은색을 대비하여 각각은 순수함과 더러움, 순결과 죄악, 덕성과 비열함, 아름다움과 추함, 은혜로움과 사악함, 신과 악마를 상징한다고 믿었다.[19]

더 나아가 백인과 유색인종은 전혀 다른 방법으로 창조되었음을 이론화한 인종다원설이 등장하였다. 1655년 프랑스 프로테스탄트인 이작 드 라 페이레르(Isaac de la Peyrere)는 〈창세기〉에 근거하여 인류는 서로 다른 두 가지 방법으로 창조되었다고 말하였다. 즉 〈창세기〉의 1장에 남자와 여자가 다른 생명체를 지배하리라 되어 있고, 2장에 아담과 이브의 창조에 대하여 언급되어 있다. 이로부터 그는 아담 이전에 이미 한 인종이 존재하였다고 추론하였다. 그의 이론에 따르면, 아담 이전부터 존재하였던 종족으로부터 아프리카와 아시아, 신세계의 원주민들이 태어났다.[20]

이러한 분위기 가운데서 인종을 계보와 혈통으로 보는 태도가 등장하였다. 1684년 프랑스의 내과의사 프랑수아 베르니에(Francois Bernier)는 광범위한 여행을 바탕으로 얼굴의 윤곽과 신체구조에 입각한 새로운 인종분류법을 제시하였다. 그에 따르면 인류는 유럽인·극동인·흑인·라플란드(유럽 최북부 지역)인의 네 가지 인종으로 분류된다. 그가 아메리카 인디언에 대해서는 별개의 인종이 아니라고 하였으나 어느 인종 그룹에 속하는지는 밝히지 않았다. 그는 흑인종은 두꺼운 입술과 납작한 코, 매끄러운 피부, 곱슬머리, 상아처럼 하얀 이를 가졌고, 동양인은 얼굴 모양이 독특하고 눈이 이상하게 생겼고, 라플란드인은 단신이고 커다란 발과 넓은 어깨를 가졌으며, 얼굴은 곰을 닮아 상당히 무섭다고 묘사하였다. 그러나 유럽인에 대해서는 상술하지 않았다. 그가 제시한 인종 분류는 과학적인 근거를 지니지 않았지만 역사상 처음으로 인종을 분류하려고 시도했다는 점에서 중요성을 지녔다.[21]

그러나 로마 가톨릭교회는 인류가 한 조상의 자손이라는 주장에 위배되는 어떠한 이야기도 용인하지 않았다. 교황 바울 4 세(Paul Ⅳ)는 점성술과 관상학 따위의 이야기들을 금서목록에 집어넣었고 신세계 원주민에 대하여 그들이 다른 기원을 지닌 인종이라는 어떠한 이론도 강력하게 금지하였다. 따라서 바니니와 브루노는 이단설로 화형을 당하였고, 페이레르는 6개월 동안 감옥에 갇혔다가 이단설을 철회한다는 조건으로 풀려났다.

대항해시대 이후 인종다원설을 비롯하여 백인우월의식과 유럽인 중심주의가 등장하였지만 인종에 대한 일반적인 담론은 조직화된 그리스도교의 영향으로부터 자유롭지 못했다. 그리스도교는 여전히 모든 인류는 아담과 이브의 후손들이며 인종 차이는 환경 때문이며 이 또한 변화된다고 주장하였다. 따라서 교회의 권한에 맹목적으로 복종하지 않았던 레오나르도 다 빈치(Leonardo da Vinci)가 인류의 조상은 하나이고 인종간의 신체적 차이는 환경 때문이라고 굳게 믿었음을 이해하는 일이 그리 어렵지 않다. 그는 더운 지방에서 태어난 사람은 검고 북부에서 태어난 사람은 금발이 된다고 생각했다. 이와 같이 근세 초까지도 과학적 근거가 제시되거나 이론적인 뒷받침이 없는 가운데 인류는 '문명인'과 '야만족'이라는 단순한 이분법으로 분류되었다. 다시 말하여 역사를 지닌 그리스도교인들은 문명인이며, 유일신 개념과 역사와 발전을 결여한 이교도들은 야만족으로 분류되었다.[22]

IV. 계몽주의시대의 인종논쟁

계몽주의시대에 이르면 종교가 전반적으로 사회적 지위를 상실하고 쇠퇴의 길을 걷기 시작하였고 진리문제에서도 권위를 상실해갔다. 이제 신은 전지전능하신 창조주로부터 '시계 제조자'로 비하되었다. 그리스도교도와 이교도라는 이분법은 힘을 잃어갔고, 종교는 개인의 인생관에 따른 선택의 문제로 축소되었다. 이에 따라 '세속적' 인간이 대량으로 출현하면서 인간에 대한 관심은 더욱 고조되었고, 의학·정치학·자연사를 바탕으로 인류학이 하나의 학문으로 정립되었다. 의학은 개인을 다루면서 인간의 몸을 창조한 조물주에 대하여 말하였고, 정치철학은 사회를 다루는 가운데 문명의 발전 뒤에 있는 역사적 법칙을 탐구하기에 이르렀고, 자연사는 창조물 가운데에서 인간이 점하고 있는 위치를 규정하고 있는 자연체계를 연구하기 시작하였다.[23]

그러나 18세기 말까지도 자연사는 정체된 학문으로서 외적 관찰에 의거하여 생물을 분류하였다. 그리고 이 분류는 천상의 천사로부터 인간·동물·식물·광물질로 이어지는 '존재의 사슬' 개념에 부합된 것이었다. 이러한 가운데 여전히 그리스도교적 생명기원설에 의거하여서 종(種)이란 신이 주관하는 자연질서에서 정해진 역할을 하도록 창조된 불변의 원형이고, 변종(變種)은 종에 속하는 과(科)로서 기후와 지형 등에 따라 외형이 변화된다는 견해가 견지되었다. 바로 이러한 종의 불변성에 기초하여 스위스의 자연사학자 카를 린네(Carl von Linne)는 최초로 종 분류법을 완성하였다. 그는 이 세상에는 신이 처음 창조한 수만큼의 종이 존재한다고 생각했으며, 인간을 하나의 종으로 여기고, 인종간의 차이는 서로 다른 과에 속하기 때문이라고 설명하였다. 그는 인간을 4개의 과로 분류하는 생물 분류법을 만들어 학명 체계를 세움으로써 과학에 큰 공헌을 남겼다.[24]

그러나 린네는 인간이 누려왔던 특별한 위치를 포기하고 인간이 원숭이와 같은 종에 속한다고 주장함으로써 당대의 많은 사람들로부터 공격받았다. 특히 해부학에 대한 관심이 증대되면서 그의 분류가 잘못되었음이 증명되어 수십 년 내에 그의 분류는 독단이라고 각하되었다. 동시에 '존재의 사슬' 개념이 논쟁의 대상이 되었다.[25]

그후 조지 루이 르클레르 뷔퐁(Geroge Louis Leclerc Buffon)은 1749년부터 1804년까지 45년에 걸쳐 44권의 책을 저술하는 가운데 하급생물에 대한 관심을 불러일으켰고, 인종의 다양성에 대하여 언급하였다. 그는 백인종이 "가장 정상적이고 자연스러운 사람색"이고 다른 인종들은 변형되었으나 별개의 종에 속하지는 않는다고 주장하였다. 그에 따르면 지나치게 태양을 많이 쏘이면 피부가 검게 되고, 이는 시간이 지남에 따라 유전인자를 바꾸어 그 자손들은 까맣게 된다. 그리고 지나치게 추워도 피부가 검어진다. 그리고 그는 기후로 설명되지 않는 부분은 지형·식단·습관으로 보완하였다. 따라서 인종이란 변하지 않는 요인이 아니라 환경이 바뀌면 변한다고 생각하였다.[26]

뷔퐁의 인종 차이에 대한 설명으로부터 크게 영향 받은 영국인 외과의사 존 헌터(John Hunter) 박사는 1775년 인종간의 차이에 대하여 다각적으로 논의한 책을 출판하였다. 헌터 박사도 기후를 가장 중요한 요인으로 꼽았다. 그러나 그는 적도 부근에 사는 유럽인들이 한 세대 이상을 살아도 피부가 검어지지 않으며, 유럽에 사는 흑인들도 혼혈이 일어나지 않는 상태에서는 세대가 지나가도 하얗게 바뀌지 않음을 지적하였다. 따라서 기후는 인종 차이를 가져오는 여러 요인 가운데 하나라고 결론내렸다.[27]

특히 뷔퐁의 단일인종기원설에 동의한 독일의 의학교수인 블루멘바하(Johann Friedrich Blumenbach)는 오랜 동안 인류의 다양성에 관심을 기울였고, 그의 박사학위 논문인 《인종의 다양성에 관한 연구》(*On the Natural Variety of Mankind*)는 인종의 의미를 문화적으로 연구하기 시작한 서막이었다. 그는 여기저기에서 해골을 수집하고 비교 연구하여 뷔퐁과 함께 인류학의 시조가 되었고, 그 자신은 '두개골학의 아버지'로 불린다. 그는 인간을 코카서스인(Caucasian), 몽골리아인(Mongolian), 에티오피아인(Ethiopian), 아메리카인(American), 말레이인(Malayan)의 다섯 인종으로 분류하였다. 그리고 종종 이 분류는 상응하여 백인종·황인종·흑인종·홍인종·갈색인종으로 사용되기도 한다. 그는 인종간의 차이는 기후와 다른 요인들이 합해져서 생겨난다고 생각했다. 그러나 그는 인종의 우월함과 열등함을 말하는 사람에 대해서는 매우 신랄하게 비판하였다.[28]

반면 모든 사람이 아담과 이브의 후손이라는 주장에 대한 회의가 등장하였다. 프랑스 계몽사상가 볼테르는 인디언과 니그로는 유럽인과 다른 인종이며 그들 사이에 신체적 또는 문화적 관계를 찾는 일은 쓸데없는 일이라고 일축하였고, 볼테르와 같은 시대 사람인 로드 카메스(Lord Kames)는 인종다원설 옹호의 기수로 등장하였다. 그는 스코틀랜드 법률가로서 기후가 인종간의 차이를 설명한다는 생각을 비웃었다. 그에게는 인종간의 외형상의 차이보다 성질이나 기질과 같은 내적인 특성이 더욱 중요하였다. 그리고 인종간의 성질 차이에서 끌어낼 수 있는 유일한 논리적인 결론은 각 인종이 다른 종에 속한다는 것이다.[29]

온 인류가 한 조상의 자손이 아님을 강조하는 인종다원설은 유명한 영국 의사 찰스 화이트(Charles White)가 하급동물부터 고급동물까지를 망라하여 도표를 만들어냄으로써 과학적으로 뒷받침되었다. 그의 주장은 먹이사슬처럼 모든 종의 생물체에는 서열이 있다는 것이다. "사람으로부터 가장 하급생명체인 양서류(兩棲類)에 이르기까지 자연계의 모든 생물은 자신의 위치에 적합한 다양한 지능과 행동권을 부여받았다." 니그로는 이 사슬에서 백인과는 다른 '지위'에, 아마도 백인과 원숭이 사이의 중간 정도에 위치하며, 니그로와 유럽인들은 감성면에서도 큰 차이가 있다고 그는 생각하였다. 그러나 그는 인간에서 원숭이로 향하는 점진적인 퇴화를 주장하였고, 이에 대해 당시 진취적이었던 《먼슬리 리뷰》(*Monthly Review*)는 '존재의 사슬' 시대가 이제 막을 내렸다고 통렬하게 비난하였다.[30]

계몽사상 시대에는 인류가 아담과 이브의 자손이라는 그리스도교적 단일인종기원설부터 인종다원설에 이르는 주장까지 혼재하고 있었고, 인종다원설을 설명하는 데도 기후와 같은 외부 환경 때문에 인종간의 차이가 생긴다는 견해가 지배적이었다. 그러나 신대륙 원주민에 대한 보고가 계속되고 노예제도가 발전하는 가운데 "왜 그들은 우리와 다른가"라는 의문을 비롯하여 "왜 어떤 종족은 문명화되고 어떤 종족은 실패하는 걸까, 문명발전의 선조건은 무엇인가"와 같은 인류발전의 원동력에 대한 의문까지도 제기되었고, 이에 대한 답을 구하려는 노력 또한 계속되었다. 대부분의 유럽인들은 여전히 지리와 기후와 같은 외적 환경이 문명의 과정을 촉진시키고, 퇴화시키는 결정적인 요인이라고 보았다. 이와 더불어 인간의 이성과 진보의 가능성을 믿는 계몽사상 자체가 인종의 우열을 가르는 교조적 인종주의로 나아가는 것을 막는 결과를 가져왔다.

V. 과학적 인종주의 : 19세기

19세기에 접어들어서 서유럽인이 제기한 "왜 그들은 우리와 다른가"라는 의문에 대한 답이 새로운 방향에서 제시되었다. 즉 '과학적 인종주의'가 그 답을 제시하였다. 인종에 대한 논의는 18세기 말부터 활발하게 진행되었고 19세기에 접어들면서 서유럽사회는 인종주의라는 '마녀'에게 사로잡히게 되었다. 18세기 말까지지도 열세에 있었던 생각들—인류는 몇 개의 인종으로 분류될 수 있으며, 각 인종은 저마다 외적 환경으로부터 영향받지 않는 고유특성을 지니고 있으며, 인종간의 지적, 도덕적 능력에는 차이가 있고, 한 인종의 지적 능력과 외형적 특성 간에는 밀접한 상관관계가 있다는 생각들—이 인종이 역사의 핵심이라는 생각과 결부되기에 이르렀고, 여기에 반군주론을 외치는 자유주의 전통, 민족국가의 흥기가 인종에 관한 논의를 심화시키는 컨텍스트를 제공하였다. 그리고 이는 생물학적 탐구, 비교해부학, 골상학을 토대로 한 과학적 인종주의의 발전으로 이어졌다.

과학적 인종주의는 신세계 식민지에 존재하였던 흑인노예들과 깊은 관련이 있다. 이미 언급하였듯이, 노예제도는 고대부터 존속하였다. 그러나 15세기 이후 유럽인들은 노예무역에 깊이 관여하기 시작하였고, 18세기 말에 이르면 노예무역이 광범위하게 이루어지는 가운데 거의 모든 노예들은 흑인이었다. 이러한 사실은 노예제도와 인종개념을 결부시키는 결과를 초래하였다. 검은 피부 자체가 부정적인 이미지를 지니게 되고, 두꺼운 입술, 튀어나온 턱, 넙적한 이마와 같은 신체적 특성이 지적, 도덕적으로 열등함을 나타내는 싸인으로 받아들여지게 되었다. 그리고 그들의 '열등함'을 증명하기 위한 과학적 연구가 시작되었다.

역설적으로 노예제도 폐지운동조차도 인종주의를 촉진시키는 결과를 가져왔다. 노예제도에 대한 반대운동이 일어나자 '열등한 인종'을 평등하게 취급해야 하는가라는 문제가 해부학 문제로 대두된 것이다.

즉 모든 인종이 해부학적으로 그리고 신체학상 다를 바 없다면 유럽인이 누리는 권리와 특권을 누릴 수 없다는 가정이 등장하였다. 이러한 배경 속에서 18세기 말부터 발달하기 시작한 생물학과 인문과학이 인종문제 논쟁에서 매우 중요한 역할을 하기 시작하였다.[31]

여기에 프랑스혁명 이후 태평양 지역에 대한 식민활동이 증대되면서 많은 흑인들이 유럽으로 유입되었다. 백인들은 이제 직접 경험을 바탕으로 흑인들과 유색인종들이 게으르고 동물적인 본성을 지녔다고 늘어놓았다. 따라서 볼테르·카메스·화이트의 주장이 지겹도록 반복되었고, 흑인을 비롯한 유색인종에 대하여 무식하고 발달되지 않은 유아기 단계라는 생각이 적용되기 시작하였다. 이러한 몇 가지 결정적인 요인들이 함께 작용하는 가운데 18세기까지 지배적이었던 환경결정론이 여러 측면에서 공격받기 시작하였고 과학적 인종주의의 길이 열렸다.[32]

인종에 대한 과학적 연구는 지구상의 모든 인종에 대한 정보가 수집되고, 그 정보의 정확성이 검증된 후에야 발전될 수 있었다. 따라서 과학적 인종주의는 비교해부학의 발전이 있어야 가능했다. 비교해부학은 19세기 초반기에 파리를 중심으로 활동한 조지 쿠비에(George Cuvier)로부터 시작되어 인종간의 다양성, 인간과 동물의 차이, 인종기원에 대한 논의에 열기를 더하였고, 19세기 말에 이르면 좀더 복잡한 이론들로 열매를 맺었다.

19세기 중반기까지 과학자들 사이에서 진행되었다. 인종논의는 전반적으로 단일인종 기원설과 인종다원설 사이의 논쟁으로 귀착되었다. 즉 인간은 모두 한 조상의 후손들이지만 다양한 인종이 존재하는 것은 환경적 요인 때문이라고 보는 견해와, 인류는 조상이 다른 여러 인종으로 구성되었으며, 인종간의 차이는 유전되는 형질 때문으로 보는 견해간의 논쟁으로 귀결되었다. 그러나 논쟁의 실질적인 내용면에서 볼 때 양쪽 견해 모두가 점차 흑인종은 열등하기 때문에 교육과 환경개선으로도 진보시킬 수 없다고 믿기 시작하였다. 상대적으로 다른 유색인종들은 양호하게 평가되었으나 그들이 잠재적으로 지와 덕을 지녔다는

생각 역시 점차 사라져갔다. 따라서 유색인종을 교화하려는 종교적 노력조차 낭비라는 주장도 나타났다.[33]

새로운 자연과학의 영향은 영국의 과학자 제임스 카울스 프리차드(James Cowles Prichard)의 논문에서 구체화되기 시작하였다. 자신의 연구 목적을 인류가 단일인종임을 밝히는 데 둔 그는 박사학위 논문에서 사람은 원래 흑인종이었으나 문명생활로 하얗게 되었다고 주장하였다. 그러므로 원시적인 생활상태에 있는 사람들은 아직 검다고 주장하였다. 또한 그는 비교문헌학 견지에서 켈트어와 산스크리트어와의 관계를 연구하여 켈트족과 인도유럽어족과의 관계를 추적하였고 인종간의 사회제도·철학·종교를 비교 연구하였다. 그는 이집트 신화를 연구하여 힌두인과 이집트인 사이에 직접적인 관계가 있음을 증명하고자 하였다. 그러나 인류가 한 조상의 후손이라는 이론이 전통적으로 기후이론에 의해 지지되어 왔기 때문에 그는 다른 방법으로 이를 증명하고자 하였고 비교분석방법에 의존하였다.[34]

새로운 과학적 방법으로 인종문제에 최초로 접근하였고 영국 인류학의 아버지로 평가받는 프리차드는 단일인종기원설을 강조하는 가운데 인간의 외형적 다양성은 유전인자의 갑작스러운 변화 때문이라고 설명하였다. 그러나 변화된 형질이 유전된다는 생각에는 반대하였다.

인종에 대한 과학적 연구와 태도가 변화하고 있음은 런던의 내과의사인 윌리엄 로렌스(William Lawrence) 경이 1816년부터 1818년까지 한 일련의 강연에 잘 반영되고 있다. 그는 인종다원설을 주장한 찰스 화이트 박사와 비슷한 견해를 말하였다. 백인종이 우월하기 때문에 열등한 인종을 노예취급한다는 것을 정당화할 수는 없지만 인종간의 우열이 없다고 주장하는 것은 잘못되었다고 그는 생각했다. 그는 유럽 자체에 인종의 우·열성이론을 들여온 최초의 인류학 이론가 가운데 한 사람이었다. 그는 켈트계 게르만족이 슬라브족이나 동양 민족보다 더 고상하고 덕을 지니고 있는 반면 후자는 감성에서 뛰어나다고 말하였다. 그는 또한 각 민족마다 두개골에 차이가 있으며 자신의 주장이 보다 면밀한 비교 분석을 요한다고 말하였다. 아마도 그는 19세기 말과 20세기초 민족주의 열기 속에서 이 보고가 결정적인 영향을 미치게 될 것을 알지 못하였을 것이다.[35]

한편으로 미국에서는 19세기에 접어들어 노예제도가 '필요악'으로 발전하는 가운데 흑인들은 전혀 다른 인종일지 모른다는 생각이 한층 더 굳어졌다. 이러한 생각을 주도한 인물은 사무엘 모턴(Samuel George Morton)이었다. 의사이며 동시에 자연사 연구가인 그는 각 인종의 기원이 다르다는 증거를 잡종이나 뮬레토에서 찾을 수 있다고 주장하였다. 그는 동물과 사람의 두개골을 수백 개 수집하여 연구한 결과를 바탕으로 백인과 흑인은 전혀 다른 인종일 뿐만 아니라 다른 성질과 기질을 가지고 있다는 결론을 도출하였다. 그의 이론에 따르면 인디언들은 경작하기를 싫어하고, 학습 속도가 더디고, 전쟁을 즐기고, 불안정하며, 흑인은 단순하고, 게으르고, 유순한 하급인종이었다.[36]

모턴의 인종다원설은 1846년에 미국으로 온 스위스 박물학자 루이스 아가시(Louis Agassiz)로부터 강력한 지지를 받았다. 그는 생명의 창조가 지구 한 지역에서 한 번만 일어난 것이 아니라 세계 각지에서 조물주의 미리 정해진 계획에 따라 여러 번 행해졌다고 생각했다. 그는 미국에서 처음으로 흑인과 접하고 그들의 피부색, 두터운 입술, 꼬불꼬불한 머리 등 너무나 다른 모습에 충격을 받아서 개인적으로는 흑인은 열등하다고 생각하기에 이르렀다.[37]

이에 반하여 놀랍게도 노예를 소유한 남부 목사인 존 바흐만(John Bachman)이 단일인종기원설의 열렬한 옹호자로 등장하였다. 자연사에 관심이 많은 그는 모턴의 인종다원설에 정면으로 도전하였다. 특히 뮬레토가 자기들끼리 결혼하여도 자식을 많이 낳는다는 증거를 들어 모턴의 뮬레토 비생산성이론을 반박하였다. 또한 아가시의 주장을 반박하며 인류는 한 인종임을 강조하였다.[38]

그러나 자연사에 대한 해박한 지식과 논쟁 능력에도 불구하고 그는 노예제도를 옹호함으로써 자신의 논지에 대한 신용도를 떨어뜨렸다.

그는 흑인 역시 같은 인종이지만 결코 백인과 동등하지는 않다고 말하였고, 이 경우에는 자신의 과학적 지식을 제쳐두고 《성경》에 치중하여 설명하였다. 노아는 샘을 축복하여 코카서스인의 조상이 되게 하였고, 야벳은 몽골인의 조상이 되게 하였다. 그러나 셋째아들 함은 "아직도 어디에서나 하인의 하인인 니그로의 조상이다." 따라서 흑인노예제도는 정당하다고 주장하였다. 그는 "아프리카인들은 우리와 같은 인종이나 지적으로 열등한 변종이며, 자치정부를 수립할 수 없다는 것이 그들이 변종임을 입증한다. 그러나 다인종설이 인정된다면 이는 성서의 가르침에 위배된다"고 주장하였다.[39] 바흐만의 단일인종기원론은 점차 비과학적이라고 거부되는 추세에 있었다.

이와 같이 인종 논의가 모턴의 인종다원설에 유리한 방향으로 진행되고 있을 때 1851년 모턴은 갑작스레 죽음을 맞게 되었다. 모턴의 죽음으로 그의 이론은 그의 제자인 조시아 클락 노트(Josiah Clark Nott)와 조지 로빈 글리돈(George Robin Gliddon)에게 계승되었다. 노트와 글리돈은 800페이지에 달하는 논문집 《인간의 유형》(*Types of Mankind*)을 1854년에 발표하여 모턴의 이론을 정리하고 인종다원설을 대중에게 널리 유포시켰다. 이 책은 7달러 50센트의 비싼 가격이었지만 출판되자마자 다 팔렸고, 19세기 말까지 9판이 인쇄될 정도로 많이 읽혔다. 이 책에서 저자들은 흑인과 인디언을 비롯한 유색인종은 문명을 발전시킬 지적 능력이 없고 백인종과의 혼혈이 있은 후에야 비로소 가능하다고 주장하였다.

인종다원설과 단일인종기원설 사이에 벌어진 열띤 논쟁은 찰스 다윈(Charles Darwin)의 진화론이 등장하자 막을 내렸다. 다윈은 모든 인류가 하나의 종에서 비롯되었다고 못박았다. 그는 "현존하는 인종이 피부색, 머리카락, 두개골 모양, 체형 등에서 서로 다르지만 전체구조를 생각해 볼 때 여러 가지 점에서 공통점을 지닌다. 사람이 서로 다르다 해도 대부분은 사소한 차이일 뿐이고, 모두가 하나의 형질을 지녔기 때문에 서로 다른 종이나 인종이라고 생각할 수 없다"고 서술하

였다. 다윈은 인종이론의 근본을 흔들어 놓았다.[40]

다윈의 《종의 기원》(*The Origin of Species*)이 출판되기 이전에 이미 영국 아마추어 과학자 로버트 챔버스(Robert Chambers)가 1843년에 진화에 대한 가설을 제시하였다. 그는 인간은 니그로에서 시작하여 말레이인·인디언·몽골인의 단계를 거쳐 마침내 코카서스인으로 진화한다고 주장하였다. 챔버스는 훈련받은 과학자가 아니었기 때문에 그의 진화이론의 진위성은 의심을 받았으나 진화론을 일반 사람들에게 소개하는 데 공헌하였다.[41]

다윈은 챔버스보다 훨씬 더 조심스럽게 인간의 진화에 대하여 설명하였다. 그러나 다윈은 진화의 방향이 꼭 코카서스인 쪽으로 향한다고 가정하지 않았다. 그는 사람마다 외형과 지적 능력이 다르며 이 차이는 비교되고 측정될 수 있다고 믿었다. 그의 진화론은 19세기 인류학자들 사이에 이미 관심거리였던 인종간의 차이를 측정하는 운동을 한층 고무시켰다. 인종마다 다른 진화단계에 있다면 그들의 차이를 측정하는 일은 매우 중요하였다. 그 차이의 측정이 다음 단계의 진화과정을 제시해주기 때문이었다.[42]

인종의 차이를 설명하는 방법은 학자마다 달랐다. 기후와 피부색의 상관관계로 설명하는 18세기 방법이 아직도 사용되기도 했지만 과학적으로 만족할 만한 분류법을 제시하지 못했다. 그러자 두개골 연구로부터 인종의 차이를 설명하는 야심찬 시도가 행해졌다. 독일에서 페터 캠퍼(Peter Camper)는 얼굴 각도에 따라 인종을 분류할 수 있다는 설을 내세우고 턱 저변에서 이마까지 삼각형을 만들어 그 각도가 가파른 인종을 오소그내소스(Orthognathous)종이라 하고, 턱이 튀어나와 각도가 작은 인종을 프로그내소스(Prognathou)종이라고 명했다. 그리고 고대 그리스인들은 얼굴 각도가 100도 정도였고 니그로는 60~70도의 각도에 가장 턱이 튀어나온 인종이라고 결론내렸다. 이에 대응하여 블루멘바흐(Blumenbach)는 리투아니아인 두개골과 이집트인 두개골을 비교한 결과 얼굴 각도의 차이가 없었다고 반격을 가했다. 그러나 블루멘바흐의 반격에도 불구하고 얼굴 각도로 인종을 구분하는 방법은 계속되었다. 특히 미국에서는 모턴 박사의 추종자이며 보스턴의 박물학자인 사무엘 닐랜드(Samuel S. Kneeland)가 흑인 턱과 동물 주둥이를 비교하였다.[43]

과학은 속성상 여러 다양한 관찰치로부터 그 이면의 법칙을 찾아내는 학문이다. 따라서 인종 연구에서도 지구상의 여러 인종에 대한 정보, 사실들에서 일반적인 개념을 추출해내고자 하였다. 이러한 과학의 유형학적 성향과 관련하여 과학자들은 인종 차이를 물량과 수치로 측정하고자 시도하였다. 그리고 가장 널리 사용된 방법이 두개골 측정이었다. 19세기 말에 이르면 두개골은 인종과 관련된 모든 것의 심판자가 되었고 그 결과 골상학이 크게 발달하였다. 19세기와 20세기에 골상학의 이름으로 수백만 사람들이 머리와 손, 발을 측정당한 이유가 바로 여기에 있었다.[44]

또 다른 방법으로 뇌의 크기를 비교하는 방법이 있었다. 하이델베르크대학의 해부학자인 티에데만(F. Tiedeman)은 이미 1838년에 니그로의 두뇌가 백인의 두뇌와 정말 다른가를 실험하였다. 그리고 큰 차이를 발견하지 못했다. 그는 뇌의 크기에서 니그로와 유럽인 사이에 본질적인 차이가 없다고 인정해야 한다고 결론내렸다. 이 실험은 당시 미국의 인종다원설 추종자들을 당황하게 만들었다.[45]

찰스 다윈 스스로도 두뇌의 크기가 지능과 관련 있으며 어떤 인종은 크고 좋은 두뇌를 가졌다고 믿었다. 그는 "문명화된 나라 사람일수록 턱을 덜 사용하여 턱의 크기가 줄어들고, 지적 활동을 많이 하여 두뇌 크기가 커지고, 야만인과 비교해 볼 때 이 모든 것이 복합적으로 작용하여 외관에 상당한 영향을 미친다"고 설명하였다.[46]

그러나 두뇌의 크기로 인종 차이를 설명하는 방법은 과학적으로 입증되지 않았다. 프랑스인 조셉 데니커(Joseph Deniker)는 1만 1천 명의 유럽인과 흑인 두뇌에 대한 자료를 수집하여 연구한 결과 1900년에 양 인종의 두뇌 무게는 거의 같다고 발표하였다. 반면에 150명의 백인과 150명의 흑인 두뇌를 비교한 뉴올리언즈과학협회(New Orleans Academy of Science) 회장 로버트 빈(Robert Bennett Bean) 박사는 큰 차이가 있다고 결론내렸다. 그에 의하면 흑인은 후각, 시각, 음감, 손재주 면에서는 백인을 능가하는 두뇌조직을 가지고 있으나 자기절제, 의지, 윤리적이고 심미안적 통찰력, 이성면에서는 유전적으로 백인에게 뒤지는 두뇌조직을 가졌다. 이와 같이 상충되는 결론이 내려지는 근본 이유는 실험자들의 무의식적인 편견이 작용하였기 때문이었다.[47]

두뇌 회선 역시 인종간의 차이를 설명하기 위하여 측정되었다. 유명한 과학사가 존 피스크(John Fiske)는 두뇌 무게뿐만 아니라 두뇌의 주름수와 회선 횟수가 문제가 된다고 믿었다. 그는 갓난아이 두뇌는 원숭이 두뇌처럼 표면이 부드럽고, 성인이 된 야만인의 두뇌는 주름자국이 생기고, 위대한 학자의 두뇌는 주름이 깊고 구불구불하다고 설명하였다. 다윈 역시 인종마다 두뇌 회선에 차이가 있다고 믿었다. 그러나 그 후의 연구는 인종간의 차이를 증명하는 데 실패했고 두뇌 회선과 지능과의 관계도 밝혀지지 않았다.[48]

이 밖에도 인종간의 차이를 입증하기 위하여 여러 방법이 이용되었다. 머리카락 구조를 조사하기도 하고, 몸에 사는 이를 여러 나라에서 수집하여 그 빛깔과 구조를 비교하기도 하였다. 이와 같이 인종 차이를 설명하는 방법에 정도(正道)가 없는 가운데 혼돈이 야기되었고, 지구상에 존재하는 인종의 수가 얼마나 되는가라는 문제에 봉착하여서는 그 혼돈은 더욱 심각해졌다. 혹자는 그 수가 3이라는 주장부터, 4, 7, 11, 36, 심지어는 63종이라는 주장까지도 등장하였으니 말이다.[49]

결과적으로 인종의 차이를 측정하는 19세기의 모든 과학적 방법 뒤에는 유색인종은 열등하다는 근본적인 궤론이 있었다. 수많은 인종주의자들이 과학적 실험을 거친 인종분류안을 숨막히게 기다리고 있었고, 그러한 방법이 발견만 된다면 그들은 이를 바탕으로 그 위에 인종의 서로 다른 특질과 성향에 관한 이론을 산더미처럼 쌓아 올릴 준비가 되어 있었다. 인종주의자들은 인종간에는 지적 능력의 차이가 있다고 가정하였고, 이는 결국 인종 차이에 관한 연구 결과가 실질적으로 무엇이든 그들에게는 별문제가 되지 않았음을 의미하였다. 인종간의 차이가 과학적 방법으로 입증되지 못했음에도 불구하고 여전히 대다수의 인종주의자들은 조금도 기세가 꺽이지 않았다. 어떤 의미에서 인종주의자들에게는 과학적 증거가 필요치 않았다.

인종주의는 과학적 이론으로 무장하는 데 실패하였다 그럼에도 불구하고 인종주의는 19세기 말의 다른 지적 성향과 합하여져 더욱 배타적인 결과를 낳았다. 특히 민족주의가 정치적으로 실현되는 가운데 민족국가가 건설되자 이는 라틴족·게르만족·앵글로–색슨족 등의 인종 구분을 더욱 강조하는 방향으로 작용하였다. 그리고 더 나아가 코카서스인과 유색인을 대비하는 경향이 더욱 짙어졌다. 이러한 인종 구분은 전쟁과 제국주의에 의해 더욱 극화되었다. 전승국은 진화론에 따르면 적자생존의 적자이고, 그러기에 패전국의 영토를 장악하고 국민을 지배할 권한이 있었다. 물론 다윈의 '적자' 또는 '선민' 개념이 새로운 것은 아니었다. 그러나 다윈의 진화론은 국가간의 정치적 투쟁이 심화되는 시기에 나타나 전쟁을 정당화하고 부추겼다. 그리고 인종주의와 합하여져 아시아와 아프리카의 '문명화되지 않은 유색인종' 지역에 대한 지배를 정당화하였다. 19세기 말 제국주의자들은 열등한 인종을 개화시킨다는 '사명감' 또는 '백인의 짐'을 지고 식민사업을 펼쳐나갔고, 우생학, 제국주의와 결합된 인종주의는 최대 전성기를 맞았다.

VI. 맺음말

1850년에 새로 발간된 《앵글로 색슨》(*The Anglo-Saxon*) 잡지에는 마틴 투퍼(Martin Tupper)가 쓴 다음과 같은 시가 실렸다.

> 뻗어 나가라! 뻗어 나가라! 남에서 북까지
> 동에서 서까지,— 뻗어 나가라! 뻗어 나가라!
> 너의 말뚝을 단단히 잡아매고, 너의 밧줄을 길게 늘여라,—

　　이 세상은 진정한 주인을 위한 천막이다!
　　쏟아져 나아가 곳곳에 흩어져라
　　이 세상은 색슨족을 위한 세상이다![50]

　이 잡지는 1년 후에 폐간되었다. 그러나 이 잡지의 논조는 영국민족이라는 개념에 적지 않은 변화가 일어나고 있음을 보여주었고, 이 변화는 유럽과 북미 대륙에서 일어나고 있는 좀더 큰 변화의 한 단면이었다.

　투퍼의 시에서 사용된 "색슨족"은 그리스인들의 환경결정론이나 히브리인들의 신학적 관점의 '종족'이 아니라 인종적으로 우월한 앵글로색슨족을 의미한다. 한마디로 말하면 그가 사는 시기에 이미 현대적 개념의 교조적 인종주의가 형성되기 시작하였고 서유럽사회는 이때부터 인종에 사로잡히게 되었다.

　20세기는 19세기의 교조적 인종주의를 물려받았다. 이와 더불어 백인우월주의는 제1차세계대전이 일어나기 전 20년 동안 최고조에 달하였고 영국을 비롯한 유럽의 여러 나라들은 유럽의 세계지배와 영향력을 증대시키면서 백인종이 우월하다는 신념을 대중화시키기에 이르렀다. 서유럽인들에게 유색인종은 더 이상 존경이나 교화의 대상이 아니었고, 착취와 지배의 대상이었다. 그리고 그들은 유색인 지배와 착취를 정당화시킬 수 있는 논리를 인종주의에서 찾았다.

　그러나 제2차세계대전 이후 놀랍게도 다시 과학의 이름으로 인종주의에 대한 비판이 일어나고 있다. 과학자들은 인종 연구에 대한 집착으로부터 벗어나고, 생물학과 인류학에서 인종이란 아무것도 의미하지 않는다는 합의가 널리 확산되고 있다. 그들은 인종적 본질이 한 개인의 도덕적, 지적 성향을 설명하기에 충분하지 않다고 주장할 뿐만 아니라 더 나아가 니그로·코카서스인·몽골인과 같은 분류 자체가 생물학적으로 중요하지 않다고 믿는다. 어떤 인종이라는 스테레오 타입에 전혀 들어맞지 않는 사람들이 한 인종에는 너무나 많다는 것이다. 그리하여 오늘날 인종의 비현실성과 이것이 허구라는 생각이 일부에서 받아들여지고 있다.

  그러나 100여 년 동안 지속되어온 인종주의의 영향력은 아직도 지대하다. 대다수의 사람들은 여전히 인종의 우·열에 대하여 논의하고 있으며 인종주의를 비판없이 그대로 받아들이고 있다. 이런 면에서 볼 때에 인종주의는 마치 마녀와도 같다. 아무리 마녀가 비현실적인 존재여도 마녀에 대한 믿음은, 인종주의처럼 인간생활에 지대한 영향을 미치고 있기 때문이다.

  인종주의는 현존하는 이데올로기 가운데서 가장 폐쇄적이고 유해한 이념태로서 광신주의를 불러일으킬 소지와 잠재성을 지닌 가운데 그 어느 때보다도 위협적이 되고 있다. 사회가 복잡해지고 어떤 의미에서는 더욱 절망적이 되어감에 따라서 인종주의가 개인의 정체성뿐만 아니라 집단의 정체성을 제시해주고, 그럼으로써 더욱 호소력을 지닐 수 있기 때문이다.[51] 따라서 현재라는 자아상을 이해하는 데 있어서 인종주의가 매우 중요하다는 인식을 일깨우며, 인종주의가 가져온 부정적인 산물에 관한 연구는 민족주의·제국주의·나치즘 등의 이념태를 다루는 데에서 언급되기를 기대하며 이 글을 맺는다.

주

1) Michael Banton, *Racial Theories*(New York, 1990), p. 1.

2) Banton, *Racial Theories* 1, p. 10 ; Nancy Stepan, *The Idea of Race in Science : Great Britain 1800~1960*(Archon Books, 1982), p. ix.

3) Kwame Anthony Appiah, "Racisms", David Theo Goldberg, ed., *Anatomy of Racism* (Minneapolis, 1992), pp. 5~6.

4) *Ibid.*, pp. 6~10.

5) Alden T. Vaughan, *Roots of American Racism* (New York, 1995), pp. ix~x.

6) Thomas F. Gossett, *Race : The History of an Idea in America* (New York, 1963), p. 4.

7) Hutton Webster, *Ancient Civilization*(New York, 1931), p. 16.

8) 19세기에 들어와 한 인종의 특성이 기후와 같은 외부환경에 의해 결정된다는

이론을 환경결정론이라고 이름붙였다.

9) Kwame A. Appiah, "Race", Frank Lentricchia and Thomas McLaughlin, eds., *Critical Terms for Literary Study*(Chicago and London, 1990), pp. 274~275.

10) *Ibid.*, p. 275.

11) Gossett, *Race*, p. 5 ; Ruth Benedict, *Race : Science and Politics*(New York, 1940), p. 163.

12) Gossett, *Race*, pp. 5~6.

13) Ovid, *Metamorphoses*, trans, Rolfe Humphries(Bloomington, Indiana, 1955), pp. 26~40.

14) Gossett, *Race*, pp. 8~9.

15) Frederick Hertz, *Nationality in History and Politics*(New York, 1944), p. 57.

16) Banton, *Racial Theories*, pp. 7~8.

17) Lewis Hanke, *The Spanish Struggle for Justice in the Conquest of America* (Philadelphia, 1949), p. 11에서 재인용.

18) Gossett, *Race*, pp. 14~15.

19) Winthrop D. Jordan, *White Over Black*(New York, 1977), pp. 7~9.

20) D. R. McKee, "Issac de la Peyrere, a Precursor of the Eighteenth Century Critical Deists", *PMLA, LIX*(1944), pp. 464~466.

21) Gossett, *Race*, pp. 32~33.

22) Gossett, *Race*, 16 ; H. F. Augstein, ed., *Race : The Origins of an Idea, 1760~1850*(Bristol, 1996), pp. x~xi.

23) 18세기의 모든 인문과학들의 관계에 대하여서는 Chrisropher Fox, Roy Porter, Robert Woler, eds., *Inventing Human Science : Eighteenth Century Domains*(Berkeley, 1995)를 참조하시오.

24) Augstein, ed., *Race*, xii ; Gossett, *Race*, p. 35.

25) Augstein, ed., *Race*, xii ; N. Jardine, J. A, Secord, *Cultures of Natural History*(Cambridge University Press, 1995), pp. 145~162.

26) Banton, *Racial Theories*, pp. 5~6.

27) Gossett, *Race*, pp. 36~37.

28) Banton, *Racial Theories*, pp. 5~6 ; Augstein, ed., *Race*, pp. xvi~xvii.

29) Gossett, *Race*, pp. 45~46.

30) Augstein, ed., *Race*, p. xii ; Gossett, *Race*, pp. 47~51.

31) Stepan, *The Idea of Race in Science*, pp. x~xi.

32) Banton, *Racial Theories*, p. 7 ; Bernard Smith, *European Vision and the South Pacific, 1768~1850*(Oxford, 1960), pp. 22~23, p. 108·251.

33) Gossett, *Race*, p. 54 ; Nancy Stepan, *The Idea of Race in Science*, pp. x~xi.

34) James Cowles Prichard, "On the Relations of Ethnology to Other Branches of Knowledge", *Journal of the Ethnological Society of London*, vol. 1(1848), pp. 301~329.

35) Gossett, *Race*, pp. 56~57 ; William Lawrence, "On the Causes of the Varieties of the Human Species", *Lectures on Physiology, Zoology, and the Natural History of Man*", 3rd ed.(1823), pp. 431~471.

36) Gossett, *Race*, pp. 58~59.

37) Josiah Clark Nott and George R. Gliddon, *Types of Mankind*(Philadelphia, 1854), xlvii.

38) William Stanton, *The Leopard's Spots : Scientific Attitudes towrad Race in America, 1815~1859*(Chicago, 1960), p. 103.

39) John Bachman, *The Doctrine of the Unity of the Human Race Examined on the Principles of Science*(Charleston, 1850), p. 116, pp. 291~292.

40) Asa Gray, "Darwin on the Origin of Species", *Atlantic Monthly*, VI(1860), pp. 109~116, pp. 229~239.

41) C. Robert Chambers, *Vestiges of the Natural History of Creation*(London, 1844), pp. 226~227.

42) Gossett, *Race*, pp. 68~69.

43) Thomas Kenneth Penniman, *A Hundred Years of Anthropology*, 2nd ed. (London, 1952) p. 56.

44) Stepan, *The Idea of Race in Science*, pp. xvii~xix.

45) Nott and Gkiddon, *Types of Mankind*, pp. 453~454.

46) Charles Darwin, *The Descent of Man*, p. 247.

47) Robert Bean, *The Races of Man*(New York, 1935), pp. 94~95 ; Gossett, Race, p. 3, pp. 78~79.

48) John Fiske, *The Destiny of Man Viewed in the Light of His Origin*(Boston, 1884), p. 49.

49) Gossett, *Race*, pp. 80~83.

50) Martin Tupper, "The Anglo-Saxon Race", *The Anglo-Saxon*, 1950.

51) Dominick Lacapra, ed., *The Bounds of Race : Perspectives on Hegemony and Resistance*(Ithaca and London, 1ss991), pp. 1~3.

애국주의
Patriotism

조 승 래

I. 머리말

애국주의가 정치사상사 학계에서 본격적으로 논의되기 시작한 것은 비교적 최근의 일이다. 이전에는 애국주의를 민족주의의 원초적 단계로서 인간의 본능적인 집단적 귀속감의 하나로 가볍게 지나쳐버리는 것이 예사였다. 그리하여 민족주의를 논할 때 그것을 애국주의와 혼동해서는 안된다고 강조하는 것이 일반적인 경향이었다. 애국주의는 하나의 '주의'라기보다는 애국심이라는 마음의 상태를 나타내는 말로 쓰여져왔던 것이다. 데이비드 밀러(David Miller)가 1987년에 편집한 《정치사상사전》(*Blackwell Encyclopaedia of Political Thought*)도 애국주의는 정치사상이 아니라 감정이라고 정의하고 있다. 그것도 자연적 지역성과 특정 생활방식에 대한 귀속감을 의미할 뿐 '나라(country)'에 대한 그 어떤 추상적 관념도 포함하고 있지 않다는 것이다.[1]

이러한 일반적인 경향에도 불구하고 최근에 들어와 애국주의에 대한 본격적인 논의가 학계 일각에서 진행되고 있다. 애국주의가 '나라'에 대한 추상적 관념을 포함하고 있는 하나의 사상으로 역사에 존재해왔으며 오늘날에도 유효한 이념이 될 수 있다는 것이다. 이러한 논의에 따르면 애국주의란 나라는 곧 자유의 공동체이어야 하고 나라를 사랑한다는 것은 바로 그러한 공동체를 지킴으로써 자유를 확보함을 뜻하는 것이다. 애국주의는 종족적 문화적 동질성에 대한 추구와 더 나아가 그 우수성에 대한 맹신과는 본질적으로 다른, 하나의 정치적 이념이었다는 것이 오늘날 애국주의를 논하는 학자들의 주장이다. 그리하여 애국주의는 민족적 동질성과 우수성을 강조함으로써 악몽과 같은 사건들을 야기시키는 민족주의와 개인의 사적 이익의 추구를 위해 공동체적 이상을 포기하는 개인주의의 병폐를 모두 치유할 수 있는 해독제로서 그 역할을 할 수 있다고 평가한다.[2]

이 글은 고대에서 시민혁명 시대까지 서양의 정치적 담론 세계에 나타난 애국주의 언어들을 탐색해보고 현대 사상가들의 애국주의 담론을 탐색해보려고 한다.

Ⅱ. 애국주의의 역사 : 고대에서 시민혁명 시대까지

애국주의(patriotism)의 어원은 라틴어 'patria'에서 온 것이었다. 키케로(Cicero), 살루스트(Sallust), 리비우스(Livius)와 같은 로마의 공화주의 사상가들은 'patria'를 단순히 구체적인 장소의 개념으로 사용하지 않고 추상적 의미의 '나라'라는 개념으로 사용하였다. 즉 '공동의 일' 또는 '공공사(公共事)'로 구성되어 있는 나라(res publica)와 같은 의미로 사용되었다. 이 말은 공동의 자유와 공동의 이익이 존재하는 곳이 곧 'patria'라는 것을 뜻한다. 그리하여 살루스트는 'patria'를 과두정의 반대개념으로 규정하였다. 또한 퀸틸리아누스(Quintilianus)는 그것을 'natio'와 구별하였는데, 'patria'는 법과 제도를 내포하는 용어이고, 'natio'는 사람들의 습관을 내포하는 용어라는 것이다. 곧 'natio'는 일정한 습관을 지닌 구체적 사람들이라면 'patria'는 법과 제도에 의해 운영되는 추상적인 나라라는 것이다. 'patria'는 단순히 문화적 종족적 통합과 귀속을 의미하는 것이 아니라 공동의 자유와 공동의 이익이 존재하는 나라를 의미하는 것이었다.

이와 같은 고대 사상가들의 'patria'관은 중세에도 이어졌다. 일찍이 아우구스티누스(Augustinus)는 그의 《신국론》(*De Civitate Dei*)에서 그 것을 공동의 이익을 추구하는 나라라는 의미로 사용하였다. 토마스 아 퀴나스(Thomas Aquinas)도 그의 《신학대전》(*Summa Theologiae*)에서 애 국한다는 것은 나라의 동료시민들을 사랑하고 나라를 위해 헌신한다는 것이라고 규정하였다. 또한 그것은 공동의 이익을 위해 헌신하는 것이 기 때문에 정의와 같은 것이라고 주장한다. 루카의 프톨레마이우스 (Ptolemaius)도 애국은 사적인 일보다 공적인 일을 앞세우는 자애와 자 선의 하나라고 보았다. 그리하여 애국은 그 어떤 덕보다 더 영예로운 것이라고 그는 주장하였다.[3]

르네상스 시대에 들어와 시민적 휴머니스트들은 이러한 애국주의론 을 강조하기 시작했다. 그들에게 'patria'는 바로 공동의 이익을 추구하 는 나라를 의미하였고, 그 안에서는 공동의 이익을 추구하는 삶이 가 장 가치 있고 고귀한 삶이었다.[4] 그러한 나라는 오로지 시민들의 적극 적 참여정신을 통해서만 지켜질 수 있으며 바로 그것이 애국이었다.[5] 알베르티(Leon Battista Alberti)는 애국은 시민의 의무라고 규정하였다.[6] 15세기 피렌체의 시민적 휴머니스트들은 이러한 애국주의 담론을 완성 시켰다. 브루니(Leonardo Bruni)는 피렌체가 조국인 것은 피렌체가 정의 를 추구하는 자유롭고 평등한 시민들의 공화국이기 때문이라고 보았 다. 그리하여 피렌체는 인간 행복의 기초를 닦은 나라이기 때문에 영 예로운 찬양을 받을 만한 나라라고 주장한다. 피렌체 시민들이 애국한 다는 것은 그들이 그 안에서 자유롭게 살면서 최고의 공적 명예를 추 구하게 해주는 나라에 대해 헌신한다는 것을 의미한다.[7]

마키아벨리(Machiavelli)도 마찬가지였다. 그는 키케로와 리비우스의 애국주의를 그대로 답습하였다. 나라라는 것은 바로 법과 공동의 자유 를 의미하며 따라서 애국은 정직한 인간의 가장 고귀한 도덕적 의무이 다.[8] 그는 'nazione'라는 단어를 단순히 'provincia' 즉 지방이라는 의미로—공통된 관습이 존재하는 곳이라는 의미로— 사용하였다. 반면에 'patria'는 이와 달리 공동의 이익과 공동의 자유를 추구하는 나라라는 의미로 사용하였다. 그가 "나는 내 나라('patria')를 내 영혼보다 더 사랑한다"고 했을 때, 나라 대신 자유로운 삶이라고 해도 그 뜻은 변하지 않는다. 그러나 'patria' 대신 'nazione'라는 단어를 쓰면 그 뜻은 마키아벨리의 의중과는 너무나 동떨어지게 된다.[9] 브루니의 애국주의에는 자유로운 공화국 피렌체에 대한 자부심이 포함되어 있었지만 마키아벨리의 애국주의에는 그나마도 없었다.[10] 그는 나라는 종족적 문화적 공동체가 아니라 오로지 자유의 공동체라고 보았다. 그리하여 자신의 영혼보다 자신의 나라를 더 사랑한다는 말은 나라의 자유를 위해 자신의 영혼과 생명을 희생시킬 각오가 되어 있음을 뜻하는 것이었다.

이러한 애국주의론은 17세기 절대왕권 시대에는 숨을 죽이고 있었지만 예외도 있었다. 프랑스의 라 브뤼에르(La Bruyère)는 전제적 정부 아래서는 나라를 사랑한다는 것이 불가능하다고 주장하였다. 다만 군주의 의도와 이익과 영광과 사명이 애국이라는 말을 대체할 뿐이라는 것이다.[11] 페넬롱(Fénelon)도 나라를 사랑한다는 것은 공공선을 위해 자신의 자유를 희생시키는 것이라고 주장하였다. 그리하여 왕이라고 해도 인민을 위해 모든 시간을 헌신해야 하고 사적인 이익은 잊어버리고 공공선을 위해 자기 자신을 희생시켜야 한다는 것이다.[12]

18세기에 들어와 계몽사상가들에 의해 애국주의의 담론은 본격화되었다. 돌바크(d'Holbach)는 진정한 애국주의는 공정한 법에 의해 지배되는 자유로운 시민들의 나라에서만 가능하다고 주장하였다.[13] 백과사전의 'Patrie'에 항목은 그것을 자유국가(état libre)라고 규정하였다. 즉 우리가 태어난 곳이 아니라 우리가 법에 따라 자유와 행복을 보호받는 나라라는 것이다. 전제의 멍에 아래서는 나라가 없다. 동방의 전제주의가 바로 그러한 예이다. 법 대신 군주의 변덕이 횡행하고 공포와 폭력이 바로 정부의 원리인 곳의 백성들에게는 나라가 없다는 것이다.[14] 볼테르(Voltaire)도 그의 《철학사전》(*Dictionaire Philosphique*)에서 'patrie'

를 폭정의 반대말로 사용하였다. 인민들이 폭군이 침해할 수 없는 법의 보호를 받을 때 그리고 공동의 이익을 위해 연대해 있을 때 그리하여 개인이 그러한 공동체의 한 부분이 될 때, 즉 주권의 한 부분이 될 때, 그것이 바로 나라라는 것이다.[15]

또한 몽테스키외(Montesquieu)도 그의 《법의 정신》(L'Esprit des Lois)에서 이러한 애국주의를 주장하였다. 그는 고대의 애국주의는 사회적 통합에 기초한 것이기 때문에 근대 상업사회에서는 실천불가능한 것이라고 보았다. 근대 상업사회에서 애국주의는 자유에 대한 사랑에 기초한 것이어야 하며, 돈과 이익을 추구하는 인간들을 유덕하게 만들기 위해 필요한 것이 바로 나라 사랑이라는 것이다. 곧 상업사회의 자유를 보장해주는 나라를 사랑하라는 것이다.[16] 루소(Jean Jacque Rousseau)도 그의 《정치경제론》(Economie politique)에서 자유가 존재하지 않고 시민이 존재하지 않는다면 그것은 단순한 땅이지 나라는 아니라고 주장하였다. 그리하여 《폴란드 정부론》(Considérations sur le gouvernment)에서는 나라를 사랑한다는 것은 자유를 사랑하고 그것을 보장해주는 법을 사랑하는 것이라고 규정하였다.[17] 프랑스혁명 기간에도 이러한 애국주의는 계속되었다. 정치적 자유의 획득이 바로 애국주의의 궁극적 목적이었다. 혁명이 과격해지면서 애국주의도 과격하게 표현되었다. 생 쥐스트(St. Just)는 애국자란 공화국을 전폭적으로 지지하는 사람이요 사소한 문제로 트집 잡는 사람은 반역자라고 규정지었다. 이 말은 혁명정부는 폭정에 대한 자유의 전제라는 로베스피에르(Robespierre)의 언명과 일맥상통하는 것이다.[18]

이러한 애국주의론은 독립혁명기의 미국 식민지인들에게서 극명하게 나타난다. 미국 식민지인들에게 애국이라는 단어는 폭정과 부패에 맞서 자유와 재산을 지키는 것이었다. 17세기 영국혁명의 자유의 전사들이 그들의 영웅이 되었다.[19] 1775년에 들어오면 애국자란 바로 영국의 폭정에 대항하는 사람들을 의미하였다. 영국에 대항하여 봉기할 것을 주장하는 모든 담론은 그것을 애국적 대의라고 불렀다. 그리하여

1776년에 들어와서 애국주의란 하나의 정치적 원리가 되었다. 그것은 공동의 대의를 위해 함께 투쟁하고 희생한 경험에서 우러나온 자유와 자유로운 공화국에 대한 사랑을 의미하였다. 그것은 혁명에서 없으면 안 될 의식이었으며 새로운 인민을 만들어낸 힘이었다.[20]

III. 18세기 영국의 애국주의

이러한 애국주의가 역사상 가장 큰 영향력을 발휘한 곳은 18세기 영국이었다. 영국을 자유의 공동체로 만들어야 한다는 재야의 개혁적 급진세력의 활발한 담론에 의해 애국주의는 그야말로 하나의 '주의'가 되었다.[21] 머리말에서 보았듯이 애국주의를 하나의 '주의'로 보지 않으려는 데이비드 밀러도 이 점만은 인정하였다.[22]

영국에서 18세기에 들어와 이러한 애국주의의 담론을 처음 시작한 사상가는 휘그파 지도자 샤프츠베리(Shaftesbury) 백작이었다. 1711년에 출판된 《인간특성론》(*Characteristics of Men, Manners, Opinions, Times*)에서 그는 진정한 애국은 자기가 태어나고 사는 곳에 대한 사랑이 아니라 공동의 자유를 사랑하는 것이라고 주장하였다. 이는 필머(Robert Filmer)와 드라이덴(John Dryden) 이래 보수적 토리파들이 주장하고 있던 근왕주의(royalism)로부터 애국주의를 지켜내기 위한 체계적인 노력이었다.

그는 영어에 '파트리아(patria)'의 의미를 정확히 옮긴 단어가 없음을 한탄하면서 그것이 '컨트리(country)'로 번역됨으로써 혼돈이 올 수 있음을 걱정하였다. 왜냐하면 그것이 단순히 자기가 살고 있는 지역을 의미할 수도 있기 때문이다.[23] 그러나 'patria'가 자유로운 시민들이 공동의 이익을 위해 함께 사는 공동체임은 두말할 나위도 없다. 그에 의하면 힘에 의해 그리고 한 사람의 수령에 의해 함께 모여 사는 다중은 진실로 연대해 있다고 할 수 없다. 사람들의 집합체가 인민이 되는 것은 아니다. 공동의 선과 이익에 기초해 상호 동의에 의해 사회적으로 유대하고 있을 때 공동체의 일원이 되고 하나의 인민이 되는 것이다. 절대권력은 공동의 공공사(公共事)를 파괴하고 그러한 공공사가 없고 헌정이 없는 곳에는 조국이란 있을 수 없다는 것이다.[24] 그리하여 애국한다는 것은 자유와 독립을 보장해주는 헌정체제를 사랑한다는 것이라고 그는 명확히 규정한다.[25]

또한 그에 의하면 애국은 영국인들과 다른 나라 사람들의 차이점을 강조하거나 그들을 싫어하는 것과는 전혀 다른 것이다. 그것은 인종을 초월하여 인간이 가질 수 있는 가장 고귀한 것이다. 공동선과 공공의 이익이 그 목표이기 때문이다. 애국자들이 동료 시민을 사랑한다는 것은 도덕적 사회적 관계를 맺는 것이지 인종적 동질성을 확인하는 것은 아니라고 그는 강변한다.[26]

이러한 샤프츠베리의 애국주의 담론은 월폴(Walpole) 시대에 들어와 토리파 귀족 볼링브로크(Bolingbroke)에 의해 반복되었다. 1736년과 1749년에 각각 사적으로 출판된 그의 《애국주의 정신》(*A Letter on the Spirit of Patriotism*)과 《애국자 왕》(*The Idea of a Patriot King*)에서 볼링브로크는 애국한다는 것은 자유를 지키는 것이라고 강변하고 있었다. 그는 월폴의 지배체제가 바로 공동의 자유와 이익을 파괴하고 파당적 사적 이익만을 추구하는 부패한 폭정이라고 보았다. 새롭게 등장한 금융세력과 휘그 집권파가 야합하여 과두정을 수립하고 인민의 자유와 독립을 파괴하고 있다는 것이었다.

이러한 상황에서 애국한다는 것은 하나의 도덕적 의무이다. 나라에 대한 봉사와 헌신은 좋은 정부를 지지하고 공동의 자유를 지키는 것이기에 이를 외면하는 것은 초연한 삶을 사는 것이 아니라 나태하고 타락한 삶을 사는 것이라고 그는 규정한다.[27] 몽테뉴(M. Montaigne)와 데카르트(Descartes) 그리고 뉴턴(I. Newton)의 삶도 자신의 모든 사고와 행동을 나라의 이익을 위해 바치는 애국자의 삶에 비할 바가 못 된다는 것이다.[28]

그는 월폴의 부패체제에서 영국을 구원할 수 있는 것은 애국자 왕이 등장하는 것이라고 보았다. 비록 현실세계에서 가장 혼치 않은 일이지만,[29] 애국자 왕이 나타나 자유헌정을 재건하고 인민을 부패로부터 건져내기를 그는 갈망하고 있었다.[30] 이러한 애국자 왕 대망론은 바로 마키아벨리의 주장을 빌려온 것이었다. 부패체제에 빠진 인민을 구원할 수 있는 것은 자유와 공동의 이익을 사랑하는 애국자 왕이 가장 효과적이라는 것이다. 자유로운 군주제가 자유의 정신을 쉽게 부활시킬 수 있으리라는 것이 그의 희망이었다.[31]

볼링브로크의 애국주의는 어떻게 보면 엉뚱한 시대착오적인 것으로 보일 수도 있으나 18세기 당시에는 그렇지 않았다. 그의 애국주의 담론은 부패와 폭정에 대항하는 자유의 담론으로 인식되었고 영향력을 발휘하였다. 중요한 것은 애국자 '왕'이 등장해야 된다는 것이 아니라 '애국자'의 애국주의 정신이 절실히 요구된다는 것이었다. 자유의 회복과 부패로부터의 해방이 그의 애국주의 담론의 본질이었다. 그리하여 그의 애국주의 논고들은 1747년부터 1800년에 이르기까지 열 번 이상 출판되었고, 미국 식민지에서 애국주의에 대한 논의가 활발하였던 독립혁명의 전야인 1775년에는 세 번이나 출판되었다.[32]

18세기 후반에 들어와 프랑스혁명을 계기로 애국주의 담론은 다시 한번 영국을 자유의 공동체로서 상상하게 한다. 특히 여기서 주목해야 하는 것은 애국주의 담론이 외부적 타자(他者)를 적과 경계의 대상으로 보지 않고, 자유라는 보편적 원리 아래에서 종족적 구분은 문제되지 않음을 천명하고 있다는 점이다. 즉 자유의 원리를 확인하고 수호하는 혁명 프랑스가 타자가 아니라 그것을 거부하는 영국의 보수세력이 타자라는 것이다.

성인 남성의 보통선거권을 주장했던 급진적 개혁가였던 존 카트라이트(John Cartwright)는 정치적 자유의 이상을 앵글로 색슨 사회에서 찾았다. 그에게 알프레드(Alfred) 대왕은 매년 선거를 통해 인민들이 모두 대표를 뽑는 일에 참여하게 한 공화주의적 군주였다.[33] 그는 바로 이러한 이상을 다시 복원하는 것이 바로 애국하는 것이라고 보았다. 그는 자유를 보장해주는 자기 나라의 권리를 부모의 목숨처럼 신성하게 여기지 않는 자들은 애국자가 아니라고 주장하면서, 애국주의란 단순히 악한 정부에 반대하는 것이 아니라 사라져버린 이상을 복원함을 의미한다고 주장하였다.[34]

알프레드 대왕 시대의 민주주의를 동경하고 그것을 복원하는 것이 애국주의라는 그의 주장 때문에 그를 잉글랜드 민족주의자로 파악할 수도 있을 것이다.[35] 그러나 이러한 해석은 잘못된 것이다. 그는 이미 미국 독립혁명 당시 미국 식민지인들은 물론 그들을 돕는 프랑스도 모두 자유의 투쟁의 대열에 섰기 때문에 미국도 프랑스도 영국의 적이 아니라고 선언하였다.[36] 프랑스혁명이 일어나자 그는 프랑스의 제헌의회에 보낸 편지에서 프랑스인들은 자신들의 권리뿐만 아니라 인류의 보편적 권리를 옹호하고 있다고 찬양하였다.[37] 그는 프랑스와의 전쟁에도 반대하였다. 1799년 그는 아직도 프랑스혁명의 원리를 지지하고 있다고 천명하면서 영국은 프랑스와 전쟁을 벌일 것이 아니라 개혁을 해야 한다고 주장하였다.[38] 그 개혁은 바로 성인 남성에게 한 표의 동등한 투표권을 주는 것이었다. 다른 이유가 있어서가 아니라 그들이 인간이기 때문에 모두 동등한 투표권을 가져야 한다는 것이다.[39]

그의 애국주의 담론은 결코 외부의 타자를 배격하고 잉글랜드를 찬양하고 미화하는 것이 아니라 자유라는 보편적 원리에 대한 담론이었다. 그가 알프레드 대왕 시대의 앵글로 색슨 사회를 동경한 것은 그것이 자유의 공동체라고 생각했기 때문이지 각별히 영국이었기 때문이 아니다. 그가 성인 남성의 보통선거권을 주장한 것도 바로 그들이 영국인이기 때문이 아니라 인간이기 때문이었다. 이러한 보편적 자유의 원리를 거부하는 내부의 타자 즉 부패한 지배세력이 그의 애국주의 담론이 공격 목표였지 영국과 전쟁을 벌이는 미국 식민지인들이나 혁명 프랑스가 아니었다. 이러한 그의 애국주의 담론은 당시 개혁을 열망하던 중간계급과 하층계급에게 영국을 자유의 공동체로 간주하였음은 두

말할 나위도 없다.

　프랑스혁명 시대의 이러한 애국주의 담론의 전형은 바로 웨일즈의 비국교도 목사이며 급진적 개혁주의자였던 리차드 프라이스(Richard Price)의 〈애국론〉(A Discourse on the Love of Our Corntry)이었다. 이것은 원래 프랑스혁명이 일어나던 해 11월에 명예혁명 기념협회에서 강연한 것으로 혁명 프랑스에 대한 반발로 보수세력이 반프랑스 감정을 유발시키는 것에 대한 비판이었다. 버크(Edmond Burke)의 그 유명한 저작은 이에 대한 반박으로 나온 것이다.[40]

　그는 나라를 지리적 개념으로 보는 것에 반대하였다. 나라는 인간들이 우연히 태어나 살게 된 지구상의 일정 장소가 아니라 인간들이 그 구성원으로서 살아가는 공동체를 말하는 것이다. 같은 헌정체제 아래에서 같은 법에 따라 보호를 받으며 같은 정치체제 안에 연대해서 살고 있는 동료들의 집합체가 바로 나라인 것이다.[41]

　이렇듯 평등한 동료들로 구성된 정치 공동체인 나라를 사랑한다는 것은 정의의 원칙에 입각한 것이어야지 편파적 가치판단과 우월성에 대한 믿음에 기초해서는 안된다고 그는 주장한다. 다른 가족과 친하지 않은 친구들한테 장점과 지혜가 발견되듯이 다른 나라들에도 존경할 만한 점이 있는 것이다. 진정으로 나라를 사랑한다는 것은 나라의 이익을 추구하는 것인데 다른 나라들의 좋은 점을 배우고 받아들이는 것은 이에 부합된다는 것이다.[42]

　그리하여 그는 애국한다는 것이 다른 나라와 경쟁한다는 것을 의미해서는 안 되고 더군다나 다른 나라를 지배하려는 것이 되어서는 절대로 안 된다고 주장하였다. 자신의 나라의 영광과 야망을 위해 다른 나라를 정복하고 지배하는 것은 공동의 권리와 자유를 침해하는 것이며 이러한 예는 고대 유대인들과 로마인들의 행태에서 찾을 수 있다. 그들의 침략 행위는 보편적 정의의 원칙에 입각한 행위가 아니라 편파성과 졸렬한 오만에 기인한 것이므로 이 과정에서 나타난 인간들의 영웅적 행위는 나라를 사랑하는 것과는 거리가 멀다는 것이다. 그것은 마

치 강도들이 다른 사람의 자유는 모두 빼앗고 그들의 자유만을 누리는 것과 진배없다는 것이다.[43]

따라서 진정으로 나라를 사랑한다면 그리스도교의 '보편적 자애(universal benevolence)'를 실천해야 한다. 인류의 공동의 이익에 자신의 나라의 이익도 종속되어 있기 때문이다. 보편적 정의와 인간의 선의에 기초한 나라 사랑이야말로 진정한 나라 사랑이라는 것이다. 즉 자기 자신을 세계 시민으로 간주하는 사람이 애국자가 될 수 있다는 것이다.[44]

이러한 대원칙 아래에서 그는 나라를 사랑한다는 것이 진리와 덕과 자유를 실천하는 것이라고 주장한다. 나라를 사랑한다면 우선 그 나라를 계몽시켜야 한다. 인민들이 폭정의 노예가 되지 않도록 그들에게 정부의 올바른 의미를 계몽시켜야 하고 권리를 지켜야 함을 일깨워주어야 한다. 이를 위해 밀턴(John Milton)과 시드니(Algernon Sidney)와 같은 애국자들의 올바른 정부와 자유에 대한 고귀한 생각을 전파시켜야 한다는 것이다. 이를 통해 인민들이 자유를 수복하고 폭정을 전복시킬 수 있는 능력을 키워주고 그것은 바로 그들의 의무라는 것을 일깨워주어야 한다는 것이다.[45]

그 다음 나라를 사랑한다면 덕을 실천해야 한다. 진리와 덕이 결합되어야지만 인간의 존엄성은 고양된다. 악덕을 제거하고 잘못된 삶의 방식을 고치며 덕을 실천하며 이를 통해 공공의 질서와 행복을 추구하는 것이 바로 나라를 사랑하는 것이라고 그는 주장한다.[46]

마지막으로 프라이스는 나라를 사랑한다면 자유를 지켜야 한다고 주장한다. 공동체의 영광은 진리와 덕과 자유가 합처질 때 나오는 것으로 찬란하던 그리스가 폐허가 된 것은 바로 자유를 지키지 못했기 때문이라는 것이다. 자유를 지키는 것은 올바른 정부를 세우고 그 법에 따르는 것이고, 올바른 정부란 타인의 자유를 침해하지 않는 한 자유와 평등한 권리를 모두에게 보장하는 정부이다. 법은 바로 이것을 지키기 위해서 만들어진 것이다. 따라서 그러한 정부와 법에 따른다는 것은 바로 공동체를 존경하는 것이 된다. 이러한 원칙이 지켜지지 않는 한 인간의 존엄성은 지켜질 수 없는데 터키와 러시아, 에스파니아와 독일과 같은 나라들이 바로 그러한 예이다. 거기에는 나라에 대한 사랑이라는 것도 있을 수 없다는 것이다.[47]

또한 나라를 사랑한다는 것은 나라의 적과 대항해 싸우는 것임을 덧붙이고 있다. 그런데 프라이스는 외부의 적보다는 내부의 적을 더 경계해야 한다고 주장한다. 그것이 더 위험한 적이라는 것이다. 그것은 폭정과 전제이다. 권력은 늘 자신을 확대시키려고 하기 때문에 인민들은 늘 경계해야 한다는 것이다. 즉 인민들은 스스로 자유의 불침번이 되어야 한다. 이를 포기하는 순간 인민들은 전제의 노예가 되고 만다. 나라를 사랑한다는 것은 바로 이러한 적과 싸우는 것이다.[48]

물론 외부의 적이 침략해 온다면 이에 맞서 싸우는 것이 나라를 사랑하는 것이다. 나라의 자유를 위해 침략자에 맞서 싸우는 데 목숨을 내놓는 사람은 애국자이지만, 다른 나라를 정복하고 지배하기 위해 목숨을 거는 사람은 결코 애국자가 아니라는 것이다.[49]

이러한 애국주의의 대원칙을 이야기한 후 프라이스는 영국인들이 나라를 사랑한다는 것은 바로 명예혁명의 원리를 지키는 것이라고 결론 내린다. 전제를 타도하고 폭군을 추방하며 인민의 자유를 옹호한 바로 그 원리를 수호하는 것이 나라를 사랑하는 것이다. 양심의 자유에 대한 권리와 잘못된 권력에 대해 저항할 수 있는 권리와 우리 자신을 위한 정부를 수립할 수 있는 권리를 수호하는 것이 바로 영국인들이 나라를 사랑하는 것이다. 영국을 짓눌러왔던 왕권신수설, 피동적 복종론, 무저항론을 완전히 박멸하는 것이 나라를 사랑하는 것이다.[50]

그런데 그가 생각하기에 영국의 현재 상황은 혁명의 원리와는 거리가 먼 것이었다. 인민의 대의제가 너무나 불합리하며 지배세력은 이를 개혁하려는 의지도 없다고 보았다. 따라서 그는 다른 나라가 먼저 순수하고 평등한 대의제를 실현하여 영국을 부끄럽게 하면 정신을 차릴 것인지, 아니면 인민들이 이러한 지배세력에 대항해 소요를 일으켜야만 그들은 정신을 차릴 것인지 참으로 영국의 상태가 한심하다고 한탄

한다. 그러므로 해결책은 합리적으로 인민의 대표를 뽑아 정부를 구성하는 일뿐이며, 이것이야말로 나라를 사랑하는 것이요 영국인들의 의무이다.[51] 그는 인민들의 열정이 자칫 과도하게 폭발하지 않을까 걱정하면서 애국자는 그 어떤 행동을 하더라도 도덕적 일탈자가 되어서는 안 된다고 충고한다. 폭정에 대항한다고 하면서 폭군과 같은 비도덕적 행동을 한다면 애국자의 명예를 잃게 된다는 것이다.[52]

그러나 당시 영국의 상황은 그에게 너무나 우려되는 것이었다. 정치체제의 모순뿐만 아니라 사회적 병리현상도 그를 우울하게 했다. 만연하는 사치와 눈덩이처럼 커가는 국가 부채가 공공의 자유를 위협하고 있었다. 따라서 이러한 위협에서 영국을 지켜내는 것이 바로 애국자의 임무이고 그것은 곧 행동에 옮겨져야 한다는 것이다. 이렇게 해야지만 나라의 이익은 증진될 수 있고 나라의 이익이 증진될 때 그 공동체를 구성하고 있는 개인들의 이익도 증진될 것이라고 그는 호소하였다.[53]

이러한 그의 우려에 위안이 된 것이 바로 프랑스혁명이었다. 자유가 죽어버렸던 것 같은 나라에서 애국적 시민들이 자유의 수복을 위해 궐기한 것이었다. 폭군에 의한 지배가 법에 의한 지배로 바뀌고 양심과 이성이 인간의 정신을 지배하는 시대가 열린 것이었다. 이것은 신의 축복이었고 구원이었다. 이제 일찍이 미국인들이 지펴낸 자유의 불씨가 프랑스에서 타오르고 전 유럽으로 퍼져나가 전제의 시대가 막을 내릴 것이었다.[54] 그에게는 혁명 프랑스의 자유 시민들이 바로 전형적인 애국자들이었다. 프랑스혁명을 지지하고 그 원리를 전파시키는 것이 바로 나라를 사랑하는 것이었다.

Ⅳ. 현대 애국주의 담론

이러한 애국주의는 19세기에 들어와 민족주의에 의해 대체되기 시작하였다. 국가적 통일을 목표로 했던 독일과 이탈리아에서는 자유의 공동체를 수립한 것보다 종족적 문화적 동일성에 기초한 통일된 국가 권력 체계를 수립하는 것이 급선무였고 다른 나라에서도 제국주의적 경쟁체제 안에서 애국주의보다는 민족주의가 선호되었다. 이러한 민족주의의 극단적인 모습은 20세기에 들어와 나치즘과 파시즘에서 나타났다. 현대의 애국주의 담론은 이러한 나치즘과 피시즘과의 투쟁에서 시작되었다. 나치즘과 파시즘의 민족주의와 대비되는 개념으로서 애국주의를 내세우는 경향은 일찍이 이탈리아에서 나타났다. 파시즘 체제에서 순교한 사회주의 사상가 카를로 로셀리(Carlo Rosselli)의 저작이 최근 출간되어 빛을 보게 되었는데, 여기서 그는 애국주의를 민족주의와 뚜렷이 구별하였다. 애국주의는 다른 민족들의 권리를 존중하면서 자유를 추구하는 것이고 민족주의는 반동적 체제가 추구하는 침략의 정치라는 것이다.[55] 따라서 반파시스트 투쟁은 바로 애국주의 투쟁이다. 반파시스트 혁명은 바로 애국적 의무라는 것이다.[56] 그에게 조국이라는 것은 도덕적 개념이었고 모든 자유민들의 조국이 있을 뿐이었다.[57] 나라(patria)는 바로 자유로운 인민들의 공동체였다. 조국 이탈리아라는 것은 자유 이탈리아를 의미하는 것이요 그것은 마치니(G. Mazzini)와 가리발디(G. Garibaldi)의 이탈리아요 그러한 이탈리아의 정체성을 지키기 위해 투쟁해온 노동자들과 지식인들의 이탈리아라는 것이다.[58]

크로체(Benedetto Croce)도 이러한 애국주의를 주장하였다. 그에 따르면 1943년 파시스트체제가 붕괴된 뒤 자유의 언어는 부활되었지만 애국이라는 언어는 빛을 잃게 되었다. 왜냐하면 파시스트들이 그 말을 오용했기 때문이다.[59] 그러나 애국의 진정한 뜻은 자유라는 관념과 연관되어 있고 또한 하나의 도덕적 개념인 것이다. 애국주의는 다른 인간에 대한 관대한 인간적 애정이 포함되어 있다면 민족주의는 짐승의 야욕과 이기적 욕망이 어우러져 있다는 것이다.[60]

이러한 애국주의 담론이 이탈리아뿐만 아니라 프랑스에서도 나타났다. '자유 프랑스'를 위해 런던에서 활약하던 시몬 베유(Simone Weil)는 1943년 프랑스의 재건을 위해서는 애국주의 확립이 필요하다고 역설하였다. 그런데 그녀에게 애국주의란 바로 자유의 정신이었다. 프랑스의 정체성을 자유의 나라라고 확립하고 거기에 헌신하는 정신이 필요하다는 것이다. 이러한 애국주의는 리슐리외(Richelieu)와 루이 14세와 모라스(Maurras)가 추구하던 것을 배격하고 그리스도교의 윤리와 1789년의 정신에 입각한 것이어야 한다고 그녀는 주장했다.[61]

독일에서는 하버마스(Jürgen Habermas)가 이러한 애국주의를 주장하였다. 최근의 애국주의 담론 가운데 가장 주목할 만한 것이 바로 그의 '헌법적 애국주의(Verfassungspatriotismus, constitutional patriotism)'론이다. 이것은 제2차세계대전 이후 수립된 독일연방공화국의 자유민주주의적 헌법에 대한 충성을 말한다. 그것은 또한 반자유주의적 전통의 독일 민족주의에 반대하는 것이며[62] 민족에 대한 충성을 의미하지 않고 원리와 절차에 대한 충성을 의미한다. 그리고 독일의 과거 불행했던 정치적 전통을 청산하고 서방으로의 개방과 편입을 의미한다.[63]

하버마스에 따르면 유럽의 다른 국가들에서는 민족국가가 종족적 문화적 동질성을 구축해주어 자유민주주의적 제도들의 필요조건이 마련되었지만 독일에서는 민족주의가 반민주적 반공화적으로 발전하면서 유태인대학살을 정당화시키는 주관적 인종주의로 일탈해갔다. 1871~1945년까지 민족이 의미하는 것은 민족의 적들을 추방함으로써 성취할 수 있는 통합과 순수성 그 자체였다. 사회민주주의자, 가톨릭 신자, 소수민족, 유태인, 민주적 급진주의 좌파, 지성인들이 바로 민족의 적이었다. '헌법적 애국주의'는 바로 여기에 반대하는 것이다. 그것은 독일연방공화국의 헌법 안에 제시된 자유와 민주주의라는 보편적인 정치원리에 충성을 바치는 것이다.[64]

독일 역사를 놓고 볼 때 헌법적 애국주의는 1848년의 정신을 계승한 것이다. 1848년의 정신은 독일 역사에서 민족의식과 공화주의적 정신이 혼용되었던 마지막 예였다.[65] 따라서 헌법적 애국주의는 독일인들에게 특별한 의미를 갖는다. 왜냐하면 나치즘을 배격하고 민주주의적 제도를 수립해서 그에 기초해 자유주의적 정치문화를 건설하였고 또한 아우슈비츠의 잿더미에서 독일의 민주주의가 태어났기 때문이다. 이러한 독일의 역사적 특수성 안에서 비로소 자유와 민주주의라는 보편적 정치원리가 호소력을 지닐 수 있다는 것이다.[66]

하버마스는 이러한 '헌법적 애국주의'가 일찍이 미국에서 형성되었다고 주장하였다. 무엇인가를 배제시키면서 민족을 형성하려고 한 독일과는 달리, 미국은 민주주의적 정치체제가 여러 민족들을 포용해가면서 그 충성심을 유발시킴으로써 국민국가가 되었다는 것이다.[67] 이는 독일 민족주의에 대해 혐오감을 가지고 있던 한나 아렌트(Hannah Arendt)와 같은 독일 지식인들이 공통적으로 발견한 점이다.[68]

과연 이러한 애국주의의 전형을 미국에서 찾을 수 있을까? 하버마스보다 십여 년 전에 미국의 좌파 정치 이론가인 존 샤(John Scharr)가 이 문제에 대한 해답을 내놓았다. 그는 민족주의를 민족국가의 이익에 대한 호전적 추구라는 의미로 파악하고 그것을 애국주의의 잔인한 형제라고 규정하였다. 반면에 애국주의는 우리를 키워준 고향의 사람들과 생활방식에 대한 사랑이다.[69] 애국자가 된다는 것은 공통된 유산을 지키고 그것을 후손들에게 물려주는 것이다. 하지만 미국에서는 이러한 선조들의 땅과 언어와 종교와 습관에 대한 사랑으로서의 애국주의는 불가능하다. 미국은 뿌리가 다른 사람들이 이민을 와 건설한 나라이기 때문에 고대 그리스 로마의 애국주의, 아메리카 인디언들의 애국주의 같은 것이 불가능하다.[70]

그렇다면 미국에서 가능한 애국주의란 무엇인가? 그는 이를 성약적 애국주의(聖約的 愛國主義, covenanted patriotism)이라고 불렀다. 그것은 링컨(Lincoln)의 연설에서 가장 잘 나타난다. 링컨은 애국주의를 미국인들이 그 안에서 살아가고 있는 제도를 탄생시킨 원리에 대한 헌신이라고 규정했다. 미국인들뿐만 아니라 모든 인류에게 자유의 원리를 제시한 독립선언의 정신에 대한 충성이 바로 애국주의였다.[71] 즉 미국의 애국주의는 건국의 성약에 대한 충성이요 공화국의 창건자들한테 물려받은 유산을 지키는 것이다. 그것은 피와 종족의 지역적 원초적 동질성을 초월한다. 왜냐하면 공화국을 창건할 때 맺은 성약의 권위를 인정하는 사람이면 누구나 다 형제이기 때문이다.[72]

이러한 애국주의는 민족을 종족적으로 규정하지 않고 정치적으로 규정하는 것이다. 그리하여 민족의 힘에 대한 숭배를 애국적 의무라고 생각하는 잘못에서 인간을 해방시키는 것이요 종족과 종교에 입각한 편협한 생각에서 벗어나게 해주는 것이다. 그것은 또한 이방인을 두려워하고 불신하는 본능을 극복하게 해주는 것이다.[73] 그리하여 미국의 애국주의는 가장 관대한 휴머니즘과 양립할 수 있으며 다른 민족에 대한 적대감과 우월감을 포함하고 있지 않다.[74] 따라서 애국주의는 침략전쟁도 원리를 전파하기 위한 전쟁도 지지하지 않는다는 것이다.[75] 그 대신 애국주의는 시민들의 정치에서 적극적 참여와 국가의 중앙집권적 의사 결정에 대한 반대의 필요성을 강조할 뿐이다.[76]

공동체주의의 대표적인 이론가 가운데 한 사람인 찰스 테일러 (Charles Taylor)도 이와 같은 주장을 폈다. 그에 따르면 미국은 그 정체성을 특정 정치적 원리에 대한 공동의 수용에서 찾아왔다는 것이다.[77] 미국 건국 초기부터 애국주의란 자유주의적 대의제 안에서 미국의 정체성을 찾는 것을 의미해왔다고 그는 주장한다.[78] 닉슨(Nixon)의 워터게이트 사건에 대한 미국인들의 분노는 바로 이러한 애국주의의 발로였다. 곧 독립선언서와 링컨의 연설에 가장 잘 나타나 있는 이상과 원리에 대한 충성이 바로 미국적 삶이 되어야 한다는 믿음이었다.[79] 이러한 애국주의는 지금까지 자유를 지켜온 이데올로기였으며 앞으로도 그러할 것이라고 그는 예단한다.[80] 또한 그는 이러한 애국주의의 만개는 시민들의 적극적 참여를 통한 자치를 통해서 실현될 수 있다고 주장한다.[81] 테일러도 샤와 마찬가지로 애국주의는 시민들의 적극적 참여를 요구한다고 주장하는 것이다. 개인주의로 인해 사회적 연대와 유대가 금이 가고 그 문제점이 적나라하게 노출되는 이 시대에 그만큼 애국주의 문제는 절실한 문제라는 것이다.

Ⅴ. 맺음말

　지금까지 오늘날 정치이론가들에 의해 논의되고 있는 애국주의를 역사적인 시각에서 검토해보았다. 민족주의가 각 민족의 호전적 팽창과 국수주의적 폐쇄성을 초래하였다면 애국주의는 자유라는 보편적 원리를 옹호하였다는 것이 오늘날 애국주의론자들의 주장이다. 그리고 이러한 주장은 역사적으로 많은 예를 찾아낼 수 있었다. 서양의 애국주의 담론들은 폭정과 전제가 지배하는 곳은 더 이상 나라가 아니며 나라를 사랑한다는 것은 공동의 이익과 자유를 지키는 것이라고 주장해왔다. 애국주의 담론들은 종족적 문화적 언어적 통합이라는 특수한 목표를 추구하지 않고 자유라는 보편적 원리를 추구하였던 것이다. 이렇게 본다면 이러한 애국주의는 다원화 세계화 되어가는 오늘날 새로운 국민적 정체성의 원리로 소중한 가치를 지니고 있다고 하겠다.

주

1) David Miller, "Patriotism", *Blackwell Encyclopaedia of Political Thought*, ed. by David Miller(Oxford, 1987), p. 369.

2) Maurizio Viroli, *For Love of Country, An Essay on Patriotism and Nationalism*(Oxford, 1995) ; Margaret Canovan, *Nationhood and Political Theory*(Cheltenham, 1996) ; Mary G. Dietz, "Patriotism", in *Political Innovation and Conceptual Change*, ed. by Terence Ball, James Farr, Russell L. Hanson(Cambridge, 1989), pp. 177~193.

3) Maurizio Viroli, *op. cit.*, pp. 19~22.

4) *Ibid.*, p. 24.

5) *Ibid.*, p. 26.

6) *Ibid.*, p. 27.

7) *Ibid.*, pp. 27~29.

8) *Ibid.*, p. 32.

9) *Ibid.*, pp. 36~37.

10) *Ibid.*, p. 29.

11) J. Godechot, "Nation, patrie, nationalisme et patriotisme en France au ⅩⅦ^e siecle", *Annales historiues de la revolution franeaise*, 206(1971), p. 485.

12) J. H. Shennan, "The Rise of Patriotism in 18th-Century Europe", *History of European Ideas*, vol. 13, no. 6(1991), p. 691.

13) *Ibid.*, p. 698.

14) Maurizio Viroli, *op. cit.*, pp. 75~76.

15) *Ibid.*, p. 77.

16) *Ibid.*, p. 75, p. 79.

17) *Ibid.*, p. 82.

18) J. H. Shennan, *op. cit.*, pp. 701~702.

19) Pater Karsten, *op. cit.*, pp. 42~48.

20) Mary G. Dietz, *op. cit.*, pp. 186~187.

21) Hugh Cunnigham, "The language of Patriotism", in *Patriotism* : The Making and Unmaking of British National Identity, vol. Ⅰ, *History and Politics*, ed. by Raphael Samuel(London, 1989), p. 57; John Dinwiddy, "England", in *Nationalism in the Age of the French Revolution*, ed. by Otto Dann & John Dinwiddy(London, 1988), p. 55.

22) David Miller, *op. cit.*, p. 369.

23) Shaftesbury, *Characteristics of Men, Manners, Opinions, Times*(1711, reprinted : Gloucester, Mass., 1963), p. 248.

24) *Ibid.*, p. 244.

25) *Ibid.*, p. 245.

26) *Ibid.*, p. 250.

27) Bolingbroke, *A Letter on the Spirit of Patriotism*(1736) in *The Works of Lord Bolingbroke*(London, 1967), xi, pp. 358~359.

28) *Ibid.*, p. 360.

29) Bolingbroke, *The Idea of a Patriot King*(1738) in *The Works of Lord Bolingbroke*(London, 1967), xi. p. 357.

30) *Ibid.*, pp. 388~391.

31) *Ibid.*, pp. 395~396.

32) J. H. Shennan, *op. cit.*, p. 694.

33) John Cartwright, *The People's Barrier Against Undue Influence and Corruption* : or *the Commons House of Parliament According to the Constitution*(London, 1780), p. 10.

34) John Cartwright, *Give us our Rights! Or, A Letter to the present electors Middlsex and the Metropolis*(London, 1782), p. 9, p. 31.

35) David Eastwood, "Robert Southey and the Meanings of Patriotism",

Journal of British Studies 31(July 1992), p. 268.

36) F. D. Cartwright, *The Life and Correspondence of Major Cartwright*, vol. I (London, 1826), pp. 118~119.

37) *Ibid.*, p. 182.

38) John Cartwright, *An Appeal Civil and Military on the Subject of the English Constitution*(London, 1799), p. 85.

39) *Ibid.*, p. 18.

40) Martin Fitzpatrick, "Reflections on a Footnote : Richard Price and Love of Country", *Enlightenment and Dissent*, no. 6(1987), p. 41.

41) Richard Price, *A Discourse on the Love of Our Country*(1789) in *Richard Price, Political Writings*, ed. by D. O. Thomas(Cambridge, 1991), p. 178.

42) *Ibid.*, p. 178.

43) *Ibid.*, p. 179.

44) *Ibid.*, pp. 180~181.

45) *Ibid.*, pp. 181~182.

46) *Ibid.*, pp. 182~184.

47) *Ibid.*, pp. 184~186.

48) *Ibid.*, p. 187.

49) *Ibid.*, p. 188.

50) *Ibid.*, pp. 189~190.

51) *Ibid.*, p. 192.

52) *Ibid.*, p. 193.

53) *Ibid.*, pp. 194~195.

54) *Ibid.*, pp. 195~196.

55) Carlo Rosselli, *Scritti dell'esilio*(Turin, 1992), ii, pp. 46~49.

56) *Ibid.*, p. 233.

57) *Ibid.*, p. 4.

58) *Ibid.*, p. 34.

59) Benedetto Croce, *L'idea liberale : Controle confusionie gl'ibridismi*(Bari, 1944), p. 21.

60) *Ibid.*, p. 22.

61) Simone Weil, *L'Enracinement : Prelude a une declaration des devoirs envers l'etre humain*(Paris, 1949), p. 145.

62) Jürgen Habermas, "Citizenship and National Identity", *Praxis International*, vol. 12. no. 1(1992), p. 7·17.

63) Jürgen Habermas, *The New Conservatism : Cultural Criticism and the Historian's Debate*, ed. and trans. by S. W. Nicholson(1989), p. 261 ; *Forever*

in the Shadow of Hitler?, trans. by J. Knowlton and T. Cates(1993), p. 43.

64) Jürgen Habermas, *Die Nachholende Revolution*(Frankfrut, 1990), p. 151.

65) *Ibid.*, pp. 158~159.

66) *Ibid.*, p. 152.

67) Jürgen Halermas, "Citizenship and Identity", *Praxis International*, vol. 12 no. 1(1992) p. 7.

68) Margaret Canovan, *Hannah Arendt : A Reinterpretation of Her Political Thought*(Cambridge, 1992), pp. 245~246.

69) John Scharr, *Legitimacy in the Modern State*(New Brunswick, NJ, 1981), pp. 285~287.

70) *Ibid.*, p. 288.

71) *Ibid.*, p. 292.

72) *Ibid.*, p. 293.

73) *Ibid.*, pp. 296~297.

74) *Ibid.*, p. 293.

75) *Ibid.*, p. 302.

76) *Ibid.*, p. 307.

77) Charles Taylor, "Alternative Futures : Legitimacy, Identity and Alienaion in Late Twentieth Century Canada", in Constitutionalism, *Citizenship and Society in Canada*, ed. by A. Cairns and C. Williams(Cambridge, 1985), p. 215.

78) Charles Taylor, "Cross-Purpose : The Liberal-Communita-rian Debate", in *Liberalism and the Moral Life*, ed. by N. L. Rosenblum(Cambridge, 1989), p. 280.

79) *Ibid.*, p. 174.

80) *Ibid.*, p. 175.

81) *Ibid.*, pp. 175~178..

보수주의
Conservatism

김 용 우

I. 정의의 문제

보수주의는 자유주의·사회주의와 함께 지난 두 세기 동안 서유럽의 정치사상과 실천을 지배한 주요 이데올로기 가운데 하나이다. 이데올로기로서의 보수주의는 프랑스혁명과 함께 탄생하였으며 오랜 기간의 진화과정을 거치면서 변천을 거듭하였다. 이 과정에서 보수주의는 다른 주요 이데올로기들과 마찬가지로 다양한 경향을 포괄하는 광의의 개념이 되었으며 동시에 대단히 모호한 개념이 되었다. 그러나 보수주의만큼 태생적 성격이 이데올로기의 구조와 특성 전체를 규정 지은 경우도 드물 것이다. 프랑스혁명으로 촉발된 것이 보수주의라는 사실에서 명백히 나타나듯, 그 방어적 반성적 성격이야말로 보수주의의 가장 두드러진 특색이다.

보수주의가 특정한 정치적 입장을 나타내는 말로 공식 사용된 것은 프랑스가 왕정복고된 때였다. 1818년 샤토브리앙(François René Chateau-briand, 1768~1848)이 《보수주의자》(*Le Conservateur*)를 창간함으로써 세상에 널리 알려지기 시작한 보수주의라는 표현은 당초 민주주의 이념의 확산을 막고 왕정복고의 정당성을 옹호하는 태도를 뜻하였다. 이후 이 단어는 거의 유사한 의미를 지니면서 1830년대 영국에서는 토리당

을 가리키는 표현으로 정착하였으며, 거의 같은 시기에 독일과 미국에서도 널리 사용되기 시작하였다.[1]

이처럼 19세기를 거치면서 보수주의는 일련의 정치적 원리와 연관된 개념으로 자리잡게 되었지만 정작 보수주의에 대한 일관된 정의를 내리는 일은 그리 쉽지 않다. 그것은 무엇보다도 다음과 같은 이유 때문이다. 먼저 새로운 것, 친숙하지 않은 것을 거부하는 태도와 보수주의를 연결시키는 일상 용법이 보수주의에 대한 체계적 분석을 어렵게 한다. 흔히 '자연적 보수주의(natural conservatism)',[2] 또는 '기질적 보수주의(temperamental conservatism)'[3]라 하는 이러한 태도, 즉 익숙한 것을 선호하고 새로운 것에 경계심을 갖는 것은 인간이라면 누구에게나 존재하는 보편적인 심리적 반응이다. 따라서 이 경우 보수주의란 무엇인가의 문제는 답변이 필요하지 않는 자명한 현상이자 답변을 내릴 수 없는 본능적 현상이 되고 만다.

분석 대상을 1789년 프랑스혁명 이후 서유럽의 근대적 보수주의에 한정한다 하더라도 사정은 마찬가지이다. 무엇보다도 보수주의는 약 두 세기 동안의 변화를 겪으면서 시간적, 공간적 측면 모두에서 다양한 정파와 또 그만큼 다양한 사조를 포괄하는 표현이 되었기 때문이다. 서유럽의 근대적 보수수의와 관련하여 1790년에 발간된 버크(Edmund Burke, 1729~1797)의 《프랑스혁명에 대한 성찰》(*Reflections on the Revolution in France*)이 그 이념적 기초를 제공하였다는 데에는 대부분의 학자들이 동의한다. 아마도 보수주의처럼 특정 이데올로기가 한 사람, 즉 버크의 사상과 밀접히 관련된 경우도 드물 것이다. 그러나 보수주의를 시간적으로나 공간적으로 다양한 사상가들을 포함하는 서유럽의 하나의 보편적인 지적 운동으로 파악하려 할 때 문제는 단순하지 않다. 예컨대 부분적인 예만 들어보더라도 버크와 거의 동시대에 활동한 프랑스 보수주의의 선구자들인 메스트르(Joseph de Maistre, 1753~1821)와 보날(Louis de Bonald, 1754~1840)이나 독일의 뮐러(Adam Müller, 1779~1829)부터 엘리어트(T. S. Eliot, 1888~1965), 마리탱(Jacques Maritain, 1882~1973),

슈미트(Carl Schmitt, 1888~1985), 산타야나(George Santayana, 1863~1952), 오르테가 이 가세트(Jose Ortega y Gasset, 1883~1955), 오크쇼트(Michael Oakeshott, 1901~1990), 벨(Daniel Bell, 1919~), 하이예크(Friedrich Hayek, 1899~1992), 브누와(Alain de Benoist, 1943~)에 이르는 현대 사상가들 사이에서 공통점을 발견하고 보수주의라는 이름으로 그 공통점을 해명하는 일은 실로 간단한 작업이 아니기 때문이다.[4] 다수의 학자들 사이에서 보수주의자로 분류되어온 하이예크가 "왜 나는 보수주의자가 아닌가"를 해명하려 한 경우는 서유럽 보수주의 연구자들이 직면한 이러한 어려움을 상징적으로 보여주는 한 예이다.[5]

　보수주의에 대한 주요 연구는 이러한 어려움에 대처하려는 노력의 소산이었다.[6] 한편 연구자들은 보수주의에 대한 정의를 내리기보다는 대표적 보수주의 사상가를 선정, 분석하든지 아니면 보수주의자로 흔히 분류되는 사상가들의 사상을 통사적으로 고찰하는 방식을 취하였다.[7] 그러나 이 경우 보수주의의 본질은 해명되지 않은 채로 남으며 특정 인물의 사상 전기의 수준에 머무르는 경우가 많다. 다른 한편에는 과거에서 현재에 이르기까지 보수주의자로 분류되는 사상가들의 견해를 비교 검토하여 이들 모두에게 공통된 일련의 원리들을 추출하고 이를 기반으로 설명 모델을 수립하려는 시도가 있다. 보수주의 연구자들 사이에서 가장 널리 채택되고 있는 이러한 접근 방식이 보수주의 연구에 가장 큰 기여를 하였음은 부정하기 어렵다.[8]

　그러나 이와 같은 연구는 보수주의를 역사적, 사회경제적, 정치적 맥락에서 분리시킴으로써 보수주의 이데올로기가 가지는 역동성과 특수성을 고려할 수 없다는 점과 아울러 방법론 자체가 논란의 소지를 남기고 있다. 즉 연구자가 구성한 모델이 특정 보수주의자를 적절히 설명할 수 있을 정도로 세밀하게 되면 다른 보수주의자들에게는 적용되기 어려우며, 반대로 보수주의 전반을 겨냥하여 수립한 모델은 그것이 포괄적인 만큼 구체성 면에서는 취약성을 드러내는 딜레마에 빠지게 되기 때문이다. 보수주의를 특정 사회계급의 이데올로기로서 파악하여 보수주의의 다양한 양상을 그러한 사회계급의 성쇠라는 맥락 속에서 이해하려는 움직임이 보수주의의 역동성을 파악하려는 노력의 소산이라면,[9] 보수주의의 본질이 존재한다는 사실을 부정하며 그 어떤 형태든 변화는 거부한다는 기치 아래 자신의 색채를 변화시키는 마치 카멜레온과 같은 현상임을 밝히려는 시도는 보수주의의 특수성을 이해하려는 노력의 결과라 할 수 있다.[10] 각별히 보수주의에 대한 후자의 해석에 착안하여 급진주의를 '보수'하려 한 스웨덴 공산당 소속 철학자의 시도는 보수주의에 대한 현재의 혼란상을 잘 보여주는 예라 생각된다. 그에게 "오늘날 보수주의 사상의 주요 관심사는 급진주의가 되어야 한다"[11]는 것이다.

서유럽의 보수주의는 아담과 이브의 시대부터 존재한 인간의 본능적 반응은 아니다. 그것은 프랑스혁명에 대한 반발로서 탄생한 명백한 역사적 사실이다. 보수주의가 끊임없는 변화의 과정을 겪으면서 광범한 스펙트럼의 사고를 포괄하는 모호한 개념이 되었다는 점 역시 부정하기 어렵다. 그러나 그렇다고 하여 보수주의를 "그 자체로서 의미하는 바가 없는" 것으로 돌려버릴 수는 없다.[12] 보수주의 이데올로기의 특징을 규정하는 것은 무엇보다도 수세적, 방어적, 반성적 성격에 있다. 보수주의의 존립 근거는 그 자체에 있다기보다는 특정한 이념의 공격에 대응한다는 데서 찾을 수 있다는 것이다. 보수주의 이데올로기의 특징을 이처럼 그 대응적 성격으로 규정하는 것이 보수주의를 단순한 '입장론(positionalism)'이나 '상황론(situationalism)'으로 치부하는 것은 아니다. 그것은 오히려 보수주의의 이데올로기적 내용을 부정하지 않으면서 보수주의가 보여주는 그 다양성을 동시에 포괄할 수 있는 방식에 대한 모색이며 역사적 맥락 속에서 보수주의가 보여주는 다면성과 유연성을 밝히려는 시도인 것이다.

Ⅱ. 보수주의의 주요 교의

서유럽의 보수주의를 연구하는 대부분의 학자들은 자유주의·사회주의 등 주요 이데올로기와 마찬가지로 보수주의에 고유한 교의가 있다고 본다. 그리고 그것은 역사·전통·이성·권위·자유·평등·재산권·종교·도덕 등의 주요 개념에 대한 일관된 해석에 기반을 두고 있다고 평가된다.[13] 또한 이러한 보수주의의 교의는 무엇보다도 계몽사상과 프랑스혁명에서 유래한 평등주의·자유주의·개인주의·민주주의·합리주의·미래에 대한 낙관적 진보관에 대한 비판에서 출발한다는 점이 강조된다.

먼저 보수주의는 다른 주요 이데올로기들에 비해 인간사회에서 종교의 중요성을 강조한다는 점이 지적될 수 있다. 보수주의자들에게 종교는 인간사회의 도덕성과 질서를 유지하는 데 필수불가결한 요소이다. 인간의 역사는 단순한 우연의 산물이나 인간 이성의 창조물도 아니다. "신의 전략은 그것이 아무리 가려내기 어렵다 하더라도 인간사회에 작용하는 것이다."[14] 인간사회가 오랫동안 보전하고 있는 주요 제도들 예컨대 교회와 국가, 그리고 여러 집단들은 신의 의도에 따라 각각의 기능을 행사하고 있다. 그리고 그 가운데 교회는 무엇보다도 인간사회에서 없어서는 안 될 도덕적 권위이다.

보수주의자들이 종교의 역할을 강조함으로써 염두에 두었던 것은 신앙심이나 경건성의 문제가 아니다. 오히려 중요한 것은 종교의 제도적 측면과 사회적 기능에 있다. 보수주의자들에게 교회는 권위의 상징이자 질서의 옹호자이며 전통의 숭배자이다. 교회는 의식과 제례, 축일과 같은 행사를 중심으로 결합된 공동체이다. 샤토브리앙이 볼 때 공동체 정신과 상징성을 그 특징으로 하는 전례(典禮), 성사(聖事), 사제의 제의(祭衣) 등은 "기독교의 정수"였던 것이다.[15] 뿐만 아니라 제도화된 교회는 정부의 주요 기능과 정치·사회 조직에 신성함을 부여함으로써 인간사회에 도덕적 질서를 확립한다. 교회는 정부의 자의적인 권력에 대한 견제 장치로 작용하기도 한다. 종교와 교회의 힘이 약화되었을 때 한편으로 국가의 권력은 무절제해지고 전제화되며 다른 한편으로 각 개인들은 지나친 자유의 무게에 짓눌려 혼란에 빠지지 않을 수 없다. 확립된 교회가 존재할 때 정부와 사회적 질서, 그리고 인간들 역시 확고히 뿌리를 내리게 된다는 것이다. "신에 대한 믿음의 상실이 갖는 위험성은 이제 사람들이 아무 것도 믿지 않게 된다는 것이 아니라 무엇이든 믿게 된다는 데 있다"는 체스터튼(G. K. Chesterton, 1874~1936)의 표현은 교회를 전통과 도덕적 질서의 수호자로 간주하는 보수주의자들의 입장을 요약하여 표현하였다고 생각된다.[16] 따라서 가톨릭에 비해 개인주의적 경향이 강하고 종교 제식(祭式)을 중시하지 않는 프로테스탄티즘을 보수주의자들이 비판하였던 것은 당연한 현상이다. 보수주의자들에게 종교의 중요성은 무엇보다도 그것의 사회 통합적 기능에 있으며 프로테스탄티즘은 가톨릭에 비해 그와 같은 기능이 미약한 것으로 판단되었기 때문이다. 보날, 라므네(Félicité Robert de Lamennais, 1782~1854), 모라스(Charles Maurras, 1868~1952)를 비롯한 프랑스의 보수주의자들에게 프로테스탄티즘은 유럽사 전반에 걸쳐 작용한 파괴 요인이었으며 "근대 사회로 향하는 불길한 역사의 폭말"과도 같은 현상이었다.[17]

보수주의자들이 볼 때 최고의 권위는 신의 영역에 속한다. 그리고 이러한 신의 권위는 다양한 사회제도 속에 분배되어 있으며 이렇게 부여된 각 사회제도의 권위들은 그 자체로서 독자성과 자유를 지닌다. 이 점에서 보수주의자들은 중세적 권위 개념의 직접적인 계승자이다. 즉 중세 봉건적 질서에서 도출된 권위와 자유의 결합, 그리고 국가와 개인 및 이 둘 사이에 존재하는 다양한 집단과 공동체 사이의 삼각관계로 정치적 질서를 이해하는 방식 등이 보수주의자들의 권위 개념의 핵심을 이루기 때문이다. 니스벳(Nisbet)의 지적처럼 "19세기 대부분의 보수주의자들은 ─버크, 보날, 쿨리지(Coleridge), 헤겔 그리고 디스레일리(Disraeli)를 포함하여─자신만만한 중세의 옹호자들"이었던 것이다.[18]

루소를 위시한 계몽주의자들은 전통적인 사회집단의 권위를 부정하

였으며 권위와 자유의 문제를 개인과 국가의 이원적인 관점으로 환원
하였다는 점에서 보수주의자들의 비판을 받았다. 보수주의자들이 볼
때 권위는 개인으로부터 가족·길드·교회 그리고 국가에 이르기까지
일련의 위계적 연쇄의 양상을 띠면서 신에 의해 배분된 것으로서 그
자체의 자율성과 자유를 부여받는다. 따라서 국가나 교회는 가족의 영
역에 침범할 수 없으며 국가와 교회 사이에도 사정은 마찬가지이다.
가족과 길드, 그리고 교회와 같은 전통적 집단의 중요성은 "개인들에
게 생명과 직업, 안락함과 정신적 위안을 줄 뿐 아니라 수많은 다른
집단들과 결합하여 전능한 국가의 행진을 막을 수 있는 참으로 강건한
방책"이라 파악되었기 때문이다.[19] 보수주의자들에 의하면 프랑스혁명
기 국가는 무엇보다도 이러한 전통적 사회 조직과 공동체의 영역으로
권력을 확장함으로써 그와 같은 집단의 자율성과 독자성을 파괴하였으
며 이로부터 국가의 전제주의가 유래하였다는 것이다.

그러나 그렇다고 하여 보수주의자들이 중앙권력의 중요성을 무시하
거나 약한 정부를 옹호하였다고는 볼 수 없다. 메스트르를 비롯한 대
부분의 보수주의자들은 중앙 권력에 "온갖 위엄과 모든 권력, 그리고
복종이" 집중되어야 한다는 사실을 인정하였다.[20] 이들에게 중앙권력은
엄중한 중재자로서 당파적 이해관계에서 벗어나 국가 전체의 이해를
대변하며 질서를 유지하는 존재로서 사회의 다양한 조직과 집단을 파
괴하는 것이 아니라 오히려 이들의 독자성을 보호하는 기능을 한다. 프
랑스 제3공화정을 군주정으로 대체하여 "위에는 권위, 아래에는 자유"
를 수립함으로써 권위와 자유의 통합을 이룩하자는 모라스의 제안이
나[21] "국가와 시민 사이의 관계는 계약관계가 아니며 또 그렇게 될 수
도 없다. ……국가는 권위와 책임 그리고 부모에게 부여된 전제권과
같은 권한 가진다"는 스크루튼(R. Scruton)의 주장은 바로 이상과 같은
점을 염두에 둔 것이다.[22]

개인과 국가 사이에 존재하며 둘 사이를 조정하고 매개하는 사회집
단의 중요성에 대한 강조는 보수주의자들의 자유 개념과도 긴밀히 연

결되어 있다. 이들한테 개인이 사회 집단의 일원이 된다는 것은 또 다른 형태의 속박으로 들어가는 것이 아니라 오히려 자유를 강화하는 데 필수적인 기반을 획득하는 것이다. 사회집단 속에서 개인은 교육받고 중재될 뿐 아니라 보호받을 수 있기 때문이다. 예컨대 개인은 사회 집단의 구성원이 됨으로써 자의적인 국가 권력의 개입으로부터 보호될 수 있으며, 자유의 기반인 물질적, 정신적 재산을 지킬 수 있는 것이다. 보수주의자들한테 평등주의는 국가 권력에 의한 자유의 말살에 지나지 않는다. 즉 개인은 본질적으로 정신적, 육체적, 물질적 능력에서 차이가 있기 마련이며 법과 정치 권력을 통해 이러한 차이를 제거하는 것은 오히려 자유를 침해하는 결과를 가져올 뿐이라는 주장이다.

민주주의에 대한 보수주의자들의 강한 거부감은 바로 이상과 같은 관점에 기반을 두고 있다. 민주주의는 평등의 원리에 따라 타고난 인간의 다양성을 파괴하고 평준화시킴으로써 관료화와 군중(群衆)의 창출이라는 두 가지 폐단을 초래하기 때문이다. 대부분의 보수주의자들한테 민주주의를 실현하려 한 프랑스혁명의 과정은 관료조직이 방대한 규모로 확대되는 과정으로 파악되었다. 프랑스혁명의 와중에서 전통적 조직들이 파괴되었고, 그것의 다양한 사회적 기능 역시 붕괴되었으며, 이러한 공백을 메울 수 있는 유일한 방도는 국가권력의 확대뿐이었다는 것이다. 보수주의자들에게 민주주의와 관료제는 이처럼 불가분의 관계를 맺고 있기 때문에 관료제의 확대 정도가 민주주의의 진전 정도를 판단할 수 있는 기준으로 간주되기도 하였다.

민주주의는 또 다른 측면, 즉 군중의 창출과 전체주의의 대두를 초래한다는 점에서 보수주의자들의 비판의 대상이 되었다. 민주주의의 특징으로 간주된 부단한 중앙집권화와 관료화는 전통적인 유대관계의 파괴의 다른 표현이자 인간의 파편화와 원자화의 근본적 원인이다. 민주주의와 함께 군중, 즉 인간을 통합시키는 사회 조직·전통·가치관을 상실한 원자화된 개인들의 단순한 집합체가 나타나며, 전체주의의 대두는 이러한 군중의 출현과 불가분의 관계에 있다는 것이다. 사회를 조직하는 역할을 맡았던 모든 형태의 권위와 기능, 즉 전통적 사회집단의 힘이 붕괴되었을 때 이러한 역할마저 떠맡게 된 국가가 권력과 책임에서 '전체적'이 되는 것은 사태의 필연적 귀결이기 때문이다. "완전한 민주주의는 세상에서 가장 파렴치한 것이며 그것이 가장 파렴치한 만큼 아무런 두려움도 없다"[23]는 버크의 단언은 대다수 보수주의들의 민주주의에 대한 혐오감을 대변하는 것이다.

따라서 보수주의의 가장 기본적인 교의 가운데 하나는 "자유와 평등은 원천적으로, 그리고 절대적으로 양립할 수 없다"는 것이다.[24] 보수주의자들에게 평등의 원리는 사회적 차이, 자연적 위계에 따른 개인과 집단의 독자성과 자유, 다양성, 그리고 이로부터 유래하는 모든 기회를 말살하려는 태도에 불과하다. 이들이 볼 때 다양성과 자유가 보존되기 위해서는 물질적, 정신적인 것을 포함한 다양한 자연적 불평등이 존중되어야 한다. 이른바 자연적 귀족의 존재를 주장하는 보수주의자들의 입장은 이상과 같은 논리의 구체적 표현이다. 이들이 볼 때 지배와 통치의 분야는 인간이면 누구나 가질 수 없는 특별한 기법을 필요로 하며 실천적 경험과 구체적 사례를 통해 획득될 수 있는 성격의 것이다. 따라서 통치의 기법은 자연적 귀족, 즉 "오랜 전통을 지닌 지배 계층의 구성원 사이에서 발전될 가능성이 가장 높다"는 것이다.[25] 보수주의자들이 인정할 수 있는 평등이란 "최후의 심판에서의 평등과 정의로운 법 앞에서의 평등이며 그 외 모든 평준화의 시도는 기껏해야 사회의 정체를 초래할 뿐이다."[26]

보수주의자들은 재산권을 이와 같은 다양성과 자유를 보존할 수 있는 필수적인 기반으로 보았다. 프랑스혁명에 대한 버크의 비판을 촉발시킨 주요 요인 가운데 하나는 규제와 몰수, 국유화 등으로 나타난 사유재산권에 대한 침해였던 것이다. 사유재산권의 신성함을 강조하기 위해 보수주의자들은 그것을 인간 문명의 출현과 결부시킨다. 사유재산은 "인간이 인간다울 수 있는 본질적 조건이자 자연 세계 전체에 대한 인간의 우위를 보장하는 요건"이라는 주장이다.[27] 보수주의자들의 재산권 개념의 특징은 재산권의 가족적, 공동체적 성격을 중시한다는 점에 있다. 보수주의자들이 볼 때 개인을 소유권의 유일한 주체로 파악하는 태도는 인간을 고립시키고 개인주의와 이기주의, 불안정과 변화를 부추기기 쉽다. 따라서 보수주의자들은 재산의 분할과 개인적 소유를 방지하는 장자 상속권을 옹호하였으며, 이 점에서도 보수주의자들은 중세의 계승자들이다. 또한 가족적, 공동체적 재산권에 대한 옹호는 복지와 자선을 명목으로 한 국가의 개입을 반대하는 논리적 근거를 제공한다. 빈곤의 문제는 국가가 주도하는 사회복지 정책이 아니라 가족·이웃·교회와 같은 집단을 통한 상호부조의 형식으로 해결되어야 한다. 왜냐하면 이러한 집단이야말로 그 공동체적 성격으로 말미암아 자연스럽게 개인을 도울 수 있으며 사회복지의 이름으로 국가가 저지를 수 있는 재산권 침해를 막을 수 있는 방파제로 여겨졌기 때문이다.

보수주의자들이 동산보다는 부동산, 특히 토지 재산을 중시하며 상업과 산업 그리고 자본주의의 폐해를 비판한 것은 이들의 가족적, 공동체적 재산권 개념과 밀접히 연관되어 있다. 이들이 볼 때 토지가 사회의 경제적 기반이었을 때 전통적인 사회적 결속이 이루어졌던 반면 상업과 산업자본주의는 그와 같은 결속을 해체한다. 자본주의의 발전으로 널리 유통되기 시작한 화폐와 증권을 비롯한 유동 자산은 "그 본질상 어떠한 형태의 것이든 모험과 투기가 용이하다. ……따라서 그와 같은 형태의 재산이야말로 변화를 갈망하는 모든 사람들이 얻고자 하는 것"이기 때문이다.[28] 이처럼 보수주의자들의 자본주의 비판의 핵심은 그것이 전통적 사회 제도와 가치관을 파괴한다는 데 있다. 그리고 이 점에서 보수주의의 자본주의 비판은 사회주의의 그것과 뚜렷이 구분된다. 사회주의자들이 자본주의를 미래사회로 나아가는 한 단계로 파악하며 생산수단의 공동체적 소유를 추구하였다면 보수주의는 사유재산권의 신성함을 부정하지 않으면서 자본주의의 발전으로 초래된 혼란과 폐해를 제거하려 하였다. 보수주의자들의 자본주의 비판이 흔히 코포라티즘(Coporatism)이라는 해결책으로 나타나는 까닭은 전통적 유대와 제도의 존중, 그리고 사유재산권을 부정하지 않으면서 자본주의가 초래한 사회, 경제적 폐해를 해결하고자 하였기 때문이다. 자본주의 비판에서 보여지듯 보수주의는 전통적 질서의 가치와 사회의 연속성을 중시한다. 이들에게는 인간사회가 오랜 기간에 걸친 사회적 경험의 산물이자 시행착오와 성찰, 그리고 희생의 결과이다. 사회는 영적 결합체, 또는 '영혼들의 공동체'로서[29] 버크의 표현처럼 현재 "살아 있는 사람들 사이의 동업체일 뿐 아니라 살아 있는 사람과 죽은 사람들, 그리고 태어날 사람들 사이의 동업체"라는 것이다.[30] 민족이란 무엇인가의 질문에 대해 "과거·현재·미래 세대들의 긴 연속으로 이루어진 숭고한 공동체"라 대답한 뮐러 역시 버크와 다르지 않다.[31]

　보수주의 사회관의 특징은 유기체론이다. 이러한 사회관은 계몽주의, 자유주의의 사회관과 비교 검토할 때 그 성격이 선명하게 드러난다. 후자에게 사회가 인간의 이성과 의지의 산물로서 독립적이며 주권자로 간주된 개인의 결합체라면 전자는 사회를 역사의 산물이자 개인의 의지를 넘어서는 사회적 진화의 결과이다. 전자가 볼 때 사회는 개인의 집합체이자 총합이라면, 후자에게는 자체의 삶을 사는 유기체로서 그 구성 부분들로 분해될 수 없는 것이다. 또한 전자는 사회를 실용적이며 계약적이고 비인격적인 관계로 연결되어 있으며 이러한 관계 속에서 자신의 사회적 기능으로만 의미를 지니는 개인들의 연합체로 파악한다. 따라서 전자의 사회관에 의하면 그 사회 구성원들은 시민·소비자·생산자 등, 그 역할로 구분될 뿐이다. 이에 비해 보수주의자들은 사회 속에서 그 구성원들이 인격적이며 서열화된 관계, 애정과 도덕으로 서로 통합된다는 점을 강조한다. 이처럼 보수주의자들에게 사회란 예컨대 기계와 같은 구조물이 아니라 나무와 같이 "과거에 깊이 뿌리를 내리고 있는 살아 있는 생명체"이기 때문에 그 구성 요소들은 대단히 복잡한 상호 관계를 맺게 된다.[32] 보수주의자들이 급격한 변화의 어려움과 위험성을 강조하고 모든 유형의 사회에 적용될 수 있는 보편 타당한 원리의 존재를 인정하지 않는 것은 이러한 유기체적 사회관에 근거를 두고 있다.

보수주의자들에게는 현재가 과거로부터 도달된 최상의 상태로 파악된다. 이러한 과거와 현재에 대한 해석은 보수주의자들의 역사관과 전통관의 기본 전제를 이룬다. 이들이 볼 때 역사의 과정은 가라지들 사이에서 좋은 낟알을 찾고 또 그 낟알을 모으고 전수하는 선별 작업과 축적이 동시에 이루어지는 과정이다. 전통이란 이러한 역사적 작업의 산물로서 그와 같은 작업이 이루어지는 공간과 상황에 긴밀하게 연결되어 있기 때문에 개별적이며 독특하다. 흔히 보수주의자들의 역사관은 생물의 진화에서 자연도태설이나 고전적 자유주의의 시장의 기능에 비유되기도 한다. 예컨대 보수주의자들에게 전통이 형성되는 과정은 시장에서 이윤이 결정되는 과정과 성격이 동일하다는 것이다. 보이지 않는 손이나 진화의 법칙과 마찬가지로 신의 섭리에 힘입어 인간들의 산발적인 무수한 행위들은 시행착오의 역사적 과정을 거치면서 전통이라는 하나의 질서로 구현되기 때문이다.

보수주의자들의 역사관은 구체성에 대한 강조와 밀접히 연결되어 있다. 어떤 현상을 구체적으로 경험하고 사고한다는 것은 당면한 상황, 즉 현실에 관심을 집중한다는 것을 의미하며 동시에 가능한 한 모든 유형의 사변과 가설을 배제하려는 태도를 뜻한다. 이러한 태도는 직접적인 행위와 구체적인 세부 사항을 중시하는 것이며 사회 구조 자체를 문제시하지 않는 보수주의자들의 경향 역시 이와 같은 이유에서이다. 이에 비해 진보주의는 '가능성에 대한 인식'에 기초해 있다. 진보주의는 현재로부터 체계적인 변화의 가능성을 추출하는 데 초점이 놓여져 있기 때문에 당면한 구체적 현실을 초월하려는 경향이 강하다. 진보주의자들이 구체적인 사실을 문제시할 때도 이는, 만하임(Mannheim)의 표현처럼, "한 형태의 구체적 사실을 다른 형태의 그것으로 대체하기 위해서가 아니라 미래의 발전을 위한 또 다른 체계적인 출발점을 만들고자 하기 때문이다."[33]

보수주의자들 사이에서 보여지는 반(反)합리주의적 경향은 구체적인 것을 중시하는 태도와 관련되어 있다. 편견에 대한 보수주의자들의 독특한 태도는 계몽주의자들에게서 보이는 합리주의를 비판하기 위한 것이었다. 보수주의자들이 볼 때 계몽주의자들은 순수한 이성, 기하학에서 보여지는 바와 같은 방식의 추론이야말로 인간이 도달할 수 있는 이상적 지식임을 강조하였으며, 전통과 경험에 내재해 있는 지혜를 개인의 이성적 판단이라는 이름으로 파괴하였다. 그러나 인간이 성장하고 발전하기 위해서는 순수한 이성적 추론 외에도 감정과 오랜 경험에서 나온 또 다른 종류의 판단이 필요하며 이것이 바로 편견이라는 것이다. 편견은 보수주의자들에게는 전통적이며 집단적인 경험의 소산이며 합리주의적 지식의 편파성과 개인적 지식의 한계를 넘어서 존재하는 지혜의 표현이다. 버크의 주장처럼 편견은 "매 순간마다 즉각적인 적용이 가능한 것이며 인간 정신으로 하여금 한결같이 미덕과 지혜의 길을 걷도록 하는 것이자 결단의 순간에 망설이지 않도록 해준다. 편견은 인간을 회의주의와 의심 그리고 우유부단에서 구해준다."[34] 이처럼 보수주의자들에게는 편견이 순수한 합리주의에 대항하여 전통적인 것, 무의식적인 것의 가치를 강조하기 위한 주요 개념이었다. "개인은 어리석지만 인류는 현명하다"는 버크의 지적이나 인간은 "거인들의 어깨 위에 올라 탄 난쟁이와 같은 존재로서 우리보다 앞선 사람들의 거대한 키 덕분에 조상들보다 멀리 볼 수 있다"[35]는 커크(Kirk)의 판단이 전통적 지혜의 중요성을 강조한 것이라면 합리적인 군인은 싸울 수 없으며 마찬가지로 합리적인 연인은 결혼할 수 없다[36]는 체스터튼의 익살은 보수주의자들의 합리주의에 대한 경멸의 다른 표현인 것이다.

보수주의의 반합리주의 경향은 유토피아주의와 개혁주의에 대한 비판과도 연결되어 있다. 보수주의자들이 볼 때 일반적으로 유토피아주의는 추상적인 이상과 원리를 기반으로 다가올 이상적인 사회를 구성하며 개혁주의는 이러한 이상향 건설을 목표로 부단히 변화를 추구하는 경향이다. 공허한 합리주의를 중시하는 유토피아주의와 개혁주의는 따라서 효율성이나 현실성, 그리고 이른바 '노하우'와 같은 종류의 구체적 감각이 결여되어 있다. 보수주의자들에 의하면 그와 같은 경향은 인간을 보편적인 이성적 존재나 일률적이며 파편화된 개인들의 집합체로 취급할 뿐 실제 현실 속에서 생활하는 구체적 존재로 이해하지 못한다. "1795년의 헌법은 그 이전의 헌법들과 마찬가지로 **인간**을 위해 만들어진 것이다. 그러나 세상에는 **인간**이란 존재하지 않는다. 나는……프랑스인·이탈리아인·러시아인 등을 보았다. 그리고 몽테스키외 덕분으로 페르시아인이 있다는 사실도 알게 되었다. 그러나 **인간**에 대해 말한다면 나는 평생 그를 만난 적이 없음을 단언한다"[37]는 메스트르의 주장은 계몽주의와 인간과 시민의 권리선언에 표현된 추상적 인간관에 대한 직접적인 비판이다. 보수주의자들이 볼 때 인간행위는 예측하기 어려우며 이러한 인간행위들로 구성된 인간사 전반은 대단히 복잡한 성격을 지니고 있다. 따라서 인간사회의 문제를 해결하려는 시도 역시 그만큼 단순한 작업은 아니다. 합리주의에 기반하여 추상적 이론을 수립하고 이를 토대로 사회를 급격하게 변화시키려는 유토피아주의와 개혁주의는 파국적 결과를 초래할 뿐이다. 이 점에서 대부분의 보수주의자들은 "신의 섭리의 발걸음은 느리며 악마야말로 언제나 서두른다"는 커크의 판단에 동의할 것이다.[38]

이상에서 살펴본 바와 같이 보수주의를 몇 가지 일관된 신념 및 가치체계, 즉 보수주의의 주요 교의들을 중심으로 설명하려는 시도가 가장 널리 알려져 있으며 또한 가장 영향력 있는 설명 방식 가운데 하나임은 이미 언급한 바 있다. 그러나 이러한 방식은 그 자체로 한계점을 지니고 있다는 사실이 또한 지적되어야 할 것이다. 그리고 그것은 무엇보다도 이상에서 열거된 주요 교의들 모두를 두루 갖춘 보수주의자를 발견하는 것이 쉽지 않다는 점이다. 예컨대 프랑스의 보수주의자 모라스는 로맨티시즘에 대해 비판적이었으며 계몽주의적 합리주의보다는 독일의 관념론을 공격하였을 뿐 아니라 콩트의 실증주의를 받아들였다.[39] 또한 버크의 경우 19세기에 나타난 대부분의 보수주의자들과는 달리 상업과 산업주의, 자본주의에 대한 비판의 흔적이 나타나지 않는

다. 오히려 그는 자신의 친구 아담 스미스처럼 '상업의 법칙'을 인간사
회를 지배하는 영구적 법칙으로 생각하였던 것이다. 따라서 주요 교의
를 중심으로 보수주의를 해명하려는 시도의 딜레마는 대략 두 세기에
이르는 기간 동안 다양한 지역에서 출현한 보수주의자 모두를 포괄할
수 있기 위해서는 그 교의의 수 역시 끊임없이 늘어날 수 밖에 없다는
사실에 있는 것이다. 보수주의 이데올로기 전체를 관통하는 하나의 원
리를 발견하려는 시도는 바로 이러한 한계를 극복하기 위한 노력이다.

Ⅲ. 철학으로서의 보수주의

　보수주의를 일관되게 설명할 수 있는 하나의 원리를 도출하고자 하
는 가장 대표적인 시도는 인간의 존재 조건에 내재하는 한계에 주목한
다. 즉 인간의 삶에는 도무지 벗어날 수 없는 긴장이 존재하며 이것이
인간 존재 조건의 한계를 이룬다는 것이 이러한 입장의 기본 전제를
이룬다. 예컨대 정신과 물질, 인간과 자연, 개인과 사회, 지배자와 피지
배자, 기업의 자유와 국가의 규제 등과 같은 화해하기 어려운 이원성
이 존재하며, 이로부터 인간사를 규제하는 긴장이 나타난다는 것이다.
이러한 이원성에 기반을 둔 대립과 갈등은 결코 극복될 수 없는 것이
며, 따라서 이를 제거하려는 모든 시도는 유토피아주의에 지나지 않는
것으로 파악된다.
　이러한 입장에서 볼 때 프랑스혁명 이래로 서유럽의 정치이념과 실
천을 지배한 것은 바로 이러한 유토피아주의이다. 자유주의와 사회주
의는 19세기와 20세기를 풍미한 유토피아주의의 대표적 사례로서 인간
조건에 본질적으로 존재하는 한계는 총체적인 정치, 사회적 변화를 통
해 벗어날 수 있다는 낙관주의에 기반을 두고 있다는 것이다. 보수주
의가 프랑스혁명과 함께 출현한 것은 바로 이 때문이다. 즉 급진적이
고 근본적인 혁신의 이상을 반박하기 위해 보수주의는 먼저 합리주의

와 혁명적 낙관주의자들이 믿는 바처럼 인간사회가 이성적으로 충분히 해명될 수 있는 성질의 것이 아님을 주장하였다. 또한 보수주의는 인간사회에서 나타나는 온갖 종류의 혼란과 고통 그리고 악폐는 잘못된 사회계약에서 유래하였으므로 새로운 정치·사회조직을 수립함으로써 그와 같은 고통에서 벗어날 수 있다는 입장을 반박하였다. 한마디로 보수주의는 인간사회에 내재하는 벗어날 수 없는 한계를 인정하며, 따라서 그와 같은 한계를 제거하려는 정치의 역할 또한 한계를 지닌다는 사실에 착안한 "불완전성의 철학(philosophy of imperfection)"으로 정의될 수 있다는 것이다.[40]

불완전성의 철학으로 정의되는 보수주의는 인간의 지적 능력의 불완전성과 정치적 행위의 불완전성에 기반을 두고 있다. 보수주의는 "역사적으로 축적된 공동체의 정치적 지혜와 대비되는 인간 개인의 지적 능력의 불완전성"을 확신한다는 점에서 '불완전성의 정치'이며[41] 인간사회의 미래에 대한 유토피아 수립을 거부한다는 점에서 현실주의이다. "현대의 정치는 정부의 역할에 관한 거대 이론의 지배를 받아왔다. 그러나 보수주의자들은 그러한 거대 이론이 성취할 수 있는 것에 대해 회의적이며 현실주의적 입장을 취한다."[42] "보수주의적 현실주의(conservative realism)" 또는 "회의적 보수주의(skeptical conservatism)"로[43] 불릴 수 있는 이러한 입장이 반박하고자 한 것은, 오크쇼트(Michael Oakeshott, 1901~1990)의 표현을 빌리면 "정치에 적용된 합리주의"인 것이다. 그의 주장에 의하면 정치의 영역은 "전통적인 것, 상황적인 것, 일시적인 것"과 밀접히 관련되어 있기 때문에 합리주의적 처방이 효과를 발휘할 수 없는 영역이다. 그럼에도 불구하고 정치적 합리주의는 서유럽 정치의 이론과 실천에 있어 주류를 형성하고 있다. 오크쇼트가 볼 때 이러한 정치적 합리주의의 특징 가운데 하나는 완전성의 추구이다. "불완전성의 거부, 이것이 합리주의자의 교의 가운데 첫번째 것이라 할 수 있다. 합리주의자에게서 겸손은 찾아볼 수 없다. 왜냐하면 합리주의자는 이성의 공격에 견딜 수 있는 문제는 존재하지 않는다고 상상하기 때문이다. 그러나 합리주의자가 상상할 수 없는 것은 정치란 문제 해결에 있는 것이 아니라는 사실, 또는 정치적 문제에서 ‘합리적’ 해결은 결코 존재하지 않는다는 사실이다. ……어떠한 문제에 대한 ‘합리적’ 해결은 그 본질상 완전한 해결이다. 합리주의자에게는 ‘이런 저런 상황에서 최선책’이 차지할 자리는 없으며 ‘유일한 최선책’만이 존재할 뿐이다. 왜냐하면 이성의 기능이란 정확히 말해 상황을 넘어서는 것이기 때문이다.”[44]

불완전성의 개념을 중심으로 지난 두 세기 동안의 보수주의를 해석하려는 시도는 오설리반(Noël O'Sullivan)에 의해 체계적으로 이루어졌다.[45] 그의 주장에 의하면 인간사회에 존재하는 긴장은 해소될 수 없으며, 따라서 인간사의 문제들은 완전하게 해결될 수 없다는 불완전성의 철학으로서의 보수주의는 대략 세 가지 서로 다른 경향으로 나누어질 수 있다. 첫번째 유형은 인간사회의 불완전성을 도덕적 또는 신학적 세계관에서 도출하는 유형으로서 가장 오래되고 가장 잘 알려진 보수주의자들이 이 경우에 속한다는 것이다. 이러한 입장의 옹호자들, 예컨대 버크·메스트르 그리고 보날 등에 의하면 세계는 창조주인 신이 부여한 위계적 질서로 짜여져 있으며 이것이 의도적인 인간행위가 갖는 한계와 불완전성을 규정짓는다. 말하자면 개혁이나 혁명과 같은 인간의 의식적인 변화의 시도는 천지창조 때부터 부여된 이러한 질서를 어지럽히는 행위에 불과할 뿐 아니라 인간이 의도한 결과를 가져올 수 없기 때문이다. 또한 인간은 태초의 타락과 원죄의 오류에서 벗어날 수 없는 존재이며 의도적으로 악을 행할 수 있다는 점에서 신의 피조물 가운데 가장 위험한 존재이기도 하다.

보수주의의 이러한 첫번째 유형은 보편적 질서를 관통하는 절대적 원리를 추구한다. 그리고 그와 같은 원리는 태초에 신이 천지를 창조하기 위해 수립된 계획에서 찾는다는 점에서 첫번째 유형의 보수주의는 절대적 가치를 지닌 초역사적 세계에서 인간행위의 한계와 불완전성의 원리를 도출한다는 특징을 지닌다. 이처럼 인류역사 외부에 존재하는 이러한 보편적 질서를 추구하는 유형의 보수주의는 그 성격상 정적(靜的)이다. 실제로 첫번째 유형의 보수주의는 특정한 역사적 시기를 신의 계획에 가장 합당한 것으로 확정하고, 이를 기준으로 하여 변화와 개혁의 문제를 판단하고 대응하고자 하였다. 예컨대 버크한테 그와 같은 기준이 1688년 영국이라면 메스트르와 보날에게는 앙시앵 레짐(ancien régime)의 프랑스였다.

주로 프랑스에서 전형적으로 출현한 첫번째 유형의 보수주의, 혹은 "반동적 보수주의(reactionary conservatism)"의 주요 공격 대상은 민주주의였다.[46] 신이 부여한 질서는 기독교라는 정신적 통일성에 기반을 둔 것이며, 정치질서 역시 이러한 정신적 통일성에 부합되어야 한다. 그러나 민주주의는 무제한의 자유를 옹호함으로써 정신적 통일성을 저해하는 파괴적 힘으로 간주된다. 메스트르와 보날에서 바레스(Maurice Barrés, 1862~1923)와 모라스에 이르는 프랑스 보수주의의 대표자들에게 민주주의는 정치적, 사회적 변화를 통해 인간 본성이 완전해질 수 있다고 주장하는 잘못된 낙관주의와, 인간은 사회질서 전체를 재구성함으로써 모든 악과 불행에서 벗어날 수 있다는 인간의 능력에 대한 과신, 그리고 자치(自治)의 이념이라는 3가지 관점에서 신랄한 비판의 대상이 되었다. 이들이 볼 때 어떤 형태의 지배든 지배자와 피지배자는 구분되기 마련이며, 따라서 인민 자치의 이상은 근본적인 오류이다. 뿐만 아니라 민주주의는 권력 기반을 피지배자의 동의에 두기 때문에 유일한 합법적인 통치방식이라는 주장 역시 잘못된 것이다. 메스트르를 비롯한 프랑스 보수주의자들에 의하면 그와 같은 주장이 의미를 지니기 위해서는 정부가 취하는 모든 조처에 대해 피지배자 모두의 동의가 있어야 하며 이는 불가능할 뿐 아니라 실제로 무정부 상태를 초래할 뿐이기 때문이다. "민주주의는 악이다. 민주주의 그것은 죽음"이라는 모라스의 단언은 프랑스의 반동적 보수주의자들의 민주주의관이 단적으로 표현된 것이라 하겠다.[47]

두번째 유형의 보수주의는 인류사회의 불완전성의 원리를 첫번째 유형의 보수주의와는 대조적인 방식으로 파악한다. 프랑스의 반동적 보수주의자들이 도덕적, 신학적 세계관, 그리고 절대적 가치를 지닌 초역사적 세계를 보수주의 이데올로기의 출발점으로 삼는 데 비해 두번째 유형의 보수주의는 역사적 변화와 발전 법칙을 발견하고 이것이 인간의지의 한계와 인간의 불완전성을 규정짓는 것으로 파악하였다. 프랑스혁명기를 지배한 추상적이고 보편적인 자연권 이론에 대항하기 위해 독일의 로맨티스트 철학자들이 주장한 두번째 유형의 보수주의는 따라서 역사적이며 상대적이고 역동적인 인간관과 사회관을 그 특징으로 한다. 인간의 능력은 역사적 발전 법칙에 의해 제한되기 때문에 특정한 역사적 국면에 존재하는 정치·사회적 질서를 변화시킬 수 있는 가능성 역시 제한적이다. 특정한 역사적 국면, 또는 기존 질서는 역사적 발전의 산물이므로 의도적으로 고안된 사회 질서에 비해 인간 정신의 좀더 완벽한 표현으로 간주된다. 이처럼 인간 의지를 가로막는 객관적 한계를 역사 자체에서 발견하고 인간의 인위적 창조물보다 자연과 시간의 산물의 우월성을 강조함으로써 두번째 유형의 보수주의는 프랑스의 계몽주의에서 보여지는 합리주의의 타당성을 약화시키고자 하였던 것이다. 요컨대 첫번째 유형의 보수주의자들이 인간의 불완전성의 원천을 인간사회 외부에 존재하는 정신적 질서에서 발견하였다면 두번째 유형의 보수주의는 변화하는 역사적 질서 자체가 인간의 불완전성의 기반임을 강조한다. 이 점에서 후자의 이론적 특징은 질서의 절대적 원리를 추구하는 전자와는 달리 질서의 상대적 원리를 수립하려는 것이며, 전자가 정적인 세계관을 보여주는 데 비해 후자의 세계관과 사회관은 대단히 역동적인 측면을 지닌다.

두번째 유형의 보수주의, 혹은 독일에서 전형적으로 발전한 보수주의는 대립과 갈등을 인간사회의 본질적 요소로 파악함으로써 모든 종류의 정태적인 상황은 타락과 쇠퇴에 지나지 않는 것으로 이해하는 경향을 낳기도 하였다. 이른바 "보수혁명론(conservative revolutionary thought)"으로[48] 불리는 이러한 입장은 인간 의지의 역동성을 지나치게 강조한 나머지 반합리주의적 행동주의를 찬양하고 개인의 공동체에 대한 전적인 예속과 지도자에 대한 철저한 복종을 주장하는 전체주의적 민족주의로 귀결되기도 하였던 것이다. 제1차세계대전의 패배에 따른 치욕감에서 출발하였지만 그러나 전쟁의 경험을 통해 공동체의 중요성과 영웅적 전사의 이미지에서 도출된 새로운 도덕을 배경으로 하여 출현한 이러한 보수혁명론은 전후 독일이 처한 상황을 쇠퇴와 타락, 혼란의 징후로 파악하였다. 판 덴 브루크(Moeller van den Bruck, 1876~1975), 융어(Ernst Jünger, 1895~), 슈미트(Carl Schmitt) 등으로 대표되는 보수혁명론자들은 의회민주주의를 승전국들의 강요에 의해 독일의 토양에 이식된 외래적 현상이며 독일 민족이 필요로 하는 강력한 지도자의 출현을 가로막는 것으로 거부하였다. 이들이 볼 때 의회민주주의는 직접적인 행동이 가장 절실한 시점에서 정치가 단순히 법안을 작성하고 토의하는 문제에 지나지 않는다는 환상을 심어 줄 뿐이다. 따라서 보수혁명론자들은 보수주의의 가장 절실한 과제는 혁명을 거부하는 데 있는 것이 아니라 오히려 그것을 적극적으로 수용하는 것이라고 역설하였다. 판 덴 브루크의 표현처럼 "만일 보수주의자들이 혁명적 주장과 혁명적 수단을 통해 보수주의의 목표를 달성할 수 있다는 사실을 인식할 수 있는 정치적 지혜를 가지고 있다면" 보수주의와 혁명은 상호 대립되는 것이 아닐 뿐 아니라 오히려 보완적 역할을 할 수 있다는 것이다.[49] 보수혁명론자들 사이에서 보이는 민족주의와 행동주의, 반(反)의회주의 등은 의도적이든 아니든 나치 이데올로기 형성에 영향을 주었다.

세번째 유형의 보수주의는 전술한 두 개의 유형에 비해 그 특징이 명확히 정의되지 않는다. 그러나 프랑스와 독일에서 출현한 두 유형의 보수주의와는 달리 세번째 유형의 보수주의는 신의 계획이나 역사발전의 패턴과 의미에서 인간사회의 불완전성의 근거를 발견하려는 태도에 회의적이다. 프랑스의 반동적 보수주의는 기독교라는 정신적 통일성에 근거한 정치·사회적 질서의 중요성을 지나치게 강조한 나머지 대안으로 제시한 사회 역시 민주주의와 마찬가지로 유토피아적 성격을 벗어날 수 없었다. 독일의 보수혁명론 또한 반동적 보수주의와 유사한 오류를 범하였다. 보수혁명론은 역설적이게도 프랑스혁명 이래의 서유럽의 주요 정치이념을 공격하기 위하여 혁명의 가치를 전적으로 수용하였기 때문이다. 요컨대 전술한 두 가지 유형의 보수주의는 극복의 대상으로 간주한 경향으로부터 철저히 결별하는 대신 인간사회의 불완전성을 입증하기 위해 인간사회의 완전 가능성, 즉 기독교적 이상사회로 복귀하거나 혁명을 통한 변화 가능성을 추구함으로써 마치 적과의 싸움에서 적의 옷을 빌려 입는 모순적인 양상을 보였다는 것이다.

세번째 유형의 보수주의는 인간사회에 존재하는 화해할 수 없는 긴장을 인정하며 이러한 상황에서 인간이 취할 수 있는 가장 바람직한 태도는 온건과 타협임을 강조하는 태도로 이해된다. "온건 보수주의(moderate conservatism)"라 부를 수 있는 마지막 유형의 보수주의는 국가의 역할의 한계를 중시하며 법치의 가치를 인정할 뿐 아니라 교조적이며 유토피아적 이론을 거부하는 데 그 특징이 있다는 주장이다. 영국에서 가장 전형적으로 출현하였으며 미국에서는 부분적인 발전을 이룩한 온건 보수주의는 한마디로 "정치에 인간적 척도"를 적용하려는 태도를 존중하는 경향으로 이해될 수 있다는 것이다.[50]

인간 능력에는 본질적인 한계가 있으며, 따라서 인간사회는 완전해질 수 없다는 불완전성의 원리로 보수주의를 일관되게 해석하려는 이러한 시도는 몇 가지 장점을 지니고 있다. 먼저 이러한 시도는 일부 보수주의 사상가나 보수주의적 사조에 초점을 맞추어 보수주의 이데올로기의 본질이나 교의를 추출할 때 발생하는 오류에서 벗어날 수 있게 해 준다. 달리 말해 불완전성의 철학으로 보수주의를 정의함으로써 흔히 보수주의자로 간주되는 다양한 경향의 사상가 모두를 포괄할 만큼 광범하면서도 동시에 모든 보수주의 사상이 기초해 있는 하나의 원리를 도출해낼 수 있기 때문이다. 또한 이러한 정의는 유럽 각국의 역사적 전통의 차이에서 발생하는 보수주의 이데올로기의 다양성을 가려낼 수 있는 장점을 지닌다. 물론 이상과 같은 방식으로 분류된 각 유형의 보수주의가 특정 국가에 전적으로 국한되어 출현하였다고 볼 수는 없다. 그러나 보수주의의 특정 유파가 일부 지역에서 가장 전형적인 형태의 발전을 이룩하였다는 사실은 부정하기 어렵다.

그러나 보수주의를 일관된 하나의 철학으로 이해하는 방식은 장점뿐 아니라 한계를 동시에 지니고 있다는 점을 지적해야 할 것이다. 먼저 그것은 첫번째 유형의 보수주의 즉 '반동적 보수주의'와 파시즘과 같은 극단적 이데올로기와의 관계를 명확히 해명하지 못하였다는 점을 들 수 있다. 이 두 이데올로기 사이에 많은 유사점이 존재한다는 사실은 이미 다수의 학자들이 확인한 바 있다. 오설리반의 경우 반동적 보수주의를 "보수주의와 파시즘 사이에 존재하는 중간단계"로 설정함으로써 그와 같은 해결하기 어려운 문제에서 벗어나고자 하였다는 비판을 면할 수 없을 것이다.[51] 그러나 무엇보다도 불완전성의 철학으로 보수주의를 정의하는 방식의 한계는 세번째 유형의 보수주의, 즉 영국의 '온건보수주의'를 가장 전형적인 보수주의로 간주한다는 점에 잘 나타나 있다. 세 가지 유형의 보수주의 가운데 프랑스의 반동적 보수주의와 독일의 보수혁명론은 불완전성의 원리가 일관되게 적용될 수 없다는 사실을 인정함으로써 스스로 불완전성의 철학으로서 보수주의를 정의할 때 발생할 수 있는 한계를 드러낸 셈이다. 따라서 그와 같은 보수주의 정의는 영국의 보수주의를 이념형으로 설정하고 이를 다른 경향의 사조에 적용하려 하였다는 비판에서 벗어나기 어려운 것이다.

IV. 보수주의 이데올로기의 독특성

보수주의의 본질적 내용은 존재하지 않는다는 사실을 강조하는 이른바 '입장론적', 또는 '상황론적' 해석은 이상에서 살펴본 바와 같이 보수주의의 교의를 추출하거나 하나의 원리를 설정하여 보수주의를 설명하려는 시도 모두가 한계를 지닌다는 인식에 토대를 두고 있다. 보수주의에 대한 이러한 해석의 대표적인 예는 헌팅튼(S. Huntington)한테서 발견된다. 헌팅튼에 의하면 보수주의는 지적인 전통이나 본질적인 교의가 없는 이데올로기로서 기존질서에 대한 공격에 대처하기 위한 방어 논리에 지나지 않는다. 보수주의는 "기존의 사회 질서의 본질과 존재에 대한 도전(그 도전이 어디에서 나왔든간에)에 대항하여 그것을(기존의 사회질서가 존재했던 장소와 시간과는 무관하게) 정당화하기 위해 적용된 이념 체계"라는 것이다.[52] 따라서 헌팅튼이 볼 때 보수주의는 시간적으로 전승될 수 있는 것도 아니며 부단히 재해석될 수 있는, 이념적 내용도 없는 것으로, 문제가 없을 때는 잠복해 있다가 공격을 받으면 전면에 등장하여 기존 질서를 수호하기 위해 자신의 색깔을 바꾸는 카멜레온 같은 현상이었던 것이다. 보수주의적 태도는 "잘 확립된 사실은 그것이 무엇이든간에 계속 존재하여야 하며" 그처럼 존속해야 할 이유는 "그것이 잘 확립되어 있다는 사실"에 있음을 인정하는 것이고, 따라서 보수주의적 태도는 "사회주의를 포함하여" 잘 확립된 사회적 질서를 보존하려는 노력으로 정의될 수 있다는 해석 역시 위에서 언급한 바와 같은 입장론적 해석과 크게 다르지 않다.[53]

　이데올로기적 내용의 존재를 부정하는 이러한 '입장론적' 보수주의 해석은 그 명백한 한계에도 불구하고 보수주의 이데올로기의 첫번째 특성을 발견할 수 있는 실마리를 제공한다. 즉 보수주의는 일차적으로 수세적, 대응적 성격을 지닌다는 점이다. "보수주의는 다른 유형의 삶과 사고 방식이 전면에 대두하였을 때 비로소 의식적이 되고 반성적이 된다. 이는 이데올로기 투쟁에서 무기를 들지 않을 수 없기 때문"[54]이라 말했을 때 만하임은 보수주의의 그와 같은 성격을 명확히 인식하고 있었다. 그리고 그의 이러한 인식은 "전통주의(traditionalism)"와 보수주의를 구분하는 기준이 된다. 인간에게는 과거에 집착하고 혁신을 두려워하는 보편적인 심리적 경향이 존재하며 만하임은 그와 같은 태도를 막스 베버의 용어를 빌어 '전통주의'라 불렀다. 만하임의 주장에 의하면 서로 대립하는 사회계급이 존재하며 동시에 그 사회계급들에 고유한 세계관 사이의 갈등이 발생하는 상황 속에서 전통주의는 특정한 사상적 경향, 즉 보수주의로 나타난다는 것이다. 말하자면 "전통주의는 계급대립을 통해 변화가 발생하는 사회, 한마디로 계급사회에서만 보수주의"[55]로 발전한다. 요컨대 "전통주의는 본질적으로 각 개인이 무의식적으로 보유하고 있는 잠복 상태의 경향 가운데 하나이다. 이와는 달리 보수주의는 당초부터 의식적이며 반성적이다. 왜냐하면 보수주의는 고도로 조직화되어 있으며 일관되고 체계적인 '진보적' 운동에 의식적으로 대립하려는 대항 운동으로 출현하였기 때문이다."[56]

보수주의를 "의식화된 전통주의"[57]로 이해하는 이러한 입장은 보수주의의 일관된 원리와 교의의 존재를 부정하는 '입장론적' 해석과는 다르다. 후자가 "전통주의"적 측면을 강조하여 보수주의를 과거에 대한 집착과 현상 유지를 선호하는 심리적 경향으로 파악하려는 반면 전자는 보수주의의 교의가 존재함을 인정함과 동시에 그 교의뿐 아니라 보수주의 자체의 다면성과 역동성을 해명하려는 시도이기 때문이다. 즉 보수주의는 공격하고자 하는 진보주의적 이데올로기의 핵심 내용에 대응할 뿐 아니라 이를 토대로 자신의 교의를 정교화한다. 이 점에서 보수주의 이데올로기는 카멜레온과 같은 양상이 아니라 한 학자의 표현을 빌리면 그것은 마치 "거울의 상"과 같은 현상에 비유될 수 있으며 이러한 측면이 보수주의 이데올로기의 두번째 특성을 이룬다.[58]

보수주의 이데올로기가 "거울의 상"과 같은 성격을 지닌다는 것은 보수주의가 대항하고자 하였던 진보적 이데올로기들과 마찬가지로 일정한 생명력을 지니는 체계적인 원리를 보유한다는 사실을 인정하는 것이다. 예를 들어 버크와 메스트르는 프랑스혁명기의 추상적이고 보편적인 휴머니즘에 대항하여 구체적이고 개별적인 인간 개념을 발전시켰다. 디즈레일리가 역사적 전통에 대한 존중, 권위, 가부장적 책임감 등의 논리를 전개하였던 것은 "차가운 이성, 관료제, 영속적인 개혁, 열정 없는 자비, 감정과 정서의 완전한 결핍"을[59] 특징으로 하는 벤담식의 공리주의에 맞서기 위한 것이었다. 모라스가 내세운 군주제적 민족주의론 역시 프랑스 제3공화정 하의 의회 민주주의에 대항하는 이론의 역할을 하였던 것이다. 뿐만 아니라 보수주의의 이데올로기적 내용은 "가장 최근의 적이 전투의 속도와 형태를 지배"하는 것과 같은 방식으로 전개된다.[60] 경쟁 이데올로기와 운동의 출현과 발전의 속도가 빨라지면 빨라질수록 보수주의의 신속한 대응의 필요성 역시 증가하며 그 결과 보수주의는 어떠한 경쟁자가 가장 위협적인 세력인가를 판단하게 되고 동시에 그와 같은 세력에 가장 효과적으로 저항할 수 있는 방법을 모색하게 되는 것이다. 예컨대 19세기 전반 계속되는 혁명적 위협 속에서 보수주의자들은 민주주의와 평등주의에 공격의 초점을 맞추었으며 이러한 과정 속에서 그들은 국가와 개인 사이에 존재하는 자유의 수호자로서의 구체적 사회집단의 역할을 강조하였다. 그후 19세기 말 자유주의·사회주의적 복지정책이 활발하게 채택되기 시작하자 보수주의자들은 다시 사회 질서의 방파제로서 사유재산의 중요성을 부각시켰으며 양차 세계대전 기간 동안에 파시즘과 사회주의의 공세에 직면한 보수주의자들은 한편으로는 입헌주의를 내세움과 동시에 인간 존재는 근본적으로 평등할 수 없다는 점을 강조하였다. 다시 냉전시대 공산주의에 대항하여 보수주의자들은 기본적인 정치적 자유, 그리고 가족과 전통적 가치의 중요성을 내걸었던 것이다.

이상과 같은 논의를 종합해볼 때 보수주의를 고정된 교의들의 집합으로 설명하려는 시도는 보수주의적 이데올로기의 내용을 전적으로 부정하는 입장과 마찬가지로 지난 2세기 동안 서유럽의 주요한 지적, 정치적 세력을 형성한 보수주의의 본질에 대한 올바른 접근 방식이라 보기 어렵다. 이데올로기로서의 보수주의의 특징은 무엇보다도 그 수세적, 방어적 성격에 있다. 새로운 세계관을 갖춘 사회세력의 대두와 발전을 저지하려는 과정에서 보수주의는 자신의 논리를 정교화하며 상황의 요구에 따라 지적 내용과 강조점을 변화시킬 수 있는 유연성과 다면성을 동시에 지니고 있다. 보수주의는 그것이 출현하고 발전한 역사적 맥락 속에서만 그 의미가 충분히 해명될 수 있는 것도 이러한 이유 때문이다. 19세기말, 20세기초 프랑스와 독일에서처럼 보수주의는 기존

질서의 전복을 꿈꾸는 혁명적 세력으로 등장할 수 있는 것이다. 여기에 바로 '보수혁명'이라는 모순된 두 개념의 결합이 만들어낸 수수께끼를 해결할 수 있는 열쇠가 있다.

주

1) Ph. Beneton, *Le Conservatisme*(Paris, 1988), p. 5.

2) Lord Hugh Cecil, *Conservatism*(London, 1912), K. Mannheim, "Conservative Thought", in *Essays on Sociology and Social Psychology*, ed. by P. Kecskemeti(London, 1953), p. 94에서 재인용.

3) Clinton Rossiter, "Conservatism", in *International Encyclopedia of the Social Sciences*(New York, 1973), vol. 3, p. 290.

4) 예컨대 Kirk는 영미권에만 한정된 보수주의 사상 선집에서 44명의 인물을 보수주의자로 분류, 수록하고 있다(R. Kirk, *The Portable Conservative Reader*, New York, 1982).

5) F. Hayek, "Why I Am Not a Conservative?" in Ch. Nishiyama & K. R. Leube, eds., *The Essence of Hayek*(Stanford, 1984), pp. 281~298.

6) D. Y. Allen, "Modern Conservatism : The Problem of Definition", *The Review of Politics*, 43(1981), pp. 582~603.

7) J. Weiss, *Conservatism in Europe 1770~1945 : Traditionalism, Reaction and Counter-Revolution*(New York, 1977).

8) P. Viereck, *Conservatism Revisited. The Revolt Against Revolt 1815~1945*(New York, 1950) ; R. Scruton, *The Meaning of Conservtism*(New York, 1980) ; R. Kirk, "Introduction", in *The Portable Conservative Reader*(New York, 1982) ; R. Nisbet, *Conservatism : Dream and Reality*(Milton Keynes, 1986).

9) K. Mannheim, *op. cit.*, pp. 74~164 ; R. Eccleshall, "Conservatism", in *Political Ideologies ; An Introduction*, by R. Eccleshall, V. Geoghegan, R. Jay, R. Wilford(London, 1984) pp. 79~114.

10) S. P. Huntington, "Conservatism as an Ideology", *American Political Science Review* 51(1957), pp. 454~473.

11) T. Tännsjö, *Conservatism for Our Time*(London, 1990), p. vii.

12) T. Honderich, *Conservatism*(London, 1991), p. 239.

13) R. Nisbet, *op. cit.*, p. 21.

14) R. Kirk, *op. cit.*, p. xv.

15) Ph. Beneton, *op. cit.*, p. 112.

16) R. Nisbet, *op. cit.*, p. 72~73.

17) Ph. Beneton, *op. cit.*, p. 112

18) R. Nisbet, *op. cit.*, p. 35.

19) C. Rossiter, *Conservatism in America*(New York, 1982), p. 27.

20) R. Nisbet, *op. cit.*, p. 41에서 재인용

21) Ch. Maurras, *Enquête sur la monarchie*(Paris, 1924), pp. 449~451.

22) R. Scruton, *op. cit.*, p. 111.

23) R. Nisbet, *op. cit.*, p. 44에서 재인용.

24) *Ibid.*, p. 47.

25) K. Minogue, "Conservatism", in *The Encyclopedia of Philosopy*, ed. by P. Edwards(New York, 1967), p. 195.

26) R. Kirk, *op. cit.*, p. xvii.

27) R. Nisbet, *op. cit.*, p. 56.

28) *Ibid.*, p. 63.

29) R. Kirk, *op. cit.*, p. xv.

30) R. Nisbet, *op. cit.*, p. 23에서 재인용.

31) K. Mannheim, *op. cit.*, p. 112에서 재인용.

32) C. Rossiter, *op. cit.*, p. 27.

33) K. Mannheim, *op. cit.*, p. 103.

34) Ph. Beneton, *op. cit.*, p. 107에서 재인용.

35) R. Kirk, *op. cit.*, p. xvi.

36) R. Nisbet, *op. cit.*, p. 31에서 재인용.

37) Joseph de Maistre, *Considérations sur la France*(Paris, 1988), p. 87. 강조는 필자.

38) R. Kirk, *op. cit.*, p. xvii.

39) M. Sutton, *Nationalism, Positivism and Catholicism : The Politics of Charles Maurras and French Catholics 1890~1914*(Cambridge, 1982) 참조.

40) N. O'Sullivan, *Conservatism*(London, 1976), p. 12.

41) A. Quinton, *The Politics of Imperfection : The Religious and Secular Traditions of Conservative Thought in England from Hooker to Oakeshott*(London, 1978), p. 11.

42) 1K. Minogue, "Introduction : On Conservative Realism", in *Conservative Realism*, ed., by idem(London, 1996), p. 1.

43) K. Minogue, "Conservativism", pp. 196~197.

44) M. Oakeshott, *Rationalism in Politics and Other Essays* (London, 1962), p. 5.

45) N. O'Sullivan, *Conservatism* idem, "Conservatism", in *Contemporary Political Ideologies*, eds., by R. Eatwell and A. Wright(London, 1993), pp. 50~77.
46) N. O'Sullivan, "Conservatism", pp. 55~56
47) Ch. Maurras, *op. cit.*, p. 121.
48) *Ibid.*, pp. 57~60.
49) *Ibid.*, p. 57.
50) *Ibid.*, p. 54.
51) N. O'Sullivan, *Conservatism*, p. 15.
52) S. P. Huntington, *op. cit.*, p. 455.
53) T. Tännsjö, *op. cit.*, pp. 4, 10.
54) K. Mannheim, *op. cit.*, p. 115.
55) *Ibid.*, p. 101.
56) *Ibid.*, p. 99.
57) *Ibid.*, p. 102.
58) M. Freeden, *Ideologies and Political Theory : A Conceptual Approach*(Oxford, 1996), p. 336.
59) K. Mannheim, *Ideology and Utopia*(London, 1936), p. 231
60) K. Mannheim, *Ideology and Utopia : An Introduction to the Sociology of Knowledge*(New York, 1936), p. 231

나치즘
Nazism

원 철

Ⅰ. 머리말

1933년 독일에서 집권하고 제2차세계대전을 계기로 하여 패망한 국가사회주의(National sozialismus)와 이를 이끌었던 히틀러를 어떻게 평가하고 이해하여야 할 것인가? 이러한 문제는 나치즘이 대두하던 시기에서부터 오늘날에 이르기까지 많은 사람들 사이의 논쟁의 대상이 되고 있다.

따라서 이 글에서는 먼저 나치즘에 대한 해석과 개념 정립을 둘러싼 일련의 견해를 간략하게 조감한 다음, 서양의 지적인 운동과 관련하여 언급될 수 있는 히틀러와 나치즘의 핵심사상과 이러한 히틀러의 나치즘에 영향을 끼쳤던 인물 및 사상, 나치즘과 다른 일련의 사상 사이의 관계 등을 살펴보겠다. 그리고 마지막으로는 여러 사람들과 많은 교과서에서 이야기하고 있는 것처럼 과연 독일에서의 나치즘과 히틀러의 지배를 소비에트 러시아의 공산주의와 스탈린의 지배와 동일한 성격의 전체주의와 전체주의의 지배로 볼 수 있을 것인가의 문제를 검토하겠다.

Ⅱ. 나치즘의 여러 해석

나치즘과 히틀러에 대한 여러 해석들 가운데 먼저 들 수 있는 것은 나치즘과 히틀러를 악마와 악마의 체제로 규정하는 견해이다. 이러한 나치즘에 대한 개념 규정은 특히 제2차세계대전이 끝난 후 마이네케·리터 등 독일 학자들의 변명적인 논조의 주장[1]에서 좋은 예를 찾아볼 수 있다. 이에 따르면 히틀러는 독일이나 독일 역사와 관계가 없는 악마이고, 전반적인 유럽사회의 정신적인 위기가 배후에서 이러한 악마의 출현을 가능케 하였기 때문에 히틀러를 이유로 해서 독일이나 독일 국민을 비난하지 말라는 식의 견해이다. 그러나 이러한 주장이 논란의 여지가 있는 주장임은 자명하다.

또 다른 일부의 학자들은 히틀러를 정신질환자로 규정하고 나치스 정권을 이러한 정신이상자가 이끌었던 체제로 보고 있다. 히틀러는 정서적 미숙, 오이디푸스 콤플렉스, 성적인 변태, 편집병, 자기도취적인 정복욕구 등의 증상을 보였던 정신병 환자였고[2] 상당수의 독일인들은 '대중적인 히스테리' 또는 '잘못된 인식'에서 이러한 히틀러를 지지하였다[3]는 것이다. 그러나 이러한 주장을 뒷받침해줄 수 있는 자료상의 문제도 문제려니와 히틀러를 악마로 보았던 견해와 마찬가지로 "독일 현대사의 일부를 역사적 연구의 범위 밖으로 밀어내는[4] 식의 이러한 주장의 보편적인 설득력의 결여도 역시 문제이다.

다음으로 들 수 있는 견해는 히틀러를 악한으로 규정하고 나치스 독일은 이러한 악한이 이끌었던 체제라는 주장이다. 이러한 악한론(bad man theory)에 따르면 히틀러의 마음을 지배했던 것은 증오·적개심·지배에 대한 탐욕, 파괴하려는 욕구였던 것으로서 히틀러는 "전혀 원칙을 지니지 않은 기회주의자였고", "추잡할 뿐 아니라 역겨운 이기주의자요, 도덕적 및 지적인 백치상태의 전능한 폭군"이었고, 나치스 독일은 이러한 기회주의적인 악한이 이끌던 체제였다는 것이다.[5] 그러나 이러한 주장은 제2차세계대전 중에 독일과 싸웠던 영국 등 연합국의 전시 홍보와 무관하지 않은 견해였고,[6] 세계대전 후 뉘른베르크 전범 재판이 전제로 하였던 견해이기도 했지만, 이러한 견해는 히틀러를 지난날 독일의 다른 정치가와 다름없는 평범한 정치가로 평가했던 1960년대 초의 데일러의 공격[7]을 비롯하여 제2차세계대전의 전쟁책임 문제에 대하여 좀더 공정한 평가를 희망[8]하는 사람들로부터 재검토를 요구받고 있는 견해이다.

다음으로는 이상의 여러 견해처럼 나치즘과 나치스체제를 히틀러 중심으로 보아 나치즘을 히틀러주의 및 히틀러운동인 것으로 이해하고 나치스체제를 히틀러의 일인체제로 규정했던 견해들과는 달리 나치즘을 독일에 국한되지 않았던 현대사회의 좀더 광범한 움직임의 일부로서 파악하려는 일련의 견해를 볼 수 있다. 이러한 견해로서 가장 오래된 주장이 마르크스주의적 견해다. 이에 따르면 히틀러와 나치스체제는 당시 독일 대자본의 앞잡이와 도구에 불과했다는 것이다.[9] 그러나 이 같은 마르크스주의적 나치즘 개념 역시 무리하게 마르크스의 이론에 맞추어 도식화시킨 해석으로서 오늘에 와서는 점차 배제되고 있는 견해이다.[10]

다음으로 들 수 있는 나치즘 해석은 히틀러와 나치즘을 20세기 병폐의 하나인 전체주의와 전체주의자로 보려는 견해이다.[11] 나치즘은 소비에트 러시아의 공산주의와 같은 전체주의였고 "히틀러와 스탈린은 단지 그들 수염의 크기만이 다를 뿐 똑같이 세계 지배를 획책했던 전체주의자였다"[12]는 것이다. 그러나 이러한 나치즘에 대한 전체주의 개념은 1950년대의 냉전이념과 얽혀서 대두했던 개념으로서 점차 이러한 개념이 지니는 이론적인 "다공성이 이후 계속 지적되었던 개념인 것이다."[13]

다음으로 히틀러와 나치즘체제를 반근대주의자와 반근대주의 체제로 개념 규정하는 견해를 들 수 있다[14] 이러한 나치즘의 반근대적 개념 또한 나치즘의 마르크스주의적 개념 및 나치즘의 전체주의 개념과 마찬가지로 나치즘을 지도자 히틀러의 창출물로 보는 히틀러 중심론에 반대하는 입장의 개념임은 마찬가지이다. 그러나 이러한 나치즘의 반근대적 개념, 다시 말해서 근대화의 관계에서 나치즘을 규정하려는 나치즘 개념은 너무나 모호한 개념이고 경우에 따라서는 혼란까지 가져다 주는 개념이다.[15] 특히 근대화의 개념 자체가 애매모호한 개념이기 때문에 이러한 개념에 입각한 나치즘 해석은 이따금 혼란을 가져다 주기도 했다. 이리하여 근대화와의 관계에서 나치즘 성격을 규정한 결과 혹자는 파시즘(나치즘)을 반근대주의로 결론짓는 데[16] 반하여 혹자는 파시즘(나치즘)을 근대화의 기수로 결론짓는[17] 식의 혼란까지 가져다 주었다.

다음으로 볼 수 있는 히틀러와 나치스체제에 대한 해석은 독일 제3제국에서 히틀러는 단지 상징적인 독재자에 불과했다는 나치스 국가에 대한 다핵권력체론이다. 최근에 와서 일부의 사람들은 독일 제3제국 권력조직에서 히틀러의 위치를 재평가하여야 한다고 주장하고 있다. 나치스 국가조직은 슈만 등이[18] 이야기한 것처럼 전능한 히틀러를 정점으로 한 획일적 통치체제가 결코 아니었다는 것이다. 나치스 국가에서의 기본조직과 통치지배 관계는 극도로 복잡한 구조를 보여주었고 여기에서의 히틀러는 단지 하나의 형식적인 독재자에 불과했다는 것이다. 히틀러의 이른바 ‘지도자 원리’라는 것과 ‘분할과 지배’의 전략은 나치스 독일에서의 리더십의 혼란을 가져오게 했다는 것이다. 이것은 특정한 상황 아래에서 대립과 경쟁을 보이게 했던 자율적이고 광범위한 권한을 지닌 수많은 새로운 권력주체를 수시로 마구 자생케 했다는 것이다. 그래서 이러한 나치스 국가의 지배 구조는 소관 분야별로 실질적인 권력이 주어졌던 다핵권력체(Polykratie der Ressort)였다는 것이다.[19]

따라서 상이한 수많은 실질적인 힘의 실세에 의해서 제약받았던 히틀러는 정책을 만들고 결정했다기보다는 오히려 나치스체제 안에서 작동했던 여러 세력으로부터 나왔던 압력을 재가하는 존재에 그쳤다. 그리고 이러한 권력의 실질적인 주체간의 대립과 경쟁에 따르는 국가권력의 혼란과 효율성의 결여, 명확하고 합리적이고 절충적인 정책의 결여, 현실감각과 현실에 대응하는 능력의 감소 등은 정치적인 불안정을 촉진시켰을 뿐 아니라 부정적이고 과격한 목표를 불가피하게 선택하도록 함으로써 나치정권의 점진적인 과격화를 가져오게 했다는 것이다.[20] 따라서 독일 제3제국을 단지 히틀러 현상의 특이성으로 축소해서 규정해서는 안 된다는 것이다.

그러나 여러 사람들에 의하여 지적되고 있듯이 나치스 국가의 조직과 운영에서 복잡한 구조라든가 그 혼란했던 측면에 대해서는 이미 많은 사람들에 의하여 밝혀져 있는 상태인데, 이러한 상황에서 새로운 연구의 축적이 없이 이미 알려진 한 가지 측면에 대한 강조만으로 나치스체제의 성격을 규정하는 데에는 다소 어려움이 있다.[21]

마지막으로 볼 수 있는 히틀러와 나치즘에 대한 해석은 이들을 교조주의자 및 교조주의 체제로 규정하는 견해이다. 이러한 견해는 독일 제3제국의 발전을 히틀러의 이념적 의도로부터 연역하여 나치스 국가를 교조주의 체제로 규정하고 있다.[22]

특히 히틀러의 《제2서》(*Der Zweite Buch*)와 보르만(M. Bormann)이 수집했던 히틀러의 정치적인 신조의 이야기를 기술한 자료는 동쪽에서의 생활권(Lebensraum) 획득과 유태인에 대한 증오 및 이들의 제거를 바랐던 변함없는 히틀러의 신조를 재확인하게 할 수 있다는 것이다.[23] 이처럼 나치스 독일을 교조주의자가 이끌던 교조주의 체제로 해석하는 최근 일부 학자들의 견해는 나치스 국가를 이끌던 히틀러를 ‘악마’ ‘정신질환자’ ‘기회주의자’ ‘전체주의자’ ‘반근대주의자’ ‘대자본의 도구’ ‘형식상의 독재자’ 등으로 규정하였던 여러 가지의 해석과 비교하여 볼 때 비교적 근래에 대두한 개념이다. 이러한 개념은 새로이 발견된 히틀러에 관한 사료를 근거로 하고 있는 점에서 앞서 열거한 여러 개념에 비해 진일보한 개념으로도 볼 수 있다.

한편 이같이 나치즘을 교조주의와 교조주의 체제로 규정짓는 근래의 학자들의 견해 역시 나치즘 해석과 개념 규정의 문제를 종결시켰다고 생각하기는 어려우나, 아무튼 위의 나치즘 연구 동향의 검토를 통하여 우리는 다시 한번 나치즘운동을 이끌었던 히틀러의 국가사회주의 사상에 주목하게 되는 것이다.

Ⅲ. 히틀러의 국가사회주의 사상

히틀러의 국가사회주의 사상이라는 것이 과연 하나의 사상으로서 학문적으로 다룰 만한 가치가 있는 것인가의 문제도 논란의 대상이 될 수 있겠으나 이를 하나의 사상으로 볼 때 히틀러사상의 핵심은 게르만 인종주의이다. 그리고 이 같은 인종주의에서부터 히틀러의 반유태주의, 반자유주의, 반민주주의, 반사회주의, 반공산주의를 비롯하여 나치즘의 보수주의적 성향, 반근대주의적 성향, 소수정예주의적 성향, 비합리·낭만주의적 성향 등의 요인을 찾아볼 수 있다.

먼저 히틀러에 따르면, 인간 존재의 가장 높은 목적은 하나의 국가나 정권의 보존에 있는 것이 아니고 그들 '종의 보호'에 있다는 것이다.[24] "종족의 보존 본능이 인간공동체 구축의 첫번째의 동기"였다는 것이다. 따라서 "국가는 민족적 유기체(völkischer Organismus)인 것이고 경제적 조직이 아니라"는 것이다.[25] "국가란 경제적 업무를 수행하기 위하여 특정한 생활공간에 모인 경제적 계약자의 군집체가 아니고 그들 종족의 지속적 보존과 신의 섭리가 할당, 제시한 특정한 목적의 달성을 보다 용이하게 하려는 견지에서 조직되어진 공동체"[26]요 "민족보존(Volkserhaltung)의 수단"[27]이라는 것이다.

히틀러는 당시 조국 독일의 불행의 근원을 인종적인 요인에 기인하는 것으로 보았다.[28] 당시 "독일이 붕괴하게 된 요인에서 경제적 원인은 단지 제2의 역할이나 제3의 역할밖에 하지 않았던 것이고 이러한 파국에서 제1의 역할을 했던 것은 정치적, 윤리·도덕적 및 혈액적 요인에 있었던 점을 이해할 때에만 오늘날의 불행에 대한 치료의 방법과 수단을 찾을 수 있다"[29]는 것이다.

　　“민족생활에서 일어나는 사건들은 모든 일의 우연한 표출이 아니고, 비록 사람들이 그들 행위의 내적인 기초에 대하여 의식을 하지 못하고 있다고 할지라도, 모두가 종과 종족의 보존 및 증대와 관련된 과정”이라고 하였다.[30] 특히 근대에 들어서 독일민족은 계속 피의 순수성을 상실하여 왔다는 것이다. 히틀러에 따르면 30년전쟁 이후에 독일 민족에 닥쳤던 혈액적 독일화과정은 독일민족의 피의 분해를 야기시켰을 뿐 아니라 영혼의 분해까지 야기케 했다는 것이다.[31] 우리들이 투쟁해야 할 것은 우리 종족과 우리 민족의 존속 및 번영, 우리 어린이들의 양육, 피의 순수성의 유지, 조국의 자유와 독립으로서 이에 의하여 우주의 창조자가 우리 민족에게 할당하여 준 사명을 완수할 수 있도록 우리 민족을 성숙케 하는 것이다.[32] 모든 사상과 이념, 모든 교설과 모든 지식은 이러한 목적에 이바지하여야 하는 것이고, 이러한 관점에서 모든 것은 검토되어야 하는 것이며, 또 이러한 목적에 입각해서 모든 것은 사용되거나 배격되어야 한다[33]고 생각하였다.

　　그리고 이같은 히틀러의 인종주의에 대한 주장은, 일반적으로 많은 사람들에 의해 지적되고 있듯이, 1800년대에 있었던 고비노(A. de Gobineau)의 이야기와 이러한 고비노의 이야기를 반복했던 챔벌린(H. S. Chamberlain)의 이야기[34]를 되풀이한 것이었다.

　　고비노는 “오랜 기간 유럽을 휩쓸었던 혁명·유혈·전쟁 및 법의 파괴 등으로 이어진 엄청난 사건들”이 그로 하여금 “정치 현실을 검토하도록 상상력을 환기시켜” 저서를 쓰게 한 것이라고 이야기하면서, 이러한 정치적 소란에 불안해했던 하노버 왕 조르쥬5세(Georges V)에게 바치는 글[35]로서 〈인간 불평등에 관한 시론〉이라는 글을 썼다. 여기에서 고비노는 “모든 문명과 사회를 사멸케 하는 조건은 일반적이고 공통적인 원인에 기인한다”[36]고 했다. 그에 따르면 오늘에 이르기까지 일반적으로 모든 국가, 인민, 문명은 사치, 무기력, 악정, 도덕적 타락, 광신에 의해서 멸망했다고 하나[37] “이상과 같은 여러 요인이 필연적으로 사회의 타락을 초래하지는 않는다”[38]고 하였다. 필연적으로 “국가와 문명의 타락을 가져다 주는 퇴화는 인종적 요소의 혼합에 기인한다"[39]고 그는 주장했던 것이다.

이와 같은 극단적인 인종주의가 독일인들에게 받아들여질 수 있었던 것은 제1차세계대전에서의 패전과 뒤이은 굴욕적인 베르사유의 굴욕뿐만이 아니라 민족주의 발전과정에서 독일이 겪은 특수한 역사적 경험이었다. 이러한 독일 민족주의의 역사적 경험은 독일 민족주의를 다른 나라들보다 더욱 강렬하고 공격적인 것으로 만들었다. 적어도 극단적인 독일의 민족주의가 1806년에 이르기까지는 존재하지 않았다. 당시 수백 개의 군소 국가와 자유시로 이루어졌던 독일 지역에서는 적극적인 국민주의가 고무되지 않았던 것이다. 그러나 독일 민족주의 발전에서 '전환점'이 됐던 것은 1806년이었다. 이 해 독일 지역의 여러 국가들은 나폴레옹 1 세의 침략을 받았고 이듬해에 틸지트 조약이라는 굴욕적인 강화를 체결하였다. 이리하여 독일 지역에서는 나폴레옹의 지배로부터 벗어나기 위한 대규모의 애국적인 해방전쟁의 준비되었고, 애국적인 노력은 강력한 민족주의 운동을 태동하게 하였다. 이러한 상황에서 1807년과 1808년 피히테(J. G. Fichte)는 이후 여러 세대에 걸쳐 커다란 정신적, 도덕적 영향력을 끼친 《독일 국민에게 고함》을 출판하여 독일 민족주의를 자극하기 시작했다. 그는 독일적인 정신과 기질에 대한 찬미와 독일적인 것의 창의성과 특이성 및 문화적인 우수성 등의 주장함으로써 공격적인 독일 민족주의의 발전에 한 몫을 하였다.

뒤이어 역시 후대에 커다란 영향을 준 국가 지상주의를 주장했던 헤겔, 독일적인 신비주의를 고무시켰던 낭만주의적 시인 쉴레겔(F. von Schelegel), 독일을 유럽의 신성한 심장부로 노래한 애국주의적 시인 아른트(E. M. Arndt), 독일적인 것을 찬미하는 데 이바지했던 역사가 트라이츠케(H. von Treitscheke) 등의 정신적인 영향 역시 무시할 수 없었다. 이리하여 1871년 독일 통일과정에서 일련의 전쟁 후에 격화됐던 국민주의적 분위기 등은 다시 세계대전에서의 패전 및 베르사유의 굴욕, 이에 따른 수난 등과 얽혀서 독일의 민족주의를 특히 과격하고 거친 내용의 것으로 변화시켰다.[40] 따라서 다른 국가의 경우도 예외는 아니었으나 세계대전 후 독일에서 특히 공격적이었던 민족주의 감정의 고조는 히틀러와 나치스의 인종주의적 주장의 수용을 용이하게 했다.

또한 앞서 열거했던 사람들 외에도 나치즘의 이념적인 주장을 쉽게 수용하는 심리적인 분위기 조성에 이바지했던 인물로는 반서유럽적인 민족주의자로서 베르사유의 족쇄로부터의 해방을 주장한 니키쉬(E. Niekisch), 《프러시아주의와 사회주의》라는 저서를 통하여 미래의 추세는 케자르주의적 체제라고 한 슈펭글러(O. Spengler), 서유럽 세계에 대한 독일의 권리 주장과 《제3제국》이라는 저서를 1923년에 펴낸 판 덴 브루크(M. van den Bruck), 엘리트와 영웅주의를 강조했던 융어(Ernst Jünger), 생활권의 정복을 긍정적으로 생각하게 한 《생활권이 없는 국민》이라는 베스트셀러를 1926년에 펴낸 그림(H. Grimm), 《정복한 국가》라는 1921년의 저서를 통하여 조합국가의 이론을 제시했던 스판(O. Spann)을 비롯하여 《좌파로부터의 혁명》이란 저서를 펴낸 프레이어(H. Freyer), 슈미트(C. Schmitt) 등 《디 타트》(*Die Tat*)지의 동호회원들, 환상주의적 격조가 곁들여진 정치, 사회론을 비롯해서 반민주적인 엘리트와 지도자 이념을 전파했던 시인 게오르게(S. George) 등을 들 수 있었다.[41]

이처럼 피의 순수성 회복을 주장한 극단적인 인종주의는 히틀러의 일련의 부정적 신조였던 그의 세계관의 근원이 되었다. 이러한 인종주의에서부터 그의 반유태주의·반자유민주주의·반사회주의·반평화주의·생활권 정복의 주장 등 일련의 이념적 주장이 나오게 되었다.

먼저 그의 반유태주의는 이러한 인종주의에서부터 파생하고 있을 뿐 아니라 그의 인종주의와 표리 관계에 있었던 것이다.[42] 히틀러에 의하면 유태민족은 종의 보존의지가 어떤 민족보다도 강한 민족으로서 독일민족의 인종적 기초를 부패시키고 있다는 것이다. 따라서 아리안족의 가장 강력한 대치물인 적대 종족은 유태민족으로 이루어져 있다는 것이다.[43]

앞에서 부분적으로 언급했지만 이 같은 히틀러의 반유태주의 역시 고비노의 이야기를 반복했던 챔벌린의 이야기[44]의 연속이기도 했다. 독일적인 요소에 대한 철저한 찬미자였고 반유태주의자이며 역시 기질적으로 동일했던 음악가 바그너(R.Wagner)의 사위인, 챔벌린도 그의 《19세기의 기초》라는 저서에서 19세기의 기반으로서 그리스 예술과 철학, 로마의 법 및 그리스도의 계시라는 3개의 고대 세계의 유산을 지적하면서 종족의 중요성과 반유태주의를 이야기했다.[45]

또한 히틀러에 따르면 유태인은 토지에 기반을 지니지 않고 국가와 국경이 없는 민족으로서 다른 민족과 국가에 기생하여 이들을 인종적으로 파멸케 하고 그들 지배를 실현하여 왔으며 또 지금도 그렇게 하고 있다는 것이다.[46] 이러한 유태인은 처음에는 인류에게 혜택을 베푸는 자들인 것처럼 행동하기 시작하여, 사람들이 진정으로 그들을 신뢰하도록 하기까지 다른 세계에 대해서 그의 공적을 소리 높여 외친다는 것이다.[47] 이리하여 비교적 짧은 시기 동안 유태인은 인류에게 혜택을 주는 친구로 등장하게 되는 것을 모두가 보게 된다는 것이다.[48] 게다가 유태인은 다시 자유주의자로 되어 인류의 진보를 열심히 떠들어대면서 서서히 새로운 시대의 대변자로 스스로를 만드는 것을 볼 수 있다고 하였다.[49]

히틀러의 민족사회주의에서의 반사회주의·반공산주의 역시 이러한 그의 인종주의와 반유태주의에서 출발했다. 마르크스주의는 게르만 종족에게 해로운, 독일의 파멸과 비유태인의 노예화를 계책하는 유태인의 교설이고, 독일의 내적인 쇠망은 마르크스주의라는 질병에 의하여 오래 전부터 시작되어 왔다고 하였다.[50]

마르크스주의라는 유태인이 만든 교설은 자연의 귀족적 원리를 배격하고 영원한 권력과 강함의 특권을 대중의 수적인 크기와 생명이 없는 이의 양으로 대신하고 있는 것이다. 이렇게 함으로써 마르크스주의는 인간에게서 인격의 가치를 부정하고, 민족성과 종족의 의미에 대해 이론을 제기하고, 인류로부터 그들의 존립과 그들 문화의 전제를 박탈하고 있다[51]는 것이다. "모든 인간문화의 기초는 인격과 국민성 그리고 이의 종족적 내용에 의존하는 것"[52]이기 때문에 유태인들은 이상의 "인격과 종족의 파괴로써 열등한 존재인 유태인 지배를 가로막는 근본적인 장애물을 제거"하고 있다는 것이다. 이리하여 유태인은 계속적인 개개인에 대한 독일화활동에 의하여 종족적인 수준을 떨어뜨리고[53] 정치에서는 민주주의 사상을 프롤레타리아 독재라는 것으로 대치하기 시작하고 있다는 것이다.[54] 이처럼 정치권력을 획득하는 과정에서 유태인들은 그들이 여태껏 입고 있던 얼마의 의복을 벗고 있다는 것이다. 이리하여 민주적인 인민으로서의 유태인은 이제 피를 갈구하는 유태인으로 변모하여 인민에 대한 폭군으로 화하게 되는 것이라고 히틀러는 주장했다.[55] 그는 이러한 놀라운 예를 러시아에서 볼 수 있다는 것이다.

오랜 기간 누적되어 온 유럽의 여러 지역을 비롯한 독일지역의 뿌리깊은 반유태주의 감정의 팽배는 이 같은 히틀러와 나치스의 반유태주의적 주장의 수용을 가능케 할 수 있었다. 실로 독일에서의 반유태주의는 루터(Luther)시대 이전으로까지 거슬러 올라가 찾아볼 수 있는 것으로서, 히틀러와 히틀러 시대의 야만적인 반유태주의의 출현은 결코 독일사에서의 우연한 돌발 사건이 아니었다. 1542년에 출판된 루터의 《유태인과 그들의 기만》(*Gegen die Juden und ihre Lügen*)이라는 제목의 소책자부터 시작하여 수많은 반유태주의적 저술자들의 영향을 우리는 꼽을 수 있다. 이 가운데서도 특히 19세기 후반에 들어서 커다란 영향력을 끼쳤던 인물로는 1873년 〈독일 세계에 대한 유태인 세계의 승리〉라는 팸플릿을 간행한 마르(W. Marr), 1855년 많은 수의 독자를 얻었던 《차용과 대부》(*Soll und Haben*)라는 소설의 필자 프라이타크(G. Freytag), 《종족, 윤리 및 문화의 문제로서의 유태인문제》란 저서를 통해 유태인은 자연이 창조한 가장 저열하고 비생산적인 인종이라고 주장했던 뒤링(K. E. Dühring), 빌헬름제국 시대의 궁정 목회자였던 슈퇴커(A. Stöcker), 제40판까지 출판되었던 《반유태 교리문답서》란 제목의 책자를 1887년 출판한 프리치(T. Fritsch) 등을 들 수 있다. 그 밖에도 부지기수의 수많은 군소 반유태주의 저자들을 들 수 있으나 이 가운데에도 특히 주목할 만한 인물로서는 나치스의 주장과 유사한 반유태주의를 주장했던 《아리안인민과 유태인세계 사이의 절망적인 전쟁》이라는 책자를 1890년에 펴낸 알바르트(H. Ahlwardt), 종족적인 신비주의와 반유태주의적 경향의 《금발 인종을 위한 잡지》라는 광범한 독자층을 지닌 잡지의 발행자 란츠(A. Lanz) 등을 들 수 있다.

뿐만 아니라 반유태주의 연맹, 독일 반유태주의협회 그리고 이러한 협회가 주관했던 '반유태주의자 대회' 등 거듭된 반유태주의자들의 소동은 전후 독일에서 히틀러와 나치스의 광적인 반유태주의적 주장을 가능하게 할 수 있는 소지를 마련해주었다.[56]

다음으로 히틀러의 반자유민주주의와 반의회주의 역시 마찬가지로 그의 인종주의와 반유태주의에서 출발했다. 히틀러는 의회민주주의를 공격하면서 이러한 제도는 무능한 다수에 의해 좌우되는 책임성이 결여된 제도일 뿐 아니라 지도층의 정신적 빈곤화를 불가피하게 하는 제도라는 점을 이야기하면서[57] 국가와 민족의 운명을 결정하는 중대사가 정상배들에 맡겨져서는 안 된다는 논리를 펴기도 하였다.[58]

그러나 자유주의적 의회민주주의에 대한 히틀러의 공격에서 좀더 중요한 논거가 되었던 것은 그의 인종주의와 반유태주의였다. 무엇보다도 "이러한 제도의 작용은 독일민족의 우위를 깨뜨리고"[59] "독일의 비독일화를 조장하고 있을 뿐 아니라 독일 국민으로부터 자기 보존의 무기를 훔치며 앗아가고 있다"[60]는 것이다. 그리고 이러한 좋은 예는 특히 당대의 오스트리아 지역에서 볼 수 있다고 하였다.[61] 그에 따르면 "오늘날 서유럽 민주주의가 없었던들 마르크스주의는 생각할 수 없었던 것으로서 이러한 민주주의는 마르크스주의의 선도자"였고, "문화에 마르크스주의라는 질병을 가져다 주었다"는 것이다. 그리고 이러한 서유럽 민주주의의 가장 극단적인 형태인 의회주의는 하나의 "오물과 불로부터의 괴물(Spottgeburt aus Dreck und Feuer)에 해당하는 것을 만들어 내고 있다"는 것이다.[62]

따라서 이런 형태의 민주주의는 그들의 종족적인 목적에서 볼 때,

지금은 물론이려니와 장래의 어떤 시대에서도 햇빛을 두려워하지 않으면 안 되는 종족(유태민족)의 도구가 되고 있다는 것이다. 단지 유태인들만이 그들 자신들만큼 더럽고 허위적인 이 같은 제도를 찬미하고 있다[63]는 것이다.

다음 히틀러의 반평화주의, 사회적 다윈주의, 생활권 정복의 주장 역시 그의 인종주의에서 출발했다. 그에 따르면, 게르만 종족을 보존하고 증식시키기 위해서는 이러한 종족을 먹여 살릴 토지가 필요하다는 것이다. 그리고 이러한 땅과 생존은 단지 영웅적 덕성을 보여주는 강한 자에게만 주어지는 것이 자연의 법칙이라고 주장하였다.[64] "장차 어떤 날에 가서 이 세계가 인류의 생존을 위한 여지껏 볼 수 없었던 극심한 투쟁의 마당이 되리라는 점에 대해서는 의심의 여지가 없는 것"[65]이고 "이 경우 종국에 가선 단지 종의 자기 보존을 위한 행동만이 세계를 정복할 수 있다"고 하였다. 그리고 "이때 우둔, 비겁, 아는 체하는 자만의 뒤범벅인 이른바 휴머니티라고 하는 것은 마치 대낮의 태양빛 아래의 눈과 같이 녹아버리게 될 것"[66]이라고 하였다. "인간이라는 것은 끝없는 투쟁 속에서 위대한 존재로 성장했고 끝없는 평화 속에선 사멸해왔다"[67]는 것이다.

히틀러에 의하면 게르만종족의 영속적인 보존과 증식을 확실하게 하기 위해서는 생활권이 필요하다는 것이다.[68] 그리고 독일의 영토가 "독일인들에게 나날의 식량을 보장하여 줄 수 없게 될 경우에는 독일 국민 자체의 곤경으로부터 외국의 땅을 획득할 도덕적인 권리가 발생하는 것"[69]이라고 주장했다.

우리들은 고로, 담담하고 냉정하게 다음과 같은 입장에 서지 않으면 안 되는 것이다. 다시 말해서 어떤 한 국민에게 다른 국민보다도 50배나 많은 영토와 토지를 부여한다는 것이 결코 하나님의 의지가 아니라는 입장을 견지하지 않으면 안 되는 것이다. 이 경우 정치적인 경계가 영원한 정의의 경계에 대한 우리의 생각을 바꾸게 해서는 안 된다는 것이다.[70]

이같이 주장하면서 종전까지의 독일 외교정책에서는 모든 수단을 동원한 독일민족의 보존이라는 것이 그 표어로 되지 못했고 모든 수단을 동원한 세계평화의 확보라는 것이 그 표어로 되고 있었던 점을 그는 개탄했던 것이다.[71]

독일의 "외교정책은 독일 인구증가와 독일 영토규모 사이의 건전한 관계 다시 말해서 독일 자신의 영토에 의한 독일인의 부양을 확실하게 해주는 양자 사이의 건전한 관계를 설정함으로써 게르만 종족의 존속을 수호하는 것이 되어야 한다"[72]는 것이다. 뿐만 아니라 "국가의 영역은 국민을 부양할 수 있는 직접적인 식량 공급원으로서의 중요성 외에 군사적 및 정치적 중요성"을 지닌다는 것이다. 그리고 독일민족의 보존을 위한 "독일의 영토확장 정책이 결코 오늘날 카메룬 등지에서 이루어질 수는 없는 것이고 이러한 정책은 전적으로 유럽 지역에서밖에 이루어질 수 없다"고 주장했던 히틀러는 "이같이 새로운 토지에 대한 획득은 단지 독일의 동부지역에서만 가능한 것"[73]이라고 하였다.

이상에서 볼 때 히틀러의 국가사회주의에서의 반평화주의, 사회적 다원주의, 생활권 정복의 주장 역시 그의 반유태주의, 반마르크스주의, 반자유민주주의의 경우와 마찬가지로 그의 인종주의에서 나오게 된 주장이었다.

Ⅳ. 나치즘과 전체주의

위와 같이 인종주의를 표방하고 반유태주의·반민주주의·반공산주의·반평화주의를 이야기하면서 공공연하게 기존의 바이마르 민주정의 폐지를 주장했던 히틀러의 국가사회주의당이 집권하고 독일에서 독재체제를 수립할 수 있게 한 계기를 마련해 준 것은 세계대공황이었다. 세계대공황과 경제적 어려움에 직면하여 기존의 체제에 불만을 지니고 과격화의 경향을 보여준 독일의 많은 유권자들은 새로운 하나의 정치적인 대안으로서 히틀러의 국가사회주의당을 선택하였다.

  물론 대공황 외에도 히틀러와 나치당의 성장을 도왔던 것은 1923년의 루르 점령, "수동적 저항" 및 인플레로 이어졌던 소란기였다. 배상문제를 둘러싼 프랑스의 루르 점령은 독일과 프랑스의 국민감정을 전쟁상태에 처하게 하였고, 프랑스의 조처에 파업으로 맞선 독일의 수동적인 저항 및 파업 노동자 지원을 위한 독일 정부의 지폐 남발에 의한 사상 유례 없는 인플레와 경제적 혼란은 독일에서 다시 한번 반민주주의적 우익세력의 준동을 고조시켰다. 더욱이 이러한 경향은 독일인들의 감정과 심리적인 분위기를 외면하고 라인란트지역을 독일에서 분리시키려는 프랑스의 조처에 의해 더 한층 격화되었다. 프랑스에 의해 만들어진 괴뢰정권인 라인공화국과 팔라티네공화국이 아헨과 스파이어에서 선포되고 이들이 파리와 브뤼셀 당국으로부터 국가적인 승인을 받게 되자 독일의 국민적인 감정은 다시 격앙되었다. 이리하여 이 같은 프랑스의 조처는 독일의 저항 의지와 국민주의를 격화시키는 결과만을 초래하였다. 프랑스의 단견에 결과했던 이들 괴뢰공화국들은 프랑스의 루르점령이 종결되자 붕괴되기 마련이었고 독일에서는 더욱 반공화주의 감정이 확산될 수 있었다. 그리고 주지하듯이 루르점령에 결과한 독일의 통화가치의 급격한 하락과 인플레는 독일의 여러 사회집단의 사람들을 경제적으로 파멸시킴으로써 이들의 정치적인 과격화에 이바지하게 되었다.

  한편 1924년에 들어 루르 점령이 종결되고 배상문제의 새로운 처리계획인 도즈(Dawes)안이 시행되면서 외채에 의한 독일경제의 재건작업이 시작되었고, 이후 독일은 잠시나마 경제적 안정과 평온을 되찾게 되었다. 이렇게 되자 1924년부터 1928년의 시기에는 정치적인 과격화 현상이 일단 저지될 수 있었다. 이 시기에는 좌익 과격화 현상과 더불어 우익 과격화 현상도 주춤해지게 되었다. 1928년 5월의 의회선거는 이러한 현상을 잘 설명해 주었다. 반민주적이었던 독일국민당은 그들의 의석을 전보다 3분의 1석 상실했던 데에 반해서 사회민주당의 의석은 1919년의 수준으로 크게 증가했다. 또 공산당의 지지율은 1924년의 12.6퍼센트에서 1928년엔 10.6퍼센트로 나타났고 나치스 지지율은 불과 2.6퍼센트에 그쳤다. 이리하여 절대 다수의 유권자들이 극좌 및 극우 정당을 반대했을 뿐 아니라 과거 1920~1924년의 기간에 볼 수 있던 우경화 현상도 1928년에는 보이지 않았다. 그러나 1924~1928년의 안정기에 들어서 잠시 주춤했던 독일에서의 우익 과격화 현상이 대공황을 계기로 해서 다시 가속화되었다.

1930년 의회선거에서는 나치스운동의 국민적 지지 기반이 드러나게 되었다. 종전의 의회선거였던 1928년 선거에서는 지난번 선거에서보다 8석의 의석을 증가시켰으나 아직껏 나치당은 의회 의석의 12석밖에 차지하지 못한 '시끄러운 소수'에 지나지 않았고 나치스 대표의 이야기는 흔히 의회에서 웃음거리가 되기 일쑤였다. 또 1929년에는 나치당이 독일국민당과 제휴하여 배상문제 처리를 둘러싼 영안(Young Plan)에 대한 반대투쟁에 나서기도 했으나 이렇다 할 국민적인 주목을 받지 못했다. 그러던 것이 1930년 9월 15일의 선거에서는 전 투표자의 18.3퍼센트가 되는 630여만의 지지표를 얻었고 107석의 의석을 얻어 비마르크스주의계 정당으로서는 독일 제1당으로 등장할 수 있었고, 1933년에는 합법적인 절차와 방법에 의해 독일국민당과 연립정부를 구성하는 데 성공할 수 있었다.

그리고 나치세력의 견제와 이용을 계산했던 연립정부 파트너인 독일국민당과 히틀러의 조각을 명했던 힌덴부르크 대통령의 계산과는 달리 이후 히틀러는 나치당 사병조직의 테러와 '수권법'이라는 합법의 가장 하에 민족사회주의 혁명을 표방하면서 바이마르 민주정치체제를 무너뜨리고 이른바 지도자 국가라는 독재체제를 수립하였다. 한편 상당수의 사람들은 이 같은 나치즘과 히틀러의 지배를 전체주의와 전체주의의 지배로 설명하고 있다.

나치즘을 전체주의로 규정하는 주장에 따르면 나치즘의 본질은 소비에트 러시아의 공산주의와 동일한 전체주의였다는 것이다. 그리고 나치즘과 소비에트 공산주의의 에센스가 되는 전체주의는 지난날 볼 수 있던 비민주적인 일련의 독재체제와도 전혀 다른 '역사적으로 유니크하고 전적으로 새로운' 정치현상이라는 것이다. 아렌트에 따르면 나치즘과 소비에트 러시아의 공산주의는 '전적으로 같은' 전체주의라는 것이고, 프리드리히와 브레진스키(Z. Brzezinski)에 따르면 나치즘의 본질은 소비에트 러시아의 공산주의와 "근본적으로 같은" 전체주의라는 것이다.[74]

그러나 나치즘의 본질을 소비에트 러시아의 공산주의와 동일한 전체주의로 규정하고 있는 나치즘의 전체주의 개념에서 먼저 문제가 될 수 있는 것은 전체주의라는 용어 자체이다.

전체주의라는 이야기는 매우 다양한 의미로 사용되고 있다. 비민주적 정치체제에 대한 연구사를 돌이켜 볼 때 전체주의라는 어휘는 일관성 있는 내용의 학문적 용어로 사용되지 않았을 뿐 아니라, 이따금 기존의 정치적 이해관계와도 얽혀서 감정적이고 선전적인 내용을 지니는 어휘로 사용되었던 것을 알 수 있다.[75] 뿐만 아니라 나치즘의 전체주의 개념을 제시하고 있는 사람들은 전체주의를 20세기의 특유한 현상인 것으로 주장하고 있는데 반하여 또 다른 일부의 사람들은 20세기의 독재체제뿐 아니라 역사적으로 볼 수 있는 독재적 지배의 극단적 형태를 모두 전체주의인 것으로 이야기하고 있다. 이리하여 이들은 이러한 전체주의라는 말은 폭군정·전제정·독재정 등과 동일한 의미의 어휘로 사용하였다. 이를테면 소로킨(P. Sorokin)은 고대 이집트, 고대 중국 및 잉카제국 등의 정치형태를 가리키는 어휘로서 전체주의라는 용어를 사용했고[76] 너이만은 스파르타의 정치체제와 로마후기 제국시대를 연 디오클레티아누스의 지배체제를 일찍이 볼 수 있던 전체주의 독재의 경험인 것으로 주장하였다.[77] 또한 매키버(R. M. MacIver)와 페레로(G. Ferrero)는 역사에서 일반적으로 볼 수 있는 형태의 권력남용체제를 전체주의라는 용어로서 규정했고[78] 또 어떤 사람은 지난날의 종교의 위치를 대신하고 있는 정치적 지배로서 전능한 정치적 지배가 인간생활의 모든

영역을 지배하는 것이 전체주의 지배인 것으로 이야기하고 있다.[79]

이리하여 푀겔린(E. Voegelin)은 헬레니즘 세계에 그 기원을 두었던 영지주의가 근대적 이념과 결합되어 인간의 지배욕과 정치권력 체계화 필요에 이용되게 될 때, 정치가 신의 위치를 대신하여 전능한 형상을 보여주는 전체주의가 가능하게 되는 것이라고 주장하였다.[80] 이 밖에도 파울스(E. Fauls)는 전체주의란 말을 마키아벨리화한 정치체제인 것이라고 주장했다. 그에 따르면 마키아벨리의 인간상은 인간의 지배심리와 일치했던 것이고 이러한 정치생활적 지침이 현대의 대중적 마키아벨리즘의 기초를 마련해주었다는 것이다. 그리고 정치적 지배의 정통주의를 동요케 한 이러한 현대적 마키아벨리즘인 전체주의의 출현에서 문제가 되는 것은 정치이론이라기보다 오히려 정치적 상황이었다는 것이다. 다시 말해서 정치의 정신적, 사회적 기초를 이루었던 모든 상황이 오늘에 와서 위기에 처하게 된 것이 현대의 대중적 마키아벨리즘을 가능케 하였다는 것이다. 따라서 르네상스시대에 처음으로 대두했던 이러한 전체주의는 문화사적인 과정의 결과인 것이고 나치스 독일의 붕괴와 소비에트 러시아 공산주의 지배체제의 변화 이후에도 이러한 근대적 마키아벨리즘의 종식에 대하여서는 아무런 보장도 있을 수 없는 것이라고 주장하면서 그는 전체주의와 마키아벨리즘을 동의어로 사용했다.[81]

또한 탤몬(J. L. Talmon)은 루소주의를 전체주의로 규정하고 있다. 그의 견해에 따르면 루소의 일반의지론은 전체주의적 민주주의의 이론적 기반을 마련해주었던 것이고 로베스피에르는 실제로 경험한 최초의 전체주의적 지배를 가능케 하는 혁명기를 열어주었고 루소·로베스피에르 및 바뵈프의 전체주의와 현대의 전체주의는 단지 마르크스주의·공산주의에 의해서 구분될 수 있다는 것이다.[82]

이상에서 보았듯이 전체주의라는 용어는 매우 다양한 의미로 사용되고 있을 뿐 아니라 이따금 이를 사용하는 사람들의 이해관계와 얽혀서 상이한 내용의 이야기로도 쓰였음을 알 수 있다.[83] 전체주의라는 용어가 제2차세계대전과 그후 냉전시대에 정치적 무기로 사용되었던 것이 좋은 예이다. 원래 서방세계에서는 이러한 전체주의라는 용어가 이탈리아의 파시즘정권과 소비에트 러시아의 공산정권을 표시하는 이야기로 사용되었다. 그러나 1930년대에 독일에서 나치스 제3제국이 성립하게 되자 그 후에는 나치정권이 전체주의 논의에서 중심이 되었다. 그러나 다시 1939년 독·소불가침조약이 체결되고 나치스 독일과 소비에트 러시아 사이의 협조시대가 시작되게 되자, 이후 냉전시대에 대두했던 견해처럼 히틀러의 지배와 스탈린의 지배를 동일한 것으로 규정, 이들 정치체제를 전체주의라는 용어로 특징지었던 것이다.[84] 그러나 다시 1941년 나치스 독일의 러시아에 대한 침공이 있게 되자 영국과 소비에트 러시아가 나치스 독일에 대처하지 않으면 안 되게 되었고 이에 따라서 전체주의라는 용어는 다시 그 내용을 달리하게 되었다. 이제와선 이상 두 개의 지배체제를 포괄하였던 종전까지의 전체주의라는 범주에서 공산주의 러시아의 지배체제가 제외되게 된 것이다. 그리고 스탈린 지배 아래의 소비에트 러시아에 대신해서 아시아 지역의 추축 파트너였던 군국주의 일본이 새로이 전체주의라는 카테고리에 들어가게 되었다.[85]

그러나 제2차세계대전 후 서방 민주주의국가와 소비에트 러시아 사이의 협조관계가 끝나고 동서진영 사이의 냉전시대가 시작되게 되자 전체주의라는 용어는 다시 변질되었다. 1953년 미국에서 개최된 한 학술회의에서 발표자들은 전체주의의 의미를 종전과 달리 정의하여, 전체주의는 나치스 독일과 파시스트 이탈리아 및 무엇보다도 스탈린 지배 아래의 공산주의 러시아를 포함하는 개념으로 규정하였다.[86] 여기에 참가했던 아렌트·더위취·페인소드·프리드리히·구리안·케난·라스웰·너이만·라이제만 등은 대체로 전체주의의 내용을 이와 같이 규정했다.[87]

이상에서 보았듯이 전체주의라는 말은 이를 사용하는 사람에 따라서 여러 가지의 다양한 의미로 쓰여지고 있을 뿐만 아니라 때로는 주위의 정치적 이해관계와도 얽혀서 상이한 내용으로 사용되고 있음을 볼 때 이러한 용어는 학문적으로 정의되기 어렵고 학문적 분석수단으로 이용하기 어려운 용어임을 알 수 있다.

나치즘을 전체주의로 규정하는 견해에서 또한 문제가 될 수 있는 점은 전체주의 이론 자체의 한계성이다. 전체주의론은 독재정권이 채택했던 일단의 공통적인 수법에만 관심을 집중하고 있을 뿐 분석대상 정치체제의 이념적 주장, 지배집단의 성격, 사회적 기반, 사회·경제적 내용 등에 대해서는 등한시하고 있는 이론이다. 따라서 이처럼 정치체제의 조직과 정치과정에 국한하고 있는 형태의 이론인 전체주의 이론으로써 과연 주어진 정치체제의 본질을 적절하게 규정할 수 있을 것인가의 문제는 회의적일 수밖에 없는 것이다.

먼저 아렌트는 전체주의의 본질을 테러로 보아 전체주의란 '전체적인 지배' 다시 말해서 '개개인의 모든 생활영역에 대한 영구한 지배'로서 ① 이념이 아니라 테러가 그 국가형태의 본질을 이루고 ② 정당이나 군대가 아니라 비밀경찰이 정치권력의 수행자요 집행자이고 ③ 수용소가 전체적 지배의 실험실이 되는 정치체제라고[88] 규정하고 있다. 그러나 이처럼 아렌트가 전체주의 지배의 본질인 것으로 보았던 '테러' '비밀경찰' 등을 비롯한 일련의 통치기법은 단지 주어진 정치체제의 목표추구 과정에서 볼 수 있는 부수적 현상에 지나지 않을 수도 있는 것이다.[89] 경우에 따라서는 통치의 구조와 통치의 기법은 분석대상 정치체제의 본질 규명에서 2차적인 중요성밖에 지닐 수 없는 것으로 생각할 수도 있다. 따라서 이 같은 형태의 이론이 주어진 분석대상 정치체제의 본질을 과연 적절하게 규정할 수 있을 것인가의 문제는 논란의 여지를 남기고 있는 것이다. 분석대상 정치체제에서 볼 수 있는 일련의 공통적인 통치형태에도 불구하고 이러한 통치형태가 각기 담당하고 있는 기능은 서로 다를 수도 있다. 따라서 이처럼 주어진 정치체제에서 지적될 수 있는 테러 등의 통치수법에만 착안하여 하나의 정치체제의 성격을 규정하는 것은, 마치 칼만을 보고 이러한 칼 사용 주체의 성격을 단정하는 어리석음에 비유될 수[90] 있는 것이다.

마찬가지로 프리드리히와 브레진스키 역시, 이른바 전체주의 증후군이라는 서로 관련된 6개의 특성에 입각하여 전체주의를 확인하는 방법을 택함으로써 이러한 6개의 증후군을 그들 연구서인 《전체주의적 독재체제와 독재정치》의 뼈대를 이루게 하고 있고 그들의 전체주의 이해에서 개념적 초점이 되게 하였다. 그러나 이같이 전체주의의 특성을 확인하는 증후군이라는 것은 명확한 본질적인 정의를 대신할 수 없는 것이다.[91] 이러한 증후군이라는 것은 의학에서 빌려온 용어인데, 의학에서의 증후군은 흔히 달리 규정될 수 있는 다른 병리현상의 증후도 될 수 있는 것이다.[92]

전체주의 이론이 입각하고 있는 특정한 몇 개의 제도적 장치와 정치·사회 구조상의 특징에 대한 분석만으로는 주어진 정치체제의 본질을 파악하기가 어렵다.[93] 따라서 정치유형을 말해주는 형태의 이론인 전체주의론으로써 나치즘의 본질에 접근하려는 시도는 재고되어야 한다. 뿐만 아니라 이후 좀더 진전된 일련의 학문적 연구는 나치스체제가 단순하고 획일적인 전체주의 모델과 일치하기만 한 것으로 생각하기 어렵다는 여러 가지 국면을 시사해주고 있다.

지난날 지나치게 많은 사람들의 연구가 집중되었던 나치스 테러 체제라든지 또는 전쟁 및 군제사, 반나치 투쟁사 등을 보면 나치스체제가 전체주의였다는 인상을 받을 수 있을지도 모르나 미처 연구되지 못한 분야인 나치스 국내 정치사, 사회사 등을 보면 나치즘 지배를 단순한 전체주의 지배였던 것으로 보아 넘기기 어렵다는 것이다. 특히 우리들이 연구를 등한히 하고 있거나 또는 거의 연구가 되어 있지 않은 영역인 나치당과 관료조직 내부에서 볼 수 있던 갈등이라든지 이들 양자 사이에 있던 분규, 나치당 조직과 이의 사회적 구성, 나치당의 여러 조직, 나치스 경제조직과 특히 이의 4개년계획, 나치스 경제정책의 독일사회에 대한 영향 및 전쟁이 독일사회에 끼친 영향, 나치스 정부에 대한 상이한 모든 사회계층의 반응 등을 검토해보면 나치즘을 단순하게 전체주의로 보아 넘기긴 어렵다는 것이다. 그리고 나치스 이념의 구조라든가 나치스 사회에서 이러한 이념의 기능적 역할 등을 검토해 보면 지금까지의 나치상과는 다른 나치스의 이미지를 얻을 수 있다는 점도 지적되고 있는 것이다.[94]

　나치스체제 아래에서는 상이한 세력집단, 이익집단 및 기구들이 서로 나치스체제의 정치적 과정에 영향을 끼치고 이를 좌우하기 위하여 서로 경쟁을 벌였다는 것이다. 비록 1933년의 노동운동과 중산층집단의 모든 조직의 제거로써 경쟁적인 사회세력으로서의 위치를 이들 집단이 잃기는 했지만, 그럼에도 불구하고 획일적인 이른바 ‘지도자 국가’의 이면에서는 권력과 영향력을 쟁취하기 위한 싸움이 상이한 대자본가 집단 사이에서, 정당기구와 기존 직업관료를 대표했던 국가기구 사이에서 그리고 직업군인이 이끌었던 군부와 나치당의 무장조직, 특히 나치스돌격대(SA)와 나치스친위대(SS) 사이에서 격렬하게 있었다는 것이다. 따라서 “파시스트(나치스) 정치체제에 대한 이론적 정의에서는 이상에서 볼 수 있는 제한된 범위에서의 다원적 성격을 고려하지 않으면 안 되는 것”이고, “그 이론적 짜임새가 변변치 못한 전체주의 이론은 그다지 쓸모가 없는 이론”이라는 것이다.[95]

　다음 나치즘의 본질을 소비에트 러시아의 공산주의와 동일한 것으로 보고 있는 나치즘의 전체주의 이론은 이러한 전체주의의 역사적 유일성을 주장하고 있다. 그러나 이러한 주장 역시 의문의 여지를 남기고 있다. 나치즘의 전체주의론에 의하면 나치즘의 에센스가 되는 전체주의라는 통치형태와 구조는 지난날 비민주적 형태의 여러 독재체제와 전혀 다른 것으로서, 역사적으로 그 유례를 찾아볼 수 없는 유니크하고 전적으로 새로운 현상이라는 것이다.[96] 이리하여 아렌트와 같은 사람은 전체주의 테러의 비합리성, 비이기성, 비유용성, 불가해성 등을 강조하면서[97] 전체주의와 지난날의 전제주의와의 혼동을 경계하고 있고[98] 또 프리드리히와 브레진스키 같은 사람은 이른바 6개의 ‘전체주의 증후군’이라는 것에 입각하여 전체주의 정치체제와 지난날의 비민주적인 정치체제를 구분하면서 전체주의의 역사적 유일성을 주장하고 있다.

　　그러나 이러한 견해는 그대로 받아들이기 어려운 것이다. 먼저 전체주의의 유일성을 주장하는 아렌트의 이야기는 일반적 정치학의 범주 안에서 전체주의가 연구되기 어렵게 하는 것이다. 다시 말해서 "분명한 논증이 뒤따르지 않는 상태에서 전체주의 체제는 전적으로 새로운 제도를 발전시키는 것이고 근본적으로 종래의 가치와는 다른 일련의 가치에 따라 움직여지는 것이기 때문에 그 어떤 우리의 전통적이고 공리주의적인 법적, 도덕적 및 상식적 범주도 그들 행위의 이해나 판단, 예견에 도움을 주지 못하는 것이라는 주장은 전체주의체제를 하나의 정치적 연구의 대상 밖으로 놓는"[99] 주장인 것이다. 뿐만 아니라 "전체주의는 전제주의 정치체제의 연구자에게 낯익은 것으로 보여질지 모르지만"[100] "본질적으로 믿기 어려운 전체주의를 자유주의자들의 방식인 합리적으로 설명하려는 유혹을 받아선 안 되는 것"[101]이라고 이야기하면서, 아렌트는 본질적으로 믿기 어려운 전체주의의 유니크한 성격을 주장하고 있으나 이러한 주장은 "정치학적인 연구가 타당한 것인가의 여부를 판정할 수 있는 판단기준에서 받아들여질 수 없는 이야기"가 되는 것이고, 결과 그의 전체주의 이론은 '허구적이고 환상적인 세계에 대한 설명'[102]이라는 비판을 받을 수도 있게 되는 것이다.

　　다음 프리드리히와 브레진스키는 앞서 보았듯이 6개의 전체주의 특징군, 다시 말해서 ① 공적인 이데올로기 ② 1인이 이끄는 단일 정당정치 ③ 테러주의적 비밀경찰 ④ 커뮤니케이션의 독점 ⑤ 무기의 독점 ⑥ 중앙집권적인 통제경제의 6개의 전체주의 증후군에 의하여 전체주의 체제와 지난날의 비민주적 독재를 구분하면서 위와 같은 주장을 하고 있는 것이다.[103] 그러나 위와 같은 이들의 전체주의 통치형태의 유일성 주장 역시 문제가 되는 것이다. 여러 사람들이 지적하고 있듯이[104] 전체주의 통치형태가 지난날에는 볼 수 없던 역사적으로 전혀 새로운 것으로서 나치스와 소비에트 러시아의 공산주의체제에 국한된 것이라는 점을 주장하기 위해서는 ① 나치즘과 러시아의 공산주의가 지향했던 이른바 전체주의의 목표에 대한 현실적 평가작업 ② 지난날에는 볼 수 있었던 많은 비민주적 정치체제와 이들이 말하고 있는 이른바 전체주의 통치형태 사이에서 볼 수 있는 유사성에 대한 체계적 검토 ③ 전체주의 정치형태와 오늘날 일부 지역에서 볼 수 있는 비민주적 정치형태와의 차이점에 대한 포괄적인 비교 검토 등의 작업이 선행되어야 하는 것이다. 이러한 점들에 대한 조직적인 검토가 결여된 채 거론되고 있는 전체주의의 역사적 유일성의 주장이란 하나의 '허구적인 이론'에 불과한 것이 아니면 "유사성보다 차이점이 모든 정치체제의 이해에서 열쇠가 되는 것"이라는 식의 주장이나 또는 "몇 가지 점의 유사성으로써 전체의 유사성을 결론 짓는 식의 견해"[105]가 되고 말 위험성을 피할 수 없는 것이다.

다음 나치즘의 전체주의 개념은 나치즘과 소비에트 러시아의 공산주의를 본질적으로 동일한 것이라고 주장하고 있는 것을 볼 수 있다.[106] 그러나 이들 체제의 통치방법의 유사성에 착안하여 양자의 동질성을 주장하고 있는 이상의 전체주의 이론은 나치즘과 소비에트 러시아의 공산주의 사이의 중요한 차이를 간과하고 있다. 여러 사람들이 한결같이 이야기하고 있듯이[107] 나치스 정권과 소비에트 러시아 공산정권이 실현하려 했던 가치와 사회질서는 각기 달랐다.

먼저 공산주의 러시아의 경우는 그들의 정치권력을 통하여 혁명 전 러시아를 지배했던 사회적 가치체계와는 전혀 다른 가치체계에 입각한 새로운 사회질서를 수립하려 했다. 공산주의자들은 단순한 정치적 혁명만으론 불충분하다는 점을 확신하고 전체적인 사회 개조의 필요성을 요구하였고 여태까지의 역사에서 볼 수 있었던 이러한 전체적인 사회적 개조의 가장 중요한 예는 스탈린 시대의 소비에트 러시아의 공산주의였다. 그러나 이에 반해서 나치스 정권은 정치적 강제의 수단을 통해서 기존 사회를 지배했던 가치체계와 사회질서를 새로운 것으로 대치시키려 하지 않았다. 이들이 추구했던 게르만 인종주의 이념은 이미 나치스가 등장하기 오래 전부터 독일에 존재했을 뿐 아니라 나치스 정권은 결코 이러한 이념을 통해서 기존사회 질서를 무너뜨리려 하지 않았던 것이다. 또한 보수주의적 혁명을 통하여 마련된 이른바 지도자 원리라는 것은 이미 바이마르공화국 말기부터 볼 수 있던 것으로서 이 것은 바이마르정권에 대해서 강한 권위주의적 성격을 부여해주었다.[108] 또한 소비에트 러시아의 공산정권은 근본적인 경제질서의 변경을 시도 했던 데에 반해서, 나치스 정권은 독일경제의 사유 자본주의적 성격을 바꾸지 않았던 것이다. 나치스의 전시경제나 이에 의한 변화 역시 소 비에트 러시아의 경우에서 경제체제와 사회구조상의 변화에 비교될 수 없었던 것이다.[109]

그 결과 나치즘과 러시아의 공산주의 체제는 그 사회·경제적인 내 용을 전혀 달리하였다.[110] 공산주의자들은 그들이 권력을 장악했던 지 역에서는 어디서든지 기존의 사회·경제적 엘리트 계층을 뿌리째 뽑아 버리는 일련의 조처를 취했다. 게다가 공산주의자들이 권력을 행사했 던 지역에서는 어디서든지 집권 공산당의 '노동자–농민개념'에 입각한 프롤레타리아 또는 노동자의 국가라는 이념적, 선전적인 약속이 있었 다. 그리고 이러한 약속이 실제에 있어서 상당 부분 변색되고 지켜지 지 않았다고 하더라도 이러한 이들의 약속은 경제적으로 최하위에 존 재했던 사회계층의 사람들에 대해서 상위계층으로서의 사회적 유동의 기회를 과거 정권시대보다 많이 제공해주었던 것이다.[111]

그러나 나치즘의 경우는 이들이 집권해서 수행한 바에 입각해서 판 단할 때 사회·경제적으로 반혁명적인 움직임이었던 것으로 평가할 수 있다.[112] 사회적 위기의 시기에 집권했음에도 불구하고 나치스 정권은 기존의 사회·경제적 엘리트 계층을 절멸시키거나 이들의 경제적 지위 를 박탈하지 않고 오히려 이들 엘리트 계층과 제휴하려 했다. 이리하 여 나치즘은 사유기업의 독점적 집중화 경향을 막으려는 적극적인 조 처를 취하지 않았고 기존의 국민소득 분배의 과격한 변화를 유도하는 조처도 전혀 취하지 않았다.[113] 따라서 전반적으로 볼 때 부유한 사회 집단의 사람들에 대한 소기업인·노동자·빈농집단 등의 사회적, 경제적 위치는 과거 정권시와 비교해서 커다란 차이가 없었고 오히려 하락하는 경향조차 찾아볼 수 있었다. 또한 나치스는 국가기구를 움직였던 기존의 관료계층을 대대적으로 숙청하는 조처도 취하지 않았다. 물론 '신뢰할 수 없는 요소'로 간주했던 일부의 관료들을 축출했던 것이 사실이기는 하나 대체로 보수적이고 '조용했던' 관료층을 모두 그들의 새로운 질서에 흡수하였다. 따라서 과거 정권 아래의 많은 관료들이 나치스 지배 아래에서도 그들의 위치를 계속 유지할 수 있었다.

다음 나치스는 경제적으로 하위계층 사람들의 상위계층으로의 사회적인 유동을 증대시키기 위한 대규모의 계획을 추진시키지 않았고 전반적으로 볼 때 기존의 사회적 현상유지를 지속하게 하는 정책을 추구했다. 나치스는 이윤과 상속권을 그대로 지속하게 함으로써 산업부문과 농업부문에서 전통적 엘리트 계층의 경제적 기반을 보존해주었다. 나치스가 재산과 재산 소유자들에게 가한 규제의 성격이 어떠했건간에 이러한 규제가 재산 박탈이나 기존의 사회적, 경제적 계층에 변화를 가져왔던 것은 결코 아니었다. 그 결과 나치스는 구정권 시대의 엘리트 집단이 계속 중요한 정치적 역할을 할 수 있도록 하였다. 이리하여 이들 엘리트 집단은 나치스 정권 아래에서도 정부의 정치적 및 군사적 정책결정과 이의 수행에 참가할 수 있었던 것이다. 비록 나치 독재자에게 종속되어 있긴 했지만 과거 정권시대의 사회적, 경제적 엘리트 집단이 나치스 시대에도 계속 그들의 위치를 유지할 수 있었던 것을 알 수 있다.[114]

이상에서 볼 때 나치즘의 본질을 역사적으로 유일한 소비에트 러시아의 공산주의 체제와 동일한 성격의 전체주의인 것으로 규정하는 상당수의 사람들의 견해는 재고의 여지를 남기고 있는 것이다.

V. 맺음말

히틀러가 이끌었던 독일에서의 나치즘의 본질과 이의 지배에 대하여 수많은 해석이 내려지고 있는 것을 볼 수 있으나 이러한 여러 해석 가운데서도 가장 최근에 나오고 있는 것이 나치즘과 히틀러의 지배를 교조주의체제의 지배인 것으로 해석하는 견해이다. 따라서 나치즘과 히틀러의 이념이라는 것이 과연 학문적으로 다룰 가치가 있는 하나의 이념의 수준으로 볼 수 있는 주장이 될 수 있는 것인가의 문제에 대하여 부정적인 입장과 태도를 보이는 사람들이 있음에도, 우리가 다시 한번 히틀러와 그의 나치즘에 눈을 돌리게 된다. 그리고 이와 같은 전후 관계에서 히틀러와 그의 이념적인 주장을 검토하여 보면 그의 나치즘의 핵심사상은 게르만 인종주의였음을 확인할 수 있다. 나치즘과 이의 지배에서의 특징적인 양상인 반유태주의를 비롯한 반자유주의·반민주주의·반사회주의·반공산주의·반국제협조주의·반평화주의 등 일련의 부정적인 여러 주장 역시 인종주의에서부터 파생된 것이다.

한편 많은 사람들은 게르만 인종주의의 나치즘과 히틀러의 지배를 소비에트 공산주의와 스탈린의 지배와 동일한 성격의 새로운 전체주의와 전체주의의 지배로 규정하고 있으나 이같이 나치즘을 전체주의로 규정하기는 어려운 것이다. 전체주의라는 용어 자체가 문제가 되고 있을 뿐 아니라 독일에서의 나치즘의 지배에 대한 최근의 연구들은 나치즘과 히틀러의 체제가 결코 획일적인 지배체제가 아니었음을 지적하고 있는 것을 볼 수 있다. 게다가 전체주의 이론이 전제로 하고 있는 것과는 달리, 스탈린에 의해 대표되었던 소비에트 공산주의 체제와 히틀러의 나치즘의 체제는 동일한 성격의 체제로 평가하기 어려운 것이다.

주

1) F. Meinecke, *Die deutsche Katastrophe*(Wiesbaden, 1947) ; G. Ritter, *Die Dämonie der Macht*(München, 1948). 이러한 논조의 견해와 대조가 되는 좋은 예는 W. M. McGovern, *From Luther to Hitler*(London, 1946) ; R. O. Butler, *The Roots of National Socialism*(London, 1941)을 들 수 있고 A. Bullock의 경우는 "나치즘은 푸른 하늘에서부터 독일인들에게 떨어진 무시무시한 돌발적인 사건

이 결코 아니다", "나치즘은 독일 역사에 뿌리를 두고 있는 것"이라고 하면서 위와 같은 논조의 견해를 반박하고 있다. cf. A. Bullock, *Hitler, A Study in Tyranny*(London, 1952), p. 807.

2) Cf. R de Saussure, "Psychology of Adolf Hitler", *Free World*, Ⅱ(1942) ; R. Waite, *Adolf Hitler, The Psychopathic God*(New York, 1977).

3) E. Fromm, *Escape from Freedom*(New York, 1941) ; W. Reich, *The Mass Psychology of Fascism*(New York, 1946) 참조

4) R. Schwok, *Inteprétations de la politique étrangère de Hitler*(Paris, 1987), p. 72.

5) 이의 대표적인 예는 A. Bullock, *Hitler, A Study in Tyranny*(London, 1952).

6) Schwok, *op. cit.*, p. 73.

7) A. J. P. Taylor, *The Origins of the Second World War*(London, 1961).

8) W. Bodenstein, *Ist Nur der Besiegte Scuhuldig?*(Herbig, 1983).

9) 이런 주장의 대표적인 예는 F. Neumann, *Behemoth ; The Structure and Practice of National Socialism*(New York, 1942).

10) 원철, 〈Marx주의적 나치즘 해석의 비판적 검토〉, 《인문연구》 Ⅰ(1982) 참조.

11) 이런 주장의 대표적인 예는 H. Arendt, *The Origins of Totalitarianism*(Cleveland, 1958).

12) L. K. Adler and T. C. Paterson, "Red Fascism : The Merger of Nazi Germany and Soviet Russia in the American Image of Totalitarianism, 1930's~1950's", *American Historical Review*, LⅩⅩⅤ, No. 4, 1051서 재인용.

13) 원철, 〈나치즘과 전체주의〉, 《민석홍박사회갑기념 서양사논총》, 1985 ; 원철, 〈나치즘 개념에서의 몇 개의 문제〉, 《서양사론》 17, 1976 참조.

14) H. A. Turner, Jr., "Fascism and Modernization", *World Politics*, ⅩⅩⅣ(July, 1972), 552.

15) 원철, 〈나치즘의 '반근대' 개념〉, 《혁명·사상·사회변동》(경북대학교 출판부 1991,) 참조.

16) Turner, Jr., *op. cit.*, ; A. L. Greil, "The Modernization of Consciousness and the Appeal of Fascism", *Comparative Political Studies*, vol. 10, No. 2, July, 1977.

17) D. Apter, *The Politics of Modernization*(Chicago, 1965) ; A. F. K. Organski, *The Stages of Political Development*(New York, 1965).

18) F. L. Schuman, *The Nazi Dictatorship*(New York, 1936).

19) P. Huttenberger, "Nationalsozialistische Polykratie", *Geschichte und Gesellschaft*, 2(1976), pp. 421~422.

20) M. Broszat, *Der Staat Hitlers*(München, 1969), S.9 ; H. Mommsen, "National Socialism : Continuity and Change", in W. Laqueur (ed.), *Fascism, A*

Reader's Guide(Harmondsworth, 1979), p. 176f ; *Id*, "Hitler Stellung im national sozialistischen Herrschaftssystem", in G. Hirschfeld and L. Kettenacker(hrsg.), *Der "Hitlerstaat" : Mythus und Realität*(Stuttgart, 1981), S. 57ff ; I. Kershaw, *The Nazi Dictatorship*(London, 1985), p. 68.

21) 이를테면 Friedrich와 Brzezinsky의 경우엔 나치스 국가의 이러한 측면을 봉건적인 양상이라고 규정하였다. cf. C. F. Friedrich and Z. K. Brzezinsky, *Totaliiarian Diotatorship and Autocracy*(Cambridge Mass., 1966), chap. 2.

22) E. Jäckel, *Hitlers Weltanschauung*(Stuttgart, 1983) ; A. Hillgruber, *Germany and the Two World Wars*(Cambridge Mass., 1981, Eng. tr.).

23) *Ibid.*, pp.49~51.

24) 히틀러의 《나의 투쟁》을 분석하고 있는 근래의 연구는 W. Maser, *Hitler's Mein Kampf : An Analysis*(Eng. tr., London, 1970)를 볼 수 있다. 이 책의 근본은 1966년에 출간되었다. 여기서 Maser는 히틀러의 《나의 투쟁》의 서술체계와 내용을 검토하고 민족사회주의의 주된 목적과 히틀러 세계관의 중요한 강령의 하나는 전쟁에 의한 영토정복의 필요성 주장과 힘에 의한 게르만 종족 국가의 지상권의 달성 및 수호였던 것으로 주장하고 있다. 또한 히틀러의 일련의 기술을 분석하고 히틀러의 세계관의 구명을 시도했던 Jäckel 역시 히틀러 세계관에서 두 개의 핵심 부분은 유태인의 배척과 정복 전쟁의 계획이었던 것으로 주장하고 있다. cf. Jäckel, *op. cit.*

25) *Ibid.*, S. 165, 이처럼 종의 보존이 인간 공동체의 구성과 정치에서의 목표라는 히틀러주장은 독일외교정책의 문제를 다루고 있는 그의 기술에서도 분명히 이야기 되고 있는 것을 볼 수 있다. cf. *Hitlers Zweites Buch : Ein Dokument aus dem Jahr 1928*, eingeleitet und kommentiert von G. L. Weinberg(Stuttgart, 1961), S. 47~53 passim, S. 62.

26) Hitler, *Mein Kampf*, S. 164.

27) A. Rosenberg, *Der Mythus des 20. Jahrhunderts*(München, 1944), S. 526.

28) Hitler, *Mein Kampf*.

29) *Ibid.*, S. 310.

30) *Ibid.*, S. 310.

31) *Ibid.*, S. 436~437.

32) *Ibid.*, S. 234.

33) *Ibid.*

34) Le comte de Gobineau, *Essai sur l'inégalité des races humaines*, 2 vols.(Paris, 1854) ; H. S. Chamberlain, *Foundations of the Nineteenth Century*(London, 1913).

35) Gobineau, *op. cit.*, "A SA MAJÉSTÉ GEORGES V, ROI DE HANOVRE." tome I, pp. i ~ ix

36) Gobineau, *op. cit.*, tome I, p. 1.

37) *Ibid.*, p. 5.

38) *Ibid.*, p. 7·18.

39) *Ibid.*, p. 22.

40) H. von Maltitz, *The Evolution of Hitler's Germany*(N. Y., 1973), p. 219ff.

41) Cf. K. D. Bracher, *Die deutsche Diktatur*(Köln, 1969).

42) 이처럼 상도를 벗어난 히틀러의 반유태주의 사고에 대한 병리학적 연구에 대하여
는 cf. R. G. L. Waite, *The Psychopathic God, Adolf Hitler*(N. Y., 1977) ; R. Binion,
Hitler Among the Germans(N. Y., 1976) ; W. Maser, *Adolf Hitler*(München, 1974)
등을 볼 수 있다.

43) Hitler, *Mein Kampf*, S. 329.

44) Chamberlain, *op. cit.*

45) Chamberlain, *op. cit.*, p. 271.

46) Hitler, *Mein Kampf*, S. 343.

47) *Ibid.*, S. 344.

48) *Ibid.*

49) *Ibid.*, S. 345.

50) *Ibid.*, S. 69.

51) *Ibid.*, S. 351.

52) *Ibid.*

53) *Ibid.*, S. 357.

54) *Ibid.*, S. 358.

55) *Ibid.*, S. 358.

56) Maltitz, *op. cit.*, pp. 75 ff.

57) Hitler, *op. cit.*, S. 90.

58) *Ibid.*, S. 97.

59) *Ibid.*, S. 100.

60) *Ibid.*, S. 298.

61) *Ibid.*, S. 80.

62) *Ibid.*, S. 85.

63) Hitler, Zweites Buch, S. 54 ; Id., *Mein Kampf*, S. 166~167.

64) *Ibid.*, S. 148.

65) *Ibid.*

66) *Ibid.*, S. 148.

67) *Ibid.*, S. 147. cf. Hitlers Zweites Buch, S. 61.

68) *Ibid.*, S. 1.

69) *Ibid.*, S. 152.

70) *Ibid.*, S. 156.

71) *Ibid.*, S. 728.

72) *Ibid.*

73) *Ibid.*, S. 152.

74) M, Arendt, *op. cit.*, p. 429 ; C. J. Friedrich and Z. K. Brzezinski, *Tolalitarian Dictatorship and Autocracy*(Cambridge, Mass., 1956), p. 7.

75) Burrowes, *op. cit.*, p. 272 ; N. S. Timasheff, "Totalitarianism is One Possible Aspect of Any Society", in P. W. Mason (ed.), *Totalitarianism*(Lexington, 1967), p. 12. ; M. Greiffenhagen, "Der Totalitarismusbegriff in der Regimenlehere", in *Politische Vierteljahresschrift*, IX(Sept., 1968), p. 375ff.

76) P. Sorokin, *Social and Cultural Dynamics*(N. Y.,1937)

77) F. Neumann, *Demokratischer und autoritärer Staat*(Wien, 1967).

78) R. M. MacIver, *Macht und Autorität*(Frankfurt a. M., 1953) ; G. Fer-rero, Macht(Bern, 1944).

79) W. Gurian, "Totalitarianism as Political Religion", in *Totalitarianism, Proceedings of a Conference Held at the American Academy of Arts and Sciences* : March, 1953.

80) E. Voegelin, "Wissenschaft", *Politik und Gnosis*(München, 1950), Greiffenfagen *op. cit.*, S. 377에서 인용.

81) E. Fauls, *Der moderne Machiavellismus*(Köln-Berlin, 1961).

82) J. L. Talmon, *The Origins of Totalitarian Democracy*(London, 1952).

83) Hildebrand, *op. cit.*, S. 404.

84) H. Buchheim, *Totalitäre Herrschaft, Wesen und Merkmale*(München, 1964) ; cf. Symposium on the Totalitarian State, November, 1939, *Proceedings of the American Philosophical Society*, vol. 82(Philadelphia, 1939)

85) Cf. G. Schwarzenberger, *International Law and Totalitarian Lawlessness*(London, 1943) ; C. J. Friedrich (ed.), *Totalitarianism, Proceedings of a Conference Held at the American Academy of Arts and Sciences*, March, 1953(Cambridge, Mass., 1954)의 자료를 인용하면서 Hildebrand는 전체주의라는 용어가 이같이 세계대전과 냉전시대에 정치적 무기로 사용되기도 했던 학문적 술어였음을 지적하고 있다.

86) Hildebrand, *op. cit.*, S. 404.

87) *Totalitarianism, Proceedings of a Conference Held at the American Academy of Arts and Sciences*, March 1953.

88) Arendt, *op. cit.*, p. 404.

89) M. Drath, "Totalitarismus in der Volksdemokratie", *Einleitung zu E. Richert, Macht ohne Mandat, Der Staatsapparat in der sowjetischen Besatzungszone Deutschlands*(Köln-Opladen, 1963), S. 27 ; Hildebrand *op. cit.*, S. 411 및 Greiffenhagen *op. cit.*, S. 386에서 인용.

90) R. Kühnl, *Faschismustheorien*(Hamburg, 1979), p. 123.

91) Burrowes, *op. cit.*, p. 283.

92) *Ibid.*

93) O. Bauer et al., *Faschismus und Kapitalismus*(Frankfurt a. M., 1967), S. 13f.

94) W. Sauer, "National Socialism : Totalitarianism or Fascism?" *American Historial Review*, LXXIII, No. 2(Dec., 1967), p. 407.

95) Kühnl, *op. cit.*, S. 128.

96) Arendt, *op. cit.*, p. 419·460. chap. 13 passim ; Friedrich and Brzezinski, *op. cit.*, p.5.

97) Arendt, *op. cit.*, p. 419ff. 437ff.

98) *Ibid.*, S. 442.

99) Burrowes, *op. cit.*, p. 278.

100) Arendt, *op. cit.*, p. 442.

101) *Ibid.*, p. 440.

102) Burrowes, *op. cit.*, p. 278.

103) Friedrich and Brezenski, *op. cit.*, pp. 9~10.

104) Adler and Paterson, *op. cit.*, p. 407 ff ; Burrowes, *op. cit.*, p. 274f ; Groth. *op. cit.*, p. 888ff.

105) R. Burrowes, *op. cit.*, p. 280 ; Adler and Paterson, *op. cit.*, p. 1063.

106) Arendt *op. cit.*, p. 429.

107) Greiffenhagen, *op. cit.*, S. 390 ff ; Hildebrand, *op. cit.*, S. 411 ff.

108) *Ibid.*, p. 391.

109) *Ibid.*

110) A. J. Groth, "The 'isms' in Totalitarianism", *The American Political Science Review* LVIII(Dec., 1964), p. 890 f.

111) *Ibid.*, p. 890 ; Greiffenhagen, *op. cit.*, S. 368·388·394.

112) Groth, *op. cit.*, p. 890.

113) A. Schweitzer, *Big Business in the Third Reich*(Bloomington, 1964) ; Groth, *op. cit.*, p. 891 ff.

114) *Ibid.*, p. 893.

전체주의
Totalitarianism

박 단

I. 머리말

  전체주의란 단적으로 말해서 국가가 사회 전체에 대해서 다른 이와 나누지 않고 지배권을 행사하는 정치체제를 의미한다.[1] 이 용어는 개인이나 개별집단보다는 사회 또는 국가 전체가 우월하다는 사상이나 운동 그리고 이러한 원리를 바탕으로 하는 정치체제를 말한다고 할 수 있다. 이러한 체제에서 국가라는 존재가 개인이라는 존재에 어떠한 자리도 내줄 수 없는 절대적인 성격을 띤다고 하겠다. 이러한 정의에 기반을 둔 전체주의 체제를 하나의 역사적 실체로 파악하기 위해서는 우선 전체주의의 시기를 규정하는 것이 필요하다. 사실 대부분의 '이즘'과는 달리 전체주의는 전체주의 체제로 불리는 국가가 역사상 실재하였으므로 이 국가들을 구체적인 대상으로 하여 설명하는 방식이 불가피하며, 이는 전체주의의 시기를 언제로 잡느냐에 따라 그 대상이 달라질 수 있다.

  크게 보아 전체주의의 시대구분은 양차 세계대전 시기의 '파시즘의 시대' 혹은 스탈린이 죽은 1953년까지 보는 견해와 '파시즘의 시대'뿐만 아니라 그 이후의 극우 독재체제까지도 포함하는 견해로 나뉘어진다. 이 글에서는 일반적으로 인정되는 전자의 견해를 취하려 한다. 후자는 아직 많은 논란이 있어, 실제로 매우 다양한 양태를 띠어 전체주의의 특징에 대한 많은 논의를 야기하므로 이 글에서 다루기에 적절하지 않다고 생각한다.

이러한 기준에 따른다면, 일반적으로 전체주의는 우파적 전체주의와 좌파적 전체주의로 구분될 수 있겠다.[2] 전자에 속하는 대표적인 것으로는 이탈리아의 파시즘과 독일의 나치즘을, 후자의 것으로는 소련의 스탈린주의를 들 수 있다. 즉 전체주의란 무엇인가에 대한 대답을 얻기 위해서는 위에서 열거한 세 체제에 대한 상호 비교 검토가 필수적이다. 또한, 전체주의의 원형으로 불리는 이 체제의 일반적인 특징을 잘 이해하기 위하여는 무엇보다도 이 체제가 어떠한 역사적 배경 아래에서 태어났으며 실제적으로 어떠한 방식으로 성립 운영되었는지를 살펴보는 것이 매우 중요할 것이다. 이와 같은 인식 아래, 우리는 전체주의 체제에 대한 효과적인 설명을 위하여 먼저 이 용어가 언제 누구에 의해서 사용되었는지 그 용어의 역사와 이 이데올로기의 지성사적 근원부터 살펴보겠다.

Ⅱ. 전체주의 개념의 역사

1. 용어의 역사

'전체주의적(totalitaire)'이라는 용어[3]는 1920년대에 태어난 권위주의적인 정부나 운동을 지칭하기 위하여 1930년대 말부터 사용되기 시작하였다.[4] 우리는 이 용어의 기원을 이탈리아의 무솔리니(Benito Mussolini)의 연설에서 찾을 수 있다. 그는 1925년 6월 22일에 행한 연설에서 '강렬한 전체주의적 의지(feroce volontà totalitaria)'에 관해 언급하였다.[5] 그러나 무솔리니가 이 용어를 창안한 것은 아니라고 알려져 있다. 즉 당시 파시즘 이론의 어용 철학자로 잘 알려진 젠틸레(Giovanni Gentile)도 같은 해 3월 파시즘이란 "생활의 총체적 개념"이라고 말한 바 있었던 것이다. 그 후 2·3년이 지나면서 무솔리니는 이 용어를 자주 사용하게 되었는데, 특히 자신이 창안했다고 자칭하는 체제, 통상적으로 그가 '전체주의 국가'로 부르는 체제를 지칭할 경우 사용하였다.

한편 독일에서 나치주의자는 '전체적(total)' 혹은 '전체주의적(totalitär)'이라는 용어를 매우 드물게 사용하였다. 1930년에 융어(Ernst Jünger)가 '총동원'이라는 군사적 의미에서 최초로 사용한 것으로 알려져 있으며, 나치즘의 주요 이론가 가운데 한 사람인 슈미트(Carl Schmitt)는 나치가 권력을 장악하기 이전에 '전체주의 국가'라는 개념에 대해서 이미 논의한 바가 있다.[6] 무솔리니와 달리 히틀러는 그 용어를 거의 사용하지 않았으며, 대신 '권위주의적(autoritär)'이라는 용어를 사용하였던 것으로 알려졌다. 즉 나치정권의 초창기에 몇몇의 나치 지도자가 '전체주의적'이라는 용어를 사용하였으나, 일반화되지는 않았던 것으로 보인다.

또 다른 전체주의 국가로 알려진 소련에서는 1940년 이후부터 그 용어가 사용되었는데, 이는 전적으로 파시스트 체제를 지칭하기 위해서였다. 그러나 공산주의자들은 그들의 적을 비난하기 위하여 '전체주의적'이라는 말을 많이 사용하지는 않는다. 오히려 그들은 그들의 적을 '자본가·제국주의자 혹은 식민주의자'라고 부르고, 그 정치체제를 '부르주아 소수독재'라고 부른다.[7] 그러므로 소련은 소련 이외의 국가에서 소련체제를 가리켜 '전체주의적'이라는 용어를 사용하는 것에 강력하게 반대하였으며 그것은 냉전과 관련된 선전의 한 단면이라고 주장하고 있다.[8]

이른바 전체주의 국가로 분류되는 국가와 대비되는 자유민주주의 국가에서 '전체주의'라는 용어를 사용한 것은 영국이 최초였다. 1929년에 이 용어는 《더 타임즈》(The Times)의 사설에 등장하였다. 이 신문에서는 이 용어를 1929년 '의회제' 정부에 비교되는 것으로서 나치 독일과 공산주의 소련의 쌍방에 모두 적용시켰다. 1930년대 미국에서는 이 용어가 이탈리아 파시즘과 독일 나치즘 혹은 이 양국에 소련을 포함시키면서 다양하게 사용되고 있다. 예를 들어 1934년 판《사회과학사전》(*Encyclopedia of the Social Sciences*)의 '국가' 항목에서[9] 그 용어를 소련을 포함한 일당 체제 국가에 적용시키고 있다.[10] 아카데믹한 측면에서는 1940년 노이만(Sigmund Neumann)이 그의 책《영구혁명》(*Permanent Revolution*)에서 양차 세계대전 사이의 독재정권과 권위주의적 운동의 공통적인 특징을 정의할 목적으로 전체주의의 개념을 구체적으로 발전시킨 것이 처음일 것이다. 그는 이 책에서 "전체주의의 첫번째 목적은 혁명을 항구적으로 제도화시키는 것"이기에 전체주의 국가는 개혁될 수 없고 파괴될 수만 있다고 쓰고 있다.[11]

제2차세계대전 이후에는 '전체주의적'이라는 용어가 정치평론가, 언론인 등에 의해 권위주의의 동의어로서 남용되었다. 즉 이 용어는 당이나 이데올로기뿐만 아니라 국가에도 적용되었다.[12] 더 나아가 이 용어는 파시즘체제·나치체제·스탈린주의체제뿐만 아니라 이러한 세 체제를 모방한 체제, 특히 중국, 동유럽의 소련 위성국가, 쿠바 등에도 적용되었다.[13] 특히 히틀러적인 유형의 정권으로부터 위협이 사라졌을 때, 점차 소련과 그 위성국가들만이 전체주의로 명명되는 경향이 지배적이 되었다. 그래서 '민주국가(서방)'와 '전체주의국가(동유럽권)'라는 대비가 생기게 되었다.[14]

이와 같이 전체주의라는 용어가 널리 사용되자 학자들 사이에 이를 정의내리고 설명하기 위한 많은 노력이 뒤따랐다. 제2차세계대전 후에는 이 개념을 특별한 체제와 연관시켜 심화시키는 것이 일반적이었다. 프리드리히(Carl J. Friedrich)는 1969년의 그의 저서에서 서유럽 형태의 민주주의와는 다른 독재체제를 구분짓는 여러 특징들을 규정하였다.[15] 아롱(Raymond Aron)이나 도이치(Carl Deutsch)에 의해서 대표되는 이러한 경향은 전체주의 모델의 정의를 기존에 존재하는 체제 묘사로부터 내리려고 하였다. 다른 한편 아렌트(Hannah Arendt)나, 탤몬(J. L. Talmon), 포퍼(Karl Popper) 등은 전체주의의 '실천', 그 이데올로기적 내용·방법

등을 강조하였다. 이들의 견해는 앞의 부류보다 더 추상적이고, 덜 묘사적이라고 볼 수 있으며,[16] 앞의 부류가 정치적 해석에 치중하였다고 한다면, 이들은 그것에서 탈피하여 이데올로기적 요소를 중요시하였다고 할 수 있겠다.[17]

2. 지성사적 기원[18]

전체주의의 개념은 그 용어만큼 역사가 일천하지는 않다. 어떠한 정치적 용어가 새로이 출현했다고 해서 그 개념 역시 새로운 것이라고 할 수는 없다. 일반적으로 전체주의 개념에 대하여는 루소·헤겔·마르크스 사상과의 유사성이 거론되며, 전체주의 지도자들에게 직접 영향을 미친 자들로서는 플라톤·마키아벨리·니체·소렐(Georges Sorel) 그리고 파레토(Vilfredo Pareto) 등이 거론된다. 더 구체적으로는 무솔리니와 히틀러에 대한 니체의 영향, 무솔리니에 대한 플라톤, 소렐과 파레토의 영향, 그리고 무솔리니와 스탈린에 대한 마키아벨리의 영향이 그것이다.[19]

일반적으로 루소와 헤겔 및 마르크스는 현대 전체주의의 아버지로서 여러 학자들에 의하여 자주 제시되어왔다. 모든 전체주의 이론가들과 마찬가지로 루소도 역시 조직화된 개별의사간의 상호 접촉에서 일반의사가 나온다는 자유주의적 신념에 공감할 수 없었다. 그에게 모든 개별의사는 일반의사의 순수성에 대한 위협이며 되도록 속히 근절되어야 할 위협이었다. 뿐만 아니라 그의 생각에 일반의사 그 자체는 결코 위임될 수 없으며 언제나 조직되지 않은 국민대중에 의하여 행사되어야 했다. 《사회계약론》(*Du Contrat Social*)에서 나타나는 루소의 정치사상의 핵심이 되는 이러한 신념이 전체주의적 사회통합의 이상을 나타내고 있다고 보여지는 것이다. 이와 같이 18세기 계몽사상, 그 가운데서도 특히 루소를 전체주의의 중요한 선구자로 보아 그의 사상과 전체주의를 연결시킨 것은 텔몬이었다.[20]

헤겔을 전체주의의 정신적 아버지라고 비난하는 것은 국가에 관한 그의 견해, 그리고 국가와 개인의 관계에 대한 그의 견해에 바탕을 두고 있다. 헤겔의 《법철학》(*Philosophy of Right*)에서는 국가가 윤리적으로 최고의 지위를 갖고 있다는 점이 지적된다. 헤겔은 개인이 자기 자신을 완성하는 것은 국가 안에서만 가능하다고 보았다. 더욱이 개인이 자유를 획득할 수 있는 것은 오로지 국가 안에서뿐이다. 그러나 헤겔이 의미하는 국가권력이 아무리 광범하다고 해도 법에 바탕을 두고 있다는 면에서 전체주의 국가와는 차이가 있다고 보여진다.

마르크스를 전체주의의 아버지들 가운데 한 사람으로 보는 여러 이유 가운데 하나는 1917년과 그 이후에 러시아에서 실제로 일어났던 일에 바탕을 두고 있다. 레닌의 견해가 토착적인 러시아의 혁명적 전통에 얼마나 많은 영향을 받았든간에, 그것은 확실히 마르크스로부터 나온 것이었다. 비록 레닌 치하의 러시아는 전체주의적인 것으로 묘사되어질 수 없다는 것이 사실일지라도, 마르크스의 교리를 현실에 옮기려는 레닌의 시도가 스탈린에 의해 건설된 소련[21]의 전체주의적 정권을 위해 그 기반을 깔았던 것은 확실하다. 그럼에도 한나 아렌트 같은 이는 마르크스가 전체주의를 야기시켰다고 결코 비난한 적이 없다. 단지 그의 사상에서 전체주의가 성장하는 것과 연관되는 근대성의 여러 측면을 제시하는 요소들을 발견했을 뿐이라는 것이다.[22]

이상의 '전체주의의 정신적 아버지들'에 대하여는 앞에서 언급한 대로 이들 이론에 대한 곡해에서 온다는 많은 비판이 따른다. 이들의 사상과 달리 역사상 전체주의와 유사한 점을 갖고 있는 사회조직에 관한 몇 개의 유형이 있다. 이러한 한 가지 예로서 우리는 플라톤의 《국가론》(*Politeia*)을 지적할 수 있을 것이다. 《국가론》이 전체주의적이며 과감한 획일주의적 조직화의 상을 제시하고 있는 것은 사실이다. 그 사회 안에서 인간의 자유는 아무런 몫이 없다. 또한 이 책에는 교육 엘리트에 의한 계서적 지배, 직업과 사상에 대한 통제가 매우 상세히 묘사되어 있다.

또 하나의 대표적이고 영향력 있는 것이 1755년에 출판된 모렐리

(Morelly)[23]의 《자연의 규약》(*Code de la Nature*)이다. 이것은 두 가지 이유 때문에 특히 흥미있다. 첫째로는 모렐리가 마르크스처럼 사유재산에서 모든 악의 원천을 보았다는 것이고, 두번째로는 그가 소련에 대해 끼친 것으로 추측되는 영향 때문이다. 이 책은 전체주의적 성격을 여러 측면에서 기술하고 있다.

다음으로 우리가 지적할 사람은 생시몽(Saint-Simon)이다. 생시몽은 모렐리와 마찬가지로 인간에 대한 최고의 계획가요 조직가였다. 그러나 그는 모렐리와는 달리 그 과정에서 강제의 필요성을 느끼지 않았다. 반대로 인간은 합리적 판단력을 갖고 있어서 만일 일단 생시몽이 인간에게 제의하고 있는 최고로 합리적인 질서를 인간들이 보게 된다면 인간의 이성은 그것을 기꺼이 받아들이게 될 것이라는 것이다. 이러한 이유로 그는 의회민주주의를 경멸했으며 언론의 자유나 사상의 자유를 쓸모없는 것으로 보았다. 왜냐하면 그것들은 공업적 진보와 효율성이라는 주된 쟁점과 무관한 것이라고 보았기 때문이다.

이처럼 플라톤과 모렐리, 또는 생시몽은 여러 측면에서 20세기의 전체주의 교리의 선구자들이라고 할 수도 있다. 그러나 한 가지 점에서 이들 유토피안들은 전체주의와 의견을 달리하고 있다. 그들의 이론들은 어떤 의미에서도 민주주의의 겉치장을 하고 있지 않다. 그들이 기술하고 있는 엘리트들이 갖는 정당성은 도덕적 우월성과 이성 또는 공업에 대한 유용성 등에 바탕을 두고 있다. 현실의 전체주의적 지도자들과는 달리, 그들은 지배의 정당성이 대중의 동의와 찬양에서 나와야 하는 것으로 꾸미지 않았던 것이다. 그러므로 만일 20세기의 전체주의가 하나의 새로운 개념이라고 한다면, 우리가 예를 든 세 개의 사회들은 실제에서 역사상 정확한 짝이 없는 그러한 정도의 새로운 개념이라고 할 수 있을 것이다.

Ⅲ. 전체주의 체제의 출현 배경과 성립[24]

1. 출현 배경

19세기말 이래로 정치에 일반대중들이 참여하게 됨에 따라 정치권한 행사의 전통적인 기반에 변화가 오게 되었다. 그런데 고전적인 권위주의적 정체(政體)나 자유민주주의[25]가 이러한 문제에 해결책을 가져오지 못하게 되자 19세기에서 20세기로 넘어오면서 이 문제를 해결하기 위하여 새로운 형태의 정당, 즉 사회주의 정당이 태어났다. 이러한 추세와 더불어 제1차세계대전으로 인하여 지금까지 없었던 두 개의 권위주의적 모델이 나타나게 되었는데, 그것이 소련에서 태어난 공산주의 체제와 이탈리아에서 태어난 파시즘 체제이다. 이 파시즘은 더 완성된 형태로 독일에서 나치즘 체제로 태어났다.

제1차세계대전은 군사적인 면뿐만 아니라 정치·사회·경제적인 면에서 국민의 모든 계층을 강타하는 전면전이었다. 전투에 참여한 세대는 정치라는 것이 추상적인 것이 아니라 각자의 운명에 즉각적이고도 두려운 결과를 가져올 수도 있다는 사실을 의식하게 되었다. 즉 전쟁으로 파괴된 경제, 식량부족, 연료의 부족, 가격 앙등 등으로 인한 전쟁의 상처는 그들의 정치의식을 날카롭게 하는 기회가 되기도 하였다. 그리하여 일반대중은 정치적 쇄신을 염원하게 되었고, 그것은 전후의 기대에 가장 적절하게 부응할 수 있는 대중정당의 활동을 유리하게 할 수 있는 여건을 마련하였다.

그러나 모든 면에서 전쟁 이후의 상황은 낙관적이지 않았다. 각국에서 전쟁기간 동안 벌였던 선전활동은 국민을 흥분시켰으나 전후의 결과는 절망적이었다. 실망감은 특히 패전국에서 명백하였다. 자국 안에서 전쟁이 거의 수행되지 않았으며 무기도 거의 파괴되지 않음으로 해서 국민들이 패전했다고 생각하지 못하였던 독일인들은 자신들에게 강요된 엄격한 조약을 이해하지 못하였다. 그들은 이 조약으로 영토와 자국민의 6분의 1을 잃었다. 주권의 제한과 영토의 일부분에 대한 점령, 군대해산 등은 가장 굴욕적인 조항 가운데 하나였다. 민족주의 성향이 강한 우파에 의해서 주도된 독일의 여론은 독일군 "등 뒤에서 칼을 찌른" 사회주의자들과, 휴전협정에 서명한 공화국 지도자들에게 패배의 원인을 뒤집어 씌우며 이러한 굴욕의 책임을 공화국에 전가하려고 하였다. 그러나 국민적 원한은 승전국에도 역시 존재하였다. 특히 이탈리아에서는 연합국과 서명한 런던조약 등으로 인하여 영토 확대에 대한 희망에 부풀었다. 즉 이탈리아 민족주의자들이 주장하던 영토뿐만 아니라 아드리아해 지배, 알바니아에 대한 우선적인 영향력, 소아시아의 소유 등이 그것이다. 그런데 민족자결주의라는 이름으로 윌슨이 이러한 병합 가운데 일부를 반대하였고, 이 일로 인하여 이탈리아에서는 상당한 분노와 민족주의의 물결이 일어났으며, 이는 자유민주주의의 기틀을 파괴하고 파시즘의 기저를 준비하게 하였다.

이러한 국민적 실망뿐만 아니라 이 전쟁은 참전국들에게 경제적, 재정적 쇠퇴와 같은 돌이킬 수 없는 여러 현상을 야기시켰다. 그런데 더욱 상황을 어렵게 만든 것은 이처럼 전쟁이 야기한 문제를 해결하는 데 의회민주주의가 적합하지 않다는 것이었다. 마침내 전후 지켜지지 않은 약속 때문에 대중들은 환멸하게 되었고 전후의 어려움으로 커다란 혼란이 생기게 되었다.

결국 전쟁이 끝난 이후 이러한 어려움은 몇 달 동안의 사회적 동요로 표출되었는데, 1919~1920년 프랑스·이탈리아·영국 등에서 일어난 대파업이 그것이다. 전후의 정권들이 전쟁중 행했던 약속들과 재건의 희망을 책임질 힘이 없어 보였기 때문에 일부 여론은 유럽에서 그 당시 나타나던 여러 새로운 정치 모델 쪽으로 기울었다. 즉 러시아에서 세워진 레닌주의적 공산주의와, 국제주의적이고 평등적인 혁명에 반대하여 나타난 파시즘이 그것이다.

2. 스탈린주의

소련에서의 전체주의 체제 확립을 파악하기 위해서는 혁명과정부터 고찰하는 것이 적절하다. 왜냐하면 이 시기 이후 전체주의 체제를 특징짓는 여러 기구들이 출현하여 지속적으로 유지되기 때문이다. 1917년 시월혁명 직후 볼세비키는 확고한 입지를 구축하지 못하였으나 곧이어 일어난 내전과 경제 위기의 심화를 계기로 자신의 권력 기반을 굳히기 위하여 일련의 정책들을 취하였다. 이를 실천하는 과정에서 볼세비키는 신속한 의사결정의 필요성이 제기됨에 따라 밑으로부터의 압력에 의한 의사결정에 점차 무감각해지면서 급속한 중앙집권화 과정을 겪게 되었다. 전시 공산주의 시기부터 볼세비키는 국가의 강제기구를 완전히 장악하였으며, 이는 볼세비키의 모든 적들, 사회주의 혁명가들, 멘셰비키, 무정부주의자들을 억압하는 데 도움이 되었다. 그럼으로써 1920·1921년부터 이 당이 모든 면에서 유일한 당이 되었던 것이다. 그러나 당 내에서 몇몇 사람들은 레닌주의적 노선을 비판하는 경향을 보였는데, 1920년대 초에는 '민주적 중앙집권주의 그룹'이 레닌이 계서적, 관료적 권위주의를 확립하였다고 비판하였으며, '노동자들의 반대 그룹'은 노조를 당의 예하에 두는 것에 반대하였다. 레닌은 이러한 내부 반대에 침묵하였으나 1921년 3월 제10차 볼세비키당 전체 대의원회의에서 당내 분파형성에 대한 일시적인 금지를 결정하게 하였다. 볼세비키당은 이렇게 함으로써 완전히 독점적인 하나의 조직이 되고 이후 그것에 대항하여 싸우거나 그 지도부 의견과 다른 의견을 표명하는 것이 금지되었다.

경제적인 면에서 공산주의자들은 사회주의 사회에 도달하기 위해서 생산수단의 집단화를 추진하였다. 전시 공산주의 기간 동안 이 집단화는 토지·은행·광산·철도·대기업 등에 적용되었으며 동시에 대내외 무역 전체가 국가의 통제 아래 놓이게 되었다. 자급자족이 실현될 수 있도록 경제 전체가 중앙집중화되었으며 마침내 국가가 생산과 상업을 통제하는 것뿐만 아니라 분배 또한 감독하였다. 그러나 이러한 통제경제로 국가가 질식할 것 같자 레닌은 1921년 당 전체 대의원회의에서 신경제정책(NEP)을 세우면서 엄격한 경제체제를 완화하게 되었다.

이와 같은 상황을 겪으면서, 1920년대 초부터 소련에 전체주의 체제가 성립되었다. 이는 스탈린의 지배 아래에서 더욱 심화되었다. 즉 레닌의 사망 후 1920년대를 통하여 여러 차례의 권력투쟁을 거치면서 스탈린은 확고한 권력을 장악하였다. 일차적으로 트로츠키를 제거한 스탈린은 신경제정책을 둘러싸고 재연된 당내 좌파와 우파의 갈등에서 우파의 손을 들어줌으로써 지노비에프 등의 당내 정적을 제거하였다. 일단 당내 좌파를 제거한 스탈린은 1928년에 신경제정책을 중단하고 농업의 집단화를 중심으로 하는 제1차 경제개발 5개년계획(1928~1932)에 의한 공업화를 추진하면서 부하린, 톰스키를 위시한 당내 우파마저 제거하여 그의 일인 지배권을 굳혔다. 이 경제개발 계획을 완수하기 위하여 스탈린은 여러 강압조치를 취하였다. 즉 그는 1930년대를 거치면서 강제 농업집단화에 반발하는 농민들을 쿨락(부농)으로 공격하여 강제 유배시켰을 뿐 아니라 이주에 대한 통제를 강화하기 위하여 국내 통행허가증 제도를 도입하고, 근로시간 등을 엄격한 법률로 규정하였다. 이와 함께 그는 당의 역할을 강화하여 모든 국가제도를 실질적으로 당이 임명한 사람에 의하여 운영되게 하였다. 이러한 조치를 보완하기 위하여 그는 국가 보안경찰이 모든 사회영역에 깊이 개입하게 하는 것도 놓치지 않았다.

결과적으로 스탈린의 집단화 정책은 그의 입장에서는 성공적이었으나 이는 소련사회 전체를 변혁시켰으며 그에 대한 반발을 무마하기 위하여 시행한 강압정치와 함께 대숙청을 소련 정치의 한 특징으로 만들고 말았다. 이러한 바탕 위에서 스탈린에 대한 개인 숭배가 강요되었으며 방대한 비밀경찰 기구와 감옥 및 강제수용소 위에서만 존속할 수 있는 전체주의 체제가 실시되었던 것이다.[26] 크게 볼 때 이 전체주의는 차리스트적인 권위주의를 거의 변화없이 계승한 것이었다. 러시아는 차르가 무너진 후 거의 몇 달 동안도 자유주의적 민주주의의 경험을 하지 못하였으며, 더욱이 구러시아에서 존재하였던 경제적 자유주의의 씨앗마저 전시 공산주의의 국유화에 의해서 다시 비판되었다는 것을 상기해야 할 것이다. 자유민주주의적 전통이 없는 나라는 민주국가를 세울 준비가 부족하였으며, 러시아는 고전적인 권위주의 독재에서 근대화된 전체주의 독재로 변화하였을 뿐이다. 자유민주주의에 우호적인 세력과 구조가 존재하는 국가에서는 이와는 다르게 진행될 것이다.

3. 파시즘

제 1 차세계대전 이후 이탈리아에서 파시즘 체제가 들어설 수 있게 된 것은 이 나라가 승전국이면서도 거의 패전국과 구분되지 않을 정도로 전후문제 처리가 특히 심각하였다는 데 그 원인이 있을 것이다. 제 1 차세계대전으로 인하여 이미 비참한 상태에 있던 농민들과 장시간의 노동에도 불구하고 열악한 임금을 받던 북부지역 노동자들의 어려움이 더욱 악화됨으로써 이탈리아의 과두정 지배체제와 이들의 이해는 더욱 대립되었다. 이러한 모순은 전쟁 동안 정부가 내세운 약속이 지켜지지 못한 것만큼이나 격심한 사회적 소요의 기원이 되었다고 할 수 있다. 전쟁 직후 치러진 1919년의 선거에서 승자로 판명된 두 대중정당인 사회당과 가톨릭계의 인민당이 권력을 맡으려고 하지 않으면서 취약한 소수 자유주의 정부들이 이러한 모순 해결의 책임을 맡게 되었으나 이 정부들은 전후 산재한 여러 문제의 해결에 무능하기만 하였다.

이와 같은 전후의 혼란과 무질서로 인하여, 자본가와 대지주 등은 의회주의 자체에 불신을 갖게 되었으며 당연히 강력한 권위주의 정부가 출현하기를 기대하였다. 여기에 부응하여 나타난 것이 무솔리니의 파시스트당이었다. 극단적 사회주의 지도자였던 무솔리니는 1914년 자신을 중심으로 하나의 대중정당을 준비하여 전쟁에 참여할 것을 주장하다 사회당으로부터 축출당하였다. 이 정당은 1919년 3월, 그와 같은 전쟁 참여자와 민족주의적이면서 동시에 사회주의적인 프로그램을 중심으로 모인 지식인들을 중심으로 구성되었다. 이 운동은 전후 이탈리아 전역에 퍼지는 혁명의 물결에 효과적인 반대 역할로 나타났다. 더욱이 이 운동은 전통적인 구조의 폐지와 당시 중·상층 계급의 두려움의 상징이 되었던 러시아혁명과 같은 공산혁명의 위험을 없애는 새로운 구조의 도입을 고려하였다. 이러한 이유로, 폭력적이고 국가질서를 문란하게 하는 특징에도 불구하고, 파시즘은 이탈리아의 지배계급과 부르주아 일부분의 지지를 받게 되었다.

　1921년과 1922년 사이에 무솔리니는 우선적으로 이탈리아 민족주의자들의 경향을 좇아, 이탈리아를 붕괴시키려는 국가들, 프롤레타리아 국가 그리고 자유민주주의의 틀 안에서 국가의 쇠망에 대처하지 못하는 이탈리아 지도부의 허약성을 비난하면서 파시즘의 실제적인 활동을 이론화하기 시작하였다. 무솔리니는 그리하여 이탈리아 공동체의 열망을 표현하는 카리스마적 지도자에 의하여 지배되는 강력한 국가[27]의 창설을 제안하고, 자유주의와 민주주의를 거부하였다. 이를 실현하기 위하여, 그는 대중들을 참여시킬 수 있고 그의 이념을 강요할 수 있도록 적들에게 폭력을 사용할 수 있는 파시스트당을 기대하였다. 이러한 기반 위에서 무솔리니는 1922년에 질서를 회복하고 혁명의 위협을 제거할 수 있는 구세주로, 합법적으로 임명된 정부수반으로 권좌에 올랐다. 권력 장악 후에야 파시즘은 하나의 독창적인 정치적 모델이 되었다.

　1925년에서 1926년, 사회당의 지도자인 마테오티(Matteotti)의 암살과 연관된 일련의 위기 이후 무솔리니는 그가 마음대로 할 수 없는 제도는 모두 폐지하고 국민을 통솔할 수 있는 새로운 형태의 권위주의 국가를 확립하였다. 같은 차원에서 법무장관인 민족주의자 로코(Alfredo Rocco)의 지휘 아래, 이 새로운 국가는 민족주의적 경향에 의해 세기 초에 제시되었던 권위주의적 제도들을 채택하였다. 이 국가는 세 가지 특징을 갖는다. 우선 권위를 위하여 대의제와 민주주의 원칙을 비판하였다. 정부수반은 권력분립을 무시한 채 행정권과 입법권을 동시에 갖는다. 두번째로는 이 국가는 반자유주의적이고 반민주적이었다. 1925∼1926년에, 국가보안법(les lois de defense de l'Etat)은 대부분의 신문과 노조·정당 등의 해산을 가능하게 하였다. 외국으로 나가는 여권은 폐지되었으며 이민에 반대하는 조치가 취해졌다. 이러한 억압조치를 위해서 정권은 정치경찰(OVRA : 반파시즘 억압을 위한 자발조직)을 창설하고, 국가보호의 특별법원을 창설하였다. 마지막으로, 이 국가는 사실상 전체주의적이었다. 실제로 이탈리아 사람들을 씩씩하고 정복적인 민족으로 변화시킬 수 있는, 무솔리니가 희망하는 새로운 국가는 만일 권력이 국민, 특히 젊은이들의 사상과 믿음을 조절하지 못한다면 존재할 수 없는 것이다. 파시스트 체제는 그래서 국가를 찬양하고, 개인과 사상이 국가의 위대함에 종속되어야 한다는 경향을 띤다. 국민을 엄격하게 통제하는 권위주의적인 국가는 이와 같이 이탈리아의 예에서 볼 수 있는데, 이 국가는 소수 엘리트가 아니라 조작된 대중 그 자체에 기반을 둔다는 점에서 고전적인 권위적 체제와는 다르다고 할 수 있다. .

　그러나 원칙적으로 이탈리아 파시즘은 국가제도까지 완전히 장악하지는 않았다. 왕은 국가의 최고 지도자이며 무솔리니를 축출할 수도 있다(1943년에 왕은 실제로 그렇게 하였다). 왕정의 원수(元帥)가 지휘하는 군대도 파시즘과 거의 관련을 맺지 않았으며, 행정부의 견제기구와 의회도 폐지되지 않았다. 그러나 의회는 점점 파시스트들에 의해 장악되었는데, 실제로 야당의원들이 1926년에 의회에서 축출되었으며, 국회의원 후보 리스트는 1928년부터 파시즘의 대평의회(Gran Consiglio)가 작성하였다. 그리하여 1939년에는 마침내 의회가 스스로 해산에 동의하게 되고 파쇼(fascio)와 조합이 이 의회를 대체하게 되었다. 다만 왕이 임명하는 상원만이 그 자율권을 유지하였다. 이상과 같이 이탈리아에서는 국가기관이 비록 제 위치에 있었다 하더라도 제 역할을 할 수가 없었다. 점차 왕은 왕권을 수호하기 위하여 무솔리니의 의사대로 움직였으며, 군대와 고위공직자도 자신들의 직위를 보존하기 위하여 파시즘에 합류하였다.

이와 같이 국가제도가 쇠퇴함에 따라, 무솔리니의 권력은 계속 확대되었다. 그는 왕에 대해서만 유일하게 책임진다고 하지만, 그것도 장관을 임명하고, 법을 발의하고 나서 왕에게 통지하면 그뿐이었다. 그는 1926·1927년부터는 거의 왕과 같은 지위를 누려 그에 대한 음모는 사형으로 처벌하였으며, 더 나아가 국가의 행복을 위하여 밤낮으로 일하는 초인으로 소개되었다. 이러한 기반 위에서 파시스트의 합법성이 만들어졌던 것이다. 이 합법화의 중요 전환점은 1928년 5월 17일의 선거법이었다. 새로운 법은, 앞으로의 선거에서, 400석을 선출하는 보통선거에 조합과 공공 기관들이 천 명의 지원자가 포함되는 여러 신임 리스트를 제시하도록 규정하였는데, 파시즘의 대평의회가 이 지원자 가운데 400명을 선택하게 되어 있었다. 이 평의회는 어떠한 법적 지위도 갖지 않았지만 1928년 12월 국가의 최고기구가 되었다. 또 다른 전환점으로 1923년에 군대에 대항하여 당의 진정한 군대인 민병대(la Milice)가 합법적으로 세워졌음을 지적할 수 있다. 이 민병대는 1926년에 20만 명, 1939년에 80만 명을 돌파하며, 에티오피아와 스페인에서 군사적인 임무를 맡게 되었다. 다른 한편 지방에서 선거기구가 폐지됨으로써 정부가 임명하는 도지사와 부도지사 및 시장에게 권한이 일임되었다. 이러한 몇 가지 작업은 마피아에 대항하여 투쟁하는 데 뚜렷한 효과를 보기도 하였다. 이와 같이 파시스트가 주도하는 이탈리아에서는 국가의 합법적 기관이 폐지되지 않은 상태에서, 이것을 무력화시키는 유사한 제도가 확립되었던 것이다. 결국 이 체제는 그 원리에 의해서나, 활동에서 자유민주주의의 모델에서 전혀 도움을 받지 않고 수립되었다고 할 수 있겠다.

4. 나치즘

독일에서 나치즘이 등장한 상황은 대체적으로 이탈리아에서 파시즘

세력이 집권할 수 있었던 상황적 요인과 비슷하였다고 할 수 있다. 그러나 한 가지 특이점이라고 한다면 이 전체주의 체제 성립이 1918~1923년에, 그리고 1931년부터 일어나는 일련의 위기들로 인하여 유럽에서 가장 발달한 것으로 간주되던 나라가 급격히 쇠퇴하지 않을까 하는 독일인들의 두려움에 기인되었다고 할 수도 있다는 것이다. 이러한 인식 때문에 대중을 통합하는 새로운 세력인 나치즘이 태어나서 권력을 잡게 되었다.

1918~1923년의 위기는 다양한 형태를 지녔다. 이 위기는 군사적 패배와 베르사유의 '강제조약'에 기인하였으나 빌헬름체제의 정치적 붕괴와 '혁명적 파도'에 의하여 심화되었다. 민족주의자들의 소요가 그 뒤를 이었으며 분리주의 운동들로 인하여 제국은 붕괴하게 되었다. 마침내 경제적 재앙이 몰아닥쳐 1923년에 인플레가 절정에 달하였으며 이러한 상황에서 나치즘이 나타나게 되었던 것이다. 나치즘은 독일 국민들에게 인종주의적 사상에 기반을 둔 전체주의 국가의 창설에 의한 국가 재건을 제시하였다. 히틀러는 우선 그가 1919년 나치당을 위해서 초안한 25개 조항의 프로그램과 1925~1926년에 출판한 《나의 투쟁》을 통해 다윈이즘과 인종주의 이론에서 영감을 끌어낸 하나의 개념을 제시하였다. 이 원칙은 우월한 인종인 백인, 그 가운데서도 독일에서 살고 있는 아리안 핵심에 의해 대표되는 백인이 열등한 민족, 특히 모든 악의 근원인 유태인한테 승리하는 데 공헌해야 한다는 것이다. 이 메커니즘이 승리하기 위하여 나치즘은 외부로 향한 팽창주의적인 정부 체계와 정책을 제시하였다. 그가 제시하는 체제는, 게르만의 피를 가진 사람만이 시민이 될 수 있는, 인종의 소속에 그 기반을 둔 사회로, 개인보다 국가가 우월한 체제이다. 즉 우월한 인간이 갖는 우선권이 절대적 권위에 의하여 보장되기 때문에 민주주의와 다수결원칙 등은 아예 받아들여질 수가 없다.

나치즘은 이탈리아 파시즘처럼, 그러나 더 신속하게 전체주의 교의로 제시되었다. 파시즘처럼 나치즘도 하나의 새로운 인간을 창출하기를 원하였으나, 국가에 대한 충성에 기반을 둔 것이 아니라, 인종에 기반을 둔 하나의 새로운 인간을 창출하기를 원하였던 것이다. 여기에 도달하기 위하여, 그 역시 사상과 행동을 통제하기 위하여 폭력과 강제권을 사용할 태세가 되어 있었으며, 이탈리아 파시즘을 예로 하였지만 훨씬 더 효과적으로 이러한 엘리트 정당을 창설할 수 있었다.

1933년 1~3월, 히틀러는 자신이 보유하고 있는 국가권력을 이용하여 몇 주 안에 기존의 행정권에다 경찰권과 입법권 등 막강한 권력을 추가하였다. 국회 해산에 뒤이어 선거유세 기간 동안 갑작스럽게 일어난 국회의사당의 화재는 아마도 나치의 선동에 기인했을 것이다. 그러나 나치는 공산당원들의 활동을 비난하면서 1933년 2월 28일 국가와 인민을 보호하기 위한 법안을 채택하게 하였다. 이 법안은 1945년까지 유효하였으며 히틀러의 경찰력의 기반이 되었다. 그것은 개인의 자유 보장을 유보하였으며 대반역, 사보타주, 공공질서를 침해한 경우 사형을 가능하게 하였다. 1933년 새로운 국회 선거 후, 나치와 독일 민족주의자에 의해 형성된 3분의 2 다수가 가톨릭당의 도움으로 정부에 입법권을 주는 법안을 채택하였다. 법은 히틀러만이 초안할 수 있고 헌법에 종속되지 않을 수 있다고 명시되었다. 이렇게 해서 합법적 독재의 기반이 독일에서 존재하게 되었다.

히틀러가 '민족 사회주의 혁명'을 시작한 것은 1933년 3월부터이다. 그것의 첫번째 측면은 지방(Länder)의 권한 폐지, 각 지방 지사의 임명, 1934년 1월 모든 지방의 제도 폐지에 의하여 국가를 통합시킨 것이다. 그후 모든 단체의 해체가 뒤따랐다. 1933년 2월 이래 금지되었던 공산당 이후, 모든 당이 해산되거나 자발적으로 해체되었고 7월초 나치당만이 허가되었다. 노동조합들은 노동절에 참여한 다음날인 1933년 5월 2일 이래, 당과 마찬가지로 해체되었으며 그들 지도자들은 강제수용소에 투옥되었다.

나치당은 단일 지배정당으로 국가와 국민을 장악하였다. '공공기능의 재평가'에 대한 법으로 나치당은 체제에 미온적인 혐의가 있는 모든 공무원들을 나치당원으로 대체하였다. 문화영역은 선전상(宣傳相)인 괴벨스(Joseph-Paul Göbbels)가 통제하였는데, 그의 첫번째 활동은 1933년 5월, 사회주의자·자유주의자·평화주의자·유태인 등이 저술한 책들의 대량 소각이었다. 교육상인 베른하르트 루스트(Bernhard Rust)는 나치 개념을 확산시키겠다는 의도를 발표하였다. 이와 같은 방식으로 모든 직종에 설치된 나치 직업단체는 일종의 직업노조가 되었는데, 어떤 일을 하더라도 그 가입이 필수적이었다.

이런 과정의 마지막 작업이라고 할 수 있는 것이 당과 국가의 통일성을 보호하기 위한 1933년 12월 1일에 제정된 법이다. 이 법은 나치당의 역할을 히틀러의 지배도구로 제도화하는 것이었다. 이 법 덕분에 당의 지도자들인 시민조직 책임자 루돌프 헤스(Rudolf Hess), 군사조직 책임자 에른스트 롬(Ernst Rohm) 등이 장관이 되었다. 이러한 정책은 일반대중 다수에게 폭넓게 인정받았는데, 그 이유는 전체주의가 확립되는 과정에서 단기적으로는 정치인들과 유태인들만이 타격을 받았기 때문이었다. 이는 투표에 의해 승인되었는데 1933년 11월에는 국제연맹의 독일 탈퇴도 인정되었다. 즉 92퍼센트의 유권자가 국회에서 나치에 의해 제출된 단일 리스트에 투표하였으며 95퍼센트가 국제연맹 탈퇴 결정을 승인하였다. 한편 군대도 히틀러가 수상을 겸임하여 1934년 8월 1일 독일 대통령의 지위에 오르는 것을 승인하였다. 그럼으로써 히틀러는 자연스럽게 군대를 장악하게 되었다.

그리하여 독일에서는 몇 달 안에 소련에서 세워진 전체주의에 비견되는 체제가 확립되었다. 다소 신속하면서도 합법적인 방식으로 성립된 이 세 체제는 1920년대 말과 1930년대 초에 한 인간의 절대 독재가 단일정당에 기대어 국민을 지휘할 책임을 갖는 정치체계를 세웠다. 러시아에서의 계급 없는 사회의 실현, 이탈리아에서의 만능국가에 대한 찬양, 독일에서 인종주의 사회가 바로 그것이다. 이렇게 확립된 전체주의 국가는 어떤 특징을 지니는가?

Ⅳ. 전체주의 체제의 일반적 특징

앞에서 다루었던 세 개의 전체주의 국가는 여러 차이점에도 불구하고 나름대로 공통적인 특징을 갖는다. 이러한 전체주의적 체제가 갖는 다양한 특징들을 규정한 것으로서는 프리드리히(Carl J. Friedrich)가 자신의 일련의 저작들에서 한 시도들이 가장 주목할 만하다.[28] 그는 이들 저작에서 전체주의라는 것이 생소하고 또 특이한 정치적 지배형태이며, 그 특징은 파시즘형과 공산주의형 모두에 공통적인 것이라는 점을 강조하였다. 프리드리히는 전체주의 사회의 공통점을 열거함으로써 이 체제의 일반적인 특징을 서술하려 하였다. 그는 첫번째로 관변 이데올로기, 두번째로 단일한 대중정당, 세번째로 폭력적인 경찰 지배체제, 네번째로 효과적인 매스커뮤니케이션의 수단에 대한 완전한 독점, 다섯번째로 효과적인 무력투쟁 수단에 대한 거의 완전한 독점, 그리고 마지막으로 전체 경제에 대한 중앙통제와 지시 등을 열거하였다.[29] 이 프리드리히의 '여섯 가지 증후군'[30]에 대하여 물론 많은 학자들의 비판이 있지만,[31] 그럼에도 불구하고 그의 논지는 여전히 전체주의 문제에 대하여 거의 모든 특징을 열거하고 있다고 보기에 부족함이 없어 보인다. 단지 샤피로(Leonard Schapiro)는 그의 저서 《전체주의 연구》에서 프리드리히가 열거한 '여섯 가지 증후군'이 정체의 외형과 지배의 수단을 혼돈하고 있다고 비판하고 있다. 우리는 여기에서 프리드리히에 대한 샤피로의 견해가 어느 정도 타당한 면이 있다고 보고, 샤피로의 견해에 따라 전체주의 체제의 공통된 특징을 그것의 외형적인 면과 주요 구성요소로 나누되 주요 특징만을 살펴보도록 하겠다.[32]

1. 외형적 특징

전체주의 체제의 외형상 주요 특징으로 우리는 그 체제의 지도자인 독재자[33], 선전과 테러 등을 지적할 수 있겠다. 오늘날 전체주의 체제의 원형으로 분류되고 있는 1930년대의 이탈리아·독일·소련, 세 국가의 가장 두드러진 특징 가운데 하나가, 좋은 의미에서든 나쁜 의미에서든 그들 국가에는 뚜렷한 지도자로서 독재자가 존재한다는 것이다. 즉 카리스마적 자질을 가졌다고 볼 수 있는 무솔리니·히틀러·스탈린, 이 세 지도자는 이들 전체주의 체제를 구성하는 주요 요소이다. 1926·1927년부터 무솔리니는 초인의 특성을 지닌 것으로 간주되었고, 히틀러는 나치당 창설 때에는 당에서, 1933년부터는 전 독일인에게 전권을 행사하였다. 스탈린은 단일정당을 이용하여 권력을 현실에 구체화시키는 방식을 명확히 한 첫번째 인물이었다.[34]

이들은 그들 국가의 실질적인 통치자였으며 그들의 의사는 절대적이었고 그들이 행사하는 권력은 과거의 어느 국가에서보다 한층 더 절대적이었다. 앞에서 살펴본 바와 같이 이들 지도자는 각각 당을 이용하여 정권을 장악한 후에는 당의 제도적 성질을 파괴하고 자신들에게 굴복시켜 가능한 한 그들에게 순종하는 지지자 집단으로 변질시키고자 노력하였다. 그들의 목적은 어떠한 경우에도 모든 당원이 지도자에게 의존할 때만 각각의 권력과 영향력을 지속적으로 행사할 수 있도록 하는 것이었다. 이와 같은 당을 종속화하는 데 성공한 정도는 세 경우가 상당히 달랐다.[35]

이 문제에서 무솔리니는 상대적으로 준비가 부족하였던 반면 히틀러의 위치는 무솔리니에 비하여 훨씬 탄탄하였다. 당시 독일에서 나치당은 민족의 의지를 체현한 것으로서 이론상 국가의 상위에 있었다. 스탈린은 다른 두 사람과는 달리 자신이 창설하지 않은 당을 이어받았다. 즉 공산주의 이데올로기에서 최고의 권위는 프롤레타리아의 전위로서의 당 전체 내에 존재하며, 나치즘이 독일의 전통을 기초로 하여 선전할 수 있었던 것과 같은, 혹은 무솔리니가 고대 로마의 전례로 보강할 수 있었던 것과 같은, 최고 지도자 이론은 마르크스주의 속에는 존재하지 않았던 것이다. 공산당이 하나의 제도로서 존속하려고 하는

것에 대한 스탈린의 투쟁은 장기간에 걸친 피나는 싸움이었고 1936~
1938년의 대학살에서 정점에 달하였다. 드디어 그는 히틀러가 수개월
동안 걸려 실현한 것을 자신도 실현하였다. 이처럼 세 독재자는 전체
주의 체체의 지배자로서 어느 정도 차이가 있지만 당이든, 국가관료기
구든, 나아가서는 군이든, 전 기구에 대하여 전 수단을 동원하여 우월
한 지위를 확보하였다. 즉 이들은 제도로서 당을 지배하거나 국가기구
를 지배하는 것이 아니라, 사적 지배를 확립하려고 기도하였다는 점이
하나의 커다란 특징이라고 하겠다.

　전체주의 체제의 또 다른 외형상 주요 특징으로 선전활동과 테러행
위를 들 수 있다. 전체주의 특유의 분위기는 긴밀하게 연결된 이 두
현상에 의하여 조성되었다. 일반적으로 정부의 테러는 국민들에게 겁
을 줌으로써 행동상의 일치와 복종을 얻으려고 한다. 이렇게 함으로써
국민들의 의견 일치와 자발적인 협력의 분위기를 이룩할 수 있기 때문
이다. 이러한 테러의 희생자들은 종종 그들 자신의 정신상태를 전혀
모르는 경우가 많다. 왜냐하면 테러를 담당하는 정부가 매스컴을 비롯
한 대부분의 통신수단을 장악하고 있기 때문이며 전체주의의 선전은
이러한 맥락에서 이해될 수 있다. 즉 전체주의 사회에서는 테러가 공
식적인 선전통로를 통하여 계속적으로 되풀이되고 확대됨으로써, 선전
과 테러는 밀접하게 관련된다.

　현대 매스컴 매체인 신문·라디오와 텔레비전 및 영화는 대중 민주
주의의 본질적 조건으로 간주될 수 있다. 프리드리히에 따르면, 이러한
의미에서 선전 그 자체는 전체주의에만 고유한 것은 아니다. 선전은
고도로 발달된 사회의 모든 조직활동에서 점차 불가결한 요소로 인정
되고 있다. 이러한 상황에서 매스컴에 대한 거의 완전한 독점은 전체
주의 체제가 갖는 가장 중요한 특징의 하나가 되고 있다. 즉 이것은
고전적인 초기의 독재정과 전체주의 체제를 명백히 구별짓는 특징이
되기도 하는 것이다.

　전체주의 체제에서는 모든 의사전달 수단이 정부에 의해 집중적으

로 통제되고 있다. 다시 말하면 전체주의 체제에서는 실제로 모든 선전이 궁극적으로 선전을 통제하는 당의 권력 유지를 위해서 사용된다. 따라서 매스컴은 당이나 정부를 비판하거나 반대평론을 하는 데는 이용될 수 없는 것이다. 이와 같이 전체주의 체제는 매스컴의 모든 수단을 완전히 장악하고 있기 때문에 선전의 기본노선을 아주 짧은 시일 안에 급격히 변경할 수 있다는 커다란 장점을 가지고 있다. 이것은 특히 외교문제에 유용한 것이다. 1939년 8월 히틀러와 스탈린 사이의 불가침조약이 체결된 직후 공산주의와 나치 선전가들은 돌연히 이들 '인민정권'의 공통된 특징이 서방의 '금권 민주정권'들과 대조된다는 점을 역설하였다. 이와 관련하여 제기된 문제들이 여러 가지인데 그 예로 독일과 소련은 양 체제 모두 젊고 정력적인데 반해 서방측은 퇴폐적이라는 것이다. 독소불가침조약이 체결된 후 프랑스 공산당 대의원 72명 가운데 21명이 공산당에서 이탈했다. 마찬가지로 각국 특히 미국의 나치 동조자들은 매우 난처한 입장에 빠졌고 이같은 정책변화에 따라 반나치운동이 득세하게 되었다. 이 사례는 전체주의 선전에서 가장 중요한 국면이 무엇인가를 밝혀주고 있다.

전체주의 선전이 이처럼 탁월하게 성공한 것은 선전을 부단이 반복한 결과이다. 이들 체제의 신문·라디오·구두선동 및 선전은 쉴새없이 활동함으로써 당의 활동을 보완한다.[36] 이러한 대중교화는 어느 의미로는 전국적인 세뇌과정을 추진하는 노력이 되는데 이 과정을 회피할 수 있는 자는 극소수에 지나지 않는다. 소련정권이 전체 인민의 이데올로기적 통일을 성취하기 위하여 주로 의존하는 방법이 바로 이 선전과정이다. 한편 무솔리니와 히틀러는 양자 모두 훌륭한 웅변가들이었다. 당 선전기구의 한 부서는 온통 연설 훈련에 할당되었고 웅변가를 개발하는 데 상당한 노력이 행해졌다. 결국 전체주의 체제에서 발달된 선전과 매스커뮤니케이션 체계는 전체주의 정권의 유지에 상당히 중요한 역할을 갖는다고 할 수 있다.

2. 주요 구성 요소

전체주의 체제를 구성하고 있는 주요 요소로는 이데올로기와 당을 들 수 있다. 일반적으로 이데올로기라는 것은 정치적 목적과 관련된 신념체계를 지칭한다. 이는 의식적이든 무의식적이든 세력권 내부에 있는 사람들의 진로를 통제하기 위한 목적으로 고안된 체계이기도 하다.[37] 이와 같은 의미에서라면 이데올로기는 광범위한 여러 종류의 신념체계에 적용될 수 있을 것이고, 또한 우리가 다루고 있는 전체주의 체제에서도 주요 구성요소로서 등장한다고 할 수 있다. 일반적으로 지도자가 권력을 장악한 후, 그 지위를 유지해 가는 데 폭력과 기만술책에 의존한다고 하더라도, 그가 지도하는 운동의 이데올로기가 설득력을 갖고 있으면 있을수록 그의 지배는 그만큼 용이하게 될 것은 분명한 사실이다. 따라서 이데올로기는 대중의 본능·전통·감정·증오감·공포 및 희망에 호소하지 않으면 안된다. 프리드리히에 따르면 전체주의 이데올로기는 "현존 또는 선행하는 사회의 악에 대한 포괄적 또는 전체적 비판에 근거를 두고 이 사회를 실력 또는 폭력에 의해 철저히 변혁하고 파괴하는 실질적 수단에 관련된 합리적이고 조리정연한 관념"으로 정의될 수 있다.[38] 그에 의하면, 한 사회를 이처럼 전체적으로 변혁시켜 다시 세운다는 것은 그 본질이 '유토피아'인 것이며 따라서 전체주의 이데올로기는 성질상 유토피아적인 것이다. 이 점에서 전체주의 이데올로기는 선례가 없는 것은 아니지만 전형적으로 현대적인 급격한 발전형식인 것이다.

전체주의 이데올로기의 특징으로 우리는 상징을 들 수 있다. 소련의 망치와 낫, 나치의 만(卍)자, 이탈리아 파시즘의 막대다발 사이의 도끼날 등은 전체주의에서 잘 알려진 상징들이다. 이 상징들은 그들이 지지하고 있는 운동에 관해서 명백한 개념을 갖지 못한 다수의 사람들에게 잘 알려지도록 한 것이다. 망치와 낫은 소련이 목표로 하는 새로운

사회를 구성하는 노동자와 농민을 합리적으로 상징하는 것이고, 만(卍)
자와 막대다발 사이에 보이는 도끼날은 나치즘이나 파시즘이 그들의
이데올로기와 연관되기를 바라는 고대의 만족(蠻族)세계를 상징하고
있다. 소련과 그 위성국들의 상징이 공산주의 운동의 지도자들이 인위
적으로 창안한 상징으로 미래를 지향하고 있는 반면, 파시즘이나 나치
즘의 상징이 과거를 되찾자는 운동과 관련해서 고대적으로 전승되는
상징을 쓰고 있는 것은 우연은 아닌 것 같다. 이와 같이 이 두 체제는
모두 민족주의에 호소했다고 볼 수 있다. 그것은 어디서나 가장 원초
적이고 지배적인 대중적 감정이었다. 그러나 이탈리아 파시즘은 강력
한 국가를 그 이상으로 하여 모든 개개인의 이익을 대표하는 단체들
(사회계급·정당·단체 혹은 성당)을 억압함으로써 국민들이 강력한 국가에
소속되도록 하는 데 그 이데올로기적 특징을 갖는 반면, 나치 독일의
경우는 민족공동체의 단결의지는 이탈리아와 공통되지만 단결의 기초
가 되는 것이 국가가 아니고 인종이라는 면에서 차이가 있다. 즉 인종
정책이 나치정책의 핵심이며 다른 측면들은 단지 이 목적을 위한 수단
일 뿐이다.[39]

전체주의 정권들이 사용하는 중요한 상징을 하나 더 추가한다면 그
것은 부정적인 상징으로 적의 이미지를 고정화시키는 것이다. 나치에
게서는 돈 많은 유태인, 파시스트에게는 부패하고 나약하고 퇴폐한 부
르주아, 그리고 소련에게는 제국주의자였다. 이러한 상징의 이데올로기
적 기반은 이런 부정적 상징에서 한층 더 분명하였다. 이와 같이 세
가지 체제를 살펴보았을 때, 이들 체제가 토대로 삼고 있는 이데올로
기의 큰 강점은 그것이 공언하고 약속하고 있는 진리보다는 대중 속에
서 이데올로기가 불러일으키는 깊은 본능적인 반응이나 혹은 그보다도
이데올로기 그 자체의 육성 및 보호와 관련된 정치적 수단의 조작에
있다.

이 세 체제는 모두 그 각각의 체제 속에서 당이 중요한 역할을 수
행한다는 특징을 갖고 있다. 그리고 세 당은 상이한 이데올로기를 갖

고 있음에도 불구하고 많은 점에서 유사한 양상을 보여주고 있다. 각각의 당은 카리스마적인 지도자를 중심으로 권력 장악을 목표로 하는 혁명운동으로부터 발전하였다. 이들 당은 헌법상의 권리와 합법성이라는 외피를 유지하면서 권력 장악에 성공한 여러 정당 가운데 하나가 되었다. 레닌과 무솔리니는 궁극적으로 다른 모든 정당을 제거해버릴 때까지 양자가 모두 명목상의 연립정권의 형태로서 통치하였다. 스탈린은 자신이 처음으로 권력을 장악했을 당시부터 숙청이 끝날 때까지의 기간을 이용해서 당을 전통적인 정당이라기보다는 오히려 지지자의 개인적 집단에 가까운 것으로 변질시켜 버렸다. 스탈린 치하에서 당은 지배의 도구로서 극히 중요했지만, 한 개인에게 종속되어 버려서 권력을 장악하여 지도자에 반기를 들게 될 위험성은 사라졌다고 하는 사실을 보여 주기에 충분하였다.[40] 히틀러가 밟았던 길도 이와 비슷하였다. 운동이 대두하여 마침내 정당이 되고 그리하여 단일 정당으로서 지배적인 역할을 수행하게 되자, 정당지배는 그것으로 끝장이 났다. 히틀러는 1934년 6월 일체의 잠재적 반대파에 대한 단호한 행동으로써 당과 국가 전역을 공포분위기로 몰아넣었으며, 당에 대한 그의 막강한 지위를 거의 최후의 순간까지 공고히 하고자 했던 것으로 여겨진다. 히틀러 지배하의 당은 여러 분야에서 방대한 권력을 장악했다. 그러나 스탈린의 경우와 마찬가지로, 권력은 제도적 성격보다는 오히려 개인적 성격을 띠고 있었다.[41]

이와 같이 전체주의 체제 아래에서 정당은 지도자의 사활이 달린 매우 중요한 도구였다. 정당은 이데올로기의 '저장창고'이며 체제의 정통성은 대부분 당의 이론가들에 의해서 완성되었다. 하지만 성공한 지도자가 최고지도자로서 자신의 지위에 도전할 수 있는 제도적 성격을 갖는 당의 존재를 허용하지 않을 것은 자명하였다. 전체주의 정치체제에서 용납되는 독점적인 권력은 최고 지도자가 장악하고 있으며 당이 권력을 독점한다는 것은 실제로는 외형적인 것에 불과하다. 이렇게 전체주의 사회가 최고 지도자에게 전적으로 예속되어 있다는 점에서 보면 당은 그 자체로서 독자성이 없다고 할 수도 있다. 그럼에도 당은 전체주의 체제의 주류를 이루고 있다. 당의 뒷받침을 받지 못하는 지도자란 상상할 수 없는 것이다. 그의 절대적인 리더십이 가능한 것은 당이 그의 독재권 행사에 특별히 능동적으로 헌신하기 때문이며 당 최고지도자에 대하여 당원들이 예속적 태도를 취하기 때문이다. 이러한 특징이 이 사회를 전체주의적으로 형성시키는 것이다.

V. 맺음말

지금까지 우리는 전체주의의 개념, 그 체제의 발생 배경과 성립, 그리고 다양한 특징에 대하여 살펴보았다. 전체주의는 20세기 특유의 용어로서 1930년대 말까지는 일반적인 의미에서나 혹은 학문적으로 거의 사용되지 않았는데, 그 이유는 이 용어에 의해 묘사된 것을 의미하는 정치적 현상 혹은 체제가 그때까지는 특별한 주의를 끌지 못했기 때문이다.[42] 그러나 제2차세계대전과 그 이후의 냉전기간을 거치면서 우리는 이탈리아의 파시즘체제, 독일의 나치체제 특히 소련의 스탈린체제에 많은 관심을 갖게 되었고 실제로, 이들 체제가 전세계의 모든 분야에 끼친 영향은 막대하였다.

위 체제는 적어도 다음과 같은 몇 가지 이유 때문에, 그들 사이의 각각의 특수성에도 불구하고 전체주의의 카테고리에 속한다고 할 수 있다. 이 체제는 경쟁적인 모든 틀의 구조를 거부하면서 배타적인 이데올로기적 개념 위주로 하나의 강력한 국가를 조직하기를 원하였다. 특히 파시즘과 나치즘은 민족적 전통을 보존하려는 하나의 시스템을 수호하였다. 그리고 이들은 모두 국가 창설 도구인 이데올로기의 수호자로서 단일정당을 만들기를 원하였으며, 결국 이데올로기 조직자의 의사에 따른 인간을 형성하기 위해서 폭력을 사용할 준비가 되어 있었다.[43]

이와 같은 공통적인 특성을 갖는 전체주의 체제, 즉 공산주의 모델과 파시스트 모델은 비록 그 목적이 다르다 해도 당시 경쟁적인 체제 형태였던 자유민주주의 체제와 대립되었다. 그러므로 양차 세계대전 시기의 역사는 자유민주주의 체제와 파시스트 체제, 그리고 공산주의 체제 사이의 세계정복을 위한 투쟁의 역사로도 볼 수 있을 것이다.

주

1) "Totalitarisme" in *Dictionnaire critique du Marxisme par Georges Labica*, Gérard Bensussan(Paris, 1982)

2) 이는 특히 Jacob Talmon의 견해에 따른 것이다. Jacob Talmon, *The Origins of Totalitarian Democracy*(N.Y., 1960), pp. 6~8.

3) 전반적으로 전체주의를 다루는 책은 거의 용어의 역사를 다루고 있으며 내용 상 별 차이가 없다. 전체주의 용어의 역사에 대하여 더 상세한 정보를 위하여 는 최근에 프랑스에서 발간된 계간지《공산주의》(*Communisme*)의 특집 '전체 주의의 문제(La Question du Totalitarisme)'를 보라. Michell-Irène Brudny, "Le Totalitarisme : Histoire du Terme et Statut du Concept", *Communisme*, N°47-48, 1996, pp. 13~32.

4) "Totalitarisme" in *Encyclopædia Universalis*(Paris, 1992)

5) 비록 이 용어가 1925년에 처음 사용되었지만, 그는 이미 그의 정치경력 초기 부터 이탈리아의 단합을 늦추는 많은 요소들에 대하여 공격하고 있었으며, 1920년 9월 "국가가 수백만의 개인으로 구성되어 있어 그 이해가 상충되고 있 는데, 그 차이점을 없애고, 진보를 위해 통합을 실현할 우월한 실체가 없다"고 말함으로써, 국가의 '전체주의적' 통합에 대한 염원을 일찍이 피력하였다. Claude Polin, *Le Totalitarisme, Que sais-je ?*(Paris, 1994), pp. 5~6

6) "Totalitarianism" in *Dictionary of the History of Ideas : Studies of Selected Pivotal Ideas*, vol. Ⅳ(N.Y, 1978)

7) "Totalitarianism" in *International Encyclopedia of the Social Sciences*, DAVID L. SILLS Editor, vol.16(N.Y., 1980)

8) Leonard Schapiro, *Toltalitarianism*(Lexington, 1972),《전체주의 연구》, 장정 수 역(종로서적, 1983) pp. 3~4.

9) 즉, 이 사전에서는 전체주의 항목을 찾아볼 수 없다. Paul T. Mason, ed., *Totalitarianism : Temporary Madness or Permanent Danger?*(Lexington, 1967), p. X.

10) Leonard Schapiro, *op. cit.*, pp. 4~5. 소련의 경우는 세계대전 기간 동안은 전 체주의로 분류되는 것이 둔화되었으나 냉전이 시작되자 다시 되살아났다고 할

수 있다.

11) "Totalitarisme" in *Encyclopædia Universalis*(Paris, 1992)

12) *Ibid.*

13) Schapiro, *op. cit.*, p. 5.

14) "Totalitarisme" in *Dictionnaire critique du Marxisme.* 과거 파시스트 정권과 공산주의 체제를 비교하는 것은 해석과 방법론상에서 많은 문제를 야기시켰다. 이러한 비교는 제2차세계대전 후 전체주의에 대한 표준적인 저작들이 출간되었을 때, 그 논쟁들이 냉전의 대결구도와 밀접하게 연관되어 한층 더 복잡하게 되었다. "Totalitarianism" in *Dictionary of the History of Ideas*).

15) 구체적인 내용은 〈전체주의체제의 일반적 특징〉에서 상술될 것이다.

16) "Totalitarisme" in *Encyclopædia Universalis.*

17) Polin, *op. cit.*, pp. 13~37.

18) 이 부분에 대해서는 대체적으로 Schapiro의 견해를 따르고 있음을 밝혀둔다. Schapiro, pp. 69~98.

19) Schapiro, pp. 70~71. 그에 따르면, 16세기와 17세기 절대국가를 옹호하였던 칼뱅이나, 보댕, 그리고 홉즈 등도 전체주의와 연관하여 사상의 유사성이 주장될 수 있지만 이들이 주장한 것과 전체주의와는 분명 차이가 있다.

20) Gleason, *Totalitarianism : The Inner History of the Cold War*(N.Y., Oxford, 1995), pp. 115~116.

21) 레닌이 사망한 1924년 새로운 헌법의 비준으로 소비에트 사회주의 공화국 연방(Union of Soviet Socialist Republic : 약칭 '소련')이 들어섰다.

22) Abbot Gleason, *op. cit.*, p. 113.

23) 18세기 프랑스의 계몽사상가로서 그의 생애에 대하여는 거의 알려져 있지 않다.《자연의 규약》외에도《인간정신에 대한 소고》(*Essai sur l'esprit humain,* 1743) 등이 있다.

24) 이 장과 다음 장은《파시즘과 나치즘 역사사전》(*Dictionnaire historique des fascismes et du nazisme,* Bluexe, 1992)을 피에르 밀자(Pierre Milza)와 함께 편찬한 바 있는 세르쥬 베른슈타인(Serge Bernstein)의 저서들에 많은 빚을 지고 있음을 밝힌다. 특히 전체주의가 태어난 역사적 배경을 기반으로 자유민주주의와 전체주의 체제를 비교 분석하는 데 많은 노력을 기울인 그의《20세기의 민주주의, 권위주의 체제 그리고 전체주의》(*Démocraties, régimes autoritaires et totalitarismes au XXe siècle,* Paris, 1994)는 본고에 많은 도움을 주었다.

25) 여기서 말하는 자유민주주의(la démocratie libérale)란 공화국과 입헌군주정 체제를 말한다.

26) 김학준,《러시아사》(대한교과서 주식회사, 1995), pp. 248~260.

27) 그 국가는 "인종이나 지역에 기반을 두는 국가가 아니라 사상에 기반을 둔 국가"이다(Claude Polin, *op. cit.*, p. 6).

28) 우리가 참고할 수 있었던 것으로는 다음과 같은 것이 있다. Carl Friedrich and Zbigniew Brzenzinski, "Totalitarianism is a Unique Type of Society", in *Totalitarianism : Temporary Madness or Permanent Danger*? by Paul T. Mason(Lexington, 1967) ; Carl Friedrich and Zbigniew Brzenzinski, *Totalitarian Dictatorship and Autocracy*(N. Y. 1966 ; 최운지 역, 《전체주의 독재정치론》, 정림사, 1972).

29) Friedrich and Brzenzinski, "Totalitarianism is a Unique Type of Society", p. 9.

30) Schapiro의 용어(Schapiro, *op. cit.*, p. 10)

31) 그에 대한 비판은 일반적으로 '여섯 가지 증후군'에 대하여 첨삭하는 것이거나, 혹은 이 증후군의 특이성이 입증될 수가 없다는 논지로 이루어진다. (Schapiro, *op. cit.*, p. 11).

32) 이와 같은 이유로 우리는 전체주의의 특징에 대하여 Friedrich와 Brzenzinski 그리고 Schapiro의 견해를 중심으로 서술할 것이다.

33) 프리드리히의 용어. Friedrich and Brzezinski, 《전체주의 독재정치론》.

34) Serge Berstein, *op. cit.*, p. 121.

35) L. Schapiro, *op. cit.*, pp. 15~16.

36) 많은 학자들이 이 부분에 있어서는 특히 소련의 예를 들고 있다.

37) Schapiro, *op. cit.*, p. 39. 이데올로기에 대한 정의에 대하여는 학자들에 따라 많은 견해가 있을 수 있다. 전체주의의 전문가인 프리드리히는 "이데올로기는 본질적으로 행동에 연관된 관념의 체계"라고 말한다. 즉 "이데올로기에는 언제나 강령과 강령실현을 위한 전략, 운용상의 규약이 포함된다." 그리고 "이데올로기의 근본 목적은 이데올로기 주변에 세워지는 조직들을 통일하는 것이다." (Friedrich and Brzezinski, 《전체주의 독재정치론》, p. 105).

38) Friedrich and Brzezinski, 《전체주의 독재정치론》, pp. 105~106.

39) Serge Berstein, *op. cit.*, pp. 119~120.

40) Schapiro, *op. cit.*, pp. 54~55

41) Friedrich and Brzezinski, 《전체주의 독재정치론》, p. 57.

42) "Totalitarianism" in *International Encyclopedia of the Social Sciences.*

43) Berstein, *op. cit.*, pp. 85~86.

Ⅲ. 사회주의의 다양한 모습

유토피아 사회주의 ▪ 육영수
마르크스주의 ▪ 유재건
페이비언 사회주의 ▪ 김명환
민주사회주의 ▪ 최영태
생디칼리슴 ▪ 신행선
공산주의 ▪ 한정숙
유러커뮤니즘 ▪ 하경수

유토피아 사회주의
Utopian Socialism

육 영 수

Ⅰ. 머리말

1980년대 말에서 1990년대 초에 걸쳐 소비에트 연방과 동유럽에서 진행되었던 급격한 정치·경제적 격변의 결과——한 마디로 사회주의 국가의 붕괴와 해체로 요약되는——는 새로운 세계 질서의 도래를 예언했다. 세기 말의 충격에 비견되는 이 사건은 세계의 정치·외교·군사·경제의 재편성을 촉진했을 뿐만 아니라, 많은 학자들이 새로운 학문적 패러다임을 모색하는 촉매가 되었다. 20세기 중반부터 진행되던 공산주의와 숨가쁜 대결에서 승리한 자유주의적 자본주의가 안주하는 '역사의 종언'을 성급히 선언하는 이가 있는가 하면, 냉전체제 이후의 이데올로기의 공백을 '문명의 충돌'이 대체할 것이라고 경고하는 학자도 있다. 그러나 분명한 한 가지 사실은 동유럽권 해체는 기존 사회주의 연구자들에게 일종의 위기감과 함께 사회주의 그 자체에 대한 근본적인 물음과 반성을 요구한다는 것이다.

사회주의란 무엇인가? 소련 공산주의의 붕괴는 사회주의의 궁극적 실패를 의미하는가? 과연 19세기 초반에 유럽을 어슬렁거리다가 한때는 세계에 당당하게 모습을 드러냈던 유령은 자신이 주술로 불러들인 유령의 세력을 감당하지 못하는 사이비 마술사를 잘못 만난 탓에 결국은 무덤으로 되돌아갔는가?[1] (그러므로) 20세기 말에 여전히 자신을 사회주의자로 자처하는 사람은 시대착오적 인물인가? 혹은, 사회주의를 숭배했던 종가(宗家)집의 무너진 잿더미 속에서 우리가 건져 올린 불씨는 남아 있는가?

길을 잃었을 때, 혹은 자신이 어디로 향하고 있는지 방향감각을 상실했을 때 가장 현명한 처방책의 하나는 바로 출발점으로 되돌아가는 것이다. '사회주의 무엇이 문제인가?(Anything Wrong with the Socialist Idea?)'라는 주제로 1973년에 열린 국제학술대회에서 저명한 마르크스주의 연구가 콜라코브스키(Leszek Kolakowski)가 고백했듯이, "사회주의라는 단어가 등장한 지 거의 150년이 지난 지금 우리는 처음으로 되돌아가야" 하는 것이다.[2] 소비에트 타입의 사회주의 실험이 막다른 골목에 처한 반면, 고전적인 사회주의 가치관들이 무색하도록 끊임없이 자생력을 길러온 자본주의의 성장을 바라보아야 하는 현재의 딜레마에서 탈출하기 위하여 사회주의는 새로운 출발을 해야 하는 것이다. 홉스봄(Eric Hobsbawm)의 고백처럼, "자본주의의 위기와 붕괴라는 상황에 맞추어 고안된 사회주의 정책들이 20세기 말엽의 상황에는 더 이상 걸맞지 않게 된" 현실 속에서, 사회주의자들은 "처음으로 사회주의를 놓고 고민을 해야" 하는 것이다.[3]

그렇다면 방황하고 있는 사회주의가 어떻게 출발점으로 돌아갈 수 있을까? 그것은 바로 '마르크스(Karl Marx, 1818~1883) 이전에 이미 사회주의가 존재했다'라는 아주 평범하지만 많은 사람들이 흔히 잊고 있던 사실을 깨닫는 것으로부터 시작된다. 다시 말하면, 마르크스주의가 사회주의 그 자체를 대표하지 않는다는 사실을 우리는 상기하여야 한다. 그럼 마르크스 이전에 존재했던 사회주의란 구체적으로 무엇을 지칭하는가? 그것은 영국의 로버트 오웬, 프랑스의 샤를 푸리에와 생시몽으로 대표되는 초기 사회주의자들 또는 '유토피아 사회주의자들'이라고 불리는 사람들의 사상을 일컫는다. 그러므로 사회주의 그 자체에 대해 처음부터 새롭게 관찰해보자는 것은 바로 유토피아 사회주의에 대한 새로운 관찰과 이해를 전제로 하는 것이다.

산업혁명과 프랑스혁명이라는 이중혁명이 가져다 준 충격이 근대 서양 사회주의 탄생의 배경이 되었다고 흔히 이야기한다.[4] 영국에서 18세기 말에 시작된 산업혁명은 동력화와 기계화를 통한 미증유의 생산력 확대라는 인류문명에 긍정적인 변화를 가져다 주었지만, 동시에 각종 사회문제를 동반했다. 기계의 대량 도입은 인간을 기계의 단순한 조작자로 전락시킴으로서 노동의 신성함을 앗아갔고, 생산의 극대화라는 산업혁명의 구호는 인간을 끝없는 경쟁과 이윤 추구의 괴물로 만들었다. 무엇보다도 산업혁명은 유럽의 많은 사람들을 무산계급화(proletarianization)시켰다. 19세기 초반에 영국 전체 인구의 5분의 4, 유럽 전체 인구 가운데 약 9천만 명에 해당하는 사람들이 자신의 노동력만이 유일한 생계수단인 프롤레타리아트 신분으로 전락했다. 도시부랑아·실업자·범죄자·거지·알콜중독자 등 사회에서 말썽을 일으키는 집단이라고 당대인들이 경계했던 '위험한 계급'들이 산업혁명의 여파로 출현하게 된 것이다.

한편, 1789년의 프랑스혁명의 실망스런 결과는 사회주의 탄생과 성장의 또 다른 여건을 마련해주었다. 자유·평등·우애의 숭고한 기치를 내세운 프랑스혁명은 구체제의 봉건적 왕정을 굴복시키고 공화정이라는 새로운 정치체제를 출범시킨 성공적인 정치적 혁명이었다고 하더라도, 사회적 혁명으로서는 한계점을 노출시켰다. 특히 사유재산권의 향유를 '신성 불가침의 자연스런 권리'로 인정한(제17조) 〈인간과 시민의 여러 권리에 관한 선언〉은 인간을 그가 소유한 재산의 유무, 많고 적음에 따라 차별할 수 있다는 공식적인 빌미를 제공했다. 개인의 소유권이 투표권 등 시민권리의 전제조건으로 등장함으로써 많은 가난한 계층들이 시민사회에서 소외된 것이다. 자유란 개념은 표현·양심·집회 등의 자유를 의미하는 동시에, 외부로부터의 아무런 간섭과 제약 없이 자신의 이익을 추구할 수 있는 자유, 사유재산을 행사할 자유를 의미하게 되었다. 프랑스혁명이 남긴 숙명적 숙제, 즉 자유와 평등이라는 두 개념 사이의 갈등이 바야흐로 시작된 것이다. 이런 관점에서, 프랑스혁명이 사회주의 자체를 탄생시킨 것은 아니라고 하더라도, 이전의 '특권층 대 비특권층'이라는 단수한 사회갈등 구조'를 '부유한 계층 대 가난한 계층의 정치적 갈등구조'로 대체시킴으로서 19세기 이후에 전개되는 유럽에서의 사회주의적 투쟁의 무대를 마련해주었다는 역사적인 의의를 갖는다.[5]

산업혁명이 양산시킨 무산계급이라는 인적 자원과 평등의 구현이라는 숙제를 풀지 못한 프랑스혁명의 한계—이 두 가지 여건이 바로 사회주의가 뿌리내리고 전파되는 자양분 역할을 하게 된다. 그러나 여기서 우리가 명심해야 할 점은 비록 이러한 이중혁명이 사회주의를 장기적으로 촉진시키는 역사적 원인이었음은 사실이지만, 초기 사회주의는 여전히 전(前) 산업주의 시대와 반동적인 앙시앵 레짐이 지배하는 시대적 분위기 속에서 모색되었다는 사실이다. 산업혁명의 기술적 발전이 유럽대륙에서 본격적으로 적용, 실천된 것은 19세기 후반기부터였으며, 이전까지 대부분 유럽인들은 여전히 농경사회적 사고방식과 삶의 형태를 벗어나지 못했던 것이다. 또한 1789년 프랑스혁명 기간 동안 실시된 (자코뱅 정권의 공포정치로 대표되는) 과격하고 폭력적인 정치적 실험은 나폴레옹 1세의 패배와 함께 유럽에서 교회와 왕정을 두 축으로 하는 반동적인 보수체제의 강화를 가져다 주었다는 사실을 기억해야 한다. 그러므로 초기 사회주의자들은 구체제적 모순이 여전히 잔존하고 새로운 미래의 도약은 불확실했던 여명기를 살아갔던 전환기의 사상가들이었다고 규정할 수 있을 것이다.

위와 같은 역사적 배경에서 생성된 사회주의를 지칭하는 용어 자체는 1830년을 전후하여 최초로 등장했다.[6] 오웬과 생시몽의 추종자들의 사상을 지칭하는 포괄적인 의미로 사용되었던 이 용어는 처음부터 19세기 후반부에 활약하는 다른 사회주의와는 구별되는 의미를 지니고 있었다. 1848년 혁명을 경험했던 후기 사회주의자들의 목표가 '노동권(the right to work)'의 보장, 사회주의적 정권의 수립 등을 포함하였다면,

출생신고서에 기재된 사회주의라는 용어는 애초부터 어떤 특정한 정치, 경제체제를 지지, 표방하는 단어가 아니었다. 그 대신 초기 사회주의자들을 사로잡았던 당시의 '사회문제'는 전통적인 상부상조적 사회·경제구조의 해체가 동반하는 가치관의 심각한 혼란이었다. 다시 말하면 자본주의라는 체제적인 반대개념으로서가 아니라, 이기주의·자유방임적 경쟁주의 등에 반발하는 보편적인 탈이데올로기적 개념으로 사회주의라는 용어가 처음으로 사용되었던 것이다. 정치적 운동으로서보다는 도덕적 이념으로서의 성격이 더 강한 사회주의의 뿌리에 대한 정확한 이해가 유토피아 사회주의에 편견 없이 접근할 수 있는 길라잡이가 된다.

이 글은 유토피아 사회주의 탄생의 역사적 기원·성격·특징·유산 등을 이해하는 데 기본적인 목적이 있다. 이를 위해 유토피아 사회주의란 용어가 언제부터, 어떤 뜻으로, 누구에 의해 쓰여지기 시작했는지를 우선 살펴볼 필요가 있다. 그리고 지난 150여 년 동안 이 용어가 어떤 역사적 과정을 거치면서 긍정적 혹은 부정적으로 부침을 거듭하며 수용되었는지를 고찰하고자 한다. 유토피아 사회주의가 지향하는 다양한 유형들을 이해하기 위해서는 오웬·생시몽·푸리에로 대표되는 사회주의자들의 사상에서 나타나는 차이점과 공통점에 초점을 맞춰 조망해볼 것이다. 유토피아 사회주의에 대한 현대적 재발견은 20세기 말에 직면한 사회주의의 위기를 극복할 실마리를 제공해줄지도 모른다는 기대가 이 글을 쓰는 필자의 부차적인 의도이기도 하다.

Ⅱ. 유토피아 사회주의의 개념과 그 변천

주지하다시피 오웬·생시몽·푸리에 등 초기 사회주의자 3인방에게 유토피아 사회주의자라는 별명을 붙여준 사람은 마르크스와 엥겔스였다.[7] 마르크스와 엥겔스가 "자본주의 발달이 미성숙한 단계에 생성된 미성숙한 사회주의 이론"을 통칭하는 의미로 썼던 유토피아 사회주의는 그 후부터 오늘날까지 명암이 엇갈리는 부침을 거듭해왔다. 왜냐하면, 유토피아 사회주의의 운명은 한 축으로는 서양 지성사에서 나타나는 유토피아 사상의 흥망과 간접적으로 연결되어 있고,[8] 다른 한 축으로는 사회주의 내부의 역학관계와 직접적으로 연결이 되었기 때문이다. 그러므로 유토피아 사회주의에 대한 본질과 성격을 이해하기 위해서는 유토피아 사회주의라는 용어 자체가 왜, 어떤 뜻으로 탄생하였는지를 살펴보는 것이 필수적으로 선행되어야 할 작업이다. 또한 유토피아 사회주의가 역사적으로 어떤 정치적 환경과 지적인 분위기 속에서 배척 내지 재발견되었는지도 살펴볼 필요도 있다.

유토피아 사회주의라는 용어를 전매특허처럼 사용했고 유행시킨 책임은 앞서 언급한 것처럼 마르크스와 엥겔스에게 있다. 이들은 초기 사회주의자들이 표방하는 사회주의적 사상의 장점과 단점을 평가하는 이중적인 잣대로 이 단어를 애용했다.[9] 마르크스와 엥겔스는 사회주의 원조로서의 오웬·푸리에·생시몽의 천재성과 위대함을 칭송하고 그들의 선구적 사상 속에 자신들이 후에 발전시킬 '착취' '국가의 소멸' 등의 중요한 사회주의적 개념이 이미 잉태되어 있음을 인정했다. 다른 한편, 마르크스와 엥겔스는 사회주의 도래에 대한 이들의 몰역사적 이해와 비현실적인 방법론을 비난했다. 초기 사회주의자들은 노동자들을 독자적 계급의식이 결여된 단순히 고통받는 계층으로 묘사함으로써 그들을 해방의 주체로서가 아니라 구제의 수동적 대상으로 평가절하했다고 마르크스와 엥겔스는 불만을 토로했다. 계층간의 계급투쟁을 장려하는 대신 오히려 부르주아 계급의 선의와 동정심에 의존하여 사회변화를 도모하는 어리석음을 보였다는 것이다. 특히 꾸며낸 이야기와 상상력에 의한 사회 관찰은 추상적인 도약으로 이어져 결국 초기 사회주의자들의 사상은 하나의 종파에 불과한 한계가 있다고 지적했다.[10] 이와는 대조적으로, 사회의 실제적인 사실에 기초한 사적 유물론이라는 역사를 움직이는 원동력과 잉여가치설이라는 자본주의 운행법칙의 비밀을 발견한 자신들은 과학적 사회주의자라고 마르크스와 엥겔스는 선언했다.

위와 같은 과정을 통해 유토피아 사회주의와 과학적 사회주의라는 인위적인 이분법이 정착되었다. 전자를 세상물정 모르는 순진한 자들이 머리 속에서 만들어낸 사회주의로, 후자를 엄정한 역사발전의 검증을 받은 반드시 실현되는 사회주의로 선전한 마르크스와 엥겔스의 의도는 무엇이었을까? 두 진영 사이에 존재하는 사회주의적 목표 달성을 위한 본질적인 방법론상의 상이점 외에 또 다른 의도는 숨어 있지 않았을까? 선행했던 사회주의자들과의 의식적인 차별화를 통해서 마르크스와 엥겔스는 아직까지는 '유럽을 어슬렁거리는 유령' 신세에 불과했던 사회주의를 마음대로 부릴 수 있는 주술사가 되려고 하지는 않았는가? 유토피아라는 경멸적인 접두사를 자신들과 다른 일단의 사회주의자들에게 부여함으로써 마르크스와 엥겔스는 자신들이 주창하는 공산주의 운동의 우월적인 생존력을 확보하려고 했던 것이다.[11] 1848년 혁명을 전후한 유럽은 반동적 사회주의, 부르주아 사회주의, 무정부적 사회주의, 유토피아 사회주의, 공산주의 등 여러 이름의 사회주의자들이 대중적 지지확보를 위해 경쟁하던 시기였다. 그러므로 자신들과 다른 나머지 사회주의 진영을 유토피아적이라고 비난함으로써 당대인들이 이들에게 합류 내지 동조하는 것을 방해하려 했던 것이다.

좀더 구체적으로 말하면, 마르크스와 엥겔스가 특히 경계했던 대상은 오웬·푸리에·생시몽 등이 아니라 바로 그들의 추종자였다. 마르크스와 엥겔스가 세 명의 선배들에게는 존경심이 포함된 어중간한 비판적 태도를 견지했던 것과는 달리, 오웬주의자들, 푸리에주의자들, 생시몽주의자들을 위협적인 정치적 경쟁자들로서 경원시했다. 실제로 이들 세 명의 초기 사회주의자들이 내건 깃발 아래 모여든 사람들은 상당한 정치적 영향력을 발휘했다. 특히 푸리에주의자들과 생시몽주의자들은 지방과 해외조직을 갖추고, 정기적 모임을 가지며, 신문도 발행하며, 1848년 혁명에서도 일정한 역할을 담당하는 등 눈에 띄는 적극적인 활약을 했다. 《공산당 선언》(*Manifest der Kommuristisher*)을 발표할 당시 조국에서 쫓겨난 갓 서른의 이름 없는 정치적 망명객에 불과했던 마르크스는 자신의 지적 세계에도 깊은 영향을 끼친 오웬·푸리에·생시몽의 이름을 내걸고 활동하는 추종자들과의 차별화 없이는 자신의 입지가 상당히 좁을 것이라는 사실을 깨달았을 것이다. 혹은 사회주의 운동의 주도권을 발생지인 영국과 프랑스로부터 독일로 옮기려는 마르크스의 개인적인 욕심이 복합적으로 작용했는지도 모른다.

　분명한 것은, 마르크스와 엥겔스로부터 유토피아 사회주의라는 이름의 전가(傳家)의 보검을 물려받은 19세기 후반의 마르크스주의자들은 이 칼을 반대자들에게 휘두르는 데 주저하지 않았다는 사실이다. 개량사회주의, 수정주의, 민주적 사회주의라는 간판을 내건 유사(類似) 이데올로기들과의 치열한 세력 다툼 속에서 유토피아 사회주의는 정치적 무기로 남용, 오용되었다. 특히 제2차 인터내셔널 시기에는 "마치 중세의 성직자가 이단(異端)이라는 단어를 사용하듯" 마르크스주의자들은 유토피아라는 단어를 기만과 미혹의 동일어로 사용하여 적들을 처단했다.[12] 다시 말하면 마르크스가 예약해둔 자본주의의 붕괴와 혁명을 통한 사회주의 건설을 의심하거나 이 가설에 수정을 요청하는 사회주의자들에게 유토피아 사회주의라는 용어는 묘비명처럼 무차별하게 적용되었던 것이다. 카우츠키(Karl Kautsky), 룩셈부르크(Rosa Luxemburg), 플레하노프(Georgii Plekhanov) 등도 이러한 권력투쟁적 대열에 동참했다.[13]

　19세기 말에서 20세기 초에 걸친 비교조적(非敎條的) 마르크스주의자에 대해 유토피아주의자라는 오명을 부여하는 마녀사냥식 처단은 러시아에서의 공산정권 수립과 함께 잠시 수그러들었다. 마르크스주의에 기초를 두고 레닌이 살을 붙여 건설한 소비에트연방의 성공적인 등장은 적자(嫡子) 마르크스주의자들과 서자(庶子) 마르크스주의자들 사이의 오랜 싸움에서 전자의 최종적인 승리를 의미하는 것처럼 보였다. 마치 승리자가 패배한 라이벌에게 여유와 너그러움을 보이듯, 더 이상 유토피아 사회주의자들에 대한 비난과 학살은 계속되지 않았다. 그러나 레닌 이후 등장한 스탈린이 펼친 일인 독재주의와 테러와 비밀경찰을 동원한 전체주의적 횡포는 현실정치의 이데올로기로서의 마르크스주의에 대하여 심각하게 재고하는 계기가 되었다. 스탈린식 소비에트 사회주의에 대한 환멸은 상대적으로 비현실성과 동일시되어 배척되었던 유토피아적 요소에 대한 관심을 촉진시켰다.

특히 '서유럽 마르크스주의자들(Western Marxists)'이라고 불리는 일단의 지성인들은 제2차세계대전 이후에 본격적으로 전개되는 산업사회, 대중 소비사회에 대한 비판적 대안으로서 유토피아의 기능에 주목했다. 예를 들면 마르쿠제(Herbert Marcuse)는 산업시대가 숭배하는 지배적인 가치관 중의 하나인 현실원칙(performance principle)의 법칙은 유토피아적 열망이 현실 개조에 긍정적인 에너지가 될 수 있는 가능성을 부정했다고 비판했다.[14] 차거운 이성의 원칙에만 입각해 성취 가능한 것만을 추구하려는 현실주의는 인간의 보유한 잠재성을 사장시킬 여지가 있다는 것이다. 이와 같이 마르쿠제를 포함한 서유럽 마르크스주의자들은 서양 사회주의사에서 거의 한 세기 동안이나 그늘에서 숨어 지내야만 했던 유토피아주의를 세상의 햇빛 아래로 다시 끄집어 내주었다는 의의를 가진다.

잠시 고개를 내밀었던 유토피아적 사회주의에 대한 관심은 1950년대 이후 미국과 소련 사이의 숨막히는 냉전과 함께 다시 긴 동면기로 들어갔다. 자본주의를 대표하는 미국과 공산주의를 대표하는 소련과의 대결은 사회주의 진영 내의 분열을 야기할 일체의 논쟁을 허용하지 않았다. 그러나 이런 냉전의 틈바구니 속에서도 유토피아 사회주의에 대한 관심이 완전히 사라진 것은 아니었다. 예를 들면, 마틴 부버(Martin Buber) 같은 지성인은 '당위성으로서의 이상적인 사회 건설'에 노력했던 유토피아 사회주의자들의 비전에 주목했다.[15] 또한 1970년대에 들어와서는 톰슨(E. P. Thompson), 윌리엄스(Raymond Williams)와 같은 소위 '문화적 마르크스주의자(Cultural Marxists)'는 마르크스가 상부구조라고 무시했던 종교·문화·전통 등의 요소가 사회주의적 계급의식 형성에 끼친 중요한 영향력을 재평가했다. 우리가 뒤에서 살펴보겠지만, 유토피아 사회주의자들이 교육·환경·예술·종교 등의 문화적 요인들을 사회변혁의 중요한 수단으로 강조했다는 사실을 고려한다면, 이들 문화적 마르크스주의자들은 (이들의 의도와는 상관없이) 결국 유토피아주의의 부활을 위한 우호적인 분위기를 조성해준 인물들이었다고도 볼 수 있지 않을까?

위에서 살펴본 것처럼, 이렇게 뒷문간에서 간헐적으로 이어지던 유토피아 사회주의에 대한 그리움은 1989~1990년의 소비에트 연방과 동유럽권의 몰락을 계기로 새로운 전기를 맞이했다. 동유럽권의 몰락은 초기 사회주의자들을 포함한 사회주의 전체의 동반 몰락을 의미하는가? 아니면 동유럽권의 위기는 오히려 간신히 숨길을 보전해오던 유토피아 사회주의의 당당한 복권을 가져다 줄 것인가? 다시 말하면, 한 세기 반 동안 아무런 잘못도 없이 유토피아주의라는 죄명으로 꽃도 피워보기 전에 숙청당해 유배지를 떠돌던 초기 사회주의는 되살아날 것인가? 만약 유토피아 사회주의자들이 되돌아온다면 우리는 그들을 어떤 새로운 모습으로 맞이해야 하는가? 이러한 의문들에 대한 해답의 실마리를 찾기 위해서 이제 세 명의 유토피아 사회주의자들과 직접 만나서 그들이 전하는 이야기를 들어보아야 할 순서가 되었다.

Ⅲ. 유토피아 사회주의의 유형

오웬·생시몽·푸리에가 유토피아 사회주의의 전체 모습을 완전히 대표한다고 단정할 수는 없다. 그리고 이들 세 명의 인물들이 남긴 다양하고 복잡한 사상들을 일괄적으로 요약하는 작업도 주관적이고 선별적일 수밖에 없다는 위험성이 있다. 그러나 마르크스와 엥겔스가 이들을 '유토피아 사회주의의 삼인방'으로 직접 거명했던 만큼 유토피아 사회주의의 실체에 접근하기 위해서 우리는 이들 사상의 일단을 관찰할 당위성이 있다. 한 가지 유의해야 할 점은, 유토피아 사회주의자들의 사상을 마르크스와 엥겔스주의를 더 잘 이해하기 위해 필요한 단순한 참고도서 내지 부교재로 취급하려는 태도를 지양해야 된다는 것이다. 다시 말하면 오웬·푸리에·생시몽 등을 위대한 마르크스의 출현을 준비하는 세례자 요한의 역할로 국한시키려는 피상적인 연구태도를 버리고, 그들의 저서들을 열린 마음으로 읽고 이해하려는 태도를 가져야 한다.[16]

1. 공리주의적 환경 개조론자 : 오웬

로버트 오웬(Robert Owen, 1771~1858)은 가난한 집안의 아들로 태어나 정규교육을 받지 않고 '영국 사회주의의 아버지'로 불리는 입지전적 인물이다. 가난에 떠밀려 10살 때 고향을 등진 그는 런던·맨체스터 등 공업 중심지를 어린 노동자로 전전하다가, 마침내 29세의 나이로 스코틀랜드 뉴 라나크(New Lanark) 공장의 경영주로 자수성가했다. 영국에서 가장 성공한 모범적인 경영주로서 부와 명예를 획득한 오웬은 자신의 이상을 실천할 곳을 찾아 1824년에 미국으로 떠났다. 인디애나주 뉴 하모니(New Harmony)에서의 공동체 실험이 실패로 돌아가자 1829년에 영국으로 귀국한 오웬은 그후 1830년대에 전개되는 노동조합 운동의 선구자 역할을 수행했다.

전문경영인·사회자선가·사회이론가·교육철학자·노동조합운동가 등의 다양한 명칭으로 대변되는 오웬의 생애는 크게 두 시기로 구분된다. 전반기는 박애주의적 사회개혁자로서의 시절(1810~1825)로 이 시기에 오웬은 첫 저서이자 대표작으로 꼽히는 《사회에 대한 새로운 시각》(*A New View of Society*) 등 사회문제의 본질에 대한 분석과 그 해결책을 밝힌 주요저작들을 발표했다. 후반기는 영국 노동운동의 중심부에서 활약하던 시기(1829~1834)로 이 기간에 오웬은 노동조합조직, 공동체 건설 등의 활동을 하면서 노동자계급이라는 청중과 만나게 된다.

사회비판의 이론가로서 오웬의 전반기의 철학적 지침은 사회문제의 사회적 책임소재라는 명제로 요약된다. 개인이 자유의지와 선택권을 가지고 자신의 운명을 개척할 수 있기 때문에 한 개인의 가난과 불행은 전적으로 그 자신의 책임이라는 주장을 그는 "가장 최상급의 근본적인 오류"라고 비난했다.[17] 인간 개인은 절대다수의 최대행복을 보장하는 환경을 스스로 조성하지는 못하고, 사회만이 이러한 책임을 완수할 수 있고 또 당연히 하여야 한다는 것이 오웬의 신념이었다. 다음으로 그는 인류가 일정한 수준의 풍요로움과 행복을 누리기 위해서는 일정한 숫자의 사람들이 무지와 빈곤의 그늘 속에서 살아가야 하는 것이 필요악이라는 고정관념의 허구성을 지적했다. 급격한 인구증가를 따라가지 못하는 식량생산의 한계 때문에 기아와 질병 등에 의한 사회적 불평등은 어쩔 수 없다는 맬더스 이론은 시대착오적 착상이라고 그는 공박했다. 왜냐하면 산업혁명에 의한 과학적이거나 기계적인 도움 때문에 기계가 가지고 있는 '신기한 메커니즘'과 '자동으로 조절되는' 기능에 대한 올바른 지식만 습득한다면, 인간은 자신의 욕구를 충족시킬 수 있는 것 이상의 생산을 할 수 있다고 오웬은 확신했기 때문이다.[18] 그러므로 오웬에게 남은 과제는 증가된 생산력의 결과인 잉여생산물을 어떻게 필요한 사람들에게 분배해주는가 하는 문제로 귀결된다.

　이 문제에 관한 오웬의 대답은 간단명료하다. 이제까지의 사회에는 타인이 자신의 생존수단과 이익을 빼앗아 갈 것이라는 공포감이 만연했고, 이러한 만인의 만인에 대한 투쟁으로서의 사회생활은 가장 무지한 상태의 보편적인 이기심을 조장했다고 오웬은 분석했다. 그러나 산업혁명으로 인한 생산력의 절대적인 증가는 사유재산의 맹목적인 축적을 불필요한 것으로 만들었고, 이런 조건 속에서 사람들은 자신에게 불필요한 재화를 공평성·정의·개방성·평형감 등의 원칙에 따라 서로 교환함으로써 이기심을 버릴 수 있게 된다. 과학이 발달하면 생산성도 발전하고, 생산성의 증가는 물질의 가치에 근거한 교환을 촉진시키고, 교환의 촉진은 시장의 계속적인 확장을 가져오기 때문에 불경기는 결코 없을 것이라는 것이 오웬의 낙관적인 결론이었다.[19] 오웬의 이러한 자신감은 산업주의자·전문경영인으로서의 자신의 성공에 의해 확인된 것이었다. 스스로 자서전에서 회고했듯이, "단순한 비즈니스적 관심 이상으로" 뉴라나크 공장의 경영에 참가했던 오웬은 자기의 기업체를 "진보된 환경으로의 변화를 유효하게 도와줄 충분한 잉여이익을 가진 생산적인 조직"으로 만들려는 야심을 성공적으로 실천했던 것이다.[20]

사회주의자로서의 오웬 생애의 전환점은 신대륙에서의 이상향 건설에 실패한 그가 영국으로 되돌아온 1829년부터 전개된다. 그가 미국에 체류했던 기간에 영국에서는 노동운동이 본격적으로 전개될 수 있는 여건이 조성되었다. 1824년에 결사금지법(Combination Act)이 개정됨에 따라 노동조합이 합법적으로 인정되었고, 1832년을 정점으로 전개되던 선거법개정 투쟁도 노동자들의 의식을 일깨워주는 데 일조를 했다. 특히 1826년부터 자생적으로 시작되었던 협동조합(Cooperative Society) 운동은 노동자 자신들이 자급자족할 수 있는 생산공동체 건설을 지향한다는 점에서 오웬의 뉴 라나크 공장 모델과 성격상 유사했다. 이런 이유 때문에 협동조합 관계자들은 당시 이미 전국적인 유명인사였던 오웬이 지도자로서 동참해줄 것을 요청했다. 그리하여 이전까지만 해도 "나 자신과 나의 사상과 미래계획과 관련해 낯선 사람들"이라고 스스로 고백했던[21] 노동자계급과 박애주의자 오웬의 본격적인 만남이 시작된 것이다.

노동조합 지도자로서 오웬의 활약은 결론부터 말하면 실패작이었다. 그가 협동주의적 사회주의의 가능성을 모색하면서 전국공평노동교환회(National Equitable Labour Exchange), 전국노동조합회(Grand National Consolidated Trades Union) 등의 결성에 주도적인 역할을 담당했음은 사실이다. 그러나 오웬은 노동자들의 적극적인 지지를 획득하는 데 실패하고, 1834년 이후에는 노동조합 운동가로서 실제적인 영향력을 상실했다. 오웬이 공개적으로 천명했던 반기독교적 노선이 중산층을 포함한 많은 잠재적인 지지자들이 그에게서 등을 돌리게 된 이유가 되기도 했지만, 그가 제시했던 사회주의 건설의 방법론에서 좀더 근본적인 실패의 원인을 찾을 수 있다.

오웬은 우선 폭력을 동반한 어떠한 사회혁명도 거부했고, 그 대신 '이성에 의한 혁명'을 지지했다. 이성에 의한 혁명이란 계급의식과 계급투쟁과 관계없이 과학과 산업발전에 의한 평화로운 방법에 의한 사회 변혁을 의미했다. 영국은 기계와 과학적 지식이 가장 발달한 나라이기 때문에 무력에 의지하지 않고도 향상된 생산력의 방향을 잘 조정만 한다면 이성적으로 빈곤과 이기심을 추방할 수 있다고 오웬은 믿었다. 이런 신념을 가졌던 그가 유럽대륙을 진동한 1848년 혁명이 실패로 귀결될 수밖에 없었던 것은 외부의 적에 의해서라기보다는 과격주의자들이 폭력에 호소해서 사회를 개조하려고 했기 때문이라고 비판했다는 것은 크게 놀라운 일이 아니다.[22]

또한 오웬은 정치력에 의존한 사회개혁의 무용성을 역설했다. 중산층 이상의 남성들에게만 선거권을 부여한 1832년의 선거법 개정안이 노동자들에게 심각한 배신감과 환멸감을 심어 주었던 것과 대조적으로, 오웬은 정치력에 의지한 사회개혁의 허구성을 이미 숙지하고 있었다. 그에게는 의회가 노동자들의 생활 향상을 입법보다는 '이해할 수 없는 주제'에 관해 불필요한 논쟁을 일삼는 '대중적인 장난감(popular bauble)'에 지나지 않았던 것이다.[23] 그 대신 오웬은 노동조합이 모든 생산조직의 중심이 되고, 이런 조합들의 대연합이 결국은 국가를 평화적으로 대체할 수 있다고 희망했다. 노동조합을 자신들의 권익 보장을 위한 정치적 거점으로 활용하려는 1830년대 영국 노동자들과 오웬의 사고방식에는 메울 수 없는 큰 간격이 있었던 것이다.

유토피아 사회주의자로서 오웬의 특징과 한계는 그가 전반기의 공리주의적 박애사상을 후반기의 노동조합 운동가로서의 전략과 조화시키지 못했다는 데에 있다. 톰슨의 지적처럼, 교육과 환경의 중요성을 강조했던 계몽주의자로서의 오웬은 노동운동의 지도자로서 거듭나지 못하고 정치권력의 실체로부터 '치명적으로 도피'했다. 뿐만 아니라, 그는 사유재산권 문제에 대한 본인의 무관심도 스스로 극복하지 못했다.[24] 어쩌면 사회 박애주의자로서의 오웬은 자신의 자발적인 선택에 의해서가 아니라 상황의 포로로서 영국 노동운동의 소용돌이에 던져졌던 인물이었다고 동정적으로 평가할 수 있는지도 모른다.

2. 부르주아 산업주의의 전도사 : 생시몽

세 명의 유토피아 사회주의자들 가운데 가장 연장자인 앙리 드 생시몽(Comte Claude Henri de Rouvroy de Saint-Simon, 1760~1825)은 뼈대 있는 귀족가문의 피를 이으며 파리에서 태어났다. 17세 때 왕실의 초급장교로서 세상살이를 시작한 그는 프랑스 정부가 파견한 지원병으로 미국 독립전쟁에 참전하기도 했지만, 단순한 장교생활에 싫증을 느껴 20대 중반에 군을 떠났다. 프랑스혁명 기간 동안에는 혁명정부가 접수한 성직자와 망명귀족들의 재산에 투기하여 상당한 금전적 이익을 축적했다. 공포정치 기간 중 반혁명분자로 체포되었던 그는 요행히 기요틴의 칼날을 피해 로베스피에르의 몰락과 함께 석방되었다. 그 후 호사스러운 사교파티와 낭비생활을 일삼아 무일푼의 신세가 된 생시몽은 한때 자신의 하인이었던 사람에게 기탁해 의식주를 해결해야 하는 처량한 지경에 이르게 된다. 우연인지 필연인지는 모르겠지만, 사회개혁을 위한 생시몽의 열정과 관심은 그가 일상생활의 고통과 가난함 속에서 헤매이던 시절에 꽃을 피우게 된다. 1803년에 본격적인 첫 저서인 《제네바의 한 주민이 당대인들에게 보내는 편지》(*Lettres d'un habitant de Genève à ses contemporains*)를 발표한 이래, 그는 역사·철학·경제·정치·종교·예술 등에 관한 글들을 꾸준히 저술했다. 그러나 당시대인들의 냉담한 무관심에 크게 실망한 생시몽은 심한 우울증 증세로 1814년경에는 잠시 정신병원에 입원하기도 했다. 1823년에 권총자살을 시도했으나 실패하고, 1825년에 숨을 거두게 된다.

생시몽이 남긴 지적 유산은 파란만장한 그의 인생의 역정에 버금갈 만큼 풍부하고 귀중한 것이었다.[25] 그는 실증주의, 계급갈등, 정부의 소

멸, 인간의 착취 등의 개념을 최초로 정립했을 뿐만 아니라, 유럽의 연
방주의적 재조직, 사회신학, 참여문학 등에 선구적인 의견을 제기했다.
그의 다양한 사상 가운데에도 유토피아 사회주의자로서 생시몽의 진면
목이 잘 드러나는 두 가지 사상—사회조직론과 산업주의—에 대하여
초점을 맞춰 살펴보자. 전자가 앙시앵 레짐의 붕괴에 따른 정치적 아
나키, 사회질서의 해체, 가치관의 공백 등을 극복하려는 방안이었다면,
후자는 새롭게 형성된 사회조직을 바탕으로 달성할 미래의 목표를 규
정한 것이었다.

생시몽이 천명한 사회 재조직의 제1원칙은 유용한 작업에 종사하
는 사람들의 조화와 연합으로서의 사회를 구성하는 것이었다.[26] 이 원
칙에 따라 그는 사회구성원들을 크게 생산자(les producteurs)와 무위도
식자(les oisifs)의 두 부류로 구분했다. 전자의 범주에는 물질의 생산과
정에 직접 참여하는 기술자·노동자·농부는 물론 사회의 생산력 향상
에 간접적으로 기여를 하는 사람들, 예를 들면 과학자·기업경영주·산
업을 심정적으로 장려하는 예술가 등도 포함된다. 후자의 범주에는 토
지·유산·이자 등에 의존하여 일을 하지 않고 사회에 기생하여 생존해
가는 사람들로 귀족·정치관료·군인 등이 포함된다. 만약 프랑스가 유
능한 수백 명의 과학자·엔지니어·건축가·제조업자·예술가 등을 일시
에 잃는다면, 프랑스는 순식간에 생기 없는 시체가 될 것이며 이를 보
충하기 위해서는 한 세대 이상이 걸린 것이라고 생시몽은 예측했다.
이에 비해 만약 프랑스가 왕의 친인척·행정각료·고위성직자 등을 잃
는다 하더라도 이 사건은 국가의 장래와 발전에 중대한 결과는 동반하
지 않는다고 그는 단언했다. 왜냐하면 이들은 사회의 "회반죽과 겉치
장"에 불과한 인물들로 새로운 사회건설에는 쓸모있고 핵심적인 역할
을 기대할 수 없기 때문이다.[27]

생시몽이 주창한 사회 재조직의 제2법칙은 "가장 다수의 가장 가
난한 사람들(la plus nombreuse et la plus pauvre)의 물질적, 지적, 도덕적
향상"이라는 대명제로 요약된다.[28] 정치개혁, 경제정책, 교육제도 등의

지향점이 사회구성원의 대다수를 차지하지만 가장 빈곤하게 살아가고 있는 사람들의 복지와 계몽을 도모하는 방향으로 집결되어야 한다는 것이다. 여기서 유의해 할 점은 생시몽이 민중들의 경제적 어려움뿐만 아니라, 지적인 무지함과 정서적이며 도덕적인 황폐함의 교정도 염두에 두었다는 것이다. 이를 위해 생시몽은 무지한 대중들을 위한 전문적인 직업교육뿐만 아니라, 건전한 교양인과 시민으로서의 필요한 역사교육과 정서교육이 균형있게 병행되어야 한다고 강조했다. 이를 위해 그는 예술가·종교인 등이 앞장서서 새로운 사회질서에 합당한 새로운 인간관계의 형성, 상호 이해의 증진 등을 위해 노력해 줄 것을 당부했다.

생시몽이 주창한 사회 재조직의 세번째 원칙은 능력에 따른 사회편성이다. 선천적인 개인 능력의 불평등을 당연한 것으로 생각한 그는 절대적인 평등이 보장되는 사회가 아닌, 다른 재능을 가진 인간들이 제각기의 사회적 책임과 과업을 수행하면서 유기적으로 연대된 피라미드형 사회를 이상적으로 그렸다.[29] 자신의 재능에 맞지 않는 일자리에 배치된 개인은 그 자신을 위해서도 불행한 일일 뿐만 아니라, 사회 전체의 능률적 생산력이라는 측면에서도 낭비라고 생시몽은 확신했다. 자연발생적인 능력의 차이에 근거한 복종은 굴욕이 아니라, 자신을 한 단계 위로 도약시키기 위한 사랑의 다른 이름이라는 것이 생시몽의 논조였다. 능력에 따른 사회구성을 지지한 생시몽은 특히 (과)학자(savants), 산업주의자(industriels), 예술가(artistes) 등의 세 그룹을 사회발전의 선도자로 추앙했다. 과학자가 사회에 유용하게 응용될 수 있는 자연법칙을 탐구하고 발견하면, 산업주의자는 과학자가 축적해놓은 지식을 구체적으로 응용하여 사회의 물질적 향상을 도모하고, 예술가들은 인간의 감성에 호소하여 개인이 이기적인 사고방식을 버리고 상호 조화로운 생활을 영위하도록 도와줄 수 있는 윤리적 지도자이다.[30] 이 세 그룹의 역할을 인간의 신체에 비유하면 각각 머리·팔-다리·가슴에 해당하는 것으로, 과학자는 지식을, 산업주의자는 힘과 동력을, 예술가·종교인은 감정의 영역을 전담하면서 사회구성의 완벽한 '삼위일체'를 이룰 수 있다고 생시몽은 확신했다.

위와 같은 여러 원칙에 입각한 새로운 사회구성 후에 생시몽이 궁극적으로 달성하고자 한 목표는 무엇이었을까? 그것은 바로 기존의 낡은 이데올로기인 자유주의를 자신이 고안한 새로운 이데올로기인 산업주의(industrialisme)로 대체하는 것이었다. 생시몽의 설명에 따르면, 자유주의란 용어는 감상적 질서, 혁명적 변혁, 정치적 패배주의 등과 같은 3가지의 부정적 이미지를 연상시키므로 새 시대의 이데올로기로는 적합하지 않다. 1789년 혁명주의자들이 보편적인 구호로 외쳤던 '자유'라는 개념은 사회 발전단계의 한 결과였지 그 자체가 새로운 시대의 목표가 될 수 없다고 생시몽은 생각했다. 새 시대의 진정한 자유란 자신이 원한다는 이유로 외부로부터의 방해가 없는 고립을 즐기는 것이 아니라, "연대를 위해 유용한 실제적이거나 정신적인 능력을 계발하는 것"을 의미했다.[31] 그러므로 생시몽은 정치적 혼란과 정당의 슬로건에 지나지 않는 추상적인 자유주의라는 용어 대신에 실질적인 목표를 지향하는 산업주의가 새로운 시대의 헌장이 되어야 한다고 역설했다.

그러면 산업주의란 무엇일까? 그것은 한마디로 말하면, 사회공익에 가장 많이 공헌하면서도 사회로부터 가장 적게 혜택을 받는 계층의 사람들이 합심하여 사회의 절대적인 생산력을 증대함으로써 빈곤에서 야기되는 각종 사회문제를 해결하자는 사상이다. 좀더 구체적으로 말하면, 산업주의란 "생산하기 위하여 노동하거나 혹은 사회의 여러 구성원들에게 물질적 욕구를 충족시키는 수단을 제공하는" 산업자들이 산업사회 수립이라는 구체적이고 실제적인 활동을 추구하는 것을 의미한다.[32] 자유주의가 추상적이고 파괴적인 목표를 지향한다면, 산업주의는 구체적이고 건설적인 목표를 지향한다. 또한 산업주의의 발전은 빈곤, 게으름, 무지, 사회적 무질서 등 프랑스혁명이 물려준 모든 사회악을 제거할 수가 있을 뿐만 아니라, 각기 다른 능력을 가진 구성원들이 생산이라는 공동이익을 향해 매진하도록 장려함으로써 계층간의 갈등도 제거할 수 있다고 생시몽은 부언했다. 위와 같은 생시몽의 논지가 당시의 신흥 기업가나 공장주들로부터 환영을 받게 되는 것은 당연하다. 산업발전과 생산력 증대를 고무하고 지지한 생시몽은 19세기 초엽에 등장하는 신흥 부르주아 계층의 이데올로기적 대변자와 다름이 없었기 때문이다.

한 걸음 더 나아가서, 생시몽은 산업주의라는 대명분의 달성을 위해 기존 정치질서의 파격적인 개편을 요구했다. 미래사회에서는 다양한 능력과 재능을 가진 사회 구성원들을 생산력 증대라는 대명제 아래 가장 효율적으로 배치하여 경영하는 재능을 갖춘 사람이 진정한 지도자가 되어야 한다. 그러므로 군림한다는 의미에서의 정치적 행위는 설 자리가 없다는 것이 생시몽의 전망이었다.[33] 왜냐하면 새로운 사회에서는 국가 전체가 하나의 거대한 생산조직이 되기 때문에 정치가와 관료보다는 유능한 기획자·조직자·경영자가 절대적으로 요구되기 때문에 고전적 의미에서의 국가개념은 자연적으로 소멸하게 되는 것이다. 이런 관점에서 생시몽은 대산업자로서의 은행가의 역할에 주목했다. 자본의 유용한 분배와 재정적 투자의 우선 순위를 결정하는 데에 특별한 재능과 계획성을 가진 은행가가 기존의 정치인들을 대체할 것이라고 그는 기대했다. 이와 같이 정치를 '생산의 과학'과 동일어로 규정한 생시몽의 사상은 19세기 전반기의 정치적 담론에는 전혀 낯선 테크노크라시의 출현을 예견했다고 하는 학자들의 평가는 큰 과장이 아닌 것이다.[34]

3. 부르주아 문명의 이단자 : 푸리에

초기 사회주의자들 가운데서도 가장 몽상적이고 괴팍한 성격의 소유자였던 샤를 푸리에(Charles Fourier, 1772~1837)는 부유한 상인의 아들로 태어났다. 아버지 직업에 대한 선천적 혐오감을 가지고 있던 그는 불행히도 자신마저도 상업에 평생 종사하게 된다. 리옹서 자라난 그는 스무 살이 되기 전부터 상업조수, 은행 임시직원, 세일즈맨 등의 직업을 전전하면서 평생을 독신자로 가난하게 살았다. 어릴 적부터 위대한 학자들이 쓴 난해한 철학서나 도덕서를 경멸한 푸리에는 정규교육을 받지 않고 그 대신 자신이 몸담았던 시장바닥에서 현실의 모순과 세상의 이치를 깨우치게 된다. "나는 상업의 현장에서 태어나고 교육받았다. 상업세계의 비행을 내 눈으로 직접 목격했기 때문에 풍문에 근거해 현실을 그리는 도덕주의자들과는 나는 근본적으로 다르다"라고 스스로 현실주의자임을 자처했다.[35]

푸리에가 산업사회의 모순과 병리의 비밀을 깨닫게 되는 계기는 1798년 어느날 파리로 출장을 가서 목격한 우연한 사건 때문이었다. 파리의 어느 식당에 들른 그는 사과 하나의 가격이 자기 고향에서의 사과 백 개의 가격과 동일하다는 것을 발견하고 크게 놀란다. 지역에 따른 사과 가격의 엄청난 차이를 목도한 푸리에는 산업 메커니즘 아래 황당하게 잘못된 무엇인가에 의해 사회가 지배되고 있음을 깨닫게 된다. 이 사건은 보잘 것 없는 점원에 지나지 않았던 그가 사회운행의 새 법칙을 발견한 '사회사상의 콜럼버스'로 다시 태어나는 계기가 되었다. 인류의 운명은 4개의 유명한 사과에 의해 바뀌었고, 자신의 손아귀에 마지막 사과를 가지고 있다고 푸리에는 생각했다. 에덴동산에 살던 아담의 사과와 트로이 전쟁의 원인을 제공했던 파리스 왕자의 사과가 인류에게 궁휼과 파괴를 가져다 주었다면, 뉴턴의 사과는 만유인력이라는 운동법칙을 발견하게 해준 고마운 사과이며, 자신이 씨를 뿌리고 추수하려는 또 하나의 사과—제4의 사과—는 인류에게 행복을 보장해 줄 사과라고 푸리에는 주장했다.[36] 이런 확신하에 36세가 되던 해인 1808년에 그는 《4개의 운동과 일반법칙에 관한 이론》(*Théorie des quatre mouvements et des destinées générales*)이란 글을 발표하면서 본격적인 사회개혁가로 등장하게 된다.

그러면 푸리에 자신이 인류의 식탁에 올리기 위해 준비했다는 영양가 있는 사과는 과연 무엇이었을까? 그것은 한마디로 말하면, 인류의 본성과 욕구를 잠재우고 억압한 문명과는 다른 종류의 세계—하모니

의 세계—를 말한다. 에덴시대와 야만시대 등을 거쳐 발달한 문명시대
란 폭력과 교활함, 정치학과 도덕이 지배하는 자연에 역행하는 사회일
뿐이었고, 인류는 이와 같은 괴물을 만들기 위해 3천 년이란 세월을
허비했다고 그는 한탄했다. 푸리에는 기존의 인류문명은 다음과 같은
두 가지 측면에서 특히 인류에게 해로운 유산을 남겼다고 진단했다.

우선 문명은 역설적으로 인류에게 물질적인 풍요로움 대신 다수의
빈곤을 가져다 주었다고 푸리에는 평가했다. 문명의 빠른 진보를 때로
는 뒷걸음을 치는 게 걸음에 비유한 그는, 방향감각의 혼란성과 생산
맹신주의는 강자와 약자, 부자와 가난한 자, 착취자와 피착취자 사이의
간격과 갈등을 조장함으로 풍요에서의 빈곤을 탄생시켰다고 한탄했다.
마치 "의사는 환자들의 열병을 바라고, 건축가는 화재를 환영하며, 유
리장사는 태풍이 유리창을 전파시키는 것을 희구하듯이" 문명화된 사
회는 각 개인들이 자신만의 이익과 안위만을 추구하는 반사회적 갈등
을 조장하여 사회전복의 위험한 조건을 성숙시켰다.[37] 뿐만 아니라, 행
복 그 자체가 아닌 빈 껍데기인 행복의 조건들만을 과시했던 문명화된
사회는 생산활동에 직접 참여하지도 않으면서 이익만을 챙기는 여러
종류의 기생인간들을 양산했다. 기생인간들 가운데서도 푸리에는 특히
상인 부르주아가 문명사회의 모순을 대표한다고 지적했다. 상업자본주
의의 가장 큰 병폐는 그것이 상식과는 전혀 반대개념으로 조직되었다
는 점이다. 직접 생산활동에 기여하지 않는 상인들은 사회의 부속물로
서의 낮은 지위를 차지해야 함이 당연하지만, 생산물의 유통과정을 전
담하는 이들은 제조업자나 경작자 등의 어깨 위에 군림한다. 문명시대
의 새 구호로 등장한 자유경쟁과 자유방임주의의 후원 아래 상인 부르
주아는 독점과 투기라는 수단을 통하여 '상업적 봉건주의'를 구축하기
에 이르렀다고 푸리에는 경고했다.

다른 한편, 물질적인 곤궁함보다도 더 심각한 문명의 또 다른 죄악
은 인류를 감성적 메마름의 포로로 전락시킨 점이라고 푸리에는 지적
했다. 우주가 뉴턴이 발견한 만유인력에 의해 운행되다면, 푸리에가 발

견한 인간사회를 움직이는 법칙은 자신이 원하는 것을 충족시키려는 정념(情念, attraction passionelle)의 법칙 이었다. 그러나 문명사회에서의 도덕심이란 바로 이 본성적인 법칙을 정면으로 억제하기 위한 허울좋은 도구에 불과했던 것이다. 예를 들면 인간이 가진 여러 가지 격정 가운데서도 신이 인간에게 부여해준 가장 고귀하고 신성적인 불길인 사랑은 일부일처제라는 차가운 문명의 도덕률 속에서 질식했다.[38] 한마디로 말하면, 대부분의 사람들이 그들의 욕구, 뜨거운 감정, 민감한 감수성 등을 충족시키지 못한 채 따분함과 욕구불만 속에서 시들어가게 만드는 것이 문명화의 진면목이라고 푸리에는 요약했다.

인류문명을 물질적 빈곤과 감성적 억압의 결과로 요약한 푸리에는 이 단계를 뛰어넘는 (인류발전의 마지막 단계인) 하모니 세계의 모델을 제시했다. 이것이 바로 푸리에의 이름과 떼어놓고 생각할 수 없는 팔랑스테르(Phalanstère)였다.[39] 팔랑스테르는 대략 1,700~1,800명의 각기 다른 개성·욕망·재능을 가진 남녀노소로 구성된 농업 중심의 자급자족적 공동체로 이 안에 거주하는 모든 구성원이 원하는 모든 것이 보장되는 신나는 신세계였다. 푸리에가 생각한 문명사회의 가장 심각한 문제점이 도대체 무엇이며, 이것들이 어떤 방법으로 해결되는지 알아보기 위해서 팔랑스테르 내에서의 생산·생활·분배 등의 과정을 구체적으로 살펴보자.

팔랑스테르의 지상목표는 인간의 노동을 유쾌한 유희로 전환시키는 것이었다. 산 입에 거미줄이 치지 않도록 먹고 살기 위해 억지로 행해지는 문명사회의 노동과는 달리 팔랑스테르에서의 노동은 개개인의 취향·천성·재능에 잘 부합되도록 고안되었다. 만약 모든 노동이 원죄적 저주가 아닌 노동자에게 매력적인 소일거리가 될 수만 있다면, 모든 사람들은 자아와 개성의 적극적인 표현의 수단으로 노동을 스스로 선택하게 될 것이라고 푸리에는 확신했다. 단순한 반복, 육체적 피곤, 굴욕감, 욕구불만 등 문명사회에서 행해지는 노동의 부정적 이미지를 교정하기 위한 각가지 대안이 팔랑스테르에서 실시되었다. 단일 직종에 대한 작업을 산업체제의 심각한 악으로 규정한 푸리에는 반복적 작업에 따른 지루함을 덜어주기 위하여 작업 종류를 일정한 시간마다 교체하도록 규정했다. 또한 나이·빈부·성격·교육정도 등에 관계없이 각 개인은 좋아하는 작업의 선호도에 따라 세분된 소그룹인 작업조에 소속되어 공동작업을 하도록 장려되었다.

노동의 강제성과 권태로움에서 해방된 팔랑스테르의 주민들에게는 적극적인 소비와 레저생활이 마련되었다. 모든 주민은 하루 다섯 끼의 식사를 즐겼고, 대식주의(Gormadism)도 건강과 지혜의 원천으로 허용되었다. 또한 소비의 즐거움에서 소외되는 사람이 한 명도 없게 하려는 세심한 배려로 최저생계보장 제도(minimum social)가 실시되어, 가장 가난한 사람에게도 12가지의 국, 12가지의 빵, 12가지의 포도주 등 기본적인 의식주가 조건없이 제공되었다. 음식 섭취에 대한 푸리에의 특별한 관심은 함께 어울려 하는 풍요로운 식사시간은 남녀노소가 음식을 매개체로 하여 담소하며 서로서로를 알아가는 사회성 함양의 좋은 기회로 생각한 것을 반영한 것일 수도 있다.[40] 팔랑스테르에서는 비록 빈부에 따른 계급은 여전히 존재하지만, 최저생계보장 제도 덕분에 다른 계급들 사이에 질투, 음모, 라이벌 의식 등이 존재할 여지가 없다. '부자가 존재하기 위해서는 많은 가난뱅이들이 필연적으로 존재해야 한다'는 문명사회의 진리 아닌 진리는 더 이상 설득력을 잃고 그 대신 '부자가 행복하기 위해서는 가난한 자들이 점진적인 평안함을 향유해야 한다'는 새로운 가치관이 팔랑스테르를 지배하게 된다.[41]

팔랑스테르는 노동의 기쁨과 먹고 마시는 기쁨 외에도 또 다른 인간의 중요한 기본욕구인 촉각의 기쁨도 충족시키도록 고안되었다. 모든 인간은 파피옹, 즉 나비처럼 이꽃 저꽃을 찾아다니는 본능을 가지고 있다고 진단한 푸리에는 개인이 다수의 성적 파트너를 제한없이 선택할 권리가 있다고 인정했을 뿐만 아니라, 동성애를 포함한 모든 종류의 비전통적인 성행위를 자연스런 것으로 옹호했다.[42] 뿐만 아니라 추남추녀, 노인, 장애자 등 신체적인 이유 때문에 성적 박탈감에 빠질 가능성이 많은 사람들에게 최소한의 성적 충족감을 보장하는 것을 직무로 하는 여러 종류의 '사랑의 배달부'들이 팔랑스테르에 예비되었다. 중요한 점은 성의 자연스런 향연은 노동에서 일탈한 사적인 쾌락이나 여흥이 아니라, 노동의 원천이며 주민 전체의 동질성과 공동체 의식을 강화시켜주는 묘약으로 인식되었다는 사실이다.

스스로 팔랑스테르의 가장 중요한 문제라고 불렸던 분배의 원칙에서 유토피아 사회주의자로서의 푸리에의 특색이 가장 잘 나타난다. 개인의 소유욕을 생산력 증대의 가장 중요한 조건으로 인정한 푸리에는 '임금노동자들을 어떻게 공동소유주 내지 공동 투자자로 전환시킬 것인가' 하는 문제가 정치경제가들에게 던져진 화두라고 보았다. 이 문제와 관련해 그가 제시한 해결책은 "모든 개인은 자본·노동·재능 등의 세 가지 카테고리에 의해 보상된다"라는 원칙이었다. 다시 말하면 팔랑스테르의 모든 구성원들은 피고용인의 자격으로 고정적인 임금을 받는 것이 아니라, 파트너나 공동출자자의 자격으로 이익에 따른 변동적인 배당을 받는 인센티브를 향유하는 것이다.[43] 또한 모든 구성원들은 그들 작업의 필요성·효용성·쾌락성의 또 다른 세 가지의 기준에 따라 최종적인 보상을 받게 된다고 그는 첨부했다. 다시 말하면 팔랑스테르 구성원들은 공동체 안에서의 생산활동의 종류·조건·기여도 등에 따라서 제각기 다른 보상을 받는 것이다. 예를 들면, 동물을 죽여야만 하는 작업상의 피비린내 나는 고통을 감수해야 하는 푸줏간 일이나 병자나 어린이를 돌보아야 하는 쾌적하지 못한 작업은, 꽃 가꾸기나 사랑의 노동과 비교해 좀더 상대적으로 높은 보상이 주여져야 한다고 푸리에는 규정했다.[44]

위와 같은 신나는 신세계의 설계사로서 푸리에가 사회주의 전통 수립에 공헌한 유산은 무엇인가? 무엇보다도 그는 노동의 본질이 인간의 욕구 충족이라고 주장한 선각자였다. 산업시대 초기에 박탈감, 고용불안, 욕구불만 등의 육체적 정신적 직업병에 시달리는 노동자들에게 노동은 놀이와 같이 즐겁고, 정신적 충족감과 자아완성의 길이 될 수 있다는 위안감을 푸리에는 제공해주었던 것이다. 뿐만 아니라, 차별적 보상제도와 노동자의 인센티브를 보장함으로써 산업심리학의 현대적 모델을 그가 예시했다고 볼 수 있다.[45] 또한 그는 19세기 초반에 이미 물질적 생산에 우선되는 소비의 기쁨과 정신적 충족감을 강조했다. 팔랑스테르 주민들의 목표는 맹목적인 생산력 향상에 있는 것이 아니라, 풍족한 소비와 레저생활이 보장해 주는 행복의 추구였다. 그리고 이 행복 추구의 권리에서 사회적 주변인들—노인·어린이·여성·가난한 자—가운데 누구 한 명도 소외되지 않았다. 이런 푸리에의 파격적인 신세계 모델을 당대인들이 이해하지 못한 것은 물론 심지어는 그를 미치광이로 취급을 했다면, 그는 불행히도 시대를 앞서 살았던 잘못이 있다. 20세기 말에 와서야 뒤늦게 우리들은 그를 '행복의 철학가', '미래의 모랄리스트'라는 관점에서 재발견하게 되는 것이다.[46]

IV. 유토피아 사회주의에 대한 재평가

위에서 간략히 정리해본 것처럼 오웬·푸리에·생시몽에 의하여 제시된 유토피아 사회주의의 유형들은 강조점, 구체적 실천 방법론 등에서 몇 가지 다른 점을 보인다. 사회악의 근원이 열악한 사회환경, 작업환경이라고 생각한 오웬은 인간 자체보다는 그를 둘러싼 환경의 개선에 역점을 두었다. 능력에 기초한 사회조직의 재구성을 통한 생산력 극대화는 가장 다수의 가장 가난한 사람들을 구원해줄 것이라고 생시몽은 확신했다. 프로이트(Sigmund Freud, 1856~1939)처럼 인간 본능의 인위적 억제가 인류문명의 본질이라고 생각한 푸리에는 잠재된 인간 본연의 욕구 발산이 행복의 기초라고 강조했다. 푸리에가 전(前)산업주의적 농경생활을 이상향으로 생각했다면, 오웬과 생시몽은 미래의 산업화된 사회를 두려워하지 않았다. 오웬이 종교를 사회분열의 원인으로 비난했다면, 푸리에와 생시몽은 사회조화의 정신적 구원자로서의 종교적 역할을 기대했다. 푸리에가 소비와 여가를 중시했다면, 오웬과 생시몽은 무한한 생산력을 지상목표로 삼았다.

위와 같은 몇 가지 상이점에도 불구하고, 유토피아 사회주의의 다양한 유형들이 공유하는 다음과 같은 세 가지의 공통점에 주목할 필요가 있다. 첫째, 유토피아 사회주의는 르네상스 이후 근대성이라는 이름의 동의어처럼 팽창해오던 개인주의라는 홍수의 위험수위를 예리하게 경고한 사회적 비판의 담론이었다. 산업혁명과 프랑스혁명을 전환점으로 해체되는 전통사회 질서의 틈바구니로 범람하는 천박한 개인주의, 자유방임적 생존경쟁을 극복하고 함께 사는 사회를 유토피아 사회주의는 모색했다. 그러므로 오웬·푸리에·생시몽 등의 저서에서 '협동' '하모니' '연대'라는 유사한 개념들이 반복해서 빈번히 등장하는 것은 결코 우연의 일치가 아닌 것이다. 뿐만 아니라 유토피아 사회주의는 사회 공동체의 건설이 평화적인 방법을 통해서도 가능하다고 진단했다. 파괴, 혁명, 계급갈등 등을 새로운 사회의 탄생을 위한 필요악이 아니라, 오히려 청산되어야 될 대상으로 간주했던 것이다.

둘째, 유토피아 사회주의는 어떤 계층의 인간도 배제되지 않는 보편적이며 총체적인 인간관계의 재정립에 대한 청사진을 제공했다. 노동계급의 빵 문제를 해결하기 위한 제한적인 경제적 담론에 머물지 않고, 어린이·여성·노인 등 사회적 주변인을 포함한 모든 계층 사람들의 자아실현, 자긍심 회복, 행복의 추구를 유토피아 사회주의는 요구했다. 프랑스혁명기에 잠시 고개를 내밀었다가 왕정복구와 함께 잠복기에 들어갔던 여성해방 문제를 19세기 전반기의 보수적인 분위기 속에도 목소리 높여 청구했던 중심인물들이 푸리에를 비롯한 유토피아 사회주의자들이었다는 사실에서 이들이 추구했던 인간해방의 포괄적인 범주를 엿볼 수 있다. 또한 개인의 사유재산을 침해하지 않는 사회를 건설하기 위해 유토피아 사회주의가 노력했다는 것을 우리는 기억할 필요가 있다. 가진 자들(부르주아지)마저도 미래의 동반자로 포용했던 것이다. 개인능력의 차이에 기초한 사회적 계서 제도를 옹호했던 생시몽의 주장을 그가 지녔던 엘리트적 편견의 반영이라고 단순히 볼 수는 없다. 오히려 여하한 계층도 희생시키거나 제외시키지 않고 새로운 사회건설에 (예술가와 성직자들도 포함된) 모든 사회구성원들이 유기적으로 동참할 수 있도록 사려 깊게 배려한 안전장치였다고 볼 수 있지는 않을까?

셋째, 유토피아 사회주의는 사회문제 해결을 위해 정치적 만능주의에 의존하지 않았다. 영국 의회를 '대중적인 장난감'이라고 오웬은 경멸했고, 전문적인 경영인들이 국가의 기능을 대신할 수 있다고 생시몽은 확신했다. 군림하는 통치, 강제적인 압박, 비생산적인 권력투쟁 등을 정치의 동의어로 생각했던 이들 유토피아 사회주의자들은 기존 정치제도의 바깥에서 사회문제의 해결책을 찾고자 했다. 비록 실패로 끝나기는 했지만, 오웬과 푸리에가 실험했던 자급 자족적인 공동체 건설은 가부장적 통제와 간섭으로 상징되는 전통적인 정부를 대체할 수 있는 새로운 가능성을 진단했던 시도가 아니었을까? 복지국가의 한계를 극복하고 시민운동단체들이 제시하는 자율적인 기획안과 프로그램을 후원하고 뒷받침만 해주는 '그림자 정부(shadow government)'에 대한 논의가 활발히 전개되는 이 시점에서 유토피아 사회주의자들이 선보였던 탈정치적인 공동체의 모델은 우리에게 많은 점을 시사한다. 오웬이 신대륙에서 실험했던 뉴 하모니 협동촌이나 푸리에의 팔랑스테르는 미래의 자율적이고 자생적인 공동체의 출현을 준비하는 의미 있는 실패였다고 평가할 수 있지 않을까?

위와 같은 몇 가지 특징으로 요약되는 유토피아 사회주의는 과연 추상성과 비현실성이라는 이중적인 원죄에서 완전히 자유로울 수가 있는가? 다시 말하면, 애초부터 마르크스와 엥겔스가 유토피아 사회주의의 근본적인 한계점이라고 지적했던 비과학적인 이론성과 방법론적인 무모함을 오웬·푸리에·생시몽은 과연 극복했는가? 유토피아 사회주의자들이 때로는 냉혹한 현실의 정확한 분석에 미숙한 일면을 노출시켰음을 부정할 수는 없다. 박애주의자였던 오웬이 노동조합의 지도자로서 거듭나지 못했던 것은 1830년 선거법 개정 직후의 노동자들의 불만을 정치적인 세력으로 규합할 수 없었던 안이한 상황판단 때문이었다. 푸리에와 생시몽은 자신들이 가진 미래 건설의 청사진을 실천에 옮기기 위해 대중적인 지지기반을 확보하기보다는 유력한 후원자를 목빠지게 기다렸다. 조직과 운동보다는 힘있고 부유한 개인들의 온정주의에 기대었다.

그러나 다른 한편 유토피아 사회주의자들은 오늘날의 관점으로도 구체적이고 실현가능한 여러 원칙과 모델들을 제시했다. 생산자와 소비자들이 스스로 조합을 결성해 자신들의 권익을 보호할 수 있다는 오웬의 주장은 대안적인 공동체 운동으로 되살아나고 있지 않은가. 능력에 따라 일하고 노동에 따라 분배한다는 생시몽의 약속은 능력에 따라 일하고 필요에 따라 분배한다는 마르크스의 약속보다 더 현실적인 것이 아닌가. 노동자들도 자신들이 투자한 자본에 따라 공동출자자의 자격으로 변동적인 보상을 받을 수 있다는 푸리에의 생각은 피고용인 사주(社主)운동으로 이미 실천되고 있지 않은가.

이와 같이 현실성과 비현실성, 추상성과 구체성이라는 두 가지의 상반된 성격을 동시에 지닌 유토피아 사회주의를 우리는 어떻게 평가할 수 있을까? 만약 진정한 사회주의가 사유재산의 국유화를 전제로 한다면 유토피아 사회주의는 이 범주에서 제외되어야 한다. 오웬·생시몽·푸리에 등은 사유재산과 유산제도뿐만 아니라 사적인 자본의 사회적 유용성을 인정했기 때문이다. 또한 만약 사회주의가 자본주의 체제의 필연적인 붕괴를 목적으로 하는 이데올로기라면, 유토피아 사회주의는 역시 이 범주에도 해당되지 않는다. 왜냐하면 오웬·푸리에·생시몽 등이 싸웠던 대상은 당시에는 본격적으로 존재하지도 않았던 자본주의가 아니라, 그 대신 전통적인 구체제에서 산업주의 시대로의 이행기에 팽배했던 맹목적인 이기주의와 비인간주의였기 때문이다. 유토피아 사회주의가 고전적 의미에서의 사회주의에 속하지 않는다면, 우리는 이것을 어떻게 자리매김해야 하는가?

유토피아 사회주의에 대한 재평가는 사회주의 그 자체에 대한 근본적인 재고를 동반하지 않고는 불가능하다. 사회주의란 무엇인가? 유토피아 사회주의는 마르크스와 레닌의 이름으로 대표되는 사회주의와는 다른 종류의 사회주의를 추구했다. 존재했거나 존재하는 대상에 대한 과학적 탐구가 아니라 공간적, 시간적 차원의 저 너머에 있을 수 있는 완벽한 사회에 대한 하나의 이상으로서의 '상상력의 사회주의(socialism of imagination)'를 추구했던 것이다.[47] 만약 오웬·생시몽·푸리에한테서 유토피아주의자라는 꼬리표를 떼어낼 수 없다면 그것은 실현불가능한 공상적인 세계를 꿈꾼 순진한 자들이라는 소극적인 의미에서가 아니라, 현실의 모순을 예민한 안테나로 감지한 자들만이 그릴 수 있는 또 다른 종류 세계의 예언자들이라는 적극적인 의미로 사용되어야 한다. 자본주의라는 허상의 풍차를 향해 돌진했던 돈키호테가 아니라 개인주의라는 적과 영원한 싸움을 멈추지 않은 사회적 비판자였던 것이다. 뒤르켕(Émile Durkheim)이 말한 것처럼, 이들에게 사회주의란 "우리들의 집단적인 질병을 가장 민감하게 느끼는 사람들에 의해 표현되는 때로는 분노를 동반한 슬픔의 외침'에 다름 아니었던 것이다.[48]

유토피아 사회주의를 재발견해야 할 또 다른 까닭은 이것이 소비에트 붕괴 이후의 사회주의 생존에 관한 실마리를 제공해줄 수도 있기 때문이다. 동유럽권 사회주의의 붕괴는 사회주의의 종말이나 위기가 아니라 오히려 '현실 사회주의'의 간섭과 속박에서 벗어나 사회주의의 미래를 자유롭게 토론할 수 있는 좋은 기회이기도 하다. 다시 말하면, 폭력적 혁명, 집단농장, 비밀경찰, 일인·일당독재, 전체주의, 경제적 낙후 등의 부정적 이미지로 오염되었던 동유럽권 사회주의의 몰락은 이전에 부당하게 대접받았던 유토피아 사회주의를 긍정적으로 재검토해야 할 시기가 성숙했음을 알려준다. 만약 21세기 사회주의가 추구해야 할 중요한 의제가 생태계의 문제, 도덕적 진공상태 등이라면, 자연 친화적(반문명적인) 삶의 회복, 어떤 부류의 인간도 소외시키지 않고 함께 사는 사회를 건설해야 한다는 유토피아 사회주의들의 신념은 여전히 유효한 혹은 더욱 절실한 시대적 과제인 것이다.

빅토르 위고(Victor Hugo, 1802~1885)의 표현대로, '오늘의 유토피아는 내일의 진리'로서 새롭게 태어날 수도 있다는 가능성을 20세기 말 역사적 전환기에 유토피아 사회주의는 묵시적으로 보여주었다.

Ⅴ. 맺음말

필자는 이 글에서 유토피아 사회주의의 역사적 기원·성격·변천·유형·의의 등을 이해하려고 노력했다. 마르크스와 엥겔스는 초기 사회주의자들과 그 추종자들의 사상을 자신들의 것과 이론적으로 차별화하고 세력적으로 견제하려는 의도에서 유토피아 사회주의라는 불명예스런 용어를 적용했다. 이후 한 세기 반 동안이나 유토피아 사회주의는 마르크스·레닌·스탈린주의의 노선에서 이탈한 다른 유형의 사회주의를 경멸하는 의미로 확대, 적용되었다. 그러나 오웬·생시몽·푸리에 등으로 대표되는 유토피아 사회주의 유형들의 분석을 통하여, 마르크스와 엥겔스가 비현실적인 미성숙한 이론이라고 비난했던 바로 그 이유들 비폭력적, 비계급적, 비경제결정론적, 비정치적인 요소들이 오히려 유토피아 사회주의의 생명력을 지탱시켜 줄 수 있는 장점이 될 수 있다고 필자는 강조했다. 그러므로 유토피아 사회주의란 명칭은 더 이상 부끄러운 주홍글씨가 아니라 초기 사회주의자들에게 부여된 떳떳한 훈장인 것이다.

한편 유토피아 사회주의에 대한 새로운 해석이 절실한 까닭은 그것이 사회주의의 처음(사회주의 자체의 새로운 성격규정)과 끝(사회주의의 미래)과 긴밀히 연결되어 있기 때문이다. 사회주의란 자본주의의 종말을 증언해야만 하는 체제적인 이데올로기가 아니라, 어떤 이름의 체제 아래에서도 상존하고 있는 일상생활 속에서의 황금만능주의, 야비한 개인주의 등을 경계하기 위한 도덕적인 고발이었다.

물론 마르크스-레닌주의가 남긴 잿더미 속에서 새롭게 부활해야 할 유일한 대안이 유토피아 사회주의가 되어야 한다고 단정적으로 주장할 수는 없을지도 모른다. 그러나 현실 사회주의의 붕괴가 남긴 비판적 공백을 유토피아 사회주의의 재발견을 통해 메울 부분은 없을까? 그것이 가능하다면, 마르크스와 엥겔스에 의해 쓰여졌던 사회주의 '교과서'의 결론부분은 유토피아 사회주의자들에 의해 다음과 같이 고쳐 쓰여질 수도 있지 않을까? '지구촌의 모든 이웃들이여 마음의 빗장을 열어라. 잃을 것은 이기심뿐이요, 얻을 것은 모든 것이다.'

주

1) 마르크스와 엥겔스가 지은 《공산당 선언》(1848) 귀절에 대한 지은이의 패러디.
2) Leszec Kolakowski & Stuart Hampshire ed., *The Socialist Idea : A Reappraisal* (New York, 1974), Introduction, p. 15.
3) 에릭 홉스봄, 〈잿더미로부터〉. 로빈 블랙번(Robin Blackburn) 편저, 《몰락 이후 : 공산권의 패배와 사회주의의 미래》, 김영희 외 역(창작과비평사, 1994), p. 286 &. p. 290.
4) 이와 관련한 상세한 토론은 최갑수, 〈사회주의〉, 김영한·임지현 편, 《서양의 지적 운동-르네상스에서 포스트모더니즘까지》(지식산업사, 1994), pp. 126~134 참조.
5) G. D. H. Cole, *Socialist Thought : The Forerunners, 1789~1850*(London, 1962), p. 19. 서양 사회주의사 이해의 기본 텍스트 가운데 하나인 이 책은 《사회주의 사상사》, 이방석 역(신서원, 1987)으로 출판되었다.
6) '사회주의'라는 용어의 뜻과 근대적인 용례에 관해서는 최갑수, 〈사회주의〉, 《서양의 지적 운동》, pp. 120~121 ; Philip P. Wiener ed., *Dictionary of the History of Ideas : Studies of Selected Pivotal Ideas*(New York, 1973), pp. 288~289 참조.
7) 마르크스와 엥겔스는 《공산당 선언》에서 이들 초기 사회주의자들을 '비판적 유토피아 사회주의(critical-utopian socialism)'의 범주에 넣었다. 엥겔스는 그후 〈유토피아적 사회주의와 과학적 사회주의〉(Socialism : Utopian and Scientific, 1880)라는 논문에서 초기사회주의자들을 '유토피아 사회주의자'로 다시 가름했다.
8) 서양 유토피아주의의 기원·유형·성격 등에 대해서는 김영한, 〈유토피아주의〉 《서양의 지적 운동》, pp. 5~46 참조.
9) 마르크스와 엥겔스의 초기 사회주의자들에 대한 이중적인 평가의 근거와 내

용은 최갑수, 〈초기 사회주의에 대한 재검토〉, 한국서양사학회 학술대회(수원대학교, 1991년) 발표요지문 《사회주의 운동의 역사적 변천》, pp. 45~61에 잘 요약되어 있다. 좀더 상세한 토론은 Hal Draper, *Karl Marx's Theory of Revolution : Critique of Other Socialisms*, vol. Ⅳ(New York, 1990), pp. 1~21 참조.

10) Draper, *Critique of Other Socialisms*, op. cit., p. 13 &. p. 17.

11) Vincent Geoghegan, *Utopianism and Marxism*(London, 1987), p. 134.

12) *Ibid.*, p. 135.

13) Ruth Levita, *The Concept of Utopia*(Syracuse, 1990), p. 55.

14) Herbert Marcuse, *Eros and Civilization : A Philosophical Inquiry into Freud*(Boston, 1955), p. 150.

15) Martin Buber, *Paths in Utopia*(Boston, 1958) tran. by R. F. C. Hull, 특히 p. 1~23 참조.

16) 마르크스와 엥겔스의 저작물에 대한 비교적 풍부한 출판과 비교해 유토피아 사회주의자들의 저작은 불행히도 국내에 매우 빈곤하게 소개되어 있다. 오웬의 〈사회에 관한 새 견해〉, 생시몽의 〈산업자의 정치적 교리문답〉, 푸리에의 〈산업적 협동사회적 새 세계〉 등 세 편의 저술이 《사회에 관한 새 견해》(이문창 역, 형설출판사, 1983)라는 제목으로 출판되었을 뿐이다.

17) Owen, "A New View of Society : Essays on the Formation of Character" in *A New View of Society and Other Writings*(London, 1927), p. 45.

18) *Ibid.*, pp. 85~86.

19) Owen, "Report to the Country of Lanark",(1821) *Ibid.*, p. 288.

20) Owen, *The Life of Robert Owen by Himself*(1857) in A. L. Morton, *The Life and Ideas of Robert Owen*(New York, 1978), p. 93 & p. 96.

21) Owen, *Ibid.*, p. 146.

22) Owen, "Revolution by Reason"(1840), in *Morton, op.cit.*, p. 159.

23) *Ibid.*, 160~161.

24) E. P. Thompson, *The Making of the English Working Class*(New York, 1966), p. 780.

25) 생시몽의 사상에 대한 국내의 연구논문은 최갑수, 〈생시몽의 사회사상—자유주의에서 사회주의로의 이행〉, 서울대학교 박사학위논문(1991) 참조.

26) Saint-Simon, "Declaration of Principles" in *Selected Writings on Science, Industry and Social Organization*(New York, 1975). trans. and ed. by Keith Taylor, p. 158.

27) Saint-Simon, "A Political Parable"(1819), *Ibid.*, pp. 194~196.

28) Saint-Simon, "The Artist, the Scientist, and the Industrial : Dialogue (1825)." *Ibid*, p. 303.

29) Saint-Simon, "On Social Organization"(1825), in *Social Organization, the Science of Man and Other Writings*(New York, 1964). trans. and ed. by Felix Markham, pp. 79~80.

30) Saint-Simon, "Fragments on Social Organization"(1825), in *Selected Writings, op. cit.*, p. 267.

31) Saint-Simon, "The Failure of European Liberalism"(1824), *ibid.*, pp. 257~258.

32) *Ibid.*, p. 257. 생시몽은 자신이 '산업주의' '산업자'라는 용어 자체를 만들어냈다고 주장하지만, 실제로 누가 이 두 용어를 처음으로 사용했는지에 관해서는 결론없는 논쟁만이 있다. Frank E. Manuel, *The New World of Henri Saint-Simon*(Notre Dame, 1963), p. 189 참조. 생시몽의 정의에 따르면 산업자들의 범주에는 직접 생산활동에 참여하는 농민·직공은 물론 생산품의 공급을 도와주는 상인·선원 등도 포함된다.

33) Saint-Simon, "On the Replacement of Government by Administration"(1820), in *Selected Writings, op. cit.*, p. 209.

34) Keith Taylor, *The Political Ideas of the Utopian Socialism*(London, 1982), p. 55 ; Jean-Christian Petitfils, *Les Socialismes utopiques*(Paris, 1972), p. 71.

35) Frank E. Manuel & Fritzie P. Manuel, *Utopian Thought in the Western World*(Cambridge, 1979), p. 643에서 재인용.

36) Charles Fourier, *Design For Utopia : Selected Writings of Charles Fourier*(New York, 1971). trans by Julia Franklin. Frank Manuel이 서술한 Introduction에서 재인용, pp. 16~17.

37) Fourier, "Of the Vices of Civilization" in *Design For Utopia, op.cit.*, pp. 86~88.

38) Jonathan Beecher &. Richard Bienvenu tran. & ed., *The Utopian Vision of Charles Fourier : Selected Texts on Work, Love, and Passionate Attraction*(Columbia, 1983), pp. 332~333.

39) '팔랑스테르'라는 이름은 푸리에 자신이 임의로 만든 신조어인데 고대 그리스에 존재했던 밀집전투대형인 'phalanx'에서 그가 힌트를 얻었다는 주장이 있다. Albert S. Lindemann, 《서양 사회주의의 역사》, 오주환·진원숙 역(경북대학교 출판부, 1993), p. 66. 원제는 *History of European Socialism*(1983).

40) Jonathan Beecher, *Charles Fourier : The Visionary and His Work*(Berkeley, 1986), p. 252.

41) Fourier, "Of the Fusion of Classes" in *Design For Utopia, op.cit.*, pp. 201~202.

42) 오늘날의 관점에서도 과격하고 자유분방한 그의 연애론 때문에 성과 관련된 푸리에의 저술들은 1967년에야 비로소 출판되었다. 그의 퇴폐적 성적 취향이

'새디즘'의 이름을 낳았던 사드(Maquis de Sade, 1740~1814)의 영향력 때문이
라는 견해도 있다.

43) Fourier, "Distribution" in *Design For Utopia, op. cit.,* p. 181, 183, & pp. 188~
189. 좀더 세부적으로 살펴보면 팔랑스테르에서의 전체 이익은 12분의 5의 비율
은 노동에, 12분의 4의 비율은 자본에, 12분의 3의 비율은 재능의 투자에 따라
각각 배당된다.

44) *Ibid.,* p. 184.

45) Beecher, *op.cit.,* p. 291.

46) Nicholas V. Riasanovsky, *The Teaching of Charles Fourier*(Berkeley, 1969),
p. 241.

47) Paul Hollander, "The Socialism of the Imagination : Its Mystique and
Prospects." *Modern Age* vol. 34, No. 1(Fall 1991) p. 28. 이 저널에는 '사회주
의의 미래(On the Future of Socialism)'라는 제목의 지상 심포지움이 개최되
어 총 8편의 관련 논문들이 게재되었다.

48) Emile Durkheim, *Socialism and Saint-Simon*(Yellow Springs, Ohio, 1958).
Charlotte Sattler tran., pp. 5~7. 원제는 *Le Socialisme*(1928).

마르크스주의
Marxism

유 재 건

I. 머리말

　다른 모든 '주의(ism)'가 그렇듯이 마르크스주의 역시 한마디로 정의하기는 쉽지 않다. 그것은 말 그대로 마르크스 사상의 정신을 계승하는 일단의 사상과 운동을 지칭하는 것이겠지만, 그러한 마르크스주의가 지금껏 다양다기한 독자적인 이론체계들로 확립되어 왔다는 것은 새삼스러운 일이 아니다. 자본주의의 계급적 착취와 지배로부터의 해방을 추구한 마르크스의 사상은 20세기 내내 수많은 사람들의 지적 도덕적 영감을 일깨우는 원천이었고 실천적 정치이념으로 큰 영향력을 발휘해 왔다. 하지만 정치적 입장과 이론적 지향이 전혀 다른 숱한 이론들이 마르크스주의임을 표방해 왔고 그것들이 각기 나름대로 마르크스 사상을 해석하면서 어떤 면들을 계승해온 것만큼은 부인하기 어려운 사실이다. 이제 마르크스주의는 복수(複數)로 존재하는 가운데 자체의 역사를 가지고 있는 것이다.

　무릇 사상이란 단순한 개인적 산물이 아니라 특정한 역사적 관련과 경험 안에서 생성되고 응축된 산물이라 할 수 있다. 따라서 마르크스주의의 역사 역시 사회사의 일부이다. 마르크스주의에서 이 점이 한층 두드러지는 것은 물론 그것이 근대 세계에서 큰 영향력을 지닌 실천적 정치이념이라는 성격 때문일 것이다. 그간 다양한 마르크스주의는 20세기의 변화하는 현실에 대한 창조적 대응을 공언하면서 마르크스의 사상을 재해석해 왔다. 특히 자본주의의 전 지구적 확산 가운데 후진 러시아 혁명의 성공과 서유럽 혁명의 좌절이라는 20세기의 역사적 경험은 이런 재해석을 지속적으로 자극해온 원천 가운데 하나였다. 그러나 이렇듯 새로운 상황에 응대하는 재해석들이 이데올로기적 차원에서 창시자의 진정한 계승 여부를 묻는 적자논쟁의 성격을 띠게 되면 자기 것만 창조적이요 남의 것들은 다 왜곡이자 일탈이라는 아전인수식의 주장으로 귀결되기가 십상이다. 베른슈타인(Eduard Bernstein)도 수정주의를 내세울 때, "마르크스주의 이론의 발전과 완성을 위한 마르크스 이론의 비판"을 자임했으며, 스탈린도 일국사회주의론을 주장할 때 "마르크스는 모든 시대, 시기에 구속력을 갖는 불변의 결론들이나 공식들을 결코 인정하지 않는다. 모든 교조주의는 마르크스주의의 적이다"라고 강조하곤 했다.[1] 그리하여 한편으로는 자기 정당화를 위해 마르크스의 저작을 자자구구 인용하고, 다른 한편으로 자기 생각이 마르크스가 말한 바와 다를 때는 그렇게 인용해 해석하는 반대편을 훈고주의로 몰아세우는 일도 20세기 마르크스주의사에서 흔히 볼 수 있는 일이었다.

이런 정황은 곧 '마르크스주의'가 과연 무엇인가 하는 이른바 정체성 문제를 낳게 한다. 더욱이 마르크스이론을 해석하는 의견차의 심연은 너무 깊어서 그것이 어떤 성격의 이론이고 그 주된 핵심이 무엇인가 하는 데서부터 합의가 없으며 기본 입장에 대해서도 정반대의 해석들이 대립하는 경우를 흔히 볼 수 있다. 예컨대 한편으로 마르크스 이론의 핵심을 변증법적 유물론이라는 철학에서 찾고, 이 철학을 인간사회에 적용한 것이 역사적 유물론이라는 잘 알려진 정통적 견해가 있는가 하면, 다른 한편 "마르크스에게 철학은 관념론적 이데올로기이기" 때문에 "마르크스주의 철학이란 존재할 수가 없다"는 견해[2]도 있는 것이 현실이다. 또한 사회주의 사상이라면 당연히 핵심이 될 생산수단의 소유 문제만 보더라도 대립된 견해가 맞서 있으니, 마르크스가 생산수단의 개인적 소유를 제창하고 공동소유 내지 국유화라는 조야한 공산주의 이념을 비판했다는 최근의 주장을 보면[3] 한층 난감해진다. 또한 역사의 경제결정론이라는 문제를 둘러싼 오래된 논란은 이제 별로 새삼스러울 것도 없을 것이다. 그 밖에도 마르크스 사상의 기본정신을 인간주의에서 찾는 해석과 이론적 반인간주의에서 찾는 해석이 정면 대립해 있고 그 사상의 성격을 역사주의 전통에서 보는 해석에 맞서 반역사주의라 주장하는 해석도 있는 것이다. 이것은 변화하는 현실에서 이론의 역사 자체가 시대의 역사성을 반영하는 데서 오는 것이라 할 수도 있겠지만 다른 무엇보다 마르크스의 사상 자체가 복합적인 데서도 연유하는 것이다.

우선 이 복합성은 마르크스가 그 뒷세대에게 자신의 생각을 어떤 완결된 이론체계로 남겨놓지 않았다는 데서 비롯된다. 그가 젊은 시절부터 죽을 때까지 수없이 반복해서 강조하는 것이 바로 자신은 체계(system)를 만들지 않는다는 것이었다. 그는 남이 자신의 생각을 '체계'로 표현하는 데 대해서는 그냥 지나치지 않고 반발했으며 언제나 자기 작업을 '비판'이라든가 '분석'이라 부르고자 했다. 자신은 "심지어 노동자들을 직접 염두에 두고 쓴 《공산당 선언》에서조차 **모든** 종류의 체계를 거부했다"고 주장하거니와[4] 실제로 마르크스의 일생에 걸친 작업도 '비판'을 통한 자기 생각의 제시였다. 마르크스주의자인 발리바르(E. Balibar)가 '마르크스주의 철학'은 사회운동의 세계관으로서도, 마르크스라는 이름의 저자의 체계로서도 존재하지 않으나 이 점으로 인해 철학에 대한 마르크스의 중요성이 더욱 클 것이라 말하는 것도 이런 맥락에서 이해할 수 있는 것이다.[5]

둘째로, 마르크스의 이론은 애당초 정치적 실천과 과학적 이론의 결합체임을 공언하고 있거니와 이 점에서 비롯되는 사상 내적 긴장과 이중성은 기실 당연한 것으로 보인다. 그는 언제나 스스로 과학자이자 혁명가, 혹은 당파인으로 자처했고 이 양 측면은 궁극적으로 분리될 수 없다고 보았다. 마르크스가 자신의 견해를 가리키는 지칭이 언제나 이중적이었던 것 역시 이 점과 무관치 않다. 그는 자신의 견해를 가리켜 실천적 유물론, 혹은 비판적이면서 유물론적인 세계관, 때로는 현실적이면서 실증적인 과학이라고 자주 이중적인 용어로 일컫곤 했다. 따라서 그의 사상에 애당초 과학과 비판이라는 이중성과 긴장이 존재한다는 굴드너(E. Gouldner)의 견해는 일단 타당한 것으로 보인다.[6]

셋째로, 마르크스는 자기 앞에 선행하는 중요한 지적 전통들을 비판적으로 수용해 넘어서고자 했기 때문에 이 과정에서 비롯되는 긴장과 이중성도 어쩔 수 없을 것이다. 그의 사상은 계몽주의 시대 이래의 서유럽의 지적 전통에 확고하게 뿌리박고 있으면서도 이러한 계몽주의와 헤겔철학에서 절정에 오른 근대적 사고틀을 극복하려 한 점에서 모종의 경계선에 자리잡고 있다고 할 수 있다. 그렇다면 근대를 겪으면서 근대 극복을 지향하는 그런 사상에 어떤 이중성과 긴장이 있으리라는 것은 너무 당연하다고 할 수 있으며 여기에서 자신이 극복하고자 했던 지적 전통의 모태에서 벗어나지 못해 해결하지 못한 어떤 딜레마가 있으리라는 것도 쉽게 짐작할 수 있다. 동시대의 인식틀을 뛰어넘는 그의 새로운 문제 설정은 종종 자신이 극복하고자 한 인식틀의 논리에 묶이기도 했고 이것이 근대주의적인 과학주의적 필연론의 올가미에 갇혀 후대의 속류화를 초래할 빌미를 주기도 했다.

이제 이런 사정과 더불어 마르크스의 사상에 시대적 한계에서 비롯된 오류와 모호함이 함께 있으리라는 점을 생각해보면 오늘날 마르크스주의를 역사적 문맥에서 배제한 채 정합적이고 체계적인 이론으로 재구성하려는 시도 역시 명백한 한계가 있다. 마르크스주의는 마르크스와 그 후계자들의 저술에 일관된 체계로 완성되어 있는 것이 아니라 당대 현실과의 부단한 대화 속에서 이루어진, 역사와 사회에 대한 특정한 인식과 문제의식으로 존재한다고 할 수 있다. 마르크스는 자신이 살았던 시공간에서 나름대로 세계를 바라보는 특정한 방식과 이에 근거해 무엇을 할 것인가를 규정하는 방식을 제시했다. 그는 사회적 시간대에서 볼 때 우리와 자본주의적 근대의 동시대인이면서 또한 다른 세기를 살아간 사상가라 할 수 있다. 당연히 그의 통찰 가운데 어떤 것은 지금껏 타당성을 잃지 않을 수 있고 어떤 것은 시간이 지남에 따라 오류로 드러나거나 사후 발전한 지적 성과에 비추어 다시 보아야 할 것이다. 마르크스주의가 무엇인가 하는 문제에 다가가는 작업은 이런 점을 염두에 두고 당대 마르크스의 문제의식과 역사 및 사회에 대한 인식의 요체를 살펴보는 데서 출발해야 하지 않을까 싶다. 이를 위해 그가 자신의 이론을 전개시킨 터전인 19세기 유럽의 경제·사회·정치의 맥락과 선행하는 지적 전통에서 그의 새로운 면모를 위치짓고 20세기 마르크스주의를 검토하는 작업이 필요할 것이다.

Ⅱ. 카를 마르크스

마르크스주의는 16세기부터 점차 성숙해온 자본주의 시대가 일련의 정치적 경제적 변혁으로 새로운 돌파구를 마련하는 시대적 배경에서 태동하였다. 19세기의 사회사상이 다 그렇듯이 마르크스의 사상 역시 프랑스혁명과 산업혁명이라는 이중혁명의 충격의 소산인 것이다. 그것은 19세기 초반 유럽에서 프랑스혁명 이후 그 다음 단계로서의 새로운 시대라는 의식이 널리 확산되어 가고 있던 배경에서 나름대로 자기 시대를 인식하고 앞으로의 전개방향을 모색하는 여러 지적 흐름 가운데 하나였다.

마르크스가 1840년대 역사의 무대에 등장했을 때는 프랑스를 중심으로 유럽 전역에서 다양한 공산주의 및 사회주의[7] 운동의 흐름이 존재했고 독일에서도 그 반향이 들리고 있었다. 프랑스혁명의 좌파 전통을 이어받아 프롤레타리아의 새로운 경험과 융합시키려 했던 투쟁적인 노동운동이 있었고 대혁명 이후 시대라는 시대인식을 바탕으로 새로운 사회체제를 모색하는 다양한 사회주의 흐름이 있었다. 부자와 빈자 간

대립의 양극화를 우려하는 목소리가 높아지기 시작했고 부르주아 계급이 귀족계급을 타도한 대혁명을 상기하며 이후 시대의 과제를 부르주아 계급에 대한 무산계급의 투쟁으로 파악하는 담론도 점차 자리를 잡아갔다.

자본주의 시대를 통해 꾸준히 발전해온 정치경제학의 일각에서도 부의 엄청난 발전과 함께 벌어지는 부자에 의한 빈자의 무제한의 착취와 프롤레타리아 계급의 빈곤, 계급간 대립의 첨예화를 비판적으로 거론하는 흐름이 있었다. 그래서 《공산당 선언》에서 마르크스가 정치경제학자 시스몽디(Sismondi)를 필두로 하는 당시 소부르주아 사회주의라 일컬었던 흐름에 대해 지적해놓은 것을 보면 마르크스 자신이 사회주의 사상사에 독창적으로 기여한 것이 과연 무엇일지 의심이 갈 정도이다.

> 이 사회주의는 근대적 생산관계의 모순을 아주 날카롭게 분석해냈고 경제학자들의 위선적 변명을 폭로했다. 그것은 기계에 의한 생산과 분업이 미치는 파괴적 작용, 자본과 토지소유의 집중, 과잉생산, 공황, 소시민 및 소농의 필연적 몰락, 프롤레타리아의 빈곤, 생산의 무정부성, 부의 분배의 엄청난 불평등, 국가간의 처절한 산업전쟁, 낡은 도덕, 낡은 가족 관계 및 낡은 민족의 와해를 반박의 여지없이 증명했다.[8]

언제나 마르크스의 이름과 함께 연상되는 '계급' '계급투쟁' 등의 용어는 당시에 바로 눈앞에서 벌어지는 양극화와 투쟁을 묘사하기 위해 그다지 낯설지 않게 통용되는 의사소통 방식이었다. 아담 스미스의 《국부론》이 "정부란 것은 재산의 안전을 위해 설립된 한, 실제로 빈민들로부터 부자를 보호하기 위해 혹은 무산자들로부터 유산자들을 보호하기 위해 제도화한 것"임을 말하고 있거니와, 사회적 정치적 불평등이 재산의 소유에 그 연원이 있다는 주장도 당시 낯익은 것이었다.[9] 그러한 정황이었기 때문에 마르크스는 처음으로 국가가 지배계급의 도구라는 그 유명한 주장을 제시하는 대목에서 그런 입장에 대해 설명하기보다는 "요즈음 프랑스·영국·아메리카 저술가들은 모두 국가란 모름지기 사적 소유를 위해 존재한다는 견해를 피력하고 있으며, 그 결과 이런 견해는 또한 상식으로 되어 있다"는 식으로 그 설명을 대신했던 것이다.[10] 근대성을 무엇보다 이성의 실현으로 보았던 헤겔 역시 근대사회의 "부의 축적의 증대"와 동시에 "특수적 노동의 개별화와 제약, 그럼으로써 노동에 묶인 계급의 의존성과 빈곤이 증대된다"는 부인하기 어려운 사실을 당혹스럽게 간파했다. 헤겔도 이 빈곤화가 과거 사회의 빈곤과는 전혀 다른 근대적 현상이고 빈곤에 따른 사회적 양극화의 원인이 부의 증대에 있음을 인식했던 것이다.[11]

이 점에서 마르크스는 분명히 헤겔과 스미스, 리카도(David Ricardo)의 제자였다. 그 역시 근대사회에서 생산력의 끊임없는 발전의 동력을 보았고 그것이 필연적으로 야기하는 노동자의 물질적 빈곤을 예리하게 의식했다. 그는 자본주의를 유럽 봉건체제에서 불가피하게 자라나온 정상적 과정으로 인식하면서 그 이전의 체제에 비해 진보적인 것으로 파악했다. 그는 자본주의적 근대를 역사적 필연성 속에 위치시키면서 생산력의 진보, 정치적 법적 해방, 새로운 사회계급의 대두가 가져온 자유의 진보를 확신했다. 마르크스에게도 리카도에서와 같이 자본의 증식은 사물의 법칙처럼 전개되는 경향성이었고 생산력 발전을 향해 그 어떤 장애도 분쇄하는 제어할 수 없는 동력이었다. 자본의 전제조건은 부의 끊임없는 생산과 그 외적 장애의 끊임없는 전복에 있기 때문에 그것은 낡은 모든 것을 끊임없이 변혁시킨다. 그리하여 마르크스의 전 저작을 통해 자본주의적 근대의 특징을 묘사하는 핵심단어 가운데 하나는 '끊임없는'이라 할 수 있다. 이것은 자본주의의 필연적 '발전' '성장' '진보'의 성격을 잘 보여주는 단어이기도 하지만 제동이 불가능함을 시사하는 것이기도 하고 끊임없는 '변혁'의 불가피성을 의미하기도 한다.

마르크스는 그 자본이 하나의 특정한 사회적 관계이자 모순의 운동이라는 점을 분명히 함으로써 그 변혁의 필연성을 증명하고 리카도를 극복하고자 했다. 특정한 생산관계가 생산력 발전에 질곡이 될 때 그

관계를 파괴하고 새로운 생산관계가 구성된다는 유명한 명제는 정치경제학자들의 생산주의를 반박하기 위해 생산을 '특정한 사회적 관계' 안에서 이루어지는 역사적인 '특정한 양식'으로 보자는 문제의식을 담고 있는 것이었다. 하지만 그는 자신이 리카도가 상정한 자본주의의 생산력 발전이 내적 모순에 부딪혀 필연적 붕괴에 이르는 '경향성의 법칙'을 '증명'했다는, 리카도를 뒤집은 과학주의 발상에 갇혀 있었다.

그러면서도 그의 인식에서 특징적인 것은 역사적 인식, 다시 말해 거시적 시대인식이었다. 그는 자본주의 시대를 장기적인 역사과정에서 특정한 것으로 위치짓고 비판적으로 해명하고자 했으며 여기서 역사 전반의 변화과정에 대한 통일적 이해를 가능케 하는 토대를 마련하고자 했다. 그 핵심은 잘 알려진 바와 같이 역사세계, 즉 사회구조의 운동과 변화를 사람들의 물질적 생산방식과 경제적 구조를 토대로 해명하는 것이었다. 단순히 역사에서 경제생활이 중심적 위치를 차지한다는 주장이라면 마르크스 앞에는 선행하는 지적 전통이 있었다. 17세기 이래 부르주아 사회가 정치적 신분적 속박에서 벗어나기 시작하고 상업경제가 독립적으로 사회의 구조적 결정요소로 나타나게 되자 정치경제학뿐 아니라 스코틀랜드의 경제사회학 그리고 생시몽으로부터 오는 전통에 이르기까지 경제가 사회의 주요한 동기라는 생각은 별로 새삼스러울 것이 없는 것이었다.[12]

마르크스에게 특징적인 것은 생산과 경제의 중요성을 '영향력과 역할', '요인과 동기'의 문제가 아니라 구조적인 성격을 갖는 특정한 양식, 관계의 문제로 제기하는 것이었다. 그는 경제적 구조가 사회생활의 모든 영역들의 통일과 연관을 형성해 사회적 총체를 이룬다고 보았다. 예컨대 마르크스는 서양의 고대와 중세의 경우 근대에서보다 상대적으로 정치나 가톨릭교회가 사회적 인간행위를 규정짓는 측면에서 중요한 역할을 담당했다는 사실을 당연한 것으로 받아들였다. 다만 그렇듯 정치와 종교가 중요한 역할을 한 것 자체를 설명해주는 것이 바로 사람들이 그들 생계를 획득한 구조적 방식이라는 것이었다. 마르크스 자신이 경제적 동기 내지 요인이 행동의 결정요인이 되지 않는 시대를 바라고 있음은 말할 나위도 없는 것이다. 하지만 만약 생산력이 발전하고 예속 없는 사회형태가 이루어져 사람들이 경제적 요인이 아닌 다른 인간적인 관계와 동기에 의해 행동하게 된다 하더라도 그것이 경제적 구조에 의해 가능하다는 것이고 또 그것을 가능케 한 조건을 해명할 수 있다는 것이다. 그의 사회주의 사상의 핵심이 국가를, 사회를 지배하는 존재에서 사회에 봉사하는 존재로 바꾸는 것이라 할 때 이는 국가가 사회를 지배하기도 하는 것을 당연시하는 셈인 것이다. 하지만 국가가 사회 위에서 엄청난 억압적 역할을 수행하는 것은 그 시대의 경제적 구조에 의해 규정된다는 것이다. 마르크스의 주장은 경제적 구조가 국가 등의 특정한 '형태'를 형성하고 규정한다는 뜻이자 그 형태의 '성격'을 규정한다는 뜻이었다. 따라서 마르크스의 역사적 유물론을 역사의 경제적 해석이란 잘 알려진 문구로 규정하는 데는 조심스러울 필요가 있다.

또 한가지 그의 사상에 특징적인 것은 무엇보다 근대 자본주의 사회가 계급이 없는 새로운 사회가 형성될 수 있는 물질적 사회적 조건을 창출한다는 데 있다. 자본주의 이후의 사회는 자본주의의 성과에 토대를 두고 있으니 그것은 생산력의 발전과 집중, 생산의 사회화, 그리고 이런 조건에서 자라날 수밖에 없는 조직화된 프롤레타리아 계급의 존재였다. 계급의 폐지를 통한 프롤레타리아의 해방, 혁명과 공산주의는 생산력이 그것을 가능케 할 정도의 수준에 도달했을 때만, 그리고 자본주의가 이룩해낸 생산의 사회화를 토대로 가능해진다는 것이다. 그리고 이미 자본주의 사회의 자본 집중화의 과정에서 생산수단이 소수에게로 집적된다는 것은 곧 그것이 사회적 생산의 잠재력으로 전화된다는 것이고 사회적 노동으로서의 노동조직이 발전함으로써 자본주의 자체가 비록 소외된 형태이긴 하지만 사적 소유와 사적 노동을 지양해 생산을 사회적 형태로 전화시킨다는 것이다.

때로 그가 자본주의 사회를 묘사할 때 혹시 사회주의 사회를 이야기하는 것이 아닐까 가끔 생각되는 것도 이 때문이다. "노동의 사회화의 가속화, 토지 및 생산수단의 사회적으로 이용되는 생산수단(공동적 생산수단)으로의 전화", "갈수록 대규모화하는 노동과정의 협업적 형태, 과학의 의식적 기술적 응용, 토지의 계획적 이용, 노동수단이 공동적 사용으로 전화함, 결합적 사회적 노동을 생산수단으로 사용함에 따른 모든 생산수단의 절약, 세계시장망 속으로 세계 각국민을 편입시키는 것" 등등이 바로 자본주의 사회의 모습인 것이다.[13] 이렇게 보면 자본주의 시대의 소유는 이미 개인적 소유가 아니다. 그래서 《공산당 선언》에서 그는 사회주의 사회가 되어 "자본이 사회성원 전체에 속하는 공동소유로 변한다고 하더라도 이것이 결코 개인적 소유가 사회적 소유로 변하는 것은 아니다"라는 점을 분명히 했다.[14] 근대 자본주의 사회의 소유형태는 생산수단이 이미 공동 점유된 형태로서 극소수인들의 사적 소유제이면서 계급적 소유제라는 것이 그의 주장이었다. 이렇듯 '사적 소유'와 '개인적 소유'를 구분한 그는 공산주의를 자본주의 시대의 성과인 "생산수단의 공동 점유"를 토대로 하여 "개인적 소유를 부활"시키는 것이라 표현하기도 했다. 그것은 무엇보다 과거 전근대 사회에서 자영농이 누렸던 자유로운 개성의 발전을 자본주의 사회에서 돌이킬 수 없이 진전된 생산수단의 집중화와 공동점유에서 차원 높게 재생시킨다는 생각이었다. 자본주의는 토지 및 그 밖의 생산수단의 분산을 허용치 않는 체제인 것이다. "노동자가 자기 생산수단을 소유하는 것은 소경영의 기초이며, 소경영은 사회적 생산과 노동자 자신의 자유로운 개성의 발전을 위해 반드시 필요한 조건들 가운데 하나이다."[15] 그러나 이 생산양식은 토지 및 그 밖의 생산수단의 분산을 그 전제로 하기 때문에 자본주의에서는 불가능하다. 마르크스에게 공동소유제란 공동 점유된 생산에 대한 공적 통제를 통해 생산수단의 사회적 소유를 한층 실질화시킨다는 점이 핵심이라 할 수 있다.

이렇게 보면 근대 자본주의 사회는 어느 면에서는 소외된 사회화, 혹은 소외된 형태의 사회주의 사회라 할 만하다. 마르크스는 근대사회를 객관적 힘과 압도적인 대상들의 형태를 띠는 사회적 조건들 아래 개성이 완벽하게 종속되는 사회로 이해했다. 사회적 생산력의 발전을 통해 결국 낯선 사회적 관계가 다수 개인들을 억누른다는 것이다. 근대사회의 모순을 이렇게 파악함으로써 그는 개인들의 현실적 관계들을 사상시킨 개인 우위냐 사회 우위냐 하는 문제 설정에서 벗어나고자 했다. 이러한 문제 설정이야말로 사회를 개별적 삶들의 상호작용의 관계가 아니라 개별적 삶들과 동떨어져 상호 작용할 수 있는 실체로 만드는 셈이라는 것이다. 결국 그는 자본주의가 낳은 모순과 가능성을 두루 바라보면서 사회주의의 문제에 생산력을 둘러싼 개인들 관계의 지배 예속이냐 자유냐 하는 물음으로 다가갔던 것이다. 이러한 맥락에서 당시 익숙하게 통용되던 계급이라는 용어는 의미심장한 것이었다. 그는 계급을 생산력을 둘러싼 지배 예속과 착취의 집단적 기제로 파악하면서 '자본'을 자립적인 힘으로서 노동자와 대립되는 생산수단으로 규정했다. 그리고 이 자립화되고 사물적인 지배와 더불어 계급관계가 단순화되어 간다는 것이다. 이것은 동시대 대부분의 공산주의자나 사회주의자들이 근대사회의 빈부 문제를 오직 공동체적 소유냐 개인적 소유냐의 문제로만 접근하거나 생산물 분배에서의 정의나 재산의 평등한 분배에서 그 해결을 찾은 것과는 사뭇 다른 발상이었다.

마르크스 사상을 특징짓는 또 하나의 중요한 개념인 '소외'라는 것도 이런 맥락에서 조명될 수 있는 것이다. 근대사회의 숱한 악과 불합리를 설명하는 폭 넓은 개념으로 흔히 사용되는 이 말은 루소나 헤겔에서 비롯되지만 마르크스한테 소외는 계급관계와 불가분의 관련을 지니면서 새로운 의미를 띠게 된다. 그에게 근대사회는 추상적인 타자로 개인들에게 대립되어 있으며, 이런 특징은 개인들이 마주치는 권위가 과거 시대처럼 어떤 특정 지배자가 아니라 노동에 대립된 '노동조건의 인격화', 즉 자본의 인격화로 나타난다는 점에서 비롯된다. 이렇듯 근대사회에 특유한 '계급관계'는 신분제와 다른 지배-착취 관계로서 과거처럼 영주든 농노든 어떤 규정들이 개인들에 각인된 형태에서 벗어나 개인들이 추상적이고 사물적이고 객관적인 지배예속 관계로 들어갔다는 데 특징이 있다는 것이다. 그는 자본주의 시대의 특정한 성격을 객관적 추상적 예속 하의 독립적 개인들의 사회로 파악하는데, 그 핵심은 개인들의 사회적 관계가 전근대처럼 그들 자신의 인격적 관계들로 나타나지 않고 물적 존재와 물적 존재의 관계로 변장되어 나타난다는 데 있다는 것이었다.

이렇듯 소외와 계급적 소유가 같은 뿌리에서 나온 것이라면 인간주의적 마르크스주의를 표방하는 사람들이 주목해온 초기 저작들을 후기 저작과 사상적으로 단절된 것으로 인식할 필요는 전혀 없다. 소외된 노동에 관한 비판적 언술이 마르크스의 후기 저작들에서도 계속되고 있다는 것은 그 동안 많은 사람들이 지적한 바 있다.[16] 그의 초기 저작들이 비록 독일 관념론적 성격을 어느 정도 띠고 있다 하더라도 이 점에서 그의 사상의 근원적인 연속성을 볼 수 있는 것이다. 마르크스에게 소외란 자본주의적 사적 소유의 착취와 지배예속 관계가 갖는 특징적 성격을 위치짓는 비판의 중심범주로서 사물적 억압을 통한 예속과 자기상실, 물신숭배 같은 것을 뜻하는 것이었던 바, 노동과 소유의 분리가 자유노동의 형태를 띠면서 은폐되고 개인들의 힘과 관계의 외화가 추상적 형태로, 즉 자연적 개인적 속성에서 분리됨을 비판하는 범주였다. 결국 자유의 대립태로서의 소외는 사람들의 대상 및 타자와의 사회적 '관계'가 왜곡되는 데서, 그 존재 '방식'이 왜곡되는 데서 오는 예속이자 자기상실이라 할 수 있다. 그는 사회적 존재방식과 관계가 본질적이라는 시각에서 그 방식과 관계의 차이를 구분하는 생산양식과 생산관계(착취와 지배예속관계)에 관한 논의로 나아갔다. 소외는 근대성의 사물적, 비개인적 성격을 표현하는 근대비판의 범주이기에 삶의 질과 존재방식을 비판적으로 되묻는 것이자 기술문명과 사회적 관계와의 친숙함과 더불어 친숙한 노동을 상상해내는 비판적 범주라 할 수 있는 것이다.

같은 맥락에서 마르크스의 새로운 개인주의는 금욕주의에 의한 욕구의 평준화와 통제를 염두에 두지 않았다. 그가 사회주의의 목표로 평등이란 이념을 내세우지 않는 것도, 사회주의를 평등의 왕국으로 생각하지 말자고 한 것도 이 때문이다. 이는 물론 조야한 공산주의를 배격하는 문제의식으로 엥겔스의 말대로 "계급 폐지를 넘어서는 그 어떤 평등의 요구도 필연적으로 불합리에 이르게 된다"는 것이었다.[17] 동시에 이는 추상성과 동질화라는 근대성의 확대에 대한 우려를 보여주는 것이었다. 그래서 평생 마르크스는 미래사회의 기치로 '평등'이 아니라 '자유·개성·연대'를 내세웠다.

그렇지만 마르크스의 사상은 개인 자유의 완전한 실현을 이상으로 하는 아나키즘과는 아주 다르다. 물론 양자는 부르주아 사회와 경제에 대한 비판과 더불어 국가의 궁극적 소멸을 희구한다는 점에서 약간의 공통성을 띠지만 역사관, 자본주의 분석, 혁명의 주체에 대한 인식 등에서 뚜렷이 갈라진다. 특히 정치적 투쟁과 정치적 혁명의 불가피성, 나아가 프롤레타리아 독재를 인정하는 점에서 마르크스주의는 일체의 권위나 지배를 부정하는 아나키즘과 분명하게 구분되는 것이다. 권위적인 정치적 국가를 발생시킨 사회적 조건이 아직도 파괴되지 않은 가운데 정치적 국가를 일거에 폐지하도록 요구하는 반권위주의자들을 비판했다. 그리고 무엇보다 중요한 것은 유토피아 사회주의든 아나키즘이든 당대의 여타 사회주의 이념들은 마르크스의 역사적 유물론이 갖는 거시적 시대인식과 자본주의 분석을 갖추지는 못했다는 점이었다. 이런 맥락에서 마르크스나 그의 후계자들은 스스로를 유토피아 사회주의와 대조시켜 과학적이고 혁명적인 성격을 주장해왔다.

Ⅲ. 마르크스주의의 역사적 전개

마르크스 이론의 영향력이 유럽 사회주의와 노동운동에 침투하기 시작한 것은 제1인터내셔널 시대였다. 당시 국제사회주의 운동에서 마르크스의 이름을 빌린 운동은 아나키즘과 대립 경쟁하는 가운데 국가

권력의 장악을 통해 프롤레타리아 독재의 수립을 목표로 하는 운동으로 받아들여졌다. 마르크스의 저작들이 그리 많이 읽힌 것은 아니었고 1870년대 중엽까지만 하더라도 마르크스주의는 독일 사회민주주의 운동내에서 라살주의보다 영향력이 떨어졌다. 하지만 1870년대 말 《반뒤링론》(*Anti-Dühring*)을 비롯한 엥겔스의 후기 저작을 골간으로 마르크스주의의 포괄적 체계화가 이루어진 바, 엥겔스의 작업은 19세기 후반 유럽대륙에서 새로운 노동계급 조직이 성장하는 데 대한 적극적 대응이었다. 또한 그것은 다른 경쟁적인 체계들과 맞서 사상적인 주도권을 장악하기 위한 투쟁의 일환이기도 했다. 실제로 엥겔스의 후기 저작들은 그후 노동계급 운동가들이 쉽게 파악할 수 있는 일관된 세계관을 제시해 다른 어느 저작보다도 마르크스주의의 대중적인 확산과 영향력 확보에 결정적인 기여를 했다. 따라서 마르크스주의의 세계적 확산은 "《공산당 선언》도 아니요《자본론》도 아닌, 엥겔스의《반뒤링론》의 출간과 함께 시작되었다"고 할 수 있다.[18]

하지만 마르크스주의의 체계화를 통한 대중화와 세계적 확산이란 성과는 그만큼 대가를 치러야 했다. 엥겔스가 체계로 확립한 세계관은 한결 실증주의적 방향으로 기울어 있었고 활기찬 변증법적인 사고방식을 가로막는 형이상학의 성격을 강하게 띠었다. 원래 '역사적 운동의 비판적 인식'을 지향한 마르크스의 '변증법'은 대상을 특정한 관계와 존재방식, 운동 속에서 파악함으로써 대상의 고유한 특정성을 인식하는 역사적 사고방식일 따름이었다. 그러나 변증법을 자연, 인간사회, 사유의 일반적인 운동법칙과 발전법칙에 관한 과학으로 받아들였던 엥겔스는 모든 것을 그 안에 끌어모으기 시작함으로써 마르크스도 온전히 빠져나오지 못했던 과학주의적 필연론의 올가미를 더욱 단단하고 촘촘한 것으로 만들어버렸다. 변증법의 기본정신, 즉 인식으로서의 역사 앞에 발생과 형성으로서의 역사, 즉 대상의 특정한 구체적인 존재방식 및 형태를 우위에 놓는다는 의미는 사라지고 엥겔스의 변증법 개념에서는 그러한 일어남으로서의 역사가 부차적이 되고 논리법칙이 그

우위에 있게 된 셈이었다. 엥겔스의 그 같은 모델은 수정주의든 정통주의든 일반화된 마르크스주의 체계로 받아들여졌고 마르크스 이론의 핵심을 변증법적 유물론 철학에서 찾고 이 철학을 인간사회에 적용한 것이 역사적 유물론이라는 정통적 견해로 이어지게 되었다.

그후 마르크스주의는 이런 토대 위에서 레닌에 의해 혁명이론으로 확고하게 정립되었다. 레닌의 마르크스주의는 경제주의적 편향을 경계하면서 계급의 역학관계와 전략의 중요성을 부각시키는 것이었다. 그는 러시아적 특수상황에서 마르크스 이론의 창조적 적용을 모색했고 특히 역사적 시간대가 다른 후진 러시아에서 자본주의의 상황을 분석해서 제국주의론을 정립하고 세계적 차원의 혁명전략에 고심했다. 서유럽 주요 국가들에서 마르크스주의 운동의 주된 흐름이 베른슈타인의 수정주의와 더불어 개량적 모델의 관료화된 체계로 굳어져간 데 비해 레닌은 보편사적인 추상 수준에서 혁명을 공언하는 것보다는 구체적인 총체성 속에서 현실 변혁을 모색했다는 점에서 뚜렷한 족적을 남겼다. 한편 서유럽의 사회민주주의적 마르크스주의가 생산수단의 사회화와 계급지배의 종식은 이념으로 유지하되 점진적이고 평화로운 방식에 의한 사회주의로의 이행을 지향해간 데 반해 레닌의 그것은 무엇보다 혁명적 독재의 정치이론이었다. 그에게 마르크스주의의 정체성은 오직 계급투쟁에 대한 인식을 프롤레타리아 독재에 대한 인식에까지 진전시키느냐 않느냐에 있었다. 레닌에 의하면 흔히 주장되듯이 마르크스주의를 계급투쟁의 이론으로만 보는 것은 그것을 깎아내리고 왜곡해서 부르주아지가 받아들일 만한 것으로 환원시킨다는 것이었다.

레닌을 비롯해서 제1차세계대전 전야의 대다수 마르크스주의 운동가들을 사로잡고 있던 것은 자본주의가 혁명에 의해 필연적으로 붕괴한다는 믿음이었다. 고난에 찬 혁명운동 속에서 그들은 사회주의의 도래 역시 역사의 필연적인 법칙이라 믿었다. 그런 가운데 여타의 혁명운동을 비과학적인 것으로 줄기차게 비판한 레닌의 지도 아래 역사상 처음으로 사회주의 혁명이 성공하자 노동자 계급의 과학적 세계관으로서의 마르크스 레닌주의는 그저 의심없는 진리로 받아들여져 강요되었다. 그것이 딛고 있는 역사철학적 전제들로 인해 마르크스주의는 유사 종교적 목적론과 과학주의적 진화론이 내밀하게 숨어 있는 도식적 총체성의 체계로 변질될 가능성이 커져갔다. 단일한 공식적 신조가 유일한 노선으로 성문화되는 가운데 마르크스주의는 최악의 경우에는 일종의 교리문답이 되었다. 마르크스 사상을 몇 가지 공식이나 법칙으로 요약하려는 통속적 마르크스주의의 폐단은 일찍이 마르크스 당대부터 나타났지만 훗날 스탈린 치하에서는 '진리'를 독점하는 국가 권력과 결합하면서 가공할 전체주의 체제를 낳기도 했다. 나아가 마르크스주의 안팎에서는 이른바 세계사적 보편법칙론을 마르크스의 역사인식의 요체로 보는 시각도 끈질기게 존재했다. 진리의 결정권을 당이 독점하고 프롤레타리아 독재라는 명분은 실질적으로 프롤레타리아에 대한 당의, 지도자의 독재가 되었다. 조직과 당을 강조한 민주집중제 이론은 민주주의의 외피를 쓰고 독재적 권력의 집중을 제도화하는 구실로 전락했다. 비록 소비에트체제가 사회체제 면에서 빈곤한 노동계급과 농민들에게 사회적 복지수준을 높이는 긍정적 성과도 있었지만 이러한 마르크스주의의 이념적 경직성은 얼마 안 가 그 한계를 드러내게 되었다.

진화론적 역사법칙에 대한 믿음과 혁명적 정치이론이 마르크스주의의 핵심 골간으로 자리잡으면서 러시아혁명 이후 사회주의의 전략과 전망은 자본주의 분석 대신 러시아가 제공한 정치적 모범에 기반하기 시작했다. 혁명의 지도자들은 낙후된 생산력 단계에서 사회적 소유화를 법적, 제도적 국가 소유를 통해 달성된 것으로 규정하고 남아 있는 문제는 오직 생산력을 증대시키는 것이라 보았다. 자연에 대한 지배를 목표로 하는 공리주의적 경제주의가 팽배했고 말로만의 국제주의에는 뿌리깊은 일국주의적 사고가 깔리게 되었다.

이렇듯 '과학적'이라는 자기인식이 지적 경직성과 결합하거나 노동계급의 혁명성에 대한 믿음이 플라톤주의적 보편계급론으로 기울면서 마르크스주의의 역사는 개탄과 좌절, 그리고 희망이 교차하는 숱한 곡절을 겪었다. 한편 20세기 마르크스주의사에 살아 있는 기운을 제공한 것은 기계적인 유물론과 패권주의, 관료주의로 물들어간 체제 이데올로기가 아니라 서유럽의 지식인들이 재구성해낸 마르크스주의의 다양한 분출이었다. 소비에트 마르크스주의가 혁명의 부분적 성공을 배경으로 한 것과는 대조적으로, 페리 앤더슨(Perry Anderson)이 날카롭게 지적하듯이 "서유럽 마르크스주의에 은밀하게 찍혀 있는 각인은 그것이 패배의 산물이라는 점"이었다. 이러한 서유럽 마르크스주의가 이론적으로는 마르크스의 새로운 모색에 일정한 제약을 가한 엥겔스의 철학적 유산에 대한 단호한 비판과 부정으로부터 시작된 것은 우연이 아니다.[19] 그러나 정치운동으로서의 패배에 따른 대가는 결코 작지 않았다. 서유럽 마르크스주의에 심대한 영향을 끼친 인물로 꼽히는 루카치(Georg Lukács), 그람시(Antonio Gramsci), 알튀세(Louis Althusser) 가운데 그람시를 제외하고는 대체로 노동운동과 마르크스주의 이론 사이의 괴리를 메우지 못하거나 때로는 그 간격을 더욱 넓혀놓았다. 서유럽 마르크스주의는 스탈린적 경색화로부터 마르크스주의의 비판적 전통을 지켜낸 반면 루카치를 뒤이은 프랑크푸르트 학파의 비판이론을 통해 극명하게 나타나듯이 때로는 이론에만 몰두하는 마르크스주의의 면모를 보여주었다.

소비에트 마르크스주의와 대별되는 서유럽적 전통의 확립에는 루카치의 영향력이 컸다. 그는 마르크스에 대한 헤겔의 영향을 재평가함으로써 엥겔스의 만년의 저작 이래 널리 확산된 실증주의적 사고를 극복하고자 했다. 같은 맥락에서 그는 경제와 이데올로기를 직접적인 인과관계로 연결시키는 경제주의적 환원주의에 대한 비판을 통해 사회적 존재의 총체성이 갖는 의의를 명확히 했다. 그가 특히 관심을 기울였던 것은 유물론을 어떻게든 견지하면서 역사에서 의식이 갖는 중요성을 밝히는 것이었다. 그는 인간의 노동을 환경 그 자체를 변혁하는 의식이라는 차원에서 포착함으로써 인간의 의식은 노동을 통해서 단순한 부수현상 이상의 것으로 발전한다고 파악했다. 이런 뜻에서 루카치는 엥겔스가 역사과정에서 주체와 객체의 변증법적 관계라는 가장 본질적인 상호작용을 방법론적 고찰의 중심에 넣기는커녕 언급조차 안 했다고 비판했다.[20]

서유럽에서 마르크스주의적 혁명 전망에 어두운 그림자가 드리워졌던 1920~1930년대에 이루어진 그람시의 모색은 그 대표적 저술이 파시스트의 감옥에서 쓰여진 만큼 루카치보다 더욱 뚜렷이 이러한 패배의 현실을 직시하면서 마르크스주의의 공백에 해당하는 정치이론의 새로운 돌파를 시도한 것이었다. 루카치와 마찬가지로 그람시의 출발점 역시 당시 지배적이던 기계론적 환원주의와 경제주의에 대한 비판이었고 '이탈리아의 헤겔'이라 할 수 있는 크로체(Benedetto Croce)의 '지적 도덕적 개혁'에 근거해 정치적 이데올로기적 실천의 문제를 제기한 점에서 두 사람은 일정한 공통성을 지닌다.

그람시의 특이점은 계급문제와 더불어 당시 유럽 중심의 세계체제에서 반주변부적 위치에 있는 이탈리아의 특수한 상황과 역사적 전통에서 비롯된 민족문제, 남북의 지역문제, 종교문제 등을 이론적 성찰의 중심에 놓은 데 있었고 이에 바탕한 그의 헤게모니론은 그 어떤 환원주의적 모델과도 거리를 둘 수 있었다. 한편 그람시는 레닌과 마찬가지로 스스로 혁명적 당파인으로 자처하면서도 당을 단순한 전위대가 아니라 광범위하게 조직화된 계급으로 본 점에서 레닌보다 넓은 의미에서 정치에 접근했다. 예컨대 혁명정당의 건설의 문제를 전략과 조직의 문제로 파악한 레닌과 달리 넓고 깊은 의미에서의 정치의 문제 (즉 삶과 규범을 창조하는 문제)로 보았던 것이다. 그의 유명한 기동전과 진지전에 대한 관한 논의는 마르크스에게 공백이었던 '정치'에 대한 체계적 분석을 가능케 하는 단서가 되었으며 서유럽 혁명을 언제나 볼세비키 전략에서 상상하는 발상에 대한 심각한 반성을 담고 있는 것이었다. 물론 마르크스주의가 아나키즘이나 조합주의 노동운동, 여타 사회주의자들과 다른 점은 정치의 기본적 역할을 인정하고 계급사회에서 사회진보는 정치적 혁명을 통해 이루어져야 한다는 것이기에 그람시는 마르크스에게 정치이론이 내재해 있다고 인식했다.

또한 그는 최초의 사회주의 혁명은 발전된 산업국가에서 일어나리라는 마르크스의 예측을 뛰어넘은 레닌의 실천이야말로 마르크스의 정신을 참되게 이은 것으로 평가하기도 했다. 그러나 지배계급의 저항력과 정치적 능력을 과소평가하지 않고 의회·정당·노조·학교 등 시민사회의 진지들이 이미 폭 넓게 구축된 서유럽 사회에서는 러시아에서보다 "한층 복잡하고 호흡이 긴 전략"이 필요함을 내다봄으로써 시민사회에서의 헤게모니 투쟁을 중요하게 여기고 주목한 것은 틀림없이 그의 독창적 공이었다. 한편 그는 종속계급이 헤게모니를 발휘하기 위해서는 민족사의 특수성이나 국민생활에 깊이 일체화된, 즉 "민족적-민중적" 요구를 대변하는 유기적 지식인의 형성이 필수적이라 보았다. 그의 이러한 전략은 노동자계급도 민족의 일부라고 보는 시각에서 비롯된 것으로 이 점에서 그람시는 역사적 사회적 현실로서의 민족을 마르크스주의 이론 속에 통합시킬 수 있는 기초를 제공한 당대의 유일한 마르크스주의 사상가라 할 수 있다.[21]

1950년대 후반과 1960년대에는 인간주의와 역사주의로 방향을 잡아간 마르크스주의가 반스탈린주의의 흐름을 타고 부각되었다. 이러한 논의는 그간 기계적 유물론에 가려 있던 인간해방 사상으로서의 마르크스 사상의 면모를 다시금 일깨우기는 했지만 사회적 관계로부터 추상된 인간 본질에 대한 철학적 논의를 양산하면서 형이상학적 사고로 후퇴한 것도 부인할 수 없는 사실이다. 플라이셔(H. Fleisher)가 그간 《경제학·철학 수고》에 대해 높은 평가를 하는 해석들이 "소외라든가 인간의 진정한 본성에 대한 수다"로 끝남으로써 마르크스의 실천적인 역사관을 배제시키고 있다고 비판한 것은 이런 점에서 충분히 수긍이 가는 것이다.[22] 마르크스의 초기 저작들을 들어 그의 사상을 '소외론의 사변적 역사철학'으로 묘사한다든가 《경제학·철학 수고》가 역사과정을 자기의 식의 상실과 회복이란 역사철학적 틀로 설명했다고 보는 견해가 있지만 이런 표현들은 오히려 헤겔주의 철학에 적확한 것이라 할 수 있다.

1960년대 프랑스의 마르크스주의자 알튀세의 이론적 작업은 이러한 흐름에 제동을 거는 시도로 주목할 만한 것이었다. 그는 소외, 인간본질 등의 개념에 집중하는 인간철학의 담론을 비판하고 마르크스주의의 핵심을 경제적 토대에 근거한 복합적 사회구성의 분석으로 보았다. 알튀세가 보기에 마르크스의 진정한 의의는 모든 노동과정의 물질적 조건들에 대한 개념을 고찰하고 이 물질적 조건에 대해 '경제적 존재형태'라는 개념을 제공함으로써 노동에 대한 인간철학적인 관념론과 단절했다는 점에 있었다.[23]

알튀세는 마르크스가 초기의 인간철학적 문제틀로부터 인식론적으로 단절하여 과학의 독자성에 대한 인식을 뚜렷이 함으로써《자본론》의 성취에 이를 수 있었다고 보았고 이런 의미에서 소외의 주제를 과학적 유물론의 견지에서 거부하였다. 그는 초기의 마르크스뿐 아니라 루카치나 그람시도 헤겔 사상에서 연유하는 역사주의적 사고에 갇혀 있다고 비판하고 헤겔류의 '표현적 총체' 대신 '탈중심적 복합적 총체'로서 사회를 파악하고자 했다. 그에 따르면 사회는 서로 환원될 수 없는 독자적 구조를 가지는 수준들의 복합체이며 이 수준들간의 효과관계가 바로 사회를 움직이는 인과성, 이른바 구조적 인과성을 가능케 한다는 것이다. 이러한 구조적 인과성에 기반한 '중층결정론'과 함께 이데올로기적 수준의 물질성과 이데올로기 장치로서의 국가기구의 역할에 대한 과학적 분석을 강조한 알튀세의 이론은 그간 마르크스주의가 소박한 인간주의적 철학에 떠밀려 현실에 대한 분석으로서 공허해지는 데 대한 반성으로 나타난 것이었다.

그러나 알튀세의 구조 개념에서는 주어진 조건에서 인간이 역사를 만들어간다는 차원이 소박한 이데올로기로 배격되면서 인간은 단지 구조와 관계의 담지자에 불과하게 되었다. 게다가 역사과정에 실재하는 현실적 인과관계나 정치적 실천의 생생함에 대한 감성을 잃어버린 그의 마르크스주의 이론은 아무리 환원론을 배격하고 상대적 자율성이나 중첩결정 등의 다기한 변수를 아무리 도입해도 또 다시 모종의 폐쇄성에 갇힐 위험에 있었다. 마르크스의 이론을 해방을 향한 규범이 아니라 역사의 구조이론으로 재구성하고자 했던 그는 만년에는 마르크스 이론을 자본주의 역사에 관한 제한된 이론으로 보자고 제안하기에 이르렀다. 제한된 이론이라는 것은 역사철학의 폐쇄성을 전적으로 배제시키고자 하는 것이고 오직 제한된 이론만이 자본주의 사회에서 발견되는 모순적인 경향들에 실제로 '열려 있을' 수 있다는 것이었다. 그의 시도는 현실의 복합성을 사고하는 틀로서의 마르크스주의를 복원하려는 것이었으나 그 자신 폐쇄적 역사철학에 반대하다가 비역사적이고 정태적인 구조주의라는 또 다른 막다른 길에 다다랐다고 할 수 있다.

이 밖에도 마르크스 사상을 비판적으로 재구성하여 그 활력을 되찾으려는 시도는 끊이지 않았으나 자본주의 세계 경제의 끈질긴 생명력과 혁명적인 노동계급의 부재 가운데 1970년대부터는 마르크스주의의 위기가 말해져왔고 이러한 위기 상황은 소련·동유럽 사회주의 체제의 붕괴와 더불어 새로운 국면을 맞이하고 있다. 아직 확실한 출구는 보이지 않으나 그렇다고 실마리가 없는 것은 아니다. 예컨대 발리바르의 경우 세계체제 분석과 접목되면서 그 동안의 마르크스주의의 폐쇄성과 교조성에 대한 반성이 한층 심화되는 것을 볼 수 있다. 마르크스주의는 하나의 '세계관'이 아니라는 발리바르는 마르크스주의를 공식 교리로 제도화했던 정치체제의 붕괴가 오히려 마르크스주의 사상에 자유를 주었다고 보는 것이다. 마르크스와 계승자들이 이제껏 제기한 질문들, 자본주의에 관한 역사적이고 사회적인 질문들이든 또는 실천·시간·개인성과 집단성에 관한 철학적 질문들이든 이제 물음을 새롭게 던져야 하고 또 그럴 수 있는 국면에 접어든 것이다.

Ⅳ. 마르크스주의와 오늘의 세계

이 같은 개괄을 통해 본다면 1840년대 마르크스의 등장에서 시작된 마르크스주의의 역사가 공산권 몰락으로 150년 동안의 시대를 마감했다고 보는 것은 섣부른 속단이 될 것이다. 이는 그 동안 마르크스주의를 공식 교리로 표방해 온 체제들이 그 창시자의 문제의식과 사상을 제대로 감당하고 구현해왔다고 보기도 어렵거니와 다른 무엇보다 오늘의 사회가 여전히 자본주의 시대로서 계급갈등 문제의 심각성이 과거보다 조금도 나을 것 없는 사회라는 의미에서이다. 1989년의 사회주의권 변혁의 충격이 가신 지금 오히려 세계 자본주의의 위력을 더욱 실감하게 된 터에 마르크스 이론의 적실성을 다시 점검하고 현실에 대한 새로운 모색의 영감으로 활용할 필요가 있을지 생각해볼 일인 것이다. 마르크스주의자가 아닌 데리다 같은 사람이 "마르크스 없이는, 마르크스의 기억과 유산 없이는 미래는 없다"는 단언을 하고 "마르크스의 정신으로 돌아가자"고 외치는 것도 그런 뜻일 것이다.[24] 데리다처럼 지금의 시대를 인류사상 그 어느 때보다도 불평등과 폭력이 만연한 시대라고 보는 관점에 동조하지 않는다 하더라도[25] 세계 자본주의의 힘이 그 어느 때보다 총체적으로 사회를 구조화하고 있음을 부인하기는 어려울 듯하다.

주지하다시피 마르크스주의는 근대사회의 억압적인 현실에 대한 비판으로 나타났지만 그 역사적 전개과정에서 때로는 그 스스로가 지적, 정치적 억압의 기제가 되어온 것도 사실이다. 마르크스주의의 지적 억압성이나 구조적 취약성에 대한 비판은 포스트마르크스주의·포스트모더니즘·탈구조주의·해체주의·생태주의 등의 사조에서 다양한 강도를 띠고 나타났는데 이들은 마르크스주의 철학과 방법론에 더 이상 의존하지 않으면서 현실에 대한 비판정신과 '실천적 문제의식'을 계승하여 새로운 실천이론을 구성해보려는 경향을 보이고 있다. 지배와 권력, 통제, 물화된 체계에 대한 비판을 주된 내용으로 하는 이러한 사조들은 서유럽 마르크스주의 전통의 문제의식이라 할 수도 있는 담론의 개방성과 다원성을 한층 강화시켜 새로운 비판 및 실천이론을 제시하고자 하는 것이다. 대체로 이러한 흐름들은 역사에서 경제적 요인의 우위와 규정성을 선험적이라 폐기하고 마르크스주의를 경제와 계급에 특권적 위치를 부여하는 사상으로 단정한다. 그리하여 요즈음 마르크스의 역사적 유물론을 전체 역사과정에 대한 단일하고 통일된 이해를 가정한 역사 형이상학, 계급 형이상학이라 비판하는 견해도 상당한 힘을 얻고 있으니 여기에는 물론 마르크스가 미처 다 빠져나오지 못한 근대적 과학적 사유에 대한 회의도 깃들어 있다 하겠다.

요컨대 오늘날 '마르크스주의' 여부를 가리는 시금석은 계급·인종·성 등을 둘러싼 복합적인 갈등관계에서 일단 계급관계를 다른 관계보다 우위에 두는 것, 경제와 문화의 변증법에서도 경제의 우위를 인정하는 것, 실재와 담론의 관계에서 실재의 우위를 말하는 것이라 할 수 있다. 이 점에서 마르크스주의는 진리관의 상대주의를 토대로 사회적 관계의 유동성을 중시하고 중심이나 최종 수준이 없는 사회적 관계망을 중시하는 새로운 사조들과 달리 자본주의와 계급의 문제를 천착하며 총체성을 추구하는 전체론적 접근을 시도하는 데 있다고 볼 수 있다. 이제까지 마르크스주의의 정체성을 그 역사적 전개를 통해 살펴보면서 거듭 확인했듯이 그 스펙트럼은 참으로 넓었던 만큼 그 미래에 대한 전망 역시 논자에 따라 다양할 것이다. 애당초 마르크스 사상은 국가사회주의와 아나키즘, 과학과 비판, 계몽과 해체의 가운데에 미묘한 긴장으로 존재해 왔지만 19세기 중엽을 살다간 그의 이론이 인종과 성·민족·세대 등 오늘날 우리가 겪고 있는 갈등의 복합성을 다 감안할 수는 없었을 것이다. 이런 각도에서 앞으로 마르크스주의가 어떻게 진전해갈 수 있을지 그 가능성을 조심스럽게 짚어볼 수 있다.

첫째로 그간 마르크스주의가 소홀히 다루어온 차원을 성찰하는 일이다. 우선 공간적 범주에 대한 새로운 자각과 인종문제에 대한 재고를 통해 마르크스가 그의 시대의 인식에서 획득했던 역사적 총체성을 오늘의 세계사적 현실에서 새롭게 회복하려는 시도이다. 이러한 예로서 계급관계와 계급투쟁을 중심에 놓으면서도 이를 인종적, 지리적 위계화와 연결시키는 월러스틴(I. Wallerstein)의 문제의식을 들 수 있다.

그는 전통적으로 계급 갈등이 일어나는 장으로 상정되어 온 국민국가 단위를 벗어나 이 문제를 고찰함으로써 마르크스주의의 새로운 국면을 가져오고 있다. 나아가 그의 이론은 자본주의 세계체제에서 다양한 양태로 발현되고 있는 계급관계와 갈등을 포착할 뿐 아니라 이러한 현실을 은폐하는 갖가지 지식 체계들의 작동구조를 밝히고 장기적이고 대규모적인 시공간의 변화와 지속과정을 분석하려는 시도이다.

월러스틴에 따르면 역사적 자본주의 하에서 계급과 민족, 인종간의 집단적 불균등은 지리적 공간을 매개로 이루어진다. 자본주의 발전이 궁핍화와 양극화를 야기한다는 마르크스의 주장은 서유럽 국민국가의 테두리 안에서는 빗나간 이야기가 되었지만 인종적, 지리적 위계제로 편성된 세계체제 단위에서는 여전히 적실성을 갖는다는 것이다. 다시 말해 세계적 차원의 잉여착취와 지배가 복합적 사회적 관계를 매개로 이루어짐으로써 남북 문제나 인종 문제, 혹은 핵심부 국가에서의 인종적, 성적, 세대적 계서화 등에서 계급관계가 다면적으로 표현된다는 것이다. 그의 주된 문제의식은 한편으로는 산업 노동계급의 계급투쟁을 중심에 놓고 다른 관계와 투쟁을 일단 부차적인 것으로 간주하는 전통적 마르크스주의적 견해와, 다른 한편으로는 계급관계를 비롯한 모든 사회적 적대를 단일한 원천이 없는 고유한 것으로 인식하는 다원주의, 가령 포스트마르크스주의 및 신사회 운동과 같은 흐름의 양자에 대항해 다른 투쟁들을 계급투쟁의 다전선전략과 연결시키고자 하는 것이다. "계급투쟁들이 필연적이고 근본적이라는 명제는 다른 형태의 투쟁들의 분출에 의해 전혀 반박당하지 않는다. 후자가 전자의 엄폐된 형태라 주장하는 것은 언제나 가능하기 때문이다. 정말이지 마르크스의 명제는 많은 계급투쟁들이 '민족들(peoples)'간의 투쟁이란 이름 아래 수행되고 있다고 주장할 수 있을 정도로 크게 강화되는 것이다."[26] 원래 마르크스에게 자본주의의 형성과 모순 그리고 그 해체가 세계사적인 것이 분명했던 만큼, 또 미래에 대한 그의 구상이 민족국가의 발전에 관한 것이 아니라 세계 문명의 큰 흐름에 관한 것이었던 만큼 월러스틴의 이러한 시도를 마르크스로부터 지나치게 나아간 것이라 할 수는 없다. 또한 지리적 공간에 대한 새로운 자각은 자본주의가 폐기시켜가는 공간의 구체성을 회복시키고자 하는 점에서도 마르크스의 근대 비판과 근원적으로 이어진다고도 볼 수 있다. 이런 뜻에서 아직껏 그 성과와 한계를 속단하기는 어렵지만 공간적 차원을 고려하는 마르크스주의가 열어가는 새로운 변증법은 주목해볼 필요가 있지 않을까 싶다.

둘째로 계급 관계와 생태적 관계를 새롭게 연결시키는 마르크스주의의 모색이 있을 수 있다. 생태주의가 자연과 문명을 추상적으로 대립시키는 차원에 머물지 않고 사회적인 것을 그 구체성 속에서 고려해야 한다면 마르크스주의 역시 착취의 인간관계를 인식하되 이 관계를 자연의 착취라는 좀더 폭 넓은 맥락에서 파악할 필요가 있기에 마르크스주의를 생태주의적으로 재구성하려는 이론적 시도의 입지는 의외로 넓다고 보인다. 기실 오늘날 삶의 경험 속에서 소외의 극복을 뜻 깊게 논하려 한다면 이미 정치경제학에 대한 마르크스의 비판으로는 불충분하기 때문이다. 이는 자본주의 생산과정에서의 노동착취에 대한 마르크스의 비판이 지니는 힘을 부인하는 것이 아니라 자연 자체의 '노동'에 대한 착취로 확대하자는 것이다. 그간 정치경제학의 이름 아래 포괄되어 온 관계들을 포함하되 그것만은 아닌 현실적 관계들을 대상으로 하는 새로운 인식틀로 '정치생태학'의 필요성을 주장하는 팀 헤이워드(Tim Hayward)가 "정치경제학에 대한 마르크스의 비판이 정치생태학의 발전을 위해 충분하지는 않더라도 여전히 필요한 조건"이라고 하는 것도 이러한 뜻에서일 것이다.[27] 이러한 일련의 모색들이 그 동안의 사회운동과 어떤 관련을 맺어야 할지, 국민국가 내 계급갈등은 물론 세계사적 갈등에 대해 구체적으로 어떻게 대처해 나가야 할지는 아직 숙제로 남아 있지만 어쨌든 그것은 단일 국민국가 내에서 계급투쟁과 국가권력의 획득에 초점을 두었던 전통적인 마르크스주의와는 다른 새로운 형태의 정치적 기획을 요구하는 것이 될 것이다.

주

1) E. Bernstein, *Die Voraussetzungen des Sozialismus und die Aufgaben der Sozialdemokratie*(Stuttgart, 1899), p 53 ; I. Fetscher, Von Marx zur Sowjetideologie, Frankfurt am Main, 1956(황태연 역, 중원문화)의 스탈린,《마르크스주의와 언어과학》 발췌에서 재인용. 여기서 국내 번역본을 인용할 때는 필자가 때로 수정을 했다.

2) R. Edgley, "Philosophy", in *Marx : the First Hundred Years*, ed. by D. McLellan(N. Y., 1983), p. 302.

3) 황태연,《환경정치학과 현대정치사상》(나남, 1992) ;〈사회적 소유는 공동소유제와 같은 것인가〉,《사회평론》 1992년 3월, pp. 253~262 ;《지배와 이성》(창작과비평사, 1996) ; 김호균,〈사적 유물론은 폐기되어야 하는가〉,《사회평론》 1992년 1월 ; J. Bischoff, M. Menard, *Marktwirtschaft und Sozialismus: Der Dritte Weg*(Hamburg, 1990).

4) Marx & Engels, *Werke*, 14, p. 450. Dietz Verlag, 1956ff.(강조는 마르크스). 또한 그는 "가치이론이 마르크스의 사회주의 체계의 초석"이라는 평범한 지적에 대해서도 "나는 결코 사회주의 체계를 수립한 적이 없으니 이 주장은 허위이다"라고 반발하기도 했다. *Werke*, p. 19, 357.

5) E. Balibar, *La Philosophie de Marx*(Paris, 1993),《마르크스의 철학》, 윤소영 역(문화과학사, 1993), pp. 17~20.

6) A. Gouldner, *The Two Marxisms*(N.Y., 1980),《마르크시즘 : 비판과 과학》, 김홍명 역(한벗, 1991).

7) 이 글에서 '사회주의'와 '공산주의'는 구별없이 쓰이고 있으나 양자는 역사적으로 다르게 이해된 개념이다. 다만 19세기 후반에 가면 마르크스는 자신의 사상을 양자 모두로 지칭하는데 그렇다고 구별이 의미가 없는 것은 아니다. 공산주의 전 단계로서의 사회주의라는 개념은 마르크스와는 무관하며《고타강령비판》의 두 단계론을 원용해 레닌이 처음 도입한 것으로 스탈린은 두 개의 생산양식으로 단계구분하였는데 이는 당시 소련의 역사적 상황이 마르크스가 전망한 것과 다르기에 새로운 과제를 풀기 위한 개념상의 변형일 뿐이다. 유재건,〈마르크스의 과학적 사회주의와 현실적 과학〉,《창작과 비평》 85호(1994년 가을)를 참조.

8) Marx & Engels, *Werke* 4, pp. 484-485.

9) A. Smith, *An Inquiry into the Wealth of the Nations*(1776 초판),《국부론》 하권, 최임환 역(을유문화사, 1983), p. 219.

10) Marx & Engels, *Werke* 3, p. 62.

11) G. W. F. Hegel, *Grundlinien der Philosopie des Rechts*, Suhrkamp Verlag

 (초판, 1821), 《법철학》, 임석진 역(지식산업사, 1990), §243~244.

12) R. Meek, "The Scottish Contribution to Marxist Sociology", in *The Economics & Ideology & Other Essays*(London, 1967). pp. 34~50.

13) Marx & Engels, *Werke* 23, p. 790.

14) Marx & Engels, *Werke* 4, 476면. 이런 점에 대해서는 유재건, 〈마르크스의 과학적 사회주의와 현실적 과학〉, pp. 269~273을 참조할 것.

15) Marx & Engels, *Werke* 23, p. 789.

16) 콜레티도 그 개념이 《자본론》, 《잉여가치학설사》 등에서도 수없이 나오기 때문에 소외이론이 후기에는 없다는 명제는 마르크스의 저술을 불살라 버릴 경우에만 옹호될 수 있을 것이라 반박한 바 있다. L. Colletti, "Dialectique et science dans l'oeuvre de Marx", in *Marx en Perspective*(Paris, 1985), p. 654.

17) Marx & Engels, *Werke* 20, p. 99.

18) G. S. Jones, "Engels and the History of Marxism", E. J. Hobsbawm ed. *The History of Marxism*, p. 293. 그리고 P. Anderson, *Considerations on Western Marxism*, NLB, 1976, 《서구 마르크스주의에 대한 고찰》, 장준오 역(이론과실천, 1988) 참조.

19) P. Anderson, *Considerations on Western Marxism*, 68, pp. 92~93.

20) G. Lukács, *Geschichte und Klassenbewußtsein*(Luchterhand, 1970, 초판은 1923), 《역사와 계급의식》, 박정호·조만영 역(거름출판사, 1997), pp. 58~60.

21) A. Gramsci, *Selections from the Prison Notebooks*(International Publishers, 1971).

22) H. Fleischer, *Marxismus und Geschichte, Suhrkamp*, 1965.

23) L. Althusser, *For Marx*(Verso, 1969). 《마르크스를 위하여》, 고길환 외 역, 백의 ; L. Althusser & E. Balibar, *Reading Capital*(Verso, 1970). 《자본론을 읽는다》, 김진엽 역(두레, 1991).

24) 디디에 에리봉. 〈21세기의 사상가 마르크스 : 자크 데리다가 《자본》의 저자를 복권시키다〉, 송기형 역, 《이론》 7호, 1993년 겨울, pp. 363~372.

25) 유재건, 〈마르크스와 월러스틴〉, 《근대 세계체제론의 역사적 이해》, 한국서양사학회 편(까치, 1996).

26) I. Wallerstein, *After Liberalism*(New York, 1995), p. 228.

27) 팀 헤이워드, 〈정치생태학의 의미〉, 조현영 역, 《창작과 비평》 90호, 1995년 겨울, pp. 112~116, p. 136.

페이비언 사회주의
Fabian Socialism

김 명 환

I. 머리말

영국은 서양에서 가장 먼저 산업화를 시작한 나라였다. 1770년대부터 시작된 일련의 기술발전과 생산성의 급격한 증가는 인간의 경제생활뿐만 아니라 사회생활 전반에 커다란 변화를 가져왔다. 산업화는 영국인들에게 많은 혜택을 안겨주었지만 그와 함께 노동의 문제, 빈곤의 문제 등 여러 가지 폐단도 가져왔다. 시간이 지나면서 영국의 지식인들은 산업화가 몰고 온 폐단들에 대해 질문을 던지게 되었고 그러한 과정 속에서 초기 사회주의가 형성되었다. 공장개혁 운동에서 출발해 사회개혁 운동으로 나아간 초기 사회주의의 주창자 오웬(Robert Owen)은 1830년대의 노동운동을 통해 산업화가 몰고 온 문제들에 대해 주의를 환기시켰으나 19세기 중엽의 영국은 빅토리아시대의 번영을 통하여 점증하는 사회의 모순을 억누를 수 있었다. 하지만 1870년대에 들어서면서 경제적 침체현상이 나타났고, 그 결과 영국에서는 1880년대에 사회주의가 부활하게 되었다. 자유방임적 자본주의의 계속적인 전개가 사회적 모순을 심화시킬 수 있다고 생각한 영국의 지식인들은 이 시기에 다양한 방식으로 자신들의 사회질서에 대해 이의를 제기하고 새로운 체제에 대한 대안을 제시했다. 페이비언 사회주의(Fabian Socialism :

Fabianism이라고도 한다)는 바로 이런 과정에서 나타난 영국의 사회주의 가운데 하나였다.

이 사상은 지식인들의 작은 모임으로 출발한 페이비언협회라는 단체를 통해 형성되었다. 단체의 이름은 로마의 장군 파비우스(Fabius)로부터 따왔는데 포에니전쟁 당시 한니발과의 싸움에서 지연 전술을 쓴 것에 착안한 것이다. 페이비언 사회주의의 이론 형성에 중요한 역할을 한 사람들로는 시드니 웹(Sidney Webb)과 그의 아내인 비어트리스 웹(Beatrice Webb), 버나드 쇼(Bernard Shaw), 그래엄 왈라스(Graham Wallas) 등을 들 수 있다. 페이비언협회는 사회주의 이론을 구체화해 나갔을 뿐만 아니라 꾸준히 사회운동에도 관여하여 1906년 노동당을 창건하는 데도 일조했다. 노동당은 창건 당시에는 사회주의강령을 채택하지 않았으나 1918년에 이르러 〈노동과 새로운 사회질서〉라는 시드니 웹이 기초한 강령을 채택했다.

페이비언 사회주의에 대한 평가는 평가하는 사람들의 정치적 입장에 따라 다양하게 나타난다. 자유주의 노동정치의 연장에 선 것으로 보는 것에서부터 관료적 집산주의로 보는 시각, 복지국가의 기초를 세운 것으로 보는 시각 등 다양한 관점이 제기되고 있다.

여기서는 다음과 같은 네 가지 측면을 통해 페이비언 사회주의의 내용을 검토해 나가면서 여러 입장들의 타당성에 대하여도 함께 살펴보기로 하겠다. 첫째, 페이비언 사회주의는 어떤 사회적, 사상적 배경을 가지고 출현하였는가? 둘째, 페이비언 사회주의는 현실을 설명하는 경제이론을 가지고 있는가? 만약 가지고 있다면 어떤 형식으로 정형화하고 있는가? 셋째, 만약 경제이론을 통해 현실의 모순을 지적해 냈다면, 그 모순을 개선하기 위해 사회를 어떻게 재조직하려 했으며, 그 공동사회의 구성과 운영에 대해선 어떤 생각을 가지고 있었나? 넷째, 페이비언 사회주의는 그 의도를 성취하기 위하여 어떠한 방법론을 고안해 내고 있는가? 각각의 항목을 검토해 봄으로써 이 사상의 전체적인 윤곽에 접근할 수 있을 것이라 생각한다.

Ⅱ. 페이비언 사회주의 출현의 사회·사상적 배경

페이비언 사회주의가 나타난 1880년대의 영국의 상황은 그 이전의 시대와는 확연히 구별되는 몇 가지 특징을 지니고 있었다. 그 특징들은 결국 페이비언 사회주의가 대두하게 되는 사회적 조건을 형성한다고 볼 수 있으며 다음과 같은 것들이었다.

① 1873년 이래 몰아친 대공황이 빅토리아시대의 경제적 번영을 위축시켰으며 따라서 1850·1860년대 영국사회에 퍼져 있었던 일반적인 만족감은 사라지게 되었다.

② 1867년과 1884년의 선거법 개정으로 노동자들에게 선거권이 부여되는가 하면, 초등교육이 차츰 의무화됨으로써 정치개혁에 대한 관심이 높아지게 되었다.

③ 영국사회에서는 빈곤의 문제를 '개인적 죄악에 대하여 신이 내린 징벌'로 해석하는 종교적 경향이 강했는데 1870년대 후반의 대량실업은 빈곤을 개인의 책임으로 돌리는 경향을 바꿔놓았고, 자유방임을 추구하는 경제적 자유주의 이론에 대한 회의를 제기했다.

④ 대학에서 자유주의에 대한 비판이 제기되면서 대학은 새로운 유형의 지식인들을 양성하고 있었다.

⑤ 산업화가 중산계급에게 편중된 이익을 가져다 주었다는 점에 대한 죄의식으로 말미암아 중산계급 개혁가들이 대두되었다.

⑥ 안정을 구가하던 중산계급의 확실성이 붕괴되어가면서 새로운 대안으로서의 지적 체계에 대한 모색이 시도되고 있었다.

⑦ 1880년에 글래드스톤이 집권하게 되지만 아일랜드 문제 등 각종 국내외 문제에 효과적인 처방을 내리지 못했을 뿐 아니라 이들 문제로 인하여 자유당은 분열로 나아가고 있었다.

요컨대 영국 사회는 변화를 모색해야 할 시점에 다다른 것이다. 이러한 배경에서 두 권의 중요한 사회주의 서적, 하인드먼(H. M. Hyndman)

의 《모두를 위한 영국》(*England for all*)과 조지(H. George)의 《진보와 빈곤》(*Progress and Poverty*)이 1881년에 출판되었으며 같은 해에 민주연맹(Democratic Federation)이란 이름의 마르크스주의 단체가 결성되었다. 페이비언협회(Fabian Society)는 영국사회의 이런 조류 속에서 나타났다.

페이비언협회는 1882년 진보연합(Progressive Association)과 1883년의 신생활 동지회(Fellowship of New Life)를 거쳐 1884년 1월 피즈(E. Pease), 블란드(H. Bland), 포드모어(F. Podmore), 케델(F. Keddel) 등이 발기인이 되어 성립되었다. 그러나 페이비언협회가 의미 있는 단체로 성숙하게 되는 것은 웹·쇼·올리비에(S. Olivier)·왈라스 등의 가입에 의해서였으며 이들은 지적 공산주의 작업이라 할 수 있는 상호 신뢰의 유대를 통하여 페이비어니즘을 체계적인 사상으로 구축해 놓았다. 이것은 1889년 《페이비언 논집》(*Fabian Essays*)의 출간으로 확인되는데 이 책의 출간으로 인해 페이비언들의 도제 수업기간은 끝나게 된다.

페이비언 사회주의는 마르크시즘과는 다른 사상의 줄기에 접맥되고 있다. 이러한 현상은 한편으로 영국 사회주의가 처한 독특한 정치적 상황에 기인하는 것이기도 했지만 또 다른 한편으로는 영국의 지적 유산에 기인했다. 페이비언협회의 성립 초기에 페이비언들이 마르크스의 저작을 읽고 연구했음에도 불구하고 그들이 마르크스주의자적인 입장에서 사회주의이론을 전개시키지 않은 이유는 무엇일까? 그들이 마르크스 이론을 비판했다면 그 비판의 근거가 되는 사고는 어디서 유래하고 있는가? 이런 질문에 답하기 위해 페이비언들이 영향을 받은 사상들을 검토해 볼 필요가 있다.

페이비어니즘(Fabianism)과 고리를 맺고 있는 사상들의 계보를 정확히 그려낸다는 것은 매우 힘든 작업이지만 여러 사람들의 의견을 종합해보면 페이비어니즘에 직접적인 영향을 준 몇 가지 사상으로 밀(J. S. Mill)의 후기 사회주의 사상, 조지의 지대이론, 콩트(A. Comte)의 실증주의 등을 들 수 있다.

먼저 밀의 사상은 페이비언들의 출발점으로 볼 수 있다. 그의 후기 사상은 페이비언들의 개혁계획과 직접적인 연관을 갖는 데 특히 자연증액(unearned increment)에 대한 비판과 연관해서는 명백히 페이비언들의 사상에 영향을 주고 있다. 밀은 자연증액의 개념을 페이비언들에게 제시하였을 뿐만 아니라, 영국 대중이 사회주의적 제안을 받아들일 수 있게끔 준비시켰다. 웹을 사회주의자로 개종시킨 것도 밀이었다. 밀은 자유방임의 개인주의로부터 점차 사회주의로 옮겨갔으며 말년에 그의 입장은 사회주의로 바뀌고 있다. 논자에 따라서는 사회주의국가에 대한 웹의 탁월한 청사진인 《영국 사회주의 공화국 헌법》은 정교하게 세세한 면까지 드러난, 미래에 대한 밀의 마지막 구상이었다고 평가하기도 한다. 밀에게는 영국 사회주의의 전통에서 사회주의의 본질은 연합하는 것이었으며, 협동은 경쟁보다 더 높은 도덕적 단계를 제시했다. 비록 페이비어니즘에서 협동조합운동은 사회주의의 완전한 형태로 인정받지는 못했다 하더라도 생존경쟁을 위한 경쟁을 거부하게 한 점에서나 혹은 좀더 승화된 차원에서의 경쟁개념을 고안해내게 하는 과정에서 큰 영향을 끼치고 있는 것이다.

조지의 영향은 토지문제에 대하여 대중의 마음을 직접 움직였다는 데 있다. 쇼는 《진보와 빈곤》을 읽고서 경제학 공부에 빠져들었고 사회주의자가 되었다고 고백했다. 조지의 사상은 1879년에 발간된 《진보와 빈곤》에 잘 나타나 있는데 그는 여기서 빈곤의 원인을 지주의 지대수취에서 찾고 있다. 그리고 그는 단일과세론을 주장하고 있는데 대륙에서 건너온 복음이라고 할 만큼 그 영향력은 영국의 사회주의자들에게 강력한 것이었다. 페이비언들이 그들의 이론을 지대론에서부터 출발한 것에는 밀의 영향 못지 않게 조지의 영향이 내재해 있다. 페이비언들이 조지의 경제이론에 전적으로 동의한 것은 아니지만, 조지의 이론이 페이비언들의 경제이론이 결정화되도록 그 시발점을 마련해 주었음은 틀림없다.

콩트의 영향력은 페이비어니즘의 전반적 성격에서 발견할 수 있다. 이것은 페이비어니즘이 사회분열이 아닌 사회연대의 사회주의를 형성하려 했을 때에 그 지적 토대를 형성해 주었다는 점에서 중요하다.

먼저 실증주의의 영향은 페이비어니즘이 보여주고 있는 철저한 구체성과 실용주의에서 검증될 수 있다. 《페이비언 트랙트》 70호(*Fabian Tract* 70 : 페이비언 협회에서 지속적으로 발간한 소책자 형식의 간행물로 페이비언들의 주장을 담고 있다)에서 협회는 "오직 실제적인 민주주의와 사회주의에만" 관심을 가진다고 밝혀 형이상학을 배제하겠다는 의도를 분명히 했다. 페이비언협회의 소책자·팸플릿 등을 검토해보면 관념적인 문제를 취급하거나 추상적인 이론문제에 대해 논의하고 있는 것은 몇 개에 불과함을 발견하게 된다. 거의 모든 책자는 통계와 정리된 자료에 의해 분석을 하고 있다. 관념적인 논의는 거의 보이지 않는다. 이러한 경향은 페이비언들의 다른 저작에도 공통적이다. 웹은 《페이비언 논집》에서 사회적 통제 아래에 놓여야 할 부문들을 거의 200개에 가깝게 열거하고 있다. 그리고 이렇게 정확한 자료와 경험적 사실에 대한 신뢰는 페이비언들이 자신들이 펴낸 《페이비언 트랙트》에 실린 통계를 시간의 흐름에 따라 새로운 통계로 바꾸는 작업에서도 발견하게 된다. 이러한 경험적 요소는 페이비어니즘의 저변에 깔려서 이 사상의 방법론적 토대를 이루고 있음을 발견하게 된다. 사회주의 이론의 전개에 앞서 먼저 정확한 사실에 대한 파악을 중시하는 태도는 진지한 개혁가들은 선동적 수사를 버리고 산업조직과 사회입법에 대해 자세히 연구해야 한다는 실증주의적 신념과도 연결되고 있다.

또 한 가지 실증주의는 성숙한 세속적 종교의 미래상을 제공했다는 점을 지적할 수 있다. 바로 이것이 페이비언들로 하여금 실증주의로부터 사회주의사상으로 나아가게 하고 있다. 콩트에 의하면 사회는 본질적으로 '보편적 합의'라는 유기적 속성을 가지므로 계급투쟁은 계급협동으로 극복되어야 했다. 단지 콩트는 임금노동에 기초한 사회의 단계를 넘어서서 나아가지 못했으나 페이비언들은 이 단계를 넘어 사회 진화의 더 높은 단계로 나아갈 필요를 인식했던 것이다.

Ⅲ. 페이비언 사회주의의 경제이론 : 렌트이론

착취개념은 마르크스에 의해 자본주의 사회에서 자본가가 노동자에 의해 생산된 생산물 가운데 일부만을 노동자의 몫으로 지급하고 나머지를 이윤이란 명목으로 수취하는 현상을 일컫는 용어로 쓰여졌다. 마르크스는 이러한 현상을 노동가치설과 잉여가치설로 설명을 했다. 따라서 자본주의 사회의 착취현상을 설명할 때 잉여가치설은 마르크스에게 논리 전개의 기초와도 같은 것이었다고 할 수 있다. 이것을 거부하는 것은 '과학적 사회주의'를 포기하는 것과도 같은 것이었다. 그런데 페이비언들은 마르크스의 잉여가치설을 받아들이기를 거부했다. 그리고 제본스(S. Jevons)의 한계효용 이론을 빌려, 가치는 노동만으로 결정되는 것이 아니라 한계효용에 의해 결정된다는 주장을 하는 것이다. 이와 같이 정면으로 마르크스의 이론을 거부하면서도 페이비언들은 착취이론을 가지고 있는가? 가지고 있다면 어떤 방식으로 이것을 설명하고 있는가 하는 물음들이 제기된다. 다음은 〈페이비언협회의 기초〉(*the Basis of the Fabian Society*)의 한 구절이다.

> 협회는 토지의 개인재산과 그것에 따른 전용을 소멸시키기 위해, 그리고 우수한 지력과 장소에 대하여 또 토지를 사용하도록 허가한 데 대하여 지대(rent)의 형태로 지불된 가격을 소멸시키기 위해 노력한다.

페이비어니즘의 착취이론은 여기서 개진된 '렌트(rent)' 개념을 분석하는 것에서 시작한다. 페이비언들은 렌트의 전용에 대해 명백히 반대하고 있음을 알 수 있는데 왜 그것을 부당하다고 생각했는가? 페이비언들에게는 그 대답이 명료하다. 노동을 하지 않고 벌어들이는 수입이기 때문이다. 웹은 다음과 같이 쓰고 있다. "어떻게 나태한 부자가 살아가는가? 그들의 구매력은 어디서 유래하는가? 그것은 하늘에서 내려오는 것이 아니다. 그들은 주로 지대와 이자라는 것으로 살아가는데 그것은 그들 자신의 공로나 노력 없이 그들에게 전달되고 있다.” 여기서 중요한 것은 공로나 노력 없이 전달된다는 점이다. 이런 의미에서 지대의 전용은 정당화될 수 없다고 생각했으며 또한 이런 근거에서 노동으로 벌어들이지 않은 소득은 모두 렌트로 규정되었다. 그 결과 렌트는 지대에만 국한되지 않고 이자와 이윤에까지 확대되었다. 결국 페이비언들은 지대의 소멸에서부터 한 발 더 나아가 이 ‘노동으로 벌어들이지 않은 소득’을 소멸시키려 하였음을 알 수 있고 그 과정에서 렌트의 개념은 매우 넓게 확대되었다. 렌트는 자본의 가치증식에도 해당되는 개념이 되었으며 이미 축적된 자본을 사용하도록 허락한 대가로 지불된 금액도 렌트에 해당되었던 것이다. 페이비언들은 이를 ‘자본의 렌트’라고 불렀다. 자본의 렌트가 발생하는 과정은 리카도(D. Ricardo)의 지대법칙과 유사한데, 한계경작지에서 노동자가 장비한 최소의 자본에 대한 특별한 자본의 유리성에 따라 발생하게 된다.

렌트개념은 여기서 그치지 않고 더욱 확대되었다. 웹은 ‘사회주의자를 위한 사실들’이란 제목이 붙은 《페이비언 트랙트》 5호의 〈이윤과 봉급〉(*Profits and Salaries*)이란 항목에서 문학·예술 혹은 상업적 독점을 하고 있는 자와, 육체적이든 정신적이든 독특한 기술을 소유한 자들은 렌트 수취자라고 규정하고 있다. 페이비언들은 이를 ‘능력의 렌트(rent of ability)’라고 불렀다. 그리고 웹은 ‘기회의 렌트(rent of opportunity)’라는 또 하나의 개념을 제시하고 있다. 이것은 우연히 조성된 유리한 상태에서 발생하는 부가생산물을 의미했다. 즉 어떤 특정한 시점과 장소에서 특정한 형태로 자본을 소유한 결과 얻게 된 뜻하지 않은 횡재가 여기에 해당했다. 여름이 매우 더워 음료수 장사가 큰 돈을 벌게 된 것과 같은 경우이다. 소득 역시 렌트에 해당되는 것으로 사적(私的)으로 전용(專用)되어선 안되며 사회적으로 공유되어야 한다고 보았다.

이와 같은 렌트개념의 확대가 웹에 의해 최초로 행해진 것은 아니었다. 그러나 렌트개념이 착취의 의미를 띠게 된 것은 웹에 이르러서였다. 웹은 워커(F. Walker)와의 논쟁을 통해 렌트이론을 정교화하였다.

워커는 1887년 발표한 한 논문에서 사업의 이윤도 일종의 렌트라고 주장했다. 즉 우수한 능력 때문에 보다 좋은 기업에 돌아가는 차별적 수입이라는 것이다. 그것은 능력에서의 자연적 차이로부터 발생했고 따라서 완벽한 체제에서도 발생한다는 것이다. 워커는 이것을 '능력의 렌트'라고 표현했다. 그런데 웹은 이러한 '능력의 렌트' 개념에 새로운 의미를 부여했다. 능력의 렌트는 기업가에게만 적용되지 않고 모든 숙련 노동자에게 적용되었으며 기업가는 그 역시 봉급을 받는 한 사람의 피고용자로 취급되었다. 그리고 웹한테 이윤은 반드시 '능력의 렌트'에 연관된 것으로 취급되지 않았다. 이윤은 기회와 우연에 의존하고 있으며 따라서 '기회의 렌트'가 이윤의 상당한 부분을 설명한다고 보았던 것이다.

그러면 렌트가 아닌 수입은 어떠한 것인가? 이것을 웹은 '경제적 임금'이라고(economic wage) 보고 있다. 따라서 웹은 모든 소득을 '경제적 임금'과 렌트로 나누고 있다. 그리고 렌트는 다시 '토지의 렌트' '자본의 렌트' '능력의 렌트(이것은 노동의 렌트라고도 표현된다.)' '기회의 렌트'로 나누어진다. 그리고 여기서 말하는 '경제적 임금'은 '가장 거친 땅에서, 최소 자본의 도움으로, 가장 나쁜 자연조건에서 대부분의 비숙련 노동자가 얻은 소득'으로 정의된다. '경제적 임금'은 리카도의 자연임금 혹은 정상임금과 같은 것이 될 것이다. 만약 이보다 높이 올라간다면 인구의 증가는 노동자를 더욱 나쁜 지위로 몰아낼 것이고, 이보다 낮게 된다면 인구가 감소하는 현상이 나타나 노동조건을 더욱 좋게 만들도록 할 것이다. 그리고 이 '경제적 임금'을 넘어서는 모든 소득은 다른 사람과 공유하지 않은 생산력에서 나오고 있다. 즉 인간이 다양한 능률수준으로 노동한다는 사실에 있다. 더욱 유리한 토지, 더욱 능률적인 노동 혹은 자본의 사용에 있는 것이다.

이와 같이 '경제적 임금'을 넘어서는 소득으로서 렌트가 발생하는 구체적 경로는 크게 세 가지로 나누어진다.

첫째는 자연증액(unearned increment)에 의해 렌트가 발생하고 있다.

사회의 인구와 산업구조가 발전함에 따라 토지에 대한 수요는 늘어나고 토지 가치는 올라가게 된다. 이러한 증가는 토지소유자의 생산적 노력이라기보다는 사회적 요인에 거의 전적으로 기인하고 있다. 자본가치도 동일한 과정에 의해 유사한 증액현상을 보여주고 있다. 둘째로는 경제적 렌트(economic rent)를 들 수 있다. 이것은 생산수단의 질적 차이에 의해 발생하는 것인데 토지의 경우 그 비옥도와 위치에 의해 발생하게 된다. 셋째로 독점에 의해 렌트가 발생하고 있다. 쇼는《페이비언 논집》에서 경제적 렌트가 아니며 자연증액이 아닌데도 부당한 소득이 발생한 것을 지적하고 있는데 이것은 단지 생산수단을 독점함으로써 얻게 되는 소득인 것이다.

그렇다면 렌트의 발생을 차단하는 방법이 있는가? 쇼는 토지의 비옥도가 다르고, 상점 앞을 지나가는 사람의 수가 다른 한, 농민들과 상점주들은 각기 다른 수익을 거두게 될 것이라며 그 가능성을 부인했다. 페이비언들은 렌트의 발생을 회피할 수 없다고 본 것이다. 이렇게 발생하는 렌트는 개인적인 부도덕의 결과가 아니다. 즉 부르주아의 탐욕이나 프롤레타리아의 방탕에서 발생하는 것이 아니라 정상적 경제거래의 구조에 내재한 것이다. 따라서 렌트의 발생을 근원적으로 봉쇄하는 것은 불가능하다. 그 대신 발생한 렌트를 거두어 들인다는 대안이 제기된다. 왜냐하면 페이비언들은 렌트를 사회적으로 공유해야 할 자산으로 간주했기 때문이다.

즉 렌트는 사회적으로 생산된 가치이므로 공유해야 한다는 것이다. 이와 같이 렌트를 사회가 공유해야 하는 이유는 한편으로는 이것이 사회적으로 생산된 가치라는 점 때문이기도 했지만 렌트 수입이 노력하지 않고 얻게 된 수입이라는 데도 있었다. 그렇다면 페이비언들의 렌트 모델의 하나를 구성하고 있는 '능력의 렌트'는 정당화되는 개념이라고 볼 수 있을까? 페이비언들이 토지·자본에서 발생하는 렌트의 전용을 부당한 것으로 간주한 까닭은 여기서 발생하는 렌트가 노동을 하여 벌어들인 수익이 아니기 때문이지 않은가? 여기에 비해 '능력의 렌트'는 자신의 노동에 의해 생산된 것이라 할 수 있고 그렇다면 '능력의 렌트'를 개인이 전용하는 것이 부당할 이유가 어디 있는가? 그러므로 의사·변호사·경영자·정치가의 높은 수입 등은 능력에 대한 정당한 보상으로 간주될 수 있다는 생각을 해볼 수 있는 것이다. '능력의 렌트'에 대해 페이비언들은 '능력 있는 자는 능력의 렌트로 더 많은 보상을 받아야 한다'는 입장을 취한다는 해석도 있다. 그러나 그러한 해석은 타당하지 않다고 생각된다. 그것은 다음과 같은 이유 때문이다.

첫째 페이비언들은 사회에 대하여 유기체적 개념을 가지고 있다. 이러한 생각은 자유방임사상과 마르크시즘 모두에 반하는 것으로 개인은 사회라는 거대한 기구가 그 기능을 제대로 발휘하도록 협조해야 했다. 그렇기 때문에 한 개인의 특별한 능력도 개인에게 배타적으로 독점되어서는 안 되며 사회가 공유해야 할 성질의 것으로 인식되었다.

둘째로 '능력의 렌트'가 발생하는 중요한 원천은 주로 특별한 교육에 있는데, 이런 교육은 특정인이나 특정그룹에게만 독점되고 있으며 '토지의 렌트'나 '자본의 렌트'와 밀접히 연관되어 발생하고 있다. '능력의 렌트'가 토지나 자본의 렌트에 의해 발생한 것이라면 결국 렌트가 렌트에 의해 발생하는 현상이 벌어지며, 토지나 자본의 렌트가 사회적으로 생산된 것이기 때문에 능력의 렌트 역시 사회적으로 생산된 것이라는 결론에 도달한다. 그러면 능력의 렌트가 토지나 자본의 렌트에 의해 생산되는 현상이 없어진다면 어떻게 될 것인가? 결국 공공기구 즉 사회가 교육함으로써 획득되는 특별한 능력이 발생하게 될 텐데 이렇게 발생한 가치는 자신이 생산한 것이기보다는 사회가 생산한 것이 될 것이다. 그러므로 '능력의 렌트'는 개인이 전용할 권리가 없으며 사회가 전용할 정당한 권리가 발생한다.

셋째로 설사 '능력의 렌트'에 대한 보상을 하려 해도 순수하게 능력에 의해 생산된 부분을 가격으로 환산하는 것은 불가능하다. 왜냐하면 특별한 능력의 노동생산물은 경영이나 의료, 변호와 같이 무형재인 경우가 많으며 따라서 시장에서 형성된 가격은 용역에 대한 대가인데 그

것 가운데 어느 부분만큼이 진정한 노동의 대가인가 하는 것을 분별해
내는 것은 논리적으로 불가능한 것이다. 즉 금전적 보상과 노동간의 관
계를 세우는 것은 불가능해진다. 더욱이 흔히 '능력의 렌트'로 수취되는
가격 가운데는 수요에 의해 높게 책정된 가격의 부분과 함께 매우 복
잡한 여러 요인이 혼재되어 있다. 즉 상상의 렌트(rent of imagination ;
대중의 상상으로 말미암아 실제의 능력과는 상관없이 뛰어난 능력을 지닌 것
으로 간주되어 높은 소득을 올리게 되는 경우), 인플레의 렌트(rent of
inflation ; 의사나 변호사가 부유층 사이의 경쟁으로 말미암아 치료비·수임료를
올려 받는 경우), 지위의 렌트(rent of status ; 능력과는 상관없이 어떤 지위
에 오른 것으로 인해 높은 수입을 받는 경우), 요령의 렌트(rent of knack ;
어떤 자질이 화폐소득을 올리게 하는 경우인데 가수나 모델이 한 예) 등이 얽
혀 있으므로 순수한 '자연적 능력의 렌트(rent of natural obility)'를 개량
적으로 구별해낸다는 것은 현실적으로 불가능하다.

넷째로 '자연적 능력의 렌트'를 구별해낸다 하더라도 이에 대한 보
상은 화폐로 되는 것이 아니라 사회에 대해 봉사한 만족감이나 연구활
동에 대한 성취감 등으로 보상받게 될 것이다. 이들은 그가 할 수 있
는 최선의 일에 대하여 충분한 생계비와 명예로운 지위를 얻게 될 것
이다. 그리고 반드시 화폐적 유인이 그들의 능력을 행사하기 위해 필
요한 것은 아니다. 오히려 그들을 좌절시켜도 끊임없이 재능을 발휘하
려 하고 있는 것이다. 그러므로 금전적 보상이 능력에 따라 이루어지
지 않는다면 노동의 유인이 감소될 것이라는 생각은 페이비언들에 의
해 거부되며, 노동자극의 유인으로 페이비언들이 중요시하는 것은 탐
욕이 아니라 공공정신, 집단 프라이드, 개인적 야망, 여가에 대한 욕구
등인 것이다.

이러한 근거로 '능력의 렌트' 가운데 수요와 공급에 의해 형성된 가
격 부분만이 아니라 '자연적 능력의 렌트'까지도 결국 여타의 렌트와
마찬가지로 한 개인에 의해 전용되기보다는 사회적으로 이용되어야 한
다고 보고 있는 것이다. 그러나 능력에 대한 보상이 거부된 것은 아니

다. 단지 고양된 형태의 것으로 변용되어 보상되어야 하는 것이다.

이와 같이 페이비언들에게 '경제적 임금'의 수준을 넘어서는 모든 가치의 부분은 렌트에 해당하며 그것을 한 개인 혹은 그룹이 전용하는 것은 착취로 규정된다. 페이비언들은 교육의 확산을 통해 '능력의 렌트'를 일부 소멸시켜 나갈 수 있을 것이라고 생각했다. 이는 토지나 자본에서만이 아니라 노동에서도 독점현상(특별한 능력의 독점현상)을 소멸시켜 나가려 한 것으로 볼 수 있다. 그러나 교육의 확산이 능력의 렌트를 없애는 완벽한 수단이 못되는 것은 토지나 자본의 독점현상을 없앤다 해도 렌트 발생 현상이 소멸되지 않는 것과 같다. 마치 토지의 토양에 따른 '경제적 렌트'가 발생하듯이 선천적인 체력이나 지능의 차이에서도 렌트가 발생하게 된다. 그러므로 교육이 렌트를 없애는 완벽한 수단은 못 되거니와 또한 '능력의 렌트'는 토지나 자본에서와 마찬가지로 인위적인 조작이 없더라도 발생하게 되는 것이다. 지대가 토지에서 발생하는 렌트이며, 이자가 자본에서 발생하는 렌트라면 '능력의 렌트'는 노동에서 발생하는 렌트인 것을 알 수 있다. 이렇게 하여 페이비어니즘은 모든 생산수단에서 잉여가치가 발생하고 있음을 렌트이론으로 설명하고 있다. 즉 새로운 잉여가치이론으로서 렌트이론이 성립하고 있는 것이다.

페이비언들은 렌트의 발생을 인위적 조작에 의해 완전히 차단할 수는 없다고 생각하였으므로 문제는 발생한 렌트가 특정인 혹은 특정그룹에게 전용되는 것을 막는 것이었다. 렌트는 사회적으로 공유되어야 했고 이를 위해 계속 증식되는 렌트를 걷어낼 기구가 필요해졌다. 그러므로 사회라는 유기체 내에서 발생하는 렌트를 계속 떠내어 전체에게 고루 자양분을 나누어줄 하나의 중앙기구가 필요하고 이것이 바로 국가의 임무가 될 것이었다. 이러한 근거에서 국가를 부정하는 무정부주의는 페이비어니즘에서는 정당화될 수 없었고, 지주와 자본가만을 착취계급으로 규정하는 마르크시즘도 정당화될 수 없었다. 한 사회의 구성원은 오히려 전 중산계급과 숙련노동자에게까지 확대되는 방대한 렌트 수취자와 그렇지 못한 계층으로 나누어졌다.

렌트이론을 고찰함으로써 우리는 페이비어니즘이 비(非)마르크스적인 접근 방법을 취하면서도 자신의 잉여가치 이론을 구성하고 있음을 알 수 있다. 또 렌트이론은 노동자·자본가란 두 계급을 넘어서서 훨씬 광범한 계층을 포괄하면서도 자본주의의 착취구조를 설명해내고 있다. 이렇게 현실을 렌트가 발생하는 구조로 보는 페이비언들의 논리적 결론은 렌트전용을 막는 방법을 찾는 것이 될 수밖에 없다. 여기서 렌트이론은 토지·자본·능력의 공유화이론으로 확장되는 것이다.

Ⅳ. 페이비언 사회주의의 사회구상 : 시영화와 국유화이론

렌트이론에 의하면 렌트를 수취할 기구로서 국가의 존재는 반드시 필요한 것으로 나타난다. 그래서 페이비어니즘을 국가사회주의라고 부르는 것이 오히려 당연하게 들릴지도 모른다. 그러나 문제는 그렇게 단순하지가 않다. 페이비언들 스스로가 자신들의 사상을 국가사회주의로 규정하는 것에 대해 이견이 있으며 여기에 걸맞게 상이한 해석들도 발견된다. 혹자는 페이비어니즘은 소규모 공동사회 사회주의에 반대하고 있다는 주장을 하고 있으며, 또 다른 이는 페이비언들의 구상은 다소 변형된 고대의 도시공화국과 유사하다는 평가를 내리고 있다. 그렇다면 과연 누구의 주장이 옳은 것일까? 웹은 사회주의가 나아가야 할 방향을 다음과 같이 제시하고 있다.

사회주의 계획은 4개의 사회개혁노선으로 나아가고 있다. 첫째는 산업자본에 대한 집단적인 소유와 관리를 점진적으로 확대하는 것이다. 둘째는 여전히 개인소유로 남아 있는 산업자본에 대하여 사회가 그 우월성을 주장하는 것이다. 셋째 국가는 생산수단의 사유가 가져오는 소득불평등을 시정하는 방식으로 과세(課稅)력을 이용해야 한다는 것이다. 넷째 스스로 생계를 꾸릴 수 없는 자에 대한 공적부조이다. 현대국가가 모든 시민에게 확보해 주게 하고 있는 최저생활보장으로 간주되는 모든 종류의 것을 말한다.

여기서 산업자본에 대한 집단소유라고 할 때 '집단소유'란 구체적으로 무엇을 의미하는가? 국가의 소유를 의미하는 것인가? 그리고 산업자본에 대하여 사회(comnunity)가 우월한 지위를 갖는다고 했을 때 사회란 무엇을 의미하는가? '페이비언협회의 기초'에서 "협회는 산업자본의 관리를 사회에 이전하기 위해 노력한다"고 했을 때와 마찬가지로 여기서 사회는 '공유화된 산업이 혜택을 줄 수 있는 단위'로서 사회를 의미하고 있다고 보아야 한다. 왈라스는 "공유화의 단위는 편의에 있다"고 주장하며 웹은 "노동이 이루어지는 공동사회와 정확히 비례하는 규모로 공유화되야 한다"고 주장하고 있다. 따라서 산업의 성격에 따라 공유화의 주체는 선택적으로 채택되는 것이다. 즉 산업은 그 성격에 따라 국유화되는 것과 시영화되는 것으로 나누어지는 것이다. 그런데 이 양자 가운데 페이비언들은 시영화를 더욱 중시했다. 지방정부에 의한 시영화는 '자치시 사회주의(municipal socialism)'라고 규정되었다.

지방정부가 산업 공유화의 주체가 된 까닭은 무엇일까? 그것은 페이비언들이 자치시를 하나의 공동사회로 생각했고 공공재가 적절하게 이용될 수 있는 가장 적합한 단위로 보았기 때문이다. 적절한 공동사회의 단위로 자치시를 선정함으로써 페이비언들은 국유화보다 시영화를 강조하게 되었다. 인구가 조밀하고 경제적으로 복잡한 근대국가에서 진정한 민주주의를 위해서는 하나의 거대한 정부가 전권을 휘두르기보다 정부기능을 분산시킬 필요가 있었다. 권력의 집중은 자유를 파괴할 뿐만 아니라 사회가 존재하는 궁극 목적인 개인의 발전을 억제하는 것이다. 따라서 페이비어니즘이 '자치시 사회주의'로 포괄하고 있는 부문은 실로 방대하다. 가스, 수도, 도로포장과 청소에서부터 음식의 공급과 분배 및 여러 가지 오락수단의 제공에 이르기까지 실로 생활의 전 분야에 걸친 자치시의 활동을 제시하고 있다. 그리고 자치시 기업은 첫째, 피고용인에 대한 배려를 바탕으로 하여 임금보다는 인간으로서의 수요, 환경에 대한 고려, 안전과 안락 등에 관심을 가져야 했고 둘째, 서비스 자체를 개선하며 셋째, 가격을 낮추어야 했다. 자치시의 산업 경영은 산업의 보다 고양된 형태와 질적 경쟁을 의미하고 있었다.

그렇다면 중앙정부의 기능은 무엇인가? 중앙정부는 공유화의 과정에서 무슨 역할을 맡게 될 것인가? 국가의 가장 큰 기능은 렌트를 수취하는 것이었다. 이것은 페이비어니즘이 소규모 공동사회 사회주의에 반대하고 있다는 주장의 근거가 될 수도 있는 것인데 웹은 전국적 과세만이 경제적 렌트를 공정하고 실질적으로 수취하는 방법이며 렌트 수취는 전국적으로만 가능하다고 보았다. 이와 같이 렌트의 수취에서 국가의 기능은 절대적인 것으로 부각된다.

그리고 산업의 성격이 중앙정부로 하여금 국유화를 강요하는 것이 있다. 그러한 성격의 것으로는 철도·운하·전신·우편업무·수력·광산을 들 수 있는데 그것은 다음과 같은 이유 때문이다.

첫째, 사업이 전 지역에서 통일적이어야 하는 경우(우편업무의 경우) 둘째, 전국적으로 집산하여 분배해야 할 필요가 있는 경우(광산의 경우) 셋째, 사업의 지방부문이 여타 지역과 조정되어야 할 필요가 있는 경우(철도) 등이 있기 때문이다. 이러한 산업에서 공동사회(community)가 의미하는 것은 자치시가 아니다. 산업은 전국적인 규모로 공유되어야 하며, 중앙정부가 국유화의 형식을 취해 접수해야 한다. 이와 같이 비록 국가가 렌트를 배타적으로 수취한다 하더라도, 산업을 공유화하는 주체는 산업의 성격에 따라 상이하며, 사회가 우월한 지위를 가져야 한다고 할 때 사회가 의미하는 것은 이중적이라는 점을 유의해야 하겠다.

그러므로 페이비어니즘은 엄격한 중앙집권화도 완전한 지방분권화도 주장하지 않았으며 둘 사이의 균형을 추구했음을 알 수 있다. 그리고 둘 사이의 균형을 추구하는 문제는 중앙정부의 기능과 지방정부의 기능 사이에 적절한 선을 그으려는 노력으로 나타난다. 이상과 같은 논의에서 페이비어니즘을 국가사회주의라고 부르는 데는 약간의 주의가 필요하다는 것을 알 수 있다.

그러면 시영화나 국유화 과정에서 산업은 어떤 방식으로 지방정부나 중앙정부에 접수되어질 것인가 하는 문제와, 이로 인해 산업에서 사적 부문은 소멸되어질 것인가 하는 문제, 그리고 이러한 산업의 공유화는 결국 관료제화를 의미하지 않는가 하는 문제가 남는다.《페이비언 트랙트》31호에서 런던의 회사들은 유용한 기능을 하지 못하므로 더 이상 모든 런던 시민에게 개방될 수 없으므로 기능·권리·재산과 의무는 시 의회나 여타 시민을 대표하는 공공기구로 이전되어야 한다고 주장한다. 그리고《페이비언 트랙트》33호에서는 특정부문으로 전차(tramway)를 들어 사유의 회사를 접수하는 것이 유리하다고 주장한다. 그러면 이것은 강제로 지방정부 혹은 중앙정부에 의해 압수되는 것인가? 여기에 대한 페이비어니즘의 태도는 세 가지 원칙으로 구체화된다. 첫째, 국가는 사업을 넘겨 받을 때 보상을 해야 한다. 둘째, 국가는 노동하지 않고 얻은 소득(unearned income)에 대한 과세를 증가시킴으로써 그 지출을 보상해야 한다. 셋째, 국가는 공공이익을 위해 야기된 변화에 의해 해를 입은 모든 사람들에게 보상을 확대시켜야 한다.

피즈(E. Pease)는 특정산업이 국유화되거나 시영화될 때 보상은 가능하고도 적절할 것을 선언했다. 그러나 명백한 점은 이들 산업은 렌트를 흡수한 금액으로 중앙정부나 지방정부에 의해 매입된다는 것이다. 이렇게 시유화된 산업은 시 의회에 의해 운영된다. 그리고 국유화된 산업은 그와 유사한 기구에 의해 운영될 것이다.

이와 같이 시영화 내지 국유화함으로써 사회가 받게 되는 혜택은 네 가지로 대별될 수 있다. 첫째, 소비자가 좀더 싼 값으로 재화를 구입할 수 있다는 것이다. 이윤을 위한 경쟁 때문에 높게 책정되었던 사적 기업에 의한 재화 조달 현상이 소멸되었으므로 재화의 가격은 훨씬 싸게 판매될 것이었다. 둘째, 노동자는 좀더 높은 임금을 받게 된다는 것이다. 이제 기업활동에서 발생하는 렌트가 경영자나 고용주에 의해 전용되는 현상이 사라졌으므로 노동자는 좀더 높은 임금을 받게 될 것이었다. 셋째, 생산수단의 독점에 의해 재화의 종류와 그 생산량마저 왜곡되어 있었지만 이제는 사회가 요구하는 재화의 종류와 그 양을 제대로 생산해낼 수 있게 된다는 것이다. 넷째, 산업을 공적으로 조직하는 것은 노동자의 생활에 더 큰 영구성·안정성·연속성을 제공하게 된다. 페이비언들은 되도록 많은 재화가 사회의 모든 구성원에게 동등하게 접근 가능할 것을 기대했다. 따라서 이러한 시영화의 확대는 곧 공공재의 확대를 의미했던 것이다. 가스·수도·전차·부두·시장의 시영화란 곧 모든 사람이 이런 시설들의 혜택을 받을 수 있게 만든다는 것이었다. 그리고 시영화된 사업의 성공에 있어 가장 중요한 요소는 그것이 대중에게 편의와 안락을 제공한다는 것이다. 또 시영화됨으로써 그 사업은 전 시민의 복지를 목적으로 하는 생산활동을 할 수 있게 된다. 이와 같이 사회적으로 공유되는 재화를 생산하여 전 시민에게 분배한다는 입장이 페이비어니즘을 신디칼리즘(Syndicalism : 프랑스의 생디칼리슴이 영국에 수용되며 나타난 이념으로 노동자의 직접 행동을 강조한다)이나 길드 사회주의(Guild Socialism : 길드조직을 통한 산업통제를 추구하는데, 페이비어니즘과 신디칼리즘의 중간쯤에 위치하는 사회개혁 이념이다)와 분리시키고 있다.

그러나 페이비언들은 모든 토지와 산업을 국유화하거나 시영화하려 한 것은 아니었다. 시영화되고 국유화된 주요 산업의 영역 밖으로 사유기업이 있을 것이고 농업에는 소토지 보유가 자치시에 의해 허용될 것이었다. 사회주의는 어떤 사람도 자기 자신의 것을 가져서는 안 된다는 생각에 의존한 것은 아니었다. 사회주의 사회에서조차 사(私)기업은 새로운 발명 개척에 그 기능을 가지고 있다는 점이 《페이비언 트랙트》 70호에서 지적된 후로 사기업의 유용성은 페이비어니즘의 한 요소로 계속 남게 된다. 단지 산업의 사회화가 사유기업을 덜 실용적이게 만들 것이라고 생각했던 것이다.

그런데 페이비언들은 산업사회의 복잡해져가는 산업의 양상이 전문가들을 요구하고 있다는 점을 인정하고 있고, 이러한 이유로 전문가의 필요성을 강조하고, 렌트의 수취와 재분배를 위해 전문가의 정부기구를 이용해야 한다고 주장해 이들이 관료제의 강화를 의도하고 있지 않나 하는 의구심을 낳기도 한다. 웰스(H. G. Wells)와 콜(G. D. H. Cole)은 페이비언협회 안에서 반기를 들면서 양자 모두 페이비어니즘이 사회를 획일화로 몰고 가는 기계적인 관료제를 의미한다고 비판했다. 그러나 이러한 비판에도 불구하고 페이비언들이 관료제적인 사회주의 국가를 건설하려 했다거나 민주주의보다는 집산주의에 더 홍미를 갖고 있다는 주장을 그대로 받아들여서는 안 된다고 생각한다. 왜냐하면 관료에 대한 그들의 생각이 다소 특별하기 때문이다. 페이비언들은 정직하고, 교양 있는 공무원제도를 구상하고 있었다. 페이비언들은 국가를 거대한 권력의 체계로 보지 않았다. 또한 행정을 노동자·경영자·소비자의 대표들이 운영할 것으로 봄으로써 행정이 권위적인 명령체계에 의해 운영되지 않도록 주의하였음을 발견할 수 있다. 그리고 계몽된 시민 정신과 전문가 집단은 행정 엘리트를 돕고 비판할 것이라고 가정하였다. 페이비언들은 전문적인 지방공무원제도(expert local civil service)를 원했고, 특별한 산업의 통제나 소유의 문제에 접근할 때 탄력적인 자세를 취했다.

그러나 쇼가 행정가를 채용할 때 채택하도록 권고했던 인체측정학적 방법(anthropometric method)이나 전 인구의 5퍼센트 정도만이 행정가의 자질을 갖추고 있다고 간주하는 논리 등은 행정이 소수의 능력자에게만 독점될 수 있고 따라서 국가는 자격 있는 소수에 의해서만 운영되는 관료제적 성격을 띤다는 생각을 표명하고 있지 않나 하는 의구심을 갖게 된다. 여기서 주의해야 할 것은 쇼가 이와 같은 주장을 한 것은 그가 혐오했던 대중 민주주의사회 아래에서의 대안이지 지양된 사회에서의 대안은 아니었다는 점이다. 변화되어가는 사회에서 페이비언들이 그렸던 인간상이란 계몽되고 교육 받은 존재였지, 맹목적이며 수동적이며 우매한 존재는 아니었다. 관료제국가를 구상했다는 주장은 페이비언들이 중앙정부에 의한 중앙집권적 행정을 반대하여 산업의 거의 모든 분야를 시영화하려 했다는 증거에 의해서도 정당화될 수 없다. 페이비언들이 요구했던 것은 부분적으로 더욱 능률적이고 전문적인 중앙정부였지만 일차적으로는 전문적인 지방공무원 제도였고 이것은 진정으로 민주적인 지방자치정부의 통제 아래 있는 것이었다.

페이비언들이 소규모 공동사회 사회주의에 반대하고 있다는 주장이나, 페이비언들의 구상은 정치와 경제의 양 분야에서 다소 변형된 고대의 도시 공화국과 유사하다는 주장은 페이비언들의 참된 의도에 대하여 혼란스런 개념을 제공할 뿐이다. 페이비언들이 공동체의 단위로 자치시를 강조한 것은 사실이지만 산업에 따라 국가 역시 중요한 공동체의 단위로 규정되고 있으며, 중앙정부가 렌트를 수취할 것을 강조하지만 결국 행정과 거의 모든 산업의 경영은 자치시의 단위에서 행해질 것이 강조되고 있는 것이다. 그러므로 페이비어니즘의 공유화론에 대한 바른 이해는 시영화와 국유화 어느 것 하나를 배타적으로 선택하는 것에 있지 않다. 오히려 페이비언들은 양자 모두의 효용을 인정했고 이것들 사이에서 그 기능의 균형과 조화를 이루려고 노력하였다.

V. 페이비언 사회주의의 사회개혁 방법론

페이비어니즘에서 그 목적과 동일한 정도로 본질적인 것이 바로 방법론이다. 견해에 따라서는 오히려 방법론이야말로 페이비어니즘의 가장 본질적인 부분이라고 주장하기도 한다. 그들의 사회개혁 방법론에 대한 이야기를 역사변동에 대한 그들의 견해를 살펴보는 것으로 시작하기로 하자.

페이비언들은 사회는 끊임없이 변화한다고 보았고, 사회의 여러 조직들도 이러한 사회적 환경의 변화에 따라 변경될 수밖에 없다고 보았다. 그리고 페이비언들은 역사 속에서 변화가 일어나는 여러 가지 형식들 가운데 하나로 혁명적 변화가 일어날 수도 있다는 점에 대해 부인하지 않았다.

그러나 혁명이 역사발전에 기여할 것인가, 혁명이 사회주의를 실현시킬 것인가 하는 것은 다른 문제였다. 굳이 이들이 어떤 입장이냐를 밝혀본다면 혁명적 변화는 오히려 역사발전을 저해시킬 것이라는 쪽이었다. 쇼는 설사 영국에서 혁명이 일어난다 해도 "투쟁이 끝난 후 영국은 더욱 빈곤해질 것이고, 만약 사회주의자가 승리한다면 사회주의로 나가는 길에서 장애물은 제거되겠지만 그 길의 포장은 엉망이 되고 목표는 더욱 멀어지게 될" 것이라고 주장한다. 페이비언들은 러시아혁명을 선례로 들며 "혁명은 살육과 테러에 의해 강제로 정치권력을 이양시켰지만" 아직 영국에서 실현된 사회주의만큼도 이루어내지 못했음을 지적했다.

요컨대 페이비언들은 혁명적 방법이 역사의 발전을 제대로 이루어내지 못했다고 보며, 더욱이 사회주의와 연관해서는 사회주의적 기치를 내걸고 혁명을 일으켜 새로운 체제를 세웠다 하더라도 이것이 사회주의사회를 실현했다고 단정 지어 말할 수는 없다는 것이다.

페이비언들은 왜 이런 주장을 하는 것일까? 그것은 그들이 인식한 역사변화의 논리 때문이었다. 그들이 생각한 역사변화의 논리는 '변화란 모든 역사과정의 산물'이라는 것이다. 즉 우리가 이상적으로 생각하는 사회체제를 역사 속에 인위적으로 강요한다고 해서 그것이 성공할 수는 없다는 것이다. 사회주의라는 문명 역시 역사과정의 산물이며 이것은 역사발전의 전체적인 흐름 속에서 파악되어야 했다. 그러므로 사회주의를 이루기 위해서는 자본주의라는 역사적 과정이 필요하며, 사회주의가 필요해진 것은 자본주의라는 제도가 성숙해짐에 따라 나타난 현상이지 초역사적으로 이것이 우월한 체제이기 때문은 아닌 것이다.

페이비언들은 자본주의에서 사회주의로의 변화를 역사적 단절로 파악하지 않았다. 그들은 심지어 자본주의 자체가 많은 사회주의적 요소들을 만들어내었다고 보기도 한다. 즉 근대사회의 필수불가결한 공공시설들이 바로 그런 부분들이 아니냐는 것이다. 그러므로 자본주의가 발전함에 따라 그 연속선상에서 사회주의 체제가 나타나고 그것은 앞선 문명의 바톤을 넘겨 받게 된다는 것이다. 자본주의 체제를 갑작스럽게 전복시킴으로써 사회주의가 실현되지는 않으므로 필요한 것은 자본주의로부터 물려받은 물적 토대를 파괴하는 것이 아니라, 그것을 관리하는 새로운 방법이고, 또 그것이 생산한 부를 분배하는 새로운 방식이었다.

페이비언들은 자본주의의 발전을 바로 사회주의의 조건으로 파악하였던 것이다. 쇼에 의하면 자본주의는 소기업가가 경영하는 산업체를 수백만 달러의 자본과 거대한 노동자군에 의해 운영되는 트러스트로 바꿈으로써 사회주의로 나아가게 만들었다. 바꾸어 말하면 자본주의는 산업이 대규모화하여 공공기구의 통제 아래로 이전될 정도로 성숙할 때까지 항상 산업을 발전시키는 경향이 있었다. 그러므로 산업을 파괴하는 것은 사회주의의 전망을 파괴하는 것이었다. 사회주의는 자본주의의 성과 위에서 자본주의가 더 이상 그 자체를 효율적으로 관리하고 통제할 수 없는 단계에 도달했을 때 그것을 넘겨 받아 새로운 체제를 조직하고 관리하게 될 것으로 본 것이다.

그리고 그 과정은 즉 자본주의에서 사회주의로의 이행은 마치 자본주의가 봉건제 속에서 자신을 드러내고 역사 속에 뿌리를 박은 것과 같은 방식으로 일어나고 진행되어야 한다고 생각했다. 즉 자본주의가 수백 년에 걸쳐서 봉건제도를 잠식하며 파괴하는 혁명적 역할을 수행하였듯이 앞으로의 역사는 사회주의가 그런 역할을 떠맡게 되어야 한다는 것이다. 자본주의가 그랬던 것처럼 사회주의로의 이행은 본질적으로 혁명적이지만 그 과정은 점진적이어야 한다는 것이다. 한 순간에 사회주의가 실현될 것이라는 생각은 넌센스이며 그런 방식으로는 결코 사회주의가 실현되지 않을 것이라고 보고 있는 것이다. 낡은 질서로부터 새로운 질서로의 진화는 불가피하지만 역사는 한 질서가 유토피아적이고 낭만적인 질서로 급작스럽게 대체되는 현상을 보여주지는 않는다는 것이다.

그러므로 페이비언들은 사회주의는 하나의 제도로서 점차 성장해 나아가야 한다고 생각했다. 쇼에 의하면 요술지팡이를 휘둘러 "사회주의 나와라. 뚝딱(Let there be socialism)!" 이라고 할 수는 없다는 것이다. 그래서 의회나 위원회 같은 체제를 운영해 나갈 수 있는 공식적인 조직이나 기구가 중요했다.

그리고 페이비언들은 이들 기구가 그 힘을 국민의 힘에서 끌어 내어야 하며 그럴 때에만 왜곡 없는 변화가 가능해진다고 보았다. 그러려면 사회주의 사회의 제도와 조직들은 국민의 동의 위에 서 있어야 한다고 생각하였다. 왜냐하면 그 제도와 조직의 물리력이 아무리 강하다 하더라도 국민의 협조를 얻지 못한다면 존속할 수 없다고 보았기 때문이다. 이런 생각은 1923년 노동당 대회에서 뚜렷이 천명되었다. 시드니 웹은 노동당대회 연설에서 다음과 같이 역설했다.

> 노동당에게 사회주의는 정치적 민주주의에 뿌리박고 있다는 것은 분명하다. 이것은 우리의 목적을 향한 모든 단계는 적어도 전체 국민 가운데 다수의 동의와 지지를 얻는 데 달려 있다는 것을 깨닫게 한다. 그러므로 우리가 지금 모든 것을 변화시키려 한다고 해도 우리는 각각의 변화가 천만 혹은 천오백만의 선거민의 동의를 얻는 방식으로 진행되게 해야 하는 것이다……이것이 민주주의에 대한 최고의 안전판인 것이다.

따라서 사회주의로의 이행은 민주적이어서 모든 사람에게 받아들여져야 하고, 점진적이어서 왜곡의 원인이 되어서는 안되며, 국민 다수에 의해 도덕적이라고 간주되어야 하고, 또 합헌적이자 평화적이어야 했던 것이다. 그러한 이행 방식을 요약해서 쇼는 "사회주의는 매우 탄력적인 것이다. 그것은 점진적으로 온다. 그리고 당신이 원할 때면 언제든지 그것을 멈추게 할 수 있다"고 말했으며 한 페이비언 간행물에서는 "사회주의는 부드럽지만 끈질긴 압력과 충격을 주지 않는 방법으로 인간의 정신과 제도를 변화시키는 것" 이라고 선언했다. 그리고 이런 맥락에서 쇼는 페이비언들의 과제란 "사회주의 정당을 어떤 존경 받을 만한 사람도 그의 명예를 훼손함이 없이 가입할 수 있는 합헌적 정당으로 만드는 것"이라고 밝히고 있는 것이다.

페이비언들이 혁명에 대해 가졌던 부정적인 입장을 놓고 그들이 격렬한 투쟁의 장에 개입하지 않음으로써 자신들의 손을 더럽히려 하지 않은 지적 속물들이라고 비난할 수도 있을 것이다. 그러나 그것은 비겁함이나 기회주의적 속성에서 비롯되는 것이 아니라 역사 변동에 대한 그들의 과학적 인식에서 비롯되고 있다는 점에 유의해야 할 것이다. 페이비언들은 사회주의가 자본주의를 파괴한다기보다는 자본주의를 대체할 것이라고 보았고 사회주의는 이미 시작된 것으로 파악했다. 그러므로 페이비언들이 제시한 사회주의는 자본주의의 파국을 피하고 또 그로부터 나오는 파멸과 혼란을 제거하기 위해 제시된 하나의 방어적 처방이었다고도 할 수 있다.

페이비언들은 마치 노예제가 헌정적 방법에 의해 폐지되지 않는다면 폭력에 의해 폐지될 것이란 점을 지배계급에게 설득한 노예폐지론자들과도 같이, 사회개혁의 프로그램이 받아들여지지 않는다면 혁명이 그것을 가져올 것이라는 점을 지배계급에 설득시키려 한 것이다.

사회주의를 제도와 조직으로 정착시켜 나가기 위해 페이비언들은 '침투(permeation)'라는 독특한 전략을 제시했다. 이것은 바로 페이비언들이 사회의 모든 부문에 조용히 파고 들어가는 방법이었다. 이 전략은 자유당과 같은 정당에 대해서만 적용된 것이 아니라 영국의 모든 정치집단, 행정조직, 사회단체, 문화기구, 지식인 클럽에 적용되었다. 페이비언들은 이런 그들의 방법에 대하여 자부심이 대단했던 것으로 보인다. 사실 1892년에 발간된 《페이비언 트랙트 41호, 페이비언 협회 : 협회가 이룩한 것과 그 방법》에서 쇼는 페이비어니즘의 영향이 크게 일어나고 있다고 지적했고, 이것을 왈라스는 침투 정책에 대한 승전가라고 평가했다. 협회는 이 전략을 일관성 있게 견지해서 1923년에 웹은 한 강연에서 페이비어니즘은 특정계급에 침투하려는 것이 아니라 모든 방향에서 모든 종류의 사람에게 침투하려 한다고 주장하였다.

이와 같이 페이비언들이 채택한 침투라는 전략의 궁극적인 의도는 사회주의가 어떤 한 계급에게만 받아들여지는 것이 아니라 모든 계급에게 받아들여질 수 있도록 만드는 것이었다. 그리고 사회주의를 이처럼 모든 계급에게 받아들여질 수 있도록 고상한 것으로, 또 존경 받을 만한 것으로 만드는 것이 그들의 사명이라고 생각했다.

이런 기조 위에서 페이비언들은 여러 부분에 침투해 들어갔다. 행정의 경우 페이비언들은 1888년부터 런던 학무국(London School Board)에 침투해 들어갔다. 또한 런던 시의회(London County Council)의 진보당(Progressive Party)은 대체로 페이비언들의 영향 아래 있었으며 더욱이 웹은 16년 동안이나 기술교육국(Technical Education Board)의 의장으로 있으면서 시의회의 정책에 침투해 들어갔다. 정치의 경우 협회활동의 초기에는 급진주의에의 침투가 두드러져 왈라스와 쇼·웹 등은 모두 자유주의와 급진주의협회의 활발한 회원으로 활동하였다. 그리고 독립노동당(Independent Labour Party)에의 침투는 페이비언협회가 1893년 브래드퍼드(Bradford)에서의 독립노동당 창립총회에 참여한 이래 꾸준히 지속되었으며 이것은 한편으로는 하디(K. Hardie)나 맥도널드(R. MacDonald) 같은 독립노동당의 지도자들을 통해서 또 한편으로는 독립노동당원에 대한 강좌를 통해 이루어졌다. 노동당에 대한 침투도 끈질기게 계속되어서 이것은 끝내 1918년 6월 〈노동과 새로운 사회질서〉라는 페이비어니즘에 기초한 강령이 당 강령으로 채택되는 것으로 실현되었다. 언론에의 침투도 촉진되었고 특히 신문과의 연결이 중요시되었다. 이와 함께 페이비언들은 개별적으로 자유당·보수당의 지도자들에게 사회주의 정책에 대한 영향력을 행사했고, 홉하우스(L. T. Hobhouse)나 홉슨(J. A. Hobson)과 같은 신자유주의 지식인들의 사상에도 깊은 영향을 끼쳤으며 트레벨리언(C. Trevelyan)이나 러셀(B. Russel) 같은 청년들에게도 깊은 영향을 주었다. 더욱 중요한 것은 일반 대중을 상대로 한 페이비언들의 침투였는데 협회는 꾸준히 소책자를 배포하고, 수많은 강좌를 개설함으로써 사회주의를 세속화시키려는 노력을 하였다. 이러한 페이비언들의 침투 전략은 진실로 "장기적이고, 꾸준하며, 인내심 있고, 모든 도움을 다 받아들이고 이용하며, 바보 같은 주장을 하지 않으며, 겸손하지만 불굴의 인내로 행동하는" 것이었다.

이러한 침투 전략은 페이비언들의 특징이었던 관용의 정신과 연관이 있었다. 페이비언들은 이단잡기와 같은 것에 반대했고 또 회원을 엄격하게 구속하는 신앙 같은 것을 공식화하지도 않았다. 페이비언협회의 회원들은 협회의 회원이면서 동시에 자유당·보수당에서 활동할 수 있었으며 그것으로 말미암아 협회에서 추방당하지도 않았다. 협회는 지도부에 대한 비판이 제기되었을 때 그러한 비판을 수용했을 뿐 아니라 오히려 이러한 비판이 이제까지 너무 적었음을 인정하는 태도를 보였다. 게다가 페이비언협회는 결코 유아론적 태도를 갖지 않았다. 페이비언협회는 어떤 특정작업이 협회의 전유물이라고 생각하지 않았으며 다른 사람이 할 수 있다고 생각하는 일이 있으면 협회는 무대에서 사라졌다.

침투 전략은 페이비언들에게는 커다란 인내를 요구하였으나 또한 다양한 전술을 구사할 수 있게 하는 장점을 안겨 주기도 하였다. 어쩌면 사회주의체제가 역사 속에서 실현되는 과정을 자본주의가 근대사의 과정 속에서 드러난 과정과도 같을 것으로 전망하고 있는 그들에게 침투 전략은 너무나도 당연한 방법이었을지 모른다. 수많은 부분에서 자본주의 제도가 잠식당하고 여기에 새로운 제도들이 들어서는 근본적인 변혁이 이루어지기 전에는 어떤 성급한 정치적 실험도 그 실효를 거두기 어렵다고 생각했던 그들에게 필요한 역사적 실천행위는 바로 여러 자본주의 제도들을 하나씩 잠식해나가는 꾸준한 행위였을 것이다. 또 이런 전략은 역사과정의 숨은 질서를 발견한 지식인들이 그 과정을 따라가는 수동적인 참여자나 방관자의 지위를 벗어나서 현실의 제도에 대하여 내릴 수 있었던 실현 가능한 처방이었을지도 모른다. 그래서 그들의 침투는 특별한 장소와 기회만이 이용되지 않았고 어느 곳이든 어떤 기회이든 이용될 수 있었던 것이다. 정치인들과 차를 마시고 식사를 하며, 주말파티의 모임에서, 여러 위원회의 회합장소에서, 또 대중집회에서 어디서든 이루어질 수 있었던 것이다.

침투 전략과 함께 페이비언들의 방법론이 보여주는 또 하나의 특징은 실증적인 사회조사에 대한 강한 신념이다. 그들은 사람들을 사회주의로 개종시키는 힘은 감정적 동조에 있지 않고, 이성에 의한 설득에 있다고 보았으며 그것은 바로 사실에 대한 정확한 파악에 달려 있다고 믿었다. 그러므로 사회주의에 대한 찬사와 선전을 하기보다는 정확한 사실에 대한 보고를 하는 것이 중요했다. 왜냐하면 사실에 대한 정확한 조사와 보고는 지성을 갖춘 사람들을 저절로 사회주의로 향하게 할 것이기 때문이다. 그래서 시의회 의원들, 정치가, 공무원, 경제학자, 대학교수들은 근대산업이 제기하는 문제들을 다루는 과정에서 자신도 모르는 사이에 사회주의자가 되어간다는 것이다.

이러한 조사작업으로 대표적인 것은 웹의 《페이비언 트랙트 5호, 사회주의자를 위한 사실들》(*Facts for Socialists*)과 같은 작업이다. 그는 11판이나 거듭 판을 달리하며 거기에 새로운 사회조사와 통계자료를 수정, 삽입하였다. 그래서 비어트리스 웹은 "개혁은 소리치는 것으로 이루어지지 않으며 숙고하는 것이 필요함을" 역설했고 "급진주의자들은 사회에 대한 불평을 외침으로써 개혁을 이룩하려 하지만 그들이 결여하고 있는 것은 지식의 효모"라고 지적했다.

페이비언들은 특히 사회제도에 대한 연구를 현실을 이해하는 중요한 통로라고 간주했다. 그들은 역사와 사회에 대한 과학을 사회제도에 대한 연구로 완성시키려고 했다. 웹 부부가 1906년부터 1929년까지 열 권에 걸쳐 계속해서 발간한 《지방정부의 역사》(*Local Government History*) 같은 것이 좋은 예가 될 수 있을 것이다. 수많은 페이비언 트랙트들의 내용 또한 모두 제도와 조직에 대한 연구였다. 세금·토지·주거·수도·전철·부두·가스·시장·도서관·묘지·극빈자·구빈법·학무국·학교·교구·시의회 등에 대한 분석이 이 시리즈를 구성하고 있는 것이다. 그 결과 페이비언들에게 사회주의는 사회주의자들이 구상한 유토피아가 아니었으며 사회에 대한 끈질긴 연구의 결과 발견된 사회조직의 원리였던 것이다.

페이비언들이 사회학적 사실에 대한 조직된 지식을 추구한 것은 19세기 후반에서 20세기 초에 걸쳐 영국사회가 던진 물음에 대한 답변을 찾는 과정에서였다. 노동조합뿐만 아니라 지방정부·협동조합·교육·공공위생 등 많은 부분들이 새로운 산업과 도시환경에 따라 문제를 제기하였고, 페이비언들은 거기에 대해 응답하려고 했다. 그 응답은 길고 고된 연구의 작업이었으며 진실로 사실과 조사에 기초한 과학적인 노력이었다. 그들은 그 작업을 통해 이런 문제를 해결하기 위해 평화적이고 점진적인 변화의 짐을 감당할 수 있는 기구들이 무엇인지를 밝혀내고자 한 것이다. 그 결과 그들은 사회주의를 사회에 대한 과학적 연구의 결론으로서 받아들인 것이다.

Ⅵ. 맺음말

페이비언들의 사상은 점진적 변화에 대한 강조, 현실정치에 대한 탄력적인 태도 등으로 인해 매우 유동적인 사상이라는 느낌을 줄 수 있다. 그러나 자본주의에 대한 그들의 입장과 렌트이론을 통한 현실 분석, 자치시의 활동을 통한 산업조직의 새로운 개편, 노동과 여가에 대한 분석, 개인들의 삶의 질에 대한 관심, 개성적이고 창조적인 삶에 대한 강조 등은 페이비언들의 이념이 단지 위기에 대처하기 위해 만들어진 임시방편적인 사상이나 체제방어적인 호도책은 아니었다는 것을 보여 주고 있다.

페이비언들은 분명히 문명의 다음 단계를 내다보고 역사가 이 단계로 나아가야 함에는 조금도 타협하지 않았다. 페이비언들에게 사회주의는 근대역사의 산물이며, 민주주의가 산업의 영역으로 확대되어나간 결과였다. 그러나 문명의 다음 단계로 넘어가는 과정은 몇 사람의 순교로 이루어지는 것도 하나의 정치체제의 붕괴로 이루어지는 것도 아니었다. 그것은 조직과 제도가 하나씩 정착되어 나가는 것으로서 이루어지며 이와 더불어 새로운 정신이 광범위하게 수용되고 보편화될 때 이루어진다는 것이다.

따라서 페이비언들에게 사회주의는 자본주의를 일거에 무너뜨리면서 성취되는 것이 아니라 자본주의가 성취한 산업사회의 기반 위에서 그것을 대체해 나감으로써 성취되는 것이다. 사회주의란 '체제를 일거에 파괴하는 것'이 아니라 구체적인 현실의 질서 속에서 하나씩 '건설해 나가는 것'을 의미했다. 사회주의는 18세기 산업혁명의 결과로부터 불가피하게 된 사회발전의 다음 단계였다. 그러나 그것은 또한 기존의 정치·사회제도를 기초로 세워질 건물이었던 것이다.

페이비언들은 이와 같이 사회변화의 방향에 대해서 단호한 입장을 견지하면서도 사회주의로의 이행방법론에서 매우 점진적인 노선을 선택하였다. 역사와 사회의 변화와 발전에 대한 그들의 연구는 우리가 혼란과 왜곡이 초래하는 희생을 피하면서 역사발전을 이루는 방법에 대해, 사회구성원 전체의 '동의와 합의를 확대시키며 전진해 나가는 점진주의'라는 궁극적인 답변을 내렸던 것이다. 여기서 우리는 사회주의와 민주주의를 동전의 양면과도 같이 동일한 요소로 간주하는 페이비언들의 태도를 확인할 수 있다. 페이비언들은 그 변화가 아무리 이상적이고 바람직하다 해도 다수의 동의와 지지를 얻지 못한다면 그것은 다수의 지지를 확보할 때까지 유보되어야 하며, 다수의 지지와 합의를 무시한 채 변화를 역사에 강요한다면 그것은 역사를 왜곡시키는 결과가 될 것이라고 보았다.

페이비언들이 제시한 구체적인 개혁안은 종종 다른 정파의 주장과 일치하기도 했지만 그들의 구체적 개혁 계획의 저변에는 그들이 다음 사회에 대하여 가지고 있었던 분명한 전망이 있었다는 점을 기억해야 할 것이다. 페이비언들은 자유롭게 떠다니는 자유인이었지만 그들의 관심은 사회의 기득권 계층에 있지 않았고 사회의 제도들을 개선하고 좀더 평등한 사회구조를 창출하는 데 있었다. 자본주의 다음 단계의 새로운 문명으로서 제시된 매우 분명한 사회주의, 그리고 그것을 이룩하기 위해 채택한 점진주의라는 역시 매우 엄격한 방법론이 페이비언들을 단호한 모습으로도, 탄력적인 모습으로도 보이게 하는 이유일 것이다.

페이비어니즘은 단지 이론의 나열에 그치는 사상은 아니었다. 페이비언들은 그들의 사상이 실제 사회의 현장에서 실천되고 적용되도록 노력했다. 그 효과가 어느 정도였는지를 살펴보는 것은 또 다른 문제가 되겠지만 여하튼 페이비어니즘이 영국정치에 실제적 영향력을 행사했던 것은 틀림없다. 페이비어니즘에 입각한 강령을 채택한 노동당이 1945년 선거결과 다수당이 되었을 때 노동당의 의원 394명 가운데 229명이 페이비언들이었고, 수상인 애틀리(C. Attlee) 역시 페이비언이었다.

덧붙일 것은 페이비언들의 이 모든 주장은 인간의 이성과 합리성에 대한 강력한 신뢰를 바탕으로 하고 있다는 점이다. 이성의 힘이 모든 사회구성원에게 보편적 선과 진리를 파악하게 하고 그것에 동의할 수 있게 할 것이라는 믿음이다. 페이비언들에게 인간은 그가 자신을 믿는 만큼 다른 사람들을 믿기를 두려워하지 않는 존재로 비쳐졌다. 페이비어니즘은 이런 전제들에 의해 강력하게 지지받을 때에만 역시 그 유효성을 보장받게 될 것이다.

민주사회주의
Democratic Socialism

최 영 태

Ⅰ. 사회민주주의 및 민주사회주의의 개념

최초의 조직화된 운동 및 이념으로서 사회민주주의 운동은 19세기 유럽에서 발생하였다. 사회민주주의(Social Democracy)라는 용어는 1840년대에 이미 프랑스와 독일 등에서 사용되기 시작하였으며, 19세기 중엽에는 사회주의 정당들의 당명 혹은 이념을 지칭하는 용어로 사용되었다. 19세기에 유럽에서 가장 규모가 큰 정당이었던 독일 사회주의 정당이 1891년 당명으로 '독일사회민주당(Sozialdemokratische Partei Deutschlands)'이라는 명칭을 사용한 것은 그 대표적인 예라고 할 것이다. 마르크스와 엥겔스처럼 사회민주주의라는 용어 자체에 비판적 시각을 가진 사람들도 있었지만[1] 대체로 제1차세계대전 이전까지 사회민주주의와 사회주의는 서로 바꾸어 사용할 수 있을 만큼 불가분의 관계가 되었다.[2]

사회민주주의 운동은 부르주아 계급의 이익 및 정치적 민주주의에 초점이 맞추어진 '부르주아 민주주의'를 비판하면서 민주주의를 사회·경제적 영역으로 확대시키고 프롤레타리아 계급이 역사의 주역으로 등장하는 사회를 추구하였다. 그러나 사회민주주의 운동은 처음부터 매우 다양한 세력들에 의해 추진되었으며, 그 결과 노선을 둘러싸고 잦은 대립과 갈등을 보였다. 20세기로의 전환기에 독일사민당 내에서 전개된 수정주의 논쟁은 그 대표적인 사례였다. 사회민주주의 진영 내에서 마르크스주의에 토대를 둔 혁명적 사회주의 노선과 베른슈타인이 제안한 민주사회주의적 개혁주의 노선 사이에 큰 충돌이 벌어진 것이다. 후일 역사가들은 이때 베른슈타인이 제기한 수정주의 이론을 민주사회주의(Democratic Socialism) 운동의 이론적 초석으로 보고 있다.[3]

1917년 러시아에서 일어난 볼셰비키혁명과 볼셰비키 독재체제의 수립, 독일과 러시아 등에서 공산당 창당, 공산주의자들로 구성된 제3인터내셔널(공산주의 인터내셔널)의 창설 등은 이들 운동과 다른 방향을 추구했던 민주사회주의에 대한 개념 정의에 좀더 좋은 계기를 제공해주었다. 공산주의자들이 사회민주주의 진영에서 떨어져 나가 별도의 당과 국제기구를 결성함으로써 각 나라의 사회민주주의 진영과 이들이 결성한 '노동자 및 사회주의 인터내셔널(Labour and Socialist International, L. S. I.)' 내에는 대체로 온건한 성향의 사회주의자들만 남게 되었으며, 이들 대부분은 이념적으로 민주사회주의를 지향하였다.

이러한 경향은 제2차세계대전 후 조성된 냉전 분위기 속에서 더욱 강화되었다. 동유럽 공산주의자들이 민주사회주의를 사이비 사회주의라고 비판한 데 맞서 민주사회주의자들은 공산주의자들이야말로 진정으로 사회주의의 전통을 알아볼 수 없을 만큼 왜곡시킨 자들이라고 주장하였다. 1951년 사회주의 인터내셔널이 채택한 '프랑크푸르트 선언'은 "공산주의는 마르크스의 비판정신과 양립할 수 없는 경직된 교리(敎理)로 굳어졌다"고 주장하였다.[4] 오늘날 사회민주주의와 민주사회주의라는 용어들이 때때로 동일한 의미로 쓰이고 있는 것은 바로 사회주의 진영의 분열 후 사회민주주의 진영이 민주사회주의자들로 단일화된 사정과 밀접하게 연관되어 있다.

그러나 이러한 사실들을 감안하더라도 하나의 이념으로서 민주사회주의에 대한 정의를 내리는 것은 결코 간단한 문제가 아니다. 시기 및 각국의 사정에 따라 민주사회주의자들이 표방하고 있는 내용에 조금씩 차이가 있기 때문이다. 우선 사회주의자들이 집권하기 전까지만 하더라도 민주사회주의를 지향하는 개혁세력과 급진파 사이의 논쟁과 대립은 주로 권력을 잡는 방법과 사회주의가 수립해야 할 정치제도 등을 둘러싸고 전개되었다. 그러나 오늘날 서유럽의 민주사회주의자들이 고민하는 것들 가운데에는 정치적인 것보다는 오히려 경제정책과 관련된 것들이 더 많다. 또한 민주사회주의(Democratic Socialism) 운동은 국가에 따라서도 조금씩 차이를 드러내고 있다. 마르크스주의와의 관계, 경쟁 상대로서 공산당의 존재 유무, 각 나라 민주주의 및 경제 발달 정도 등 여러 가지 요소들이 민주사회주의의 발달과정에 영향을 미치고 있다.

그러나 이러한 다양성에도 불구하고 민주사회주의 운동에는 다음과 같은 몇 가지 공통점이 있다. 민주사회주의 운동은 무엇보다도 사회의 불공정성을 시정하려는 것을 목표로 하고 있다.[5] 사회주의 인터내셔널 선언에 의하면 그것은 사회 정의, 좀더 좋은 생활, 자유, 그리고 세계 평화를 위해서 노력하는 운동이기도 하다. 그것은 무엇보다도 민주적이고 점진주의적 방식에 의한 사회주의 건설을 추구하고 있다.

여기에서는 바로 이러한 점들을 고려하면서 민주사회주의가 시기 및 국가에 따라 어떻게 발전해왔는지를 살펴볼 것이다. 먼저 제2장에서는 수정주의를 중심으로 민주사회주의의 기원을 살펴보려 한다. 둘째는 민주사회주의가 20세기 전반기에 실천적 차원 즉 정당 운동 차원에서 어떻게 수용 발전하였는지를 살펴볼 것이다. 셋째는 제2차세계대전이 끝난 후 서유럽의 민주사회주의 정당들이 이론과 실천 양면에서 민주사회주의적 개혁정당을 지향해가고 있는 모습을 살펴볼 것이다.

Ⅱ. 민주사회주의의 기원

1. 민주사회주의의 사상적 배경

우리가 알고 있는 근대적 형태의 사회주의 이론은 본래 19세기의 산물이다. 그러나 사회주의는 다른 사상들과 마찬가지로 과거로부터 많은 유산을 물려받았으며, 이러한 사실은 민주사회주의 운동에도 그대로 적용된다. 근대 이후의 지적 유산들로 한정시킬 경우에도 계몽주의, 자유주의, 마르크스주의, 윤리적 사회주의 등이 민주사회주의의 지적 발전에 직·간접적인 지적 원천으로 작용하였다.

먼저 계몽주의는 19세기 이후에 태동한 여러 사상의 배경이 되겠지만 사회주의와도 무관하지 않다. 계몽사상가들이 피력한 미래에 대한 낙관론과 진보에 대한 신념은 사회주의자들에게 큰 호소력이 있었다. 모든 계몽사상가의 궁극적 목표는 사회의 모든 구성원이 교육 및 전반적으로 개선된 물질적 생활을 통해 자신들의 이익뿐만 아니라 공동체의 이익도 합리적으로 숙고하고 인정하는 사회를 만드는 것이다. 그런데 모든 계몽사상가와 사회주의자들은 그러한 시기는 현집권자들이 어떤 방법으로든지 제거된 다음에야 비로소 시작될 수 있다고 믿었다. 한편 계몽사상가들은 사회개혁의 방법과 관련하여 폭력혁명을 믿지 않았을 뿐만 아니라 정치제도가 한 특권계급을 위해서가 아니라 모든 국민의 이익을 위해서 만들어져야 된다고 생각하였다. 민주사회주의는 바로 계몽사상가들의 이러한 세계관으로부터 지적 원천을 제공받았다.[6]

자유주의는 근대와 더불어 등장한 이데올로기인데 그 관심사와 성격은 여러 면에서 사회주의와 유사하거나 중첩되었다. 사회주의는 자유주의와 대립하면서 발달했으나 사회주의의 역사를 조금만 주의 깊게 들여다보면 사회주의, 특히 민주사회주의가 자유주의로부터 직·간접적으로 많은 영향을 받으면서 발생했음을 발견할 수 있다. 이 점은 민주사회주의 운동의 이론적 토대를 제공해주었던 페이비어니즘(Fabianism)와 수정주의(Revisionism)가 모두 자유주의에게 큰 신세를 지고 있는 사실로 잘 입증되고 있다. 우선 1880년대에 출현한 페이비어니즘은 벤담(Jeremy Bentham)과 밀(John Stutart Mill)의 공리주의 및 자유주의적 전통으로부터 많은 영향을 받았다.[7] 수정주의 역시 자유주의로부터 많은 영향을 받았다. 자유주의를 적대적으로 보았던 대부분의 다른 사회주의자들과는 달리, 베른슈타인은 "사회주의는 자유주의의 정통 계승자이다"고 주장하면서 사회주의의 임무는 자유주의가 구현하려고 했던 역사적 과제를 계승 완수하는 것이라고 주장하고 있다.[8]

마르크스의 초기 저작들보다 더 휴머니즘의 뿌리가 명확한 곳은 없다. 마르크스는 "인류를 위한 최고의 존재인 인간"이란 명제에서 출발하여 "인간이 천하고 속박되며 버림받고 경멸당하는 존재가 되는 모든 관계를 철폐하기 위한" 모든 사회주의 정책을 정언적(定言的) 명령으로 정식화하였다. 이러한 목표는 인간 '소외'의 지양, 알지 못하는 '높은' 힘에 의한 종속의 지양, 인간이 타인과의 연대 공동체 속에서 무의식적으로 형성하는 운명에 빠지는 것의 지양을 의미한다. 그리고 급진적 휴머니즘에서 출발하여 소외를 비판하는 것이 민주사회주의의 핵심이라는 관점에서[9] 민주사회주의는 마르크스주의에서 그 사상적 뿌리를 발견할 수 있는 것이다. 비록 오늘날 민주사회주의는 마르크스주의로부터 이탈했거나 혹은 그것과 일정한 거리를 두고 있지만 그럼에도 불구하고 이러한 현상들이 처음에 마르크스주의를 매력적이게 만들었던 박애주의적 이상을 포기하는 것은 결코 아닐 것이다. 왜냐하면 민주사회주의에서 모든 정책의 척도는 바로 인간이며, 모든 인간이 자신의 개성을 충분히 펼칠 수 있고, 자신의 삶을 스스로 자유롭게 영위할 수 있는 전제를 충족시키는 것이 민주사회주의의 커다란 과제이기 때문이다.

영국 사회주의 전통의 특징과 관련하여 가장 잘 알려진 것은 도덕적 실천, 즉 사회주의자의 주장을 도덕적 반란의 용어로 표현하기를 좋아하는 것이다. 하디(Keir Hardie) 및 독립노동당(ILP)과 관련되는 '윤리적 사회주의'는 이러한 접근에 대한 초기의 대중적 표현이었다. 토니(R. H. Tawney)는 그의 저술에서 사회제도는 항상 도덕적 목표의 시험을 받아야 한다고 주장하였는데, 이러한 종류의 토니주의는 영국 사회주의자들의 전 세대의 사상을 형성하고 또 표현한 것이다.[10]

윤리적 요소는 19세기 후반 독일에서 전개된 신칸트학파의 윤리적 사회주의에서 좀더 구체적으로 드러난다. 독일 노동운동에서 윤리적 가치를 중시한 신칸트학파의 공통된 특징은 칸트를 이념적 측면에서 사회주의 운동과 밀접하게 연결시키려 한다는 점이다.[11] 칸트 자신은 물론 사회주의자가 아니었지만 논리적 의미에서 칸트는 사회주의의 선도자로 간주될 수 있다는 것이다. 구성원에 따라 주장이 조금씩 달랐지만 신칸트학파들은 자본주의 체제를 비판하고 사회주의를 윤리적 관점에서 접근하려고 하는 점에서 공통점을 가지고 있었다. 그들은 또한 기존체제의 변형을 주장하는 점에서는 마르크스주의적으로 사고하면서도 노동자를 착취에서 해방시키는 방법은 프롤레타리아혁명 대신에 인간 본성에 뿌리박은 정치 능력에서 찾으려고 하였다. 그들이 이처럼 자본주의 체제의 비도덕성을 고발하면서도 혁명을 거부한 것은 그들의 역사관이 기본적으로 점진론에 근거하기 때문이기도 하고, 또 혁명에 수반되는 난폭성을 반대하기 때문이기도 하였다. 점진적이고 민주적인 방식은 이러한 주장의 논리적 귀결이었다.[12]

2. 베른슈타인의 수정주의

베른슈타인(Eduard Bernstein)은 1890년대 후반에 마르크스주의에 대한 수정을 요구하면서 수정주의 이론을 제시하였다. 독일사민당에서 촉발된 수정주의 논쟁은 민주사회주의 이론의 성격 및 그 출현과정을 매우 생생하게 보여주고 있기 때문에 여기서는 수정주의에 대하여 좀 더 상세하게 살펴보겠다.

베른슈타인은 1870년대부터 약 20년 동안 마르크스주의 이론가로 활동하였으며, 1896년 수정주의 이론을 발표하기 직전까지만 하더라도 카우츠키(Karl Kautsky)와 함께 독일사민당 내의 대표적인 마르크스주의 이론가였다. 이렇게 마르크스주의 이론가로 활동해왔던 베른슈타인이 1890년대 중반에 민주사회주의자로 전향한 데에는 몇 가지의 정치·경제·사상적 배경들이 깔려 있다. 먼저 경제적 배경으로는 자본주의의 발전을 들 수 있다. 그는 19세기 후반 독일을 비롯한 유럽 자본주의의 발달을 보면서 자본주의의 필연적 붕괴론을 중심으로 한 마르크스주의에 점차 회의를 느끼기 시작하였다. 그는 또한 정치적으로 혁명의 가능성 및 효용성에 대한 회의, 독일 제국의회 선거에 도입된 보통선거제에 대한 기대, 그리고 사민당이 제국의회 선거에서 획득한 높은 지지율 등에 고무되어 민주적 방식에 의한 사회주의 건설론에 관심을 갖게 되었다.

수정주의는 이러한 정치·경제적 배경 외에도 페이비언 사회주의 및 신칸트학파의 윤리적 사회주의로부터 많은 영향을 받으면서 형성되었다. 먼저 베른슈타인은 1888년부터 1900년까지 영국에 머물러 있으면서 새롭게 출현한 페이비언 사회주의로부터 영향을 받았다. 그는 페이비언주의자들과 빈번히 접촉하는 가운데 그들이 주장하는 점진적이고 민주적인 방식에 의한 사회주의 건설론에 공감을 느꼈다. 베른슈타인은 또 이 기간에 랑게(F. A. Lange)의 저술을 통해서 신칸트학파의 윤리적 사회주의와도 접촉하였다. 베른슈타인은 1890년대 초반부터 신칸트주의에 대해 적극적인 관심을 가졌으며, 수정주의 이론에서 이것을 사회주의 운동과 접목시키려는 구체적인 시도를 하였다.

베른슈타인이 마르크스주의 철학을 비판한 것은 크게 다음 두 가지 측면에서였다. 첫째는 마르크스주의가 너무 결정론적으로 기울어져 있다는 점이다. 둘째는 사회적 생산의 하부구조와 법적, 정치적 상부구조에 대한 마르크스의 주장이 너무 일면적이라는 점이다. 베른슈타인은 인간이 정신적 요소에 의해서도, 특히 사회주의 운동과 관련해서는 윤리적 동기에 의해서 강한 영향을 받는다는 점을 강조하였다. 그는 사회주의는 불가피한 것이 아니라 소망스러운 것이라고 생각하였다.[13] 그것은 결코 과학적으로 예견되어질 성질의 것이 아니며, 그것의 실현 여부는 상당 정도 인간의 의지에 달려 있다는 것이다.

베른슈타인은 정통 마르크스주의자로부터 이탈한 뒤에도 자본주의 제도의 부도덕성과 모순을 계속해서 비판하였다. 그에 따르면, 자본주의 제도는 계급 차별을 특징으로 하는 부도덕한 제도이다. 자본주의는 다수의 노동자 계급을 착취한 대가로 소수의 자본가 계급을 살찌게 하는 제도이다.

그러나 베른슈타인은 이렇게 자본주의 제도를 비판하면서도 자본주의의 필연적 붕괴론에 동의하지 않았다. 그는 자본주의가 부의 집중을 가져오고, 공황을 야기하기도 한다는 점을 인정하면서도, 그러나 자본주의의 취약점에 대한 마르크스의 주장에는 지나치게 과장된 부분이 많다고 보았다. 또한 그는 마르크스가 예견한 중산계급 소멸론과 사회의 양극화 현상은 신중산계급의 증가에 의하여, 그리고 계급투쟁의 첨예화 현상은 민주적 장치의 발달에 의하여 그 정도가 완화되어 가고 있다고 보았다. 한마디로 말하여 그는 불확실한 근거에 토대를 둔 마르크스의 '자본주의의 필연적 붕괴론'은 잘못된 것이라고 주장하였다.[14]

베른슈타인은 이렇게 마르크스의 자본주의 분석에 이의를 제기한 다음, 사회주의자들은 자본주의 사회에서 사회주의 사회로 이행하기 위한 해결점을 꼭 자본주의 붕괴론과의 연관 속에서가 아니라 자본주의의 발전이라는 현실을 인정한 가운데서 찾아야 한다고 주장하였다. 예를 들면 사회주의의 도덕적 우월성에서 사회주의 건설의 당위성과 역동성을 찾아야 하며, 민주주의의 발전 속에서 그 구체적 길을 발견하여야 한다는 것이다.

한편 베른슈타인은 자본주의 사회의 특징인 사유재산제를 지양하고 그 대안으로서 사회화를 주장하면서도 사회화의 범위와 속도에 대해서 매우 탄력적인 태도를 보였다. 그는 사회화는 사회주의 건설의 필요조건이지 그 자체가 목적이 아니며, 또 만병통치약도 아니라고 주장하고, 따라서 사회화의 범위와 속도는 능률성을 토대로 결정되어야 한다고 주장하였다. 그는 사기업이 보다 능률적이라고 판단되는 부분에서는 일정기간 동안 그것을 그대로 내버려두는 것이 보다 합리적일 수도 있을 것이라고 주장하였다.[15] 그는 또한 경제적 민주주의와 관련하여 소비조합과 노동조합의 기능을 중시하였다. 그에 따르면 소비조합은 상업에서, 그리고 노동조합은 생산부분에서 경제적 민주주의를 실천하는

수단이었다.[16]

베른슈타인은 한마디로 말하여 생산력의 향상과 공정한 분배라는 두 가지 목표를 조화롭게 추구하려고 하였다. 그가 "사민당은 이 사회의 각 구성원 모두를 프롤레타리아로 만들려고 하는 것이 아니라 노동자를 프롤레타리아의 지위에서 중산계급(Bürger)의 지위로 끌어올리고, 이렇게 함으로써 부르주아계급 혹은 중산계급으로서의 사회적 지위를 일반화시키려고 하는 것이다." 라고 주장하였다.[17]

수정주의는 정치적으로 의회 민주국가의 개념을 제시함으로써 정통 마르크스주의와 좀더 철저하게 결별하게 된다.[18] 베른슈타인은 혁명을 주(主)로, 개혁을 종(從)으로 보는 사민당의 기존 전술을 비판하면서 이와 정반대로 개혁을 주(主)로, 그리고 혁명을 종속전술로 하는 사회주의 운동론을 제창하였다. 그는 혁명적 방식에 의한 사회주의 건설론은 그 실현 가능성이 희박한 반면에 개혁적 방식에 의한 사회주의 건설 가능성은 점점 높아가고 있다고 주장하였다.

베른슈타인의 이러한 주장 속에는 물론 당시 독일제국의 비민주적 헌법구조를 지나치게 간과한 측면도 없지 않았다. 독일 같은 사이비 민주주의 국가에서 의회민주적 방식에 의한 사회주의 건설이 과연 가능한 것이냐는 점이다. 수정주의 논쟁도 바로 이러한 의문을 중심으로 전개되었다.

베른슈타인은 이러한 회의와 비판에 대하여 대중 스트라이크 전술과 계급동맹론 등으로 맞섰다. 그는 자신이 결코 혁명 그 자체를 전면적으로 부정한 것은 아니며, 민주적 방식이 불가능하다고 판단될 때에는 대중 스트라이크와 같은 물리적 저항이 시도되어야 한다고 주장하였다. 그는 또한 자유주의 세력과의 협력은 민주적 방식에 의한 사회주의 건설의 가능성을 높일 것이라고 주장하였다.[19]

수정주의에서 민주사회주의 정당으로 탈바꿈하여야 한다는 주장과 계급동맹론 사이에는 상호 밀접한 상관관계가 있다. 베른슈타인은 사민당이 강령상으로 혁명적 정당을 고수하는 한 자유주의 세력들과의 협력은 불가능해지며, 이렇게 될 경우에는 혁명의 불가능에 이어서 개혁적 작업에 의한 사회주의 건설도 마찬가지로 불가능해진다고 보았다. 베른슈타인의 사상에서 자유주의 세력과의 협력은 민주적 방식에 의한 사회주의 건설의 전제조건이며, 거꾸로 민주적 방식에 의한 사회주의 건설론은 다시 자유주의 세력과의 협력론의 전제조건이었다.

이상의 주장은 베른슈타인이 사회주의 건설과 민주주의의 달성이라는 사민당의 이중의 과제 가운데 민주주의의 실현을 좀더 우선적인 과제로 설정했다는 사실에 의해 그 의도가 보다 명확해진다. 그는 "참된 민주주의의 건설, 이것이야말로 우리 눈앞에 가로놓인 가장 긴요하고 중대한 임무이다. 사회주의가 실현될 수 있기에 앞서서 우리는 먼저 민주주의 국민을 만들어내지 않으면 안 된다"[20]라고 주장하고 있다. 정치적 민주주의만 달성되면 민주적 방식에 의한 사회주의 건설은 충분히 가능하다는 것이 그의 주장이었다.

베른슈타인에 따르면 민주주의는 사회주의의 수단일 뿐만 아니라 또한 목표이다. 이 말은 곧 사회주의 실현의 수단으로서뿐만 아니라 또한 사회주의가 달성된 이후의 사회주의 국가 역시 민주적이어야 한다는 점을 강조한 말이다. 이와 관련하여 그는 특히 프롤레타리아트 독재사상을 강력히 비판하였다. 그는 프롤레타리아트 독재는 저급한 사회에서나 주장될 수 있는 것이라고 보았다. 그는 프롤레타리아트 독재는 비도덕적이며, 또 자유주의 세력과의 협력을 불가능하게 만들 것이라고 주장하였다.

수정주의의 내용 속에 담긴 민주주의적 원칙과 관련하여 특히 관심이 가는 부분은 자유에 대한 강조였다. 사실 사회주의 이론은 자유의 증진에 대한 순수한 열망에도 불구하고 이론 그 자체 속에 자유의 신장과 상충되는 점들을 많이 지니고 있다. 사회주의자들이 염두에 둔 자유는 대체로 개인적 자유가 아니라 집단에 중심이 두어진 자유였으며, 평등의 개념과 명확하게 구별되지 않는 모호하고 추상적인 자유였다.[21] 그것은 특히 오랜 역사적 투쟁 속에서 쟁취된 정치적, 개인적 자유에 대해서 무관심하고, 심지어는 그 가치를 폄하하기까지 하였다. 사회주의자들의 이러한 모호한 자유관은 생산수단의 사회화와 중앙집중주의 등 사회주의의 여러 특징들이 개인의 자유 등과 배치될 소지를 많이 안고 있다는 점까지를 감안할 때 결코 간과할 수 없는 것이었다.

베른슈타인은 바로 이러한 점에 주목하였다. 그는 집단적 자유만이 아니라 개인의 자유도 마찬가지로 중요하다고 생각하였으며, 또 자유를 신장시키는 도구로서 국가의 역할에 긍정적 태도를 취하였다. 그는 특히 이러한 주장들을 펼치면서 정치적 자유의 신장에 앞장선 과거의 자유주의 운동을 높이 평가했으며, 그것을 정당운동으로서의 자유주의 운동과 구별하려 하였다. 사회주의가 추구해야 할 것은 부르주아 자유주의자들이 실천한 정치적 자유에 덧붙여 그들이 경시한 사회경제적 정의를 추가하는 것이지 결코 자유주의의 역사적 유산 모두를 폐기하는 것은 아니라는 것이 그의 주장이었다. 그가 "사회주의는 자유주의의 정통 계승자이다"라고 주장한 것은 바로 이러한 맥락에서였다. 한편 자유 및 평등 간의 관계와 관련하여 그는 평등은 수단이며 자유는 목적이고, 따라서 평등을 실천하는 과정에서 자유를 희생하는 것은 목적과 수단을 전도시키는 것이라고 보았다.[22]

베른슈타인의 사회주의론은 한마디로 말하여 경제적 평등을 지향하는 사회주의적 여러 특징들을 존중하면서 거기에 민주적 원칙을 첨가하고 여기에다가 다시 자유를 강조하는 방식으로 사회주의와 민주주의와 자유주의의 조화로운 결합을 시도한 것이었다. 메이어(Thomas Meyer)는 베른슈타인의 사회주의론의 이러한 특징을 '자유주의적 사회주의'라는 용어로 설명하고 있다.[23]

베른슈타인의 수정주의 이론은 독일 및 유럽 사회주의 진영 내에 많은 반향을 불러일으켰다. 그러나 초기에는 수정주의를 지지하는 사람들보다 반대자들의 목소리가 더 강하였다. 카우츠키와 로자 룩셈부르크(Rosa Luxemburg)를 위시한 많은 정통 마르크스주의자들은 수정주의를 사회주의 이론이라기보다는 오히려 부르주아 급진주의에 가까운 이론이라고 비판하였다.[24] 정통 마르크스주의자들의 이러한 주장은 외형적으로 수정주의자들의 주장보다 더 많은 지지를 받아 독일사민당은 1899년 및 1903년 당대회에서 수정주의에 유죄판결을 내렸다.

그러나 이러한 유죄판결에도 불구하고 수정주의자들은 당에 그대로 남아 있을 수 있었으며, 동시에 그들은 당의 노선을 개혁주의적 정당으로 탈바꿈시키려는 노력을 계속하였다. 사민당의 실제 활동 역시 수정주의 논쟁 이후에도 여전히 개혁주의 정당이나 마찬가지 모습이었다. 사민당은 다만 이론상으로만 혁명노선을 고집했을 뿐이다.

수정주의가 이론적 측면에서 새로운 평가를 받게 된 것은 제2차세계대전 이후 서유럽의 사회주의 정당들이 이론과 실천 양면에서 명실상부하게 민주사회주의적 개혁 정당으로 탈바꿈하면서부터였다. 1951년에 사회주의 인터내셔널은 프랑크푸르트 선언에서 민주사회주의 원칙을 천명하였고, 독일사민당은 1959년 고데스베르크 강령을 통해 이를 다시 한번 확인하였다. 독일사민당의 지도자인 슈미트(Carlo Schmid)가 1964년에 개최된 사회주의 인터내셔널 100주년 기념식 식사에서 "베른슈타인은 완전히 승리하였다"[25]라고 말한 것은 오늘날 민주사회주의자들의 수정주의에 대한 평가가 어떠한지를 잘 시사해주고 있다.

Ⅲ. 양차 세계대전 사이의 민주사회주의 운동과 이념의 발전

제2차 사회주의 인터내셔널은 제1차세계대전 발발 무렵 해체되었다. 제국주의 전쟁에 대한 견해 차이 때문이었다. 사회주의 진영의 분열은 1917년 러시아에서 일어난 볼셰비키혁명 및 볼셰비키 독재체제의 구축, 1919년 공산주의자들에 의한 제3인터내셔널의 창설, 그리고 여기에 맞서 공산주의 인터내셔널에 참여하지 않은 세력들에 의한 독자적인 인터내셔널 구축 노력으로 보다 고착화되었다.

공산주의 인터내셔널에 맞서 민주사회주의 노선을 지지하는 세력들은 1920년에 개최된 인터내셔널의 제네바 대회에서 사회주의자들의 현안이 된 '사회민주주의 대 볼셰비즘' 문제를 다루었다. 결의안은 사회주의 정치제도와 관련하여 "사회주의는 그 정치적 조직을 독재에 근거하지 않을 것이다. 그것은 민주주의를 억압할 수 없다. 반대로 그 역사적 임무는 민주주의를 완성시키는 것이다"고 정의 내렸다. 볼셰비즘을 겨냥해 나온 결의안이었다.

한편 대회는 사회화의 형태 및 방법과 관련하여 인간적 욕구의 만족에 기여하는 모든 산업 및 서비스의 변형 즉 자본가의 통제와 소유권을 공동체의 통제와 소유로 변화시킬 것을 천명하였다. 그러나 이 선언은 사회화는 점진적인 방식으로 추진되어야 하며, 몰수는 보상되어야 하고, 사유재산을 보상하는 방식은 유산계급의 세금에 의해 추진되어야 한다는 점도 병기하였다.[26]

제2 및 제3 인터내셔널은 각각 민주사회주의 및 공산주의 계열 정당들의 중앙조직이었다. 그런데 제1차세계대전이 끝난 후 유럽에는 양쪽 인터내셔널에 참가하지 않고 사회주의 운동의 통합을 모색하려는 제3의 운동이 있었다. 이들 중도파들이 소집한 것이 1921년 빈회의였다. 빈에 모인 사회주의자들의 목표는 개혁주의적인 혹은 공산주의적인 역사관을 받아들이지 않는 정당들을 위한 중앙 조직을 구성하려는 것이었다.

그러나 빈회의는 실패로 돌아갔다. 공산주의자들의 비타협적 태도를 실패의 가장 큰 원인으로 간주한 빈회의 참가자들은 그 후 제2 인터내셔널과의 통합에서 새로운 활로를 찾으려 하였다. 이렇게 하여 개최된 것이 1923년 5월의 합동대회였다. 여기에는 30개 나라에서 41개 정당을 대표하는 620명의 대표들이 참가하였는데 여기에 참가한 사람들은 공산주의를 제외한 모든 사회주의적 경향들을 대변하였다.

대회는 '노동자 및 사회주의 인터내셔널(Labour and Socialist International, L. S. I.)를 설립하였다. 이 대회가 채택한 규약의 제1조에서는 그들의 목표를 자본주의적 생산체계를 사회주의적 체계로 대체하고 계급투쟁은 노동계급의 해방을 위한 적절한 수단이라고 명시하였다. 결의안은 또한 볼셰비키 정부의 독재에 비난을 가하고, 기본적인 민주적 권리의 억압은 러시아 노동자들뿐만 아니라 전체 인터내셔날 노동자계급의 이익에 해가 된다고 주장하였다.[27]

한편 제 2 인터내셔널의 붕괴 후 혁명주의자들이 공산당에 참여함으로써 각 국가의 사회주의 정당 및 L.S.I.는 대체로 개혁주의자들로 채워졌다. 공산주의가 프롤레타리아트 독재 및 혁명적 테러와 연관지어진 반면에 개혁주의자들은 자유·민주적 절차를 보다 강조하였다. 개혁주의자들이 중심이 된 사회주의 정당들은 또한 이전까지의 비타협주의 정책을 폐기하고 의회활동 및 연정형태의 정부에 좀더 능동적으로 참여하려 하였다.

이 시기 각 국가별로 민주사회주의 정당들의 활동상을 살펴보면 다음과 같다. 먼저 제 1 차세계대전에서의 패배가 확실시되는 1918년 11월 독일에서는 노동자·병사들이 주축이 된 혁명이 발생하여 독일 역사상 최초로 민주공화국이 수립되었다. 혁명과 더불어 권력을 장악한 세력들은 사회주의자들이었다. 그런데 독일의 사회주의자들은 이 절호의 기회 앞에서 다수파 사민당(MSPD)과 독립사민당(USPD)으로 양분되어 통합된 힘을 발휘할 수 없었다. 제국주의 전쟁에 대한 견해 차이를 좁히지 못한 채 1917년 갈라졌던 이들은 혁명 후에도 끝내 타협점을 찾지 못하였다.

물론 양당은 처음에는 공동으로 임시정부를 구성하는 데 일단 합의를 보았다. 다수파 사민당의 에베르트(F. Ebert), 샤이데만(P. Scheidemann), 란즈베르크(O. Landsberg)와 독립사민당의 하아제(H. Haase), 디트만(W. Dittmann), 바르트(E. Barth) 등 6인으로 위원회가 구성되었다. 그러나 양당은 임시정부를 구성한 지 두 달도 못 된 12월 말에 혁명의 성격과 과제에 대한 시각 차이로 갈라서고 말았다. 혁명 후 다수파 사민당이 당면한 과제로 인식한 것은 사회주의 정책이 아니라 전후 문제들을 수습하고 질서를 회복하며 민주주의 정부를 수립하는 것이었다. 그러나 독립사민당은 기간산업의 사회화, 대영지의 해체, 관료사회, 사법부, 군대의 민주화 등을 우선적인 과제로 설정하였다. 그들은 또한 노동자·병사 평의회의 기능 강화를 주장하였다. 그리고 독립사민당은 다수파 사민당이 옛 지배세력의 제거 및 사회화 정책에 소극적인 태도를 보이자 다수파 사민당이 혁명을 배신했다고 비판하면서 임시정부에서 이탈해버렸다.

이들 양대 정당 가운데 다수파 사민당은 민주사회주의를 지향하고 있었다. 이에 비해 독립사민당에는 중도파와 좌파세력들이 동거하고 있었으며 이 가운데서 중도파는 다수파 사민당원들보다 더 개혁적이기는 했지만 대체로 민주사회주의 이념을 추구하는 세력들이었다.

다수파 사민당은 혁명 당시 가장 영향력 있는 정치세력으로서 패전 후의 독일 사회에 다시 질서와 안정을 가져오고 최초의 민주공화국을 수립하는 데 큰 기여를 하였다. 그럼에도 불구하고 그들은 구세력들의 청산과 최소한의 변혁도 이룩해내지 못하는 한계를 드러냈다. 좌파세력들에 대한 지나친 경계심 및 우파세력들의 반민주주의적인 위험성에 대한 인식 부족의 결과였다.

독립사민당 내의 민주사회주의자들은 혁명적 과제를 이해하는 데서 다수파 사민당원들보다 더 예리하였다. 그러나 그들은 다수파사민당을 혁명의 대열로 견인하기 위하여 좀더 노력해야 할 찰나에 오히려 당내 좌파의 압력에 굴복하여 임시정부에서 탈퇴하는 것과 같은 극단적인 방법을 선택함으로써 그들이 가지고 있었던 제한된 영향력마저도 축소시켰다. 그들 역시 분열에 뒤따를 우파세력들의 반사 이익을 제대로 인식하지 못하는 한계를 드러낸 것이다.[28]

영국 노동운동은 전통적으로 휴머니즘과 평화주의적 사회주의 정신으로 고취되어 있었다. 사회주의의 투쟁을 촉진하는 수단으로서 혁명사상은 영국 사회주의자들에게는 생소한 것이었다. 영국 사회주의의 이러한 특징은 페이비어니즘에서 잘 드러나고 있다. 1884년에 설립되어 웹(Sidney Webb, Beatrice Webb) 부부와 쇼(Bernard Shaw) 등이 중심인물로 활약하고 있던 페이비언협회는 사회주의자들로 구성되었으며,

기회의 평등 및 공동체의 경제적 자원을 집단 소유하고 민주적 통제를 실시하여 개인과 계급의 경제적 힘 및 특권이 폐지되는 사회의 수립을 목표로 하였다.[29] 좀더 구체적으로 언급하면 페이비언주의자들은 토지와 산업자본을 개인과 계급지배로부터 해방시켜 공동체에 귀속시키는 등 기존의 자본주의 제도를 재조직하여 일반복지에 보다 충실한 사회를 지향하려 하였다. 이렇게 사회주의에 대한 신념을 가지고 있었던 페이비언주의자들은 그러나 몇 가지 점에서 마르크스주의에 토대를 둔 혁명적 사회주의와는 성격을 달리하였다. 페이비어니즘는 우선 자본주의에서 사회주의로의 필연적 이행론에 동의하지 않았다. 페이비어니즘은 또한 불로소득의 원천을 노동자들의 잉여가치가 아니라 생산수단의 소유권에서 받은 지대에서 찾으려고 하였다. 그들은 마르크스의 계급투쟁의 첨예화론이나 국가소멸론 등에 대해서도 동의하지 않고 민주적이고 점진주의적인 방식에 의한 사회주의 건설론을 주장하였다.[30]

1906년 이래 비약적인 발전을 거듭한 노동당은 1918년 페이비어니즘을 토대로 한 사회주의 강령을 채택함으로써 민주사회주의 정당으로의 성격을 분명히 하였다. 그후 1924년과 1928년 두 차례에 걸쳐 집권당의 지위에 오른 노동당 정부는 하층민의 주택 개선, 교육의 실시와 개혁, 실업의 축소 등 몇 가지 특색 있는 사회정책들을 시행하였다. 그러나 노동당의 이러한 정책들은 사회주의자들이 전통적으로 내세웠던 이상과는 크게 거리가 있는 것이었다.

스웨덴의 사회민주주의 정당은 서유럽의 사회주의 정당들 가운데 가장 오랫동안 집권하였다. 1917년 이래 간헐적으로 연정에 참여하였던 사회민주노동당은 1932년부터 40여 년 동안이나 계속 집권하는 행운을 누렸다. 이보다 앞서 1920년 연정 형태로 정부에 참여한 직후 사회민주노동당은 생산수단의 사회화를 요구하는 당의 강령에 따라 국유화에 적합한 산업들을 식별하기 위해 '사회화위원회'를 창설하였다. 그런데 위원회가 내린 결론은 전통적인 사회주의 이론과는 크게 거리가 있었다. 그들은 국유화의 높은 비용과 적은 이윤 때문에 국유화가 좀더 큰 평등을 성취하는 수단이라기보다는 오히려 그것에 방해가 될 수 있다는 결론에 도달한 것이다. 그 결과 그들은 강령상으로는 마르크스주의를 고수하면서도 실질적으로는 시장 동기에 좀더 큰 중요성을 부여하는 방향으로 개혁을 시도하였다.[31] 대체로 스웨덴 민주사회주의자들의 이데올로기는 자유주의적 자본주의의 남용을 치유하는 데로 초점을 맞추어갔다. 그리고 이와 유사한 상황이 덴마크·노르웨이 그리고 핀란드의 사회주의 정당들에서도 발견되었다.

프랑스의 사회주의 운동은 처음부터 마르크스주의·개량주의·무정부주의·생디칼리슴 등 다양한 성향을 띠고 있었다. 파리코뮌 이래 20여 년 동안 분열과 대결을 거듭하던 프랑스의 사회주의 운동은 1905년 장 조레스(Jean Jaurès)의 주도로 통합정당인 통합사회당(SFIO, Section Française de l'Internationale Ouvrière)을 조직하였지만 오래 가지는 못하였다. 1920년 다수파가 통합사회당에서 떨어져 나가 별도로 프랑스공산당(PCF, Parti Communist Français)을 창당했기 때문이다. 분열 후 통합사회당에는 상대적으로 온건한 세력들이 남았다. 그럼에도 불구하고 항상 공산당과 경쟁해야 하였던 통합사회당은 독일사민당이나 영국의 노동당과는 달리 비타협주의 정책을 계속하였다. 통합사회당은 비사회주의 정당과의 타협을 거부하고 계급투쟁, 프롤레타리아 혁명, 생산 수단의 사회화를 계속 주장하였다. 통합사회당은 공산주의 인터내셔널의 참여를 거부하면서도 개혁주의 역시 수용하려 하지 않았다.[32]

분열 후 공산당보다 크게 열세 상태에 있었던 통합사회당은 그러나 곧바로 세력을 만회하여 1932년 선거에서는 공산당을 크게 앞섰다. 통합사회당를 이끌었던 레옹 블룸(Léon Blum)은 민주사회주의 정당개념을 견지하고 있었으며, 다른 세력들과의 연합전술에 좀더 유연한 입장을 취했다. 1936년에는 다른 좌파세력들과 함께 인민전선을 결성하여 선거에서 승리하였으며, 좌파 연립정부의 중심 세력이 되었다. 그러나 인민전선정부는 다른 서유럽의 사회주의 정당들이 그랬던 것처럼 단명에 끝났고, 또 사회주의 정책을 전면적으로 시행하지도 못하였다. 무기

산업의 국유화와 사유 프랑스은행의 통제권을 강화하고 마티용 협약에 따라 노동자의 지위를 조금 개선시키는 정도로 만족해야 했다.

양차 세계대전 사이에 정권을 잡아 사회주의 정책을 실험할 기회를 맞이한 서유럽의 사회주의자들이 이렇게 전통적인 사회주의 경제정책의 시행을 포기하면서 관심을 가진 경제이론은 케인즈이론이었다. 민주사회주의자들은 케인즈의 일반이론 속에서 그들이 절박하게 필요로 했던 어떤 것 즉 정부관리적 자본주의 경제라는 대안을 발견했다. 케인즈이론은 민주사회주의자들에게 자본주의의 한계 안에서 성공적으로 달성될 수 있는 중간적 개혁들을 찾게 만들어주었으며, 노동계급에게 우호적인 정부의 역할에 대한 정당화를 제공하였다. 한마디로 말하여 케인즈경제학은 민주사회주의자들로 하여금 국유화 계획을 포기한 가운데 공공복지를 위한 새로은 개혁안 즉 "복지국가"라는 훌륭한 이데올로기를 발전시키도록 이끌었다.[33]

1920~1930년대에 걸쳐서 민주사회주의는 본질적으로 유럽적이었다. 그것은 세계의 대부분에게, 심지어는 유럽의 대부분에게조차 큰 호소력을 지니지 못하였다. 러시아에서 민주사회주의 운동은 볼셰비키혁명 이후 완전히 좌절되었다. 이탈리아 등에서는 파시즘의 등장과 함께 사회주의 운동 전체가 침몰하였다. 발칸 국가들 및 새로이 외국의 지배로부터 해방된 몇몇 동유럽 나라들에서 의회민주적 방법에 호소하는 민주사회주의는 대중들에게 별로 주목을 받지 못하였다. 이러한 현상은 유럽 밖의 지역에서는 더욱 말할 것도 없었다. 미국에서는 사회주의 운동 자체가 발달할 수 없었다. 오직 오스트리아와 뉴질랜드에서만 민주사회주의 정당들이 약간의 성공을 거두었을 뿐이다. 결국 양차 세계대전 사이에 사회민주주의 혹은 민주사회주의는 주로 서유럽 선진국, 특히 의회 민주주의의 전통이 확립된 나라들에서만 제한적으로 실험된 이념이었다.[34]

Ⅳ. 20세기 후반 민주사회주의의 발전과 성격

민주사회주의자들은 제2차세계대전이 끝난 후 몇 년 사이에 세계 정치무대에서 매우 강력한 영향력을 가진 정치세력으로 등장하였다. 영국·스웨덴·노르웨이·오스트레일리아·뉴질랜드 등에서 사회주의 정당들이 정권을 담당하였다. 그 밖에도 유럽의 거의 모든 다른 나라들에서 사회주의 정당들이 연정에 참여하거나 혹은 강력한 야당으로서 정치적 영향력을 행사하였다.

이러한 시대적 조건 속에서 민주사회주의자들은 사회주의 인터내셔널의 재건을 모색하기 시작하였으며, 드디어 1951년 6월 30일 프랑크푸르트에서 사회주의 인터내셔널의 새로운 창설대회를 개최하였다. 대회에는 34개 정당의 대표 106명이 참여하였다. 인터내셔널에는 사실상 공산주의나 나치 독재의 지배 아래에 있지 않은 유럽의 모든 사회주의 정당들이 참여하였으며, 그 밖에도 멀리 아르헨티나·인도·일본·캐나다·말타·우르과이·미국 그리고 사회주의 청년국제연합 등도 참여하였다.

규약은 사회주의 인터내셔널을 민주사회주의의 실현을 위해 노력하는 정당연합으로 규정하였다. 대회 마지막날에 채택한 강령에서는 명칭 자체를 〈민주사회주의의 목적과 임무〉(Aims and Tasks of Democratic Socialism)로 정하였다. 인터내셔널은 이념 문제에 대한 지금까지의 애매한 태도를 버리고 강령의 명칭과 내용에서 모두 민주사회주의적 지향점을 명확하게 표명한 것이다. 특히 이 선언문은 《공산당 선언》이나 제1 인터내셔널의 개막연설처럼 마르크스라는 특정 인물에 의해 주도된 것이 아니라 회원 정당들이 거의 1년 반에 걸쳐 내용을 협의하여 결정한 집단적 작품이었다는 점에서 의미가 크다고 할 것이다.

선언은 우선 민주사회주의의 목표가 자본주의의 극복에 있다는 것을 분명히 하였다. 자본주의는 비록 각자에게 인간적 품위를 가능하게 만드는 생산력을 크게 발달시켰지만 그것은 여전히 파멸적인 위기와 대량실업 없이는 기능을 발휘할 수 없으며, 사회불안과 빈부 사이에 큰 격차를 발생시킨다고 주장하였다. 선언은 또한 자본주의는 제국주의적 팽창과 식민지 수탈에 의해 민족간의 갈등을 심화시켰으며, 일부 국가들에서는 대자본의 도움을 받아 과거의 야만성이 파시즘이나 나치즘의 형태로 다시 등장하였다고 주장하였다.

선언문은 사회주의가 유럽에서 자본주의 사회 고유의 폐해에 대한 저항운동으로서 발생하였으며, 자본주의 제도 아래에서 가장 고통을 받고 있는 임금 노동자들의 운동으로 발전하였다고 주장하였다. 그것은 인간이 인간을 수탈하는 것을 극복하는 것을 목표로 하였다.[35]

사회주의 인터내셔널은 자본주의 못지 않게 공산주의를 비판하였다. 볼세비키혁명 이래 공산주의는 국제노동운동을 분열시켰으며, 여러 나라에서 사회주의의 실현을 수십 년 지연시켰고, 자유와 사회 정의를 지향하는 사회주의 운동을 위협하고 있다고 주장하였다. 국제공산주의는 새로운 제국주의의 도구이며, 그것이 정권을 장악한 곳에서는 어디서나 자유와 자유 획득의 기회를 파괴하고 있다는 것이 사회주의 인터내셔널의 입장이었다.[36]

전쟁 후 사회주의 정당의 이데올로기에서 자유는 사회주의 가치의 척도로서 첫번째 순위를 차지하였다. 전체주의적 공산주의 체제 즉 자유 없는 사회주의 체제를 경험하면서 나온 결과였다. 사회주의 인터내셔널은 강령의 제1장에서 "사회주의자들은 자유로운 가운데 민주적 수단을 가지고 새로운 사회 건설을 위해 노력하며", 또한 "자유 없는 사회주의는 없다. 사회주의는 민주적으로만 실현될 수 있으며, 민주주의는 사회주의를 통해서만 완성될 수 있다"라고 주장하였다.[37]

마르크스주의는 과거 제2인터내셔널의 유력한 이데올로기였다. 또 거의 모든 관련 정당들이 강령상으로 자본주의 세계의 필연적인 붕괴와 사회주의 세계의 승리라는 공산당 선언의 비전을 인정하였다.[38] 그러나 새로 부활된 인터내셔널은 사회주의의 어떤 특정한 이론을 주장하지 않았다. 민주사회주의는 "개념의 엄격한 동일성을 요구하지 않는 국제적 운동"으로서 사회주의자들이 그들의 신념을 "마르크스주의적인 것에 두든 혹은 다른 사회적 분석의 방법에 두든 혹은 종교적인 것이든 혹은 인문주의적 원칙으로부터 구하든간에" 똑같이 모두 공동의 목적 즉 사회적 평등, 더 높은 복지, 자유 그리고 세계 평화의 사회질서를 위하여 노력한다고 프랑크푸르트선언은 분명하게 명시하였다.[39] 유러커뮤니즘이 계속 마르크스주의를 고수했던 것과 대비되는 점이다.

사회주의 운동은 제2차세계대전 말 이래 제국주의에 대한 투쟁에서 독립을 쟁취한 혹은 여전히 제국주의의 지배 아래에 있는 후진국가들의 관심을 끌었다. 이와 관련하여 민주사회주의는 프랑크푸르트 선언에서 "민주사회주의는 모든 형태의 제국주의에 대하여 투쟁한다"고 선언하였다. 더 나아가 사회주의 인터내셔널은 세계 부의 재분배와 미개발지역의 생산 증진 그리고 이들 미개발지역의 경제적 사회적 문화적 발전을 고취시킬 것을 약속하였다. 1962년 발표한 오슬로 선언에서는 또한 "민주사회주의자는 공존만으로 만족하지 않으며, 국제 협력은 우리 시대의 요청이다"라고 주장하였다.[40] 민주사회주의 운동의 국제주의를 강조한 것이다.

제2차세계대전이 끝난 후 서유럽 대부분의 나라들에서는 민주사회주의 정당들이 집권하였다. 민주사회주의 정당들은 집권하면서 복지국가를 만들고 공산주의의 확산을 저지하는 데 중요한 역할을 하였다. 그러나 민주사회주의자들은 이미 20세기초 민주사회주의 정당들의 집권과정에서 보여주었던 것처럼 계급 없는 사회와 생산수단의 공유화를 주 특징으로 하는 이상주의론에서는 크게 후퇴해 있었다.

제2차세계대전 후의 영국 노동당은· 민주사회주의적 활동의 성과와 한계를 잘 대변해준다. 노동당은 유권자에게 사회주의화한 의료체제, 영국 은행의 국유화, 다수의 국가 기간산업의 국유화 등을 포함한 사회복지와 국유화에 관해 세밀히 입안된 강령을 제시하였다. 노동당은 전쟁 종료 직후 실시한 선거에서 승리하였으며, 애틀리를 수반으로 하는 노동당 정부는 강령에서 약속한 정책들을 부분적으로 시행하였다.

그러나 이러한 제반 조치들은 사람들로 하여금 영국 사회가 크게 변형되었다는 느낌을 갖게 해주지 못하였다. 수입세나 상속세와 같은 조처를 통해 재산의 재분배를 도모한 노동당 정부의 노력에도 불구하고 영국 사회는 여전히 부가 편중되었으며, 사회주의자들의 집권을 경험하지 못한 서양의 다른 산업사회와 크게 다르지 않았다.

독일에서의 경험도 영국의 경우와 크게 다르지 않았다. 마르크스주의의 영향을 많이 받아왔던 독일사민당은 1959년 바트고데스베르크(Bad-Godesberg) 당대회를 기점으로 그 이전까지의 어정쩡한 태도를 버리고 이론과 실천 양면에서 모두 민주사회주의적 개혁정당으로 변신하였다. 바트고데스베르크 강령은 인도주의, 고전적 철학, 그리고 기독교적 윤리에 입각한 다원적 공약을 명문화했다. 사민당은 민주주의와 자유의 이념에 토대를 두고, 특정계급이 아니라 전체 국민을 대변하는 정당임을 재확인하였다. 사민당은 경제부분에서는 국유화 및 광범위한 중앙계획 등 전통적인 사회주의 경제정책을 대폭 수정함과 동시에 시장 자극책 및 생산 수단의 사유화를 수용했다. 당의 새로운 슬로건은 '가능한 만큼의 경쟁, 필요한 만큼의 계획'이었다.[41] 브란트와 슈미트(Helmut Schmidt)가 지도한 1969년부터 1979년 사이의 사민당 정권은 이러한 노선의 구체적인 실험기였다. 사민당 정권은 노동자의 경영 참여 등 일부 새로운 조치들을 취하기도 했지만 기본적으로 통제적 시장경제에 만족하고 있었다.

프랑스에서 통합사회당은 4공화국 시절 여러 연립내각에 참여하였다. 영국이나 독일, 스웨덴의 민주사회주의자들과는 달리 국내에서 좌파의 주도권을 놓고 공산당과 끊임없이 경쟁해야 했던 통합사회당은 사회주의 원칙에 좀더 충실하려 하였다. 그러나 1968년 선거에서 참패한 후에는 통합사회당이라는 당명을 포기하고 '사회당'이라는 새로운 당명을 채택했으며, 이를 계기로 과거와의 단절을 시도하였다. 신당은 집단주의를 포기하지는 않았지만 시장경제나 계급투쟁과 같은 문제에서 좀더 유연하고 궁극적으로는 비마르크스주의적인 입장으로 선회하여 갔다.

사회당은 1980년에 채택한 헌장 〈80년대 프랑스를 위한 사회주의 계획〉(Projet Socialiste pour La France des Années 80)에서 공산주의의 입장과 본질적으로 다른 동시에, 일반의 사회민주주의보다는 더 근본적인 변혁을 표방하고 있다. 헌장은 논란이 일고 있는 사회화에 대하여 "노동자를 그들이 당하고 있는 착취에서 해방시키는 것, 이윤 법칙이 강요하는 기준과 가치에서 소비자를 해방시키는 것, 공권력을 대자본의 명령에서 해방시키는 것, 그리고 끝으로 시장에서 기업의 중압을 제거하는 것이 사회화의 의미이다"고 규정하고 국유화는 위와 같은 사회화의 목적에 부응하는 방법이라고 규정하였다. 그러면서도 사회당은 "사회화란 자유화"를 뜻하여야 한다고 주장하고, 국가의 거대한 독점적 지배력의 위험성과 폐해를 방지하기 위한 방법으로서 자주 관리를 강조하였다. 자주 관리는 모든 형태의 중앙집권제와 조직의 거대화를 타파하면서 사회화의 목표를 달성할 수 있을 것이다고 보았다.[42]

사회당은 1981년 대통령 선거에서 미테랑을 당선시키고 이어서 의회 선거에서 절대 다수 의석을 차지했지만 집권 후 강령에서 약속했던 것들을 그대로 실시하지 못하였다. 프랑스의 신 정부는 국가를 지나치게 집단화된 사회로 끌고 가지 않았다. 사유와 시장 자극책이 여전히 중요한 요소로 남아 있었다. 사회당이 추진한 복지정책들은 전후에 민주사회주의자들이 통치하던 다른 국가들의 기준에 더 가까이 접근하는 수준이었다.

민주사회주의 정당들 가운데 전후에 가장 빛나는 기록을 남긴 정당은 스웨덴의 사회민주노동당이었다. 1930년대 이래 40여 년 동안 계속 집권하였던 스웨덴의 민주사회주의자들은 전후 한 세대 안에 스웨덴을 세계에서 가장 부유한 나라 가운데 하나로 발전시켰으며, 동시에 다른 산업 국가의 시민보다도 더 균등한 소득 분배, 더 훌륭한 사회적 시설, 빈자의 부재 등 가장 모범적인 복지국가를 건설하였다.

그러나 스웨덴의 성공이 어떤 것이든 그 사회 역시 19세기에 처음

그려진 사회주의적 비전과는 거리가 있었다. 즉 장기간의 사회 민주주의적 통치가 스웨덴을 완전한 이상주의 사회로 만들지는 못했다. 거기에도 사유재산, 시장경제, 이기적 개인주의가 팽배하였다. 또한 물질적 부족으로부터 해방된 스웨덴의 민중은 사회주의가 추구하는 해방되고, 교화되고, 창조적인 시민의 모습을 보여주지 못했다.[43] 대체로 스웨덴 민주사회주의자들은 자유주의적 자본주의 사회의 남용을 치유하는 데 초점을 맞추었다. 그들은 '자본주의 사회를 사회주의 사회로 대체' 논리 대신에 모든 개인들이 이 체제 내에서 자유로운 선택을 할 능력과 원천을 소유하기 위하여 자유주의적 시장 사회를 재형성하려 노력하였다.[44]

이상 서유럽에서 민주사회주의가 성공한 몇몇 나라들의 경우를 살펴보았지만, 20세기 후반 서유럽 선진국가들에서 실험된 민주사회주의는 정치적으로는 민주주의와 자유에 토대를 둔 정치제도를 확립하고 경제적으로는 일부 기간산업의 국유화와 복지국가를 지향하는 내용으로 집약되었다. 여기서 민주주의와 자유에 토대를 둔 사회주의론은 더 이상 논란의 주제가 될 수 없을 만큼 넓은 공감대와 기반을 구축하였다. 그러나 복지국가론으로 대변되는 경제정책은 여전히 사회주의자들에 의해 많은 논란의 대상으로 남아 있다.

Ⅴ. 맺음말—전망

민주사회주의가 하나의 체계적 틀을 갖고 정당의 정치이념으로 주목을 받기 시작한 것은 19세기 말 페이비어니즘과 베른슈타인의 수정주의가 출현하면서부터이다. 민주사회주의는 출발기부터 윤리적 사회주의의 색채를 강하게 드러냈다. 제1차세계대전 이후 20여 년 동안 민주사회주의는 인터내셔널의 활동을 통해 그리고 여러 정당들의 강령이나 정책을 통해 그 성격을 좀더 구체적으로 드러내게 되었다. 이 시기의 민주사회주의자들은 볼셰비키 독재체제를 경험하면서 민주주의와 자유에 토대를 둔 사회주의의 중요성을 보다 적극적으로 인식하기 시작하였다. 특히 집권의 기회를 갖게 된 서유럽의 민주사회주의자들은 이론이 아닌 실천적 측면에서 자신들이 민주주의를 확고히 지지하고 있음을 인식시키는 데 성공하였다. 그것은 사회주의와 볼셰비즘 사이의 차별성을 인식시키는 데 좋은 기회가 된 것이다.

그러나 민주사회주의자들은 경제정책 부분에서 큰 딜레마에 봉착하였다. 그들은 집권 동안에 사회화를 특징으로 하는 사회주의 경제정책을 거의 실현하지 못하였다. 그들은 전통적인 사회주의 경제정책 대신에 케인즈 경제학에서 탈출구를 찾으려 하였다. 복지국가의 건설은 그들의 새로운 목표가 되었다.

민주사회주의의 발달단계에서 양차 세계대전 사이의 시기는 이론과 실천의 분리기에 해당된다고 볼 수 있다. 이 시기의 민주사회주의자들은 볼셰비키체제를 비판하면서도 적어도 이론적으로는 마르크스주의와 그것에 토대를 둔 혁명적 사회주의 노선을 적극적으로 부정하지 않았다.

그러나 제2차세계대전 후 민주사회주의는 이론과 실천 양면에서 개혁주의 노선으로 통일을 기하였다. 1951년 사회주의 인터내셔널이 채택한 프랑크푸르트강령은 강령의 제목 자체를 '민주사회주의의 목적과 임무'로 규정하였다. 민주사회주의자들은 공산주의와의 차별화의 제1의 요건으로서 민주주의와 자유의 신장 문제를 들었다. 프랑크푸르트선언과 오슬로선언은 모두 민주사회주의 운동에서 정치활동의 궁극의 목표는 개인의 개성을 완전히 개화시키는 데 있으며 자유와 민주주의야말로 민주사회주의자들이 신장시켜야 할 귀중한 재산이라고 선언하였다. 프랑스의 사회당은 1980년의 선언에서 "자유란 이데올로기에 양보할 수 없는, 그 이상의 가치"라고 선언하였다.

전통적인 마르크스주의 이론은 계급모순의 극복을 주요과제로 삼고 있었다. 사회화는 바로 이러한 모순의 극복을 위한 제1차적인 과정이었다. 사회주의자들은 생산수단의 사회화를 통해 모두를 위한 자유와 평등, 복지와 연대감이 달성될 것으로 기대하였다. 그러나 20세기 후반의 사회주의자들은 사회주의를 더 이상 사회화와 동일시하지 않았다.[45] 사회화 정책의 효율성에 의문이 제기되고 또 노동자들의 생활조건이 개선되고 보수화되어 가면서 기존 목표와 전략에 수정을 가하지 않으면 안 되게 되었다. 사회주의 정당들이 추구하는 진보는 노동자의 물질적 생활 수준과 그 문화적 수준을 높이고 또 노동자들이 자본주의 내에서 인간적 품위를 가진 존재로 살아갈 수 있도록 현존 경제질서를 개혁하는 수준으로 그 성격과 범위가 축소되었다.[46] 사회주의 운동에서 이상주의적 빛깔이 크게 바래진 것이다.

다른 한편으로 민주사회주의자들은 20세기 후반에 들어서 핵문제, 환경문제 등 많은 새로운 과제들에 직면하고 있다. 이러한 문제들은 과거에서는 그 전형을 찾기 힘든 문제들이며, 동시에 국가나 기업의 이익과 대립될 소지가 많은 것들이다. 국가간의 긴밀한 경제적 연관과 세계체제로의 편입, 다국적 기업의 비대화 속에서 한 국가 단위의 사회주의적 실험이 점점 어렵게 되어가고 있는 점도 민주사회주의자의 행보를 어렵게 만들고 있는 요소이다. 민주사회주의가 이러한 새로운 과제들에 대하여 성공적으로 대처할 경우 그것은 민주사회주의의 차별성을 강화시켜주는 기회가 되겠지만 그렇지 못할 경우 민주사회주의의 정체성 확보는 더욱 어렵게 될 것이다.

민주사회주의자들의 실험은 20세기 후반에 와서 스페인과 포르투갈 등 새로운 국가들로 계속 확대되고 있다. 1990년대 후반에는 영국의 노동당과 프랑스의 사회당이 총선에서 승리를 거두는 등 서유럽에서 다시 민주사회주의의 성장세가 두드러지게 나타나고 있다. 그럼에도 불구하고 민주사회주의는 20세기가 거의 끝나가는 현 시점에서도 여전히 서유럽 민주주의 국가 등 극히 일부 지역과 한정된 국가들에서만 성공을 거두고 있다고 보아야 한다. 비민주적 정치체제와 가난으로 고통을 받고 있는 아시아·아프리카·중남미의 대부분의 국가들에서 민주사회주의는 여전히 별다른 영향력을 행사하지 못하고 있다.

그러나 1980년대 후반 이후 불어닥친 동유럽 공산주의 국가들의 탈

공산화 시도는 민주사회주의자들에게 새로운 기회가 될 수 있을 것이다. 그 이유는 이들 지역에서 옛 공산주의자들이 비록 다양한 형태로 이기는 하지만 대부분 민주사회주의적인 이념을 토대로 새로운 도약을 시도하고 있기 때문이다. 동유럽 공산주의의 이러한 변신은 제3세계의 사회주의 운동에도 큰 영향을 미칠 것이다. 민주사회주의 운동은 사회의 전반적인 보수화와 동유럽 공산정권의 붕괴 속에서 위기와 기회를 동시에 맞고 있는 것이다.

주

1) C. D. Kernig, *Western Society and Marxism, Communism : A Comparative* ; *Encyclopedia*, vol. VII(New York, 1973), p. 405.
2) Paul M. Sweezy, *Socialism*(New York, 1949), p. 12.
3) Horst Heimann & Thomas Meyer (hrsg.), *Bernstein und der Demokratische* ; *Sozialismus*(Berlin & Bonn, 1978), pp. 14~19.
4) *Ziele und Aufgaben des Demokratischen Sozialismus, Erklärung des Sozialistischen Internationale, beschlossen in Frankfurt am Main am 3. Juli 1951,*
5) 요하노 슈트라써, 〈민주사회주의란 무엇인가?〉, 박호성 편역, 《사회민주주의와 민주사회주의》(청람, 1991), p. 32.
6) Albert S. Lindemann, 《서양 사회주의의 역사》, 오주환·진원숙 역(경북대 출판부, 1993), pp. 20~24.
7) Henry Pelling, *The Origins of the Labour Party 1884~1900*(Oxford, 1965), p. 37, 218.
8) Eduard Bernstein, *Die Voraussetzungen des Sozialismus und die Aufgaben der Sozialdemokratie* (1921)(Bonn-Bad Godesberg, 1984), pp. 158~159.
9) 슈트라써, 위의 글, pp. 25~26.
10) Anthony Wright, *British Socialism : Socialist Thought from the 1880s to 1960s*(New York, 1983), p. 2.
11) Karl Vorländer, *Kant und Marx : Ein Beitrag zur Philosophie des Sozialismus*(Tübingen, 1911), p. 3.
12) Hermann Lübbe, *Politische Philosophie in Deutschland*(München, 1974),

pp. 89~123.

13) Eduard Bernstein, "Wie ist Wissenschaftlicher Sozialismus", in : Helmut Hirsch(Hrsg.), *Ein Revisionistisches Sozialismusbild*, Drei Vorträge von Eduard Bernstein(Bonn-Bad Godesberg, 1976), p. 64.

14) Bernstein, *Voraussetungen*, p. 73.

15) *Ibid.*, p. 132.

16) *Ibid.*, pp. 147~148.

17) *Ibid.*, p. 158.

18) Peter Gay, *The Dilema of Democratic Socialism : Eduard Bernsteins Challenge to Marx*(New York, 1962), p. 250.

19) 최영태, 〈E. 베른슈타인의 수정주의—정치사상을 중심으로〉, 《서양사론》 37호 (1991), pp. 119~128 참조.

20) Bernstein, *Voraussetzungen*, p. 170.

21) Suasanne Miller, *Das Probleme der Freiheit im Sozialismus : Freiheit, Staat und Revolution in der Programmatik der Sozialdemokratie bis zum Revisionismusstreit*(Frankfurt / M, 1977), p. 293.

22) Bernstein, *Die Arbeiterbewegung*(Frankfurt / M, 1910), p. 135 ; 최영태, 〈사회주의에서의 자유의 문제—카우츠키, 베른슈타인, 룩셈부르크를 중심으로〉, 《서양사론》 제50호(1996) 참조.

23) Thomas Meyer, *Bernsteins Konstruktiver Sozialismus*(Bonn-Bad Godesberg, 1977), p. 290.

24) Rosa Luxemburg, "Sozialreform oder Revolution?"(1899), *Rosa Luxemburg Werke* : Bd. 1 / 1, 1893 *bis* 1905, von Inst. für Marxismus-Leninismus beim ZK der SED, 7. Aufl.(Berlin, 1990), p. 369 ; Karl Kautsky, *Bernstein und das Sozialdemokratische Programm : Eine Antikritik* 1899(Bonn-Bad Godesberg, 1979), p. 152.

25) Helmut Hirsch, "Einleitung", in : Helmut Hirsch(hrsg.), *Ein Revisionistischen Sozialismusbild*, Drei Vorträge von Eduard Bernstein(Bonn-Bad Godesberg, 1976), p. 13.

26) Julius Braunthal, *Geschichte der Internationale*, Bd. 2(Berlin & Bonn, 1978), pp. 177~178.

27) *Ibid.*, pp. 290~291

28) 윌리엄 카, 《독일근대사》, 이민호·강철구 역(탐구당, 1991), pp. 352~354 ; Karlheinz Dederke, *Reich und Republik Deutschland 1917~1933*(Stuttgart, 1984), pp. 273~274 ; Sebastian Haffner, *Failure of a Revolution : Germany 1918~1919*(Chicago, 1986), p. 195.

29) "Extract from Rule Ⅱ", In : G. D. H. Cole, *Fabian Socialism*(London, 1971),

p. 172.

30) Bernard Shaw, et. al., *Fabian Essays, with a New Introduction by Asa Briggs*, 6th. ed.(London, 1963) 참조

31) Henry Milner, *Social Democracy and Rational Choice : The Scandinavian Experience and Beyond*(London & New York, 1994), pp. 4~5.

32) Tony Judy, *Marxism and the French Left : Studies on Labour and Politics in France 1830~1981*(Oxford, 1986), pp. 144~151.

33) Adam Przeworski, "Social Democracy as a Historical Phenomenon", *New Left Review*, No. 122(1980), pp. 52~53.

34) G. D. H. Cole, *A History of Socialist Thought*, vol. Ⅳ, Part 1 : *Communism and Social Democracy, 1914~1931*(London, 1969), pp. 878~879.

35) *Ziele und Aufgaben des demokratischen Sozialismus.*

36) *Ibid.*

37) *Ibid.*

38) Braunthal, *Geschichte der Internationale*, Bd. 3, p. 581.

39) *Ibid.*

40) *Ibid. Die Welt von Heute-Sozialistisch Gesehen, Erklärung des Generalrats der Sozialistischen, beschlossen in Oslo, am 2-4. Juni, 1962.*

41) *Grundsatzprogramm der Sozialdemokratischen Partei Deutschland, beschlossen auf dem außerordentlichen Parteitag in Bad Godesberg 1959,*

42) *Project Socialiste pour La France des Années 80 1980*, 양호민 편역, 《사회민주주의》(종로서적, 1985), pp. 329~330에 수록.

43) Lindemann, *op. cit.*, pp. 475~476.

44) Tim Tilton, *The Political Theory of Swedish Social Democracy : Through the Welfare State to Socialism*(Oxford, 1990), pp. 269~270.

45) Georg Lührs(Hrsg.), *Beiträge zur Theoriediskussion* Ⅱ(Berlin & Bonn-Bad Godesberg, 1974), pp. 51~52.

46) Braunthal, *Geschichte der Internationale*, Bd.3, pp. 583~589.

생디칼리슴
Syndicalisme

신 행 선

I. 개념

생디칼리슴(syndicalisme)이라는 용어는 프랑스어의 생디카(syndicat)에서 생겨난 말이다. 이 생디카라는 용어의 기원에는 생딕(syndic)이 있다. 생딕은 한 마을을 대표하고 공동 이익을 도모하는 자나 혹은 시의회 의원과 변호사 등 도시 안의 제각기 다른 그룹 대표들을 의미하는 말이다. 생디카는 그의 직(職)임과 동시에 그가 대표하는 그룹이었는데, 샹브르 생디칼(chambre syndicale)이라 하였다. 그러므로 생디카란 개개의 집단들이 그들의 공통된 이익을 위하여 사적으로 결속한 조합을 말하는 것이고, 한 직업의 생디카는 동일 직업에 관련된 경제적 이익을 도모하기 위한 것이다. 푸제(Pouget)는 생디카를 "직업적 이해관계에서 형성된 노동자들의 결합"[1], 즉 생산자 조합이라고 하였다. 동업 조합 조직은 이미 18세기부터 샹브르 생디칼이라는 이름으로 형성되었다. 생디카가 노동자들의 동업조합, 즉 노동조합이라는 의미로 정착된 것은 19세기 중반에 와서였다. 이 시기는 프랑스에서 산업발전이 가속화되는 시기였을 뿐 아니라 임금노동자의 비참한 생활상에 대한 조사가 이루어졌던 시기이기도 하다.[2]

넓은 의미에서 볼 때 생디칼리슴은 노동의 해방을 꿈꾸며 일상적인 생활 개선을 위해 애쓰는 노동계급의 운동이다.[3] 노동자 개개인의 힘으로는 고용주가 강요하는 노동시간이나 임금 등 노동조건에 저항하기 어렵다. 때문에 노동자들간의 결합만이 자본주의 체제에 대항하여 노동조건을 개선할 수 있다는 인식 아래 서유럽 여러 나라에서 동일 직종이나 산업에 종사하는 노동자들끼리 모여서 생디카를 조직하였던 것이다.[4] 따라서 생디카는 노동자들이 집단적으로 고용주에게 압력을 가함으로써 노동계급의 이익을 도모하기 위한 방어수단을 의미하기도 한다.[5] 그 점에서 생디칼리슴은 분명히 근대 산업사회의 산물인 노동조합주의의 한 형태이다.

그러나 역사적 의미로서 생디칼리슴은 19세기 말에 프랑스에서 처음으로 형성되어 제1차세계대전 이전까지 발전하였던 혁명적 성격의 노동조합 운동을 뜻한다. 프랑스 노조원들이 그들 노동조합 활동이 혁명적으로 전개되었던 시기의 노조운동에 대하여 붙인 이름이었는데, 그들은 그것을 특히 '혁명적 생디칼리슴'이라고 하였다. 이것은 혁명적 노조원들이 그들을 노조 내의 개량주의자들이나 혹은 혁명적이라고는 할지라도 사회주의자나 마르크스주의자들과 같은 정치 지향적 노동자들과 구분하기 위하여 사용한 용어였다.

생디칼리슴은 '개량적 생디칼리슴'과 '혁명적 생디칼리슴'의 두 가지 유형으로 구분된다. 생디카가 노동계급 활동의 가장 중요한 형태이자 프롤레타리아 해방을 위한 가장 좋은 도구임을 인정하였기 때문에 생디카에 최상의 가치를 부여해야 한다는 것에는 양자가 의견을 같이 했다.[6] 그러나 전자는 현재 사회 안에서 노동자들의 조건을 개선하는 것을 무엇보다 우선시하였다. 생디카 활동은 그것을 실현하기 위한 수단으로 간주하였으며 노동시간 감소, 8시간 노동, 임금 상승, 일주일에 하루 내지 하루 반의 휴식, 그리고 노동환경 개선 등 최상의 노동조건을 얻는 개혁에 우선적인 가치를 두었다.[7] 반면에 후자는 자본주의 체제에 대한 비판과 계급투쟁의 원리를 기반으로 하여 생디카 활동을 현 사회의 파괴수단으로 보고 혁명적인 사회변혁에 가장 큰 가치를 두었다. 자본주의 체제의 파괴를 통한 프롤레타리아의 최종적 해방과 국가 자체의 전복이 그 목표였던 것이다. 이것은 비록 생디칼리스트 자신들은 부인하고 있지만 사실상 프랑스 노동총연맹(Confédération Générale du Travail, 이하 C.G.T.로 약함)의 정치적 목적을 드러내는 것이라 할 수 있다. 왜냐하면 대부분의 다른 나라 노동조합들이 지향하는 일반적인 목적이 경제적인 것에 국한되었던 것에 반하여 C.G.T.는 오히려 사회주의 정당의 목적과 훨씬 더 가까운 것을 추구하고 있었기 때문이다. 또한 기존질서의 파괴를 꾀한다는 점에서 생디칼리슴은 다분히 혁명적이었다.[8]

이와 같이 C.G.T.가 경제적인 것 이외에 정치적 기능인 혁명적 임무를 수행하고자 했던 것은 그 설립 목적에도 나타나 있다. 1902년 몽펠리에(Montpellier) 전체 대의원대회(Congrès)에서 채택된 C.G.T.의 정관(定款)이나 1903년 더블린(Dublin)의 국제노동자대회(International Labour Congress)에 제출된 C.G.T.의 보고서, 그리고 C.G.T.의 아미앙 전체 대의원대회(1906)에서 채택된 원칙인 소위 '아미앙 헌장(Charte d'Amiens)' 등 여러 공식문서에 따르면, C.G.T.는 '이중의 임무(double besogne)'를 띠고 태어났다. 그 하나는 노동자들이 당면한 당장의 이익을 옹호하기 위한 것으로 이는 C.G.T.의 경제적 기능을 반영하는 것이다. 다른 하나는 장기적인 장래의 계획에 속하는 것으로 프롤레타리아의 최종적 해방을 추구하는 것이다.[9]

혁명적 생디칼리스트들은 생디카의 가입자 수가 얼마나 되는지, 혹은 파업을 할 경우 사용되는 노조기금이 얼마나 되는지에는 개의치 않았으며, 오직 대담하고 적극적인 소수의 노조원들이 다수 노동대중을 교육시킴으로써 C.G.T.의 이중적 임무를 수행해낼 수 있다고 믿었다. 반면에 개량적 생디칼리스트들은 노조활동이 공격적이거나 무질서를 수반해서는 안 되며 고용주와 노동자간에 합의를 통하여 노동자들의 생활을 개선해야 한다고 생각하였다. 그리고 적어도 파업을 하기 전에 모든 방법을 동원하여 합의에 이르는 길을 모색해야 하며, 파업을 하게 되더라도 성공의 확신이 있을 때 해야 한다는 것이 대부분 개량적 생디칼리스트들의 견해였다. 왜냐하면 파업의 잦은 실패는 노조 가입자 수를 감소시키고 노조원들의 용기를 잃게 할 것이기 때문이었다. 또한 생디카의 가입자 수가 많고 노조 기금이 풍부한 것이 중요하다고 지적하였다. 소수의 투쟁적인 노조원들에 의해 특정한 이익을 쟁취할 수는 있으나 그 결과로 얻어진 것을 제대로 유지하기 위해서는 무엇보다도 노조 가입자 수가 많아야 한다는 것이었다. 그리하여 대표적인 개량적 생디칼리스트 노조였던 출판인쇄 노조는 많은 노조원 수를 자랑하였고 파업 기금도 풍부하였다. 개량적 생디칼리슴의 원리는 노동자 다수를 생디카로 흡수하기 위해서 소수 노조원 위주가 아니라 모든 노동자들의 의견이나 신념을 다 존중해주고 결코 부인할 수 없는 물질적 혜택 및 노동조건 개선을 그들에게 제공하는 것이었다.[10] 이것은 사실상 프랑스와 이웃하고 있던 다른 나라들, 특히 영국이나 독일에서 일어났던 노동조합 운동과 크게 다를 바가 없는 것이고, 그 점에서 프랑스 생디칼리슴의 독특한 점을 부각시켜 주지는 못한다.

1902년부터 1914년까지 프랑스 노동조합에서 혁명적 생디칼리스트들이 다수파였다고 주장하는 것은 논쟁의 여지가 있다. 전체 대의원대회의 결정사항들이 주로 혁명적 생디칼리슴의 테마에 맞추어 결정되기는 했지만 그것은 의사일정을 결정하는 투표방식이 노조가입자 수를 고려한 비례대표제가 아니어서 노조원 수에 상관없이 각 단위노조가 한 표씩을 행사할 수 있었기 때문이었다. 그런데 대부분의 개량적 노조는 단일노조이면서 많은 노조원을 거느리고 있었음에 반하여 혁명적 노조들은 소수의 노조원을 거느린 여러 개의 단위노조로 되어 있어서 한 노조에 20~30여 명의 노조원밖에 없는 경우도 있었다. 이는 혁명적 성격의 노조들이 각 한 표씩 행사할 경우 노조원 수가 많지만 단일노조이기 때문에 한 표밖에 가질 수 없는 개량적 노조보다 훨씬 유리할 수 있음을 의미하는 것이다. 따라서 전체 대의원대회의 의사 결정이 노조원 다수의 생각을 충분히 드러냈던 것이라고 보기는 어렵기 때

문이다.[11]

그러나 이 시기 동안에 혁명적 생디칼리스트들이 프랑스 노동조합 운동의 중추조직인 C.G.T.를 주도하였으며 프랑스 노동자들에게 큰 영향을 끼쳤음은 의심할 여지가 없다. 실제로 대표적인 혁명적 생디칼리스트들로서 생디칼리슴 교의에 대한 연설이나 소책자 등을 남겼던 그 뤼피엘(Griffuelhes), 푸제(Pouget), 이브토(Yvetot), 델레살르(Delesalle) 등은 C.G.T.에서 지도적인 위치를 차지하고 있거나, 혹은 C.G.T.의 기관지 《민중의 소리》(*La Voix du Peuple*)를 맡고 있었다.[12] 이와 같은 맥락에서 프랑스 생디칼리슴의 역사는 이들 혁명적 생디칼리스트들이 중요한 역할을 하였던 초기 C.G.T.의 역사와 거의 일치한다고 해도 과언이 아니다.[13] 리들리(F. F. Ridley)가 "생디칼리슴의 실제적인 정의는 1902년부터 1914년까지 있었던 C. G. T. 의 행동원칙과 실천들"[14]이라고 했던 것도 그 때문이다. 결국 생디칼리슴은 19세기 말에서 20세기초 프랑스 노동운동을 특징짓는 행동양식, 혹은 프랑스에서 혁명적 정신으로 무장되어 사회변혁에 가장 큰 가치를 두었던 노조 내 혁명적 세력들의 행동철학과 방식으로 요약된다.[15]

프랑스어에서 생디칼리슴의 사전적 의미는 노동자들의 조합활동, 즉 노동조합주의를 지칭하는 말이지만 프랑스인들은 그것을 특히 혁명적 생디칼리슴으로 인식하고 있으며, 영어에서 일반적으로 노동조합주의를 의미하는 트래드유니어니즘(trade-unionism ; 프랑스어로 trade-unionisme)은 영국식의 개량적 노동조합주의를 지칭하는 용어로 구분하여 사용하고 있다.[16] 이와 마찬가지로 실제로 영어에서도 신디칼리즘은 총파업이나 사보타주 등의 직접 행동을 통하여 의회민주주의를 전복하고 자본주의 체제를 타도함으로써 노동조합이 생산과 분배를 통제하는 새로운 사회의 형성을 그 목표로 하는 과격한 형태의 노동조합주의로서 프랑스에 그 기원을 두고 있는 일종의 혁명적 정치운동으로 이해되고 있다.[17] 이와 같이 영어에서 신디칼리즘이라는 용어는 프랑스어의 직역으로서, '혁명적'이라는 형용사 없이도, 프랑스인들이 혁명적 생디칼리슴 혹은 아나코생디칼리슴(anarcho-syndicalisme)이라고 부르는 독특한 형태의 혁명적 노동조합주의를 의미하고 있다.[18] 이 혁명적 생디칼리슴은 그 이후 프랑스 노동운동에 결정적인 흔적을 남겼으며, 이탈리아·스페인 등 라틴 지역에 퍼져 그곳 노동운동에서 커다란 힘을 발휘하였다. 또한 미국(Industrial Workers of the World ; I.W.W.)에까지도 영향을 미쳤다.[19] 생디칼리슴은 프랑스에서 가장 만개하였던 운동이었고, 그 대부분 이론의 근원지도 프랑스였다. 그러므로 여기에서 생디칼리슴을 프랑스적 현상으로 귀결시켜서 설명하는 것이 그리 불합리하지는 않을 것이라 생각한다.

Ⅱ. 생디칼리슴의 형성

동일 직업에 속하는 사람들끼리 공동의 이익을 도모하기 위하여 조합을 형성할 필요성을 인식한 것은 어제 오늘의 일이 아니었다. 로마시대의 콜레쥬(Collèges romains), 중세의 동업자협회(Confréries), 구체제(Ancien Régime)의 코포라시옹(Corporations), 그 이후의 동업조합(Compagnonnage) 등은 모두 다 생디칼리슴의 선구자들이라고 할 수 있을 것이다. 생디칼리슴은 그 가운데 가장 최근에 형성되어 발전한 형태이다. 그것은 어마어마한 물적, 인적 자본의 집중을 특징으로 하는 근대적인 대규모 산업이 탄생하면서 '직업'의 개념만을 가지고 성립되었던 그 이전의 조합 형태와는 달리 공장의 임금노동자와 고용주 간의 '계급' 개념을 토대로 하여 이루어졌다. 또한 단순한 상호부조나 결속을 통한 공동이익 도모뿐만 아니라 사회변혁에 대한 의지를 가지고 있었다는 것이 그 이전 노동자들의 결합과는 구분되는 점이다.[20]

프랑스에서 노동자들의 결집력이 처음으로 과시되었던 예를 찾으려면 구체제의 동업조합으로까지 거슬러 올라가야 할 것이다. 7월왕정(Monarchie de Juillet) 말기에 사회주의 사상이 퍼지면서 1848년 혁명기에는 처음으로 자본과 노동이 정면 대결하게 되었다. 하지만 아직은 생산에서의 해방이라는 경제문제가 민주주의의 도래라는 정치문제와 분리되지 않은 상태였고, 프롤레타리아들은 계급갈등의 의미를 충분히 인식하지 못하였다. 제2제정기에 이르러 자본주의가 더욱 발전하게 되고 노동계급이 숫적으로 증가하게 되면서 프롤레타리아 해방을 위한 투쟁조직을 만들기 위한 열망은 더욱 커졌고, 그것은 프랑스 노동자들의 만국박람회(런던, 1864) 참가와 제1 인터내셔널(1864)의 성립과 더불어 가시화되었다. 그리하여 비록 이론적인 것에 불과하기는 하였지만 노동자들의 단결권과 파업권을 인정하는 법령이 1864년에 통과되어 근대적 형태의 노동조합 조직이 형성되기 시작하였다. 제국정부의 이와 같은 관용책으로 1864년 파리 제화공들이 최초로 조합을 결성하였고, 1862년에 상조회 형태로 1,600명의 회원을 거느리고 있던 파리 식자공들이 1867년에는 그들의 조직을 조합으로 전환하여 2,131명의 조합원을 거느리게 되었다.[21] 그러나 이들은 아직도 장인 전통을 강하게 지니고 있었던 숙련공 조직으로서 상호부조에 중점을 두는 온건한 형태에 머물렀고, 그나마도 1872년 3월 12일 법령은 모든 형태의 노동자 결사를 금지하였으며 국제 노동자조직이었던 제1 인터내셔널과의 접촉마저도 금지하였다.[22] 코뮌(Commune de Paris)에 대한 철저한 진압으로 프랑스의 프롤레타리아들은 수뇌부가 괴멸된 어려운 상황이었지만[23], 조합들이 곧 조직을 재정비하여 노동조합 운동은 계속되었다. 그리하여 1881년에는 프랑스 전역에 500여 개의 조합이 조직되어 총 6만 명의 조합원을 거느리게 되었다.[24]

1876년 350명의 노동자 대표가 모인 최초의 노동자대회(Congrès ouvrier)가 파리에서 열렸으나 이 대회는 아직 전통적인 상호부조적 경향이 지배적이었고, 따라서 사회주의나 정치에 대해 언급하기를 거부하였다. 해외에 망명해 있던 코뮌 가담자들은 이를 계급투쟁보다는 계급협력을 받아들이는 것으로 이해하여 분노하였다. 1878년에 리옹(Lyon)에서 개최된 두번째 대회에서는 2명의 대표에 의해 토지와 노동의 집산적 소유를 주장하는 안건이 제기되었다. 그러나 논의의 전체적인 기조는 여전히 온건한 것이었다. 그 다음 해인 1879년에 코뮌 가담자들에 대한 사면조치가 내려져서 망명자들이 돌아와 노동운동에 활기를 불어넣었는데, 마르세이유 노동자대회(Congrès Ouvrier Socialiste de Marseille, 1879)에서 제안되었던 노동자 정당 설립안이 게드(Guesde)와 라파르그(Lafargue) 등에 의해 마침내 실현되어 프랑스노동자당(Parti Ouvrier Français, 1879)이 창당되었다. 그러나 마르크스주의를 프랑스에 처음 도입하여 흔히 '프랑스 마르크스주의의 선구자'로 불리는 게드는 혁명의 긴박성만을 강조하고 노동조합을 단지 정당을 위해 봉사하는 하나의 투쟁도구로서만 간주하여 노동조합주의자들의 적대감을 자아냈다.[25] 그리하여 이 시기를 기점으로 프랑스 노동운동은 계급투쟁이라는 동일한 신념에도 불구하고 사회주의 운동과 노동조합 운동으로 구분되며,[26] 프랑스 노동조합은 정당과는 별도로 독자적인 운동을 펼치는 프랑스 고유의 독창적 생디칼리슴인 혁명적 생디칼리슴을 발전시켜 나가기 시작했다.

1884년에 통과되는 발데크 루소(Waldeck-Rousseau)법으로 노조조직인 생디카가 합법적으로 인정되면서 프랑스 노동계급의 발전은 가속화되었다. 1890년과 1891년 노동절에 대대적인 대중집회를 벌임으로써 하나의 계급으로서 프롤레타리아의 실체를 부르주아지에게 인식시켰고, 마침내 1895년에는 게드주의자들을 제외한 노동조합주의자들이 프랑스 노동총연맹(C.G.T.)을 탄생시켰다.[27] 그 창립선언문은 1906년의 아미앙헌장을 상기시키는 것으로 의회정치를 통한 개혁을 이루는 개량주의를 거부하고 정당에 대한 독립을 원칙으로 하는 것이었다. 이로부터 노조 지도자들은 사회주의자들, 특히 노조에 대한 정당의 우위와 정치적 영향력을 주장하는 게드주의자들과 고용주와의 협력을 주장하는 개량주의자들에 대한 이중적 투쟁을 펼치게 되었고 혁명적 생디칼리슴은 그 절정기를 맞이하게 되었다.[28]

사실 프랑스는 영국에 비하여 노동자들의 권리가 합법적으로 인정된 것이 반 세기나 늦은 셈이었다. 그러나 혁명적 생디칼리슴은 영국의 노동조합주의와는 그 성향이 매우 다르다. 뿐만 아니라 역사에서 유래를 찾아보기 어려운 독창적인 노동운동 형태로 분석되고 있다. 그렇다면 하필 다른 곳이 아닌 프랑스에서 이와 같이 혁명적 생디칼리슴이 형성, 발전되어 다른 곳에까지 영향을 끼치게 된 까닭은 무엇인가? 먼저 프랑스인의 고유한 성격, 예를 들면 '라틴인의 기질' 을 언급할 수 있다. 그들은 '감정적'이고, '충동적'이며 때로는 '열정적'이지만 꾸준한 면이나 인내심이 적고, 세세한 사항들보다는 총체적인 것에 더 관심을 보이기 때문에 조합을 통한 노동조건의 부수적인 개혁에 치중했던 영국인들과는 달리 '전부가 아니면 아무것도 아니다'라는 태도를 가졌다.[29] 또한 대혁명에서부터 코뮌에 이르기까지 프랑스의 혁명적 전통도 한 몫을 담당했다.[30] 바리케이드를 치고 투쟁했던 경험과 혁명적 영웅들에 대한 기억이 그 때까지도 아직 생생하여서 가두시위나 폭력을 수반하는 파업 등이 그들에게는 전혀 낯선 것이 아니었던 것이다.[31] 더욱이 프랑스는 산업화 과정의 진전이 완만하여 1914년 이전까지도 소규모 작업장이 우세했던 경제체제였고 파리나 리옹 등의 도시노동자들은 생산기술의 발달로 인해 실업(失業)이 유발되는 것을 탐탁치 않게 생각하였다. 뿐만 아니라 노동과 고용조건을 통제하는 대규모 공장제에 대항하였다. 이러한 소규모 작업장 위주의 경제체제에 대한 선호가 아나키스트적 전통에서 비롯되는 것임은 두말할 필요가 없다. 그리하여 혁명적 전통과 아직 채 단절되지 않았던 노동자들이 점진적인 개선보다는 혁명을 통하여 새로운 질서를 창출하는 것을 좀더 효과적인 방법으로 간주하였던 것으로 평가된다.[32]

한편 노동자들은 사회주의자들의 분열과 파당싸움에 실망했을 뿐 아니라 정치적 권리를 획득했음에도 불구하고 아직 사회적 불평등이 여전하였던 것에 환멸을 느꼈다. 선거에서 노동자들의 지지를 받아 사회주의자 의원들이 국회는 물론이고 심지어 내각에까지 진출하였음에도 불구하고 자신들의 운명이 전혀 개선되지 않았다고 생각하였던 것이다. 노동조합과 사회주의 정당과의 관계가 유럽의 다른 어느 나라에서 보다도 나빴던 것은 이 때문이었다. 이는 노동자 스스로의 노력에 의해서만 프롤레타리아의 최종적 해방에 이를 수 있다는 생각을 낳게 했고 혁명적 생디칼리슴의 주요한 개념인 '노동자주의(ouvrièrisme)'를 형성하게 했다.[33] 이것은 "프롤레타리아의, 프롤레타리아에 의한, 프롤레타리아를 위한 것"[34]으로 요약할 수 있다.

생디칼리스트 자신들은 그들의 운동이 지식인들이나 이론가들과는 상관없이 철저하게 비이론적이고 실제 경험에서 우러나온 것임을 강조하고 있다. C.G.T.의 총서기장이었던 그뤼피엘은 "생디카 활동은 그 어떠한 틀이나 이론적인 주장을 바탕으로 하여 형성된 것이 아니라 일상적 투쟁을 통한 노력과 노동계급의 정신상태, 그들의 투쟁적인 분위기 등을 토대로 하여 이루어진 것"[35]임을 단언하고 있다. 그러나 역사가들은 그렇게 자발적으로 생성된 것으로만 보기는 어렵고, 19세기 유럽의 여러 급진적인 사상 조류들의 결합이나 혹은 사회주의의 경험을 바탕으로 형성된 것이었다고 보고 있다.[36]

가장 큰 영향을 끼친 것은 프루동(Proudhon)이었다.[37] 프루동과 제1인터내셔널의 프루동주의자들로부터 생디칼리스트들은 생디카의 토대를 이루는 작업장이 자유롭고 분권화된 사회의 기본 단위가 될 것이라는 신념을 획득하게 되었다. 그리고 노동자의 궁극적인 해방을 이루기 위해서는 노동자들 자신의 노력이 가장 중요하다는 인식과 아울러 강제적인 국가권력에 대한 불신을 가지게 되었다. 마르크스주의자로부터는 계급투쟁의 원리를, 블랑키스트들과 제1인터내셔널의 바쿠닌주의자들, 그리고 프랑스의 혁명적 전통으로부터는 사회해방으로 이르는 과정에서 나타나는 폭력을 인정하게 되었고 엘리트의 중요성을 강조하게 되었다. 파리코뮌의 경험을 통해서는 국가권력에 대한 저항의 정당성을 확인하게 되었다.[38]

그러나 생디칼리슴 형성에 중요한 국면이 된 것은 19세기말 아나키스트들과의 결합이었다. 1890년대에 이르러 개인적 아나키스트들의 테러에 대하여 국가가 강력하게 진압하고 나서면서 아나키스트주의 신문들이 사라지고, 아나키스트들이 투옥되거나 망명하게 되자 그들 가운데 일부는 부르스나 생디카 등 노동조합을 그들의 새로운 투쟁영역으로 삼게 되었다. 그들에게 노동조합은 아나키즘의 실현을 위한 새로운 실습장이었지만,[39] 노동조합에 뛰어들면서 아나키스트들은 일단 노동자 조직의 필요성과 노동자들의 일상적 요구를 위한 투쟁을 인정하였다.[40] 그리하여 아나키즘과 생디칼리슴의 결합은 순수 아나키즘과 코포라티즘적 생디칼리슴을 뛰어넘는 새로운 형태인 혁명적 생디칼리슴을 탄생시켰다. 정치에 대한 불신, 특히 사회주의 정당에 대한 반대, 반국가적 태도, 그리고 지식인에 대하여 불신을 가지고 오직 생디카의 활동을 극대화하는 데 최우선의 가치를 두면서 총파업과 같은 직접행동을 찬양하는 프랑스 생디칼리슴 고유의 독창적이고 중요한 특징들이 나타나게 되었던 것은 이러한 맥락에서 이해되어야 할 것이다.

Ⅲ. 생디칼리슴의 특징

생디칼리슴이 이처럼 블랑키즘·아나키즘·마르크시즘 등의 종합이기 때문에 그것은 리들리의 표현처럼 사람을 현혹시키는 단어가 되기도 한다. 계급투쟁의 원리를 기반으로 하여 자본주의 타도를 외치고 무(無)국가사회로의 이행을 주장하는 점에서 마르크시즘이나 혹은 아나키즘과 같은 용어들과 매우 흡사해 보이기도 하고, 현재의 사회가 비참함과 압제, 그리고 부당한 상태로 더럽혀졌다고 비난하면서 모든 사람이 정의롭고 편안하게, 그리고 자유로운 상태에서 살 수 있는 보다 나은 사회를 꿈꾼다는 점에서 단지 사회주의 사상에서 나온 한 유파로만 간주되기도 한다. 하지만 생디칼리슴은 어떤 특정 저자에 의한 창조물도 아니고 또한 어떤 한 집단에 속하는 일련의 저자들에 의해서 만들어진 것도 아니다. 매우 이론적인 느낌을 주는 '–이즘(–ism)'이라는 어미(語尾)에도 불구하고 원래 생디칼리슴은 이론이라기보다는 하나의 운동에 주어진 이름이었다.[41] 비록 차후에 좀더 이론적인 의미를 가지게 되었고 몇몇 이론가들에 의하여 결국에 가서는 하나의 '-이즘'이 되기는 하였지만 원래 생디칼리슴은 자신들을 생디칼리스트라 불렀던 사람들이 생각하고 행동했던 것을 의미하는 것에서 출발하였다.[42]

생디칼리스트들은 철학자도, 사상가도, 정치가도 아니고 바로 노동자들이었다. 그들은 사상이나 이념보다는 그들의 삶을 개선하기 위한 매일매일의 실제 투쟁에 더 관심이 있었다. 생디칼리슴이 하나의 행동철학 혹은 행동양식으로 불리는 것도 바로 그 때문이다. 생디칼리스트들은 추상적 문제의 해결보다는 실제 행동전략에 더 관심이 많았고, 속세를 벗어나 숙고하기보다는 삶의 교훈이나 그들 자신의 경험에서 나오는 자발적 행동을 더 중요하게 여겼다.[43] 생디칼리슴은 마르크시즘이나 아나키즘과 달리 그 제도가 이념에 선행하였고 역사법칙이나 미래의 이상사회에 대한 청사진을 제시하기보다는 노동계급이 현재 당면한 문제에 더 관심이 많았다. 이론이나 공식적인 철학을 먼저 설정하고 난 후에 그에 따라 행동하는 것이 아니라 일반적인 행동 방향을 제시해주는 원칙이 곧 생디칼리슴의 이념과 정책을 반영하는 것이었다. 그러므로 생디칼리슴의 표시들은 책에서보다 실제 행동에서 찾아야 한다.[44]

혁명적 생디칼리슴의 원리는 일관성이 결여되었고 모순되는 점이 있는 것으로 보이기도 한다. 이는 생디칼리슴이 체계화된 이론이나 사상을 가지고 있었던 것이 아니라 하나의 운동이고 일종의 행동양식에서 출발하였기 때문이다. 또한 그것은 19세기말 20세기초 프랑스 노동운동의 일반적인 경향, 즉 C.G.T.에서 채택했던 여러 행동원칙들이지 이론가들에 의한 체계적인 철학체계나 사상체계를 이룬 것이 아니었기 때문이다.[45] 물론 소렐(Sorel), 베르트(Berth), 그리고 라갸르델(Lagardelle) 등이 남겨놓은 글이나 저서를 찾아볼 수는 있다. 특히 소렐은 혁명적 생디칼리슴에 관한 가장 탁월한 해석자로 알려져 있는 인물이다. 그러나 소렐은 일선에서 노동운동을 담당하고 주도했던 경험이 전혀 없다.

한편, 생디칼리슴 원리를 설명해줄 수 있는 자료들은 주로 C.G.T.의 전체 대의원대회 기록이나 생디칼리스트들이 노동자들을 대상으로 하여 서술한 소책자나 신문 사설, 혹은 그들의 연설문 등 다양한 형태로 분산되어 있을 뿐 하나의 저서로 되어 있는 경우가 거의 없기 때문에 생디칼리슴의 이론적 특징을 말하는 것은 더욱 어렵다. 그럼에도 생디칼리슴의 근간을 이루고 있는 특징을 제시한다면 대체로 다음과 같다.

우선 생디칼리슴에서 가장 기본이 되는 명제는 사회가 적대적인 두 집단, 즉 자본가와 노동자, 착취자와 착취받는 자, 억압자와 억압받는 자에 의해서 구분되어 있다는 인식이다. 이것은 노동자들이 실제 일상 생활에서 매일 체험하고 있는 사실이어서 굳이 증명할 필요가 없는 이론이며 생디칼리슴 고유의 독창적인 것도, 전혀 새로운 것도 아니었다.[46] 이미 유토피아 사회주의자들이 임금노동자의 신분을 노예의 신분과 동일시한 바 있고, 마르크스는 계급이념과 계급투쟁의 개념을 명시한 바 있다. 제1인터내셔널은 "노동자의 자본에 대한 예속은 정치적, 도덕적 및 물질적인 모든 면에서 굴종의 근원"이고 "노동자들의 해방은 노동자들 자신에 의해서 이루어져야 한다"는 것을 주창하였다. 이 점에서 생디칼리슴은 19세기 사회주의에 이론적으로 상당한 빚을 지고 있는 셈이다.[47] 그러나 생디칼리스트들은 역사발전 법칙에 의해 혁명이 불가피하며 프롤레타리아의 승리는 이미 예견된 것으로 간주하기보다는 자본가와 노동자 간의 갈등을 여느 다른 전쟁과 다름없는 것이라고 여겼다. 그 전쟁에서의 승리는 외부의 힘에 의해서가 아니라 프롤레타리아 자신들의 끊임없는 노력을 통해서만 가능하다고 생각하였다.[48] 노동자들은 그들의 공통적인 이해관계를 인식하고 자본가 계급에 대항하는 적대계급으로서의 프롤레타리아 계급이라는 의식을 가져야 한다는 것이다.

두번째 생디칼리슴의 특징으로 지적할 수 있는 것은 국가에 대한 적대적인 태도, 즉 국가개념에 대한 거부이다. 이것은 생디칼리스트들의 반자본주의 투쟁에서 나오는 필연적 귀결이라 할 수 있다. 왜냐하면 이

반국가적 감정은 파업과 같이 자본가와 노동자간의 충돌이 있을 때 국가 공권력이 자본가를 보호하면서 심화되었기 때문이다. 생디칼리스트들에게 국가가 갖는 이미지는 "착취자들 편에 서서 치안유지를 담당하는 헌병"[49]의 모습이었다. 그것은 결코 "자본가들의 요구를 완화시키고 노동자들을 보호하기 위하여 등장하는 구세주와 같은 것"이 아니었다.[50] 여기서 라갸르델이 "혁명적 생디칼리슴의 필요불가결한 일부분"[51]이라고 했던 생디칼리스트들의 반(反)군국주의와 비(非)애국주의 문제가 파생된다.

이미 1848년부터 군대의 기능은 "더 이상 외부 적과의 투쟁이 아닌 내부의 소요를 막고 질서를 유지하기 위한 것"[52]이었다. 실제로 군대는 파업이나 시위 진압자의 역할을 충실하게 담당하였다. 주지하다시피 코뮌 참가자들에 대한 가혹한 진압으로 프랑스 노동운동의 맥은 잠시 단절되는 지경에 이르렀었다. 1891년 노동절의 푸르미(Fourmies) 시위에서는 군대와의 대치 상황에서 여성과 아동을 포함한 10명의 사상자가 발생하였다. 라옹 레타프(Raon-l'Etape, 1907)에서는 공장에 진입한 군대에 의해 30여 명의 부상자가 발생하였고, 드라베이(Draveil, 1908)에서는 9명의 사망자와 56명의 부상자가 발생하였다. 비뉴(Vigneux, 1908)에서는 도망친 시위노동자들을 좇던 군대가 한 카페에 들어가 총격을 가하는 비극적인 사건이 발생하기도 하였다.[53] 이처럼 군대가 자본가를 비롯한 특권층의 이익만을 대변하고 생존의 권리를 주장하는 노동자들을 짓밟아 버리는 현실 속에서 생디칼리스트들은 그들의 조국을 모국(母國)과 대조되는 것으로써 "성질이 아주 고약한 계모"에 빗대었고 이른바 '노동자에게는 조국이 없다'는 논리를 내세웠다. 그리하여 제1차 세계대전 이전 C.G.T.는 "유럽 강대국들 사이에 전쟁이 일어날 경우 혁명적인 총파업으로 대응할 것"[54]이라고 공표하였고 공권력에서는 이들 생디칼리스트들을 비애국주의자라 하여 그들의 활동을 주시하였다.[55] 국가 공권력을 나타내는 구체적인 힘의 표시였던 군대가 자본가의 충실한 보호자이자 파업 분쇄자의 역할을 하였기 때문에 노동자들의 반군국주의는 그에 대한 자연스러운 반응이었고 거기에서 파생되었던 이른바 비애국주의는 생디칼리스트들의 "반국가주의의 극렬한 형태"[56]로 볼 수 있다.

생디칼리슴의 세번째 특징은 비(非)정치성 추구이다. 이는 정치적 중립 유지와 정당, 특히 사회주의 정당과의 연계에 대한 거부 혹은 의회 정치에 대한 그들의 불신 경향으로 요약할 수 있다.[57] 생디칼리슴은 프롤레타리아만의 운동이어야 했다. 왜냐하면 사회 내 두 적대계급의 구분이 명확하게 되기 위해서 계급간에 그 어떠한 겹침도 없어야 했기 때문이다.[58] 그리고 계급투쟁의 기반은 고용주와 노동자 사이의 갈등이므로 오직 노동자만이 기존질서의 전복에 자연스럽게 관심을 가진다고 생각했기 때문이다. 생디칼리슴 이론에 의하면 "계급은 자본주의 경제체제에서, 그리고 역사에서 자연스럽게 창출되는 것이지만 정당은 인위적으로 만들어지는 것이다."[59] 그것은 "공업·상업·농업 등 모든 경제 영역에 종사하는 자로서 사기업과 공기업 및 국영기업 노동자들이고 비참한 상태에서 체념하지 않고 사람에 의한 사람의 착취가 더 이상 존재하지 않기를 원하는 모든 이들을 대상으로 하는 것이었다. 그리고 정치적, 종교적 의견의 차이에 상관없이 모든 착취받는 이들을 대상으로 하는 것이었다."[60] 따라서 생디카에서 받아들이기를 거부하는 것은 오로지 비생산자들이었다. 생디카 구성원들은 그 속성이 동질적이며 생디카의 활동을 통해 '자본의 수용(expropriation)'이라는 프롤레타리아의 최종적 해방을 이루는 것을 그 목표로 하고 있다.

반면에 정당은 서로 다른 사회적 배경을 가진 사람들이 일시적이고 피상적인 합의에 의하여 결합하는 조직이었고, 그 토대는 유사한 이념이었다.[61] 조합은 정당처럼 어떤 이데올로기나 감정에 기초를 둔 '선택'에 의한 결합이 아니라 노동자로서의 공통적인 경제적 이해관계만을 기초로 한 당위적인 결합이었다.[62] 그 결과 경제적 이해가 다를 수도 있어서 진정한 결속력이 부족하다는 것이 생디칼리스트들의 생각이었다. 더욱이 정당의 첫째 목적이 좀더 많은 유권자들을 끌어들여 정권을 장악하는 것이기 때문에 그들의 활동계획과 영역은 좀더 많은 사람들을 대변하게 되어 혁명적 성향을 잃기 쉽다는 것이다.[63] 그리하여 사회주의 정당이 선거 때 노동자들에게 지지를 호소하기는 하지만 정작 의회에서의 정치활동은 프롤레타리아만의 이익을 대변하는 것이 아니라고 비판하였다. 말만 앞서는 사회주의자들과 사회주의 지식인들은 노동계급과는 추상적이고 피상적인 이해를 가질 뿐이고 실제로도 적대계급인 자본가와 타협하는 계급협조의 경향을 보여준다는 것이다.[64] 이것은 밀르랑(Millerand), 브리앙(Briand), 그리고 비비아니(Viviani) 등 사회주의자들이 정부에 입각했음에도 불구하고 계급대립이 전혀 완화되지 않았고 군대나 경찰의 역할, 사법·행정 등 모든 면에서 국가의 본질이 그 이전과 비교할 때 전혀 변화하지 않은 것을 보면 알 수 있다고 지적하고 있다.[65] "몇몇 사회주의자들이 장관이 되건 혹은 모든 장관들이 사회주의자들이 되건간에 노동자들은 항상 노동자로만 남아 있게 된다"[66]는 것이 그들의 논리였다. 이것은 사회주의 정치가들의 정권획득과 노동계급의 진보에는 하등의 상관관계가 없다고 단언하는 이른바 생디칼리슴의 의회정치에 대한 불신을 낳았다. 혁명적 생디칼리스트들의 반국가적 태도와 현 국가의 완전한 전복을 이룬 후에 생디카에 기초한 새로운 사회를 이루는 길만이 노동자들의 운명이 개선되는 것이라고 여겼던 그들의 이념을 고려할 때 국가권력 장악을 최대의 목표로 했던 정당과 생디칼리슴이 원만한 관계를 가질 수 없었음은 지극히 당연한 일이었다.

네번째로 지적할 수 있는 특징은 "생디카의 활동에 최우선의 가치를 두는 것"[67]과 생디카의 자율성을 강조하는 연맹주의(fédéralisme)적 성격을 지닌다는 것이다. 사회주의자들이 '정당'을 국가권력을 장악하는 초석으로 간주하고 있었다면 생디칼리스트들은 생디카를 계급투쟁을 이끌어 프롤레타리아의 최종적 해방이라는 과업을 수행할 수 있는 유일한 도구로 간주하였다. 노조원들은 조합 내에서 어떤 특정한 정치계획에 참여하도록 강요받지 아니하며 "조합 가입에 필요한 유일한 조건은 임금노동자, 즉 착취받는 자"[68]라는 것만으로 충분한 것이었다. 조직면에서도 조합은 정당과 달리 철저하게 자율적이었는데, 이 점은 생디카의 비정치적인 성격과 더불어 영국이나 독일의 노동운동 조직과는 구별되는 프랑스 생디칼리슴의 독특한 특징이기도 하다.

생디칼리스트들은 C.G.T.의 조직 구조가 중앙집권적이지도 독재적이지도 않고 권위적이지도 않다고 자부하였다. C.G.T.의 기본 토대는 각각의 생디카인 단위노조였다. 이것은 C.G.T.에 직접 가입되어 있는 것이 아니라 동일 직종에 관련된 산업별 노조연맹과 지역별 노조에 해당되는 부르스의 매개를 통하여 연결되어 있다. 그러나 생디카 구성원들은 그들 스스로가 주인이고, 따라서 그들의 활동을 방해하거나 부추기는 외압은 전혀 없으며, 특정한 행동을 하거나 혹은 하지 않는 것은 그들 자유였다.[69] 예를 들면 한 생디카가 파업을 하기 전에 먼저 산업별 노조연맹에 알리지만 그렇다고 후자가 그 파업을 하지 못하도록 규제할 권리는 없다. 또한 그 반대로 산업별 노조연맹이 각 단위노조에 C.G.T.가 주도하는 대규모 시위에 참석하기를 권고할 수는 있지만 그렇다고 해서 꼭 참가하도록 강제할 수 있는 권한은 없다. 이 원칙은 생디카―산업별 노조연맹과 부르스―총연맹의 연쇄고리 모두에 다 적용되는 것이었다. 따라서 "총연맹은 방향을 지시하는 기구가 아니라 노동계급의 혁명적 활동을 확대하고 협조하는 기구"라고 할 수 있다.[70] 중앙위원회(le Comité confédéral)는 겉보기와는 달리 권위가 없고, 각 단위노조별로 대표를 파견하여 노조원들의 의견을 수렴하는 전체 대의원 대회가 최고권력을 행사하였다. 그리고 각 단위노조는 자율적인 단위이므로 그들 구성원 수에 상관없이 한 표씩을 가질 수 있었다.[71]

생디칼리슴의 다섯번째 특징은 프롤레타리아의 최종적 해방이 정치적인 수단인 선거를 통한 간접적 행동이 아니라 제1 인터내셔널의 경구처럼 '노동자들 자신에 의한 그들 스스로의 노력'에 의해서만이 이루어질 수 있다고 강조한 것이다. 가장 효과적인 수단으로는 생디카의 직접 행동을 권고하고 있다. 직접 행동의 형태는 거리의 시위부터 보이코트(boycottage), 라벨(label), 사보타주(sabotage), 파업(grève) 등에 이르기까지 다양하다. 반(反)노동자적 입장에서 볼 때 직접 행동은 아나키스트적이고 가두시위를 하거나 노동도구를 파괴하는 등 노동자들의 폭력적 행동에 불과한 것이었지만, 노동자들에게 그것은 정당한 생디카 활동이었다. 생디칼리스트들에 따르면 생디카에 의해 주도된 모든 활동은 폭력적이건 아니건간에, 혹은 자발적이건 계획적이건간에 일종의 직접행동이었다.[72] 그것은 "생디칼리슴 고유의 행동양식이자 투쟁양식"[73]이라는 것이다.

보이코트는 생디카의 결정에 따르지 않은 산업의 제품이나 혹은 상점의 물건을 사기를 거부하는 것이다. 그리고 생디카의 결정을 따르지 않고 낮은 임금에도 불구하고 계속하여 일을 하는 노동자들을 막기 위하여 작업장 근처에서 감시하는 것도 보이코트로서, 영어의 피케팅(picketing)에 해당되는 것이다. 라벨은 그 반대의 경우로 노조원들이 특정 제품만을 사거나 특정 상점만을 이용하도록 하는 것이다. 사보타주는 생산을 늦추거나 일을 고의로 잘못함으로써 고용주에게 피해가 가게 하는 것인데, 예를 들면 제빵공이 밀가루 반죽에 석유를 몇 방울 떨어뜨린다거나, 목수가 못을 잘못 박거나, 톱날을 못 쓰게 만들어 버리거나 혹은 공사장에서 석공이 석회가루 푸대나 시멘트가루 푸대를 못 쓰게 만드는 것 등이다. 이것은 파업을 하기가 어려운 상황에서 결행하기에 적절한 행동으로 추천되었다.[74]

가장 전형적인 형태의 직접행동이자 생디칼리슴 전략의 으뜸은 파업이었다. 그것은 성공했을 경우 고용주로부터 임금인상과 같은 즉각적인 양보를 얻어냄으로써 노동자들의 상황을 개선시키고 그들에게 자신감을 줄 수 있으며, 만일 실패했을 경우라 할지라도 계급간의 갈등을 극대화시켜서 무관심한 노동자나 비조합원들을 조합으로 끌어들일 수 있고 결속력을 강화시킴으로써 노동자들의 역량을 더욱 강화시킬 수 있는 장점이 있다고 인식되었다.[75] 바꾸어 말하면 파업은 그 성공 여부도 중요하지만 그것이 계급투쟁의 가장 명확한 표현이며 노동자들을 즉각적으로 고용주와의 갈등상태에 놓이게 하기 때문에 자본과 노동간의 깊은 적대감을 날카롭게 나타냄으로써 노조원이 아닌 동조자들까지도 끌어들일 수 있고, 따라서 노동자들이 사용할 수 있는 가장 효과적인 수단으로 간주되었던 것이다. 파업은 노동자들이 그들의 이익을 도모하기 위하여 행동하는 것에 익숙해지게 되기 때문에 꼭 필요한 것이었다. 파업의 정수(精髓)는 바로 혁명적 생디칼리슴 이론의 집약이라 할 수 있는 총파업(Grève générale)이었다. 그것은 모든 생산의 중단을 의미하며 자본주의 체제를 전복시킴으로써 프롤레타리아의 최종적 해방을 가져오게 될 "새로운 시대의 서막"을 의미하는 사회혁명이었다.[76] 매일매일의 파업은 그뤼피엘의 표현처럼, 이 혁명을 준비하는 일종의 "훈련(gymnastique)" 같은 것이었다.[77]

마지막으로 지적할 수 있는 것은 생디칼리슴이 의식이 없는 다수 노동대중을 경멸하는 생디카 중심주의, 열정적인 노조원 중심주의로 표현할 수 있는 소수 엘리트주의였다는 것이다. 이는 생디칼리슴이 선거를 통해 다수의 의견만을 존중하는 민주주의 정치에 대하여 불신을 가지고 있다는 점을 고려할 때 지극히 자연스러운 귀결이라 할 수 있다. 생디칼리슴은 개개인의 권리보다는 그 의지를 중요하게 여겼다. 그리하여 각 개인의 의지가 의식이 없는 다수의 무게로 인하여 뜻을 펴지 못하는 것에 반대하였다. 전체 대의원대회의 의결방법이 생디카의 조합원 수를 고려한 비례대표제가 아니라 가입된 노조원 수에 상관없이 모든 생디카가 각각 한 표씩 행사하게끔 하였던 것도 그 때문이었다. 단지 노조원 수가 많은 것보다는 소수라 할지라도 그 노조원의 의지를 중시하였던 것이다. 생디카는 "의지를 가진 대담한 소수의 모임이고 모든 노동계급의 이름으로 자본주의에 대항하여 투쟁하는 조직"이므로 생디칼리스트들이 생각할 때 생디카가 모든 노동대중을 이끄는 것은 당연한 것이었다.[78] 총파업도 역시 의식이 없는 다수에 의해서가 아니라 바로 소수의 혁명적 노조원의 주도에 의해서 가능하다고 생각하였다.

Ⅳ. 맺음말

혁명적 생디칼리슴은 정당, 특히 사회주의 정당과 연계를 맺지 않는
자주성, 선거에 의한 간접행동보다는 직접행동을 선호하는 혁명성 등
의 원리로 독창적인 노동조합주의이기를 바랐고, 또 그렇게 자처하며
20세기 초반에 프랑스 노동운동의 주요한 사상적 기반을 이루었다. 그
러나 혁명적 생디칼리스트들의 활동은 자본주의 체제를 전복하고 생디
카를 기본단위로 하는 프롤레타리아의 새로운 사회를 이루려 했던 야
심에 훨씬 못 미치는 것이었다. 이는 그 교의(doctrine) 자체가 갖는 한
계에 기인하는 것이다. 혁명적 생디칼리슴의 논리에 따르면 소수 엘리
트 노조원들의 주도 아래, 혹은 생디카가 중심이 되어 비조합원을 포
함한 다수 노동대중들을 프롤레타리아 해방을 위한 직접행동, 예를 들
면 총파업에 끌어들일 수 있어야 했다. 그러나 노조 가입자 수의 많고
적음을 전혀 중요시 여기지 않았던 C.G.T.는 사실상 1914년 직전에 프
랑스의 전체 산업노동자를 대변하기에는 너무나 약한 조직이었다.
1912년에 프랑스의 총 임금노동자 수는 약 7백만 명 정도였다. C.G.T.
는 당시 노조 가입자 수가 약 68만 명 정도에 이른다고 하고 있으나[79]
전후 열린 전체 대의원대회 기록을 보면 실제로는 35만 명 정도였다고
한다.[80] 설사 전전(戰前) C.G.T.의 주장을 그대로 받아들인다 해도 노조
원 수는 전체 노동인구의 10퍼센트 미만에 불과했다. 한편 전체대의원
회의에서의 의사일정 표결방식은 20·30명에 불과한 노조원을 거느리고
있는 소(小)노조나 수천 명의 노조원을 거느리고 있는 대(大)노조가 모
두 다 한 표씩 행사하였기 때문에 숫적으로 많은 가입자를 가진 노조
들이 불이익을 당한다고 생각하여 회의의 결정사항을 외면하기 일쑤였
다.[81] 더욱이 출판노조·철도노조·직물노조·광산노조 등으로 대표되는
대노조들은 거의 C.G.T.의 혁명적 노선에 반대하는 개량적 성향의 노
조들로서 오히려 독일이나 영국의 노동조합주의 형태를 높이 평가하였

다. 따라서 이와 같이 혁명적 생디칼리스트들이 의식이 없는 다수 노동대중을 믿지 못하고 소수 노조원들의 강한 의지만을 믿고자 했던 것은 그들의 이상주의나 혹은 "낭만적 꿈"[82]을 드러내는 것이었다고 볼 수 있다.

제1차세계대전의 발발은 혁명적 생디칼리슴의 한계를 여지없이 드러냈다. 전쟁이 일어나기 여러 해 전부터 C.G.T.는 총동원령이 곧 총파업을 알리는 신호이며 그것이 혁명의 시발점이 될 것이라고 경고했었다. 그러나 사실상 총동원령이 내려졌을 때 노조원들은 커다란 저항 없이 조국을 수호하기 위한 대열에 가담하였다. 그리하여 흔히 1914년 8월 프랑스 생디칼리스트들의 제1차세계대전 참전은 혁명적 생디칼리슴의 붕괴를 의미하는 것으로 간주되어 왔다. 특히 반생디칼리슴적 입장에 있던 우익의 입장에서 볼 때 그것은 혁명적 생디칼리스트 선전의 완전한 실패로 비추어졌기 때문이다. 그러나 혁명적 생디칼리스트들은 제1차세계대전 중에 스위스에서 두 차례 열렸던 평화를 위한 국제회의(침머발트 Zimmerwald와 키엔탈 Kienthal, 1915년 9월과 1916년 4월)에도 참가하였고, 또한 그들 가운데 상당수는 러시아혁명 초기의 '소비에트'에서 '노동자에 의한 경영의 자주관리'라는 그들 이상의 실현 가능성을 믿었으며, 그 결과 1920년에 대부분 공산당을 선택했다.[83] 이는 혁명적 생디칼리슴이 1914년 이후 더 이상 노동조합 운동의 주류를 이루지 못했던 것은 사실이지만 그것이 곧 혁명적 생디칼리스트들의 괴멸까지 의미하는 것은 아니었음을 나타낸다.

어쨌든 생디칼리슴은 계급투쟁의 원리를 기반으로 하여 영국식의 노동조합주의(trade-unionism)에서 찾아볼 수 있는 '순수 코포라티즘(corporatism)'에 반대하였다. 생디칼리스트들에 따르면, 코포라티즘과 생디칼리슴은 직업을 기초로 하여 결합된 집단이라는 점에서 공통된 이념을 가지고 있는 것처럼 보이지만 전자는 세상을 변혁하려 하지 않는다는 점이 후자와 다르다. 전자는 노동자들이 그들의 삶을 개선하고 현 사회에서 소외되지 않고 제대로 자리를 잡을 수 있기만을 바란다.

이 점에서 코포라티즘은 마치 자본가들이 그들 자본의 결실을 극대화하기 위하여 서로 협력하는 것과 마찬가지로 전체 노동자들을 위한 일반적 이익에는 관심을 두지 않고 당장 눈앞의 이익만을 위하여 공동노력을 하는 일부 노동자들의 이익집단에 불과한 것으로 간주되었다. 그리하여 생디칼리스트들은 코포라티즘이 동업조합의 에고이즘만을 자극하였다고 비난했다.[84]

한편 똑같이 계급투쟁에 토대를 두고 있다는 점에서 마르크스주의와 생디칼리슴은 유사하다. 그러나 마르크스주의과 달리 생디칼리슴은 정당활동을 통하여 국가권력을 장악하는 데는 관심이 없다.[85] 왜냐하면 생디칼리스트들은 국가라는 유기체의 소멸을 원하기 때문이며 이는 생디칼리슴이 아나키즘과 접촉한 데서 비롯된다. 그리하여 마르크스주의 사회주의자들이 계급정당으로 조직된 프롤레타리아가 국가권력을 장악해야 한다고 주장하는 것을 비판하였다. 또한 생디칼리슴은 인간 개개인보다는 집단, 특히 계급을 가장 중요시한다. 그리하여 생디칼리슴의 기본개념인 계급투쟁을 뛰어넘어 노동자뿐 아니라 모든 인간을 향해 호소하는 "인간운동(mouvement humain)"[86]이라 할 수 있는 아나키즘과 다르다. 뿐만 아니라 순수 아나키스트들이 경고했던 조직을 인정했다. 그리하여 생디카는 장기적으로 볼 때 자본가 계급이 사라지고 노동자가 해방된 미래의 자유로운 연방제 사회에서 핵심을 이루는 기본 단위이지만, 단기적으로는 현재 노동자들이 처한 생활조건 개선의 임무도 띠고 있는 것으로서 자본주의에 대한 직접적인 투쟁조직이라고 보았다. 따라서 생디칼리슴은 코포라티즘도, 마르크스주의도, 또한 아나키즘도 아니다. 그것은 노동계급으로서의 직업활동 경험과 아나키스트 사상의 결합으로 이루어진 독창적인 혁명운동 원리이다.[87] 그 원리의 결정(結晶)은 임금노동자들의 조직적 결합을 통한 압력만이 임금·노동시간·노동조건 등의 개선을 효과적으로 도모할 수 있다는 확신과 생산자가 생산에 대하여 최우선의 권리를 가져야 하며 바로 그 점에서 생디카가 경제적 착취에서 해방된 미래사회를 예고하는 것이라는 믿음이다.

주

1) E. Pouget, *Le Syndicat*(Paris, 1907), p. 7.

2) J.-D. Reynaud, *Les syndicats en France*, tome 1(Paris, 1975), p. 5.

3) V. Griffuelhes, *Le Syndicalisme révolutionnaire*(Paris, 1909), p. 1.

4) F. Challaye, *Syndicalisme révolutionnaire et syndicalisme réformiste*(Paris, 1909), p.4. Cf. A. Touraine, "Syndicalisme et mouvement ouvrier", in *Centre universitaire de recherches administratives et politiques de Picardie, L'Actualité de la Charte d'Amiens*(Paris, 1987), pp. 222~226.

5) J.-M. Mayeur·F. Bédarida·A. Prost, *Histoire du peuple français, tome IV* (Paris, 1989), p. 148.

6) Challaye, *op.* cit., pp. 106~107.

7) *Ibid.*, p. 4, p. 8, pp. 118~119.

8) F. F. Ridley, *Revolutionary Syndicalism : the direct action of its time*(Cambridge, 1970), p. 83.

9) *Ibid.*, pp. 83~87.

10) Challaye, *op. cit.*, pp. 108~109, pp. 118~119 ; J.-B. Séverac, Le Mouvement syndical, Compère-Morel(sous la direction de), *Encyclopédie Socialiste syndicale et coopérative de l'Internationale Ouvrière*(Paris, 1913), pp. 73~77.

11) Challaye, *op. cit.*, pp. 131~133.

12) Ridley, *op. cit.*, pp. 3~5.

13) Cf. R. Bothereau, *Histoire du syndicalisme français*(Paris, 1945), p. 6.

14) Ridley, *op. cit.*, p. 4.

15) *Ibid.*, p. 1 ; V. R. Lorwin, "Syndicalism", in *International Encyclopedia of Social Science*, vol 15(1980), p. 447 ; H. Lagardelle, "Les caractères généraux du syndicalisme", *Le Mouvement socialiste*, n°199, 15 juin 1908, p. 426 ; H. Dubief, *Le Syndicalisme révolutionnaire*(paris, 1969), p. 5. Cf. V. R. Lorwin, *The French Labor Movement*(Cambridge, Massachusetts, 1954), p. 29.

16) Lorwin, "Syndicalism", *op. cit.*, p. 447 ; Ridley, *op. cit.*, p. 1.

17) Cf. *Websters' Third New International Dictionary ; The Random House Dictonary of the English Langage*, 2e ed. (1987).

18) Lorwin, "Syndicalism", *op. cit.*, p. 447 ; Ridley, *op. cit.*, p. 1.

19) Lorwin, "Syndicalism", *op. cit.*, p. 447 ; Reynaud, *op. cit.*, p. 63. Cf. H. Lagardelle, "Le syndicalisme et le socialisme en France", *Syndicalisme et socialisme, Bibliothèque du mouvement socialiste* I(Paris, 1908), pp. 35~36.

20) Bothereau, *op. cit.*, pp. 7~12.

21) Séverac, *op. cit.*, pp. 3~32.

22) *Ibid.*, p. 31 ; J. Verdès, "Le Syndicalisme révolutionnaire et le mouvement ouvrier français avant 1914", *Cahiers internationaux de Sociologie*, v. 36 (1964), p. 117.

23) L. Jouhaux, *Le syndicalisme et la C.G.T*(Paris 1920), p. 50.

24) Séverac, *op. cit.*, p. 15 ; J.-M. Mayeur, F. Bédarida, A. Prost, *op. cit.*, p. 153 ; R. Brécy, *Le mouvement syndical en France 1871~1921*(Paris, 1982), p. 4.

25) Cf. J.-M. Mayeur, F. Bédarida, A. Prost, *op. cit.*, p. 153 ; 이용재, 〈쥘 게드와 프랑스 勞動黨(P.O.F.)의 성립(1876~1880)〉, 서울대 프랑스사 연구회 편, 《프랑스 勞動運動과 社會主義》(느티나무, 1989).

26) Verdès, *op. cit.*, p. 117.

27) 그러나 1902년에 이르기까지 프랑스의 노조조직은 아나키스트들이 주로 주도하였던 부르스연맹(Fédération des Bourses du Travail, 1893)과 C.G.T.가 적대적인 관계로까지 발전하는 이원적인 모습을 보여주었다. 1898년 렌느대회(Congrès de Rennes)에서 양자 간의 불화가 공식화 되었는데, 이후에는 예기치 못한 사건이 발생하거나 양자 간의 단결이 필수불가결할 경우에만 함께 모이기로 하는 원칙이 채택되었다. 부르스 연맹의 지도자였던 펠루티에(P. Pelloutier)의 사후(死後) 몽펠리에 대회(Congrès de Montpellier, 1902)에서 마침내 하나로 통합되어 부르스는 C.G.T.의 한 지부를 이루게 되었다. Cf. Verdès, *op. cit.*, p. 119 ; 김현일, 〈19세기 프랑스 노동자들과 노동운동〉, 안병직 외, 《유럽의 산업화와 노동계급》(까치, 1997), pp. 189~190.

28) Verdès, *op. cit..*, p. 120.

29) Ridley, *op. cit.*, pp. 11~12 ; V. R. Lorwin(1954), *op. cit.*, p. 40.

30) Ridley, *op. cit.*, pp. 13~14.

31) *Ibid.*, pp. 13~14.

32) Dubief, *op. cit.*, pp. 8~11 ; V. R. Lorwin(1954), *op. cit.*, p. 36~37.

33) V. R. Lorwin(1954), *op. cit.*, pp. 37~38. Cf. 노동자주의에 대해서는 오광호, 〈생디칼리즘의 성격〉, 《프랑스 勞動運動과 社會主義》, pp. 327~227을 참조할 것.

34) V. R. Lorwin(1954), *op. cit.*, p. 37.

35) V. Griffuelhes, *L'Action syndicaliste*(Paris, 1908), p. 8.

36) B. H. Moss, *Aux origines du mouvement ouvrier français : le socialisme des ouvriers de métier 1830~1914*(Besançon, 1985), pp. 167~168.

37) A. Kriegel, "Le syndicalisme révolutionnaire et Proudhon", *Le pain et les roses : jalons pour une histoire des socialismes*(Paris, 1968), pp. 33~50.

38) V. R. Lorwin, "Syndicalism", *op. cit.*, pp. 447~448.

39) Cf. J. Maitron, *Le Mouvement anarchiste en France, tome 1 des origines*

à 1914(Paris, 1975), pp. 265~283.

40) Verdès, *op. cit.*, p. 121.

41) Ridley, *op. cit.*, p. 1. Cf. Griffuelhes(1909), *op. cit.*, p. 4, p. 11, p. 21 ; Lagardelle, "Le syndicalisme et le socialisme……" pp. 430~431.

42) Ridley, *op. cit.*, p. 1.

43) *Ibid.*, p. 6 ; Lagardelle, "Le syndicalisme et le socialisme……", 1908, pp. 430~431.

44) Ridley, *op. cit.*, pp. 2~7.

45) *Ibid.*, pp. 3~5.

46) *Ibid.*, p. 170.

47) Challaye, *op. cit.*, p. 12.

48) Ridley, *op. cit.*, pp. 170~171. Cf. Lagardelle, "Les caractères généraux du syndicalisme", *op. cit.*, pp. 434~435.

49) E. Pouget, *La Confédération Générale du Travail*(Paris, 1908), p. 37.

50) Verdès, *op. cit.*, p. 124.

51) H. Lagardelle, "Antimilitarisme et Syndicalisme", *Le Mouvement socialiste*, n°170, 15 janvier(1906), p. 121.

52) J. Verdès, *op. cit.*, p. 125.

53) Cf. J. Julliard, *Clemenceau briseur de grèves*(Paris, 1965).

54) *Compte-rendu sténographique du XVIème Congrès national corporatif* (Xème de la C.G.T.), pp. 5~12 octobre 1908, Marseille(Imprimerie nouvelle association ouvrière, 1909), p. 213.

55) 그러나 공권력에서 우려하였던 것처럼 그들이 실질적 의미의 비애국주의자였다고 보기는 어렵다. 당시 노동자들이 반군국주의자였고 평화주의 입장에서 반전주의자(反戰主義者)였던 것은 분명하지만 '조국'을 완전히 부인하지는 않았다. 그들은 특권층의 이익만을 대변하고 노동자들의 권리가 보장되지 않는 현실로서의 조국을 부정하였던 것이지 지역적, 문화적, 역사적으로 공감대를 형성하는 감정적 의미에서의 조국을 부정하는 것이 아니었다. 그들이 자본가에 대항하는 하나의 적대계급으로서 노동계급임을 부르짖었던 것은 사실이지만 또 다른 한편으로는 프랑스의 노동자임을 깊이 인식하고 있었던 것이다. 그리하여 막상 총동원령이 내려졌을 때 총파업은 일어나지 않았고, 거의 모든 노동조합원들은 커다란 저항없이 참전하였다. 신행선, 〈제 1 차세계대전 이전 파리 지역 노동자들과 전쟁문제(1908~1914)〉, 《서양사론》 51호(1996, 12) 참조.

56) Verdès, *op. cit.*, p. 125.

57) 생디카와 정당과의 관계에 관해서는 오광호, 〈생디칼리즘과 정치〉, 서울대 프랑스사 연구회 편, 앞의 글, pp. 283~311 을 참조할 것.

58) Ridley, *op. cit.*, p. 171.

59) Lagardelle, "Les caractères généraux du syndicalisme", *op. cit.*, p. 429.

60) Challaye, *op. cit.*, pp. 31~32.

61) Séverac, *op. cit.*, p. 76.

62) Ridley, *op. cit.*, p. 173.

63) *Ibid.*, pp. 171~172.

64) *Ibid.* ; Verdès, *op. cit.*, p. 124.

65) Cf. Lagardelle, "Le syndicalisme et le socialisme en France", *op. cit.*, pp. 38 ~39 ; J. Verdès, *op. cit.*, p. 124.

66) Lagardelle., "Le syndicalisme et le socialisme……", p. 429.

67) Challaye, *op. cit.*, p. 30, pp. 106~107.

68) Pouget(1908), *op. cit.*, p. 27.

69) P. Monatte, La lutte syndicale(présentation de C. Chambelland)(Paris, 1976), pp. 54~55.

70) Reynaud, *op. cit.*, p. 69.

71) C.G.T.의 정관(statuts) 참조. Séverac, *op. cit.*, pp. 212~214.

72) M. Leroy, La coutume ouvrière, tome Ⅱ(Paris, 1913), pp. 587~588.

73) Griffuelhes(1909), *op. cit.*, p. 10.

74) *Ibid.*, p. 17. ; Challaye, *op. cit.*, pp. 44~54 ; Monatte, *op. cit.*, pp. 58~60 ; Reynaud, *op. cit.*, pp. 65~66 ; Ridley, *op. cit.*, pp. 174~175 ; Leroy, *op. cit.*, pp. 607~633.

75) Griffuelhes(1909), *op. cit.*, pp. 13~15 ; Challaye, *op. cit.*, pp. 8, pp. 44~46 ; Séverac, *op. cit.*, pp. 73~77.

76) Griffuelhes, *ibid.*, pp. 21~22 ; F. Challaye, *ibid.*, p. 55.

77) Reynaud, *op. cit.*, p. 66에서 재인용.

78) Challaye, *op. cit.*, pp. 32~34.

79) Brécy, *op. cit.*, p. 9 ; R. Mouriaux, G. Groux, *La C.G.T. : crises et alternatives*(Paris, 1992), p. 111~112.

80) 뒤물랭(Dumoulin)의 연설 참조. *Compte-rendu du XXIème Congrès national corporatif*(XV ème de la C.G.T.), 27 septembre-2 octobre 1920, Orléans(Impremerie "L'Union Typographique", s.d.), p. 180.

81) 이와 같은 한 노조당 한 표의 원칙은 산업별 노조연맹대회나 지역노조의 대의원대회에도 적용되어 마찬가지의 현상을 일으켰기 때문에 파리지역 노조(L'Union des syndicats de la Seine)의 경우 지도자 부재현상까지도 겪어서 동일한 인물이 거의 몇 년 동안 서기장을 담당하기도 하였다. Cf. C. Monti, *L'Union des syndicats ouvriers du Département de la Seine de 1900~1914*(Mémoire de maîtrise, Université de Paris X, 1972).

82) J.-M. Mayeur, F. Bédarida, A. Proste, *op. cit.*, p. 156.

83) Verdès, *op. cit.*, p. 131.

84) Lagardelle, "Le syndicalisme et le socialisme……", pp. 426~427.

85) V. R. Lorwin, "Syndicalism", *op. cit.*, p. 448. Cf. 김은석, 〈아나키즘〉, 김영한, 임지현 편, 《서양의 지적운동》(지식산업사, 1994), pp. 103~104.

86) Lagardelle, "Le syndicalisme et le socialisme……", p. 432.

87) *Ibid.*, p. 433 ; Reynaud, *op. cit.*, p. 64.

공산주의*
Communism

한 정 숙

I. 머리말

공산주의는 사회주의와 불가분의 관계에 있으며, 이 두 어휘는 일상적으로나 학문적으로나 많은 경우에 구분없이 쓰이고 있다. 예를 들면 주요한 사상사 관계 개념들의 의미를 설명하고 있는 《사상사 사전 주요개념연구》(*The Dictionary of History of Ideas. Studies of Selected Pivotal Ideas*, Charles Scribner's Sons, New York, 1968~1973)에는 '사회주의' 항만 들어 있을 뿐 '공산주의' 항은 들어 있지 않다. 그리고 역사·사회과학의 용어들을 냉전시대 동서 양 진영의 용례별로 설명하고 있는 《서구 사회, 마르크스주의, 공산주의 : 비교 백과사전》(*Western Society, Marxism, Communism : A Comparative Encyclopedia*, Herder & Herder, New York, 1972)에는 '공산주의' 항과 '사회주의' 항이 모두 들어 있기는 하나, '공산주의' 항의 내용 가운데에는 실제로 이와 관련된 이론가들의 저술 가운데 사회주의라는 용어 하에 서술된 내용들을 인용한 것이 적지 않다. 이 두 용어는 모두 기본적으로는 자본주의적 산업사회의 무산자 계급운동의 이념을 주로 가리킨다. 따라서 사회주의와 공산주의 사이의 경계를 명확하게 설정하는 것은 쉬운 일이 아니다. 그러나 엄밀하게 따지면 공산주의와 사회주의는 어느 정도의 의미 차이를 가지며, 일상적인 어감상으로도 약간 다른 느낌을 주는 것이 사실이다. 즉 공산주의는 사회주의보다 더 과격하거나 극단적이라는 인상을 가지고 있는 사람이 적지 않을 것이다. 이 글에서 글쓴이는 서양에서 공산주의 이념이 어떻게 발달, 전개되어 왔는지 살펴봄으로써 공산주의의 사상사적 위치를 짚어보고자 한다.

Ⅱ. 공산주의 및 공산주의자의 어원과 용어의 전파

'공산주의(불 : communisme,   독 : Kommunismus,   영 : communism)'라는 말이 처음으로 생겨난 것은 18세기말 대혁명기의 프랑스에서였다.[1] 이 용어의 기원은 라틴어의 코무니스(communis : '공동의'라는 뜻의 형용사) 혹은 코무니오(communio : communis의 명사형)에 있는데, 이들 라틴어는 중세 유럽에서는 주로 촌락의 공동이용지 혹은 이 공동이용지의 용익권(用益權)을 가리키는 데 사용되었다. 이같은 용례는 로망스어 계통의 어휘에 큰 영향을 끼쳐 프랑스어에서는 공동이용지 혹은 공동체를 가리키는 코뮌(commune), 코뮈노테(communauté)라는 말이, 이탈리아어에서는 역시 같은 뜻의 코무네(comune), 코무니타(comunità)라는 말이 형성되었다.

이념체계로서의 '공산주의'라는 말보다 먼저 등장한 것이 '공산주의자'라는 말이었는데 19세기 이전까지의 이 말의 용례에는 크게 두 가지가 있었다. 그 하나는 16·17세기에 원시 기독교회의 이념에 따라 사유재산을 철폐하고 종교적 공동체사회를 수립하고자 노력하던 일군의 재세례파(再洗禮派) 신도들[그 가운데서도 특히 모라비아 출신의 종교지도자였던 야콥 후터(Jakob Hutter)의 지지자들]이 스스로를 라틴어로 코무니스테(communistae)라 칭한 데서 비롯된 것이다. 18세기 초까지도 신학적 의미에서 공산주의자란 이들 후터파를 가리키는 용어였다.[2] 그 두번째 용례는 이탈리아와 프랑스의 법률용어에 바탕을 둔 것이다. 18세기 봉건반동 시기에 이르러 이들 지역의 귀족 영주들은 촌락공동체 성원들이 관습법에 입각하여 관례적으로 누려왔던 공동이용지의 용익권을 박탈하고, 이를 이용하는 촌락민들에게 새로운 봉건적 의무를 부과하는 움직임을 보였다. 촌락 공동이용지의 박탈 경향은 이른바 근대적, 개인적 토지소유권을 확립하려는 움직임과도 맞물려 있었다. 프랑스의 앙시앵 레짐(ancien regime) 말기에 이에 맞서 전통적인 공동체적, 집단적 토지소유권 혹은 이용권을 고수하거나 회복하고자 하던 인물들을 가리키는 데는 '공동체원' 혹은 '공동체 고수파'라는 법률용어가 사용되었는데, 코뮈니에(communiers), 코뮈날리에(communaliers) 등의 어휘와 마찬가지로 이같은 공동체 고수파를 지칭하는 데 사용되었던 것이 바로 코뮈니스트(communistes)라는 용어였다. 이 말은 장차 공산주의자라는 말의 복수형으로 사용되게 될 터였다. 이탈리아에서도 마찬가지로 코무니스티(communisti)라는 말이 이 비슷한 시기에 형성되었다.[3] 즉 이때까지만 해도 코뮈니스트, 코무니스티 등의 어휘는 사회 전체에 걸친 사유재산의 철폐, 부의 평등분배 등을 지향하기보다는 개인적 토지소유권의 확립 과정에서 침탈당하는 촌락 공동체농민들의 전통적, 집단적 토지이용권 수호에 노력하던 인물들을 가리키는 용어인 듯하다. 그러나 어쨌건 이들 용어에는 생산수단의 독점을 막고 그 평등한 분배를 지향하는 정신이 깃들어 있음을 알 수 있다.

프랑스어에서 공산주의와 공산주의자라는 말이 좀더 체계적인 사상적 의미를 가지게 되는 것은 후기 계몽사상가이자 소설가인 레스티프 드 라 브르통(Nicolas-Edmé Restif de la Bretonne, 1734~1806)에 이르러서였다.[4] 촌락에서의 공동체적 토지소유권을 옹호하는 데서 출발했던 그의 견해는 그 자신의 후기 저작에 이르면 프랑스 사회 전체의 재편 방향에 대한 고찰로 확대되었다. 그는 '애국자-공화주의자-공산주의자(Patriote-Republicain-Communiste)'를 자칭하면서, 농업적 집단소유에 바탕을 둔 과거지향적 이상사회를 건설할 것을 구상하고 있었으며 모든 정부형태 가운데 공산주의야말로 "최상의 정부, 이성적 인간에 합당한 유일한 체제”로 여기고 있었다. 그가 꿈꾸던 공산사회는 모든 토지가 공동소유권 하에서 집단으로 경작되고, 모든 생산물이 공동관리 아래 놓이며 “각자가 모든 사람의 노동으로부터 이익을 얻고, 모든 사람이 각자의 노동으로부터 이익을 얻는” 것을 원칙으로 하되, 완전한 부의 평등이 이루어진다기보다는 수행한 작업에 따라서 주택·가구의 차등 지급이 이루어지는 사회였다.[5]

프랑스혁명기에 등장하였던 공산주의 및 공산주의자 개념은 나폴레옹 치하 및 왕정복고기에는 거의 사라진 듯이 보이다가 1840년대에 이르러 널리 확산되기 시작하였다. 당시 공산주의자라는 용어는 프랑스에서는 바뵈프 및 그의 지지자들을 가리키는 데 주로 사용되었다. 그러나 이 말은 이 시기에도 일반적으로 그리 긍정적으로 받아들여지고 있지는 못하고 있었는데, 이에 반기를 들고 공산주의자라는 용어를 스스로 수용하여 자기 정체성을 표현하는 용어로 삼은 것은 에티엔 카베(Étienne Cabet, 1788~1856)였다. 그리고 늦어도 1842년에 이르면 공산주의는—비록 아직 사회체제 전체에 관한 구상의 수준에는 달하지 못했을지라도— 사유재산을 철폐함으로써 평등한 사회체제를 이루려는 사회이념을 가리킨다는 인식이 프랑스에서는 일반적으로 받아들여지게 된 것으로 보인다.[6] 나아가 공산주의, 공산주의자 등의 용어는 1840년대에는 독일어권으로 건너가 전파되기 시작하였다. 즉 독일어권에서는 게르만계의 고유어휘 대신 프랑스어의 코뮈니슴(communisme), 코뮈니스트(communiste)를 독일어형으로 단순히 음역한 코무니스무스(Kommunismus), 코무니스트(Kommunist)라는 말이 성립하여 일반적으로 사용되게 된 것이다. 농업적 공동체 사회를 지향하는 과거지향적 이념체계를 가리키던 공산주의라는 말은 1840년대에 이르면 근대적 산업사회를 전제로 하는 무산계급의 미래지향적 이념체계로 전환되었으며 이제 이 명칭 아래서 체계적이고 조직적인 무산계급 혁명활동이 전개되기 시작하였다. 그리하여 1844년에는 엥겔스가 “독일에서의 공산주의의 급속한 전파”[7]에 대해 보고할 수 있게 될 정도였다. 공산주의라는 말은 이후 사회주의와 병칭되기도 하고 각축을 벌이기도 하다가 1917년 볼셰비키 혁명 이후로는 주로 소련공산당의 노선 및 그 추종자들의 이념체계를 가리키는 말로 쓰이게 되었지만 1970년대에는 유러커뮤니즘이라는 어휘도 등장하는 등, 그 의미가 다기화하게 되었다.

Ⅲ. 마르크스주의 이전의 공산주의

1. 그라쿠스 바뵈프와 초기 프랑스 공산주의자들

직접적인 정치적 행동을 통해 공산주의적 이념을 실현하고자 했던 최초의 인물로는 프랑스 혁명기에 활동했던 그라쿠스 바뵈프(Gracchus Babeuf, 본명 François-Noël Babeuf, 1760~1797)를 들 수 있다. 피카르디의 생 캉탱 근교에서 태어난 그는 어느 정도의 교육을 받은 후 1783년부터 이른바 '봉건문서 서기(feudiste)'로 일하게 되었다. 그의 일은 봉건영주들을 위해 낡은 옛 장원문서의 조항들을 되살려내 이미 사멸했던 봉건적 의무들을 농민들에게 새롭게 부과하는 근거를 마련하는 것이었다. 성장과정에서 이미 직접 극심한 가난을 체험하고[8] 주변 농민들의 빈궁을 목격하였던 그는 봉건문서 서기로서의 작업을 통해 대토지 소유, 부의 편중이 초래하는 폐해를 절감하게 되었다. 프랑스혁명이 일어나자 그는 낡은 봉건적 부과조에 맞서 싸우는 농민들의 편에 서서 잡지를 펴내기 시작하였다. 이같은 활동으로 이름을 얻게 되자 그는 기득권 세력의 탄압대상이 되었고 1793년에는 문서위조 혐의로 체포되어 투옥되었다. 1794년 석방된 그는 그후 자코뱅파의 몰락 및 총재정부의 집권을 가져온 이른바 '테르미도르의 반동'에 크게 실망하게 되었고, 총재정부를 공격함으로써 1795년 2월 재차 투옥되어 10월까지 수감생활을 하기에 이르렀다. 두번째의 수감생활에서 그의 사상은 급진화를 겪게 되었는데 여기에는 그가 옥중에서 알게 된, 피렌체 출신의 부오나로티(Filippo Buonarotti, 1761~1837)를 비롯한 자코뱅파 혁명가들의 영향이 적지 않았을 것으로 보았다.[9] 그러나 그의 사상은 혁명적 공화주의자인 자코뱅파의 영향을 넘어서는 혁명적 공산주의로 발전해 갔다. 그는 옛 동지 샤를 제르맹에게 보낸 옥중서신에서 공산주의적 사회의 미래상을 밝혔는데, 제르맹의 답신을 통해 추정하기로는[10] 첫 서신에서 그는 이른바 '농지법(loi agraire)'의 실시를 주장하였다. 이는 고대 로마공화정 후기의 개혁자였던 그라쿠스 형제(기원전 2세기)가 리키니우스법(기원전 4세기)의 정신을 되살려 실현코자 했던 법률의 정신대로(이 고대의 개혁자들에 대한 숭앙심에서 바뵈프는 스스로 그들의 이름을 따서 개명을 하였던 것이다), 무제한적인 대토지 소유를 막고 빈자를 위한 농지를 확보해주고자 하는 목적을 가진 것이었다. 바뵈프는 국가가 토지를 매입하여 농민들에게 종신임대를 조건으로 하여 평등하게 분배하는 제도를 도입함으로써 이를 실현코자 한 것으로 보인다.[11] 그가 구상한 새로운 사회는 화폐도 사적 상업도 존재하지 않는 물자공동체(Communauté des biens) 사회였다. 모든 사람은 자신의 모든 생산물을 자발적으로 '공동창고(le magasin commun)'에 넣어두고, 그 대신 필요한 모든 소비품을 이 공동창고로부터 받아 쓰게 되어 있었다. "정의를 실현코자 하는 이 사회"에서는 노동력을 가지지 못한 주민들도 평등한 분배의 권리를 가질 수 있었다.[12] 그리고 공동창고의 관리업무와 산업생산[13]의 지도업무는 정부의 수중에 맡겨지게 되어 있었다.

이처럼 바뵈프는 비록 세부사항에서는 엉성하지만 기본적으로 공동생산, 공동분배가 실현되는 사회—이 사회의 기본산업은 농업이다 —의 수립을 지향했다고 할 수 있다. 이 같은 구상은 모렐리(Morelly)·마블리(Mably) 등의 계몽주의적 유토피아 사상가들의 영향을 받은 것일지도 모른다는 지적이 있고,[14] 또한 앞에서 언급한 레스티프 드 라 브르톤의 사상도 이에 근접한 것이고 보면, 바뵈프의 공산주의 사상은 그 자체로서 그렇게 독창적이었다고 보기는 어려울 것이다. 오히려 그의 독자성은 다른 영역, 곧 그가 자신의 이념을 실현하기 위해 시도했던 혁명적 봉기의 방법에서 찾을 수 있을 것이다.

1828년 바뵈프의 옛 동지였던 부오나로티는 브뤼셀에서 《바뵈프가 말한 평등을 위한 음모》(*Conspiration pour l'égalité, dite de Babeuf*, 보통 《평등당의 음모》라 번역됨)라는 책을 발간하여 18세기말 이래 그때까지 어둠에 갇혀 있었던 바뵈프 일파의 공산주의적 조직활동의 전모를 밝혔다. 이 책은 그후 곧 바뵈프주의(Babouvism)의 고전으로 일컬어지게 되었다. 부오나로티에 따르면 1795년 두번째 수감생활에서 옛 자코뱅주의자들을 포함해 많은 동지를 규합한 바뵈프는 10월 출감하자 수천 명의 동지들을 규합해 '팡테옹협회(Société du Panthéon)'를 결성하고 '호민관(Le Tribun du Peuple)'이라는 상징적 제호를 가진 기관지를 발행하기 시작하였으며 자신의 이름도 그라쿠스로 고쳤다.[15] 팡테옹협회의 비밀명칭은 '평등자협회'였다. 이 협회에는 구 자코뱅주의자들인 민주주의자들과 사유재산의 전면적 폐지 및 물자의 전면적인 평등분배를 지지하는 평등파(엄밀한 의미의 바뵈프파, 이들은 당시 아직 공산주의자를 자칭하지는 않고 있었다)라는 두 세력이 공존하고 있었는데, 양자 사이에는 의견차로 인한 갈등도 적지 않았다. 바뵈프는 이 두 세력을 아우르는 한편 〈바뵈프의 교의분석〉이라는 선언문을 작성하여 파리 시내에 배포하면서 대중을 규합하고자 하였다. 이 선언문은 사적 소유의 철폐, 물자의 평등분배라는 원칙 외에도 모든 시민은 1795년 총재정부에 의해 철폐된 1793년 자코뱅헌법을 부활시킬 의무를 진다는 조항을 포함시킴으로써 총재정부의 전복을 촉구하고 있었다. 바뵈프는 비밀결사에 의한 봉기를 통해 이같은 목적을 달성코자 하였다. 당시 바뵈프의 지지자는 1만 6천 명에 달하고 있었다고 부오나로티는 말한다. 그러나 바뵈프와 동지들은 구체적 봉기일정을 논의하던 중 체포되어 재판을 받게 되었으며, 바뵈프는 동료 한 사람과 함께 사형선고를 받고 1797년 5월 기요틴형에 처해졌다.

바뵈프의 재판 및 처형은 파리 민중 사이에 별다른 동요를 불러일으키지도 않았고, 그의 이름은 부오나로티가 되살려내기 전까지 오랫동안 잊혀졌다. 부오나로티 이후에도 로렌츠 폰 슈타인(Lorenz von Stein, 1815~1890) 같은 논자는 바뵈프의 시도를 폭민정치(ochlocracy)라 이름하여 혹평하였다.[16] 그러나 바뵈프와 평등당의 음모는 단순히 대부르주아 혁명의 언저리에서 일었다가 소멸한 빈민혁명의 시도로 그치지 않고, 직업적 혁명가들의 비밀결사가 주도하는 봉기라는 가장 급진적인 방법에 의해 가장 급진적인 주장을 실현하고자 했다는 점에서 블랑키, 볼셰비키로 이어지는 혁명방법론의 선구를 이룬다고 할 수 있다. 1840년대 초 프랑스에서는 바뵈프주의를 내거는 비밀결사들이 생겨나기 시작하였고, 마르크스와 엥겔스가《독일 이데올로기》(*Die deutsche Ideologie*)에서 바뵈프가 공산주의의 이론적 대표자로 여겨지는 데 반대하고 나설 정도가 되었던 데서도 사후의 그의 위치를 알 수 있을 것이다.[17]

앞에서도 언급했듯이, 에티엔 카베는《나는 왜 공산주의자인가》(*Comment je suis communiste*)라는 팸플릿을 통해 1840년부터 공공연하게 공산주의자임을 자처한 인물이다. 그는 모든 유파(뉘앙스)의 공산주의자들은 낡은 사회를 공동체(communauté)로 전환시키고자 노력하는 점에서 일치한다고 판단하였다. 그러나 그는 동시에, 공산주의자도 공산주의자 나름이며 자신은 에베르(Hébert : 프랑스 혁명 당시 급진파 지도자의 한 사람)파도 아니고 바뵈프주의자도 아니라고 선언함으로써 바뵈프주의에 대해 단호한 반대의 입장을 밝혔다.[18] 카베와 바뵈프의 가장 큰 차이는 미래사회관에 있다기보다는 실천방법론에 있었다. 카베는 "만인의 형제애는 반드시 만인의 평등으로 귀결된다"고 주장하면서, 그의 유토피아 소설《이카리아로의 항해》(*Voyage en Icarie*, 1840)에서 공동식당 운영, 무료교육, 조직적 여가활동 등이 이루어지는 이상사회의 미래상을 제시하였다. 그런데 이같은 이상사회는 결코 바뵈프주의자들이 생각하는 것과 같은 무장봉기가 아닌 평화적 방법, 특히 설득에 의해 실현되어야 할 터였다. 카베는 많은 유토피아 사회주의자들이 그러했듯 자신의 이념을 실현하기 위해 미국에 공산주의 촌락을 건설하고 이를 실험 운영하였으나 그의 모든 시도는 실패로 끝났다.[19] 이같

은 사실에서도 보듯 카베는 공산주의자로 자처하고는 있었지만, 로버
트 오웬(Robert Owen)이나 샤를 푸리에(Charles Fourier)·생시몽(Claude
-Henri de Rouroy, Conte de Saint-Simon) 등과 같은 많은 유토피아 사회
주의자들과 사실상 거의 다를 바 없는 모습을 보여주고 있었다고 할
수 있다.

2. 바이틀링

유럽의 주요 국가들 가운데서도 영국이나 프랑스와는 달리 독일에
서는 급진적 사회사상의 형성과 발전이 대단히 늦은 편이었다. 아직
봉건적 성격을 벗어나지 못하고 있던 정치구조 및 사회경제체제의 후
진성 때문이었다. 그러나 1840년대가 되면 이같은 양상은 달라지게 되
고 독일은 곧 가장 중요한 공산주의 지도자들을 배출하게 된다. 독일
인 최초의 공산주의자는 빌헬름 바이틀링(Wilhelm Weitling, 1808~1871)
이다.[20]

불우한 어린 시절을 보낸 후 여성복 재단기술을 익혀 수공업자가
된 바이틀링은 직인(職人, Geselle)으로서의 편력에 나서 독일과 오스트
리아 각지를 떠돌아다니다 1835년에는 파리에 도착하였다.[21] 이 곳에서
그는 프랑스 사회주의자들의 저작에 접하고 사회주의자들과 교류하면
서 독일인 망명자, 수공업자들의 비밀결사인 '경멸받은 자들의 동맹
(Bund der Geächteten)'의 회원이 되었다. 이 단체는 독일의 해방과 재
생, 사회적, 정치적 자유 및 평등과 통일의 건설과 유지를 목표로 하는
단체였으나 지나치게 엄격한 위계서열 때문에 구성원들의 불만을 사고
있었다. 그는 이듬해 이 동맹을 탈퇴한 회원들이 이보다 덜 권위주의
적인 원칙 아래 결성한 새로운 단체 '정의로운 자들의 동맹(Bund der
Gerechten)'에 가입하였으며 여기서 곧 상당히 중요한 역할을 하게 되
었다. 이 단체의 위촉을 받고 집필한 팸플릿 《존재로서의 인간과 당위
로서의 인간》(*Die Menschheit, wie sie ist und wie sie sein sollte*)에서 그

는 물자의 불균등한 분배와 향유 및 노동의 불균등한 분배가 행해지는 현행 사회질서를 신랄하게 비판하면서 인류의 구원방안으로서 물자공동체(Gütergemeinschaft)를 건설하고 형제애에 입각한 가족동맹을 이룰 것을 제안하였다. 이 팸플릿은 곧 '정의로운 자들의 동맹'의 이념적 기반이 되었으며, 바이틀링은 이후로도 여러 저작을 발표하면서 마르크스 이전의 독일 공산주의 운동의 지도적 이론가가 되었다. 그는 자신이 꿈꾸는 물자공동체 체제에 '공산주의'라는 명칭을 부여하였으며, 그와 그의 추종자들은 공산주의자들을 자칭하였다.[22] 그가 구상하는 물자공동체 사회는 사유재산도 화폐도 존재하지 않고 중앙통제식 계획경제에 바탕을 둔 사회가 될 터였다.[23] 그의 사상의 특징은 유토피아적 사회주의자들처럼 단순히 이상사회에 대한 경건한 염원만을 담은 것이 아니라, 기득권세력의 저항에 맞서 사회를 변혁시키고 새로운 원리에 입각한 사회를 건설하는 데 노동자계급이 주도적인 역할을 해야 한다는 점을 강조했다는 데 있었다. 노동자계급이 단지 고통받는 존재로서 동정의 대상, 변혁의 객체가 되는 데 그치지 않고 자립적으로 행동하는 역사적 주체가 되어야 한다고 여기는 사상가가 처음으로 출현하게 된 것이다. 그는 설득과 모범 제시를 통한 이상촌의 확산이라는 방법을 시도한 것이 아니라 혁명의 당위성을 역설하였으며, 나아가 기존 사회질서의 해체 이후 새로운 사회의 건설에 이르는 기간에는 일시적인 일인독재도 불가피하다고 주장함으로써 당시의 사회사상의 맥락에서는 대단히 파격적인 모습을 보여주었다.

독일어권 노동운동 내에서 한동안 그의 영향력은 대단하였다. 그러나 그의 사상은 기독교의 이웃사랑의 가르침과 공산주의의 원리를 동일시하는 대단히 윤리적인 성격을 가진 것이어서 자본주의의 전개과정에 따른 사회의 변화에 대한 시각을 결여하고 있었으며, 혁명은 옳은 것이기 때문에 언제나 가능하다는 생각을 표명하곤 하였다.[24] 따라서 그는 '엄밀하게 과학적인 이념'이 결여되었다는 이유로 마르크스로부터 신랄한 비판을 받게 되었다. 마르크스와의 대결 후 독일 공산주의 운동에서의 그의 영향력은 거의 소멸해버리고 만다.

3. 헤스

　독일의 철학자 모제스 헤스(Moses Hess, 1812~1875)는 이른바 '공산주의자 랍비(Kommunistenrabbi)'라는 별명을 가지고 있었으며, 《라인신문》(*Die Rheinische Zeitung*)의 창건자이자 발행인으로서 한때 마르크스·엥겔스와 긴밀한 협력관계를 가지기도 했던 공산주의 이론가이다.[25] 헤스의 사상적 특이성은 그의 역사철학에서 비롯되는데 그는 자신의 뿌리였던 유대교 역사관의 도식대로 인간의 역사를 인류의 타락과 구원의 역사로 파악하고 있었다. 그에게 인간의 타락이란 소외, 곧 신과 인간의 분열, 정신과 자연의 분열, 내적 세계와 외적 세계의 분열을 의미한다. 그런데 이같은 타락은 물질적 재화에 대한 사적 소유권의 성립과 결부되어 있다고 여겨졌으며 여기에서 그의 타락-구원론은 급진적 사회비판으로 연결될 고리를 가지게 된다. 그의 공산주의적 역사관에 따르면 원시적 공산사회에서 평등을 누리던 인류는 사유재산 및 상속권의 성립에 따른 사회적 불평등과 이기주의의 발생에 의해 타락의 길로 들어서게 되었으며(이는 루소의 영향을 반영한다고 해석된다) 구원은 재산의 철폐와 물자공동체의 건설을 통해 이루어질 터였다. 사유재산제도는 곧 자신의 본질로부터 소외된 인간활동의 표현일 따름이었다. 사유재산의 철폐를 통해 인류는 인간과 신, 내적 세계와 외적 세계, 정신과 자연의 분열을 극복하고 조화의 세계를 이룰 수 있을 것으로 기대하였으며 또한 무엇보다도 자신의 본질을 되찾을 수 있을 것으로 여겼다.

　여기서 주목할 만한 것은 공산주의에 대한 그의 규정이다. 헤스는 사회주의와 공산주의를 상이한 것으로 파악하고 있던 로렌츠 폰 슈타인의 견해와는 달리 양자는 근본적으로는 같은 의미를 가지는 것으로 보았다. 단 그가 보기에도 양자 사이에 정도의 차이는 있었다. 이 점은 그가 1844년 마르크스에게 보낸 편지의 "머지않아 독일의 전 교양인들은 사회주의적이 될 것인데, 그것도 급진사회주의적, 다시 말해 공산주의적이 될 것입니다”[26]라고 한 구절에서도 잘 드러난다. 그는 사회주의는 단지 노동의 조직에 관한 사회이론일 뿐인데 반해 공산주의는 사회 전체의 생활을 포괄하는 실천적 운동이며 사유재산과 일체의 지배를 철폐하고자 하는 급진적 개혁을 의미한다고 여기고 있었다. 분배의 문제를 보더라도 그에 따르면 사회주의 아래서는 능력에 따른 분배가 이루어지는 데 반해 공산주의 하에서는 필요에 따른 분배가 이루어진다는 차이가 있었다. 그런데 그가 보기에는 공산주의도 단일한 것은 아니었다. 그는 ‘추상적 공산주의’ 혹은 ‘조야(粗野)한 공산주의’와 ‘과학적 공산주의’를 구분하였다. 전자에 속하는 것은 바뵈프·카베·바이틀링 등이었고 후자에 속하는 것은 포이어바흐·프루동 등이었다. 그 가운데서도 헤스가 가장 높이 평가한 것은 포이어바흐의 이른바 ‘인간주의(Humanismus)’였다.[27]

이처럼 헤스의 공산주의 사상에는 전반적으로 관념론 이래의 독일 철학의 흔적이 대단히 짙게 배어 있는데 이는 그가 헤겔·포이어바흐 등의 독일 철학과 생시몽·푸리에 이래의 프랑스의 사회철학이 본질적으로 동일하다고 주장한 데서도 확인할 수 있다.[28] 문제는 철학을 실천하는 것, 곧 이론과 실천의 결합이었다. 그의 급진 공산주의는 이같은 실천론에서 비롯되는 것이었다. 그러나 그의 이론은 지나치게 강한 유대교적 사고, 관념론의 흔적 때문에 바이틀링의 경우나 다를 바 없이 전반적으로 대단히 윤리주의적인 성격을 띠게 되었다. 이같은 경향은 공산주의를 종교적 열망과 같은 성격의 것으로 만들어버릴 여지를 안고 있었다. 한때 그와 긴밀히 협력하였던 마르크스와 엥겔스가 그를 관념적인 “진정 사회주의자들(die wahren Sozialisten)”의 대표자로 여기면서, 그의 견해는 신비주의적이고 심지어 반동적이라고 비판하였던 것도 바로 이 때문이었다. 그러나 어쨌든 그는 평생 급진적 사회주의의 장을 떠나지 않고 노동계급 운동에 헌신하였으며 이 때문에 일부 마르크스주의자들도 그를 높이 평가하게 되었다.

Ⅳ. 로렌츠 폰 슈타인의 공산주의 해석

1842년 독일의 라이프치히에서 당시 27세의 젊은 사회과학자 로렌츠 폰 슈타인은 그의 첫 주저《현대 프랑스에서의 사회주의와 공산주의》(*Der Sozialismus und Kommunismus des heutigen Frankreich. Ein Beitrag zur Zeitgeschichte*)를 발표하여 지식인 사회에 일대 선풍을 불러일으켰다. 그는 이 책의 내용을 증보하여 1848년에는 제2판을, 1850년에는《1789년부터 현재까지의 프랑스 사회운동사》(*Geschichte der Sozialen Bewegung in Frankreich von 1789 bis auf unsere Tage*)라는 제목의 제3판을 출판하였다. 그의 이 저서는 독일 학계에서 최초로 사회주의와 공산주의를 체계적으로 분석하고자 한 시도였으며, 그의 사회주의 및 공산주의 해석은 곧 치열한 논쟁을 불러일으키게 되었다.

슈타인의 작업의 가장 큰 의미는 그가 사회주의와 공산주의의 사회학적 의미를 규명하고자 하였다는 점에 있다. 그는 사회주의와 공산주의를 초기 산업화 사회의 노동계급, 곧 프롤레타리아 계급이 그들의 사회적 상태에 맞서 취하는 대응으로 이해하였고 사유재산에 대한 공격은 이같은 대응의 귀결이라고 생각하였다. 한 슈타인 연구자에 따르면 그는 사회주의와 공산주의는 프롤레타리아 계급의 새로운 사회과학이라고 여겼고 앞으로의 사회에서 프롤레타리아 계급의 투쟁은 불가피할 것이라고 생각하고 있었다.[29]

슈타인은 공산주의와 사회주의를 병칭하기는 하면서도 이 두 사상 체계를 비교적 명확하게 구분하였다. 그것은 프롤레타리아 계급에 대해 가지는 의미는 사회주의보다 공산주의 쪽이 훨씬 크다는 점을 그가 인정한 데서부터 찾아볼 수 있다. "공산주의는 사회주의가 인텔리겐치아에 대해 가졌던 의미를 프롤레타리아 계급에 대해 가지고 있다."[30]라든가 "사회주의는 사회운동에 대한 과학적 표현이되 개인에 의한 것인데 반해, 공산주의는 계급 전체의 대응이며 사회적 상황 전체의 표현이다.……"[31]라는 구절들이 잘 보여주고 있다.

그가 보기에 공산주의란 것은 사적 소유의 철폐와 집단적 소유의 수립이라는 단순한 원리를 받아들이는 모든 체계와 이념의 총칭으로서, 평등에 관한 대단히 조야한 체계이자 사유재산을 기반으로 하는 사회질서에 이 체계를 적용하여 실현하려는 노력을 의미하는 것이었다. 다른 곳에서 그는 또한 공산주의란 소유와 아울러 가족을 부정하는 것이라 규정하기도 하였다.[32] 그런데 모든 형태의 공산주의는 그가 보기에 모순을 안고 있었다. 그것은 그가 직접 그러한 표현을 쓰고 있지는 않으나 결국 '관료주의'의 문제를 뜻하는 것이었다. 왜냐하면 그가 보기에는 공산주의 아래서도 노동의 분배와 통제권을 가진 개인에 대한 다른 모든 사회성원의 종속은 불가피해지기 때문이었다.[33] 공산주의는 일체의 사적 교환을 철폐하고 모든 생산물을 공동창고에 저장하며 모든 사회성원은 단지 이 창고로부터 물자를 분배받는 등, 물자 분배의 독점권을 공적 기관(국가)에 맡기게 되지만 이같은 체제는 결국 분배될 물자를 증가시키기 위한 강제노동을 초래할 수밖에 없다는 것이 그의 예견이었다.[34] 따라서 그는 공산주의는 오히려 빈곤을 창출할 뿐 아니라, 평등의 이념에 정면으로 배치되는 진짜 노예제까지 낳게 되리라 경고하였다. 그가 보기에는 공산주의란 개인적 자본 대신 집단적 자본이 노동에 대해 전제적 통제권을 행사하는 체제를 의미할 뿐이었다.[35] 이같은 문제를 해결하기 위해서는 자본에 대한 노동의 통제를 확립해야 되는데, 슈타인은 바로 이를 확립하려는(그는 이것을 다른 말로 과거의 노동을 현재의 노동이 통제하는 것이라고 표현하였다) 모든 체계, 사상 및 시도를 일컬어 사회주의라 칭하였다. 그가 보기에 사회주의는 사회적 평등을 실현하려는 또 하나의 청사진이기는 하되 공산주의보다 훨씬 우월한 것이었다. 왜냐하면 사회주의의 바탕은 노동이자 개체성(個體性)이어서, 사회주의는 인간의 추상적 평등의 실현에 집착함으로써 개인의 개체성을 제거하고자 하는 시도는 결코 하지 않기 때문이라는 것이다.[36] 그러나 슈타인이 보기에는 사회주의 또한 모순을 안고 있었다. 왜냐하면 사회주의는 자본에 대한 노동의 통제를 실현코자 하지만, 단순한 재산과는 달리 그 자체가 노동의 산물인 자본은 노동에 종속되기를 결코 원하지 않으며, 따라서 사회주의도 사적 소유의 철폐라는 대안으로 나아갈 수밖에 없는데 이는 결국 전체 유산자계급의 저항을 초래하게 될 터이기 때문이다. 결국 사회주의는 공산주의보다 훨씬 우월한 것이기는 하지만 획득적(獲得的) 사회[37] 안에서 단 한 계급, 곧 프롤레타리아 계급의 체계적 요구만을 의미한다는 점에서는 공산주의와 다를 바 없다고 보았다. 슈타인은 이런 점에서 사회주의 또한 사회운동의 최종단계가 될 수 없다고 판단하였다.[38]

결국 슈타인은 보통선거가 실시되는 민주적인 국가에 의한 사회개혁이야말로 하층계급의 상태를 개선하기 위한 가장 바람직한 대안이라 생각하였고 이를 사회민주주의라 칭하였다.[39] "공산주의의 내적 의미는 …… 하나의 특정한 원리로 이해할 수 없다. 공산주의는 산업사회의 요소들 및 이 사회의 내적 모순들의 일부로서 이해될 수 있을 따름이다"[40]라거나 "공산주의는 시장사회로부터 산업사회로 발전해와서 프롤레타리아 계급을 낳은 어떠한 나라도 겪는 자연스럽고 불가피한 현상이다.……공산주의는 하나의 사실일 뿐 아니라 사회의 발전에서 필연적인 역사적 이행점(移行点)이다"[41]라는 귀절에서 보듯이, 슈타인은 사회주의와 공산주의 출현의 사회적, 역사적 배경은 이해하고자 하였다. 그러나 이들 이념에 결코 동조하지는 않았다. 그는 산업사회에서 노동계급의 빈곤문제 해결은 무산자 계급 자체의 역량에 의한 투쟁에 있다기보다 국가의 행위에 있다고 보았고, 그리하여 그가 원했건 원치 않았건 그의 사상은 프로이센적 국가 숭배의 전통으로 귀결되고 말았다.

V. 1840년대 마르크스·엥겔스의 공산주의 사상

이른바 '과학적 사회주의'의 창시자인 카를 마르크스와 프리트리히 엥겔스는 급진적 사회운동의 이론가로 활동하던 초창기에는 사회주의라는 말보다 공산주의라는 말을 더 선호하였다. 두 사람 가운데 공산주의라는 말에 먼저 기울어지기 시작한 것은 엥겔스였다. 그는 1842년 말경부터 이미 모제스 헤스의 영향으로 프랑스 공산주의에 대한 지식을 가지기 시작하였으며[42] 1843년 11월에 작성한 〈대륙에서의 사회개혁의 진보〉라는 글에서 최초로 "진정한 자유와 진정한 평등, 곧 공산주의"[43]라는 언급과 함께 공산주의에 대한 경도(傾倒)를 명백히 하였다.

마르크스는 헤스와 긴밀히 협력하면서도 처음에는 공산주의 개념에 대해 상당한 반감을 지니고 있었던 것으로 보인다. 그래서 그는 1842년 10월 자신이 편집인으로 일하던 《라인 신문》을 (프로이센의) 공산주의자 신문이라 규정했던 한 언론의 평에 반발하여 이에 항의하는 기사를 《라인 신문》에 게재하였다. 여기서 그는 《라인 신문》은 현재 형태대로의 공산주의에 대해서는 그 실제적 실현을 바라기는커녕 이론적 현실성조차 인정치 않는다고 단언하고 있었다.[44] 당시 그는 헤스·슈타인 등을 통해 접하게 된 '카베, 데자미(Dézamy), 바이틀링 류의 현존 공산주의'를 단순히 사유재산의 폐지만을 주장하는 "교조적 추상물(dogmatische Abstraktion)"이며 사회주의 원칙의 "특수하고 일방적인 실현에 불과하다"고 여기고 있었기 때문이다.[45] 그가 확고한 공산주의자가 된 것은 1844년 봄이었던 것으로 보인다. 1844년 4월에서 8월 사이에 쓴 《경제학·철학수고》에는 이미 공산주의에 대한 그의 확고한 신념이 표현되어 있으며, 그와 엥겔스가 공동으로 집필한 《독일 이데올로기》에서는 사회주의에 대한 언급은 없이 사유재산(생산수단에 대한 사적 소유)의 철폐를 지향하는 이념체계로서 시종일관 공산주의라는 용어만이 사용되고 있다. 두 사람이 1847년 봄 '정의로운 자들의 동맹'에 가입하여 그 해 7월 이 단체의 이름을 '공산주의자동맹'으로 바꾸게 하는 데 결정적인 역할을 하였던 것(그 가운데서도 특히 엥겔스의 역할이 컸다)이나 그들이 이 단체의 강령 집필을 위촉받아 1848년 2월 《공산당 선언》(*Manifest der Kommunistschen Partei*)을 발표한 것은 그들이 이 당시 공산주의자들과 긴밀히 접촉하면서 그 부동의 지도자 역할을 하는 데 주력하고 있었음을 잘 말해준다. 엥겔스는 1892년에 출판된《공산당 선언》독일어본 제4판 서문에서 자신과 마르크스가 왜 사회주의라는 용어 대신 공산주의라는 용어를 선택했는가를 회고하면서 이렇게 말하고 있었다.

이 선언서가 출현했을 당시 우리는 이를 사회주의자 선언이라 불러서는 안 되었을 것이다. 1847년에 사회주의자라는 것은 두 종류의 사람들을 의미했는데…… 두 경우에 모두 이들은 노동운동의 외곽에 서 있으며 오히려 '교양' 계급 사이에서 지지를 구하고 있던 사람들이었다. 그 반면에 노동자들 가운데서도 단순한 정치적 전복(Umwälzungen)만으로는 불충분하다는 것을 확신하면서 사회의 근본적인 개조(Umgestaltung)를 요구하던 부류, 이 부류는 당시 스스로를 공산주의적이라 칭하고 있었다…… 1847년에 사회주의는 부르주아 운동을, 공산주의는 노동운동을 의미하였다.[46]

마르크스와 엥겔스의 공산주의 이론이 다른 공산주의자들의 이론에 비해 탁월한 점은 그들이 공산주의를 머릿속에서의 공상의 산물이 아니라 전체 역사적 과정 속에서 형성되는 그 무엇으로 생각했다는 데 있었다. 즉 그들은 사유재산 혹은 달리 말해 자본주의적 생산양식의 운동방식 자체 속에서 무산자계급 운동의 형성조건을 찾아내고 사회적 변혁의 필연성을 짚어냈던 것이다. 마르크스는 아직 관념론의 영향이 다분히 남아 있던《경제학·철학 수고》에서 사유재산을 인간 소외의 뿌리로 보면서 공산주의를 그 극복의 길로 제시하고 있었다. 이를 위한 공산주의는 인간의 개성을 부정하는 공산주의, 순전한 질투심과 평준화욕구의 완결로서의 공산주의, 당시 흔히 비판자들에 의해 "아내공유제(Weibergemeinschaft)"라는 빈정거림을 받고 있던 "아주 조야하고 생각없는 공산주의"를 말하는 것이 아니었다.[47] 마르크스의 규정에 따르면 그가 생각하는 공산주의는 "인간의 자기 소외인 사유재산의 긍정적인 폐지이며, 따라서 인간에 의한 그리고 인간을 위한 인간적 본질의 진정한 획득인 공산주의 ; 따라서 지금까지의 발전의 그 모든 풍부함 속에서 인간이 의식을 가지고 사회적 인간, 다시 말해 인간적 인간으로 완전히 복귀하는 것인 공산주의"였다. 그리고 그는 "이 공산주의는……자연과 인간 사이의 상쟁의 진정한 해소이자 존재와 본질 사이, 객체화(客體化)와 자기 확인 사이, 자유와 필연 사이, 개인과 유(類, Gattung) 사이의 상쟁의 진정한 해소이다. 이 공산주의는 역사의 수수께끼의 해결이며, 스스로를 이 해결로 인식한다"고 보고 있었다.[48] 그러나 같은 글 안에서도 공산주의를 역사의 최종적 귀착점, 지상에 도래하는 천년왕국인 것처럼 이해하는 것을 경고하면서 공산주의를 커다란 역사적 과정 속의 한 단계로서 이해할 것을 요구하는 다른 목소리도 들리고 있었다.

> 공산주의는 부정의 부정(Negation der Negation)[49]이라는 위치를 가지며, 따라서 인간의 해방과 재획득과정에서 다음 단계의 역사적 발전을 위해 필수적이고 진정한 계기이다. 공산주의는 이 바로 다음의 미래의 필수적인 형태이며 정력적인 원칙이다. 그러나 공산주의는 그 자체가 인간발전의(최종적-글쓴이) 목표, 곧 인간적 사회의 형태인 것은 아니다.[50]

어찌하여 이같은 모순적인 발언이 하나의 글 안에 공존하는 것일까? 그것은 마르크스가 공산주의는 사유재산의 긍정적 폐지를 의미하며, 따라서 사유재산제 하에서 존재하는 인간의 자기소외를 극복하는 수단이 된다고 보기는 하면서도, 또한 동시에 실현의 조건에 대한 냉철한 검토 없이 유토피아로서의 공산주의의 구체적인 미래상을 머릿속에서 상상하고 이를 제시하여, 미래의 인간들이 스스로 사회를 구성해 나아갈 자기 결정권을 구속하는 것은 비판적 지식인으로서 바람직한 태도가 아니라고 여겼기 때문일 것이다. 곧 그는 공산주의라는 "교조"에 얽매이지 말 것을 무엇보다 강조하고 싶었던 것이 아닐까?

이같은 점은 공산주의에 대한 마르크스의 확신이 더욱 확고해지는 1845∼1846년에 이르러서도 크게 다를 바 없었다. 이 시기에 씌어진 《독일 이데올로기》에서는 다음과 같이 규정하고 있다.

> 우리에게 공산주의는 수립되어야 할 하나의 상태라든가 현실의 정향(定向)이 되어야 할 하나의 이상과 같은 것이 아니다. 우리는 현재의 상태를 지양(止揚)하는 실제적 운동을 공산주의라 이름한다.[51]

이같은 운동의 주체는 말할 나위도 없이 무산자계급이며, 이 운동의 조건들은 현존하는 전제로부터 나온다. 즉 공산주의는 역사적 과정의 형성물이다. 그런데 여기서 역사의 운동이란 곧 경제의 운동을 의미하는 것이며, 따라서 공산주의의 현실적 전제조건이란 곧 자본주의적 생산양식[52]의 운동으로부터 생겨난다. 엥겔스는 1847년에 씌어진 〈공산주의자들과 칼 하인첸〉이라는 글에서 이를 한층 더 명료하게 다음과 같이 표현하고 있다.

> 공산주의는 교조가 아니라 하나의 운동이며, 원칙들이 아니라 사실들로부터 출발한다. 공산주의자들은 이러저러한 철학을 가지고 있는 것이 아니라, 지금까지의 전체 역사, 그리고 특히 문명국들에서 지금 현재 드러나는 역사의 사실적인 결과들을 전제로 가진다. 공산주의는 대산업과 그들의 결과로부터, 세계시장의 성립으로부터, 이와 더불어 주어지는 무제한의 경쟁으로부터, 더욱 더 맹렬해지고 더욱 더 일반화되어 가서 이제는 이미 온전한 세계시장의 위기가 되어버린 상업위기로부터, 프롤레타리아의 형성과 자본의 집중으로부터, 이로부터 야기되는 프롤레타리아 계급과 부르주아 계급 사이의 계급투쟁으로부터 생겨난다. 공산주의는 그 이론적인 면에서 볼 때, 이같은 투쟁에서 프롤레타리아 계급이 취하는 입장의 이론적 표현이며, 프롤레타리아 계급의 해방 조건의 이론적 집약이다."[53]

엥겔스는 그 얼마 후에 공산주의 동맹의 강령 초안으로 작성했던 〈공산주의 요강〉(1847)이란 원고에서 공산주의를 "프롤레타리아 계급의 해방 조건에 관한 가르침"[54]이라고 간명하게 정의한 후 위에서 언급된 조건들을 상술하였으며, 이러한 조건 아래서 이루어질 전 세계적인 차원에서의 프롤레타리아혁명의 전망을 논하였다. 이같은 내용이 곧 이듬해 2월에 나온 《공산당 선언》의 바탕을 이루게 되었던 것이다. 마르크스와 엥겔스에게는 이같은 역사적 조건들, 그리고 프롤레타리아 계급의 혁명적 투쟁의 의미를 중시하지 않으면서 사유재산의 철폐와 부의 평등분배만을 밀하는 모든 사회주의사들은 반동적이거나 아니면 기껏해야 유토피아주의적인 데 불과하였다.

Ⅵ. 19세기 후반의 공산주의론

《공산당 선언》의 서두에서 마르크스와 엥겔스는 "공산주의라는 유령(Gespenst des Kommunismus)"이 전 유럽을 횡행하고 있다고 썼다. 이것은 당시 지배계급이 공산주의에 대해 가지고 있던 두려움을 비유하는 일반적인 표현을 차용한 것이면서 또한 당시 이미 공산주의의 세력이 그만큼 커져 있다는 데 대한 두 저자의 자신감의 표현이기도 하였다. 실제로 유럽의 1848년 혁명에서는 급진적 무산계급 운동이 그때까지의 역사에서 유례를 찾아볼 수 없을 정도로 고조되었다. 그러나 유럽대륙에서의 '역사의 전환점'으로서의 1848년 혁명은 좌절의 전환점이 되어버렸고 이에 이어 급진적 사회운동의 침체기가 뒤따르게 되었다. 1848년 혁명을 거치면서 불온함과 극렬함의 대명사처럼 여겨지게 된 공산주의라는 표현은 이제 더 이상 환영받지 못하게 되었고 공산주의자를 자칭하던 많은 사람들도 이제는 이 용어를 사용하는 데 몸을 사리게 되었다. 그리하여 19세기 후반에 이르면 무산계급 운동의 이론과 실제에서 공산주의라는 용어보다는 사회주의라는 용어가 훨씬 더 선호되기에 이르렀다.

독일 노동운동계에서는 이같은 분위기가 상당히 확산되어 있어서 원래부터 공산주의 개념을 수용하지 않고 있었던 라살레(Lassalle)파는 물론이고 장차 마르크스주의자가 될 베벨(August Bebel) 같은 인물도

1868년에는 공산주의라는 용어에 공공연히 반감을 표명하고 있었다.[55]

　이같은 상황은 마르크스와 엥겔스에게도 영향을 미쳐, 19세기 후반의 두 사람의 저작에서는 공산주의라는 용어의 사용빈도가 1848년까지에 비해 훨씬 감소하였다. 그것은 특히 마르크스의 경우에는 그가 중점적으로 수행하던 작업의 성격과도 관련이 없지 않았을 것이다. 그는 주저 《자본론》을 집필하면서 자본의 운동을 분석하는 데 주력하고 있어, 추상적인 공산주의론을 전개할 필요가 없었기 때문이다. 또한 1871년 파리코뮌의 실패는 마르크스로 하여금 공산주의를 당장 실현하려고 하는 시도가 얼마나 비현실적인 것인가를 절감하게 해주는 계기로 작용했을 수도 있다.

　그러나 마르크스와 엥겔스가 공산주의 사회에 대한 이론화를 전적으로 무시했던 것은 아니다. 이들은 공산주의를 상태라고 보기보다는 자본주의 사회의 운동과정에서 무산자 계급의 투쟁을 통해 형성되는 것이라고 생각한 점에서 근본적인 변화를 겪지는 않았다. 그럼에도 불구하고 1870년대에는 공산주의 사회의 구조를 아주 개략적으로나마 제시하려는 두 사람의 시도도 이루어졌다. 이 문제에 대한 가장 중요한 문헌은 이른바 고타강령에 대한 마르크스의 비판과 엥겔스의 《반뒤링론》(*Anti-Dühring*)이다.

　독일 노동계급 운동의 두 주류, 곧 라살레파와 베벨, 빌헬름 리프크네히트(Wilhelm Liebknecht)가 이끄는 이른바 아이제나하파가 통합하여 결성한 독일사회민주당은 1875년 고타에서 당대회를 열고 당강령을 채택하였다. 이것이 고타강령으로서 여기에는 국가를 중시하는 라살레파의 견해와 마르크스주의적인 아이제나하파의 견해가 절충되어 표현되어 있었다. 마르크스와 엥겔스는 같은 해 이 고타강령을 비판하는 글을 각기 작성하여 브라케(Bracke)와 베벨에게 보냈다. 마르크스의 고타강령 비판에서 주된 쟁점이 된 것은 국가권력의 역할과 공산주의 사회에서의 분배의 원칙문제였다. 1890~1891년에 처음으로 일반에게 공개된 《고타강령비판》에서 마르크스는 미래의 공산주의 사회의 구조를 두 단계로 나누어 서술하고 있다. 첫 단계의 공산주의(마르크스는 "첫 단계의 공산주의", "더 높은 단계의 공산주의"라는 표현만 쓰고 있다. 그러나 엥겔스가 사회주의와 그 다음 단계로서의 공산주의를 구분하였고, 나아가 레닌 또한 《국가와 혁명》에서 이를 각기 사회주의 단계, 공산주의 단계로 명명한 후 이 규정이 일반적으로 알려지게 되었다)는 오랜 산고 끝에 자본주의 사회로부터 출현하는 사회이기 때문에 자본주의 사회의 불균등한 분배라는 폐단(이를 그는 자본주의 사회의 모태로부터 지니고 온 흔적, 곧 사마귀라고 표현했다)으로부터 완전히 벗어날 수 없다. 이는 개개인의 재능이 다르고 사회적 상태(예를 들면 가족부양 여부)가 다르기 때문이다. 따라서 이 단계에서는 분배는 생산자가 수행한 노동을 잣대로 하여 비례적으로 이루어질 수밖에 없다. 그러나 "더 높은 단계의 공산주의(eine höhere Phase der kommunistischen Gesellschaft)"에서는 사정이 달라진다. 이 상태를 그는 다음과 같이 서술하고 있다.

> 개인이 노동분업에 굴욕적으로 종속되는 상태가 사라지고 이와 더불어 정신노동과 육체노동의 대립도 사라진 후에야, 노동이 단지 삶의 수단일 뿐 아니라 그 자체가 삶의 으뜸가는 요구가 된 후에야, 개인의 전면적인 발전과 더불어 개인의 생산력도 성장하고 협동조합적(genossenschaftlich)인 부의 원천이 가득 넘쳐 흐르게 된 후에야—이 때에야 비로소 편협한 부르주아적 권리의 지평이 완전히 극복될 수 있으며 사회는 자신의 깃발 위에 다음과 같이 쓸 수 있을 것이다 : 각자는 능력에 따라(일하고), 각자에게는 필요에 따라(분배한다, Jeder nach seinen Fähigkeiten, jedem nach seinen Bedürfnissen)!"[56]

그러나 여기서 우리가 반드시 염두에 두어야 할 사실이 있다. 그것은 이 글에서도 공산주의의 미래상을 제시하고자 하는 것이 마르크스의 목적은 결코 아니었다는 점이다. "각자는 능력에 따라, 각자에게는 필요에 따라!"라고 하는 구호 자체가 마르크스의 창안이 아니라 프랑스 공산주의 운동의 전통적 구호였던 것은 잘 알려진 사실이다. 그런데 고타강령에는 "노동생산물의 공정한 분배"라는 표현이 강령적 요구사항으로 포함되어 있었으며 마르크스는 이것이 "각자 필요에 따라 분배받는다"의 다른 표현이라고 생각하였다. 그러나 그는 분배 문제에 지나치게 집착하는 것은 사회주의자의 올바른 태도가 아니라고 생각하였으며, 생산수단의 사회화만 이루어지면 곧 "노동생산물의 공정한 분배"가 이루어질 수 있다고 생각하는 것은 비과학적이라고 여겼다. 따라서 위의 인용문을 말한 마르크스의 의도는 이같은 먼 장래의 이야기는 강령에 넣을 필요가 없음을 지적하는 데 있었던 것이다. 따라서 위의 인용문에서 유토피아적 공산주의자로서의 마르크스의 또 다른 면모를 찾아내고자 하는 시도는 오해의 산물일 뿐이다.

고타강령 가운데 또 하나의 유명한 귀절은 공산주의 사회에서의 국가의 형태에 관한 부분이다. 마르크스는 자본주의 사회와 공산주의 사회 사이에는 혁명적 전환의 시기, 정치적 이행의 시기가 놓이며 이 시기의 국가는 프롤레타리아 계급의 혁명적 독재일 수밖에 없다고 이야기하고 있다.[57] 그러나 정작 공산주의 사회에서는 국가로서의 국가는 더 이상 존재하지 않을 것이라고 전제해서인지, 마르크스는 그 자신의 문제 제기에도 불구하고 공산주의 사회에서의 국가에 대해 더 이상 언급하지 않고 있다. 뿐만 아니라 프롤레타리아 계급의 혁명적 독재에 대해서도 더 이상의 설명은 이루어지지 않고 있다. 따라서 이 부분 역시 공산주의 국가의 구체적인 상을 그려내려 했다기보다 자본주의 철폐 이후 단계 국가의 계급적 성격을 제시함으로써, 사회문제 해결을 위한 현존 (부르주아) 국가의 역할에 큰 기대를 걸고 있던 라살레파의 입김이 들어간 고타강령을 비판하는 데 주안점을 가진 것이라고 보아야 한다.

엥겔스의 《반뒤링론》에는 공산주의 사회의 원리가 이보다는 좀더 구체적으로 제시되어 있다. '오이겐 뒤링씨의 과학의 전복(顚覆)'이라는 원제가 말해주듯 베를린대학의 강사 뒤링에 대한 비판의 형태로 씌어진 이 책에서 가장 큰 주목을 끈 부분은 제3장 '사회주의' 부분이다. 엥겔스에 따르면 자본주의적 생산양식의 모순의 본질인 "사회적 생산과 자본주의적 (사적) 전유" 사이의 모순, 곧 "개별 공장에서의 생산의 조직과 사회 전체의 생산의 무정부성 사이의 대립"은 사회 전체의 필요에 따른 사회적, 계획적 생산규제에 의해 대체됨으로써 해소되며, 이를 위해서는 프롤레타리아 계급이 국가권력을 장악하여 생산수단을 장악해야 된다. 엥겔스는 이후의 대체적인 사태의 전개를 예견하면서 "개별 인간들에 대한 통치 대신에 사물에 대한 관리, 생산과정의 지도가 들어설 것이다. 국가는 폐지되는 것이 아니라 사멸한다"[58]고 전망하였다. 이 미래 사회에서는 낡은 노동분업과 더불어 도시와 농촌 간의 분리가 철폐되고[59] 국가뿐 아니라, 종교 또한 자연스럽게 소멸한다.[60] 사회가 생산수단을 장악(Besitzergreifung)한 후에는 생산력이 충분한 상태에 도달해 인간이 자연의 진정한 주인이 되며, 인간이 "필연의 영역으로부터 자유의 영역으로 도약"하게 되리라는[61] 예견이 뒤따르고 있다. 이같은 서술이 공산주의 사회에 관한 것임은 분명하다. 그러나 엥겔스는 여기에 공산주의라는 명칭을 붙이지는 않고 있다. 또한 그는 곧이어 "프롤레타리아 운동의 이론적 표현"을 가리키는 데도 "(과학적) 공산주의"가 아닌 "과학적 사회주의"라는 용어를 사용하고 있다.[62] 그가 마르크스의 사후인 1885년에 씌어진 《반뒤링론》 제2판 서문에서 (뒤링에 대한) 논쟁은 마르크스와 자신이 대표하는 "변증법적 방법과 공산주의적 세계관"에 대한 다소간 종합적인 서술이 되어버렸다고 말하고 있기는 하나,[63] 그가 그 외에는 필요한 경우에조차 '공산주의'라는 용어의 사용을 탐탁치 않아하고 있음을 알 수 있다.

이처럼 마르크스와 엥겔스는 19세기 후반에 이르면, 공산주의라는 용어의 사용에 훨씬 더 신중해지게 되었다. 또한 그들은 간혹 공산주의 사회의 큰 원칙을 그려보이기는 하되, 자세한 세부사항의 제시는 끝내 거부하였다. 그들은 이로써 자신들이 이른바 3월혁명 이전 시기(Vormärz)부터 중시해왔던 이론의 과학성을 끝까지 고수하고자 했다고 할 수 있다.

비스마르크 정권 아래 1878년 사회주의 탄압법이 제정된 이후 사회주의적 노동운동, 정당활동이 전반적으로 위축되자 사회주의자들은 그렇지 않아도 극렬하다는 인상 때문에 기피되어오고 있던 공산주의라는 용어를 더욱 멀리하게 되었다. 프란츠 메링(Frantz Mehring) 같은 사회주의자가 공산주의 개념을 즐겨 사용했던 예외가 없었던 것은 아니지만,[64] 19세기 후반의 마르크스주의 정당, 노동계급 운동 단체들 가운데 공산당, 공산주의적 등의 명칭을 사용하는 경우가 하나도 없었다는 사실은 시사적이다. 1894년 엥겔스는 독일 사민당의 경우에서 보듯 프루동과 라살레파가 선호해온 '사회민주주의'라는 용어가 노동계급정당의 명칭으로 사용되는 데 대해, 이 용어가 "단지 일반적으로 사회주의적일 뿐 아니라 직접적으로 공산주의적"인 경제강령을 가지며 "국가 전체의 극복을 최종적인 정치적 목적"으로 하는 마르크스주의 정당에는 대단히 어울리지 않음을 지적했으나 당 자체가 발전한다면 당의 명칭은 그대로 남아 있을 수 있다고 양보하고 명칭 변경을 요구하지 않았다.[65] 19세기 말로 갈수록 주류 사회주의 지도자들은 혁명적 투쟁보다 기존 국가체제 내에서의 개량주의적 변화를 선호하는 듯한 태도를 점점 강하게 드러내었다. 독일사민당이 의회선거에서 거둔 많은 성과들은 이같은 경향을 더욱 강화시켰다. 제2 인터내셔널 내에서 수정주의 논쟁이 전개되게 된 것도 이런 전반적 분위기 속에서였다. 이로써 마르크스주의적 사회주의와 공산주의는 점점 더 무관해지는 듯이 보였다.

이에 반해 19세기 후반, 20세기 초에 공산주의자를 훨씬 더 거리낌없이 자칭한 것은 무정부주의자들이었다. 19세기 전반에 이미 모제스 헤스는 공산주의와 무신론은 무정부주의에서 연원한다고 언급한 바 있다.[66] 미하일 바쿠닌(Mikhail A. Bakunin)이 마르크스를 권위주의적, 중앙집권적 공산주의자라고 맹공함으로써 한 때 두 이념은 상극인 것처럼 여겨지기도 했지만, 바쿠닌의 사망 이후 말라테스타(Malatesta)를 비롯한 이탈리아와 스위스의 일부 무정부주의자들이 자신들의 이념으로 무정부주의적 공산주의(이 : communismo anarchico, 불 : communisme anarchiste)를 선언하고 나서면서부터는[67] 무정부주의와 공산주의가 한 묶음으로 다루어지는 경향이 더욱 잦아졌다. 무정부주의자들은 자신들이 지향하는 "지배의 철폐" 없이는 공산주의가 내거는 부의 평등분배는 인간의 새로운 예속을 초래하고 말리라고 생각했고 따라서 공산주의는 무정부주의를 목적이자 수단으로 삼아야 된다고 주장하였다. 무정부주의적 공산주의의 지도적 이론가는 표트르 크로포트킨(Petr Kropotkin, 1842~1921)이었다. 상호부조에 바탕을 둔 물자공동체 사회의 건설을 지향하고 있던 이 러시아 귀족출신 혁명가는 "우리의 것은 푸리에와 팔랑쥬(phalanges) 거주자들의 공산주의도, 독일 국가사회주의자들의 공산주의도 아닌 무정부주의적 공산주의, 정부 없는 공산주의, 곧 자유인의 공산주의이다"라고 선언하였다.[68] 그는 1879년 발표된 《실천적 실현의 관점에서 본 아나키스트이념》(*Idée anarchiste au point de vue de sa réalisation pratique*)에서 무정부주의적 공산주의의 원리를 제시하였다. 그에 따르면 미래 사회에서는 대토지 소유와 노동수단, 모든 자본은 무조건 몰수되고 농업노동자, 노동자 조직 및 농촌·도시 공동체가 이를 장악하되, 이 몰수는 정부에 의해 이루어지는 것이 결코 아니라 도시 및 농업 노동자들에 의해 이루어지며, 새로운 사회의 조직 원리는 코뮌들 및 독립적 코뮌 그룹들의 연합이 될 것이었다.[69] 이같은 코뮌적 사회의 가장 두드러진 특징에 속하는 것은 강제권력으로서의 국가의 결여와 임노동의 결여이다. 집산주의자(集産主義者) 바쿠닌이나 상호주의자 프루동이 개개 노동자의 노동시간에 직접 결부된 물자의 분배제도를 생각하고 있었던 데 반해 크로포트킨은 분배의 기준으로 욕구를 강조하였다, 그에게는 임금제도란 어떠한 형태이건, 그것이 설사 노동권(勞動券)을 통해 민중은행이나 노동자의 조직에 의해 운영된다고 하더라도, 단지 또 하나의 강제형태에 불과하였다. 따라서 자발적인 사회에서 임금은 존재하지 않을 터였다.[70] 그러나 크로포트킨은 이렇게 말하면서도 이같은 사회의 생산력이 어떻게 확보될 수 있을 것인지에 대해서는 말하지 않았다.

　일부 테러전술의 옹호자들 때문에 무정부주의가 테러리즘과 동일시되는 경향이 생기면서 마르크스주의적 공산주의자들이 무정부주의자들과 동일시되는 것을 극력 기피하는 현상이 벌어지게 되기는 하였지만, 무정부주의자들 측에서 두 이념체계를 병칭하면서 자유와 평등의 종합을 추구하려 하는 것은 20세기에 이르러서까지 드물지 않게 찾아볼 수 있는 현상이었다. 다음에 살펴볼 레닌의 《국가와 혁명》은 또 다른 의미에서 공산주의와 ˘무정부주의가 (실제로는 레닌 자신은 당시 현존하는 무정부주의에는 결코 찬동하지 않았을 뿐 아니라 오히려 이를 격렬히 비판했기 때문에 더 정확히 표현한다면 무정부주의적 경향성이라고 할 수 있다) 결합한 또 하나의 탁월한 사례를 보여준다고도 할 수 있을 것이다.

Ⅶ. 볼셰비키 ― 소련공산당의 공산주의론

1. 레닌

(1) 제국주의론

주요한 사회주의 지도자들 사이에 오랫동안 잊혀져왔던 공산주의란 용어를 20세기에 들어와서 다시 살려내고 이를 다른 집단과 구분되는 혁명적 마르크스주의자로서의 자기 정체성의 근거로 적극적으로 사용하기 시작한 인물은 블라미지르 일리치 레닌이다.

잘 알려져 있다시피 제정 러시아 말기 플레하노프(Georgi Plekhanov)가 러시아인으로서는 최초로 마르크스주의 이념을 받아들인 이래 점차 세력이 강화된 마르크스주의자들은 1898년 러시아 최초의 근대적 정당을 결성하면서 러시아 사회민주노동당이라는 당명을 채택하였다. 당시 러시아 사민당의 이론적, 조직적 모범은 독일 사민당이었다. 독일 사민당은 최대의 당원수를 자랑하고 기존의 정치체제 안에서 최대의 의회 진출 성과를 올리면서 국제 사회주의운동을 주도하고 있었다. 노동계급운동 세력의 국제적 연대조직인 제2 인터내셔널에서도 독일 사민당의 발언권이 가장 컸던 것은 물론이다. 특히 이 사민당의 이론적 지도자인 카를 카우츠키(Karl J. Kautsky)의 위상은 국제 사회운동세력 내에서 오랫동안 확고부동한 것이었다. 역사와 인적 구성, 그리고 국내외적 영향력 이 모든 면에서 비교가 되지 않았던 러시아 사민당은 이론적으로도 독일 사민당의 입장을 크게 참고하고 있었다.

이 같은 상황배치에 결정적 변화를 가져온 것은 제1차세계대전이었다. 제국주의 전쟁에 직면하여 제2인터내셔널은 전쟁 발발 이전의 거듭된 결의와는 달리 일치단결된 전쟁 거부의 모습을 보이지 못한 채 사분오열되어 버렸다. 독일 사민당은 국회에서 제국정부의 전쟁 수행을 위한 국채발행안에 동의해줌으로써 사실상 '부르주아' 정부와 전쟁 책임을 공유하게 되었다. 이에 격분한 레닌은 사회민주주의라는 명칭이 무산자 계급운동의 대의를 훼손시킨다고 여겨, 1914년 12월에 이미 더럽혀지고 능욕당한 '사회민주주의'란 이름을 포기하고 공산주의자라는 옛 마르크스주의적 명칭으로 돌아가는 게 낫지 않겠는가고 문제를 제기하고 나섰다.[71] 그리고 1915년에는 부하린, 퍄타코프(Piatakov)와 더불어 실제로 《공산주의자》(*Kommunist*) 라는 잡지를 창간하였다.

그뿐 아니라 제국주의 전쟁으로서의 제1차세계대전은 공산주의의 실천적 과제와 관련하여 대단히 중요한 의미를 가지는 한 이론을 태어나게 하였다. 레닌은 1916년 《자본주의 최고의 단계로서의 제국주의》를 집필하여 자본주의 후진국 러시아에서도 사회주의 혁명이 일어날 수 있음을 이론적으로 규명하고자 하였다. 마르크스와 엥겔스는 〈공산주의 요강〉이나 《공산당 선언》에서 보듯 세계자본주의의 성립과 전개방향에 대한 분명한 시각을 가지고 있었고 이것이 세계혁명의 바탕이 될 것임을 예견하고 있었다. 그러나 자본의 운동에 대한 마르크스의 주된 연구는 한 나라의 국민경제를 단위로 해서 이루어지고 있었고, 또한 두 사람은 무산계급 혁명이 자본주의가 가장 발달한 선진국들에서 일어나 세계적으로 확산되리라고 생각하고 있었다. 이는 산업자본주의 단계의 전망이었다. 이에 대해 레닌은 국경을 넘는 금융독점자본의 무제한적인 팽창과 이를 뒷받침하기 위한 군사적 각축의 기제를 밝힘으로써, 사회주의 혁명이 임박했음을 입증하려 하였다.[72] 홉슨(J. Hobson)과 힐퍼딩(R. Hilferding)의 제국주의에 대한 경제적 분석뿐만 아니라 부하린의 《세계경제와 제국주의》(Mirovoe Khoziaisto i imperialism)로부터도 큰 영향을 받은 것으로 알려진 제국주의론을 통해 그는 제국주의는 죽어가는 자본주의이며, 사회주의로의 이행을 이룬다고 파악하였다.

자본주의로부터 자라나온 독점은 이미 자본주의의 죽음이며, 자본주의로부터 사회주의로의 이행의 시작이다. 제국주의에 의한 노동의 막강한 사회화도 또한 …… 동일한 의미를 가진다[73]

이는 제국주의기에 달성된 사회적 생산력의 수준이 이미 사회주의로의 이행을 가능케 함을 의미하는 것이었다. 그리고 제국주의와 같은 극심한 불균등 발전을 특징으로 하는 시대에는, 사회주의 혁명이 전세계적으로 동시에 일어나지 않고 당분간은 한 나라 혹은 몇 개의 나라에서만 일어날 수도 있으며,[74] 개별 국가의 프롤레타리아에 의한 반제국주의 투쟁이 제국주의적 세계지배체제에 치명타를 가할 수도 있는 일이었다. 레닌은 이로써 러시아와 같이 완전히 자립적이지 못한 자본주의 국가에서도—일국단위로—제국주의적 세계지배체제의 가장 약한 고리를 끊는 행위로서의 무산계급 혁명이 일어날 수 있음을 이론적으로 입증하고자 하였다. 이같은 레닌의 주장은 곧 자본주의 발달이 미약한 곳에서는 자본주의 발달에 따라 부르주아 혁명이 먼저 일어난 다음에야 사회주의 혁명이 가능하다는, 기존의 사회민주주의에서 지배적 이론이었던 2단계 혁명론 도식에 대한 거부를 의미하는 것이었다. 레닌의 공산주의는 사실상 제국주의론에서 출발한다고 보아도 좋을 것이다.

(2) 4월 테제

1917년 2월혁명 발발 후 국외 망명으로부터 귀국하여 발표한 "4월 테제"에서 레닌은 2단계 혁명론 및 기존의 사회민주주의와의 공식적 결별을 선언하였다. 그는 부르주아적 단계인 혁명의 제1단계에서 프롤레타리아와 가장 가난한 농민층이 권력을 장악하는 혁명의 제2단계로 곧바로 이행하여 소비에트 공화국을 수립할 것을 요구하면서 아울러 자신이 이끄는 당의 명칭을 사회민주당으로부터 공산당으로 변경할 것을 제안하였다. 왜냐하면 전 세계에서 사회민주주의의 공식적 지도자들은 "부르주아편으로 넘어감으로써 사회주의를 배반"했기 때문이며 "사회민주주의"라는 명칭은 과학적이지 못하기 때문이었다.[75] 그는 이 변경 요구가 마르크스와 엥겔스의 전통에 서 있음을 강조하였다.

> 마르크스와 엥겔스가 스스로 공산주의자라 칭했던 것처럼, 우리는 당의 이름을 공산당이라 해야 한다. 우리는 마르크스주의자이며, 《공산당 선언》을 바탕으로 하여 서 있다······ [76]

그는 "사회민주주의라는 명칭이 왜 "비과학적"이며 왜 공산주의라는 새로운 명칭이 필요한지를 다음과 같이 설명하였다. 첫째, (사회민주주의자들은 자본주의로부터의 이행만을 강조하지만) 인류가 자본주의로부터 직접 넘어가 닿을 수 있는 것은 사회주의에 불과한 것으로서 이 단계에서는 생산수단에 대한 공동소유 및 각 개인의 노동성과에 따른 생산물 분배가 이루어질 따름이다. 그러나 레닌의 당(黨)은 그 이상까지를 내다보아 사회주의가 반드시 공산주의, 곧 각자가 능력에 따라 일하고 필요에 따라 분배받는 단계로 점차 성장할 것을 요구한다. 둘째, 사회민주주의가 표방하는 민주주의는 국가의 한 형태일 뿐이나, 마르크스주의자들은 어떠한 국가에도 반대한다. 마르크스주의자들은 무정부주의자들과는 달리 사회주의로의 이행을 위해 국가의 필요성을 인정하지만 이 국가는 통상적(通常的)인 의회주의적 부르주아민주주의 공화국이 아니라 1871년의 파리코뮌이나 1905년과 1917년 혁명 당시의 노동자 대표 소비에트(평의회)와 같은 국가이다. 셋째, 민주주의라는 용어는 민중의 지배를 의미하지만, 무장한 인민 자체가 스스로를 지배할 수는 없다. 2월혁명 이후의 러시아 상황에서 혁명적 인민에 덮어씌워진 민주주의란 말은 인민이 스스로의 재량에 따라 "국가" 내 유일한 권력으로서의 노동자 농민 및 다른 모든 대표자들의 소비에트를 세우는 것을 가로막는 족쇄에 불과하기 때문이다.[77] 당의 명칭을 변경하여 스스로를 공산주의자로 칭하자는 레닌의 제안은, 사회민주당이라는 옛 명칭에 대한 미련을 버리지 못하는 일부 당원들의 반대를 무릅쓰고 1918년 3월 볼셰비키의 특별 당대회에서 최종적으로 받아들여져 볼셰비키 당은 '러시아 공산당(볼셰비키)'이라고 불리게 되었다. 괄호 안에 볼셰비키라는 명칭을 넣어 정식당명에 포함시킨 것은 사회민주당 시절로 거슬러 올라가는 역사적 뿌리를 상기시켜 주기 위한 일종의 양보조치였다. 소련의 성립 이후 러시아 공산당은 '전(全) 연방 공산당(볼셰비키)'로 개칭되었으며 제2차세계대전 이후인 1952년 이 명칭에서 괄호 안의 볼셰비키라는 꼬리표가 삭제되었고 "소련공산당"이란 명칭이 최종적으로 확정되었다. 러시아 공산당의 성립에 따라 이제부터는 러시아 내에서나 국제적으로나 볼셰비키 및 그들 노선의 지지자들이 공산주의자로 불리게 되었다. 제2인터내셔널 대신 새로운 인터내셔널을 건설하자는 4월테제에서의 제안에 따라 러시아 공산당이 1919년 공산주의 인터내셔널(코민테른)을 창립하고 국제공산주의 운동을 사실상 좌우하게 된 것은 이후 오랫동안 이 같은 경향을 더욱 강화시켰다. 그리고 볼셰비키의 정책에 반드시 동의하지는 않더라도, 사회민주주의식의 개량주의를 거부하고 자본주의 체제에 대한 무산계급의 혁명적 투쟁을 중시하는 사회주의자들도 많은 경우 스스로 공산주의자를 자칭하게 되었다. 독일 공산당의 지도자들이나 이탈리아의 그람시(Antonio Gramsci) 같은 인물이 대표적인 사례였다.

공산주의의 이름으로 발표된 4월테제는 부르주아 혁명으로부터 사회주의 혁명으로의 직접적 이행이라는 구상을 처음으로 명시한 문건이었다. 여기에서는 또한 레닌이 오래 전부터 구상해왔던 노농동맹론에 입각하여, 노동자계급뿐 아니라 빈농층까지 사회주의 권력의 계급적 기반에 포함시킴으로써 자본주의 후발국 러시아에서의 사회주의 혁명의 계급적 성격을 새로 정립하게 되었다. 이는 러시아에 이어 사회전체의 자본주의 발전이 미약한 상황에서 사회주의 혁명을 추구할 많은 국가의 공산당 지도자들에게 그들 사회 나름의 혁명적 계급론을 만들어 낼 근거를 제공해주었다.

(3) 프롤레타리아 독재론

사회주의로의 직접적 이행을 주장한 레닌은 그 수단으로서 국가권력을 장악하기 위한 무장봉기의 필요성을 역설할 목적으로 1917년 여름《국가와 혁명》을 집필하였다. 이 책에서 그는 마르크스의《고타강령 비판》에서 간단히 언급되었던 이행기 사회론 곧, 자본주의로부터 공산주의로 넘어가는 이행기의 국가형태는 프롤레타리아 독재가 될 것이라는 명제와 자본주의 철폐 이후의 사회발전에는 첫 단계와 더 높은 단계가 있다는 명제를 바탕으로 하여 프롤레타리아 독재론과 공산주의 사회로의 이행론을 처음으로 상론하였다. 레닌은 자본주의의 철폐와 더불어 국가권력이 폐지될 것이라는 무정부주의자들의 주장은 타당치 않다고 주장하였다. 그가 보기에는《반뒤링론》에서 엥겔스가 언급하였던 국가의 소멸론도 이행기의 국가 '폐지'론에 해당하는 것이 결코 아니며 공산주의 단계에나 해당하는 '사멸'론이었다.[78] 자본주의 아래에서 이미 작업이 조직화되고 단순화된 덕택에 공산주의 사회의 첫단계(사회주의 단계)에서는 모든 작업은 산수의 가감승제 계산을 할 줄 아는 사람이면 누구나 관리하고 기록할 수 있는, 그리고 작업의 처리자가 그에 상응하는 수입을 받게 되는 그러한 단순작업에 불과하게 된다. 회계와 통제가 공산주의 사회를 출범시키고 적절하게 기능시키기 위해 필요한 주된 것인데 이는 글을 읽고 쓸 줄 아는 사람이면 누구나 수행할 수 있다. 이렇게 하여 모든 사회 구성원이 전 인민을 포괄하는 국가 '신디케이트'의 사무원이자 노동자가 되어, 국가를 스스로 관리하는 것을 배우게 되고, 억압자들을 조직적으로 통제할 수 있게 된 후에는 어떠한 정부도 불필요해지게 되며 국가로서의 국가는 사멸하기 시작한다.[79] 그러나 이때 사멸하는 국가는 프롤레타리아 국가이며 부르주아 국가가 아니다. 즉 이는 이미 낮은 단계의 공산주의 곧, 사회주의 단계를 지나 공산주의(더 높은 단계)로의 이행이 완료된 시기의 상황을 의미한다.

부르주아 국가의 철폐기인 사회주의 단계에서는 사정이 전혀 다르다. 레닌은 "프롤레타리아트는 국가를 필요로 한다, 그러나 그것은 자유 자체를 위해서가 아니라 자유를 반대하는 무리들을 쳐부수기 위해서이다"라는 엥겔스의 귀절을 인용하면서 자본주의에서 공산주의로 이행하는 동안에는 착취당하던 다수(프롤레타리아트)가 착취하던 소수(부르주아지)를 억압하기 위한 특수한 장치이자 기구로서의 국가가 필요하다고 강조하였다.[80] 여기서 국가는 마르크스의 표현대로 "지배계급으로 조직된 프롤레타리아트"를 의미하는 것이고[81] 이 체제가 프롤레타리아 독재이다. 이는 명백히 물리적 강제력을 가진 국가가 존속함을 뜻한다. 여기에서 타파된 것은 단지 부르주아국가일 뿐이다. 프롤레타리아 국가는 무장한 노동자들에 의해 세워진 다음 전 인민의 무장에 의해 수호되며, 전 인민은 '국가 신디케이트'의 고용원으로 동일한 임금을 받게 된다. 레닌에 따르면 프롤레타리아 독재에 의해 자본가 계급이 타도되고 계급이 없어지면 국가는 자연히 사멸하게 되는 것이다. 레닌은 계급투쟁론은 원래 부르주아 학자들에 의해 창출된 것이어서 이것을 주장하는 것만으로는 충분치 못하며, 계급투쟁에 대한 인식을 프롤레타리아 독재에 대한 인식에까지 확장하는 사람만이 마르크스주의자라고 주장하였다.[82] 이로써 레닌은 프롤레타리아 독재론을 자신의 공산주의론의 핵심으로 삼았으며 레닌주의가 프롤레타리아 독재론과 사실상 동일시되는 경향도 이로부터 생겨나게 되었다.

(4) 이행기 경제론

레닌은 프롤레타리아 독재는 오직 폭력혁명에 의해서만 수립되는 것이라고 주장함으로써 시월혁명을 통해 권력을 장악하였다. 그는 한편으로는 마르크스를 인용하여 원래적 의미의 프롤레타리아 국가는 1871년 파리코뮌에서 시도되었던 것과 같은, 상비군과 직업관료를 가지지 않는 코뮌을 최종적 정치형태로 가지는 사회라고 주장하였었다.[83] 그러나 또 다른 한편으로는 프롤레타리아트는 "착취자들의 저항을 누를 뿐 아니라 사회주의 경제를 '작동시킬 목적으로' 농민과 소시민층, 반(半)프롤레타리아 등의 엄청난 대중을 지도하기 위해서도 국가권력, 중앙집권적 권력조직, 폭력의 조직화를 필요로 한다"고 주장함으로써[84] 오히려 제정시대보다 더 독점적인 국가권력을 형성하였다. 볼셰비키 혁명으로 소비에트 공화국이 선포되고 모든 토지가 국유화되어 농민들에게 분배되었으며 기업·은행이 국유화되었다.

그러나 사회주의의 건설은 단순한 권력의 장악과는 별개의 문제였다. 레닌은 시월혁명 후 볼셰비키당의 목표는 공산주의의 건설에 있음을 거듭 천명하였다.

> 다른 한편, 우리는 사회주의적 개조에 착수함으로써 이 개조가 지향할 최종적 목적, 곧 공산주의 사회의 건설이라는 목적을 명확히 해야 한다. 공산주의 사회는 공장·작업장·토지 및 생산수단의 몰수에만 국한되는 것이 아니라, 또한 생산에 대한 엄격한 회계와 통제 및 생산물의 분배에만 국한되는 것이 아니라 이를 넘어서서 각자는 능력에 따라 일하고 필요에 따라 분배받는다는 원칙의 실현으로 나아가는 것이다. 그런 까닭에 '공산당'이라는 명칭이 유일하게 적합한 명칭인 것이다.[85]

그러나 레닌은 공산주의의 수립이라는 목표의 실현이 빠른 시일 안에 이루어 질 수는 없다는 것을 인정해야만 하였다. 물론 그도 1920년 10월에는 선전 목적에서 젊은 세대를 격려하기 위해서는 몇 세대 안에 공산주의가 수립될 것이라고 주장하기도 하였다. "지금 열 다섯 살 난 세대는 공산주의 사회를 경험하고 직접 이 사회를 건설할 것이다"라는 예견은 청소년 집회에서 나온 것이라는 점을 감안해야 되는 발언이었다.[86] 그러나 어떠한 군사적 통제나 폭력도 없이 능력껏 일하고 필요만큼 분배받는 사회에 대해 "지금" 언급하는 것은 그가 보기에는 "너무 시기상조"였다.[87] 더욱이 내전기에 채택되었던 전시 공산주의 체제는 모든 사적 상공업의 철폐, 농산물의 징발과 물자 배급, 사실상의 자연경제로의 회귀 등을 수반하면서 애초에는 많은 볼셰비키에게 공산주의 건설을 앞당기는 것으로 여겨졌었으나 실제로는 이미 제1차세계대전으로 파괴돼 있던 러시아경제를 더 큰 파탄으로 몰고 갔다. 레닌은 신경제정책을 채택하면서, 1918년 초 채택되었다가 전시 공산주의의 도입과 더불어 후퇴하였던 국가 자본주의라는 용어를 되살려내면서 상당히 긴 이행의 시기를 설정하였다. 그러나 여기에서 레닌의 용어는 혼란스러워지기 시작하였다. 즉 레닌은 노동자계급와 소농층의 동맹이라고 할 수 있는 국가 자본주의를 거쳐 건설되는 것은 공산주의가 아니라 사회주의 경제 자체라고 생각하고 있었다. 〈협동조합에 대하여〉와 같은 구술논문에서는 농민들을 문명화시켜 사회주의의 건설을 이루는 데는 한 시대 전체—가장 유리한 경우라 하더라도 10~20년—가 걸릴 것이라고 전망하고 있었다.[88] 1920년대에 볼셰비키 당내에서 사회주의 경제 건설을 위한 계획논쟁이 치열하게 벌어졌던 것도 당시 소련 사회에서는 아직 사회주의 경제체제가 수립되어 있지 않기 때문이었다.

1920년대의 레닌은 생산성의 향상에 무엇보다 주력했던 것으로 보인다. 그것은 기술 발달에 대한 관심과 직결되어 있었다. "공산주의, 그것은 소비에트권력 더하기 전국의 전기화(電氣化)이다"[89] 레닌은 소비에트 사회의 뒤떨어진 경제적 현실을 인정하고 강렬한 노동해방의 메시지 대신 일종의 (희석된 형태이기는 하나마) 기술결정론으로 물러섰다. 그러나 그의 때 이른 사망은 공산주의로의 이행론의 더 이상의 정비를 가로막고 말았다.

2. 트로츠키·부하린·스탈린

1923년초 레닌이 사망한 이후 그의 후계자 자리를 노리며 볼셰비키 당내에서 치열한 각축을 벌였던 것은 레프 트로츠키, 니콜라이 부하린,

그리고 이오시프 스탈린이었다. 이들 세 사람과 그들의 지지자들은 공산주의 사회의 미래상에서 특별한 이견을 보였던 것은 아니나 이행기인 사회주의 건설의 방법을 둘러싸고 1920년대를 거치면서 심각한 논쟁을 벌였고 이 논쟁의 결과가 소련공산당의 정책방향을 결정짓게 되었다.

트로츠키는 사회주의 건설 과정을 둘러싼 논쟁에서 이른바 좌파를 대표한 인물이었다. 신경제정책 기간 동안 농민층에게 큰 경제적 양보가 주어졌던 데 반해 좌파는 프레오브라젠스키(Evgenii Preobrazhenskii)의 '사회주의적 본원축적론'에 따라 농민층의 경제적 희생을 바탕으로 재원을 염출하여 중공업 위주의 급격한 공업화를 전개할 것을 주장하였다.[90] 좌파는 낮은 농산물가격, 높은 공산품가격 정책과 같은 시장기제, 부유한 농민에 대한 중과세를 비롯한 조세정책 등을 이용하여 농민층의 잉여를 끌어내는 한편 농업집단화 정책도 적극적으로 추진하려는 의사를 가지고 있었다. 좌파는 1920년대 국제공산주의 정책에서도 세계혁명 전략을 바람직한 것으로 여기고 있었다.[91]

이에 대해 우파를 대표한 인물이 부하린으로서 그는 시월혁명 이전부터 레닌을 제외한다면 볼셰비키 당내 최고의 이론가였다. 그는 프레오브라젠스키와 함께 저술하여 1919년에 출판한 《공산주의의 ABC》에서만 하더라도 산업과 은행, 물자분배가 엄격하게 중앙통제되고 종국에는 화폐가 소멸되는 경제체제를 지향하면서 이른바 사회주의적 대경영을 위해 농업의 집단화를 추진할 것을 소비에트 정부의 경제강령으로 요구함으로써[92] 전시 공산주의를 이론적으로 뒷받침하였다. 그의 이같은 공산주의론은 1920년의 《이행기 경제학》(Ekonomika perekhodnogo perioda, 국내에는 《과도기 경제학》으로 번역되어 있음)에서도 큰 변화없이 되풀이되었다. 그러나 그는 신경제정책이 채택된 이후에는 농민층에 대한 양보를 핵심으로 하는 이 정책을 적극 지지하였으며, 개별경영의 유지와 협동조합을 통한 유통부분에서의 우선적 농업 사회화를 방안으로 하여 농민층의 부를 증대시켜 가면서, 소비재 생산을 중심으로 하는 경공업 위주의 완만한 산업화를 추진할 것을 사회주의 건설의 길로 제시하였다. 따라서 농산물 시장기능의 철폐, 급격한 농업집단화에 그가 반대하고 나선 것은 당연한 일이었다.[93] 그는 또한 대외적으로는 코민테른의 핵심적 지도자의 한 사람으로서 1920년대 초반부터 강경한 세계혁명론의 목소리를 가라앉히는 데 주력하였다. 그는 자본주의 사회들의 붕괴는 이른바 혁명 수출에 의해서가 아니라 상당한 시간의 경과 후 자체 모순에 의해 폭발하는 제국주의 전쟁에 의해 일어날 것이라고 보고 있었으므로 선진자본주의 국가들에서 조속한 시일 내에 세계혁명이 일어날 것을 기대하면서 이를 촉진하기 위해 많은 힘을 기울이는 것은 타당치 않다고 여기고 있었던 것이다.[94]

볼셰비키 당내 논쟁에서 최종적으로 승리한 것은 이론가라기보다 당료(黨僚, apparatshik)로서 당내 인사권의 장악을 근거로 세력을 확장하였던 스탈린이었다. 그는 좌우파 논쟁에서 부하린의 편을 들어 1927년 트로츠키파를 제거한 다음, 그 직후부터 부하린파의 제거에 착수하여 1929~1930년에는 당권을 완전히 장악하였다. 우파를 제거한 그는 좌파의 경제프로그램을 차용하여 농업의 전면적 집단화를 강행하고 일련의 경제발전 5개년 계획을 통해 중공업 위주의 초고속 공업화를 추진하였다. 중앙에서 수집한 통계를 바탕으로 계획을 수립하고 이를 각 지방, 각 기업, 각 집단농장에 일방적으로 지령하는 이른바 중앙통제형 계획경제가 수립되었다. 당내 반대파의 제거로 1930년대에 이르르면 당내 민주주의도 완전히 질식당해 버렸다. 이른바 스탈린체제가 성립하게 된 것이다.

스탈린은 1927년, 특유의 현실주의적 사고방식으로 공산주의 사회의 특징을 구체적으로 제시한 바 있다.

요컨대, 공산주의 사회의 해부도는 다음과 같이 서술될 수 있을 것이다. 그것은 ①생산도구 및 생산수단의 사적 소유가 아니라 사회적, 집단적 소유가 이루어지고, ②계급이나 국가권력은 존재하지 않고 근로인민의 자유로운 결사로서 경제문제를 처리하는 산업 및 농업의 근로인민이 존재하며, ③계획에 따라 조직되는 국민경제는 산업에서도 농업에서도 최고수준의 기술에 바탕을 두고, ④도시와 농촌, 산업과 농업 사이의 대립이 존재하지 않고, ⑤생산물은 옛 프랑스 공산주의자들의 원칙대로 "능력에 따라 각자로부터, 필요에 따라 각자에게" 분배되며, ⑥과학과 예술은 개화를 위해 충분히 유리한 조건들을 향유하게 되며, ⑦개인은 나날의 식량에 대한 걱정과 "현존하는 권력"에 적응해야 될 필요에서 벗어나 진정으로 자유롭게 되는 그러한 사회이다.[95]

그러나 스탈린 자신도 그러한 공산주의 사회가 실현되려면 오랜 준비기간을 거쳐야 됨을 인정하고 있었다. 1939년 그는 소련 공산당 18차 당대회에서 3차경제발전 5개년계획의 목표는 "무계급 사회주의 사회의 건설의 완성이자 사회주의로부터 공산주의로의 점진적인 이행의 완성"이라고 선언했다.[96] 스탈린의 정책은 소련공산당과 소련체제의 수호를 최우선으로 여기는 것이었다. 1920년대 세계혁명의 가능성이 희박해져가는 상황에서 일국에서의 사회주의 건설노선을 택한 이래 그는 국제공산주의 운동 또한 오직 소련체제를 수호하고 강화시켜주는 방향으로 이용하고자 하였다. 서구의 공산주의자들을 희생시키더라도 히틀러의 파시스트 체제와 유착하여 전쟁을 막아보려던 시도, 제2차세계대전 이후 이른바 동유럽권 사회주의 정권의 수립을 위해 그가 행사한 영향력 등은 모두 이같은 맥락에서 이해되어야 하는 것이었다. 그럼에도 그는 자신의 목표가 달성되었다는 느낌을 가지지 못하였다. 1952년 그는 1939년의 정책목표를 거의 그대로 되풀이 천명해야 되었다.[97] 그가 사망한 것은 다음 해 봄이었다.

3. 스탈린 이후

소련공산당이 지배하는 사회는 아직 공산주의 사회가 아니며 이 당의 명칭은 단지 공산주의 실현이라는 지향성을 가리키는 데 불과하다는 것은 스탈린 이후의 당 지도자들도 인식하고 있었다. 스탈린 비판과 함께 집권을 시작한 당 제1서기 흐루시초프는 공산주의가 "검은

빵과 크바스(신 음료)"만으로 이루어지는 것이 아님을 지적하고 주민의 경제수준 향상을 위해 농업생산고 증대를 주목적으로 하는 여러 정책을 시도하였다. 소련 공산당은 1961년 그의 주재로 열린 제22차 대회에서 당강령을 개정하고, 1980년까지는 공산주의의 물질적, 기술적 기반을 달성할 수 있을 것이라고 낙관하였다. 1961년의 소련 공산당 강령은 소련이 이제 계급간의 적대 관계가 완전히 종식된 사회이고 국가 또한 "전 인민의 국가"가 되었다는 자랑스러운 구절을 포함하고 있었다.[98] 이는 강령의 작성자들이 보기에 공산주의로의 이행이 그만큼 가까워졌음을 의미하는 것이었다. 공산주의로의 이행 및 공산주의 사회의 구조와 관련된 이론들을 가리키는 데는 이제 (1962년부터) "과학적 공산주의"라는 명칭이 공식적으로 사용되기 시작하였다. 공산주의 사회의 사회질서와 그 발전과정까지를 예견하려는 이 같은 "과학적 공산주의" 류의 시도는 "각자는 능력에 따라 일하고 필요에 따라 분배받는다"는 큰 원칙과 공산주의로의 이행의 조건들을 제시한 외에 더 이상을 나아가기를 거부했던 마르크스·엥겔스와 레닌 그 누구에게서도 찾아볼 수 없는 일이었기 때문에 1960년대 소련 관변학계의 이같은 시도는 마르크스보다는 오히려 유토피아를 꿈꾸던 초기 사회주의자들의 구상에 훨씬 더 많은 것을 빚지고 있다는 평가를 받기도 하였다.[99]

지나친 낙관론으로 뒤덮인 것이기는 하지만 공산주의로 이행하는 장기적인 구상을 가지고 있던 흐루시초프를 밀어내고 집권한 현실안주형의 통치자 브레즈네프(L. I. Brezhnev)는 "발달한 사회주의"를 선언하며 소련사회의 개혁을 위한 노력을 포기하였다. 이 기간 중 정체되어 버렸던 소련의 경제적 기술적 수준을 향상시키기 위해 추진된 것이 1980년대 중반부터 시작된 고르바초프의 페레스트로이카 정책이었다. 소련 최후의 집권자는 공산주의 사회에 대한 수사는 이미 포기한 채 다시 사회주의의 건설에 대해 이야기해야 되었다. 그는 자신의 저서《페레스트로이카》에서 이렇게 말했다.

　　어떤 시민들은 사회정의의 요구란 '모든 것을 획일적으로 균등화하는 것'이라고 받아들인다.……(그러나) 우리는 사회주의는 획일적 균등화가 아니라는 것을 분명히 밝혀 두고자 한다. 사회주의는 '각자 능력에 따라 일하고 필요에 따라 분배받는다'는 원칙에 입각한 생활조건과 소비조건을 보장해 줄 수 없다. 그것은 공산주의 하에서의 일이다. 사회주의는 사회적 이익을 분배하는 기준이 다르다…… 인간에 의한 인간의 착취가 존재하지 않고 부자와 빈자, 백만장자와 거지라는 구분이 존재하지 않는다. 모든 민족은 평등하고 모든 사람에게는 일자리가 보장된다. 중등 및 고등교육은 무료이며 의료봉사도 무료이다. 노후는 보장된다. 이러한 것이 바로 사회주의 하에서의 사회정의의 구현이다.[100]

　　고르바초프는 레닌주의, 특히 1920년대 신경제정책기의 레닌의 정책원칙으로의 회귀를 통해 인간의 얼굴을 한 사회주의를 건설하고자 하였다. 그러나 수십 년 동안 계속되어 경직될 대로 경직되어버린 '명령행정체제'는 개혁되지 못한 채 그대로 무너지고 말았다. 소련의 후원 아래 세워졌던 동유럽의 '현실'사회주의 정권들도 모두 붕괴되었다. 이는 스탈린주의적 경로를 통한 공산주의 건설 시도가 좌절하고 말았음을 알려주는 세계사적 현상이었다.

Ⅷ. 맺음말

　　공산주의는 부의 불균등한 분배에 대한 빈민층의 저항이라는 가장 원초적 형태로 일어나 산업사회로 들어오면서 마르크스주의라는 강력한 대변자를 맞이하여 이론체계가 정비되었다. 마르크스주의적 공산주의는 초기에는 강력한 인간주의적 면모를 띠었으나, 갈수록 그보다는 주로 프롤레타리아 계급의 혁명적 투쟁의 동력과 이 투쟁의 사회경제적 기초를 규명하는 데 바쳐졌다. 그러나 제국주의 전쟁의 와중에서 감행된 볼셰비키혁명의 성공 이후 공산주의는 점차 프롤레타리아 독재와 동의어로 쓰이게 되었고, 스탈린 체제 이후에는 스탈린주의와도 일상적으로는 동일시되었다. 소련공산당을 모범으로 하는 각국의 정당들은 노동당이나 사회당 등의 정식 명칭을 가진 경우에도 대내외적으로 공산주의 정당으로 알려지게 되었다. 소련의 페레스트로이카 이래 시작된 사회주의권의 붕괴는 많은 공산주의 정당들을 몰락시켰고 공산주의 이념 자체가 지구상의 대부분의 지역에서 몰락한 듯한 인상마저 주고 있다. 그러나 자본주의의 모순이 심각해지고 빈부의 격차가 대중의 불만을 불러 일으키는 곳에서는 모든 사람이 자신의 능력껏 일하고 필요껏 분배받는다는 공산주의적 사회에 대한 원초적 열망이 사라질 수는 없을 것이며, 공산주의 이념 또한 그 인간주의적인 측면이 부각되는 경우에는 프롤레타리아 독재나 스탈린식 강압정책에 대한 평가와는 별개로 호소력을 유지해 갈 것이다.

주

* 이 글에서 필자는 공산주의 개념 및 사상의 역사를 살피는 데 주력함으로써 공산주의 운동의 역사를 충분히 규명치 못했을 뿐 아니라, 사상의 역사와 관련해서도 소련 이외의 나라의 주요한 공산주의 지도자들, 예컨대 로자 룩셈부르크·그람시, 제2차세계대전 후 유럽 공산주의자들의 이론은 살펴보지 못했다. 보완의 기회를 꼭 가지게 되기를 희망한다.

1) 이하, 공산주의의 어원에 관한 서술은 Wolfgang Schieder, "Kommunismus", *Geschichitliche Grundbegriffe : Historisches Lexikon zur politisch-sozialen Sprache in Deutschland*, Bd. 3(Stuttgart, 1982), pp. 455~456에 의거함.

2) *Ibid*, pp. 457~462.

3) *Ibid*, pp. 462~468

4) *Ibid*, p. 468.

5) *Ibid*, p. 470.

6) *Ibid*, p. 473.

7) Friedrich Engels, "Rascher Fortschritt des Kommunismus in Deutschland. I ~Ⅲ", *Marx Engels Werke*(아래에서는 *MEW*로 줄임), Bd. 2(Berlin, 1976) pp. 509~520.

8) R. B. Rose, *Gracchus Babeuf, The First Revolutionary Communist*(Stanford, 1978), pp. 8~9.

9) Ralf Bambach, "Gracchus Babeuf(1760~1797)", *Klassiker des Sozialismus I. Von Babeuf bis Plechanow. hrsg. von Walter Euchner*(München, 1991) pp.

38~39.

10) 바뵈프의 첫 서신은 아직 발견되지 않았다고 한다. Rose, *op. cit.*, p. 189.

11) *Ibid.*, p. 190.

12) *Ibid.*, p. 192.

13) 이 때의 산업이라는 것은 매뉴팩처를 의미한다. 바뵈프 활동 당시의 프랑스에는 기계제 공장이 발달하지 않고 있었기 때문에 그는 근대적 의미의 산업에는 관심을 기울이지 않았다.

14) *Ibid.*, p. 197.

15) 아래 내용은 Lorenz von Stein, *The History of the Social Movement in France 1789~1850*, tr. by K. Mengelberg(New Jersey, 1964) p. 161 이하에서 재인용한 것임.

16) *Ibid.*, p. 172.

17) Marx, Engels, *Die deutsche Ideologie*(1845~6), *MEW.* Bd. 3(1973), p. 191

18) Schieder, *op. cit.*, pp. 472~473.

19) Erwin Oberländer et al., "Communism", *Western Society, Marxism, Communism : A Comparative Encyclopedia*(New York, 1972), 71-1.

20) Schieder, *op. cit.*, p. 477.

21) 바이틀링에 관한 아래의 서술내용은 별도의 표시가 없는 한 Jürg Haefelin, "Wilhelm Weiltling(1808~1871)", *Klassiker des Sozialismus* I, pp. 87~96에 의거한 것이다.

22) Schieder, *op. cit.*, p. 477.

23) Oberländer et al. *op. cit.*, 71-2.

24) 그렇기 때문에 그는 카베나 다를 바 없이 기계론적인 시각을 가지고 있었다는 평가를 받기도 한다. 같은 곳.

25) 헤스에 대한 아래의 서술은 주로 Zwi Rosen, "Moses Hess(1812~1875)", *Klassiker des Sozialismus* I, pp. 121~138에 바탕을 두었다.

26) Wolfgang Schieder, "Sozialismus" *Geschichtliche Grundbegriffe*, Bd. 5(1984), p. 270.

27) Schieder, "Kommunismus", pp. 489~490.

28) Oberländer et al. *op. cit.*, 71-2.

29) Lorenz von Stein, 앞의 책에 붙힌 Kaethe Mengelberg, "Introduction", p. 20.

30) Stein, 앞의 책, p. 302.

31) *Ibid.*, p. 263.

32) *Ibid.*, p. 285.

33) *Ibid.*, p. 85.

34) *Ibid.*, p. 167.

35) *Ibid.*, pp. 84~85.

36) *Ibid.*, p. 85.

37) 슈타인은 근대사회를 개인이 봉건적 신분제의 구속을 벗어나 재산·지위 등을 획득할 수 있는 사회로 여겨 이렇게 불렀다.

38) *Ibid.*, p. 86.

39) *Ibid.*, pp. 86~88.

40) *Ibid.* p. 263.

41) *Ibid.*, pp. 286. 그는 또 "공산주의의 체계는 부차적 관심거리이다 …… 본질적인 것은 하층계급의 태도이다"라고도 말하고 있다. *Ibid.*, pp. 286~287.

42) Schieder, "Kommunismus", p. 491.

43) Engels, "Fortschritte der Sozialreform auf dem Kontinent", *MEW* Bd. 1(1972), p. 481.

44) Marx, "Der Kommunismus und die Augsburger *Allgemeine Zeitung*", *MEW*, Bd. 1, p. 108.

45) M. an R.(Marx an Arnold Ruge), September 1843, *MEW* Bd. 1, p. 344.

46) Engels, "Vorwort zur vierten deutschen Ausgabe (1890) des *Manifest der Kommunistischen Partei*"(1890), *MEW*, Bd. 22 (1970), p. 58.

47) Marx, "Ökonomisch-philosophische Manuskripte(1844)", *MEW Ergänzungsband. Schriften bis 1844. Erster Teil*(1974), p. 534.

48) *Ibid.*, p. 536.

49) 사유재산의 부정이라는 의미.

50) *Ibid.*, p. 546.

51) Marx, Engels, *Die deutsche Ideologie*, p. 35.

52) 《독일 이데올로기》에서는 생산양식 대신 교류형태(交流形態, Verkehrsform)라는 용어가 사용되고 있다.

53) Engels, "Die Kommunisten und Karl Heinzen", *MEW*, Bd. 4(1974), pp. 321~322.

54) Engels, "Grundsätze des Kommunismus", *MEW*, Bd. 4, p. 363.

55) Schieder, "Kommunismus", pp. 506~507.

56) Marx, "Kritik des Gothaer Programms", *MEW* Bd. 19(1972), p. 21.

57) *Ibid.*, p. 28.

58) Engels, *Herrn Eugen Dührings Umwälzung der Wissenschaft*(1877~8), *MEW* Bd. 20(1975), p. 262.

59) *Ibid.*, pp. 276~277.

60) *Ibid.*, p. 295.

61) *Ibid.*, p. 262.

62) *Ibid.*, p. 265.

63) Engels, "Vorwort zur zweiten Auflage(1885) von Herrn Eugen Dührings

Umwälzung der Wissenschaft", *MEW*, Bd. 20, p. 8.

64) Schieder, "Sozialismus", p. 515.

65) Engels, Vorwort [zur Broschüre "Internationales a us dem 'Volksstaat'(1871
~75)"](1890), *MEW* Bd. 22, p. 416.

66) P. Ch. Ludz, "Anarchie", *Geschichtliche Grundbegriffe* Bd. 1(1972), p. 99.

67) Schieder, "Kommunismus", pp. 512~513.

68) Oberländer et al., *op. cit.*, 75-1.

69) Max Nettlau, *Der Anarchismus von Proudhon zu Kropotkin. Seine
historische Entwicklung in den Jahren 1859~1880*(Berlin, 1927), pp. 289~290.

70) 조지 우드코크, 《아나키즘―자주인의 사상과 운동의 역사―》 사상편, 하기락
역(형설출판사, 1972), p. 226.

71) Lenin, "Eine deutsche Stimme über den Krieg"(1914), *Werke*, Bd. 21 (1960)
p. 82. Schieder, "Kommunismus", p. 516에서 재인용.

72) Lenin, "Der Imperialismus als höchstes Stadium des Kapitalismus", *Werke*
Bd. 22(1972)

73) Lenin, "Der Imperialismus und die Spaltung des Sozialismus"(1916), *Werke*,
Bd. 23(1972), p. 104.

74) Lenin, "Das Militärprogramm der proletarischen Revolution"(1916), *Werke*
Bd. 23, p. 74.

75) Lenin, "Über die Aufgaben des Proletariats in der Gegenwärtigen
Revolution", *Werke* Bd. 24(1978), p. 6.

76) Lenin, "Die Aufgaben des Proletariats in unserer Revolution (Entwurf einer
Plattform der proletarischen Partei)"(1917), *Ibid.*, p. 70.

77) 같은 글, pp. 70~72.

78) Lenin, *Staat und Revolution, Werke* Bd. 25(1974), pp. 407~409.

79) *Ibid.*, pp. 487~489.

80) *Ibid.*, pp. 475~477.

81) *Ibid.*, p. 414.

82) *Ibid.*, p. 424

83) *Ibid.*, pp. 434~445.

84) *Ibid.*, p. 416.

85) Lenin, "Außerordentlicher Siebenter Parteitag der KPR(B) : Referat über
die Revision des Parteiprogramms und die Änderung des Namens der Partei,
8. März"(1918), *Werke* Bd. 27(1970), p. 115.

86) Lenin, "Die Aufgaben der Jugendverbande", *Werke* Bd. 31(1972), p. 289.

87) Lenin, "Au ß erordentlicher Siebenter Parteitag der KPR(B) : Reden gegen
den Anänderungsantrag Bucharins zur Resolution über das Parteiprogramm8.

März, *Werke* Bd., 27, p. 135.

88) Lenin, "Über das Genossenschaftswesen", 4. Jan. 1923, *Werke* Bd. 33(1973), p. 456.

89) Lenin, "Bericht über die Tätigkeit des Rats der Volkskommissare 22 Dezember"(1920), *Werke* Bd. 31, p. 513.

90) Heinz Brahm, Trotzkis Kampf um die Nachfolge Lenins(Köln, 1964), pp. 95 ~101.

91) Wladilen Sirotkin, "Vom Bürgerkrieg zum Bürgerfrieden", Juri Afanassjew hrsg., *Es gibt keine Alternative zu Perestroika* : *Glasnost, Demokratie, Sozialismus*(Nördlingen, 1988), pp. 487~490.

92) Nikolaj I. Bucharin, Jewgenij A. Preobraschenskij, *Das ABC des Kommunismus*(Wien, 1920, Nachdruck : Zürich, 1985), pp. 446~575.

93) 1920년대 볼셰비키 당내논쟁에서 부하린의 입장에 대한 가장 훌륭한 참고문헌은 S. Cohen, *Bucharin and the Bolshevik Revolution*(New York, 1973)이다.

94) Sirotkin, 앞의 글, pp. 485~487.

95) Stalin, *Works*, vol. 10, p. 139 이하. Oberländer et al., *op. cit.*, 78-1에서 재인용.

96) Oberländer et al., 같은 곳.

97) 같은 곳.

98) 제프리 호스킹, 《소련사》, 김영석 역(홍성사, 1988), pp. 342~343.

99) 같은 책, p. 79.

100) M. S. Gorbatchev, *Perestroika i novoe myshlenie dlia nashei strany i vshevo mira*(Moskva, 1987), p. 99.

유러커뮤니즘
Eurocommunism

하 경 수

Ⅰ. 머리말

유러커뮤니즘이란 말은 유럽(Europe)과 커뮤니즘(communism)의 합성어로 사전적으로 볼 때 서유럽 공산주의를 의미한다. 이 신조어는 밀라노에서 발행되는 반공주의 계열의 일간지《신잡지》(*Il Giornale Nuovo*)에 실린 1975년 6월 26일자 논설에서 유고 출신인 프라네 바르비에리(Frane Barbieri)가 처음 사용하였다.[1] 이후 이 용어는 서유럽 공산주의자들이 추구하는 탈소련적 사회주의 이행전략을 의미하는 개념으로 수용되어 급속히 확산되었다. 유러커뮤니즘의 대표적인 인물 가운데 한 사람인 카리요(S. Carillo)조차도 "공산주의자들이 만들어내지도 않았고 또 그 과학적 가치조차 의심스럽다"[2]고 평가한 반공주의적 언론용어를 부르주아 이론가들은 물론 마르크스주의자들까지 무리없이 받아들인 것은 유례가 없는 일이었다. 그것은 이 표현이 서유럽 공산주의자들의 신경향을 소비에트 유형과 효과적으로 구별시켜준다는 점에서 매력을 끌었기 때문일 것이다.

유러커뮤니즘이란 말이 등장하기까지 국제 공산주의 운동권은 이미 공산주의의 개념을 재정비해야 할 필요가 있을 만큼 두드러진 변화를 겪었다. 제2차세계대전 이후 동유럽 공산권에서 벌어진 일련의 사태와 그에 대한 소련의 대응양식은 공산주의의 성격과 본질에 대한 대대적인 재검토를 불러일으킬 만한 것이었다. 1970년대 이후 수많은 서유럽의 마르크스주의자들도 수정주의 논쟁과정에서 베른슈타인(Eduard Bernstein)이 제기한 것과 유사한 문제점들을 끄집어냄으로써 마르크스주의의 본질적 원리들에서 멀어져가기 시작했다.[3] 이 같은 상황 속에서 유러커뮤니즘으로 구체화된 서유럽 핵심 공산당들의 태도변화는 서유럽 공산주의 운동사적인 측면에서도 전혀 다른 새로운 의미를 갖고 있었다. 왜냐하면 그것은 전통적으로 인정되어 온 공산주의의 기본 전제와 그때까지 거의 불문율로 여겼던 소련의 권위와 정통성을 뒤흔들어 놓는 것이었기 때문이다. 종래 소련의 단극적 지배체제 아래서 묵묵히 맡겨진 역할만을 소화해냈던 서유럽 공산당들이 어떤 식으로든 제 목소리를 내기 시작한 것은 공산주의 운동이 시작된 이래 처음 있는 일이었다. 이미 동유럽의 공산당들이 그랬듯이 서유럽의 공산당들도 소련에 대해 '아니오'라고 말하며 움직이기 시작했던 것이다.

이 같은 변화는 유러커뮤니즘을 이념논쟁과 정치토론의 주된 화제로까지 만드는 데 성공했다. 유러커뮤니즘이 한층 상승세를 기록하던 1970년대 후반기 서유럽에서는 유러커뮤니즘의 본질에 대한 논쟁이 가열되는 가운데 기대와 회의가 엇갈렸다.[4] 실제로 유러커뮤니즘이 "양가죽을 뒤집어 쓰고 서유럽에 출현한 스탈린주의의 늑대인가? 사회민주주의, 즉 늑대의 가죽을 뒤집어 쓴 양인가? 아니면 서유럽 공산당들이 진심에서 우러나 모스크바와의 결별을 선언한 것인가?"[5]에 대해 적지 않은 논란이 빚어지고 있었다. 이는 유러커뮤니즘이 단순한 개념의 문제만이 아니라 서방 진영에 갇혀 있었던 공산당들이 권력 장악을 앞당기려는 실천적 문제와 관련된 것으로 비쳐졌기 때문이다. 특히 유러커뮤니즘의 선두주자인 이탈리아 공산당이 1976년 총선에서 집권의 문턱까지 접근한 덕택에 서방 정계의 관심은 더욱 고조되었다.

그렇다면 유러커뮤니즘으로 표현되는 현상은 어떻게 평가되고 있는가? 클로댕(F. Claudin)은 유러커뮤니즘을 사회주의와 그 이행전략을 추구함에서 선진자본주의 국가의 특수한 조건을 인식해 모스크바 공산주의와는 다른 새로운 사회주의상을 모색하려는 노력에서 나온 것으로 파악했다.[6] 그렇기 때문에 이를 1960년대 등장한 동유럽분파의 속편에 해당하는 서유럽분파의 맹아로 보았던 것이다. 다른 한편에서는 유러커뮤니즘을 이미 노동자계급의 사회변혁 운동에 내재해 있는 개량주의와 혁명주의 사이의 긴장과 갈등에서 파생된 것으로 이해했다.[7] 유러커뮤니즘의 성격 규정에서 다양한 견해가 표출되었던 것은 그것이 형성과정에 있는 한 경향이었기 때문이다. 카리요가 말한 것처럼 그것은 과학적이고 정교한 이론이 아니라 진지하고 자기비판적인 정책의 수정, 즉 여전히 불명확하고 탐색중에 있는 실천이었다.[8]

이 같은 경향이 가시화된 것은 유러커뮤니즘으로 개념화된 1976년보다 훨씬 오래된 일이었다. "유러커뮤니스트들은 어느날 갑자기 하늘에서 떨어진 사람들이 아니었다. 그들은 이곳에 깊고 생명력 있는 뿌리를 내리고 있었다."[9]라는 아리고 레비(Arrigo Levi)의 말은 바로 이 점에 주목해 유러커뮤니즘이란 서유럽 공산당들이 역사적 경험을 통해 공유하게 된 인식이 구체화된 결과임을 강조하는 것이었다. 유러커뮤니즘의 실체가 무엇이든간에 그것이 서유럽 공산주의자들의 정세 인식과 그에 따른 자기반성에서 나온 것만은 분명하다. 특히 공산주의를 어떻게 할 것인가?라는 문제 제기를 통해 그들이 안고 있는 문제점을 민주주의의 결핍으로 파악했던 유러커뮤니즘의 기본 시각은 소련이 직면한 위기에 대한 처방전으로 민주주의를 제시했던 페레스트로이카와 맥을 같이한다. 그렇기 때문에 서유럽 공산당의 위기를 진단하고 그에 따른 해법으로 새로운 사회주의 이행전략을 제시하려 했던 유러커뮤니즘은 사회주의 진영이 겪고 있었던 위기의 본질에 대한 예비적 진단이었을 뿐만 아니라 사회주의의 새로운 출발과 새로운 길을 모색했다는 점에서 큰 의의를 찾을 수 있다. 이런 전제 속에서 이 글은 유러커뮤니즘을 세계 공산주의 운동의 역사적 흐름 속에서 이해하려는 의도로 구상되었다.

Ⅱ. 유러커뮤니즘의 역사적 배경

1. 공산주의 운동의 비혁명화

모든 공산주의 운동의 역사적 뿌리는 1917년 러시아 시월혁명이다. 왜냐하면 공산주의 운동의 목표는 시월혁명에서 발원한 새로운 역사의 물줄기를 잡아 노동자 계급의 세계사적 사명을 완수하는 일이기 때문이다. 공산주의자들이 사회민주주의자들과 다르다는 차별성을 주장하는 근거도 여기에 있었다. 시월혁명의 후예임을 자부하는 유러커뮤니스트들도 이 점에서 예외가 아니었다.[10]

시월혁명의 성공은 그 자체로 사회주의 운동사상 하나의 획기적인 사건이었다. 그것은 그 때까지 이념과 운동의 차원에서 전개되었던 마르크스주의적 실험이 드디어 체제의 단계에 접어들었다는 것을 의미했기 때문이다. 즉 최초의 프롤레타리아 국가가 탄생한 것이었다. 그러나 소련체제는 곧바로 이상 징후를 드러내기 시작했다. 사회주의를 위한 기본 전제가 성숙되어 있지 못한 러시아의 상황적 특수성이 러시아 사회주의의 건설과정과 그 내용을 왜곡시키는 주요 요인으로 작용했기 때문이다.[11] 소비에트 권력은 러시아의 사회경제적 후진성에 발목을 잡혔고 사회주의의 강제이식에 반발하는 반혁명 세력의 완강한 저항에 직면했다. 서방 자본주의 국가들은 소비에트 체제의 출범을 자본주의적 세계질서에 대한 중대한 위협으로 받아들여 끊임없이 적대적인 태도를 보여왔다. 이 상황 속에서 마르크스주의의 러시아화를 강요받은 레닌에게 주어진 유일한 대안은 당이 국가와 사회의 총체적 지도권을 장악하여 자력으로 국가 및 사회의 운영체계를 구축하는 것이었다. 그 결과 혁명적 이데올로기였던 레닌주의는 러시아 상황이라는 하부구조의 특수성에 종속되면서 체제 유지를 위한 이데올로기로 탈바꿈되었고, 러시아는 프롤레타리아의 이름을 빌린 당과 관료의 국가로 변질되기 시작했다.

역사상 최초로 공산주의 혁명을 성사시킨 뒤 소비에트 권력은 1919년 코민테른 창설을 통해 프롤레타리아 국제주의에 입각한 세계혁명의 첫발을 내디뎠다. 세계혁명을 추진하는 과정에서 코민테른에 맡겨진 역할은 러시아혁명에서 볼셰비키가 담당했던 것과 같은 것이었다. 그러나 유럽혁명의 전망이 불투명해질 때, 소비에트 권력은 양자택일의 선택에 직면하게 되었다. 하나는 코민테른을 통해 여전히 다른 나라의 혁명을 독려하는 일이며, 다른 하나는 소비에트 연방에서의 체제 수호와 사회주의 건설에 전력을 다하는 것이었다.[12] 사회주의의 미래는 전적으로 유럽혁명의 지원과 엄호에 달려 있다고 역설한 혁명적 레닌주의와 트로츠키의 영구혁명론이 설정했던 선결과제는 전자였다. 그러나 스탈린의 일국사회주의론은 후자에 눈을 돌렸다.

영토성을 갖게 된 사회주의 운동이 자국 중심주의에 빠져 내적 완결성을 목표로 삼을 때, 주권국가의 틀을 경계로 형성되는 배타적 정서, 즉 민족정서에 오염되는 것을 피할 수 있을까? 부르주아지의 이데올로기로 규정된 민족주의에 대한 마르크스주의의 기본 입장은 원천적 거부였으며, 이는 국제 공산주의 운동의 근간인 코민테른의 존재 이성이기도 했다. 그러나 교리의 순결성이라는 맥락에서 원칙적으로 거부당하는 이 민족주의에 대한 마르크스주의의 접근은 역사적으로 볼 때 때로는 은밀하게 또 때로는 적나라하게 이루어지고 있었다.[13] 더구나 유럽혁명의 결정적인 퇴조에 따른 러시아혁명의 고립, 신경제정책의 성과로 나타난 소련 체제의 자생력 확보 등이 상승작용을 하면서 사회주의와 민족주의가 결합할 수 있는 공명의 터전이 마련되었다. 그 결과 사회주의로 향한 민족국가적인 길이라는 새로운 개념이 출현하였으며, 1924년에 발표된 스탈린의 일국사회주의론은 사회주의를 주권국가의 틀 속에 고정시키려는 최초의 시도였다.

스탈린의 노선 선회는 1920년대 중반 무렵까지 내외적으로 변화된 환경에 대한 현실 인식에서 출발한 것이었다. 그러나 사회주의가 한나라 안에서도 완결될 수 있으며, 제2차세계대전 이후 스탈린이 주장했듯이 심지어 공산주의까지도 소련의 영토 안에서 완성될 수 있다는 이론은 아무런 신뢰할 만한 근거도 없는 추상적인 명제에 지나지 않는 것이었다.[14] 더구나 권위적인 방식을 통해 강요된 낯선 이론의 교의화는 사회주의 운동의 가장 중요한 전제를 변형시키는 결과를 초래하였다. 일국사회주의론은 그때까지 유럽혁명에 성패를 걸고 있었던 러시아혁명이 자립성을 선언한 것으로 러시아혁명의 근저에 깔려 있었던 유럽=중심, 러시아=주변이라는 사고를 해체시켰다.[15] 그러나 이것은 국제적 질서로 구상되어 왔던 사회주의 체제를 일국적 체제로 환원시키는 것으로 민족주의에 대한 공산당의 입장을 근본적으로 수정하는 것이었다. 사회주의 역사상 내셔널리즘이 사회주의의 견고한 질서원리로서 적극적인 의의를 부여받을 수 있는 길이 열린 것이었다.

세계혁명의 개념과 그와 관련된 각국 공산당의 역할도 심각한 성격 변화를 겪어야만 했다.[16] 그 가운데 가장 주목할 만한 것은 공산주의 운동의 무게중심이 혁명의 세계화에서 고립된 프롤레타리아 국가의 수호로 옮겨진 일이었다. 왜냐하면 일국사회주의론이 요구하는 국제주의는 무엇보다도 소비에트 체제를 수호하기 위한 결속이었기 때문이다. 코민테른과 그 산하 공산당들은 이제 소비에트 연방의 방위를 담당하는 '변경 수비대'의 역할을 떠맡게 되었다. 프롤레타리아 국제주의라는 이념 공간보다 소련이라는 물리적 공간이 좀더 큰 의미를 갖게 되었기 때문이다.

소련의 성역화 작업은 코민테른 진영 내에서 이념적 역사적 정당성을 인정받고 있었다. 소련은 최초로 그리고 유일하게 프롤레타리아의 이름으로 설립된 국가였다. 시월혁명의 후광을 업고 서유럽에서 시도된 혁명은 모조리 실패로 끝이 났다. 공산주의자들에게 주어진 실현 가능한 모델은 오직 소련뿐인 현실에서 미집권 공산당들이 소비에트 권력의 헤게모니에 종속되었던 것이 무리는 아니었다. 소비에트 권력의 결함을 인식했던 비판적 공산주의자들도 소련 체제가 갖는 역사적

의미를 축소시킬 수는 없었다.[17]

그러나 일국사회주의론은 그 성격상 스탈린식 국제주의를 지탱하기가 어려웠다. 왜냐하면 소련의 일국사회주의가 인정되는 한 다른 국가의 일국사회주의도 부인될 수 없었기 때문이다. 실제로 일국사회주의론이 민족적 공산주의의 이론적 근거를 제공하고, 단일중심주의가 다중심주의의 확산을 부추기는 역설적인 상황이 빚어지기 시작했다. 코민테른 정당들이 민족주의적 경향에 노출되는 계기는 1930년대 실현된 반파시스트 통일전선전술이었다. 특히 제2차세계대전 이후 공산당이 정권을 장악한 동유럽 국가에서는 독자노선 추구라는 형태로 구체화되었다. 유고사태의 경우처럼 동유럽 공산진영이 불화를 겪었던 것은 바로 공산주의적 민족주의와 민족주의적 공산주의 사이의 갈등 때문이었다. 유러커뮤니즘도 일국사회주의론에서 파생된 자국 중심주의가 서유럽 공산당들에게 침투된 결과였다고 볼 수 있다.

반파시스트 통일전선전술은 공산당의 민족주의적 경향이 부르주아 민주주의와 결합되는 촉매로도 작용했다. 소위 민주적이라는 제국주의 국가 안에서 사회적 위기가 초래될 때 부르주아 국가체제의 수호와 사회질서의 현상유지 정책이 먼저 추진되어야 한다는 통일전선론은 1935년 코민테른 7차대회 때 공식적으로 채택되었다.[18] 통일전선의 기본 취지는 노동운동권의 분열로 인해 일체감을 갖지 못하는 노동계급을 하나로 통일시키고 이를 축으로 해서 대중 일반에 확대시키는 인민전선의 확보였다. 특히 자본주의의 상대적 안정기에 모습을 드러낸 파시즘이 프롤레타리아의 공동 이익을 위협하는 상황에서 공산당이 사회민주당의 영향을 받는 노동자들을 끌어모아 성공적인 투쟁을 이끌어나가야 한다는 인식에서 출발한 이행기의 고유한 전술적 문제였다.[19] 그러나 1933년 1월 히틀러의 파시즘이 정권을 장악하고 소련에 대한 나치의 위협이 증대되자 코민테른 지도부는 파시즘에 대항하는 광범위하고도 민주주의적인 통일전선을 형성하기 위해 사회민주주의자들은 물론 부르주아 정당까지도 포함된 인민전선으로 방향을 선회했다.

인민전선전술의 구체적인 의미는 사회민주주의에 대한 재평가와 부르주아 민주주의에 대한 재평가였다.[20] 이것은 1924년 코민테른 5차대회 이후 공식적으로 인정되어 온 사회파시즘 테제를 전면적으로 수정한 것이었고, 또 계급투쟁에서 부르주아지의 자유주의적 분파 혹은 프티부르주아지를 포함한 민주주의적 통일전선으로 노선을 전향한 것이었다. 이 같은 변화는 결과적으로 서유럽 공산주의자들의 계급성 탈색이라는 부작용을 초래했다. 부르주아 국가체제에 점차 순응하여, 선거투쟁을 통해 의회 내에서 고정지분을 확보한 그들이 부르주아 정치문화에 대해 환경친화적 성향을 보이기 시작했기 때문이다. 소련의 관료주의가 평화공존체제를 고수하며 세계혁명의 급진적인 진척을 원하지 않는 상황에서 유러커뮤니즘을 주도하게 될 세대가 부르주아 의회민주주의 체제에서 활동하며 배울 수 있는 것이라고는 선거를 준비하고, 당장의 성과를 위한 개혁투쟁을 전개하는 것뿐이었다. 따라서 일국사회주의가 민족적 공산주의로 귀결된다면 인민전선전술은 점진적인 사회민주주의화의 출발점이었다고 볼 수 있다.

2. 동유럽 분파의 전개

일국사회주의론과 인민전선전술이 유러커뮤니즘의 밑그림이었다고는 하지만 서유럽 공산당들이 탈소련적 신경향을 추구하기까지에는 시간과 선례가 필요했다. 카리요가 고백했던 것처럼[21] 소련은 코민테른의 해체에도 불구하고 여전히 강력한 흡입력을 발휘하고 있었다. 나치즘 박멸에 "현저하고도 결정적인 역할"을 수행했던 소련의 국제적 위상은 몰라보게 달라져 있었다. 냉전의 확산으로 고조된 미·소 양진영 사이의 충돌 가능성은 하나의 민족국가가 독자적으로 사회주의 사회를 건설할 수 있다는 구상 자체를 어렵게 만들었다. 특히 미국이 압도적인 핵우위를 점하고 있을 때, 공산주의자들 가운데 누구도 최초의 사회주의 혁명국가와 연결된 유대관계를 깨뜨릴 엄두조차 낼 수 없었다.

그렇다고 해서 공산권의 미래 기상도가 밝은 것만은 아니었다. 1945년 이후 유고의 장래문제를 놓고 스탈린과 갈등을 빚고 있었던 티토는 이미 소비에트 제국의 앞날이 결코 순탄하지만은 않다는 것을 예고하고 있었다.[22] 티토는 소련 체제보다는 그 수뇌부에 대해 적대적이었다는 점에서 트로츠키와 맥을 같이한다. 그러나 그는 트로츠키를 비롯한 많은 당원들이 개인적인 차원에서 전개했던 스탈린과의 결별구도를 한 국가의 차원으로 확대시키는 고도의 정치게임을 통해 소련의 버림을 받은 미운 오리새끼가 백조로 변신하는 극적인 결과를 연출해냈다. 이제까지 성공한 모든 혁명은 정치운동과 민족감정을 결합시킴으로써 성공을 보장받았다는 사실이 다시 한번 입증된 것이다. 유고사태는 공산권에서 벌어진 국민국가 단위의 분열이었다는 점에서 공산주의 역사에 새로운 장을 열었다. 따라서 그것은 사건 자체의 비중보다는 그 사건에 함축된 역사적 의미 때문에 상징성이 컸다.

티토의 독자노선은 민족주의적 편향성에서 비롯된 것이었다. 그러나 티토가 내세운 민족의 이념이 공산주의를 종식시키고 이에 대한 대안으로 다민족적인 민주주의를 건설하겠다는 것은 아니었다. 그것은 단지 전쟁 이후 새롭게 형성된 동유럽 공산주의 국가가 공산당 독재라는 지배원리는 원형대로 유지한 채 모스크바에 대해 정치적 자율권을 요구한 것뿐이었다. 그렇기 때문에 티토는 마르크스 레닌주의에 입각해 나름대로 일국사회주의를 시도한 것이라는 평가가 가능하다.[23]

그러나 정작 공산권 동요의 실질적인 진앙지는 바로 모스크바였다. 소비에트 체제 구축의 장본인이었던 스탈린이 사망한 직후 소련 공산당의 저변에는 이상기류가 흐르기 시작했다. 거의 30년에 걸쳐 축적된 스탈린의 유산을 처리하는 문제를 놓고 당 지도부가 혼선을 빚고 있었기 때문이다. 구심력보다는 원심력이 강하게 작용하고 있었던 공산권의 심각한 기류에 비추어 볼 때 크레믈린의 시급한 과제는 소련 체제의 정통성을 강화하며 내부 결속을 다지는 일이었을 것이다. 그러나 스탈린의 그늘에서 벗어나 자신의 입지를 강화하려고 했던 흐루시초프의 선택은 레닌주의로 복귀할 것을 선언하며 스탈린의 잔재를 청산하는 작업이었다. 이미 죽은 자와 권력투쟁을 시도한 것이었다.

스탈린이 사망한 후 3년이 지난 1956년 2월 소련공산당 제20차 당대회에서 흐루시초프가 행한 비밀연설은 아마도 공산주의 역사상 가장 의미 있는 문서 가운데 하나일 것이다.[24] 스탈린에 대한 비난의 주역이 서방의 반공진영이 아니라 공산주의의 핵인 크레믈린이었다는 사실, 그것도 한 이단자가 아니라 소련 공산당 최고위층이었다는 사실은 그때까지의 통념에 비추어 볼 때 누구도 예상하기 어려운 일이었다. 그렇기 때문에 이 비밀연설은 내용보다는 형식면에서 엄청난 파장을 몰고 왔으며, 공산세계의 곳곳에서는 당혹과 환호가 교차하였다.

스탈린 시대에 자행된 범죄행위의 진상을 폭로하고 개인숭배에 대해 강도 높은 비난을 퍼부은 흐루시초프의 비밀연설은 스탈린 비판의 효시를 이루는 획기적인 것이었다.[25] 그렇기 때문에 유러커뮤니스트들이 소련에 가한 비판의 원조는 바로 소련 자신인 셈이었다. 스탈린의 격하가 스탈린주의에 대한 총괄적인 탄핵과 청산을 의미하는 것은 아니었다. 스탈린에 대한 사후 재판은 사전에 선별된 사안에 대해서만 그것도 당내 비밀연설로 이루어졌다. 이는 흐루시초프가 스탈린주의의 문제점을 개인적 일탈행위로 환원시킬 뿐 그것을 체제와 이념을 전면적으로 재검토하는 차원으로까지 확대시킬 의도가 없었다는 것을 보여주고 있다. 흐루시초프를 위시한 스탈린 격하의 주역들이 바로 스탈린 체제를 발판으로 부상한 체제의 산물이었다는 사실은 이미 그들의 탈스탈린화 작업이 내포하고 있었던 한계를 말해주는 것이었다.

스탈린 격하로 가속화된 소비에트 권력의 탈신비화는 공산주의 운동권의 원심적 분열현상을 더욱 심화시켰다. 일단 소련의 군사력과 경제력이 강화되면서 이 나라가 예전처럼 치명적인 위협에 직면해 있다고 믿는 공산주의자들은 그리 많지 않았다. 유고·베트남·쿠바 등 세계 각지역에서 공산정권이 들어서기 시작했으며, 중국혁명은 소련을 고립시켰던 자본주의 포위망의 한자락을 걷어냈다. 따라서 소련이 유일한 프롤레타리아 국가이며, 반드시 수호해야 할 세계혁명의 기지라는 주장은 더 이상 힘을 발휘하기가 어려웠다. 특히 1960년 제2차 모스크바 세계공산당대회 이후 가열된 중소 이념분쟁은 공산주의 운동의 모델이며 최종 판단자였던 소련 지도부의 노선이 수정주의로 비난받는 상황을 빚어냄으로써 소련을 정점으로 하는 단일중심주의가 결정적으로 깨지는 전기를 마련하였다.[26] 그 결과 민족적 이해관계에 눈을 뜨기 시작한 각국 공산당들의 행보는 소비에트 관료주의의 요구에 대해 더욱더 자율적이고 독립적인 성격을 지니기 시작했다.

1968년 소련과 바르샤바조약군의 체코 침공은 공산진영이 소련에 대해 갖고 있었던 마지막 기대와 신뢰감을 완전히 소진시켰다.[27] 이 사건을 계기로 대소(對蘇) 비판에 나섰던 공산당 수는 무려 18개에 달했고 유럽 공산당 가운데 3분의 2가 분노의 대열에 참여했다.[28] 프라하의 봄으로 불리는 체코의 민주화 혁명은 체코공산당 제1 서기인 두부체크가 소비에트형 사회주의와는 다른 인간적 면모의 사회주의를 표방하면서 촉발되었다.[29] 두부체크가 제시한 것은 소유관계를 중심으로 한 기존의 사회주의 체제론에서 벗어나 체제구성원의 인간적 권리와 욕구를 충족시켜 사회관계에 활력을 불어넣으려는 사회주의 주체론이었다.[30] 그것은 관료화된 당조직이 핵심으로 있는 국가 만능주의적 사회주의에 대한 대안이었다.

두부체크의 실험은 민족적 독립을 요구한다는 점에서 티토가 제기했던 문제와 맥을 같이한다. 그러나 지도부가 바뀐 소련의 대응은 전혀 달랐다. 하나의 정당이 분파 움직임을 보일 때 이는 지도부를 축출함으로써 무력화시킬 수 있다. 반면 하나의 국가를 해체시킬 수 있는 수단은 전쟁뿐이었다. "조야하고 즉흥적이나 공개적이고 비인습적일 뿐더러, 쇄신과 모험을 즐기는 분망한 성품의 흐루시초프"[31]가 소비에트 제국을 위해 지불한 대가는 바로 이것이었다. 이 점에서 스탈린에 대한 비판 가운데서 나온 레닌의 말은 여전히 계시적이다.

　　프롤레타리아에게 중요할 뿐만 아니라 반드시 필요한 것은 비러시아
인들이 프롤레타리아 계급투쟁에 대해 최대한의 신뢰감을 갖도록 만드
는 일이다. 이를 위해 무엇이 필요할까? 형식적인 평등만으로는 어림없
는 일이다. 어떤 방식으로든 피부에 와 닿는 행동과 양보를 통해 강대민
족의 정부가 과거에 그들에게 가한 불신·의혹·모욕을 보상해주어야 한
다. ……이 경우 소수민족에 대한 양보와 관용은 모자라는 것보다 넘치
는 것이 낫다."[32]

Ⅲ. 유러커뮤니즘의 출현

1. 유러커뮤니즘의 형성 과정

　　티토의 등장 이후 계속된 동유럽의 분파현상이 소련의 완강한 저항
에 부딪혀 제자리를 찾지 못하고 있을 때 이를 지켜보고 있었던 서유
럽 공산진영의 움직임이 심상치 않은 조짐을 보이기 시작했다. 동유럽
공산권에서 벌어진 자유화 운동의 도미노 사태가 서유럽에까지 파급되
기 시작한 것이었다.

　　서유럽 공산당들은 코민테른의 산하조직으로 출발한 세계혁명의 전
위대였다. 러시아혁명을 목격한 그들에게 유럽혁명은 역사적 당위성이
었고 또 기정사실이었다. 그러나 1917년에서 1970년대에 이르기까지
유럽과 세계의 현실은 근본적인 변화를 겪었다. 시월혁명이 일어난 지
약 60년, 그리고 세계를 양대 진영으로 갈라 놓았던 제2차세계대전이
끝난 지 약 30년이 지난 시점에서 서유럽의 핵심 공산당들은 소련을
통해 난공불락이라고 증명된 서방진영에 고립되어 있다는 사실을 인정
하지 않을 수 없었다. 이 같은 상황 속에서 시월혁명의 맹목적인 이식
을 고집할 수도 없고 더구나 자본주의 체제에 동화될 수도 없는 이들
은 유러커뮤니즘의 우산을 펼친 채 공산주의의 한계를 넘나드는 아슬
아슬한 줄타기에 나섰다.

서유럽 공산주의자들의 농축된 역사적 경험이 유러커뮤니즘이라는 형식을 빌어 표출되기 시작한 것은 1970년대 중반의 일이었다. 유러커뮤니즘의 공식 출생증명서는 1975년 7월 이탈리아 공산당의 새 지도자 베를링구에르(E. Berlinguer)와 스페인 공산당의 카리요가 발표한 공동선언문이었다. 그 속에는 소련정책에 대한 공개적인 비판과 소련식 공산주의도 아니고 사회민주주의도 아닌 새로운 독자노선에 대한 전망이 담겨 있었다.[33] 같은 해 11월에 발표된 이탈리아 공산당과 프랑스 공산당의 공동 선언문도 같은 맥락이었지만 사회주의로 가는 민주적 도정에 관해 좀더 구체화된 내용을 밝히고 있었다.[34] 유러커뮤니즘을 향한 서유럽 핵심 공산당들의 연대 움직임이 가시화되고 있는 가운데 프랑스 공산당은 1976년 2월 제22차 전당대회를 통해 프롤레타리아 독재라는 개념을 공식적으로 포기하며 세계 공산주의 운동의 통일된 중심체를 거부한다는 점을 분명히 밝힘으로써 유러커뮤니스트들의 지위를 더욱 강화시켰다.[35] 1976년 7월 동베를린에서 열린 제2차 유럽공산당대회는 유러커뮤니즘의 정신이 절정에 달했던 시기였으며, 1977년 3월 베를링구에르, 마르셰(G. Marchais), 카리요가 마드리드에서 회동한 정상회담도 다원주의적 사회주의 모형에 대해 비교적 선명한 개념을 밝힘으로써 유러커뮤니즘의 형성에 필요한 기본적인 단초를 마련하였다.

유러커뮤니즘을 주도하며 트로이카 체제를 구축하고 있었던 것은 이탈리아·프랑스·스페인 공산당이었다. 그러나 모스크바에서 이탈해 맨 먼저 독자노선을 추구한 것은 이탈리아 공산당이었다. 1921년에 창당된 이탈리아 공산당은 서유럽의 미집권 공산당 가운데 1976년 당시 당원수가 181만 명에 이르는 최대 정당이었다. 1976년 총선거에서는 기독교민주당에 불과 4.3퍼센트 뒤지는 34.4퍼센트를 득표해 공산당이 나토 가맹국인 이탈리아에서 최초로 집권당이 될 수도 있다는 가능성을 실감케 했다. 더구나 공산당이 기민당을 포함한 6개 정당의 협약에 서명한 일은 공산주의자들이 정부의 정책결정에 공식 참여하게 되었다는 의미 외에도 공산당 독재라는 공산주의의 기본교의를 포기하고 복

수정당제를 인정했다는 놀라운 변화를 뜻하는 것이었다.[36]

이 같은 변화는 1973년 이후 베를링구에르가 정치 안정을 도모한다는 명분 아래 기민당과 협력하겠다는 의사를 천명한 역사적 타협이 있었기에 가능했다.[37] 1973년 칠레의 살바도르 아옌데 민중연합정부가 피노세의 쿠데타로 힘없이 무너진 사건도[38] 이탈리아 공산당이 노선 변경을 구체화하는 데 직접적인 영향을 끼쳤다. 그러나 이탈리아 공산당이 특유의 스타일로 유러커뮤니즘의 형성에 선구적인 역할을 담당할 수 있었던 배경에는 오랜 기간에 걸쳐 축적된 역사적 경험과 지적 전통이 자리잡고 있었다.

먼저 유러커뮤니즘의 지적 뿌리는 문화적 헤게모니의 장악이 정치 권력의 장악에 선행되는 조건이며, 자본주의 사회의 문화적 결속력을 와해시키기 위해서는 진지전을 획책해야 한다고 갈파한 안토니오 그람시의 비판적 이론에서 찾아야 한다는 것이 중론이다.[39] 이탈리아 사회주의의 길이라는 전후 이탈리아 공산당의 정책기조를 예고한 것은 1944년에 발표된 팔미로 톨리아티(P. Togliatti)의 살레르노 대전환이었다.[40] 대전환의 핵심 내용은 이탈리아 공산당이 무엇보다도 민족적 요구에 봉사해야 하며, 민족해방전쟁이 사회경제적 개혁에 우선되어야 한다는 것이었다. 그것은 민족이익과 계급이익이 대립한다면 계급이익을 지연시켜야 한다는 논리였다. 이 같은 톨리아티의 노선변화는 1956년 제8차 당대회 이후 더욱 구체적인 내용을 갖추게 되는 이른바 구조개혁론으로 이어졌다.[41] 국제공산주의 운동권의 다원화 현상이 점차 뚜렷해지던 1956년 6월 톨리아티는 이미 각국 공산당이 소비에트 모델을 따를 의무가 없으며 단일적 지도란 있을 수 없다는 주장을 전개해 유러커뮤니즘의 형성에 선구적 역할을 수행했다.[42] 유러커뮤니즘의 생성에 주요한 이정표였던 톨리아티 비망록이 공개된 것은 1964년의 일이며, 이를 계기로 사회주의로 가는 민주적 도정은 이탈리아 공산당의 새로운 정치적 목표로 굳혀졌다. 이 같은 역사적 맥락 속에서 그람시와 톨리아티의 노선을 계승한 베를링구에르는 역사적 타협을 통해 유러커뮤니즘의 출현에 견인역할을 수행하였다.

2. 유러커뮤니즘의 실체

유러커뮤니즘은 발전된 서유럽 자본주의의 환경이 초기 산업사회는 물론 러시아혁명이 일어났던 때와는 다르다는 인식에서 출발한다. 그렇기 때문에 카리요는 레닌의 명제들이 "러시아에서 적용되었고 그 당시에는 세계의 다른 지역에서도 이론적으로 적용될 수 있는 것들이었다. 그러나 이것들은 오늘날에는 적용될 수 없다. 서유럽의 발전된 자본주의 나라들의 환경이 아주 달라졌기 때문이다"[43]라고 단정한다. 카리요의 기본전제 속에는 시월혁명 이후 무색해진 유럽 우월주의, 혹은 유럽 중심주의의 색채가 짙게 깔려 있다. 이것은 유럽인들이 공유하고 있는 원초적 자부심과 향수를 자극하기에 충분한 것이었다.

그렇다면 유러커뮤니즘은 어떤 내용을 담고 있는가? 유러커뮤니즘의 실체를 파악하는 데서 제기되는 문제점은 두 가지로 요약될 수 있다. 첫째 유러커뮤니즘은 적절한 정치이론을 정초하기 위한 어떤 진지한 시도도 따르지 않은 채 이념의 단순한 선언으로 그쳐버린 미집권 공산당들의 실패한 이론적 기획이었다.[44] 따라서 유럽적 상황에 대한 인식과 감각이 공산주의 이념에 어떻게 녹아들어 갔는가를 살펴볼 수는 있지만, 유러커뮤니즘이 설정한 목표와 그 실현방안에 관한 질서정연한 내용이나 논리를 발견하기는 어려운 실정이다. 둘째 유러커뮤니즘 정당들도 이론 및 정치전술에서 일치된 합의점을 찾아내지 못했다. 이 같은 사실 속에는 전체성의 몰락과 다원성의 부상이 함축되어 있다. 이것은 각 나라의 특수성을 강조하는 자주노선과 정치적 다원주의를 강조하는 유러커뮤니즘의 한 단면을 그대로 반영하는 것이었다.

유러커뮤니스트들이 공산주의 자체를 버리는 비선형적 변화를 도모했던 것은 아니었다. 그들은 공산주의자들이 가야 할 길을 미래의 관점에서 조망하면서, 이를 준비하기 위해 필요한 전략을 마련하려는 것이었다. 변화된 환경의 도전에 직면해 버릴 것은 버리고 지킬 것은 지키면서 자신들의 이상을 실현하려는 희망을 포기하지 않았기 때문이다. 따라서 사회주의를 향한 민주적 도정으로 집약되는 미래의 이정표 속에는 버릴 것과 지킬 것에 대한 어느 정도의 윤곽이 그려져 있었다.

가장 중요한 핵심은 민주주의와 사회주의의 문제를 서유럽이라는 역사적 상황에서 해결하는 것이었다. 그들이 민주주의에서 새로운 역동성과 가능성을 찾아내려 했던 것은 무엇 때문인가? 먼저 동유럽사태에 대응하는 과정에서 적나라하게 드러난 소련의 패권주의적 성향에 대한 혐오감을 꼽을 수 있다. 소련이 만들어낸 공산주의의 담론은 소련을 위한 프롤레타리아 국제주의로 소련의 단극적 지배를 정당화하는 권위적 사고체계로 기능했다. 반면 서유럽 공산주의자들이 만들어낸 유러커뮤니즘은 다양성 속의 동질성을 천명하며 소련식 공산주의와는 다른 독자적인 길을 모색하겠다는 것이었다. 그것은 동유럽에 기원을 둔 탈소련적 담론의 서유럽화로 정의될 수 있다. 그렇기 때문에 유러커뮤니즘이 비록 서유럽 공산당에 국한된 현상으로 다루어지고는 있지만 그들이 제시하는 자주노선은 얼마든지 범위를 확장해 적용될 수 있는 것이다.

유러커뮤니스트들이 민주주의를 통해 공산주의의 이상을 구현하겠다는 것은 그 동안 싫든 좋든 서유럽 시민민주주의의 틀 속에서 활동해온 전력이 배어나오는 것이었다. 국가의 계급성과 억압성에 초점을 맞추는 레닌의 국가론은 부르주아 국가를 혁명과정에서 파괴되어야 할 대상으로 규정한다. 그렇기 때문에 장외투쟁이 중심전략의 하나로 채택되고 있는 것이다. 그러나 서유럽 정치문화는 파괴적 장외투쟁의 가능성을 부인하며, 선거와 의회활동 그리고 개혁을 통한 장기적인 혁명만이 유일한 대안이라는 사실을 확인시켜주었다. 국가는 파괴되어야 할 대상이 아니라 점령되어야 할 계급투쟁의 장이라는 그람시의 이론이 오히려 조명을 받게 된 것이다. 따라서 의회정치를 통한 정치투쟁은 유러커뮤니스트들의 새로운 전략으로 부상한 반면 폭력혁명론은 버려야 할 것으로 자리를 옮겼다.

사회주의를 향한 민주적 도정은 관료적이고 독재적인 체제에 근거한 사회주의를 배격하고 의회적인 길을 통한 사회주의를 지향한다는 의미였다. 권력의 장악은 평화적인 선거를 통해서 이루어지며, 사상·종교·언론·집회·결사의 자유 등과 같은 인간의 자유권은 보장된다. 사회주의에 반대하는 정당들의 존립과 선거를 통한 반혁명의 가능성은 인정되며 그에 따라 사회주의 정당이 선거에서 패할 경우 야당의 지위로 돌아간다. 이것은 정치투쟁에서 공산주의자들만이 지도적 역할을 담당해야 한다는 전위정당론에 대한 수정이며, 나아가 사회주의의 기본이념 가운데 하나인 프롤레타리아 독재론을 포기하는 것이었다. 실제로 유러커뮤니스트들은 레닌주의가 주장하는 전위 정당론과는 다른 대중정당론을 내세운다. 대중정당의 성격은 당원의 구성과 지지세력에서 대중적일 뿐만 아니라 당이 여하한 어려움과 탄압에도 존립할 수 있도록 확고한 위치를 획득하고, 내각을 비롯해 사회의 모든 부문에 적극 참여해 진보적 사회 형성에 긍정적 역할을 한다는 의미에서도 대중적인 것이다.[45] 따라서 공산당은 어떤 하나의 확고부동한 원리에 의해 통일되어 있다기보다는 초정파적인 다양성을 포괄하는 정당의 성격을 지니게 되는 것이다.

의회적인 길의 핵심내용 가운데 하나는 기존질서 안에서 점진적 변동작업을 추진하는 것이었다. 점진적 변동작업의 필요성은 "발전된 자본주의 나라들의 경우 오늘날의 혁명전략은 독점자본주의의 국가권력에 대항하여 이 이데올로기적 장치들을 ─ 전체는 아닐지라도 부분적으로나마 ─ 개조하는 것, 즉 이것을 변혁하고 활용하는 것을 지향해야만 한다"라는 카리요의 주장과 일치하는 부분이다.[46] 카리요는 자본주의 체제 내에서 작용하는 이데올로기적 장치들과 억압적 장치들을 구분한다. 양자의 차이는 억압적 장치가 상대적으로 쉽게 파괴될 수 있었던 반면 이데올로기적 장치는 혁명조차도 스스로 순응하여 타협하지 않을 수 없었을 만큼 물리적인 힘에 저항하는 강한 생명력을 지니고 있다는 점이다. 따라서 국가장치의 민주적 변혁에 관건이 되는 것은 바로 이데올로기적 장치를 변혁시키는 것이었고, 그람시의 표현을 빌리면 문화적 헤게모니를 장악하는 일이었다.

3. 유러커뮤니즘에 대한 반응

소련식 사회주의에 대한 비판에서 출발한 유러커뮤니즘은 동서 양 진영에서 매우 민감한 반응을 불러일으켰다. 유러커뮤니스트 정당들이 횡적인 유대를 강화하며 독자적인 정치세력으로 판도를 굳혀나가고 있을 때, 소련 지도부는 사안의 민감성을 감안해 적극적인 대응을 유보해왔다. 이미 중국과 이념분쟁을 겪고 있던 소련이 유럽에서조차 비슷한 상황이 연출되는 것을 원하지 않았을 뿐만 아니라 유러커뮤니즘과의 불화가 서방측과의 긴장완화 정책에 걸림돌로 작용할 수도 있다는 우려 때문이었다.[47] 그러나 프랑스 공산당조차도 프랑스식 사회주의 노선을 공식 선언하자 이를 소련의 지도적 역할에 대한 명백한 도전으로 인식한 크렘린은 공세적인 태도로 선회하였다. 브레즈네프는 1976년 제25차 소련공산당대회를 통해 사회주의로의 이행과 체제건설 문제에는 일반법칙이 존재할 뿐만 아니라 이는 각 나라의 특수성을 뛰어넘는 상위 개념이라고 규정하며, 프롤레타리아 국제주의로부터 벗어나려는 행동은 공산주의자들로부터 강력하고 효력 있는 무기를 빼앗아버리게 될 것이라고 경고했다.[48] 소련의 대표적인 이론가인 수슬로프도 소련학술원에서 발표한 〈우리의 시대 : 마르크스레닌주의의 승리의 시대〉라는 글을 통해 유러커뮤니스트들을 “마르크스의 의상을 빌려 입고 마르크스레닌주의의 혁명적 속성을 말살하는 마르크스주의의 적”으로 규정하며 유러커뮤니즘과의 이념 투쟁에 돌입했다.[49]

유러커뮤니즘을 둘러싸고 전개된 격렬한 논쟁은 서유럽에서도 수많은 기대와 우려, 의혹과 논란을 불러일으켰다. 서방 언론과 우익 지도자들의 기본 시각은 유러커뮤니즘을 소비에트 전략의 연장선상에서 파악하는 것이었다. 원래 이 말을 만들어낸 바르비에리도 "소비에트 방식의 점진적인 유럽화를 시사하는 스페인 공산당 강령은 환상일 뿐이며, 유러커뮤니스트화된 유럽이란 유럽의 소비에트화를 의미하는 것"일 뿐이라고 단정짓고 있다.[50] 유러커뮤니즘은 권력 쟁취를 추구하는 남유럽 공산당들이 공산주의의 자체 개혁역량을 포장하기 위해 내놓은 눈속임 전략에 불과하다는 자크 시라크의 평가나[51] 공산주의자들의 민주화 가능성을 마술에서나 가능한 일로 일축해 버리는 헨리 키신저의 견해[52] 등도 유러커뮤니즘의 민주적 신뢰성을 단호히 거부하는 서방측 시각의 한 단면을 보여주고 있다.

유러커뮤니즘의 등장에 대해 가장 적대적인 태도를 보였던 것은 서유럽 군사공동체인 나토였다. 나토는 이탈리아에서 공산당의 정부참여가 현실화되자 문제의 심각성을 인지하기 시작했다. 이탈리아 공산당이 나토의 실체성을 부정하지는 않았지만 공산주의의 위협에 대항하기 위해 만들어진 군사동맹체에서 공산당 각료와 함께 일해야 한다는 역설적인 상황을 받아들이기가 어려웠기 때문이다.[53] 나토측도 유러커뮤니즘의 방제를 위한 정치적 대안이 없다는 사실을 부정하지는 않았다. 그러나 공산당이 통치에 참여하는 국가가 나토에 존재하는 것을 동맹의 파멸 혹은 기능상실로 여겼던 군 지도부의 생각이 나토의 존재 이유를 고려할 때 지나친 것만은 아니었다.[54]

서유럽 공산주의자들은 유러커뮤니즘이 모스크바측의 전술책동이 아니라고 항변했다. 왜냐하면 "그것은 관련 당사자들의 경험과 구체적인 현실로부터 탄생하여 이제 형성되고 있는 자율적인 전략개념"[55]이며, 적어도 러시아 모델과 러시아의 지도성에 대한 지금까지의 종속에서 벗어나는 것을 의미하기 때문이었다.[56] 그러나 카리요의 〈유러커뮤니즘과 국가〉는 자본주의 체제를 변혁시키기 위한 구체적인 전략을 제시해 놓고 있다. 여기서 제시된 새로운 변혁론은 혁명적 봉기에 대한 가능성과 유혹을 떨쳐버리고 있다. "그러나 진정 공산당이 무엇인가를 아는 사람이라면 어떤 과도기적 전술도 결코 본질 그 자체와 관련된 구상들을 포기하게 할 수 없다는 것을 충분히 알고 있을 것이다"[57]라는 카리요의 선언은 유러커뮤니스트들이 공산주의의 최종목표를 잊지 않고 있었다는 점을 분명히 보여줌으로써 그들의 민주화 구호에 귀를 기울이고 있었던 많은 사람들을 긴장시켰다.[58]

다른 한편에서는 유러커뮤니스트들이 전통적인 사회민주주의로 회귀하는 것이 아닌가라는 의혹이 제기되고 있었다.[59] 특히 이탈리아와 프랑스의 혁명적 신좌파들은 그들이 공산주의자로 자처하는 것은 혁명에 대한 꿈을 버리지 않은 채 그들을 추종하는 대중들을 붙잡아두기 위한 기만수법에 지나지 않는 것으로 평가하고 있었다.[60] 그러나 카리요는 자본주의의 관리자에 지나지 않는 사회민주주의자들과 유러커뮤니스트들을 동일시하려는 시각을 단호히 거부했다. "우리는 사회민주주의로 회귀하지 않는다! 그 이유는 우선 지배계급이 민주적 길을 차단한다면 그리고 혁명적 길이 가능한 상황이 전개된다면, 우리는 혁명적 방법을 통해 권력을 획득한다는 구상을 포기하지 않을 것이기 때문이다"[61]라는 것이 그 이유였다.

유러커뮤니스트들의 행보에 쏠리는 관심이 단순히 그들이 사회민주주의자들의 전철을 되밟을 것인가에 대한 궁금증 때문만은 아니었다.[62] 그렇기 때문에 유러커뮤니즘의 발전과정에 긍정적인 측면이 있다는 것을 전제로 이를 단순한 눈속임 전략으로 치부하려는 정치정략적 판단이나 사회민주주의화로 평가절하하려는 시각을 모두 거부하는 입장도 만만치 않았다.[63] 그러나 이들도 유러커뮤니즘의 미래 전망에 대해서는 유보적인 태도를 보이고 있었다. 아직까지 완성된 것이 아니라는 판단 때문이었다. 바르비에리가 지적한 대로 유러커뮤니즘은 "공간적 경계는 뚜렷하지만 이념적 경계는 분명치 않은 가변적인 이데올로기"[64]였다. 카리요 스스로도 인정하듯이,[65] 유러커뮤니스트들은 자체 조직이나 공동의 강령을 가지고 있지도 않았다. 다만 1976년 6월 동베를린에서 열린 유럽공산당대회와 같은 크고 작은 국제대회를 통해 실험성이 짙은 몇몇 성향이 여러 형태로 드러나고 있었을 뿐이었다.

　유러커뮤니스트 정당들이 유러커뮤니즘이라는 총론에서 상당한 합의를 이끌어낸 것은 분명했다. 그러나 정작 다급한 각론 부분에서는 실질적인 해법을 제시하지 못한 채 추상적인 차원에서 맴돌고 있었다. 유러커뮤니즘이 슬로건으로 내세운 사회주의를 향한 민주적 도정도 전체주의성에 포로가 된 공산주의 운동에 새로운 정치문화를 이식시키겠다는 강력한 의지의 표상이었지만 구체적으로 손에 잡히는 것은 없었다. 유러커뮤니스트들은 과거와는 다른 차별적 공산당을 만들겠다고 밝히고 있었지만 개인의 행동양식이나 당의 운영방식에서는 여전히 과거의 연장선에서 벗어나지 못했다.

　1980년대에 들어서면서 새로운 양상으로 치닫게 되는 미·소관계의 악화와 그에 따른 신냉전의 전개 또한 유러커뮤니스트 정당들이 국제적 연대를 강화하는 데 심각한 외적 장애요인으로 작용하였다. 이것은 프랑스 공산당이 1979년 소련의 아프가니스탄 침공을 지지하는 태도를 표명하며 과거의 친소노선으로 복귀하고 말았던 것에서 확인되고 있다. 유러커뮤니즘의 실천방안을 모색해야 하는 시점에서 오히려 그 주역들은 이처럼 구심점을 찾지 못한 채 이념과 의식이 분화되는 파괴적 분열상을 노출하며 혼돈 속으로 빠져 들었다. 그 결과 그들은 공산당의 상표가치를 상향조정하는 데 실패하여 대중적 지지도가 현저히 떨어지는 사태를 막지 못했다. 실제로 1982년 10월 총선에서 참패한 스페인 공산당은 사회주의 운동권의 고질적 관행인 내분에 휩싸였고, 이것은 1984년 2월 친소파들이 인민공산당을 창당해 딴 살림을 차리는 분당사태로 이어졌다.

　유러커뮤니스트 정당들이 갈등과 분열의 사슬을 끊지 못하고 표류했던 밑바탕에는 아무런 자생력을 갖추지 못한 채 소련과의 관계 재정립을 통해 해법을 찾으려 했던 인식의 한계와 미집권 공산당들이 넘어설 수 없는 현실의 벽이 자리잡고 있었다. 그렇기 때문에 서유럽 공산주의자들이 나름대로 공산주의적 이상을 펼치기 위해 무대에 올린 유러커뮤니즘은 이념적 완성도에서나 흥행면에서 아무런 결실도 거두지 못한 채 실패작으로 막을 내렸다.

Ⅳ. 맺음말

19세기 마르크스의 논의는 초기 자본주의를 경험하고 있었던 유럽의 특수성을 이해하고 설명하려는 이론적 시도였다. 마르크스주의가 적어도 가장 설명도가 뛰어난 사회변동 이론 가운데 하나인 것은 분명하다. 나아가 억압받고 착취당하는 사회집단을 중심으로 역사를 재해석하려 했던 그의 시도가 역사적 정당성을 인정받았던 것도 사실이다. 그러나 마르크스주의자들은 20세기에 들어서 본질적인 변화를 경험한 현대 자본주의에 대해 이렇다 할 새로운 분석을 제시하지 못했다. 이것은 마르크스의 이론이 19세기에 대한 인식을 바탕으로 출현하였다는 점을 인정하지 않은 채, 이를 초역사적인 진리로 만들어버린 그들의 교조성 때문이었다. 현실의 변화에 조응하는 창조적 발전이 원천적으로 봉쇄된 마르크스주의는 점차 과학적 이론으로서의 생명을 잃어가기 시작했다.

러시아혁명 이후에 전개된 마르크스주의적 실험도 20세기의 현실과 조우하는 과정에서 심각한 변형을 경험해야 했다. 일국사회주의와 반파시스트 통일전선전술 등과 같은 반혁명적 성향이 스며들면서 공산주의 운동의 비혁명화가 급속히 진행되었고, 티토주의, 마오쩌둥주의, 인간적 면모의 사회주의 등이 대두되면서 국제적 질서로 구상된 사회주의가 영토국가 내의 일국적 질서로 토착화되었다. 서유럽의 변화된 사회상황과 계급관계를 확인하고, 이미 적실성을 상실한 레닌주의적 혁명전략이나 관료주의적 독재로 변질된 소비에트 모델을 거부한 유러커뮤니즘도 공산주의 운동의 비혁명화와 토착화 과정의 범주에서 크게 벗어나지 못하는 것이었다.

이 같은 과정 속에서 공산주의 진영은 정통성 수호자로 자처하는 세력들간의 불협화음으로 적전분열 상태에 빠져 들었다. 소련 공산당은 볼세비키 전통의 적자라는 사실에 대한 반론을 용납하지 않았다. 트로츠키주의자들은 레닌의 사후 본래의 모습을 잃어가는 레닌주의의 복구를 선언하며 스탈린과 이념투쟁에 돌입했다. 마오쩌둥주의자들은 스탈린의 사후 그에 대한 격하운동을 수정주의로 맹렬히 비난하며 스탈린의 복권에 나섰다. 유러커뮤니스트들은 이 같은 정통성 회복 혹은 연속성의 추구보다는 나름대로 축적해온 특정한 질서체계, 신화·언어 및 구조적 원리를 바탕으로 볼세비키 혁명과의 연관성을 인정하면서도 자신들을 성찰하는 새로운 방식과 새로운 출발점을 모색하기 시작했다.[66]

그러나 1985년 4월 소련공산당 중앙위원회가 페레스트로이카를 당의 기본이념으로 채택한 후 소비에트연방과 동유럽 공산진영에서는 이제까지와는 전혀 다른 새로운 차원의 격변이 일어났다. 1989년 이후 동유럽에서 진행된 대중운동의 특징은 1968년 체코에서와 같은 인간적 면모의 사회주의를 추구하는 것이 아니라 일체의 사회주의 모델을 거부하면서 서유럽적인 개념의 '정상(正常) 사회'를 지향한다는 것이다.[67] 이 같은 사회주의의 위기를 만들어낸 것이 페레스트로이카였다[68]라고 단정지을 수는 없다. 그러나 동유럽의 움직임은 공산권을 사회주의 방향으로 개혁한다는 것이 불가능하다는 사실을 확인해주고 있다. 현시점에서 볼 때 동유럽 공산주의 체제의 대표주자였던 동독은 서독에 흡수 병합되었고, 공산주의의 종주국이었던 소련마저 사실상 해체되었다. 한마디로 말해 동유럽권의 현존 사회주의가 붕괴된 것이다. 이제 마르크스주의적 실험이 총체적 위기에 빠져 있다는 진단에 이의를 제기할 여지는 없어 보인다. 소련에서도 이미 혁명 이전의 러시아사에서부터 최근사에 이르기까지 역사를 재해석하려는 작업이 광범위하게 추진되고 있다.[69]

이 같은 상황에서 볼 때 20세기 서유럽 자본주의의 사회현실에 뒤쳐진 마르크스주의의 이론적 낙후성을 극복하려 했던 유러커뮤니스트들의 논의는 공산주의가 안고 있는 문제점에 대한 새로운 진단과 그에

따른 실천적 대응이었다는 점에서 그 역사적 의의를 인정받을 수 있
다. 물론 소련과 동유럽권의 몰락으로 인해 공산주의가 어떤 형태로든
정치 이데올로기로서 실효성을 인정받기는 어려워졌다. 그러나 마르크
스주의 논의가 갖고 있는 유효성에 대해 근본적인 문제를 제기하는 것
은 아직도 많은 논란의 여지가 남아 있다. 월러스틴의 말처럼 마르크
스 자신의 주장은 현존 사회주의의 붕괴라는 역사적 경험 속에는 포함
되지 않았거나 최소한 본질적인 부분은 아니었다.[70]

  공산주의 또한 또 다른 사회를 만들어내려는 기획으로서는 실패하
였지만, 인종주의·파시즘·식민주의에 항거하는 데 온 힘을 기울인 그
인간적 자질을 잊지 않는다면 그것이 하나의 운동으로서 결코 경멸거
리가 된 적이 없었다는 점을 부인할 수는 없다.[71] 더구나 현존 사회주
의 국가가 몰락하면서 사회주의 실험이 실패했다고 하지만 이것이 곧
자본주의 사회의 모순과 문제들을 정당화시키는 것은 아니다. 오히려
긴장관계의 한 축이던 사회주의권의 몰락으로 인해 균형추를 상실한
자본주의체제가 그 모순을 심화시킬 수 있는 역기능이 초래될 수도 있
다. 탈공산주의 시대가 위험과 가능성을 동시에 내포하고 있는 것도
이 때문이다. 따라서 동유럽 공산주의 운동권이 표방한 정치 이데올로
기로서의 마르크스주의는 몰락했지만 마르크스주의가 출발점으로 삼고
있는 과학적 비판은 아직도 유효한 패러다임으로 남아 있다는 논리는
여전히 설득력을 상실하지 않고 있다.

주

1) Cf. Philip Elliott and Philip Schlesinger, "Eurocommunism : Their word or
   ours?", David Childs (ed.), *The Changing Face of Western Communism*(New
   York, 1980), pp. 37~41.
2) 산티아고 카리요, 《유러커뮤니즘과 국가》, 김유향 역(새길, 1992), p. 8.
3) 박호성, 〈맑스주의를 어떻게 할 것인가-혁명의 이데올로기인가 혁명적 방법
   론인가-〉, 《역사비평》 25호, 1994 여름, p. 255.

4) Cf. 레오나르드(W. Leonhard), 《유러커뮤니즘의 정체》, 전득주 역(대왕사, 1984), pp. 32~43.

5) Arrigo Levi, "Eurocommunism : Myth or Reality?", Paolo Filo della Torre, Edward Mortimer and Jonathan Story (eds.), *Eurocommunism : Myth or Reality?*(New York, 1979), pp. 10~12.

6) 클로댕, 《유러커뮤니즘과 사회주의》, 김유향 역(새길, 1992), p. 19.

7) David Childs, "The Changing Face of Western Communism", David Child (ed.), *op. cit.*, p. 7.

8) 카리요, 앞의 책, pp. 8~9.

9) A. Levi, *op. cit.*, p. 30.

10) 이 점에 대해 카리요의 말은 시사하는 바가 크다. "사회민주주의자들은······제국주의 전쟁 동안 부르주아 편에 섰으며, 사회주의 이념과 인터내셔널의 이념을 배신했다. 또 부르주아지와 더불어 시월혁명을 반대하는 대열에 서서 계속해서 동일한 보조를 취했다. 그러므로 우리 공산주의자들이 사회주의 시월대혁명을 그 누구도 착취하거나 착취되지 않는 새로운 세계사회로 이끄는 시발점이라고 주장하는 한, 오늘날의 사회주의자들이 사회민주주의자들의 과거를 용인하거나 그것을 받아들이기는 쉽지 않을 것이다. 그들이 진정으로 사회주의자이기를 바란다면." 카리요, 앞의 책, p. 182.

11) Cf. 이채욱, 〈소련의 체제구축과정(1917~1941)—그 양면성에 대한 일고찰—〉, 《서양사연구》 제14집, 1993. 10, pp. 235~237.

12) 시드니 후크 외 저, 《정통이냐 이단이냐》, 권인태 역(지양사, 1984), p.76.

13) Cf. 박호성, 〈마르크스주의와 민족주의—현존 동구 공산권에서의 민족이론을 중심으로—〉, 《역사비평》 제1집, 1987. 9, pp. 248~270.

14) Fernando Claudin, *The Communist Movement : From Comintern to Cominform*, 2vols(New York and London, 1975), p. 614.

15) 다니우치 유즈루, 《현대 사회주의를 생각한다 — 러시아혁명으로부터 21세기로》, 주섭일 역(탐구당, 1989), pp. 65~66.

16) Ernest Mandel, *Critique de l'Eurocommunisme*(Paris, 1978), pp. 15~21.

17) 소련에 대한 충성은 다양한 형태로 표현되었다. 소련에 입국하는 공산당대표들은 빈번히 소련의 성스러운 흙에 키스했다. 20년대 말 독일에서는 공산주의자들 사이에서 '모스크바 만세'라는 인사말을 주고 받았다. Cf. Leonhard, *op. cit.*, p. 45.

18) Cf. 최규진, 〈통일전선의 개념과 운용방식〉, 《신연철교수 정년 사학논총》(일월서각, 1995), pp. 787~816.

19) 박현채·김홍명 편, 《통일전선과 민주혁명 I》(사계절, 1988), pp. 30~31.

20) Cf. 홍성곤, 〈1930년대 코민테른의 반파시즘 통일전선론의 성격〉, 《역사비평》 제7호, 1989년 겨울, pp. 124~152.

21) 카리요, 앞의 책, pp. 168~169.

22) Cf. R.V. Burks, "Titoism and Eurocommunism", George Schwab (ed.), *Eurocommunism : The Ideological and Political-Theoretical Foundations* (Westport, 1981), pp. 33~54.

23) François Furet, *Le passé d'une illusion : essai sur l'idée communiste au XX° siècle*(Paris, 1995), p. 469.

24) Cf. *Ibid.*, pp. 512~520.

25) Cf. 이해영, 〈스탈린주의는 레닌주의의 배반인가〉, 《역사비평》 계간12호, 1991년 봄, pp. 18~32.

26) 허만, 〈유러커뮤니즘의 이론적 특성〉, 《한국정치학회보》 제18집, 1984, p. 138.

27) 이 점에서 카리요의 말은 시사하는 바가 크다. "우리 스페인 공산당이 독립성을 획득했던 절정기는 1968년의 체코 점령시기였다. ……체코슬로바키아는 낙타의 허리를 부러뜨린 한 오라기의 지푸라기였으며 이를 계기로 우리 당은 '아니오'라고 말하게 되었다. 그러한 종류의 국제주의는 적어도 우리에게는 이미 끝장이 나버렸다. 우리가 '낡아빠진 국제주의'라 부를 수 있는 그러한 것은 우리에게는 종결되어야 하는 바로 그것이다. 진정한 사회주의는 다른 것이며, 다른 것이 되어야만 한다." 카리요, 앞의 책, pp. 170~171.

28) 안병영, 《현대 공산주의 연구》(한길사, 1982), p. 84.

29) Cf. 윤근식, 〈쳌코 개혁 공산주의 운동에 관한 연구〉, 《성대논문집》 15집, 1970, pp. 289~306.

30) 홍윤기, 〈동유럽 변혁사의 실천적 의미혁명에 대한 인민적 주체성에 관하여〉, 《역사비평》 계간12호, 1991 봄, p. 60.

31) 안병영, 앞의 책, p. 71.

32) *Lenin's Final Fight Speeches and Writings*, 1922~23(New York, 1995), pp. 196~197.

33) Cf. "Joint Declaration of the Italian and Spanish Communist Parties, 12 July 1975", Paolo Filo della Torre, Edward Mortimer and Jonathan Story, *op. cit.*, pp. 330~333.

34) Cf. "Joint Declaration of the French and Italian Communist Parties, 15 November 1975", *ibid.*, pp. 334~338.

35) Leonhard, *op. cit.*, p. 175.

36) 이명남, 〈Eurocommunism의 전략분석—이태리 공산당을 중심으로—〉, 《한국정치학회보》 제13집, 1979, p. 238.

37) Cf. 이홍구, 〈유러커뮤니즘과 남구정치 : 이탈리아 공산당의 '역사적 타협'의 의의〉, 《사회과학과 정책연구》 제3권 제2호, 1981, pp. 1~12.

38) Cf. 박현채·김홍명 편, 《통일전선과 민주혁명 Ⅱ》(사계절, 1988), pp. 293~336.

39) Cf. 안병영, 〈역사의 벼랑에 선 서구 공산주의〉, 《계간 사상》 1989 가을호, pp.

328~330 ; 허만, 앞의 글, pp. 132~133.

40) Cf. 최장집, 〈이탈리아 공산당의 노선 분석 — 사회주의의 한 대안적 모색〉, 《경제와 사회》 1989 봄, pp. 14~18.

41) Cf. 위의 글, pp. 27~35.

42) 이명남, 앞의 글, pp. 236~237.

43) 카리요, 앞의 책, p. 10.

44) Cf. 코스탄조 프레베, 〈유러커뮤니즘에서 유로좌파로 : 이탈리아 마르크스 주의의 점진적인 정체성 상실에 관한 성찰〉, 서관모 역, 《이론》 1992 겨울, pp. 77~93.

45) 최장집, 앞의 글, p. 22.

46) 카리요, 앞의 책, p. 34.

47) H.T. Willetts, "The URSS and Eurocommunism", Richard Kindersley (ed.), *In search of Eurocommunism*(Oxford, 1981), p. 2.

48) Leonhard, *op. cit.*, p. 167.

49) Cf. 안병영, 앞의 책, pp. 86~90.

50) Philip Elliott and Philip Schlesinger, *op. cit.*, pp. 40~41.

51) Newsweek, 20 June 1977.

52) Newsweek, international edition, 23 January 1978.

53) 1976년 11월에 열린 나토 이사회는 이에 관해 다음과 같이 밝혔다. "동맹의 주요 목표는 자유사회의 기본원칙들을 방위하는 것이다. 그 집단적인 이론이 이러한 원칙과 기본적으로 대치되는 정당들의 세력확장에 의한 위험에 대하여 어떠한 타협도 있을 수 없다. 몇몇 공산당들의 성명을 믿어주는 것은 서방 방위정책의 필요와 관련하여 여론을 무장해제시키게 될 것이다." ; 이해영, 〈유로공산주의의 안보정책—이탈리아, 프랑스 및 스페인을 중심으로—〉, 성균관대 정외과 박사학위 논문, 1985, p. 138에서 재인용.

54) 위의 글, p. 144.

55) 카리요, 앞의 책, p. 133.

56) 클로댕, 앞의 책, p. 43.

57) 카리요, 앞의 책, p. 147.

58) 안병영, 앞의 책, p. 332.

59) Cf. Roy Godson and Stephen Haseler, '*Eurocommunism*' *Implications for East and West*(London, 1978), pp. 87~92.

60) A. Levi, *op. cit.*, pp. 10~11.

61) 카리요, 앞의 책, pp. 172~173.

62) I. Wallerstein, "Eurocommunism : its roots in European working-class history", *The Politics of the World-Economy : The States, the Movements and the Civilizations*(Cambridge, 1984), p. 122.

63) A. Levy, *op. cit.*, pp. 11~12.

64) P. Elliott and P. Schlesinger, *op. cit.*, pp. 40~41.

65) 카리요, 앞의 책, p. 10.

66) Louis Menashe, "Eurocommunism and The URSS : End of the Bolshevik Tradition in the West?", Carl Boggs and David Plotke (ed.), *The Politics of Eurocommunism Socialism in Transition*(London, 1980), p. 296.

67) Cf. 로빈 블랙번 편저, 《몰락 이후 : 공산권의 패배와 사회주의의 미래》, 김영희 외 역(창작과 비평사, 1994), p. 8.

68) Cf. 김홍명, 《사회주의의 제문제》(나남, 1993), pp. 171~174.

69) Cf. 권희영, 〈페레스트로이카와 볼셰비키 역사의 재해석〉, 《역사비평》 계간8호, 1990 봄, pp. 179~206 ; 한정숙, 〈볼셰비키 혁명사가 크게 수정되고 있다〉, 《역사비평》 계간12호, 1991 봄, pp. 80~106 ; 한정숙, 〈혼미한 시대의 역사적 정체성 찾기-1990년대 러시아 역사학의 몇몇 경향〉, 《역사비평》 계간32호, 1996 봄, pp. 196~210.

70) 이 점에 대한 월러스틴의 결론은 시사하는 바가 크다. "우리가 처음부터 염두에 두어야 할 것은 마르크스주의는 마르크스의 사상과 저작의 총합이 아니라, 물론 마르크스의 논증에서 영감을 얻긴 했지만 일종의 도그마가 되어버린, 정치행동을 위한 이론과 분석 및 처방이라는 사실이다. ……나의 주장은 간단하다. 죽어버린 것은 자유주의의 근대성 이론을 따라 발전해 온 근대성 이론으로서의 마르크스주의다. 아직까지 죽지 않은 것은 근대성과 그 역사적 현현인 자본주의 세계경제에 대한 비판으로서의 마르크스주의다. 죽어버린 것은 개량주의 전략으로서의 마르크스주의, 레닌주의다. 아직 죽지 않은 것은 실질적인 사회세력들에게 영감을 불어넣었던 반체제적(antisystematic) 추동력이다." 이매뉴얼 월러스틴 저, 《자유주의 이후》, 강문구 역(당대, 1996), pp. 304~305.

71) 로빈 블랙번, 앞의 책, pp. 11~12.

Ⅳ. 근대와 탈근대

모더니즘
Modernism

조 한 욱

I

한 시대를 지배하는 학문적, 예술적 경향을 대변하는 용어들에 대해
정의를 내리기는 어렵다. 정의를 내린다는 것은 한계를 정하는 일인데,
어떤 한계를 정한다 할지라도 그 범위를 벗어나는 여러 가지 모습들이
존재하고 있기 때문이다. 그런데 '모더니즘'의 경우에는 그 어려움이
여러 가지 이유 때문에 배가된다. 그 이유 가운데에는 '모더니즘'이라
는 현상에 본연적으로 내재하는 것도 있고, 우리의 경우처럼 각별하게
큰 의미를 지니는 특수한 것도 있다. '모더니즘'이라는 용어에 대한 설
명에 앞서 그러한 난점들에 대해 먼저 논하는 것은 그것을 해결하는
방식에 따라 그 정의가 상당히, 때로는 정반대로, 달라지기 때문이다.
따라서 이 글의 논지를 정제시키기 위하여 그 문제점들을 먼저 진단하
고 나름대로의 처방을 제시하는 것은 필수적으로 밟아야 할 단계라고
생각한다.

먼저 정의를 내리기 어렵게 만드는 본연적인 난점들에 대해 고려해
보자. 첫번째로 넘어서야 하는 난관은 '모더니즘'이라는 용어가 학문분
야에 따라, 관점에 따라 다르게 이해되고 있다는 사실이다. 김상환 교
수가 말하고 있는 "세 얼굴"의 모더니즘[1]은 각기 다르게 이해되고 있

는 모더니즘의 면모를 적절하게 보여주는 분류이다.

그 첫번째는 사회과학적 관점의 모더니즘이며, 막스 베버(Max Weber)가 말하는 '서구적 합리주의'를 지칭하거나 암시한다. 서구에서 합리화의 과정이란 주술의 지배력으로부터 세속적 문화가 점진적으로 해방되어 가던 과정과 병행해서는 자본주의적 경제질서와 관료주의적 행정체계의 확립으로 귀결한다. 이런 의미의 모더니즘은 문화적 영역이 이론적 자율성을 획득하고 자본주의적 경제체제와 국가 중심적 행정제도가 완비되는 시점에서 실현되며, 이런 모더니즘이 모습을 드러낸 역사적 시점은 1800년 전후로 추정된다. 두번째로는 문예사적 관점에서의 모더니즘을 상정할 수 있다. 그것은 도시의 군중 속에서 자신을 의식하는 시인인 보들레르(Charles Baudelaire)를 전환의 시점으로 하여 낭만주의의 핵심에 해당하는 루소적 자연관이 역전되는 시기인 1850년대가 그 기점으로서, 농경사회에서 탈피하여 공업사회로 진입해 가던 시기의 도시적 감수성을 바탕으로 하는 사조를 말한다. 세번째의 모더니즘은 철학적 관점 에서 본 것으로서, 앞서 언급한 두 가지 종류의 모더니즘보다 훨씬 심층적인 차원의 지각 변동을 가리킨다. 화이트헤드(Alfred North Whitehead)에 따르면 철학적 모더니즘은 수학이 자연과학의 언어로 확립된 결과 발생한 사물에 대한 인식의 변화에서 출발한다.

이 세 가지 종류의 모더니즘은 각기 타당성을 지니며 각기 다른 차원에서 쟁점이 되고 있다. 그런데 문제는 때때로 이렇게 다른 면모의 모더니즘이 서로 구분되지 않고 동일한 국면에서 논의되는 까닭에, '모더니즘'이라는 주제를 놓고 논쟁을 벌인다 하더라도 논쟁의 당사자들이 서로 다른 내용을 염두에 두고 논쟁을 진행시켜 결과적으로는 어떤 합의도 이끌어낼 수 없는 상황이 발생한다는 것이다. 그렇기 때문에 어떤 맥락에서의 '모더니즘'을 말하고 있는 것인지를 처음부터 명확하게 밝히는 것이 오해의 발단을 없앨 수 있는 길이다.

이 글에서는 두번째의 모더니즘, 즉 문예사적 관점에서의 모더니즘에 국한시켜 논하려 하며 결론에 가서는 그것이 더 넓은 맥락에서 지니는 의미를 간략하게 밝히려 한다. 왜냐하면 첫번째와 세번째의 '모더니즘'은 그 내용에서 이 책의 다른 부분—예컨대, '합리주의' '계몽주의' '실증주의' '상대주의' 등등—과 중복되는 데다가 문예사적인 관점에서의 모더니즘이 아직 우리의 실정에서 그 자체를 위해 본격적으로 다루어진 바가 없었던 것 같다는 —과문의 소치일지도 모르는— 필자의 판단 때문이다.

모더니즘을 정의하기 어렵게 만드는 두번째의 본연적 이유는 그것의 시대를 구분하기가 어렵다는 사실이다. '모던'이란 '현대'를 가리킬 수 있지만, 무엇인가 '새로운' 것을 지칭하는 말일 수도 있다. 그렇다면 '모던'이란 어떤 시대이건 전통적인 것과 결별하여 무엇인가 새로운 시각이나 감수성을 창출하려던 행위들을 가리키는 형용사일 수 있다. 그럴 경우 그 단어에는 어떤 특정의 역사시기를 가리키는 말이 될 수 없다.[2] 그러나 오늘날 '모더니즘'이라는 용어를 사용할 때, 그것은 포스트모더니즘을 배태시켰던 비교적 가까운 과거의 예술적 감수성을 가리키는 말로 통용되고 있다. 이러한 이율배반 때문에 모더니즘이라는 용어를 둘러싼 혼란이 발생하고, 그것은 포스트모더니즘이라는 현상에 대한 이해까지도 어렵게 만드는 것이다. 라이오넬 트릴링(Lionel Trilling)의 말을 빌린다면 '모더니즘'이라는 용어의 의미는 너무도 급격하게 바뀌어서 이제는 상반되는 두 방향을 향해 나아가고 있다.[3] 예컨대 첫째로 우리는 지금은 소멸하고 있거나 혹은 소멸한 특징적인 양식상의 단계를 지칭하기 위하여 '모던'이라는 말을 사용한다. 그렇기 때문에 프로토모던, 포스트모던, 네오모던 등과 같은 용어가 가능한 것이다. 반면 우리는 그 말을 통해 언제 어디서건 영속적으로 무엇인가 사물과 세계와 인간에 대한 관점을 새롭게 만드는 것들을 지칭하기도 한다.

여기에서 파생되는 개념정의상의 문제를 구체적인 예를 들어 설명해보자. 문예사적인 면에서 우리는 대체로 20세기로의 전환점을 전후한 몇십 년 동안을 모더니즘의 시대라고 통칭한다. 그러나 18세기의 소설인 디드로(Denis Diderot)의 〈운명론자 자크와 그의 주인〉(Jacques le Fataliste et Son Maître)이나 〈라모의 조카〉(Le Neveu de Rammeau), 로렌스 스턴(Laurence Sterne)의 〈트리스트람 샌디〉(The Life and Opinions of Tristram Shandy)와 같은 작품들은 이미 현대소설의 모든 특징들을 보여주고 있다. 이 소설들을 '모더니즘'에 포함시켜야 하는가 아닌가? 어떤 방향으로 대답이 나온다면 그 근거는 무엇인가? 이런 문제는 과거에만 국한되는 것이 아니다. "절대적으로 현대적(moderne)이 되어야 한다"는 랭보(Arthur Rimbaud)의 선언을 모더니즘의 표어로 받아들일 경우, 포스트모더니즘의 시대라고 일컬어지는 요즈음 계속하여 창출되는 새로운 문물을 따라가려는 시도는 '모던'인가 '포스트모던'인가? 이러한 딜레마는 '모던'이라는 용어가 갖는 공시성(共時性)과 통시성(通時性) 때문에 발생하는 것이며, 그 양자를 완전히 충족시킬 수 있는 정의는 존재하지 않을 것이다. 그러나 그렇기 때문에 정의를 내리려는 모든 시도를 포기하는 것은 성급한 패배주의일 뿐이다. 필요한 것은 주어진 제약 속에서 적용 가능한 틀을 정하고 그 속에서 작업을 하려는 시도일 것이다. 이 글에서 설정하려는 모더니즘의 틀은 20세기로의 전환점을 전후한 몇십 년 동안의 새로운 실험정신을 구현한 예술적 미적 감수성이라는 다소간 막연한 것이다. 시기가 모호한 것은 본디 도시 중심적인 모더니즘 운동이 유럽과 미국의 각 도시에서 핵심을 이루었던 시기가 차이 나기 때문이며, 이 시기의 예술적 문학적 창작물들 가운데 모더니즘 계열의 작품들과 다른 것들을 구분시키는 근본적인 기준이 실험정신에 있다고 보기 때문이다.

그렇다고 모더니즘의 정의를 내리기 어렵게 만드는 모든 난점이 해결되는 것은 아니다. 위에서 언급한 것처럼 모더니즘의 가장 본질적인 특징이 언제나 새로워지려는 실험정신이라고 한다면 그것에 대해 정의를 내린다고 하는 것은 바로 그 실험정신에 위배되는 것이다. "완전히 발굴이 끝나 잔디를 심고 도로가 포장되어 이정표 팻말이 붙은 유적처럼 모더니즘이 대표하는 장소에 대해 냉정히 조사할 수 있다고 생각하는 사람들은 그 현상의 본질 자체를 오해하고 있는 것이다."[4] 모더니즘에 정의를 내린다는 일은 매너리즘에 입각하여 그 현상을 고정관념화시키는 것인데, 그것이야말로 모더니즘의 정신에 가장 반대되는 일이기 때문이다. 더구나 모더니즘을 문화와 예술에 국한된 현상이라고 파악한다고 할지라도, 여기에는 상징주의·퇴폐주의·인상주의·이미지즘·보티시즘·표현주의·미래파·다다·초현실주의 등등 때로는 서로 합치되고 때로는 서로 상반되는 방향을 가리키는 사조들이 포괄된다. 따라서 그 모든 것들을 하나의 일관된 정의로 묶는 일은 현실적으로 불가능할지도 모른다. 따라서 이 글에서는 어떤 체계적인 정의를 내리기보다 이 현상들이 지니는 특징적인 단면들을 모자이크식으로 조립하거나 혹은 캐리커처식으로 다루어 그 윤곽이 드러나도록 하는 데 초점을 맞출 것이다.

다음으로 논해야 하는 것은 모더니즘에 대한 정의를 어렵게 만드는 우리만의 특수한 상황이다. 불행하게도 우리에게는 모더니즘보다 포스트모더니즘이 먼저 존재했다. 포스트모더니즘 유행의 열기 속에서 정작 그것의 모체가 되었던 모더니즘에 대한 논의는 잊혀지거나, 아니면 포스트모더니즘을 이해하기 위한 방편으로서 간략하게 대비시켜 설명하는 것이 고작이었다. 모더니즘의 이해에 그것이 끼친 악영향은 상당히 심각하다.

그 첫번째의 해악은 모더니즘을 이해하려 할 때 그 자체로서 보는 것이 아니라 포스트모더니즘과 대비시켜 봄으로써 결과적으로 모더니즘은 포스트모더니즘과 반대되거나 대립되는 사조인 것으로 인식시킬 소지를 만들어 놓았다는 것이다. 그리하여 이 책의 전편인 《서양의 지적운동》의 포스트모더니즘을 다룬 항목에서도 "포스트모더니즘은 모더니즘의 논리적 계승이면서 동시에 모더니즘에 대한 비판적 반작용이며 단절이다"[5]라는 단서를 달기는 했지만 포스트모더니즘이 모더니즘과 어떤 방식으로든지 구별이 되지 않는다면 굳이 '포스트'라는 접두사를 사용할 리가 만무하다는 논거에서 포스트모더니즘과 모더니즘의 차별성에 더 큰 비중을 두며 다루고 있다. 포스트모더니즘이 모더니즘의 논리적 계승이자 동시에 비판적 반작용이라면 마땅히 모더니즘에 대한 논의가 그 자체를 위하여 이루어지고 난 연후에 포스트모더니즘이 계승하거나 단절시킨 측면이 고려되어야 하나 오히려 본말이 전도된 느낌이 드는 것이다. 그 당연한 논리적 결과의 하나는, 원래 모더니즘의 본질적인 속성이었다가 포스트모더니즘에서 수용하여 확장시켰던 측면들까지도 때로는 모더니즘에는 존재하지 않는 포스트모더니즘만의 특성인 것으로 간주되거나, 기껏해야 포스트모더니즘이 모더니즘과 함께 나누고 있는 공통점 정도인 것으로 비쳐지고 있다는 사실이다.

그러나 실상 그것보다 더 큰 해악은 모더니즘이라고 하는 역사적으로 형성된 구체적인 현상이 그 구체적인 역사적 맥락에서 지니는 다양성을 반영하며 파악되고 있는 것이 아니라, 어느 정도 개념화된 포스트모더니즘에 대립되는 하나의 '개념'으로서 인식되고 있다는 것이다. 따라서 상당 부분 해체적 전략과 동일시되는 포스트모더니즘에 대비된 모더니즘의 모습은 거대 담론이거나 아니면 최소한 통일적인 인식을 추구하는 틀로서 받아들여지고 있는 것도 부인할 수 없는 사실이다. 이것은 모더니즘을 지나치게 단순화시켜 환원주의적으로 보는 것이며, 그것은 각 시기마다 각 나라마다 다른 모습으로 등장하는 모더니즘에 대한 정당한 평가로서는 미흡한 것이라고 말할 수 있다. 이러한 해악에 대한 해독제는 모더니즘이 역사 속에서 지니는 시간적, 공간적인 다양한 면모를 구체적으로 복원시켜, 비역사적인 성격을 지니는 이 용어의 역사성을 찾아주는 작업이다.

그 작업은 이 글의 범위를 벗어나는 방대한 작업이기 때문에 이 글에서는 먼저 모더니즘 출현의 역사적 배경을 살피고, 다음으로 모더니즘에 대한 여러 가지 오해를 '개념'이 아닌 '역사적 사실'의 차원에서 해명한 뒤, 모더니즘이 오늘날의 우리에게 지니는 의미에 대해 결론적으로 논하려 한다.

II

1851년에는 런던에서, 1867년에는 파리에서 만국박람회가 열렸다. 김상환 교수에 따르면 그것은 '기계의 신화'가 탄생한 역사적 시점으로서, 바로 그 시기에 서유럽은 농경사회에서 탈피하여 공업사회로 들어갔다. 그는 다량의 공업 생산품은 예술적 생산품과 경쟁하면서 미학적 지위를 요구하기 시작했으며, 현대적 의미의 모더니티는 낭만주의적 자연 예찬을 대신하는 도시적 감수성에서, 그리고 전통적 예술미에 도전하는 기계적 인공미와 더불어 탄생하고 있었다고 논한다.[6] 이런 간략한 모더니즘의 역사적 배경은 19세기 후반기에 발생하였던 여러 가지 변화와 만족스럽게 들어맞는 것으로 보인다.

실로 19세기 후반기에 일어났던 제2차산업혁명은 제1차산업혁명과는 기술이나 규모의 면에서 비교가 되지 않을 정도의 변화를 초래하여, 산업분야뿐만 아니라 정치·사회·문화의 여러 방면에서도 미증유의 변혁을 파생시켰다. 자본주의의 계속적인 팽창의 결과로서 19세기 말에 이르면 부르주아 계층이 자신들이야말로 진보의 필수적인 열쇠라고 확신하게 되었다. 인구가 증가하고 생활수준이 향상되면서 소비자의 숫자가 늘어나고 소비시장이 확대되었다. 또한 모든 사람들을 시민으로 만들려던 민족주의적 계획의 일환으로 서유럽 각국에서 촉진된 국가교육의 결과로서 문맹률이 급격하게 낮아졌다. 글을 읽을 줄 아는 소비자의 숫자가 늘어났다는 것은 자본주의 신문의 탄생을 예고하였다. 영국·미국·프랑스·오스트리아 등지에서 태동한 선정적 저널리즘은 감각적이고 자극적인 연재물이나 문예란을 만들어 새롭게 만들어진 대중시장을 파고들었다. 예컨대, 빈의 부르주아들이 탐독하던 신문의 문예란인 〈페유통〉(feuilleton)에서는 다루는 주제의 사실성보다 비평가나 보고자의 주관적인 반응·감정의 기조와 같은 것이 더 중요하게 여겨졌다. 따라서 그 문체는 형용사들이 명사를 현란하게 수식하였다.[7]

　권위 있는 한 서양사 개설서에 따르면, 현대의 문학과 예술은 이런 세태의 흐름에 대한 반발로서 대중한테서 더욱 멀어져갔다고 한다.[8] 잠시 그 논지를 따라가보자.

　자극적이고 감각적인 저널리즘의 발전은 작가와 예술가들로 하여금 속물적이고 물질주의적인 문화로부터 거리를 두게 만들었다. 그들은 예술과 문학의 목적은 대중에 영합하는 것도 대중에 도덕을 설교하는 것도 아니라고 주장하면서, 단지 영원한 진리와 아름다움을 이해하기 위하여, 즉 예술 자체를 감상하기 위하여 예술을 하는 것이라고 주장했다. 따라서 그들은 낮은 취향의 대중들과는 떨어져 자기들끼리 서로의 교감을 구하는 데 더 큰 관심을 부여했다. 그들의 작품에는 사회에서 떨어져 살고 싶을 뿐 아니라 사회에서 떨어져 살려는 그들의 자의식적 욕구가 반영되었다. 예를 들어 1850년대의 식자층은 디킨스(Charles Dickens)의 소설이나 도미에(Honoré Daumier)의 판화가 전달하고자 하는 바를 읽고 감상할 수 있었지만, 1900년대에 들어 사람들은 폴 세잔(Paul Cézanne)의 그림이나 폴 발레리(Paul Valéry)의 시를 이해하기조차 힘들다는 것을 발견하게 되었다. 한 마디로 예술가와 대중은 동일한 언어로 이야기하기를 그만두었다는 것이다.

　이것은 모더니즘의 예술과 문학에 대해 많은 것을 알려주는 훌륭한 요약이기는 하지만 이것이 모든 이야기를 담고 있는 것은 결코 아니다. 먼저 지적해야 할 것은, 대부분의 예술가나 문필가들은 본디 출신이 부르주아로서, 자신이 속했던 그 계급에 대해, 그리고 그들의 문화에 대해 반드시 거리를 두려고 의도하지만은 않았다는 사실이다. 이것에 대한 해명은 어떤 통계적 자료나 인과적 설명보다도 토마스 만(Thomas Mann)의 자전적 단편소설 〈토니오 크뢰거〉(Tonio Kröger)의 내용이 훌륭하게 제공한다.

　예술가로서 비평가로서 큰 성공을 거둔 토마스 만의 분신 토니오 크뢰거는 예술과 삶 사이에서 갈등하며 고뇌하는데, 그의 친구인 이바노브나는 그의 본질을 간파해낸다. 그것은 토니오 크뢰거가 "무엇인가 모자라는 부르주아(bourgeois manqué)"라는 것이다. 즉 예술로 길을 잘 못 접어든 부르주아라는 것으로서, 토니오 크뢰거는 삶에 거리를 두고 관조해야 하는 예술가의 길을 걷지만, 그 부르주아의 삶을 남 모르게 동경한다. 즉 한편으로는 부르주아의 삶을 경멸하면서도 동시에 그것과 동화되려는 양면성 때문에 고뇌하며, 그 고뇌를 예술로서 승화시키려는 인물로 그려지는 것이다.

바꿔 말하자면 모더니즘 계열 예술가나 문필가들의 대중들과의 괴리는 시초부터 범주적으로 존재했던 것이 아니라, 시간의 흐름에 따라 심화되었던 것이며, 모더니즘이 지니는 진정 다양한 면모를 이해하기 위해서는 그 과정에 대한 이해가 필수적으로 전제되어야 한다. 그러나 태생적으로 부르주아였던 예술가들이 자신들을 배출한 사회와 결별하게 되는 과정에 앞서 논의되어야 하는 것은, 이 새로운 종류의 예술가들이 타도하고자 하였던 종래의 미적 감수성이다.

모더니스트들이 공격의 목표로 삼았던 조류는 19세기 문명을 대표하는 사실주의(realism)이며, 그것을 지탱시켜주던 사회집단은 특권 귀족계층이었다. 논란의 여지가 있기는 하지만,《근세 초 유럽의 대중문화》(*Popular Culture in Early Modern Europe*)[9]에서 피터 버크(Peter Burke)가 논하는 바에 따르면, 원래 사회의 모든 계급은 대중문화의 여러 측면에 참여하였다가 종교개혁 이후에 상층계급이 평민들의 관례로부터 물러났다고 한다. 자신들만의 문학적, 고전적, 학술적, 궁정적 문화를 소유하고 있던 그들의 이탈은 1800년 정도에 이르러 완결된다. 또한 《라블레와 그의 세계》(*Rabelais and His World*)[10]에서 보이는 미하일 바흐친(Mikhail Bakhtin)의 주장에 의하면, 카니발로 요약되는 대중문화는 참여의 문화로서, 여기서는 모든 사람들이 동등하게 참가했다. 모든 사회적 정신적 위계질서는 풍자되고 전도되거나 무효가 된다. 지배자와 피지배자, 신성한 것과 불경스러운 것, 정신과 육체, 공연자와 관람자가 뒤섞여 어우러진다. 바흐친에 따르면 이러한 카니발레스크의 정신은 르네상스 이후 귀족층의 고급문화의 저류에 잠복하여 있다가 플로베르(Gustave Flaubert)와 마네(Edouard Manet)로부터 시작하는 모더니스트들의 반역에서 두드러진 역할을 하게 된다.

버크와 바흐친의 논지를 종합한다면, 모더니스트들의 반역은 19세기 전반까지 풍미하던 귀족이나 상층 부르주아의 문화에 대한 재검토에서 출발한다. 그 사실주의(寫實主義) 문화의 특징은 문어적(literary)이고 모방적(mimetic)이다. 즉 글로 된 것이 아닌 예술의 경우에도 예술작품은 어떤 이야기를 전달하려고 하며, 묘사하는 대상을 모사하듯이 전달하려고 한다. 이런 맥락에서 관학파 예술의 주된 미학적 원리는 모방과 서술이었던 것이다. 풍경화를 그린다고 하더라도 "사실적이고 설명적인"[11] 묘사가 필요했으며, 단지 보이는 대로 그린다는 인상파의 현대성은 이런 측면에서 받아들여야 하는 것이다. 관람자들은 환각적인 삼차원의 명암 대비를 통해 화폭의 평면성을 잊도록 요구되었다. 그림은 이야기를 말해야 했으며, 그 가운데서도 가장 뛰어난 것은 역사를 다룬 그림이었다. 그것은 역사적, 신화적, 성서적 사건들을 묘사하는 것으로서, 고급한 문학수업을 받은 사람들만이 감식할 수 있는 것이었다.

이런 점에서 본다면 사실주의를 이루는 한 가지 중요한 특성 가운데 하나는 전통을 중시하는 역사주의적 태도라고 말할 수 있으며, 모더니즘은 전통이나 역사와의 의식적인 결별을 추구하던 운동이라고 말할 수 있다. 고갱(Paul Gauguin), 고흐(Vincent van Gogh), 피카소(Pablo Picasso)의 영향에 대해 허버트 리드(Herbert Read)가 했던 다음과 같은 말은 모더니즘의 이런 성격을 극명하게 보여준다

> 이제 우리는, 유럽 회화예술의 논리적 발전과정이나 어떤 역사적 유례를 찾을 수 있는 발전 과정이 아닌, 모든 전통과의 급격한 단절에 관심을 지닌다. ……지난 다섯 세기 동안의 유럽 회화의 목표는 이제 공개적으로 포기되었다.[12]

경제학의 역사학파에 대한 반발에서 태어난 한계효용학파에 의해 출발된 반역사적 태도는 정신분석학·음악·철학·건축 등으로 파급되어, 모

더니즘의 위대한 지적 혁신가들은 정도의 차이는 있지만 모두가 의식적으로 자신들이 자라났던 19세기의 자유주의적 문화에 중심적 역할을 하였던 역사적 전망과의 결별을 추구했던 것이다. 예컨대 모리스 라벨(Maurice Ravel)이 작곡한 오케스트라를 위한 무용시인 〈왈츠〉(La Valse)는 19세기의 급격한 사멸을 기록하였다. 즉, "회의는 춤춘다"던 메테르니히(Metternich)의 빈 체제, 명랑하고 안정된 빈의 오랜 상징이었던 왈츠는 이제 라벨의 수중에서 죽음의 무도회로 바뀌었다. 그것은 중앙으로부터 분리되어 전체로부터 벗어나려는 불협화음의 와중에서 갑자기 휴지부가 등장하여 곡이 정지된다. 전체성의 혼란 속에 끝을 맺는 이 무용시는 음악기법의 면에서뿐만 아니라, 19세기 자유주의적 오스트리아의 붕괴를 찬양하고 있다는 점에서 전통이나 역사와의 결별을 보여준다.[13] 다른 측면에서 모더니즘의 역사와의 결별을 보여주는 예는 바이마르 공화국 시대의 바우하우스(Bauhaus)에서 고안해낸 가구의 도안이나 건축의 설계이다. 그것은 기하학적 원리를 이용하여 실용성과 미학적 감수성을 동시에 확보한다는 목표를 지향하는 것이었다. 이전 시대의 건축물이나 공예물에서는 고딕·바로크·로코코 등의 시대적인 양식상의 특징이 나타나며, 이에 따라 어떤 예술품을 볼 경우 그것을 역사상의 특정 시대와 결부시킬 수 있었다. 그러나 현대적 실험정신의 산실이었던 바우하우스에서 고안해낸 창조물에서는 그런 역사성을 찾을 수 없는 것이다.

19세기 말에 출현하여 20세기에 개화된 실험적 모더니즘은 도시의 예술, 그것도 대도시의 예술이라고 말할 수 있다.[14] 파리·베를린·빈·뮌헨·모스크바·뉴욕·런던·취리히 등등의 문화적 수도에서는 새로운 사상과 새로운 예술을 위한 분위기가 열렬히 고조되어 자국의 문필가나 예술가들뿐만 아니라, 다른 나라로부터 지적 편력을 구하려던 자들이나 망명가들이 모여들었다. 카페·카바레·잡지사·출판사·화랑 등이 모여 있는 이러한 도시에서는 새로운 미학이 정제되고, 새로운 운동이 다투어 등장하면서 새로운 문화적 명분이나 유형을 위한 투쟁과 도전이 일상화되었다. 이러한 도시들은 우연히 만들어진 사람들의 회합 장소가 아니었다. 이 도시들은 새로운 예술을 배태시킬 수 있는 환경을 지니고 있었을 뿐 아니라 지적인 긴장과 충돌의 중심지였다. 낭만주의 문필가들이나 지식인들은 도시의 악, 인간상, 번잡함, 즉물성과 같은 것들을 혐오하며 목가적 문학이라는 유형을 만들어냈다. 그러나 이제 모더니스트들은 예술과 경험과 현대의 역사에 대한 체험을 얻기 위해, 그들의 예술적 잠재력의 충실한 구현을 찾기 위해 끊임없이 도시로 향하였다. 보들레르, 도스토예프스키(Dostoyevskii), 디킨스, 제임스 조이스(James Joyce), 엘리어트(T. S. Eliot), 에즈라 파운드(Ezra Pound) 등등의 많은 작가들에게 도시는 장소라기보다 하나의 메타포로, 하나의 개념으로 바뀌었다.

이러한 도시 내에서 모더니즘 계열의 예술가나 문필가들은 자신들이 어느 정도 망명의 상태에 있다는 사실에서, 즉 일종의 거리감을 느끼고 있다는 사실에서 자신들의 관점을 찾기도 했고 전망을 구하기도 했다. 이런 거리감이나 망명의 상태라는 것은 예술가들이 자신의 고향으로부터 떠났다는 것뿐만 아니라 계급에의 충성에서도 떠났음은 물론 전통적인 응집적 문화 속에서 각자에게 할당된 특정한 의무나 충성에서도 떠났다는 것을 말한다. 이런 측면에서도 모더니즘은 전통이나 역사와의 의식적인 절연이라는 면모를 보여주는 것이다. 제임스 조이스가 더블린에 집착하고 헤밍웨이(Ernest Hemingway)가 미시간의 숲에 집착하듯 작가들이 한 지역에 매달려 있을지도 모르지만, 그럴 경우에도 그들은 미학적 국제주의, 혹은 세계주의라는 망명자적인 거리를 둔 관점에서 자신들의 고향을 인식했다.

모더니스트들은 전통이나 역사와의 유대는 끊었지만 그 대신 새로운 유대감을 발전시켰다. 즉, 그들은 자신들 내부의 교류를 강화시키며 세계시민주의에 입각한 문화의 제국과 흡사한 것을 건설하였다. 대도시 안에는 예술가들의 세계주의적인 구역이 존재하며, 이곳이 이른바 보헤미아 같은 곳으로서 이곳에서 예술의 기능이 수행되었다. 파리의 몽파

르나스, 런던의 소호, 뉴욕의 그리니치 빌리지 같은 곳이 그런 지역으로서, 프랑스의 전위예술에 대한 책인 《향연의 해》(*The Banquet Years*)[15]를 저술한 로저 샤툭(Roger Shattuck)은 그런 지역의 분위기에 대하여 '세계주의적 지역주의'라고 표현하였다. 문화 인사들이 그런 지역에 몰려 있었음에도 그 곳이 세계주의적일 수 있었던 이유는 그 지역에서 발산되었던 영향력들이 다른 지역에 쉽게 전파되어 국제성을 얻게 되었기 때문이었다. 즉 작가나 예술가들 자신이 여러 도시를 편력하며 문화를 연결시켜주는 교량 역할을 하였기 때문에 그런 영향력이 쉽게 전파될 수 있었던 것이다. 예컨대 "미국은 나의 나라지만, 파리는 나의 고향이다"라고 말하였던 미국의 여류소설가 저트루드 스타인(Gertrude Stein)은 20여 년 간을 파리에서 생활한 뒤 미국으로 되돌아가 미국의 소설과 유럽의 입체파를 연결시켰고, 스트린드베리(Strindberg)는 남쪽을 여행하며 스칸디나비아의 희곡과 중부 유럽의 표현주의를 연결시켰다. 이런 분위기 속에서 파리와 같은 대도시들은 붕괴와 혼돈과 타락의 와중에서도 적극적이고 급진적이지만 통제되어 있는 이상적인 세계주의의 수도 역할을 하였던 것이다.

이렇듯 대도시에 근거를 두고 있는 모더니즘의 주창자들이 사실주의의 역사성과 결별을 선언하였던 결과, 이제 전통적인 가치는 문화의 거의 모든 측면에 있어서 현대적 정신의 소유자들을 지배하지 못하게 되었다. 반면 의도적인 역사성의 거부에 따른 전통 상실의 결과로 나타난 불확정성의 감정은 오히려 실험적 정신을 배양시킬 비옥한 토양을 제공하였다. 예술가들은 사실주의가 그다지도 염두에 두고 있었던 '실재(reality)'를 천착하면서 자신들의 가장 기본적인 표현매체의 성격에 대해 의문을 제기하기 시작하였다. 그 결과 공간을 화폭의 평면에 집어넣는다는 허구성에 대한 회의가 입체파의 감수성으로 연결되었고, 도전을 받아본 일이 없었던 8음계의 지배에 대한 의혹이 무조성과 12음계의 음악을 탄생시켰다. 어쩌면 오늘날 포스트모더니즘의 해체전략의 맹아는 아마도 이런 모더니스트들의 실재에 대한 철저한 의문 제기에 이미 존재하고 있었다 하더라도 큰 무리가 없을 것이다.

문학에서 가장 기본적인 표현매체인 언어의 성격에 대한 의문이 제기되었다. 작가들은 언어가 결코 실재를 정확하게 표현할 수 있는 것이 아니라는 인식을 하게 됨으로써, 의사를 소통하는 수단으로서의 언어라는 관념이 붕괴되기에 이르렀다. 토니오 크뢰거는 자신이 사랑하지만 접근할 수 없었던 부르주아 친구들인 한스 한젠과 잉게보르크 홀름과의 문제가 "자신의 언어가 그들의 언어와 다르기 때문"이라고 말한다. 오스트리아의 극작가이자 소설가 아르투르 슈니츨러(Arthur Schnitzler)의 희곡 〈윤무〉(Reigen)는 사람들의 말이 그들의 생각과 어떻게 다르게 발설되는가를 여러 상황을 통해 정교하게 표현함으로써 언어의 나약성을 노출시켰다. 한편 슈니츨러와 동시대 동향인인 후고 폰 호프만슈탈(Hugo von Hoffmannsthal)은 〈찬도스 경의 편지〉(The Letter of Lord Chandos)에서 언어를 재생시키려는 가능성에 대한 극단적인 회의를 표명하면서, 언어의 미래는 언어가 아닌 언어, 혹은 언어 이전의 언어에 존재할 것이며, 그런 언어가 발견되기 전까지 할 수 있는 유일한 일은 침묵이라고 시사했다. 호프만슈탈은 고대 그리스의 비극을 재해석하여 리하르트 슈트라우스(Richard Strauss)가 작곡한 오페라 〈엘렉트라〉(Elektra)의 마지막 장면에서 여주인공인 엘렉트라로 하여금 "우리처럼 행복한 사람들에게 맞는 일은 단 한 가지뿐이야. 입을 다물고 춤이나 추자!"라고 말하게 함으로써 언어에 대한 불신을 명료히 하였다. 물론 언어의 본질적인 성격에 대한 의문의 제기가 곧바로 그에 상응하는 해결책으로 연결된 것은 아니었지만, 그러한 천착의 시도 자체가 현대의 불안감의 증거로서, 새로운 실험정신을 위한 밑거름으로서 작용하였다는 사실마저 부인할 수는 없을 것이다.

이제 우리는 앞서 남겨두었던 주제로 되돌아갈 시점이 되었다. 태생적으로 부르주아였던 예술가와 문인들이 자신들을 배출하였던 계급과 그들의 문화에 대해 등을 돌리게 되는 상황에 대해 논할 시점이 된 것이다. 부르주아 예술가들은 '부르주아'라는 형체를 잡기 어렵고 여전히 변화하던 계급 내에서 불안정한 지위를 차지하던 집단이었다. 그들은 부르주아계급 자체에 대해 양면적인 감정을 표출하였다. 귀족이나 궁정의 후견인 제도가 사라진 뒤, 그들은 개인적인 위촉이나 익명의 구매자를 위해 중산계급에 더욱더 의존하게 되었다.

반면 예술가의 숫자는 상대적으로 증가하여, 궁극적으로 그것은 예술가들을 프롤레타리아로 만들었으며, 이러한 과정에서 문인과 예술가들은 박탈감과 부르주아에 대한 증오심도 키우게 되었다. 성공한 예술가라도 중산계급의 비위를 맞추는 일은 혐오하는 경우가 많았다. 즉 '부르주아 정신'의 확연한 장점에도 불구하고, 중산계급의 즉각적인 물질주의적 향락문화는 진정한 예술가들의 기질과 맞지 않기 때문이다. 이런 맥락에서 예술가들이 택할 수 있었던 대안은 두 가지였다. 하나는 '예술을 위한 예술'로의 도피로서 그런 꿈은 플로베르에 의해 다음과 같이 표현되고 있다. "내게 아름답다고 여겨지는 것, 내가 하고 싶은 것은 아무 것에 대해서도 쓰지 않은 책을 쓰는 것, 어떤 외적인 관련도 없는 책을 쓰는 것, 그 자체의 문체의 내재적인 힘을 통해서만 지탱되는 책을 쓰는 것이다." 다른 하나의 대안은 사회적, 정치적, 문화적 비판에 적극적으로 참여하는 것으로서, 그 가장 특징적인 예는 베르톨트 브레히트(Bertolt Brecht)에서 찾을 수 있을 것이다. 어쨌든 그 두 대안은 모두가 모더니즘의 발흥에 직접적인 영향을 주었다.

프랑스에서는 예술가와 문인들의 프롤레타리아화가 이미 19세기 전반부터 진행되고 있었다. 17세기부터 프랑스의 귀족들은 사회적 규약에 의해 상업에서 엄격하게 배제되었고, 리슐리외(Richelieu) 추기경의 행정 개혁 이후로 정치적 권력구조에서도 밀려나게 되었다. 그리하여 그들은 사치·사냥 같은 사소한 일에 몰두했지만 동시에 그들은 예술에 대한 취향을 발전시켰고 예술가들을 후원하였다. 중세부터 18세기에 걸쳐 예술가들은 후견인의 지원을 받거나 길드에 가입함으로써 생존하였다. 구체제의 말기에 이르면 길드는 대체적으로 붕괴되기에 이르러 '화가나 작가는 그들의 물질적 지위의 결정요인으로서 사적이건

공적이건 후견인과의 개인적인 관계에 맡겨지게 되었다.'[16] 19세기에 이런 관계는 그것을 배태시켰던 귀족계급과 함께 퇴조하였다. 프랑스의 부르주아 계급은 귀족들의 예술취향을 물려받았고, 자산 투자를 위한 기회가 결여되어 있었기 때문에 예술에 그들의 이윤을 낭비했다.[17] 이제 후견인 제도가 시장경제에 굴복하게 되자 예술가들은 개인적인 종속관계에서는 벗어나게 되었지만 확대된 문화적 상품의 시장에서 경쟁을 벌여야 했다. 새로운 상황은 예술가에게서 "자신의 재능을 전개시키기에 필수적인 여유"를 뺏어간 것이었지만, "좀더 오래되고 좀더 강압적인 형태의 사회 생활이라는 불행한 영향으로부터 문화를 자유롭게 만들었다."[18] 예술가들 내부에서의 경쟁이 그들의 집단적 자아의식과 결합되면서 보헤미아 문화라는 주변적인 문화가 형성되었고, 그것은 이후 아방가르드 문화를 위한 토대를 마련하게 된다.

독일의 경우에 사실주의에 함축되어 있는 역사주의에 대한 (아직 모더니즘은 아니라 할지라도) 현대적 반발은 1880년대초 뮌헨에서 시작하여 베를린과 다른 문화적 중심지로 전파되었던 자연주의운동이었다.[19] 그것은 부르주아 도덕관과 자본주의를 공격했다. 이런 운동이 배태된 이유로서는 빌헬름제국 내의 젊은 작가들이 느꼈던 환멸을 들 수 있다. 이들이 배웠던 고전 교육은 인간정신의 고귀한 이상을 구현하는 고급문화를 강조하였으며, 교육제도와 함께 출판업·신문·언론·극장 등등의 새로운 문화적 시장이 크게 확장되었다. 교육과 넓어진 시장이 결합한 결과, 많은 젊은이들이 작가로 나섰다. 그러나 곧 그들의 숫자는 시장의 수요를 넘어섰고, 많은 수의 작가들이 문학적인 프롤레타리아로 바뀌게 되었다. 문화계에서 직업을 얻을 전망이 사라지고 수입의 감소에 직면하게 된 이 젊은 세대는 그 당시의 역사주의적인 양식과 자본주의적인 관례에 등을 돌리게 되었다. 그리하여 이들은 노동계급과의 만남을 통해서가 아니라 스스로가 프롤레타리아가 됨으로써 노동계급과의 친화성을 느끼게 되었다. 이들은 부르주아의 문화에 비판적이며, 예술가의 곤경과 노동자의 투쟁에 동조적인 글을 썼다. 그리하여 그들은 어떤 측면에서 현대 아방가르드의 특징으로 바뀐 사회 전반에 대한 영속적인 반발이라는 태도를 갖게 된 것이었다.

　한편 자신들이 경멸하는 중산계급의 부르주아를 겨냥하여 그들의 취향에 맞는 작품을 만들어 익명의 고객을 자본주의적 시장에서 만나야 하는 상황에서 예술가들은 자신들의 창조적인 재기를 부르주아의 속물적 취향과 조화시켜야 한다는 갈등을 겪게 된다. 그런 내적 갈등이 외적으로 표출되었을 때 그것은 양면적인 성격을 지니는 예술품으로 나타나며, 그런 작품에서는 '애매모호함'이 심미적인 가치로서 새롭게 부각되었다. 서구의 문화사에 있어서 양면성 혹은 애매모호함(ambiguity)이란 언제나 경멸적인 함의를 담고 있었지만, 이제 20세기에 들어서 그것이 현대의 상황을 가리키는 미적 기준으로 올라서게 된 것이다.[20] 티치아노(Tiziano)의 〈우르비노의 비너스〉를 패러디한 마네의 〈올랭피아〉(Olympia)는 모더니즘 예술품의 양면성을 극명하게 보여주는 예이다. 그 그림은 아름다운 여인의 '누드'인지 추한 여인을 '벗겨 놓은' 그림인지 분간이 어렵다. 올랭피아의 눈은 관람자를 바라보는 것 같지만 상세히 살펴보면 그것조차 모호해진다. 어깨의 선은 여성의 아름다운 곡선미를 그린 것인지 아닌지 판단하기 어렵다. 손을 관찰한다면 손가락의 그림을 마무리지은 것인지 아닌지 말할 수 없다. 창녀를 모델로 했다는 이외에도 그런 여러 이유에서 이 그림은 많은 스캔들을 불러일으켰지만, 오늘날 이 그림이 우리의 미적 감수성의 영역을 확장시켜 놓았다는 평결에 의의를 제기할 사람은 없을 것이다.

Ⅲ

　이런 모더니즘의 예술과 문학을 대중들이 바로 이해하기 어려웠던 것은 확실한 사실이며, 그 이후 "예술가와 대중은 동일한 언어로 이야기하기를 그만두었다"는 판단 역시 충분한 근거가 있다. 그러나 그렇다고 해서 대중문학에 남다른 관심을 보이는 포스트모던 문학에 비교하여 "다분히 엘리트주의적이고 고답적인 입장을 견지하던 모더니즘은 대중문학에 이렇다 할 만한 관심을 보이지 않았다"[21]는 결론을 서둘러 짓는 것은 대중문화의 여러 입장을 수용하려고 시도하였던 모더니스트들의 노력을 헛되게 만드는 것이다. 앞서 언급하였듯이 바흐친의 이론에 따르면 대중문화를 대표하는 카니발레스크 정신은 고급문화의 저류에 잠복해 있었다가 플로베르와 마네로부터 시작하는 모더니스트들의 반역에서 두드러진 역할을 하게 된다.

굳이 바흐친의 이론을 원용하지 않는다 할지라도 모더니즘의 예술가와 문인들이 대중문화에서 영감을 얻으려 하였던 시도는 도처에서 쉽게 찾을 수 있다.[22] 이를테면 프랑크 베데킨트(Frank Wedekind), 막스 라인하르트(Max Reinhardt), 베르톨트 브레히트와 같은 극작가들은 독일 전래의 인형극·무언극·서커스 등 농민이나 도시의 하층계급과 관련된 주제들을 무대에 올리려 시도하였고, 프랑스에서는 알프레드 자리(Alfred Jarry), 페르낭 레제(Fernand Léger), 앙토냉 아르토(Antonin Artaud) 등이 같은 일을 하였다. 슈니츨러의 〈윤무〉는 죽음의 춤이라는 중세 농민들의 의식에서 그 구조를 빌려왔다.[23] 회화에서도 대중적 판화와 농민들의 예술이 칸딘스키(V. Kandinskii), 청기사 집단(Der Blaue Reiter), 마티스(Henri Matisse), 곤차로바(Goncharova) 등의 화가들에게 영향을 끼쳤으며, 피카소와 고갱이 아프리카와 남태평양의 원주민들에게서 받은 원시적 상상력을 화폭에 옮긴 것은 널리 알려져 있는 일이다. 음악에서도 쿠르트 바일(Kurt Weill), 힌데미트(Hindemith), 오르프(Orff), 바르톡(Bartok), 스트라빈스키(Stravinsky) 등은 유럽의 민속곡조를 미국의 재즈와 접목시켰다.

요컨대 모더니즘의 예술가들은 대중예술의 주제와 형식을 의식적으로 전유하려고 시도하였던 것이다.[24] 그 이유는 앞장에서 언급하였던 것처럼 예술가들이 전통적인 귀족들의 문화를 배격하고 자신들의 태생적인 부르주아문화와 거리를 두면서 그것을 극복하는 대안을 대중문화와의 접합에서 찾으려 하였다는 사실을 지적할 수 있다. 전통적인 고급문화란 역사주의적 문화이며, 이야기로 된 즉 '말'로 된 문화이다. 그에 대항하려는 모더니스트의 문화는 "입 다물고 춤이나 추자"는 엘렉트라의 대사가 웅변하듯, 언어보다는 몸짓과 행동의 문화이며, 그것은 유럽의 농민들에게 전래되던 문화의 기본적인 구성요소와 다르지 않다. 이런 맥락에서 모더니스트들은 상층부르주아 문화에 저항하기 위한 반부르주아적 감수성의 원천으로서 대중문화에 의존하였거나, 고급문화를 변형시키고 재생시키기 위하여 대중예술의 여러 측면을 이용하였거나, 고급문화와 대중문화가 함께 공존할 수 있는 새로운 유형의 공동체 건설을 위한 수단으로서 대중적 문화의 형식을 차용하였다.

물론 대중문화의 여러 측면을 이용하려고 의식적으로 시도하였다고, 그 결과가 대중들이 쉽게 이해할 수 있는 작품으로 나타나는 것은 아니었다. 사회적, 예술적으로 대중문화가 갖는 전복적인 성격을 감지하고 그것을 이용하여 남부독일 바이에른의 정치를 주도하던 자유주의적 왕정관료들과 보수적 가톨릭 정치가들에 대항하려던 오스카 파니차(Oskar Panizza)와 프랑크 베데킨트의 시도는 본질적으로 민주주의적인 시도였다고 해도, 그 결과에서까지 그런 평가를 받지는 못했다. 왜냐하면 "그것은 사회적으로 호소력을 갖는 범위가 한정되어 있었고 고급문화와 정치적 문제에 특별한 관심을 두고 있었기 때문에 비민주주의적인 것이었다."[25] 시각적 사실주의와 관학파 회화의 설명적 내용을 거부하면서 유럽의 농부들과 비유럽의 "원주민들"에게서 예술을 위한 정신성을 찾으려던 칸딘스키에 대해서도 비슷한 결론을 내릴 수 있다. 즉, 그가 비록 미래에는 모든 사람들이 감식할 수 있도록 하려는 목적에서 예술행위에 몰두하였다고 해도, 그의 생존기간 동안 그의 예술을 추종하던 사람들은 소수의 엘리트였기 때문이다.

그렇다고 하여 대중문화에 대한 그들의 관심을 일방적으로 매도하는 것은 그들의 고상한 시도를 사소한 것으로 만드는 것임과 동시에 역사의 무수히 다양한 측면에 대한 무관심을 노출시키는 것이다. 오늘날 포스트모더니즘이 보이는 대중문화에 대한 관심은 어쩌면 대중문화의 차원을 예술 속에서 복원시키려던 모더니스트들의 시도가 없이는 불가능했을 것이기 때문이다.

한편 모더니스트들이 비정치적인 특성을 지닌다는 결론[26] 역시 일면에 불과한 진리만을 담고 있다. 앞장에서 진술하였듯이 모더니즘의 한 특성이 '예술을 위한 예술'로 침잠하여 세련된 표현상의 양식을 추구할지라도, 그 반대되는 특징은 사회적, 정치적, 문화적 비판에 적극 참여하는 것이었기 때문이다. 오스카 파니차, 프랑크 베데킨트, 막스 라인하르트 등이 시도한 극작과 무대연출이 대중예술의 여러 측면을 도입하여 지배계층의 자유주의적 문화에 대항하려던 것임은 앞에 말한 바와 같다. 바이마르공화국의 '교량(Brücke)' 동인에 속했던 에리히 헤켈(Erich Heckel)이나 막스 펙슈타인(Max Pechstein)의 판화에는 지치고 부상당한 군인의 모습과 같은 것이 많이 등장한다. 그런 그림을 보면서 제1차세계대전에 반대하는 정치적 메시지를 읽기는 어렵지 않다. 또한 표현주의자들의 포스터는 정치적 구호로 가득차 있다. 왜곡을 통하여 환상을 파괴하고 이야기 외부의 관점을 도입시켜 극의 서술을 중단하는 것은 브레히트의 '소외효과(Verfremdung)' 이론의 핵심으로서 대중문화의 무대형식에서 빌어온 기법이다. 이런 장치를 통하여 브레히트가 의중에 두었던 것은 사회적 도피주의가 아니라, 청중들의 사회관을 변혁시키려던 도덕주의였다. 그러나 여기에도 역사의 아이러니는 존재한다. 그가 그렇게도 타파하려고 시도하였던 부르주아계층과 자본주의 사회가 〈서 푼짜리 오페라〉(Dreigroschenoper)를 비롯한 그의 극들을 환호하는 청중이 되었던 것이다.

모더니즘과 관련되어 만연되어 있는 또 다른 오류는, 모더니즘에서는 "한 문학 장르와 다른 문학 장르 사이에 마치 베를린장벽처럼 높다란 장벽이 가로놓여" 소설 장르와 시의 장르가 결합을 한다면 그것은 "마치 이민족과의 결혼처럼 금기시되었다"[27]는 판단과 고전음악과 대중음악의 영역을 넘나드는 '크로스 오버'가 포스트모더니즘의 특성이라는 것이다. 그러나 이것 역시 잠깐만 생각하면 허구성이 쉽게 입증된다. 이미 설명하였듯이, 모더니스트들은 대중문화의 여러 차원을 창작행위 속에 투입하려는 시도를 여러 가지 방식으로 여러 가지 장르에서 시도한 바 있었다. 보들레르는 시인이자 화가이자 비평가였으며, 오스카 슐레머(Oskar Schlemmer)는 무대장치 디자이너이자 무용수였으며, 칸딘스키는 화가이지만 네 편의 희곡을 저술했고, 쇤베르크(Schönberg)는 무조성의 음악을 창출하면서도 많은 풍경화를 남겼다. 바이마르 시대의 독일에서는 철학자건 소설가건 시인이 되기를 갈망하며 시인으로 인정받기를 원했다.[28]

현대적 실험정신의 산실인 바우하우스는 영역을 넘나드는 예술가들의 모습을 보여주는 또 다른 좋은 예이다. 바우하우스 예술가들의 이상이란 예술과 장인정신을 결합시키는 것이었다. 그들은 오래된 예술의 학파들이 예술과 기술을 분리시켰기 때문에 건축에 있어서의 통일성을 산출할 수 없었다고 말하며, "건축가·조각가·화가들은 모두 다 기술로 눈을 돌려야 한다"며 장인과 예술가 사이의 구분을 모호하게 만들었다. 라이오넬 파이닝거(Lyonel Feininger)에 의해 초안된 바우하우스의 선언문은 그런 정신을 극명하게 보여준다. "예술가란 최고 형태의 장인이다. 모두로 하여금 속물적인 구분을 잊고 건축·조각·회화가 모두 단일한 형상 속에 뭉쳐 있는 미래의 새로운 건축에 참여하도록 하여 새로이 출현하는 신념의 순수한 상징으로써 수백만의 장인들의 손으로부터 천상으로 올라가자."[29] 이렇듯 다방면에 걸친 장르를 종합한 결과로서 실용성과 미적 감수성을 동시에 충족시킨 창조적 산물이 인쇄술, 가구 도안, 등잔, 직조, 도예, 제본, 무용 등의 분야에서 오늘날까지도 지속적인 영향력을 미치고 있다는 것은 엄연한 사실이다.

마지막으로 지적하고 싶은 모더니즘에 대한 오해는, 모더니즘이 지니지 않는 포스트모더니즘의 특징으로서 문학의 자기 반영성을 강조하면서, 포스트모더니스트들이 작품이 창작되는 과정 그 자체를 작품의 중심적인 주제로 삼았다는 주장이다.[30] 그러나 바로 그러한 성격들이야말로 모더니즘 문학의 가장 큰 특징이며, 포스트모더니즘의 작품에서 그런 면모가 보이는 것은 모더니즘의 결실을 거두어들인 것이라고 말할 수 있다. 예컨대 〈토니오 크뢰거〉는 작가인 토마스 만의 전기와 다를 바가 없는 것으로서, 그 작품 자체가 왜 그 작품을 쓰게 되었는가를 고백하는 소설이다. 〈젊은 예술가의 초상〉(Portrait of the Artist as a Young Man)의 주인공인 스티븐 디달러스가 제임스 조이스의 분신이듯, 많은 '성장소설'의 주인공들은 작가 자신의 인식의 변화를 소재로 하고 있다. 그런 과정에서 이들은 작가 자신의 내면의 세계에 대한 성찰로 눈길을 돌린다. 로렌스(D. H. Lawrence)의 〈아들과 연인〉(Sons and Lovers)이나 셔우드 앤더슨(Sherwood Anderson)의 〈와인스버그 오하이오〉(Winesburg, Ohio)와 같은 작품의 주인공들은 자신들의 도시적인 실존의 상황에 대해 성찰을 하며, 막바지에는 그것을 재해석해야 하는 상황으로 몰리게 되는 것이다. 슈니츨러의 다른 많은 작품들과 마찬가지로 〈구스틀 소위〉(Leutnant Gustl)는 현대인들의 심리 세계를 파고들며 그 상태에 대한 예리한 분석을 제공한다.

　이렇듯 간략하게 살펴보았지만, 모더니즘에 대한 오해나, 포스트모더니즘에 의한 모더니즘의 특성의 전유는 모더니즘의 본질적인 성격을 훼손시킬 정도로 만연해 있다. 그 원인은 무엇보다도 봇물처럼 쏟아진 포스트모더니즘에 관한 시류를 탄 논의 속에서 모더니즘이 포스트모더니즘에 대립되는 '개념'이나 '이론'으로서만 우리에게 존재해왔기 때문일 것이다. 다시 강조하지만 그것에 대한 해결책은 모더니즘에 대해 실체론적으로 접근해 들어가 그 구체적인 다양한 모습 속에서 오늘날의 우리들에게도 여전히 영향력을 행사하는 그 사조를 파악하려고 시도하는 것이다. 이 글에서 현금의 우리에게 잘못 인식되고 있는 모더니즘의 얼굴을 굳이 지적한 것은 소모적인 논쟁으로 빠져들고자 함이 아니라, 건설적인 측면에서 그 역사성을 거부한 사조의 역사성을 찾아주어야지만 우리는 그것을 진정 이해할 수 있으며, 더 나아가 그것이 바탕이 되어야지만 포스트모더니즘에 대한 논의도 실질적인 차원에서 이루어질 수 있으리라는 믿음 때문이다.

IV

이제 모더니즘의 가장 기본적인 특징을 정리해보자. 다음과 같이 열거할 수 있을 것이다

"주관을 객관화시키는 것, 들을 수 없는 마음속의 대화를 들을 수 있게 만드는 것, 흐름을 정지시키는 것, 합리적인 것을 비합리화시키는 것, 예상되는 것을 낯설게 만드는 것, 특이하고 비범한 것을 인습화시키는 것, '일상' 생활의 정신병리학을 규정하는 것, 감정을 지성화시키는 것, 영적인 것을 세속화시키는 것, 공간을 시간의 기능으로, 질량을 에너지의 형태로, 불확실성을 유일하게 확실한 사실로 보는 것."[31] 말하자면 모더니즘은 고정관념의 틀을 깨는 지적 행위와 어느 정도 동일시될 수 있는 것이다.

오늘날 우리는 20세기초 모더니스트들이 만들어놓은 세계 속에 살고 있다. 그들의 지적 혁신성과 미적 감각은 아직도 우리를 지배하고 있다. '실재'에 대해 천착하면서 그들은 종래의 '실재'가 지니는 허구성을 노출시킴으로써 새로운 실험정신을 위한 비옥한 토양을 마련하였다. 거대한 우주의 차원에서 그런 인식은 뉴턴(Isaac Newton)의 절대공간에 대한 가정을 쓸모없는 것으로 만들어 아인슈타인(Albert Einstein)의 상대성 원리와 하이젠베르크(W. K .Heisenberg)의 불확정성의 원리로 이어졌다. 실재에 대한 그런 천착은 인간의 심리라는 소우주의 차원에서도 이루어졌다. 프로이트(Sigmund Freud)에 의해 무의식의 세계가 발견되고, 무의식의 세계가 더욱더 확고한 법칙의 지배를 받으며, 정신병자의 삶이 아닌 '일상' 생활이 오히려 정신병리학의 대상이 된다는 사실이 밝혀졌다. 그 결과 인간은 하찮은 이드(id)의 지배를 받는 가련한 동물이라는 인식에서 출발한 인간 존재에 대한 다른 차원의 불확정성

의 느낌이 싹트게 되었다. 계속적으로 새로운 것을 추구해야 하는 모더니즘의 한 속성은 인간 존재를 영원한 불안감 속에 위치시킬지도 모른다.

그러나 그런 불확정성과 불안감의 다른 한쪽 끄트머리에서 그것은 다양한 관점이 존재할 수 있고, 그것을 받아들여야 한다는 성숙한 인식으로 우리를 이끈다. 포스트모더니즘의 시대라고 일컫는 오늘날, 우리가 모더니즘에 관심을 기울이고 그 통찰에 귀를 기울여야 하는 이유는 그것이 포스트모던의 가장 본질적인 여러 조건들을 이미 배태하고 있었기 때문이다. 궁극적으로 모더니스트들은 대중적인 차원의 문화를 수용하려는 여러 시도에도 불구하고 폭넓은 대중들의 관심을 이끌어내는 것에는 실패했다. 그것은 대량문화라는 새로운 규모의 (때로는 조작된) 그물망을 통해 고전주의와 대중문화를 일원화시킨 포스트모더니스트들에게 남겨진 과업이었을 것이다. 그렇다고 하여 그들의 중요성이 감소하는 것은 결코 아니다. 왜냐하면 그들이 제기한 문제점이야말로 아직도 우리가 고심하며 풀어야 할 우리의 문제로 남아 있기 때문이다.

주

1) 김상환, 《해체론 시대의 철학》(문학과 지성사, 1996), pp. 357~360을 참고.
2) 조한욱, 〈현대의 역사학과 역사학의 현대성〉《문학과 사회》 1992 가을, 특히 pp. 793~796을 참고.
3) Lionel Trilling, "On the Modern Element in Modern Literature", In *Beyond Culture : Essays in Literature and Learning*(London, 1966).
4) Malcolm Bradbury & James McFarlane (eds.), *Modernism, 1890~1930*(Middlesex, England, 1976), p. 13.
5) 김욱동, 〈포스트모더니즘〉, 김영한·임지현 편, 《서양의 지적 운동》(지식산업사, 1994), p. 668.
6) 김상환, 앞의 책, p. 359.
7) Carl E. Schorske, *Fin-de-Siècle Vienna : Politics and Culture*(New York, 1981), p. 9.

8) E. M. 번즈, R. 러너, S. 미첨, 《서양 문명의 역사》 Ⅳ, 손세호 역, pp. 1056~
1065를 참고.

9) Peter Burke, *Popular Culture in Early Modern Europe*(New York, 1978).

10) Mikhail Bakhtin, *Rabelais and His World*, tr., Hélène Iswolsky(Bloomington,
1984). 특히 pp. 1~58.

11) 임영방, 《현대 미술의 이해》(서울대학교 출판부, 1979), p. 72.

12) Herbert Read, Art Now (London, 1933). Malcolm Bradbury & James
McFarlane, *op. cit.*, p. 20에서 재인용.

13) Schorske, *op. cit.*, pp. 3~5를 참고.

14) Malcolm Bradbury, "The Cities of Modernism", in *Modernism*, pp. 96~104
를 참고할 것.

15) Roger Shattuck, *The Banquet Years : The Origins of the Avant Garde in
France, 1885 to World War I* (New York, 1955).

16) Jerrold Seigel, *Bohemian Paris : Culture, Politics and the Boundaries of
Bourgeois Life, 1830~1930*(New York, 1986), p. 13.

17) Arthur Mitzman, *Michelet, Historian : Rebirth and Romanticism in
Nineteenth-Century France*(New Haven, 1990), p. 3.

18) Seigel, *op. cit.*, pp. 14, 15.

19) Peter Jelavich, "Popular Dimensions of Modernist Elite Culture : The Case
of Theater in Fin-de-Siècle Munich", in Dominick LaCapra & Steven L.
Kaplan (eds.), *Modern European Intellectual History : Reappraisals and
New Perspectives*(Ithaca N. Y., 1982), pp. 229~231을 참고.

20) Tom Tashiro, "Ambiguity as Aesthetic Principle", *Dictionary of the
History of Ideas*(New York, 1978) vol. 1, pp. 48~60.

21) 김욱동, 앞의 글, pp. 677~678.

22) Jelavich, *op. cit.*, p. 221을 참고.

23) Heinz Politzer, "Arthur Schnitzler : The Poetry of Psychology", *Modern
Language Notes*, 78, 1963, p. 359.

24) *Ibid.*, pp. 225~229 참고.

25) *Ibid.*, p. 237.

26) 김욱동, 앞의 글, p. 673.

27) 김욱동, 앞의 글, pp. 675~676.

28) 피터 게이(Peter Gay), 《바이마르 문화》(*Weimar Culture : The Outsider as
Insider*), 조한욱 역(탐구당, 1983), pp. 81~119를 참고할 것.

29) 앞의 책, p. 165에서 재인용.

30) 김욱동, 앞의 글, pp. 676~677.

31) Bradbury & McFarlane, *op. cit.*, p. 48.

구조주의
Structuralism

신 문 수

I. 구조주의의 태동

구조주의가 서구 지성사의 큰 흐름으로 자리잡은 것은 1960년대를 전후한 프랑스 지성계의 노력을 통해서이다. 그때까지 한 세대를 풍미한 현상학과 실존주의적인 사유 방식의 유효성에 의문을 던지면서 클로드 레비-스트로스(Claude Lévi-Strauss), 롤랑 바르트(Roland Barthes), 제라르 쥬네트(Gérard Genette)와 같은 일군의 프랑스의 인문학자들이 20세기 초의 스위스의 언어학자 페르디낭 드 소쉬르(Ferdinand de Saussure)의 언어학 이론에서 대안적 사유방법을 발견하고 이를 그들의 연구 분야의 방법론으로 채용하면서 구조주의는 개화되었다. 가장 일반적 의미에서 구조주의는 이처럼 소쉬르가 정립한 현대 언어학을 방법적 사유의 모델로 삼는 태도를 말한다. 다시 말하여 구조주의는 소쉬르와 그의 추종자들의 언어를 보는 시각과 연구방식을 언어 이외의 문화현상, 이를테면, 신화, 친족 체계, 민속, 이야기, 음식의 식단, 옷차림 등의 분석과 이해에 원용하고자 하는 일체의 시도를 가리키는 말이다. 구조주의를 지식인 사회의 울타리 너머로 확산시키는 결정적인 계기가 된 것은 구조주의적 사유에 입각하여 비평활동을 하던 롤랑 바르트와 이를 거세게 비판하고 나선 레이몽 피카르(Raymond Picard)

의 1965년도의 신구비평 논쟁이었다. 이 논쟁을 고비로 구조주의는 새로운 방법의 학으로서 일반 사람들의 주목을 받으며 영미권은 물론 전세계에 소개되었다.

　지성사의 모든 개념들이 그렇듯이 구조주의도 일반화되면서 이내 그 개념의 확장을 겪었다. 구조와 구조주의라는 말은 시간이 흐르면서 역사적 기원과 이론적 정향이 다른 사유들까지도 포괄하는 부푼 자루가 되어버린 감이 짙다. 특히 후기 구조주의의 등장과 더불어 그것의 분명한 개념 규정은 한층 더 어려운 작업이 되었다. 가령 흔히 후기 구조주의자로 분류되는 자크 데리다(Jacke Derrida), 자크 라캉(Jacke Lacan), 미셸 푸코(Michel Foucault)의 지적 활동을 일각에서는 여전히 구조주의의 테두리 안에서 논의하고 있는 것을 볼 수 있다. 이것은 후기구조주의를 구조주의적 사유의 연장이요 발전이라고 보기 때문이다. 이렇게 볼 때 구조주의는 철 지난 한때의 지적 유행이 아니라 오늘의 현실에서도 여전히 의미있는 사유방식이라고 말할 수 있다. 이는 또한 구조주의에 동력을 부여한 현대 언어학과 그 방법론적 사유에 대한 지성사적 평가가 아직 완료되지 않았음을 뜻한다. 구조주의에 대한 평가는 소쉬르에서 시작된 이 언어학적 전회의 의미를 좀더 거시적으로 조망할 수 있을 때 가능한 일일 것이다.

Ⅱ. 패러다임 : 소쉬르의 언어학

　구조주의자들이 말하는 구조는 일차적으로 언어구조를 의미한다. 구조주의는 무엇보다도 언어를 사유 방식의 원형으로 삼는 '모델의 철학'이기 때문이다.[1] 여기에는 물론 언어가 문화의 기초요 중심이라는 생각과 동시에 언어와 문화적 양식들은 상동관계로 맺어져 있다는 시각이 밑바닥에 자리하고 있다. 사실 구조주의의 혁명적인 성격도 여기에서 연유된다고 하겠다.[2] 구조주의는 적어도 데카르트 이래 서양의 지적 전통에서 코키토가 차지하던 특권적 위치를 언어에게 부여하려 하였고, 바로 그러한 시각에서 기존의 학문 체계를 인간학 혹은 기호학이라는 큰 울타리에서 재편하려고 시도하였던 것이다. 언어를 사유의 패러다임으로 삼는다는 것은 이처럼 구조주의적 언어 연구 방식을 방법적으로 원용함을 의미할 뿐만 아니라 언어를 앎의 출발이요 의미의 원천으로 삼는 언어 중심주의를 아우르는 복합적인 함의를 갖는다. 따라서 구조주의의 좀더 정확한 이해를 위해서는 언어(학)적 모델이 구체적으로 어떻게 작용되는지를 자세히 살피는 것이 필요하다. 언어 모델의 구체적 원용에 대한 검토에 앞서서 우선 소쉬르 언어학의 대강을, 특히 그 역사적 배경과 관련지어 살펴보고자 한다.

1916년 그의 사후 출판된 《일반언어학 강의》(*Cours de linguistique générale*)에서 드러나는 소쉬르의 가장 큰 관심사는 무엇보다도 언어 현상을 총체적, 체계적, 과학적으로 파악할 수 있는 방법론의 정립이었다고 말할 수 있다. 그 당시의 언어 연구는 언어의 진화와 변화, 서로 다른 언어들의 비교 그리고 그것을 바탕으로 한 언어 계통의 확립을 일차적 관심사로 삼았던 비교문법학파의 역사주의적 전통이 주류를 이루고 있었다. 소쉬르는 인도유럽어의 비교에서 시작된 비교문법학파와 거기에서 발전된 역사언어학이 언어학의 풍요한 지평을 연 것은 인정하면서도 그들이 연구대상의 본질을 추출하는 데 소홀하여 참된 언어 과학을 정립하는 데까지는 이르지 못하였다고 생각하였다. 비교문법학은 인도유럽어를 상호 비교하면서도 그 비교의 의미를 성찰하지 않았다고 소쉬르는 지적하였다. 소쉬르는 또한 언어를 유기체로 간주한 비교문법학의 언어관은 오류라고 비판하였다. 비교언어학파의 사람들은 "같은 종의 식물들이 각각 독립적으로, 그러면서도 동일한 성장단계를 거치는 것과 마찬가지로" 각 언어도 개별적이면서도 나란히 정해진 규칙에 따라 변화한다고 주장하였는데, 소쉬르는 이를 언어의 본질이 무엇인지를 모르는 무지의 소치로 비판하였다.[3] 그에게 언어는 저절로 생성된 유기체라기보다는 언어공동체의 구성원들의 약속을 바탕으로 한 사회적 산물이었다.[4] 언어가 사회적 실천의 한 형식인 이상 그것의 역사적 변화상에 대한 관심보다는 현 시점에서의 언어 현상의 체계적 기술이 언어학 연구의 본령이 되어야 한다는 것이 소쉬르의 생각이었다. 언어의 역사적 변화보다는 그것의 현존적 구조의 규명이 언어학 연구의 목적임을 강조함으로써 소쉬르는 공시적(共時的, synchronic) 언어 연구에 새로운 중요성을 부여하면서 동시에 언어학을 과학적으로 또 체계적으로 정립할 수 있는 길을 열었던 것이다.

언어 연구가 결국 한 언어의 구성단위를 정하고 그들 상호간의 관계와 결합의 규칙을 밝히고자 하는 노력이라면, 그 실천 전략으로서 공시언어학이 특별한 액센트를 부여받는 것은 당연한 일이다. 역으로 말하면 공시언어학은 언어를 요소들의 단순한 집적이 아니라 상호 연관된 체계로 보는 언어관을 전제하는 것이다. 그래서 소쉬르는 이를 종합하여 "언어는 하나의 체계로서 이 체계의 모든 부분은 공시적인 유대 속에서 고찰될 수 있고 또한 고찰되어야 한다"고 주장한다.[5] 소쉬르는 여기서 한 걸음 더 나아가 언어의 공시태야말로 언어학자는 물론 언어 사용자에게 "진정하고도 유일한 현실"이라고 말함으로써, 언어의 진화나 변화를 고찰하는 종래의 역사 언어학적 연구방식을 비(非)본래적인 것 혹은 외적인 것으로 격하시키고 이와 동시에 언어의 사적 변화도 결국은 공시태의 연속이라는 관점에서 바라볼 것을 요구하였다. 이러한 의미로의 연속성을 고려하는 것이 소쉬르가 말하는 통시성(通時性, diachrony)이란 개념이다. 그것은 말하자면 구조화된 역사인 것이다. 소쉬르의 통시성은 이처럼 본래 공시성을 전제한 것이고, 그러니만큼 소쉬르 언어학은 역사성의 철저한 부정 위에 서 있는 것이라고 말할 수 있고 이것은 그대로 구조주의적 사고의 가장 중요한 특징이 되었다.[6]

공시성/통시성의 대립은 언어를 보는 시각 차이에만 머무르는 것이 아니다. 소쉬르는 그의 언어학의 또 다른 주요한 짝개념인 랑그(langue)와 파롤(parole)을 이와 연관지어, 공시성에 입각한 언어 연구는 "공존하며 체계를 이루는 사항들"의 관계, 곧 랑그를, 그리고 통시성에 근거한 언어학은 체계를 이루지 않은 채 서로 대체되는 사항 간의 관계, 곧 파롤을 그 대상으로 삼는다고 지적하여 각각의 연구 주제도 다름을 강조하였다.[7] 소쉬르 언어학은 물론 구조주의 언어학, 더 나아가 인간학 일반의 핵심적인 이론틀을 이루는 랑그/파롤의 구분은 이처럼 공시성/통시성의 대립과 연관되어 발전된 개념이다.[8] 다시 말하면 언어학 연구 방법 쇄신의 필요성이 공시성의 강조로, 공시언어학의 참다운 대상 규정의 필요가 랑그의 개념화로 각각 귀결된 것이다. 소쉬르가 언어 연구의 진정한 대상으로 규정한 랑그는 한 언어에 내재화되어 있는 구조적 관계들의 추상적 체계를 일컫는다. 이에 반해 파롤은 이 약호체계에 입각하여 실현되는 개별적인 발화를 가리킨다. 언어를 구성하는 내적 구성요소들의 체계로서 랑그는 언어의 자율성을 가리키는 개념이면서 동시에 언어 사용자가 임의로 창조한다거나 변화시킬 수 없다는 점에서 언어의 사회성을 지적하는 것이기도 하다. 랑그의 구체적 실현으로서 파롤은 개별적이고 이질적이며 부분적이다. 소쉬르는 랑그와 파롤의 관계를 교향악에 비유하여 설명한 바 있다. 랑그가 연주의 규범인 악보라면, 파롤은 매번 조금씩 다른 연주 행위 그 자체이다. 이런 시각을 근거로 후세의 소쉬르의 추종자들은 랑그를 규범으로, 문법으로, 약호체계로, 혹은 본유적인 언어능력 등으로 이해하기도 하였다.

랑그의 개념에 함의되어 있는 언어의 체계화와 분류의 기본단위는 기호이다. 그래서 소쉬르의 표현대로 언어는 '기호들의 체계'이고, 기호는 다시 청각 영상인 기표와 그 개념인 기의로 구성된다. 기표와 기의는 상호 연관되어 함께 언어기호를 이루는데, 그 관계는 유연적이거나 내적 필연성으로 맺어진 것이 아니라 임의적인 것이다. 네 발 달린 짐승인 '소'를 우리 말에서 '소'라고 부르고 영어에서 o-k-s 라고 부르는 데에는 아무런 자연적 연결점이 없다. 그저 자의적인 인습일 뿐이다. 그렇다면 기호는 어떻게 의미를 생성하는가? 이에 대해 소쉬르는 차이가 의미를 만든다고 답한다.[9] 다시 말하여 기호는 그 언어체 내의 다른 기호들과 변별되는 차이에 의해서 의미를 산출하는데, 그 변별성은 기표의 차원과 기의의 차원에 동시적으로 상호 작용한다. 이처럼 기호는 그 안에 내재된 본질적인 실체성의 표명으로 의미를 얻는 것이 아니라 기호들의 상관적 차이에 의한 부정적 방식으로 의미작용을 이루어낸다. 바꾸어 말하면 의미화란 결국 기표들이 그 차이를 드러내며 동시에 그것들 상호간의 구조를 구축하는 일에 다름 아니다.

> 언어에는 차이만 존재한다. 차이란 일반적으로 차이를 만드는 실체적 사항들을 전제한다. 그러나 언어에는 실체적 사항이 없이 차이만이 존재한다. 기표의 차원이든 기의의 차원이든, 언어에는 언어 체계에 선행하여 존재하는 개념이나 소리가 있는 것이 아니라 단지 언어 체계에서 비롯된 개념적 차이와 음성적 차이만이 있을 뿐이다.[10]

체계의 다른 요소들과의 상대적 차이에 의해서 언어가 의미를 얻는 것을 소쉬르는 '언어가'라는 개념으로 설명하기도 한다. 가령 10원, 50원, 100원, 500원의 동전이 돈 가치를 갖게 되는 것은 동전의 실질 가격 때문이 아니라 화폐 체계에서 각각의 동전이 다른 동전과 대립되는 차이에 의해서이다. 마찬가지로 우리 말에서 가령 '고모'라는 말은 '이모' 혹은 '장모'라는 말들과 대립되는 차이에 의해서 언어가를 얻는다. 기표와 기의의 자의성으로부터 연역되는 언어가 차이의 체계라는 생각은 무엇보다도 언어가 사물에 이름을 부여하는 명명법(nomenclature)이라는 오해를 불식시키고, 둘째로는 인간의 현실이란 결국 언어체에 의해 범주화되고 조직화된 언어적 현실임을 시사한다. 구조주의적 사유의 세계에서 이처럼 의미는 언어와 사물의 관계의 문제가 아니라 언어 기호 상호간의 내재적 관계의 문제로 탈바꿈되는데, 지시체(referent)의 세계로부터 언어학의 이와 같은 독립이야말로 구조주의 혁명의 중심 강령인 것이다.

언어는 그 구성요소들이 차이 속에서 서로를 구성하는 하나의 구조이다(그러나 소쉬르 자신은 구조라는 말을 쓰지 않았다). 소쉬르의 언어이론을 구조주의 언어학으로 개화시킨 주역 가운데 한 사람인 덴마크의 언어학자 옐름슬레우(Louis Hjelmslev)는 이런 의미에서 언어구조를 "내적인 의존상태로 구성된 하나의 자율적인 실체"라고 정의하였다.[11] 언어를 구성하는 요소들의 내적인 의존관계는 시각에 따라 여러 모습을 띨 수 있겠으나, 소쉬르는 그 가운데 특히 두 가지 관계에 주목한다. 연합관계(associative relation 혹은 paradigmatic relation)와 통합관계(syntagmatic relation)가 바로 그것이다. 연합관계는 언어 기호가 심리적 연상 작용에 의하여 다른 기호들과 관련되는 것을 말한다. 연상은 기호의 음성적, 구문적 혹은 의미적 층위에서 유사성이나 동일성에 의해 촉발된다고 말할 수 있다. 연합관계의 기호들은 언술상의 일정 지점에서 실현된 요소와 상호 대치될 수 있는 잠재적(*in absentia*) 관계이다. 가령 "책이 비싸다"라는 문장에서 '~이' 의 위치에 올 수 있는 말들, 예컨대, 꽃/보석/집/음식 등의 관계가 연합 관계이고, 이렇게 상호 연합관계를 맺고 있는 잠재적 요소의 총체를 계열체(paradigm)라고 부른다. 이에 반해 통합관계는 실제 언술행위에서 나타나는 기호들의 결합관계를 말한다.

지금까지 살핀 것처럼 소쉬르의 언어학은 공시태/통시태, 랑그/파롤, 연합 관계/통합 관계, 언어가와 같은 중요한 개념들을 정립하고 언어학의 과제를 분명히 규정함으로써, 문헌학적 언어학을 마감하고 현대의 과학적 언어학의 문을 열었다고 할 수 있다. 시야를 서구 지성사 전반으로 확대하여 보면, 소쉬르는 실체주의적 사고에서 관계를 중시하는 모더니즘적 사고로 전환하는 전위에 서 있었다.[12] 모더니즘은 무엇보다 세계는 독립된 실체를 가진 사물들의 집합이라기보다는 그들 상호간의 관계의 연쇄로 이루어진 것이라는 인식을 바탕으로 전개되었기 때문이다. 사물의 형태와 그 관계를 중시한 회화에서의 입체파 운동, 대상의 재현보다는 이질적인 요소들의 병치가 자아내는 효과의 실험에 더 관심을 기울인 문학적 모더니즘, 그리고 전자를 어떤 실체로서가 아니라 전자장의 소산으로 파악하는 물리학의 새로운 시각 등에 함의되어 있는 에피스테메는 소쉬르의 언어학과 맥을 같이하는 것이다.[13]

Ⅲ. 구조주의의 전개

소쉬르의 언어이론이 구조주의란 명칭을 얻으면서 이론적으로 심화되는 것은 1920·1930년대에 특히 음운론 연구에서 탁월한 업적을 남긴 프라하 언어학 서클의 연구 활동을 통해서이다. 프라하 언어학 서클은 러시아혁명을 피하여 프라하로 망명한 로만 야콥슨(Roman Jakobson)과 빌렘 마테시우스(Vilem Mathesius), 얀 무카로브스키(Jan Mukarovsky) 등이 주동이 되어 1926년에 창설되었다. 모스크바 언어학 서클의 창설을 주도하고 러시아 형식주의 운동에도 참여한 바 있는 로만 야콥슨은 1929년에 쓴 한 글에서 과학적인 언어 연구는 언어 현상을 "기계적인 집합체"가 아니라 "구조적 전체"로 다루어야 하며 언어학자의 임무는 그 구조체의 "내적 법칙"을 드러내는 데 있다고 밝히고, 이러한 전제에 입각한 연구방식을 구조주의라고 명명할 것을 제안하였다.[14] 빈에서 연구활동을 하며 프라하 언어학 서클에 참여한 러시아 출신의 니콜라이 트루베츠코이(Nikolai Trubetzkoy)는 언어음은 소리를 기술하기 위한 단순한 음의 집합이 아니라 여러 음성 특질에 따라 상호 대립을 이루는 관계들의 체계임을 보여주었다. 가령 영어에서 /p/ 와 /b/, / t /와 /d/, / k /와 /g/는 동일한 조음점에서 나는 소리이면서도 무성음/유성음이라는 음성 특질로 대립되는 관계에 있다. 트루베츠코이가 예시한 이 이항 대립의 원리는 구조주의적 사유의 중요한 방법적 전략으로 정착하였다.

1. 구조인류학

소쉬르의 언어이론과 그것을 심화시킨 프라하 언어학 서클의 구조주의 언어학 이론이 언어학의 울타리를 넘어서서 사회현상을 규명하는 일반이론으로 개화한 것은 레비-스트로스의 구조인류학을 통해서이다. 제2차세계대전 중 미국으로 망명하여 뉴욕의 신사회연구대학(New

School for Social Research)에서 인류학을 가르치면서 역시 프라하를 떠나 북유럽를 전전하다 미국으로 망명하여 같은 대학에서 언어학을 가르치고 있던 로만 야콥슨을 통해 현대 언어학의 원리와 방법론을 접하게 된 레비-스트로스는 그 방법론적 엄밀성에 매료되었다. 인류학의 과학적 체계화에 고심하고 있던 그에게 엄밀한 방법의 학으로서 언어학은 "하나의 빛"이었다. 소쉬르와 야콥슨의 언어학이 그의 인류학 연구에 끼친 지대한 영향은 그가 1945년에 쓴 〈언어학과 인류학에서의 구조적 분석〉이라는 논문의 다음과 같은 구절로 미루어 짐작할 수 있다.

> 친족의 문제를 연구하는 과정에서 인류학자들은……구조 언어학자의 상황과 형식적으로 유사한 경우에 직면하게 된다. 음소와 마찬가지로 친족체계의 용어들은 의미의 요소이다. 음소와 마찬가지로 그들은 오직 체계 속에 통합되었을 경우에만 의미를 획득한다. '친족 체계'는 '음소 체계'와 마찬가지로 무의식적 사고의 수준에 있는 정신에 의해 이루어진다. 결국 지구상에 흩어져 있는 근본적으로 다른 여러 사회에서 계속 반복되는 친족체계, 혼인규약, 그리고 특정 형태의 친족관계들을 지배하는 유사한 규정적 태도 등을 통해, 우리들은 언어와 마찬가지로 친족체계에 있어서도 고찰 가능한 현상은 잠재적인 일반 법칙의 작용에 따른 결과임을 알게 된다.[15]

위의 구절이 시사하듯 레비-스트로스의 구조인류학의 밑바탕에는 언어가 문화현상의 원형이며, 문화현상은 각기 고유한 언어를 통해 현동화(顯動化)된다는 생각이 자리잡고 있다. "인간을 말하는 자는 언어를 말하고 언어를 말하는 자는 사회를 말한다"고 그는 《슬픈 열대》에 썼는데, 이는 곧 그의 학문적 모토이자 구조주의의 근본 전제라 할 수 있다.[16]

현상을 이루는 여러 구성 요소들의 관계가 현상의 성격을 결정짓는다는 구조주의적 사유의 첫 결실은 《친족의 기본 구조》(1949)에 집대성된 친족관계와 결혼의 규약에 관한 연구이다. 여기에서 레비-스트로스도 인류학의 오랜 관심사였던 원시부족사회에서 흔히 발견되는 외삼촌과 조카의 친근한 관계의 문제와 근친혼의 금지 현상에 시선을 모은

다. 전 세계에 산재해 있는 여러 부족에 대한 민속지 자료를 검토한 레비-스트로스는 이 두 문제가 상호 밀접한 관련이 있음을 밝혀낸다.

많은 부족사회에서 찾아볼 수 있는 외삼촌과 조카의 친밀한 관계를 인류학자들은 남자가 결혼한 여자의 집에서 살게 되는 모계 사회의 유풍으로 설명하였다. 그러나 이 설명은 외삼촌과 조카의 친밀한 관계가 반드시 모계사회에만 나타나는 것이 아니라 부계 사회에도 나타나기 때문에 설득력이 부족하였다. 래드클리프브라운(A. R. Radcliffe-Brown)은 이를 아버지와 아들의 관계와 연결지어 부자관계가 친밀한 경우에는 외삼촌 조카의 관계가 약하고 부자관계가 친밀하지 못할 때는 반대로 외삼촌과 조카의 관계가 가깝다고 설명하였다. 레비-스트로스는 래드클리프브라운의 설명이 여전히 부분적임을 지적하면서 문제를 형제/자매, 아버지/아들, 남편/아내 및 외삼촌/조카의 상호관계의 틀 속에서 바라보아야 한다고 주장하였다. 이들이 말하자면 친족의 구성 단위이며 이들의 상호관계가 친족의 기본구조를 이루는데, 외삼촌/조카의 관계는 이 구조 속의 한 관계로 파악할 때 그 성격이 뚜렷이 드러난다는 것이다. 그리하여 레비-스트로스는 삼촌/조카의 관계와 형제/자매의 관계의 대립이 아버지/아들의 관계와 남편/아내의 관계의 대립과 상응 관계를 이루고 있음을 발견하였다. 따라서 어느 한 쌍의 관계를 파악하면 다른 한 쌍의 관계는 미루어 짐작할 수 있다는 것이 레비-스트로스의 결론이다.

레비-스트로스는 또한 이와 같은 친족 구조가 근친혼 금지의 직접적인 결과임을 밝혀낸다. 형제·자매·아버지·아들을 기본핵으로 하는 친족 간의 친소적인 태도의 체계는 근친혼을 방지하고 여자를 외부에서 데려오기 위한 장치의 결과인 것이다. 레비-스트로스에 따르면 족외혼은 단순히 근친혼으로 인한 유전적 폐해나 가족의 위계적 질서를 유지하기 위한 필요성에서라기보다는 경제적 이유 때문에 선호하게 된 것이다. 족외혼의 제도화를 통하여 부족 집단들 사이에는 여자의 교환이 이루어지고 그 교환은 마르셀 모스(Marcel Mauss)가 《선물론》(*Essai sur le don*)에서 밝힌 것처럼, 지식과 기술의 교환을 수반하게 된다. 부족간의 혼인은 말하자면 여자의 교환을 매개로 하여 여러 부족 간의 재화와 생산력을 균형있게 분배하는 계기로 작용한다. 따라서 그것은 부족의 안정적 생존을 도모하는 중요한 사회적 조건인 것이다. 한편 레비-스트로스는 족외혼이 반드시 혈통관계가 없는 다른 부족과의 혼인만을 뜻하는 것이 아니라는 점을 강조한다. 많은 부족의 경우 교차사촌 사이의 결혼이 허용되고 있는데, 이는 엄밀히 말하여 족내혼이지만 그것을 행하는 부족은 그것을 족외혼의 기본적인 형태로 여긴다는 것이다. 이처럼 교차사촌 사이의 결혼이 족외혼으로 인식되는 것은 인간정신의 무의식적 작용 원리인 이항대립의 원리에 입각하기 때문이다. 즉 평행사촌인 경우는 같은 형제—형제 혹은 자매—자매로 대립되지 않지만 교차사촌의 경우는 형제—자매 혹은 자매—형제로 대립이 되기 때문에 근친혼 금지 규칙에서 벗어나게 된다는 것이다. 그렇기 때문에 "족외혼과 족내혼의 범주는 독립적인 실체로서 객관적 근거를 갖는 것이 아니다. 차라리 이 두 범주는 그 구성 요소가 그것이 차지하는 위치에 의해서 상호 규정되는 관계들의 체계상의 관점의 문제, 다르면서도 연합적인 전망의 문제인 것이다."[17] 이처럼 친족제도는 "혈연이나 친자 관계의 객관적 유대로 구성되어 있다기보다는 다분히 임의적인 표상 체계"인 것이고, 각 친족관계의 의미는 친족제도와 결혼 규약의 전체 구조 속에서 다른 관계와의 상호 연관성에 의해서 얻어지는 것이다.[18]

레비-스트로스에게 구조는 사회적 현실의 복제가 아니다. 구조주의적 사유는 사회적 관계의 정태적 총체성을 추구하는 것이 아니라 사회적 현실을 구성하는 기저 원리, 다시 말하여 개별적인 문화현상의 배후에 있는 '랑그'의 수립을 지향한다. 구조주의자로서의 레비-스트로스의 목표는 경험적 현실로부터 시공을 초월한 인간사회 전체에 적용될 수 있는 보편적 원리를 발견하는 데 있다. 4부작을 이루고 있는 레비-스트로스의 방대한 신화 연구의 근본 방향도 이것이다. 그의 주관심사는 분석 대상인 신화 그 자체라기보다는, 머키오르(J. G. Merquior)의 지적대로 "인간정신의 고유한 경향으로서의 분류체계"인 것이다[19]

　레비-스트로스의 신화 분석은 신화가 하나의 언어라는 명제에서 출발한다. 인류학자들은 문화 전통이 다른 세계의 여러 지역에 놀랄 만큼 유사한 신화들이 분포되어 있는 것을 발견하였다. 이처럼 유사한 내용의 신화들이 존재한다는 사실이 얼른 보기에 논리성도 현실성도 별로 없는 지극히 환상적인 이야기처럼 보이는 신화가 전언이 담긴 의미화 체계라는 반증인 것이다. 신화가 언어체계라는 것은 신화 역시 구성요소들의 분절과 결합관계로 메시지를 전달한다는 뜻이다. 이런 시각에서 레비-스트로스는 특정 신화의 변형태를 그들의 기원에 상관없이 모아서 그들의 기본요소들, 곧 언어학의 예를 따라 그가 신화소(mytheme)라고 명명한 구성 요소들을 추출해내고, 이어서 이들을 내용에 따라 유사한 것들을 하나의 계열 속에 배열하여 그들 상호 관계를 파악하고자 하였다. 신화소는 앞에서 시사한 대로 동일계열의 신화들을 가능한 한 최소한의 행위 단위로 분절하여 문장으로 표현한 것이다. 이들을 그 기능에 따라 유사한 것들끼리 계열별로 배열하는 작업이 신화 분석의 첫걸음이다. 레비-스트로스가 강조하는 것처럼 진정한 신화의 구성 요소는 같은 계열에 배치되어 있는 이 신화소들의 "관계의 묶음(bundles of relations)"이다.[20] 이 계열체의 한 묶음들은 기능적 특질을 공유한다는 점에서 음소(phoneme)에 상당하는 것이라고 말할 수 있다. 동일계열의 신화들은 서로 다른 행위의 시퀀스(sequence)를 보일 수 있기 때문에 그것들의 배열은 다음과 같이 중간에 빈 곳이 있는 도해가 될 것이다.

1	2		4			7	8
	2	3	4		6		8
1			4	5		7	8
1	2			5		7	
		3	4	5	6		8

이 도해의 수직축이 동일한 기능의 신화소의 묶음으로서 언어학 용어를 빌린다면 계합체적 집합을 이루는 것이고 그들이 한 단위로서 신화의 해석에서 하나의 기표가 되는 것이다. 도해의 수평축은 신화 속의 사건의 시퀀스를 뜻하는데 그것들은 말하자면 통합체적 연쇄를 이룬다고 말할 수 있을 것이다. 신화는 레비-스트로스의 비유대로 교향곡의 악보처럼 한 줄씩 통시적으로 읽을 수도 있고 화성악처럼 위에서 아래로 동시적으로 읽을 수도 있다. 물론 신화의 감춰진 의미를 파악하고자 한다면 기능들의 묶음인 수직축을 하나씩 해독해나가야 할 것이다. 레비-스트로스는 이러한 방식에 따라 널리 알려진 테베의 오이디푸스 신화를 다음과 같이 구조적으로 분석해 보이고 있다.

I	II	III	IV
Cadmos는 Zeus가 능욕한 누이 Europa를 찾는다			
		Cadmos는 용을 죽인다	
	Spartoi 형제들은 서로 죽인다		
			Labdacos(Laios의 아버지)절름발이?
	Oedipus가 아버지 Laios를 죽인다		Laios (Oedipus의 아버지) 왼손잡이?
		Oedipus가 Sphinx를 죽인다	
Oedipus가 어머니 Jocasta와 결혼한다			Oedipus 발이 부은?
	Eteocles가 형 Polynices를 죽인다		
Antigone는 금지에도 불구하고 오빠 Polynices를 매장한다			

첫번째 수직축이 특히 오이디푸스와 요카스터의 근친혼과 오빠 폴리니케스에 대한 안티고네의 사랑을 말하고 있으니 혈연관계의 과잉을 뜻한다면, 두번째 축은 형제 살해와 오이디푸스의 친부 살해를 말하고 있으니 정반대로 과소적인 혈연관계라는 공통점을 지닌다. 세번째 축이 인간에 의해서 살해된 괴물을 말한다면, 네번째 축은 오이디푸스의 부계로서 모두 걷기 어려운 신체 장애를 가진 말하자면 괴물 같은 존재들이다. 각 수직축의 보다 구체적인 의미는 다른 수직축과의 상관관계를 통해서 드러나는데, 예컨대 네번째 축의 이름들은 그 자체로 별 의미를 지니지 않는 것 같지만 세번째 축과 연관시켜 볼 때 감춰진 의미가 드러난다. 세번째 축에 나오는 카드모스는 테베의 건국자이다. 신화는 그가 용을 퇴치하고 그 이빨을 뿌렸더니 거기에서 테베 건국에서 그의 조력자가 될 스파르토이들이 나왔다고 전한다. 그리이스 신화에서 대지에서 태어난 자를 '토착인(chtonian)'이라고 하는데, 그런 의미에서 스파르토이들은 토착인으로 태어나 인간이 된 자들이다. 이에 반해 오이디푸스는 신탁의 예언을 두려워한 그의 부모가 발에 못을 박아 땅에서 움직이지 못하도록 하여 버렸으니 말하자면 인간으로 태어나 토착인이 된 자라고 말할 수 있다. 이런 점을 감안하고 세번째 축을 보면 결국 인간이 대지를 표상하는 동물인 용과 스핑크스을 죽이는 것이니 이는 인간이 대지에서 태어났다는 것을 부정하는 행위라고 해석할 수 있다. 다시 이런 시각에서 네번째 축의 인물들이 모두 걷기 힘든 장애를 가지고 있다는 것에 주의를 모은다면 그것은 결국 대지에서 태어난 것을 부정하는 것이 어렵다는 의미가 된다. 이처럼 세번째 축과 네번째 축의 대립은 첫번째 축과 두번째 축의 대립에 상응한다. 또한 상호 대립되는 축들은 각각 모순적 정황을 표상하고 있다는 점에서는 동일하기도 하다.

이와 같은 구조로 이루어진 이 신화의 궁극적 의미는 무엇인가? 그것을 레비-스트로스는 인간이 대지에서 태어났다는 신화적 사고와 인간이 남녀 간의 결합에 의하여 태어났다는 사실적 인식의 양립불가능함으로 파악한다. 이와 함께 두 대립되는 축이 시각을 달리해서 보면 자기 모순적 정황을 내포한 유사관계에 있기 때문에 이를 통해 그 모순이 "극복되고"(혹은 "대치되고") 있다는 것이 레비-스트로스의 설명이다.[21] 오이디푸스 신화에 대한 레비-스트로스의 이러한 분석은 자의적이고 주관적이라는 비판을 받기도 하였지만, 어쨌든 기본요소를 추출하고 그들 상호간 및 전체 틀과의 상관관계를 살핌으로써 전언과 그것의 전달을 위한 약호체계를 구성해보는 구조 분석의 한 전형을 보여주었다.[22] 레비-스트로스는 이러한 방식으로 세계 곳곳에서 채집한 수많은 신화와 토테미즘 및 요리법의 구조를 분석하였다. 레비-스트로스가 주로 비유럽지역 사회와 문화를 구조주의적 방법으로 분석하였다면, 롤랑 바르트는 당대 프랑스 사회를 분석 대상으로 삼았다. 바르트 역시 레비-스트로스와 마찬가지로 일상의 식단이나 옷차림을 개인적 취향이나 스타일의 문제로서가 아니라 하나의 체계요 무의식적 언어라는 관점에서 분석하여 구조주의의 지평을 넓히는 데 공헌하였다. 특히 바르트의 《신화지》는 레비-스트로스의 신화 분석의 방법론과 마르크시즘의 이데올로기 개념을 결합하여 프랑스인들의 일상을 지배하는 현대적 삶의 신화를 선명히 부각시킴으로써 대중문화 분석의 새로운 방법론으로서 구조주의의 가능성을 확인시켜 주었다.

2. 문학적 구조주의

인류학과 더불어 구조주의 언어학의 영향이 가장 폭넓게 미친 또 다른 분야는 문학이다. 그것은 문학이 언어의 본질에 대한 사색의 장이면서 또한 언어로 이루어진 구성물이라는 점에서 당연한 일이기도 하다. 롤랑 바르트의 표현대로 "언어는 문학의 존재요, 그 세계 자체"이기 때문이다.[23] 구조주의는 문학의 의미와 기능을 새로운 시각에서 바라볼 것을 요청하였고, 그러한 요구가, 폴 드만(Paul de Man)이 〈이론의 저항〉이라는 글에서 지적한 것처럼, 오늘날 우리가 목도하는 문

학이론의 현란한 개화의 싹이었다고 볼 수 있다.[24]

문학에 대한 구조주의적 사유도 문학이 언어와 상동적 구조물이라는 데서 출발한다. 그 상동성의 근거로 구조주의자들은 언어가 의미의 체계이듯 문학작품 역시 의미 체계이고, 기표와 기의의 관계가 언어를 규정짓는 중요한 고려 사항이듯이 문학작품에서도 그것에 상응하는 형식과 의미의 관계가 그것을 이해하는 데 있어서 필수적임을 예시한다. 그리하여 구조주의자들에게 문학 텍스트는 무엇보다도 자족적인 구조체이고 그의 주임무는 그 내적 구조의 해명에 있다. 이는 문학을 창조적 상상력의 표현이나 현실의 모사로 보는 전통적인 시각과 사뭇 다른 것이다. 작품의 내재적 구조의 해명을 일차적 관심사로 삼기 때문에 문학적 구조주의는 종래의 문학 텍스트의 이해에서 중요한 요소였던 작가나 작품의 시대적 배경의 탐구를 배제한다. 이런 점에서 문학적 구조주의는 작품의 유기적 통일성을 강조하는 미국의 신비평과 많은 점에서 유사하다. 그러나 작품의 구조를 주어진 실체로 파악한다는 점에서 또한 애매성에 대한 고려에도 불구하고 여전히 작품에 내재하는 의미를 '발견'하고자 하는 해석학적 투기라는 점에서 신비평은 구조주의와 다르다. 구조주의자들에게 문학적 구조는 실체 개념이 아니다. 그것은 작품을 이루는 구성요소들의 상호관계에 의해서 현동화되는 추상적 구성체이다. 신비평가들이 의미 구조의 완결성을 강조한다면, 구조주의자들은 그 추상성과 잠재적 가능성을 강조한다. 구조주의자들에게 작품의 의미는 '발견'되어지는 것이 아니라 '구성'되는 것이다. 따라서 문학적 구조주의는 신비평과는 달리 작품의 의미 자체보다도 그것이 어떻게 생산되는가에 더 관심을 기울인다.[25]

구조언어학의 방법론을 문학 텍스트의 분석에 적용함으로써 문학이 바로 언어의 세계라는 것을 누구보다도 앞장서서 보여준 사람은 로만 야콥슨이다. 〈언어학과 시학〉(1960)이라는 논문에서 야콥슨은 언어 사용의 현장에서 작용할 수 있는 6가지 언어 기능을 설명하면서 그 가운데 하나인 시적 기능은 언어의 발화 형태로서의 '메시지' 곧 그 표현에 대한 관심이 고조될 때 드러나는 것이라는 것을 밝혔다. 그는 이어 소쉬르 언어학에 의해 그 중요성이 부여된 연합관계/통합관계의 개념을 원용하여 한결 구체적으로 "시적 기능은 등가의 원리를 선택의 축에서 결합의 축으로 투사한다"고 정의하였다. 야콥슨은 시작품은 물론 언어활동 전반에 걸쳐 나타나는 이 시적 기능의 언어학적 연구를 '시학'이라고 명명하고 시학은 "언어학의 필수불가결한 한 분야"라고 못박음으로써 메타 언어로서의 언어학의 위상을 강조하였다.[26] 야콥슨의 허다한 시 분석은 바로 이 점을 예증하기 위한 것이다. 가령 보들레르의 〈고양이들〉이라는 시를 레비-스트로스와 함께 분석하면서, 야콥슨은 음성·억양·강세·형태소·품사 등 문법의 모든 범주들이 의미 전달의 단순한 도구로 기능하는 것이 아니라 이른바 '문법의 문채(figure of grammar)'를 이루며 상호 역동적으로 작용하여 시적 효과를 창출함을 선명하게 보여주었다. 야콥슨의 시 분석은 레비-스트로스의 신화 분석의 경우처럼 구성요소들의 유사성과 대립성 그리고 반복과 변형에 특히 주의를 기울인다. 그것은 말하자면 프라하 구조주의 언어학자들과 더불어 야콥슨 자신이 개척한 음운 분석 방식을 모델로 삼은 것이다. 야콥슨은 또한 문학 수사학의 중요한 관심사였던 은유와 환유를 역시 계합체와 통합체의 언어 운용상의 문제와 관련지어 설명하고, 여기서 한 걸음 더 나아가 통합체적 언어 운용을 기반으로 하는 환유를 사실주의에, 계합체적 언어 운용에 입각한 은유를 상징주의에 연관시켜 설명함으로써 언어학적 시각에서 문학사적 변환을 규명하고자 하였다.

구조주의적 방식에 의한 문학 연구는 시보다도 오히려 산문 분야에서 두드러진 성과를 거두었다. 츠베탕 토도로프(Tzvetan Todorov), 롤랑 바르트, 그레마스(A. J. Greimas), 클로드 브레몽(Claude Bremond), 제라르 쥬네트를 비롯한 프랑스의 학자들과 미크 발(Mieke Bal), 채트만(Seymour Chatman), 로저 파울러(Roger Fowler)와 같은 영미권 학자들은 민담·전설·우화·동화·콩트 혹은 소설을 비롯한 서사물 일반의 시학, 곧 '서사학(narratology)'을 정립하고자 하는 노력을 기울였다. 대부분의 서사학 이론가들은 "한 편의 서사는 하나의 긴 문장"이라는 바르트의 명제를 논의의 전제로 수용한다.[27] 그리하여 언어학에서 문장 분석을 위하여 제안된 구조적 범주들은 서사 텍스트의 구조 분석을 위한 도구로 활용된다. 서사 텍스트의 분석은 문장과 서사의 상동성에 입각하고 있기 때문에 음운 분석을 모델로 한 이항대립에 주로 의존하는 야콥슨의 시 분석이나 레비-스트로스의 신화 분석과는 달리 언어의 통합관계와 계열관계의 분석 방법과 범주에 특히 관심을 기울인다. 언어학의 층위 개념을 서사 분석에 원용하고 있는 바르트의 〈이야기의 구조적 분석 입문〉(1966)과 언어학의 범주들 가운데 특히 문법적인 범주들을 그 본래적인 기능대로 엄정하게 적용하여 서사학의 가능성을 타진한 토도로프의 《데카메론의 문법》(*Grammaire du Décaméron*, 1969)은 그 점에서 두드러진다.

바르트는 하나의 문장이 음성적, 음운적, 통사적 층위의 위계적 관계로 이루어지고 각 층위가 상위 층위와 상관관계를 맺으면서 의미가 생성되는 점에 착안하여 서사의 구조를 기능(function), 행위(action), 서술(narration)의 세 층위로 나누고 그 아래에 여러 개의 하위 단위들을 설정한 분석 모델을 선보이고 있다. 토도로프는 서사 텍스트를 의미론적, 통사적, 언어적 양태로 나누어 분석할 것을 제안한다. 의미론적 양태는 텍스트의 내용적인 측면을, 통사적 양태는 사건들의 관계를, 언어적 양태는 이야기가 전달되는 언어에 각각 초점을 맞춘 것이다. 이 가운데 토도로프의 주관심사는 서사 텍스트의 통사론의 정립에 있다. 토도로프는 통사 구조로 최소의 행위 단위를 문장으로 표현한 진술(예컨대, 'X는 집을 떠나기로 결심한다')과 그러한 진술의 연쇄들로 하나의 독자적인 이야기를 구성하는 시퀀스(문단에 해당)를 들고 있다. 하나의 서사 텍스트는 이러한 시퀀스를 적어도 하나 이상 포함하고 있게 된다. 토도로프는 여기에서 좀더 하위 단계의 분석으로 넘어가서 진술이나 시퀀스를 이루는 단위들을 명사·형용사·동사와 같은 문법 범주를 동원하여 분석하는데, 인물들은 명사로, 인물의 상태, 내적 자질, 외적 조건으로 세분할 수 있는 인물의 특질들은 형용사로, 인물의 행동은 동사에 각각 대응시킨다. 그리하여 하나의 진술(행위)은 주어를 이루는 명사(인물)와 서술부를 이루는 형용사 혹은 동사(인물의 특질)로 구성되어, 결국 서사 구문의 단위인 진술이 언어학의 단위인 문장과 그 구조에서 완전히 겹치게 된다. 토도로프는 이 밖에도 여러 가지 다른 문법적 범주를 빌려와 서사 문법을 이루는 단위들의 관계를 분석하고 있는데, 토도로프의 이와 같은 분석방식의 밑바탕에는 언어와 서사는 근본적으로 유사한 것이라는 생각뿐만 아니라 한 걸음 더 나아가서 인간의 정신구조 자체가 언어구조에 상응하는 어떤 보편적인 원리에 따라 작동하고 있다는 믿음이 자리하고 있는 것이다.

바르트나 토도로프가 정립하고자 하는 서사 문법은 텍스트의 형식에 중점을 둔 것이다. 이와 달리 서사 텍스트의 내용적인 측면 곧 그 의미 작용에 시선을 돌려 서사의 체계를 수립하고자 노력한 사람은 그레마스이다. 레비-스트로스와 마찬가지로 그레마스도 의미 작용은 근본적으로 대립의 원리에 입각해 있다고 생각한다. 예를 들면 어둠은 밝음과, 위는 아래와 대립됨으로써 그 의미의 실감을 가질 수가 있는 것이다. 그레마스는 이와 같이 상호 대립을 이루는 의미 작용의 기본 요소를 의미소(semes)라고 명명하고, 대립과 부정의 원리에 입각하여 이 의미소가 상정하는 두 대립쌍의 구조를 "의미화의 기본 구조"라고 부른다.[28] 곧 의미소 A가 B에 대립하면서 이와 동시에 A의 부정인 -A는 -B와 대립 구조를 이룬다는 것이다. 그레마스는 이 의미의 사각형 개념과 러시아 형식주의자 블라디미르 프로프(Vladimir Propp)의 민담 분석과 에티엔 수리오(Etienne Souriau)의 드라마의 기호학적 분석으로부터 힌트를 얻어 정립한 '행위자(actant)' 개념을 접합하여 서사의 일반이론을 수립하고자 하였다. 그레마스는 프로프가 인물들의 역할에 따라, 악한·증여자·조력자·탐색대상자와 그의 아버지·위임자·영웅 및 가짜 영웅 등 7가지로 구분한 '행동 영역(spheres of action)'을 수정하여, 서사 텍스트의 인물들이 그 심층 구조에서는 주체/객체, 주는 자/받는 자, 조력자/적대자라는 대립적인 역할을 맡는 행위자로 구분된다고 생각한다. 실제의 서사 텍스트에서는 어떤 한 행위자의 역할을 여러 서로 다른 인물들(그레마스의 용어로는 acteur)이 맡기도 하고 한 인물이 여러 행위자의 역할을 할 수도 있으며, 인간이 아닌 사물이나 관념도 행위자 역할을 할 수가 있다. 가령 흔한 모험담에서 주인공은 여러 명의 적을 가질 수 있는데, 그 모두가 다 적대자의 역할을 하는 것이고 그가 얻고자 하는 보물은 객체가 되는 것이다. 연애담일 경우에는 남자는 주체이면서 동시에 받는 자가 되고 여자는 객체이면서 조력자 역할을 수행할 수가 있는 것이다. 이처럼 인물들이 행위자로서 떠맡는 역할을 분석하면 모든 서사 텍스트는 근본적으로 의미화의 근본 구조, 곧 A : B = -A : -B를 현시한다는 것이 구조 의미론에 입각한 그레마스의 서사 분석의 요체이다.

어떤 입장에 서 있든 서사의 구조 분석은 결국 무수한 개별적인 서사 텍스트를 하나의 파롤로 실현시키는 서사의 일반문법 곧 랑그의 정립을 지향한다. 좀더 적극적으로 말하면 문학적 구조주의는 문학 텍스트에 부분적으로 구현되어 있는 문학의 일반 법칙을 찾아내 문학을 과학화하려는 기획이다. 여기에는 한 편의 문학작품뿐만 아니라 문학 전체가 하나의 체계라는 생각이 깃들어 있다. 문학은 그레마스의 표현을 빌면 "언표화의 장경(énoncé-spectacle)"이다.[29] 구조주의자들에게 문학은 온갖 종류의 언어행위가 일어나는 공간일 뿐만 아니라 그 언어행위들이 어떻게 의미를 얻는지를 이해할 수 있게 해주는 창이다. 구조주의적 시각을 통해서 우리는 문학적 의미가 그저 주어지는 것이 아니라 문학적 컨벤션과 약호체계의 소산이라는 것을 이해하게 된다. 토도로프나 쥬네트와 같은 구조주의 이론가들이 문학의 장르의 기능과 의미를 새로운 시각에서 살피고자 하는 것도 이런 이유에서이다.[30] 그렇기 때문에 구조주의는 문학을 연구하는 새로운 방법론을 제공하는 것으로 그친 것이 아니다. 이른바 원시사회에 대한 레비-스트로스의 구조주의적 시각이 인류학을 쇄신시켰던 것처럼, 그것은 문학을 보는 시각을 변모시켜 문학의 새로운 지평을 열었다. 앞에서 폴 드만도 지적하였지만, 20세기 후반에 볼 수 있는 다양한 문학이론의 전개가 구조주의적 사유로부터 시발되었다는 것을 누구도 부인할 수 없을 것이다.

3. 구조주의적 마르크시즘

마르크스의 재해석을 기치로 내세운 루이 알튀세(Louis Althusser)의 구조주의적 마르크시즘의 등장과 더불어 구조주의는 새로운 양상을 띠게 된다. 여기에서 새로운 양상이란 분석의 모델로서 언어의 특권적 위치가 약화된 것을 말한다. 1965년에 출판된 알튀세의 《마르크스를 위하여》(*Pour Marx*)와 《자본론을 읽는다》(*Lire le Capital* ; 2권은 1968년) 그리고 68혁명 이듬해에 출판된 《레닌과 철학》(*Lénine et la philosophie*)에서 구조의 개념은 여전히 논의의 중심을 차지하고 있으나, 소쉬르의 구조언어학은 이제 먼 배경으로 물러서게 된다. 그 대신 마르크스의 사회구성체 개념과 그것을 밑받치고 있는 상부·하부구조 이론이 무대의 중앙으로 부상한다. 그러므로 알튀세의 구조주의적 마르크시즘은 구조주의의 연원을 근대 언어학 태동 이전의 서양의 지적 전통으로 소급시키면서 이와 함께 구조의 개념에 대한 좀더 다각적인 이해를 요청한다 하겠다.

사실상 구조라는 개념은, 데리다의 재치 있는 지적처럼, 서양의 철학적 사유의 본질을 이루는 개념의 하나였고, 따라서 서양철학 자체만큼이나 오래된 것이다.[31] 원래 '구성하다'라는 뜻의 라틴어 동사 'struere'와 그 명사형 'structura'에서 유래한 구조라는 말은 17세기 이전까지는 대체로 그 어원적인 의미 그대로 부분적인 것들이 배열되어 하나의 전체를 이루고 있는 모든 건축적인 구성물을 지칭하였다. 이러한 건축학적 구조의 개념은 17세기에 이르러 해부학에서 그것을 차용하여 사용하면서 부분들이 실질적으로 상호 연관을 맺고 있는 생물의 유기체 조직을 지칭하는 데 사용되었고 곧 이어 물리학과 화학 분야에서도 비유적으로 원용되었다. 19세기에 이르러 사회학과 인류학에서도 전체를 이루는 부분들의 추상적인 상호관계를 지칭하는 데 구조라는 말을 사용하기 시작하였으나, 그것은 생물학적 구조개념의 짙은 영향으로 다분히 경험적이고 실천적인 특색이 강하였다. 현대에 들어서면서 구조개념은 19세기에 쓰인 사회학적 구조개념의 추상성이 한층 강조되어 수학에서 볼 수 있는 고도의 형식화와 일반화가 이루어진다. 이와 동시에 서로 다른 분야에서 추상화된 구조들의 동형성과 그것을 전제로 한 보편성을 중시하고 있다. 인지심리학자 장 피아제(Jean Piaget)는 이와 같은 형식적인 구조개념의 핵심적인 자질로 전체성(totality), 변환(transformation), 자동제어(self-regulation)를 들고 있다.[32]

피아제의 이와 같은 형식적인 시각의 구조개념은 가령 래드클리프 브라운과 같은 기능주의 인류학자의 구조개념과 언어학을 모델로 한 레비-스트로스의 구조개념을 구분하는 중요한 준거점이 된다. 근본적으로 경험적으로 관찰할 수 있는 복잡한 사회적 관계를 지칭하는 래드클리프 브라운의 사회적 구조개념에는 구조를 이루는 어느 한 요소의 변화가 그 밖의 다른 요소들에게 영향을 주어 전체적 구조의 변화를 초래한다는 변환의 개념이나 구조의 이와 같은 항상성의 지향을 가리키는 자동제어의 개념은 희박하다. 마르크스나 막스 베버를 비롯한 19세기 사회이론가들이 말한 구조의 개념에도 우리는 같은 말을 할 수 있을 것이다. 그들은 인간의 집합적이고 사회적인 체험의 복합적인 양상을 구조라는 개념에 담아 표현하였으나 그것은 구성 요소들의 차이와 대립을 바탕으로 한 순수한 관계들의 형식적 체계라는 현대적인 개념과는 먼 것이었다. 19세기의 고(古)구조주의와 20세기의 신구조주의는 또한 주관심 영역에서도 차이가 있다. 전자가 경제적, 정치적 시각에서의 사회적 관계를 다루었다면 후자는 신화나 의식 혹은 친족관계와 같은 상징적인 차원의 문화영역에 연구의 초점을 맞추고 있다. 전자가 사회의 하드웨어에 관심을 기울였다면 후자는 소프트웨어 쪽인 것이다.[33]

알튀세의 마르크스의 재해석은 어떤 의미에서는 막연하게 사용된 마르크스의 구조개념을 현대적인 시각에서 명료화하려는 시도라고 말할 수 있다. 하부구조가 상부구조를 결정한다는 정통 마르크시즘의 경제 결정론 입장을 마르크스의 오독으로 규정하는 알튀세가 그 대신 내놓은 중층결정 개념의 핵심에는 구조라는 용어를 어떻게 이해할 것인가의 문제가 자리잡고 있기 때문이다. 문제의 경제 결정론은 마르크스의 사회구성체론의 해석과정에서 도출된 것인데, 후자는 마르크스가 1859년 《정치경제학 비판에의 기여》를 위해 쓴 서문의 다음 구절에 잘 요약되어 있다.

인간은 생활의 사회적 생산에서 필수불가결한 그러나 그들의 의지와 독립되어 있는 특정한 관계, 곧 그들의 물질적 생산력의 특정한 발달단계에 따라 상응하여 다르게 나타나는 생산관계 속에 들어간다. 이 생산관계의 총화가 사회의 경제적 구조, 즉 현실적 토대를 형성하고, 그 위에 법률적, 정치적 상부구조가 서며, 일정한 사회적 의식 형태들이 그에 상응한다. 물질적 생활의 생산양식이 사회적, 정치적 및 지적, 정신적 삶의 과정 일반을 구속한다. 인간의 의식이 그들의 존재를 결정하는 것이 아니라 그 반대로 인간의 사회적 존재가 그들의 의식을 결정짓는다.[34]

이 구절은 첫째, 모든 사회는 생산력과 생산관계 그리고 법과 정치의 상부구조 및 인간의 사회적 의식이라는 서로 다른 층위의 위계적 구성으로 조직된 것이고, 둘째, 법과 정치 그리고 이데올로기를 포함하는 상부구조는 그 하위 구조인 경제구조 그 가운데 특히 생산력에 의해 결정됨을 말하고 있다. 그런데 플레하노프(Georgy Valentinovich Plekhanov), 카우츠키(Karl Kautsky), 부하린(Nikolai Bukharin)을 비롯한 대부분의 정통 마르크스주의자들은 사회구성체를 이루는 이들 각 요소들이 서로 고립된 별개의 영역이고, 또한 토대를 이루는 하부구조에 의한 상부구조의 결정을 일방적이고 기계적인 인과율의 관점에서 이해해 왔다.[35] 알튀세는 마르크스 추종자들의 이와 같은 경제결정론을 마르크스의 초기 저작(1845년 이전)을 지배하고 있는 헤겔주의적 관념론에 경도된 그

룻된 해석이라고 거부한다. 알튀세는 1845년을 고비로 마르크스는 이데 올로기의 세계에서 과학적 사유의 세계로 질적 도약을 이룩한다고 평가한다. 이 '인식론적 단절'에 의해 구분되는 마르크스의 이론세계의 전기에 속하는 《헤겔 국가 철학 비판》, 《경제학·철학 수고》 및 《신성가족》 등은 칸트·포이에르바하·헤겔의 문제틀에서 벗어나지 못한 이데올로기의 산물로 알튀세는 규정한다. 《자본론》을 비롯한 마르크스의 후기 저작물들만이 그의 참된 사유체계 곧 사적 유물론에 입각한 과학적 지식의 산물이라는 것이다.

알튀세에 따르면, 마르크스의 과학적 사상의 핵심에 놓여 있는 사회구성체론을 경제적 결정론의 시각에서 해석한다는 것은 그의 이론체계의 전후기의 차이를 이해하지 못하고 전자를 지배하는 헤겔주의의 본질/현상론의 시각에서 그것을 이해하고 있는 잘못을 범하는 것이다. 헤겔은 역사와 사회현상을 설명하면서 삶의 다양성을 부정하지 않지만 그 다양성을 단일한 본질의 외적 표현으로 이해한다. 따라서 헤겔의 관념론에서는 사회 현상의 다양성에 아무리 관심을 기울여도 그것들은 결국 추상적인 정신 원리의 자기발전적 외화일 뿐이다. 헤겔에게는 가령 고대 로마 사회의 경제·법률·윤리·정치·예술·종교는 모두 로마법에서 연역되는 '추상적인 법치인'이라는 이데아의 변형인 것이고, 근대의 시민사회는 국가라는 이데아의 현상적 발현이다. 헤겔주의에서는 이처럼 본질이 항상 현상을 결정하는 것으로 나타나는데, 경제결정론은 이 본질/현상의 구조를 뒤집어서 현상(경제)이 본질(상부 구조)을 규정하는 것으로 반전시킨 것에 불과하다는 것이 알튀세의 비판의 요점이다.

경제 결정론을 마르크스의 참다운 이해와 거리가 먼 것으로 거부하면서 알튀세가 내세운 것이 중층결정론이다. 그에 따르면, 사회는 4개의 서로 다른 실천, 곧 경제적 실천, 정치적 실천, 이데올로기적 실천, 이론적 실천들로 구성되는 복합체이다. 이 각기 다른 실천 영역들은 생산수단과 노동 및 자료 등을 변형하여 그 나름의 고유한 방식으로 생산물을 생산한다. 알튀세의 경우 이처럼 경제영역만이 생산력-생산 관계의 메커니즘으로 구조화되어 있는 것이 아니라 모든 영역이 생산의 과정이다. 각 실천영역은 독자적인 방식으로 재화를 변형하여 생산물을 산출하기 때문에 그 결과물이 정통 마르크스주의자들이 주장하는 것처럼 사회구성체 내의 하부구조인 경제에 의해 규정되는 것이 아니다. 요컨대 각 실천영역들은 상호 상대적 자율성을 지닌다. 그러면서 동시에 각 실천영역들은 상호간에 서로 영향을 주고받고 결합한다. 알튀세의 이론에서 사회는 이처럼 상호 연관되고 의존적이면서 동시에 상대적 자율성을 갖는 구조화된 총체이다. 여기서 말하는 총체성은 알튀세가 분명히 밝히고 있듯이 헤겔의 경우처럼 구성요소들 각각이 어떤 본질의 현상으로서 기능하는 것도 아니고 경제결정론의 경우처럼 전체를 구성하고 있는 요소들 가운데 어느 하나에 나머지 다른 요소들이 종속되는 관계가 아니다. 그것은 이미 구조화된 구성 요소 상호간이 자율성을 가지면서도 상호 영향으로 하나의 전체를 구성하면서 그렇게 구성된 '전체적 구조(global structure)'가 각 '지역적 구조들(regional structures)'에 다시 영향을 끼치는 중층적인 것이다. 구조는 그 구성요소들 상호간의 접합적 결합으로 드러나는데 이 경우 모든 구성 요소들이 반드시 똑같이 다른 요소들에게 영향을 끼치는 관계로 연관되는 것이 아니라 어느 한 요소가 다른 요소보다 상대적으로 지배적인 역할을 할 수 있다. 이것이 이른바 지배 내 구조(structure à dominante)라는 개념이다. 다시 말하여 사회는 역사적 조건에 따라 어느 한 요소가 지배적 기능을 행사하여 전체를 질서화하는 위계적 구조로 이루어지는 것이다. 역사 발전의 시기에 따라 정치가 주도적인 역할을 할 수도 있고 이론이 주도적인 역할을 할 수도 있다. 또 이 주도적인 역할을 하는 실천영역이 항구적으로 고정된 것도 아니다. 이처럼 알튀세가 체계화하는 마르크시즘의 사회구성체는 경제만이 유일하게 결정적인 역할을 하는 단순한 변증법이 아니라 여러 층과 수준이 내적으로 구조화된 복합적 총체성으로 이해하여야 한다. 사회구성체가 모든 종류의 결정 관계에 문이 열린 구조이기는 하지만 알튀세는 "최종 심급에 가서는" 경제가 결정적일 수 있다는 생각을 받아들인다. 그럼으로써 알튀세는 경제가 상부구조를 결정짓는다는 마르크스의 명제를 우회적으로 수용하는데, 그러면서도 그는 "처음부터 끝까지 최종시간이라는 경제만의 외로운 시간은" 오지 않을 수 있다는 가능성을 부정하지 않는다.[36]

알튀세의 구조개념은 이처럼 정통마르크시즘의 경제결정론에 내포된 직선적이고 기계적인 인과성을 비판적으로 수용하고자 하는 고심어린 선택으로 특징지을 수 있다. 그는 이런 시각의 연장선상에서 구성요소들의 접합양식이 특정한 개인이나 집단이 인위적으로 조작하거나 창조해낼 수 있는 것이 아니라고 주장한다. 다시 말하여 구조의 내적 구성은 어떤 선험적인 작인에 의해서 미리 결정되어 있거나 어떤 특정한 사회구성체의 전제로서 주어지는 것이 아니다. 그것은 오직 복합적 전체의 효과 속에 내재하고 그것을 통해서만 추론할 수 있는 이른바 구조적 인과성(causalité structurale)으로 묶여 있다. 구조적 인과성은 기계적 인과성과는 달리 원인을 구조화된 현상의 외부에서가 아니라 현상 자체의 내재적 조직 안에서 찾는다. 구조의 원인은 "구조의 밖에 있다가 구조의 안에 들어와 자신의 존재를 새기는 그러한 대상·요소·공간이 아니다. 오히려 구조는 그 효과 속에 있고, 스피노자의 용어를 빈다면 효과 속에 내재하는 원인이다."[37] 구조적 인과성은 또한 원인이 결과가 되고 결과가 원인이 되는 상호 순환 속에서 이루는 구조화를 지칭한다. 요소들간에 뚜렷하고 단일한 인과관계를 설정할 수 없기 때문에 알튀세의 구조는 차라리 부재 원인의 결과라고 말해야 할 것이다. 이처럼 알튀세의 지배 내 구조라고 하는 복합적 총체는 경제적, 정치적, 이데올로기적 및 이론적 효과들 속에 "현재해 있는 동시에 부재하는" 원인들에서 비롯된 효과들의 구조이다. 그렇기 때문에 알튀세의 사회구성체는 자율적으로 움직이는 거대한 기계, 비유컨대 각본이 부재하는 연출 혹은 "작가 없는 연극" 무대이다. 알튀세의 구조 개념은 글룩스만의 평가대로 헤겔주의의 전통에 입각한 표현적 총체성의 개념보다 훨씬 융통성 있고 비결정론적 체계이며 좀더 사회학적인 것이다.[38] 구조의 효과를 산출하는 원인이 외부의 원리가 아니라 그 구성요소들의 중층적 결합의 효과이며 그 효과를 떠나서는 아무것도 아니라는 점에서 알튀세의 구조개념은 결과적으로 레비-스트로스가 의미하고자 한 구조개념에 근접한다. 신화 분석을 통하여 환원되는 관계들의 체계 역시 "신화 그 자체에 내재한다"고 주장하면서 레비-스트로스는 다음과 같이 적었었다.

> 나는 분석을 미리 생각하지 않았다. 즉 신화는 스스로를 재구성하며 나는 그들의 중재자에 불과하다. 나는 단지 신화가 나타나는 길목에 지나지 않는다.[39]

알튀세의 마르크스주의에서는 역사의 원동력이 인간의 자유의지에 있다고 믿는 휴머니즘적 태도가 철저히 부정된다. 인간은 역사의 주체가 아니라 사회구조 내의 위치와 기능의 담지자일 뿐이다. 인간의 격하와 더불어 역사 또한 텔로스(*Telos*)를 상실하고 "주체 없는 과정"의 연속 (혹은 불연속)으로 나타날 뿐이다. 알튀세의 이와 같은 반인간주의는 물론 마르크스의 전후기의 단절을 인정하지 않는 인간주의적, 역사적 마르크스주의자들의 오독에서 마르크스를 구해내 그를 '과학화'하고자 하는 그 자신의 이론적 선택의 소산이다. 지성사적 문맥으로 시야를 넓혀서 본다면 알튀세의 철학은 직접적으로는 인간의 실존적 선택의 중요성을 강조한 실존주의에 대한 비판이고 좀더 거시적으로는 코기토를 사유의 중심으로 삼는 모든 인간주의 전통에 대한 거부이다. 서유럽의 부르주아 인문주의적 전통의 핵심에 있는 자기충족적 주체의 개념을 구조의 이름으로 탈중심화하고 있다는 점에서 알튀세는 그 자신의 부인에도 불구하고 틀림없는 구조주의의 적자이다.

Ⅳ. 구조주의 이후

구조주의는 소쉬르의 언어학을 방법적 모델로 삼든 그렇지 않든 현상을 그 내적 요소들의 관계라는 관점에서 이해하고자 하는 노력이다. 그 밑바탕에는 무엇보다도 인간의 사회적, 문화적 현상의 기저에 있는 법칙·체계·약호를 규명하려는 과학적 야심이 있다. 제임슨(Fredric Jameson)이 구조주의를 상부구조 혹은 이데올로기의 연구라고 지적한 것은 이런 점에서 타당하다.[40] 어쨌든 인간학을 과학적 토대 위에 올려놓고자 한 구조주의의 시도가 해당 연구분야에 새로운 시야를 열어주고 활력을 불어넣어준 것만은 분명하다. 구조주의의 변모를 살피기 전에 먼저 구조주의의 중요한 논점과 그 의의를 정리하면 다음과 같다.

첫째, 구조주의는 인간이 의미의 세계에 살고 있다는 것, 그리고 그 중심에 언어가 자리하고 있다는 것을 일깨웠다. 구조주의에서 인간은 이성적 인간(Homo sapiens)이기에 앞서서 의미를 생산하는 인간(Homo significans)이다. 인간의 현실이 결국 사회적으로 구성된 현실 또는 텍스트화된 세계라는 생각의 지평을 연 것도 구조주의이다.

둘째, 구조주의는 무엇보다 공시적 총체성의 이론이다. 구조주의는 분석의 대상을 여러 서로 다른 층위와 수준 혹은 구성요소로 분할하고 그것들이 어떻게 접합되고 상호 연관되는가를 규명하고자 한다. 레비-스트로스가 예시하는 것처럼, 구조 분석은 영속적이고 보편적인 구조(예컨대, 인간의 마음의 보편적 구조)의 발견을 지향한다. 따라서 구조주의적 분석방법은 초역사적이고 반역사적이다. 구조주의에서는 발생과 기원의 문제가 제기될 수 없다. 역사의 어느 시점이든 원칙적으로 사회적 구조의 조건은 동일하기 때문이다. 시간에 따른 차이는 공간적 다양성의 특정 사례일 뿐이다. 구조주의에서 총체성은 요소들의 내적 접합 관계의 가능성의 총화이기 때문에 시간적 생성·변동·축적은 그것을 구성하는 필수요소가 될 수 없다.

셋째, 구조주의는 연구단위가 반드시 경험적으로 관찰될 수 있는 것이 아니라는 점을 또한 환기시켰다. 구조주의자들에게 감각적 경험이나 경험적 현실은 그 자체로는 아무런 의미를 갖지 못한다. 구조는 경험적 사실의 축적으로 귀납되는 것이 아니기 때문이다. 구조는 롤랑 바르트의 표현대로 현실을 "해체하고 재조직하는" 구조적 활동의 소산이므로 구조화란 곧 이론적 과정이다.[41] 그렇다고 구조화를 현상/실재의 플라톤적 이원화로 이해해서는 안 된다. 현실의 개념화는 관찰과 동시적인 것이고 또 그 관찰을 선도한다.[42] 따라서 구조주의는 경험주의와 그것에 바탕을 둔 실증주의를 극복하려는 노력으로 평가할 수 있다. 구조주의를 또한 일정한 관점에서 현실의 경험적 연관성을 모색하는 관점주의(perspectivism)와 동일시해서는 안 된다. 요소들의 연관성이 엄정한 내적 규칙의 발로가 아니고 감정이입적 설명의 수준에 머무르는 것을 구조주의는 거부한다.

넷째, 구조주의는 오랫동안 의미 부여와 가치 판단의 근원으로 여겨왔던 인간 주체의 죽음을 선언한다. 레비-스트로스의 말대로 구조주의의 궁극적 목표는 인간을 구성하려는 데 있는 것이 아니라 해체하는 데 있다. 구조주의적 시각에서 주체는, 그레마스의 행위자 모델의 개념에 시사되어 있는 것처럼, 구조 속의 여러 기능으로 분해된 주체이다. 구조주의는 또한 인간의 지각과 행동은 이미 약호화된 사회적 체계에 의해 패턴화된 것이라는 것을 가르친다. 알튀세의 적절한 표현을 빌어 다시 말한다면, 인간 주체는 선험적으로 주어진 실체가 아니라 이데올로기 체계에 의하여 주체로 "구성된다."[43]

다섯째, 구조주의는 기존 학문의 장벽을 허물고 그것들을 새로운 앎의 체계로 통합시키는 기폭제의 역할을 하였다. 알튀세는 정치학·경제학·철학·정신분석학의 영역을 허물고 그것들을 구조주의의 시각에서 정치경제학의 전통에 통합시키고자 하였다. 롤랑 바르트는 구조주의의 우산 아래서 언어학·사회학·문학의 경계를 넘나들었다. 이러한 학문 영역의 종합화가 의미체계 일반에 대한 관심에 의해 매개되면서 소쉬르가 예언한 바 있는 기호학의 수립으로 이어졌다. 구조주의는 또한 상징적 양식으로서 문화의 체계와 그 의미 생산 그리고 삶을 유형화하는 인식틀로서의 기능을 새롭게 조명함으로써 오늘날 기호학과 더불어 신흥 학문으로 떠오르는 문화학의 진흥에도 기여하였다.

우리가 지금까지 보아왔듯이 구조주의는 소쉬르의 언어학에서 발원하여 인류학·문학·사회학·철학 등 인간학 전반으로 확산되었다. 그리고 그것은 정합적이고 일관성 있는 구조에 대한 지향 곧 그 형식화를 극단적으로 추구한 과정이기도 하다. 연출 없는 연극에 비유된 알튀세의 구조개념은 그 한 극점을 표시한다. 그러나 그것은 모든 극단화가 그렇듯이 자기 파열을 내포한 것이었다. 구조주의자들은 구조화가 구조체의 내재적 원리에 입각한 자발적인 것이라고 주장하였다. 그들은 구조의 이와 같은 자기현전성을 내세워 형식주의를 비판하였으나 구조화가 결국 관념의 유희일 수 있다는 회의로부터 자유로울 수 없었다.[44] 레비-스트로스가 신화 분석 방법의 무한한 다양성을 인정하면서 결국 모든 가능한 구조들을 초월하는 인간 정신의 보편적 구조의 모색으로 나아간 것은 그러한 회의의 한 징후라고 볼 수 있다. 레비-스트로스의 이러한 곡예는 구조주의를 "선험적 주체 없는 칸트주의"라고 비판한 폴 리쾨르(Paul Ricoeur)의 주장을 설득력 있는 것으로 만들었다.[45] 이 때문에 방법의 학으로서 구조주의가 표방해온 과학적 엄밀성이라는 명제는 큰 손상을 입는다. 구조주의가 위장된 관념론이라는 시각과 더불어 그것을 관료화된 자본주의 사회의 체제 통제를 정당화하는 이데올로기의 산물이라는 통렬한 비판도 제기되었다. 가령 앙리 르페브르(Henri Lefevre)는 체계와 내재적 규칙에 대한 구조주의의 강조가 혁신과 창의성을 부정하고 체계화, 조직화, 프로그램화를 본질로 하는 기술공학적 관료주의의 이데올로기와 상통한다고 지적한 바 있다.[46] 1968년도의 파리의 학생혁명은 방법적 패러다임으로서 구조주의의 호소력을 격감시킨 또 다른 계기였다 이 기간에 구조주의자들이 보여준 정치적 무기력은 구조가 관념적 환상 혹은 도그마에 불과하다는 앞서의 비판에 더욱 무게를 실어주었기 때문이다.

구조주의의 위기는 또한 저자 없는 연극에 비유된 알튀세의 사회구성체 개념 속에 이미 함축되어 있기도 하다. 요소들이 서로 원인이면서 동시에 결과가 되는 현란한 상호 순환에 열려 있는 알튀세의 사회구조는 체계적이고 안정적이라기보다는 엔트로피적이고 불안정한 느낌이 더 짙다. 그것은 소쉬르가 처음에 보여주었던 기표와 기의의 대칭적 통일로 특징지어졌던 기호의 구조보다는 그가 나중에 언급한 실체 없는 순수한 차이들에 대한 체계로서의 구조개념에 좀더 가까운 것이다. 구조주의는 사실상 이처럼 그 자체 내부에 분열을 잉태하고 있었던 것이다. 구조의 이 자기모순성, 불안정성 및 관념성이 전면에 노정되면서 이른바 후기구조주의의 시대가 열린다.

후기구조주의의 선도자 가운데 한 사람인 자크 데리다는 레비-스트로스나 소쉬르가 요소들의 순수한 내적 관계로부터 구조가 도출된다고 주장하고 있으나 실상은 하나의 '중심' 혹은 고정된 원리에 의해서 통제되고 조직화되는 일종의 관념주의—데리다는 이를 '있음의 형이상학'이라 부른다—에 오염되어 있음을 폭로하고 있다. 이 '구조의 구조성'에 대한 이들의 눈멂을 개인적인 한계로서가 아니라 철학의 근원적인 딜레마로 문제삼는 데서 데리다의 해체 철학은 출발한다.[47] 소쉬르와 레비-스트로스뿐만 아니라 탈중심을 철학적 과업으로 삼았던 니체·프로이트 혹은 하이데거조차도 그들이 흔들고자 했던 형이상학 체계의 원안에 갇혀 있다는 것, 좀더 일반화하여 말한다면 모든 비판은 비판 대상과의 공모 없이는 그 목소리를 낼 수 없다는 것, 혹은 모든 차이는 그것을 무화시키려 하는 동일성의 형식을 빌지 않고서는 자기 존재를 주장할 수 없다는 것을 보여준다는 것이 데리다의 주장이다. 이 형이상학의 덫에서 벗어나는 것이 지극히 어렵긴 하지만 한 가지 길은 우선 그 덫이 어떻게 작용하는가를 철저하고 엄밀하게 따져보는 일이다. 다행인 것은 중심이나 기원 역시 주변화된 타자와의 대립을 통해서 대자적으로 그 정체성을 확인할 수밖에 없다는 점이다. 그리하여 데리다는

“철학의 고막을 뚫고” 로고스 안에서 북을 두드리는 해체작업과 동시에 철학이 형이상학의 질서를 세우며 배제한 타자와의 위계적 차이를 전도시키면서 동시에 그 전도를 공존적인 대화의 장으로, 곧 순수한 차이들의 유희로 만들 것을 제안한다.[48]

바로 이 지점에서 데리다의 구조주의에 대한 직접적인 비판과 차별화가 시작된다. 데리다가 보기에 구조주의는 구조를 순수한 차이들의 체계로서 파악하였으면서도 그것을 형이상학에 오염된 형식의 관점에서 관찰하여 정적이고 닫힌 체계에 머무르고 말았다. 그 단적인 예가 기표와 기의의 대칭적 통합을 강조하는 소쉬르의 기호관이다. 의미가 기표들의 차이에 의해 수렴되는 기의에 의해 드러난다면, 기표들이 상호간에 만드는 차이는 무한한 것이기 때문에 기호의 의미는 차이들의 무한한 유희의 공간에 개방되어 불확정적인 것이 될 수밖에 없다고 데리다는 생각한다. 따라서 기표와 기의는 조화로운 1 대 1의 상응관계가 아니라 근본적으로 단절되어 있다. 뿐만 아니라 선조성의 원리에 의하여 언어는 기호의 단독적인 언표화만을 허용하지만 언표화된 기호는 과거에 언표화된 기호의 흔적과 메아리를 간직하고 그와 함께 미래에 언표화될 기호와의 상관성에 의하여 그 의미가 확정되지 못하고 유보되고 지연되게 되는 것이다. 데리다가 보기에 기호의 의미는 이처럼 복합적이고 무한한 차연(différence)의 효과로서 주어졌다가 사라지는 불안정하고 불확정적인 것이다. 따라서 구조를 항상성(homeostasis), 완결성, 동형성의 관점에서 파악하길 고집한 소쉬르를 포함한 구조주의자들은 구조의 의미를 불철저하게 사색한 미완성의 구조주의자라고 볼 수 있다. 기표의 과잉·유희·차연의 개념을 강조하는 데리다로 대표되는 후기구조주의는 따라서 소쉬르가 그려보였으나 이루지 못하였던 구조주의 프로그램의 완성이라고도 볼 수 있다.

지금까지 살핀 대로 후기구조주의는 정적이고 평면적인 구조의 울타리 속에서 공시적인 분석에 열중하는 구조주의에 대한 비판적 반발이다. 그것은 기의와 단절된 채 ‘떠도는 기표들’의 체계에 의해 표상되는 의미의 불확정성과 중심 없는 유희 그리고 초월적인 의미 근거를 지향하는 모든 형이상학과 토대주의에 대한 불신을 주내용으로 한다. 구조주의에서 후기구조주의를 향한 이와 같은 이행은 데리다뿐만 아니라 통일된 주체의 개념을 부정하면서 자아의 언어 구속성을 규명하고자 하는 자크 라캉, 텍스트의 구조 분석에서 텍스트의 구조화의 유희에 몸을 내맡기는 변모를 보이는 후기의 롤랑 바르트, 그리고 언술의 질서를 언어를 침묵시키는 사회적 힘의 시각에서 역으로 구성하고자 하였던 미셸 푸코한테서도 엿보이는 것이다. 이들이 일구어가고 있는 후기구조주의를 탈구조주의로 읽기에는 구조주의와의 유대의 뿌리가 아직 튼튼하다. 그러나 그것을 단순히 구조주의의 계승으로 보기에는 그 배후에 자리하고 있는 철학이 지나치게 도전적이다. 그것이 근본적인 단절인지 아니면 좀더 큰 흐름의 작은 파랑인지는 좀더 지켜보아야 할 것 같다.

주

1) Fredric Jameson, *The Prison-House of Language : A Critical Account of Structuralism and Russian Formalism*(Princeton, 1972), p. 101.
2) 장 마리 브누와(Jean-Marie Benoist)는 기호가 '의미의 원천'으로 여겨온 인간을 대체하면서 의미 생산의 주재자로 떠오른 것을 '구조주의 혁명'으로 일컫고 있다(*La révolution structuraliste*, Paris, 1975, p. 13). 카시러(Ernest Cassirer)도 역시 언어학의 부상을 물리학의 갈릴레오에 의한 패러다임의 변화에 필적할 만한 사건이라고 썼다("Structuralism in Modern Linguistics." *Word* 1.1, 1945, p. 99).
3) 소쉬르, 《일반언어학 강의》, 최승언 역(민음사, 1990), p. 14.
4) 뉴우마이어(Frederick Newmeyer)는 다아윈의 진화론적 사고가 인문학에 수용되면서 언어를 유기체로 보는 견해의 자가당착성이 뚜렷해졌다고 지적한다. 언어가 유기체라면 결국 적자생존의 원리를 따라야 할 터인데, 언어의 변화상을 그러한 시각으로 설명하는 것이 무리라는 것이 누구에게나 자명해 보였기 때문이다(*The Politics of Linguistics*, Chicago, 1986, p. 24).
5) 《일반언어학 강의》, p. 106.

6) 제임슨(Fredric Jameson)도 공시태의 개념은 언어가 체계라는 개념과 맞물려 있기 때문에 소쉬르 언어학의 초석이라고 주장하면서, 그의 추종자들에 의한 공시태와 통시태의 준별의 완화가 소쉬르의 자의적 전용의 첫걸음일 수 있음을 경계하고 있다(*The Prison-House of Language*, p. 18).

7) 《일반언어학 강의》, p. 120.

8) 언어 이론상으로 보면 랑그/파롤은 공시태/통시태의 대립보다 우선적인 것이겠으나, 소쉬르는 그것의 구분을 3차 강의 (1910~1911)에 가서야 비로소 구체화하였다(김방한, 《언어학논교 (Ⅱ)》, 서울대학교 출판부, 1985, pp. 69~700 참조).

9) 《일반언어학 강의》 p. 140.

10) 같은 책, p. 143(위 번역은 Wade Baskin의 영역본을 참고하여 필자가 약간 수정하였음).

11) Louis Hjelmslev, "Linguistique structurale", *Acta Linguistica* Ⅳ(1944) (Rosalind Coward and John Ellis, *Language and Materialism : Developments in Semiology and the Theory of the Subject,* London, 1977, p. 13에서 재인용).

12) Fredric Jameson, *The Prison-House of Language*, pp. ⅴ～ⅵ 참조.

13) Jonathan Culler, *Ferdinand de Saussure*(Harmondsworth, 1976), p. 127.

14) Roman Jakobson, "Romantic Panslavism—New Slavic Studies" in *Selected Writings*, vol. 2, *Word and Language*(The Hague, 1973), p. 711.

15) Claude Lévi-Strauss, *Structural Anthropology*, trans. Claire Jacobson and Brooke Grundfest Schoepf (New York, 1963), p. 34.

16) *Tristes Tropiques*(Paris, 1955), p. 421.

17) Claude Lévi-Strauss, *The Elementary Structures of Kinship*, trans. James Harle Bell and John Richard von Sturmer(Boston, 1969), p. 49.

18) Claude Lévi-Strauss, *Structural Anthropology*, p. 50.

19) J.G. Merquior, *From Prague to Paris : A Critique of Structuralist and Post-structuralist Thought*(London, 1986), p. 41.

20) *Structural Anthropology*, p. 211.

21) 같은 책, p. 216.

22) 레비-스트로스의 신화 분석에 대한 비판은 Miriam Glucksman, 《구조주의와 현대 마르크시즘》(*Structuralist Analysis in Contemporary Social Thought : A Comparison of Claude Lévi-Strauss and Louis Althusser*), 정수복 역(한울, 1983), pp. 118~123을 참조.

23) Roland Barthes, *The Rustle of Language, trans. Richard Howard*(Berkeley, 1989), p. 4.

24) Paul de Man, *The Resistance to Theory*(Minneapolis, 1986), p. 8.

25) 구조주의, 러시아 형식주의, 그리고 미국의 신비평의 차이에 대한 보다 자세한 논의는 Edward Wasiolek, "Introduction" to Serge Doubrovsky's *The New Criticism in France*, trans. Derek Coltman(Chicago, 1973), pp. 1~34를 참조할 것.

26) 로만 야콥슨, 《문학 속의 언어학》, 신문수 편역(문학과지성사, 1989), pp. 50~63.

27) Roland Barthes. "Introduction to the Structural Analysis to Narratives" in *Image, Music, Text*, trans. Stephen Heath(New York, 1977), p. 84.

28) A. J. Greimas, *Sémantique Structurale*(Paris, 1966), p. 19.

29) 같은 책, p. 173.

30) Tzvetan Todorov, *The Fantastic : A Structural Approach to a Literary Genre,* trans. Richard Howard(Ithaca, 1975) 및 *Genres in Discourse*, trans. Catherine Porter(Cambridge, 1990) ; Gérard Genette, *The Architext : An Introduction*, trans. Jane E. Lewin(Berkeley, 1990) 등 참조.

31) Jacques Derrida, "Structure, Sign, and Play in the Discourse of the Human Sciences," in *Writing and Difference*, trans. Alan Bass(Chicago, 1978), p. 278.

32) Jean Piaget, *Structuralism*, trans. Chaninah Maschler(New York, 1970), pp. 3~16.

33) J. G. Merquior, *From Prague to Paris*, pp. 6~10 참조.

34) *Selected Works*(Moscow, 1958), I, pp. 362~363.

35) Steven B. Smith, *Reading Althusser : An Essay on Structural Marxism*(Ithaca, 1984), p. 143.

36) *For Marx*, trans. Ben Brewster(London, 1969), p. 113.

37) Louis Althusser and Etienne Balibar, *Reading Capital*, trans. Ben Brewster(London, 1970), p. 188.

38) 《구조주의와 현대 마르크시즘》, p. 181.

39) 같은 책, p. 117에서 재인용.

40) Fredric Jameson, *The Prison-House of Language*, p. 101.

41) Roland Barthes, "The Structuralist Activity", in *The Structuralists from Marx to Lévi-Strauss*, eds. Richard and Fernande DeGeorge (New York, 1972), p. 149.

42) 《구조주의와 현대 마르크시즘》, p. 196.

43) Louis Althusser, Lenin and Philosophy and Other Essays, trans. Ben Brewster(New York, 1971), p. 173.

44) Allen Thiher, *Words in Reflection : Modern Language Theory and Postmodern Fiction*(Chicago, 1984), p. 66 참조.

45) Paul Ricoeur, "Structure et Herméneutique", *l'Esprit*(November 1963), p. 618(Frank Lentricchia, *After the New Criticism*, Chicago, p. 126에서 재인용).
46) Henri Lefevre, *Position : Contre les Technocrates*(Paris, 1967), pp. 88~89(Eve Tavor Bannet, *Structuralism and the Logic of Dissent : Barthes, Derrida, Foucault, Lacan*, Urbana, 1989, pp. 3~4 참조). 이와 조금 다른 시각에서 제임슨은 언어학을 사유 체계의 모델로 삼게 된 것은 사회적 변화의 필연적 소산이라고 전제하고, 메시지와 정보로 넘치는 후기 산업사회의 복잡한 사회적 관계망의 원형이 바로 기호체계라고 주장하였다(*Prison-House of Language*, p. ix).
47) Jacques Derrida, "Structure, Sign, and Play in the Discourse of the Human Sciences", in *Writing and Difference*, p. 278.
48) Jacques Derrida, *Margins of Philosophy*, trans. Alan Bass(Chicago, 1982), p. xii.

<h1 style="text-align:center">생태주의
Ecologism</h1>

박 준 건

I. 생태주의의 범주

오늘날 인류는 환경[1] 파괴와 생태계 위기를 맞아 그 위기를 극복하기 위한 다양한 철학적 모색과 실천 운동을 활발히 진행하고 있다. 그것은 삶의 한 부분이 아니라 삶 자체와 살림하는 집이 근본부터 무너지기 시작하고 있다는 위기의식의 반영이다. 생태학(ecology)이란 용어는 1866년 독일의 생물학자 에른스트 헤켈이 생물체간의 상호의존성을 표현하기 위해 처음 사용하였는데, 이 말은 집을 의미하는 오이코스(oikos)라는 그리스 말에서 나왔다. 생태계가 파괴되고 있다는 것은 바로 사람들이 살고 있는 지구라는 집 자체가 파괴되고 있다는 것을 의미한다. 인간은 지구상에 존재하여 왔던 짧은 동안 대단히 비범한 일들을 성취하였지만 이제 인류의 생존 가능성은 최대의 도전에 직면하고 있다. 그러나 이러한 위기를 극복하기 위한 노력은 어떤 경우에는 철학적 사색의 결여로 단순한 환경보호운동 차원을 넘어서지 못하고 있고, 아직은 관념적 자기 만족을 위한 수준에 머무는 경우도 있다. 그것은 오히려 환경과 생태 문제를 내버리는 결과를 초래할 것이다. 이러한 위험에 빠지지 않고 현실적으로 실현 가능한 대안을 모색하는 하나의 환경철학 또는 환경운동이 이른바 '생태주의(ecologism)'라 할 수 있다.

그런데 이 '생태주의'를 엄격하게 개념 규정하는 것은 불가능하다. 칼 포퍼(Karl Popper)의 주장처럼, 한 개념은 우리의 지식과 마찬가지로 만들어지는 것이지 발견되는 것이 아니다. 따라서 '그것이 무엇인가?'라는 질문을 던지는 것은 아무런 소득도 없는 분석과 말장난에 그칠 가능성이 높다. 다시 말해서 생태주의의 내포와 외연은 미리 주어져 있는 것이 아니라 과학자 집단 사이에서 만들어지는 것이다. 이런 의미에서 생태주의는 다른 개념들과 마찬가지로 닫힌 개념이 아니라 열린 개념이라고 할 수 있다. 열린 개념이란 결정되고 고정된 이미 만들어진 개념이 아니라, 만들어가는 개념이라는 뜻이다. 모든 개념이 그러하듯 생태주의도 열린 개념이며, 논자에 따라서 넓게 사용되기도 하고 좁게 사용되기도 한다.

먼저 생태주의를 생태중심주의(ecocentrism)[2], 생물중심주의(biocentrism), 심층 생태론(deep ecology)[3], 근본 생태론(radical ecology)[4], 영성 생태론(spiritual ecology), 혁명적 생태론(revolutionary ecology)[5]이라는 흐름만을 가리키기도 하고, 사회 생태론의 흐름을 포괄하여 사용하기도 하며, 생태사회주의 또는 생태마르크스주의에까지 넓혀서 일컫기도 한다. 색깔로 이야기하자면 순녹색의 흐름과 붉은 빛을 띤 녹색과 붉은 색과 결합한 녹색이 있으며 극단적으로는 붉은 색을 녹색으로 이해하는 입장도 있다. 마지막의 붉은 녹색이라는 형용 모순처럼 보이는 관점이란 마르크스의 관점이 바로 생태적 입장이라고 해석하는 전통적 마르크스주의의 노선을 가리킨다. 대체로 생태주의를 순수생태주의와 사회생태주의로 나누는 것이 타당하리라고 본다. 그러나 생태주의의 본류는 어떤 관형어나 수식어가 붙지 않는 생태주의일 수밖에 없고, 그것은 순수생태주의의 입장에 더 타당하다.

Ⅱ. 순수생태주의

먼저 순녹색적인 순수생태주의(green green)의 입장을 살펴보자. 여기서 말하는 순수생태주의란 앞에서 말한 생태중심주의, 생물중심주의, 심층 생태론, 근본 생태론, 영성 생태론, 혁명적 생태론의 논의를 포괄하는 개념이다. 물론 논자들에 따라 인식의 편차를 인정해야 하지만 그 다양한 인식 지평을 모두 열거하기보다는 그 공통분모를 거론하는 것이 그들의 입장을 이해하는 데 도움이 될 것이다. 순수생태주의는 환경에 최소한의 피해가 가도록 하는 선에서 사회적 생산이 지속되도록 하자는 전략을 채택하고 있는 환경개량주의 또는 환경보호주의를 비판하면서 등장하였다. 그것은 기존의 지배적인 세계관과는 근본적으로 다른 가정들에 입각한 새로운 전망과 철학이 필요하다는 인식 아래에서 태동하였다. 매릴린 퍼거슨(M. Ferguson)은 이러한 새물결을 폭력이 들끓는 암흑의 '물고기자리 시대'에서 사랑이 충만한 해방의 '보병궁 시대'로 이행한다는 점성술의 예언을 빌어, '보병궁 시대의 음모'라고 이름 붙인다.

생태주의 좌파라고 할 수 있는 순수생태주의는 전 지구적 전 인류적 관점에 서서 '신의 피조물간의 민주화'[6]를 부르짖고 인간 중심주의를 비판한다.[7] 그들은 인간이 자연에는 필수적인 존재가 아니지만, 자연은 인간에게 필수적인 존재라는 것을 전제하면서, 인간은 다른 유형의 자연과 마찬가지로 생물학적 법칙에 순리적으로 따름으로써 자신을 일부분으로 구성하고 있는 전체 생태계와 조화를 통하여 안정에 기여하여야만 한다고 주장한다. 순수생태주의는 일반적으로 환경보호론의 목표가 되고 있는, 즉 현상을 보호하거나 회복하는 것 이상으로 상호 연관된 과정들인 자연의 복잡미묘한 조직망에 대한 연구뿐만 아니라 그러한 연구를 인간과 자연 사이의 상호작용 및 인간들 사이에 적용하는 것을 망라하고 있다. 또한 순수생태주의의 교훈들은 정치·경제·사회구조·교육제도·보건·문화적 표현, 그리고 영성에 대한 의미들을 포함하고 있다.

순수생태주의는 환경문제를 해결할 경우 자연에 대한 좀더 근본적이고 영적인 접근이 필요하다고 생각하며, 동양적 신비주의, 초자연주의, 영성을 주장하는 사람들의 도움을 받고 있다. 이들은 이른바 '신과학운동'의 흐름과 많은 점에서 공통 지반을 갖고 친화력을 갖는다. 그 운동은 대체로 물리학의 불확정성 원리와 상보성 원리와 생물학의 시스템 이론을 바탕으로 한 전일적, 유기체적, 생태적 세계관을 바탕으로 소규모 경제이론과 정치권력의 분산이론을 내세운다. 생태적 사고 또는 관계망 사고를 기본 세계관으로 하고 있는 정치 집단으로 대표적인 것이 녹색당(die Grünen)이다.[8]

신과학운동의 중심 인물이며 새로운 문명의 전환을 내다보는 카프라(F. Capra)에 따르면[9] 새로운 물리학이 바라보는 세계는 최소의 단위로 분해될 수 없으며, 통일된 전체를 구성해주는 여러 부분이 복잡하게 상호관계를 맺고 있는 그물망이다. 이에 근거한 그물망적 세계관이란 유기적, 전일적, 상대적 시스템관을 말한다. 이 시스템관은 세계를 관계와 통합한다는 견지에서, 통합된 전체는 그 성질들이 작은 단위들의 성질로 환원될 수 없는 부분들 사이의 상호작용과 상호의존으로부터 독특한 구조가 생긴 것이며, 역동적 성질을 갖는 것으로 파악한다. 그것은 현대 과학의 여러 이론에 도움을 받고 있을 뿐만 아니라 또한 철저하게 생태학적이다.

유기체적 세계관에 바탕을 두는 순수생태주의는 베이컨·데카르트·뉴턴 등의 기계론적 세계관을 비판한다. 베이컨은 귀납적 방법론을 통한 과학적 실험법을 주장하며 과학의 목표를 자연 지배의 지식 획득으로 바꾸어 자연 지배적인 기계론적 자연관을 확립하는 데 기여하였다. 데카르트는 과학적 지식의 확실성에 대한 확신을 바탕으로 과학을 '오류에서 진리를 가려내는 분명한 지식'으로 간주하게 된다. 그리고 그 확실성은 본질적 성격에서 수학적이며, 모든 물리학을 기하학적 구조로 환원시킨다. 데카르트적 자아는 물질과 명백히 분리된 정신이며, 이 분리는 근대 서유럽를 지배한 철칙이었다. 데카르트에게는 정신과 물질 양자는 모두 신의 창조물이며 신의 존재는 이성이라는 빛의 근원으로서 필수적인 것이었으나 다음 세기의 과학자들은 이 신을 빼버리고 데카르트적 분할에 기초하여 그들의 이론을 발전시켰다. 데카르트에게 물질세계는 정신이 존재하지 않는 하나의 기계에 불과하며, 완전한 기계로서 정확한 수학적 지배를 받는다. 이러한 자연관은 생물에게도 적용되어 생명현상의 기계론적 이해를 확산시켰다. 이러한 데카르트의 확신은 구체적인 자연현상에 대한 이론으로 발전하지 못하고 있다가 17세기 말 영국의 뉴턴에 의해 데카르트적 자연관의 완전한 수식화로 이어지게 된다.

유기체론에 따르면 기계적 세계관은 성장과 발전의 세계관이며, 자연은 인간에 의해 정복되고, 좀더 강하게 말하면 착취되어야 하는 대상이다. 이 세계관에 따르면, 자연이 다시 말해 물질과 에너지가 인간에 의해 더 많이 이용될수록 그것은 인간과 역사의 발전을 의미하며, 인간의 역사는 더 좋은 곳을 향하여 끊임없이 진보하고 있다는 것이다. 이 기계적 세계관은 뉴턴 이래의 자연과학적 발전에 근거하고 있으며 과학에 대한 낙관적인 전망에 의존하고 있는데, 유기체론자들은 대체로 이러한 낙관론을 신뢰하지 않는다.

생태주의 창시자 가운데 한 사람인 베리 커머너(Barry Commoner)는 생태주의의 원칙으로 다음 네 가지를 들고 있다. ① 전부는 서로 연결되어 있다. 이것은 인간을 포함한 모든 생물의 상호 의존관계를 나타내며, 물질과 에너지와 생명과의 연결된 인식을 표현한 것이다. ② 모든 것은 어디엔가 남아 있다. 이것은 인간이 자연계에 투입한 오염물질은 그 양이 많으면 자연계의 균형을 어지럽힌다는 인식의 표현이다. ③ 공짜는 없다. 이것은 인간의 모든 활동은 에너지의 방출이라는 대가를 지불한다는 뜻이다. ④ 자연이 가장 잘 알고 있다. 이것은 생태주의가 갖는 야생세계에 대한 동경을 드러낸 것이다.[10]

생태주의에 영향을 준 사람으로 제레미 리프킨(J. Rifkin)을 들 수 있다. 리프킨은 열역학 제2법칙을 사회에 적용하여 현대문명을 비판한다. 열역학 제1법칙은 우주의 에너지와 물질의 총량은 일정하여 생성되거나 소멸될 수 없고, 오로지 그 형태만 바뀔 수 있다는 것이다. 열역학 제2법칙은 닫힌 계에서 물질과 에너지는 한 가지 방향으로만 바뀔 수 있다는 것이다. 즉 물질과 에너지는 사용할 수 있는 형태에서 사용할 수 없는 형태로, 값어치가 있는 형태에서 값어치가 없는 형태로, 질서가 있는 형태에서 질서가 없는 형태로만 바뀔 수 있다는 것이다. 사용 가능한 에너지가 사용할 수 없는 형태로 얼마나 변했는가를 재는 척도가 19세기에 루돌프 크라우지우스(R. Clausius)가 도입한 '엔트로피(entropy)' 개념이다. 사용 가능한 자유 에너지의 감소는 엔트로피의 증가를 뜻한다. 리프킨은 엔트로피 증가법칙을 물리학의 영역뿐 아니라 인간사회의 전 영역에 적용한다. 그는 에너지를 생명의 근본이자 인류문명의 토대로 보며, 자본주의나 사회주의나 모두 에너지 중독에 빠진 에너지 노예로 간주한다. 저(低)엔트로피 문화를 꿈꾸는 그에 따르면, 저엔트로피 세계관의 지배적인 윤리원칙은 에너지 유출을 극소화하는 것이며, 저엔트로피 사회의 슬로건은 물질의 소비를 억제하는 자발적 검소이다. 결국 그는 "인간은 세계를 돌보는 하인이어야 한다"는 주장에까지 이른다.[11]

엔트로피 증가법칙은 에너지나 물질의 불가역성을 의미하지만 그 진행속도에 대한 것은 아니다. 엔트로피 패러다임에 따른 새로운 대안 제시는 바로 이 속도에 근거한다. 산업구조라든가 에너지의 소비구조, 제도를 엔트로피의 증가속도를 줄일 수 있는 것으로 대체하자는 것이다. 엔트로피의 증가를 촉진시키는 더 크고 더 많은 것을 지양하고 더 작고 더 적은 것을 추구하고, 이 과정에서 재생 불가능한 인위적인 것에 의존하기보다는 순환 가능한 자연적인 것에 의존하자는 것이다. 이런 의미에서 엔트로피 패러다임은 비판적 성격을 가지고 있다. 그것은 고도성장과 인간에 의한 자연 지배를 목적으로 삼고 있는 현대문명에 대한 비판이며, 이러한 목적에 의해 모든 행동을 정당화시켜온 기존 문명 질서에 대한 저항이다. 그러나 엔트로피 패러다임에 근거한 새로운 발전의 원리가 어쩔 수 없이 지금까지 이어져온 물질적 풍요에 대한 희생을 요구하는 것이기 때문에 이 원리가 모든 국가 모든 계층에게 적용될 때는 현상 유지의 이데올로기가 될 가능성이 높다. 따라서 만약 엔트로피의 증가속도를 늦추기 위해 물질적 풍요를 희생시켜야 한다면 그 희생의 담당자는 제3세계의 자원과 에너지를 이용해 그들의 배타적 발전과 풍요를 누려온 서유럽 선진자본주의 국가들이어야 한다. 그러므로 엔트로피 패러다임이 새로운 대안으로 제시되기 위해서는 기존의 부를 합리적으로 재분배하는 사회체제를 전제하여야 한다.

한편 순수생태주의는 인간과 인간 사이의 도덕률을 세우기 위하여 만들어진 통상의 윤리학과는 달리, 생태윤리학(ecoethics)을 잘못된 자연을 개조하고 인간과 자연 사이의 새로운 도덕률을 확립하는 실천철학으로 제시하기도 한다. 생태윤리학자는 생태윤리학적인 선한 행위로 우리 주변에서 살고 있는 생물과 생물 군집의 보호, 그 안정성의 유지, 재배식물과 사육동물에 대한 감사, 천연자원과 에너지를 이용하여 만드는 일상용품의 절약, 태양에너지나 수력 및 풍력 등 자연을 오염시키지 않는 에너지의 이용, 생활용품과 쓰레기의 재이용과 재순환, 자연에 흔적을 남기지 않는 행위, 감사하는 마음으로 자연을 이용하고 관리하는 행위, 생태계를 영속적으로 안정하게 유지하는 행위 등을 들고 있다. 이들 생태윤리학자들은 자연을 과학기술로 복원하는 일을 급성환자에게 극약을 먹여서 응급치료하는 것과 같은 것으로 보고, 자연을 영원히 건강하게 유지시키려면 생태윤리학이라는 예방의학에 의존해야 한다고 주장한다. 그러나 이러한 주장이 자연을 대하는 인간의 도덕심을 강조하고는 있지만, 사실 자연환경의 문제는 사회 윤리적 차원에서도 모색되어야 한다는 점에서 지나치게 개인윤리의 차원에 머물고 있다.

한편 가레트 하딘(Garrett Hardin)이나 폴 에리히(Paul Ehrlich) 등 신맬더스주의의 세례를 받은 생태윤리학자들은 지구에서 생태학적 적정

선을 유지하는 범위에서만 인류의 생존이 가능하기 때문에 산아 제한의 윤리가 철저하게 지켜져야 하고 인구증가 정지운동이 요구된다고 주장한다. 하딘은 〈공공목장의 비극〉[12]과 〈구명선에서의 생존〉[13]이라는 글에서 전 지구적 차원에서 기하급수적 인구증가와 부존자원의 고갈 및 한계가 미래의 삶을 위협한다고 진단한다. 두 글에서 그는 일정한 소를 수용할 수 있는 목장에 더 많은 이익을 위해 한 마리의 소를 더 집어넣었을 때 목장 자체와 생태계가 파괴되며, 그리고 열 명분의 식량밖에 준비되어 있지 않은 열 명이 타고 있는 구명선에 어떤 한 사람이 구원을 요청하거나 그 사람을 도와주는 것은 구명선 자체를 위협하는 무책임하고 비합리적인 행동이라고 비난한다. 그러나 하딘의 두 우화는 생물학적 법칙에 의거한 냉혹한 현실을 그리고는 있지만, 서구의 물질적 풍요를 제3세계에 식량을 원조함으로써 상실해서는 안 된다는 서구중심주의적 논리가 관통하고 있다.

순수생태주의자들은 과학기술이 선사한 경제성장과 물질의 풍요에 회의를 느끼며, 삶의 질에 더 많은 도덕적 가치를 부여한다. 그들은 자연의 활용은 어쩔 수 없는 것으로 보지만, 범죄에 가까운 자원의 낭비를 공격한다. 자급자족, 소규모생산, 자원의 효율적 재순환, 재생이용에 의한 낭비의 단절, 생산과 소비의 축소, 유해한 생산의 폐지 또는 삭감, 제품의 내구성 증대 등이 그들의 요구이다. 그들은 현대의 대규모 집약형 기술에 대체하는 부드러운 기술, 해방적 기술, 선택적 기술, 적정 기술, 인간의 얼굴을 한 기술 등을 대안으로 내놓았다.[14] 그들은 태양과 물 그리고 바람의 순환과정 및 강물의 흐름과 더불어 작동되는 태양력과 같은 '소프트 에너지의 생산'을 지지하고 있다. 그들은 우리와 지구와의 상호의존성을 반영하는 적절한 기술의 발전을 요구하고 있다. 그리고 토양을 새로 보충하고 자연적인 해충 방제 수단을 포함하는 재생농업을 옹호하고 있다.

우리 나라에서 대표적인 생태주의 운동조직이라 할 수 있는 '한살림 모임'의 기본 정신을 탄생시키는 데 중요한 역할을 한 김지하는 생태주의의 사고체계는 아직 서양사상과 과학 전체의 운명적 한계를 안고 있고 생태학에는 철저하지만, 좀더 근원적인 생명의 세계관, 생명 사고에서는 약하다고 진단하면서 '생명운동'을 새롭고 창조적인 대안운동으로 제시한다. 그는 생태주의가 인간과 자연관계에서 높은 대안이 될 만한 생명의 세계관을 갖고 있지 않기 때문에 무기물을 생태계로 인정은 하지만 신령한 생명으로까지는 보지 못한다고 아쉬움을 나타낸다. 그의 생태주의에 대한 불만은 서양의 생태주의가 자연과의 관계에서 소박한 '존중'의 윤리는 있지만 근본적인 '공경'을 가능케 하는 세계관이 없고, 생태주의가 강조하는 영성은 다분히 인간에게 제한되어 있으며 자연의 신령함에까지 생각이 미치지 못하고 있다는 것이다. 김지하가 대안운동으로 내세우는 생명운동은 생명의 세계관의 기초와 핵심으로서 동학과 풍수학, 그리고 서양의 현대 생태학 등을 탁월한 차원에서 결합하여 기독교의 생명 세계관, 불교의 화엄 세계관, 노장철학과 무속의 생명 원리를 포용하고 있다. 그는 우주생명 전체를 다루고 있으며 원융무애하고 광대무변한 세계를 이야기하고 있다. 생명운동의 현실적 결실을 염두에 둔다면 그의 이야기는 너무 크며 그의 호흡은 길고 느리다.[15]

순수생태주의는 그 비판적 성격에도 불구하고 한계점을 가지고 있다. 생태중심주의의 극단화는 생태 천국 또는 생태지상주의(ecotopia)[16], 생태 파시즘(ecofasism), 또는 인간 혐오증(misanthropobia)으로 나타난다. 그들 가운데는 현대문명을 증오하며 중세의 암흑시대를 동경하는 금욕적 '생태신학자'가 있다.[17] 그러나 자연을 예찬한다고 해서 그것이 바로 인간에 대한 미움으로 나타날 수 없다. 만약 인간이 부재하는 자연 자체가 아름답게 존재하고 있다면 그것은 인간에게는 아무런 의미가 없다. 세계가 존재하는 것은 인간이 존재하기 때문이다. 그들이 비록 자연 앞에 서서 자연을 호령하면서 지배하는 삶에 대해 비판적 의식을 가진다는 점에서는 일정한 의미를 지니지만 자연 속에 묻혀 그 아래서 사는 삶을 찬미하는 것은 자칫 인간이 문명의 열차로부터 하차하여 자연의 세계로 되돌아가야 한다는 것으로 이해될 수 있다. 아름다운 이야기일는지 모르지만 어려운 일이며 불가능한 일이다. 생태중심주의자인 에머리(C. Emery)는 '자연을 위해서는 아무것도 생산하지 않는 것이 가장 멋진 생산이다'라고 말한다.[18] 그러나 이러한 입장은 불합리한 것이 되고 만다. 만일 인류가 자연 가운데서 자신의 삶의 조건을 만들어내는 일을 중단한다면, 인류는 더 이상 존재할 수 없을 것이다. 자연에 의존하고 있으며, 그리고 생존하기 위해서는 반드시 자연과의 신진대사를 유지해야만 한다. 이러한 기본적인 신진대사마저 중단한다는 것은 인류를 채집사회로 되돌리는 것과 같다.

그리고 대부분의 순수생태주의자들이 주장하는 기본원칙들은 완전히 새로운 것은 아니며 산업사회 이전의 오래된 사유양식들을 빌려 쓰고 있다. 그러한 사회들은 파괴되어 버렸거나 현 세계체제 안에서 주변부로 밀려났기 때문에 순수생태주의자들은 그들의 기본신념들이 소수 전통과 같다는 것도 인정하고 있다.[19]

순수생태주의에 대한 비판은 특히 사회주의 또는 사회(주의적) 생태주의자에 의해 이루어지는데, 엔젠버거(H. Engenberger)의 논문 〈정치생태학 비판〉에서 처음 등장한다.[20] 첫째 순수생태주의는 다양한 생태적 조망을 단순화-동일화하면서, 이를 '자연적 한계'로 받아들이는 보수주의로 전락한다. 둘째 녹색정치는 산업주의와 기술에 반동적으로 대립하여, 이것이 자본주의의 환경 파괴적 성격을 간과하기에 이른다. 셋째 생태주의자들이 이른바 환경의 지속 가능성에 대한 인류의 보편적인 이해관계라는 이름 아래에서 계급과 지역적 불평등에 대한 관심을 가지지 않는다. 넷째 계급사회에서 모든 일반이익이 가능하다는 이데올로기가 특수이익을 가장한 허위의식이듯이, 녹색의 주장도 일종의 특수이익을 위장하고 있으므로 이데올로기 비판의 차원에서 녹색주의를 다루어야 한다고 주장한다.

Ⅲ. 사회생태주의와 생태사회주의

순수생태주의가 보통의 환경주의에 생태주의란 이름을 붙여줌으로써 생태주의의 풍부한 의미를 왜곡시켰다고 비판하며 등장한 흐름이 사회생태주의이다. 이 흐름은 생태학적 사고가 좀더 광범위하게 적용되어야 한다고 보고, 환경주의가 자연적인 것과 사회적인 것을 분리시키고, 이로부터 자연사와 사회사를 별개로 보는 발상들에 근거하고 있다고 비판한다. 그리고 사회생태주의는 황폐한 시장사회를 비위계적이고 자연과 조화를 이루는 협동사회로 변화시키는 생태주의 운동의 하나이며 신비주의적 영적 접근을 하는 순수생태주의와는 달리, 기존의 철학적, 사회학적 전통 따위로부터 합리적 정신을 끌어들이고 궁극적으로 자연과 인간의 조화로운 공생의 전망을 추구한다. 정치적으로는 무정부주의적 경향을 띠며, 윤리적으로는 르네상스적 인본주의를 추구한다. 이들은 환경위기의 뿌리가 지난 수 세기 동안 자리해온 지배의 문제, 즉 인간의 인간에 대한 지배 그리고 인간의 자연에 대한 지배에 있으므로, 이를 극복한 생태운동은 사회운동으로 나아가야 한다고 주장한다. 사회생태주의는 생태문제를 자연에 관한 질문으로부터 시작하여 사회에 대한 물음으로 진전시킨 것이다. 캐나다의 북친(Murry Bookchin)이 대표적인 사회생태주의자라고 할 수 있다.[21]

북친은 먼저 사회체계의 조화를 전제로 하지 않는다면 현대의 위기는 극복될 수 없으므로 자연생태학은 자연과학의 차원을 넘어 사회적 생태학으로 발전해가야 한다고 주장한다.[22] 북친에게는 생태문제가 사회적 문제이다. 그는 사회가 자연으로부터 분리될 수 없음을 강조하고, 자연과 사회관계 사이의 이론적 통합을 추구하고자 하였다.[23] 북친은 생태 위기의 뿌리가 맬더스주의자들처럼 인구 성장에 있다거나, 환경주의자들처럼 기술에 있다고 생각하지 않는다. 그는 현대사회에 팽배해 있는 인간이 자연을 지배 착취해야 한다는 관념은 인간이 인간을 지배한다는 관념에 있으므로 이를 극복하기 위한 생태운동은 사회운동이 되어야 하며, 이 운동은 지배와 위계질서를 생산하는 인간 사회의 도덕적 변화, 나아가서는 제도 변화까지도 추구한다.[24] 그에 따르면 오늘날의 생태 위기는 긴박한 성격을 가지고 있으므로 생태학은 사회적으로 그 뿌리를 뽑는다는 의미에서 혁명적이고 근본적이어야 한다.[25] 왜냐하면 생태 위기의 해결은 전제조건으로 자본주의 위계질서만이 아니라 인류역사 속의 모든 위계질서를 제거하는 데에 있고, 위계질서는 정치제도뿐만 아니라 우리의 의식, 경제제도, 생활양식 그리고 삶의 의미에 대한 해석 등에 확산되어 존재하기 때문이다.[26]

사회생태주의보다 적색에 의존도를 높이는 생태주의로 생태사회주의와 생태마르크스주의를 들 수 있다.[27] 생태사회주의와 생태마르크스주의를 사회주의적 생태주의라는 틀 속에 함께 묶고 있기는 하지만 다음과 같이 구별하는 시각이 있다.[28] 환경문제의 원인에 대해 전자는 자본주의적 경제 합리성과 산업 성장으로 보고 있다고 분석하며, 후자는 자본축적 과정, 즉 자본주의적 가치증식 과정으로 보고 있다고 분석한다. 그리고 대안적 세계에 대해서도 전자는 유토피아적 사회주의 또는 생태사회주의를, 후자는 마르크스적 사회주의 또는 과학적 사회주의를 제안한다고 분석한다. 그리고 마치 생태사회주의는 생태 지향적이고, 생태마르크스주의는 사회 지향적이라는 점에서 그 차이가 있는 것으로 분석하고 있다. 이 점에서 전자는 심층생태론과 친화력이 있고, 후자는 사회생태론과 친화력이 있다는 것이다. 이렇게 규정한다면 후자의 생태마르크스주의는 정통 마르크스주의와 거의 같은 것으로 되고, 다만 정통 마르크스주의적 입장, 즉 계급적 입장에서 환경과 생태문제를 접근하고 있을 뿐이다. 이러한 입장은 사회주의를 마르크스주의적 사회주의와 그 밖의 비마르크스주의적 사회주의를 구별하고 있는 듯하고 전자에 무게 중심을 두는 것 같다.[29] 그러나 생태마르크스주의가 정통 마르크스주의가 아닌 것은 분명하고, 그것을 혼용하여 사용하는 것은 논의 전개를 위해서도 적절하지 못한 개념규정이라고 생각된다.

그리고 생태사회주의와 생태마르크스주의의 구별을 마르크스주의에 대해 반생태적인 측면이 있다는 데 초점을 둘 것인가(생태사회주의), 아니면 생태 이론적 단초가 있다는 데 초점을 둘 것인가(생태마르크스주의)라는 관점의 차이에서 구하기도 한다. 이러한 차이로부터 마르크스를 넘어야 할 걸림돌로 간주할 것인가, 아니면 자신들의 이론적인 초석으로 간주하여 그 위에 자신의 집을 지을 것인가 하는 입장이 결정되지만, 그러나 모두 마르크스 사상에 생태론적인 단초들이 충분히 존재한다는 것, 그리고 자본주의 경제를 분석하면서 지나친 이윤 추구적 생산활동으로 인한 생태파괴를 경고하였다는 주장에는 동의한다는 것이다. 그리하여 생태사회주의는 포스트마르크스주의적 시각에서 사회주의와 생태론을 결합시키려고 하고, 생태마르크스주의는 정통마르크스주의 진영에 머무르고 있다는 것이다.[30] 그러나 이렇게 생태사회주의와 생태마르크스주의를 지나치게 구별하는 것은 그것들의 다양한 스펙트럼을 너무 단순화시키는 결과를 가져올 것이다. 범주화의 문제는 정의(定義)의 문제와 연결되어 있고 정의의 문제를 둘러싸고 논쟁을 일으키는 것은 생산적이지 못하다. 생태사회주의든 생태마르크스주의든 그것은 생태학과 사회주의 또는 마르크스주의의 결합을 시도하는 사조를 이름하는 것이다. 이 두 사조를 구별하는 것은 사회주의가 무엇인가, 그리고 마르크스주의가 무엇인가 하는 또 다른 문제와 연결되어 있는 것이기 때문에 다른 논의 구조 속에서나 밝혀지는 성질의 것이라 하겠다. 여기서는 생태사회주의와 생태마르크스주의를 같이 묶고, 논자에 따라 인식지평이 다르게 나타난다는 것만을 지적한다. 일반적으로 여기에 분류되어질 수 있는 대표적인 사람으로 데이비드 페퍼(David Pepper), 마틴 라일(Matin Ryle), 앙드레 고르(Andre Gorz), 녹색당 내 이론가인 토마스 에버만(Thomas Ebermann), 제임스 오커너(James O'Conner), 엘마르 알트파트(Elmar Altvater), 테드 벤톤(Ted Benton), 벤 애거(Ben Agger) 등을 들 수 있다.

그런데 에거는 《서구 마르크스주의 입문》에서 생태마르크스주의를 현대 마르크스주의 제2의 추세로 보고, 대표적인 생태마르크스주의자의 전통에 있는 인물들로 푸리에(Fourier), 마르크스(Marx), 러스킨(Ruskin), 모리스(Morris), 크로포트킨(Kropotkin), 북친, 프롬(Fromm), 일리치(Illich), 굿맨(Goodman), 맥퍼슨(Macpherson), 마르쿠제(Marcuse) 등을 들고 있다.[31] 여기서 먼저 지적해야 할 것은 에거가 마르크스를 생태마르크스로 해석하고 있다는 점이다. 비록 마르크스 자신이 자연환경의 파괴에 대한 우려를 표시하였다고 하더라도, 그의 가장 큰 관심은 자본주의 생산양식에 대한 과학적 분석이었고, 생태적 문제의식은 부차적이라 할 수 있다.[32] 마르크스를 생태마르크스주의자로 부르는 것은 생태마르크스주의를 이해하는 데에도 크게 도움을 줄 수 없을 뿐 아니라, 마르크스를 왜곡 해석하는 결과를 초래할 것이다. 그리고 에거가 분류한 생태마르크스주의자들이 과연 대표적인 사상가들인가에 대해서도 동의하기는 어렵다. 생태학적인 문제의식을 가지고 있고, 마르크스의 사상을 일부분 수용한다고 해서 생태마르크스주의로 분류하는 것은 너무 안이한 태도이다. 그러나 논의의 지평을 열어두기 위해 우선 에거가 분류한 잣대를 살펴볼 필요가 있다.

에거는 생태마르크스주의의 특징으로 크게, 절제되고 안정된 상태의 경제구조, 개입주의적 국가이론, 인간 욕구의 축소를 지향하는 새로운 금욕주의를 들고 있다. 과도한 성장 위주의 경제 제일주의 구조를 대신하는 지속적 안정 경제는 자본주의적 생산력의 축소와 국가 규제적 역할을 요구한다는 점에서 개입적 국가론과 논리적인 연관관계를 갖고 있다. 그리고 에너지 자원의 부족에 대항하기 위해서 인간의 물질적 욕구를 철저하게 재평가하고 반성하는 금욕주의를 요구하는 것은 당연하다고 할 수 있다. 그리하여 에거는 생태마르크스주의는 인간적 만족은 궁극적으로 생산활동에 있으며, 소비생활에 있다는 점으로 강조하면서 고도소비 생활양식의 변화를 주장한다고 보고 있다. 따라서 에거가 범주화시킨 생태마르크스주의는 대규모 기술, 높은 에너지 수요, 소비상품 종류의 증가를 특징으로 하는 산업사회를 비판하고 생태적 대이변은 현대의 산업생활의 패턴을 재고하도록 경고하면서 등장한 것이다. 그러한 산업사회에는 자본주의 국가와 사회주의 국가가 모두 포함된다. 다음으로 에거가 생태마르크스주의의 특징으로 삼고 있는 것이 탈관료화와 탈집중화이다. 이러한 탈관료화와 탈집중화를 통해 산업성장을 제한함으로써 우리는 환경의 본래적 모습을 보존할 수 있고 선진 자본주의의 지배적인 사회·경제·정치 제도를 질적으로 변형할 수 있다는 것이다. 여기서 에거는 '작은 것이 아름답다'는 슈마허의 논리를 소개하고 있다. 이렇게 에거가 범주화시킨 생태마르크스주의는 몇몇의 경우 순수생태주의의 입장과 크게 다를 바 없고[33], 마르크스주의를 지나치게 이상적으로 생태주의와 접목시키고 있다고 할 수 있다. 결국 에거도 생태마르크스주의를 너무 광범위하게 범주화시키고 있다고 할 수 있다.

그렇다면 과연 마르크스주의와 생태학의 결합은 가능한가, 가능하다면 어떻게 가능한가를 살펴볼 필요가 있다. 먼저 안소니 기든스(Anthony Giddens)는 마르크스주의가 생태 문제를 탐구하는 데 별 도움이 되지 않는다고 주장한다. "마르크스에게 자연이란 무엇보다도 인간의 사회적 발전을 실현하는 매개로서 간주되고 있다. 인간의 보편적 역사는 자본주의에 이르러 극대화된 생산력의 점진적 발전의 성과를 통하여 진행되어 왔다……그러나 계급체계라고 표현되는 이른바 착취적인 인간의 사회적 관계의 변천에 관한 마르크스의 관심은 자연에 관한 탐구에 이르기까지 확장되지는 않는다."[34] 기든스는 마르크스가 생산주의적 태도를 견지하고 있고, 생산력의 증대는 이제 더 이상 사회적 발전에 기여하는 것으로 여겨질 수 없기 때문에, 이러한 생산주의적 태도는 더 이상 옹호될 수 없다고 결론 내린다.[35] 그리고 노베르토 보비오(Noberto Bobbio)는 마르크스주의가 너무나 인간의 착취와 인간에 대한 지배에 치중해왔기 때문에 결과적으로 자연에 대한 지배와 착취를 소홀히 다루어왔다는 것을 지적하였다.[36] 흔히 생태마르크스주의자로 분류되는 오코너마저도 마르크스주의를 전적으로 부정하지도 않고 그의 이론 구성에 마르크스적 요소를 상당히 도입하고는 있지만, 마르크스주의 이론은 생태적 과학에 근거한 적이 없었고, 역사유물론의 전통적 설명은 인간이 자연을 어떻게 변형시키는가를 강조하고, 인간에 대한 자연의 영향과 자연 경제의 리듬을 경시한다고 비판한다.[37] 그러면서도 그는 생태학과 사회주의의 결합은 바람직한 것일 뿐만 아니라, 실질적으로 가능한 일이라고 주장하기도 한다.[38]

그러나 생태학과 마르크스주의의 결합을 시도하고 있는 젊은 학자인 라이너 그룬트만(Reiner Grundmann)은 마르크스주의는 생태학적 문제에 관해 전혀 언급이 없을 뿐 아니라 마르크스주의가 내포하고 있는 입장도 생태학적 문제의 해명과는 거리가 멀다는 평가, 더욱이 마르크스주의의 입장은 환경에 악영향을 미치거나 그것을 정당화하기까지 한다는 평가를 재검토하면서 마르크스 사상 가운데 개발되고 재구성될 수 있는 여지가 있다고 주장한다.[39] 그룬트만은 생태사회주의든 생태마르크스주의든 그것은 생태학과 사회주의 또는 마르크스주의와의 결합을 긍정적으로 시도하는 것이라면, 사회주의 또는 마르크스주의에는 분명히 오늘날 생태문제를 푸는 일정한 답변을 마련해줄 수 있다는 믿음을 가지고 있다.

토마스 에버만의 생태사회주의에 따르면,[40] 오늘날 자연의 파괴는 자본주의의 내적 법칙성인 이윤 추구와 경쟁에 근거한 자본축적 및 성장원리와 관계가 있다. 그러나 이를 치유하기 위해서 현실 사회주의는 어떠한 해결책도 제시해주지 못한다. 오히려 우리가 생태위기로부터 탈출하기 위해 선택할 수 있는 방안은 생산 그 자체를 변화시키는 것이며, 선진국 대도시 거주민들의 소비습관을 개조하는 것이다. 이러한 개조는 소수가 가진 부의 철폐, 의미 없는 재화생산의 축소 또는 폐기, 국가기구의 억압기능을 포함한다. 그리고 사회적 생산을 최종적으로 결정하여 주는 생산성이란 개념이 거부되어야 한다. 생태 이성이 지배하는 사회에서는 사회적 부는 생산성뿐만 아니라 자유시간에 의해서도 결정되어야 한다

생태학적 사회주의를 이론화한 라일은 자본주의의 근본 모순은 유한한 지구와 타협할 수 없을 정도의 성장을 요구하는 데에 있다고 본다. 그에 따르면 자연은 양면이며 경쟁 또는 적자생존 따위로 표현될 수 있는 갈등적 측면과 호혜적으로 공존하는 상보적 측면을 동시에 지니고 있다. 따라서 자연의 양면을 적합하게 고려한 생태 문제에 대한 이론화 작업은 조화로운 공존 및 일반이익을 강조하는 녹색 입장과, 이해관계를 중심으로 하는 정치경제학적 역학관계를 결합시키는 논의로 나타날 수밖에 없으며, 이로부터 녹색과 적색 사이의 결합은 필연적인 것으로 등장한다. 따라서 더 많은 생산과 더 빠른 경제성장을 추구하는 경제운용은 바람직한 것이 아니다.[41]

좁게는 생태사회주의자, 넓게는 생태주의자로 분류될 수 있는 고르는 자본주의를 지배하는 경제 합리성을 비판하고 '좀더 적게 그러나 좀더 낫게'라는 생태 합리성을 강조한다. 경제 합리성은 능률의 극대화를 의미하고 이 능률의 극대화는 제한된 수단을 가지고 상품생산 및 상품의 형태를 띤 서비스의 양을 극대화시키는 것을 의미한다. 생태 합리성의 목적은 좀더 적은 소비와 이윤을 추구하는 노동으로 좀더 잘 살 수 있는 생태경제사회를 지향하는 데 있다. 생태사회는 최소한의 노동과 자본·시간으로 만족할 수 있는 사회를 의미한다. 생태적 관점에서 낭비나 파괴로 나타나는 것은 경제적 관점에서는 경제성장의 근원으로 나타나며, 생태적 관점에서 절약으로 나타나는 것은 경제적 관점에서는 사회의 총생산을 감소시키는 것을 의미한다.[42]

생태 마르크스주의자로 분류되는 오커너의 이론은 생산력-생산관계와 생산조건 사이의 모순에 관한 이론이며, 이것은 정통 마르크스주의의 생산관계와 생산력간의 모순에 관한 이론과 구별된다. 그것은 동시에 생산조건과 사회관계를 좀더 사회적이고 사회주의적인 형태로 위기를 유발하면서 재구조화해가는 과정, 즉 저생산성이라는 자본과 경제적 위기에 관한 이론이라고 정의된다.[43] 오커너는 노동의 착취 및 자본의 자기팽창 과정, 생산조건 규제에 대한 국가의 조정, 이러한 조건들에 대한 자본의 사용 및 남용을 둘러싸고 조직된 사회투쟁을 분석하면서,[44] 저생산성 위기가 자본과 국가로 하여금 그들 자신의 모순인 물질적이고 사회적으로 정의된 생산조건의 좀더 사회적인 형태(도시재개발, 교육개혁, 환경계획, 다른 형태의 생산조건)가 도입되어 들어온 정치적 이데올로기적 영역으로 대체될 수 있는 모순을 직시하도록 만든다고 본다 .[45]

대표적인 생태사회주의자로 분류되는 테드 벤튼은 역사유물론이 인간사회에 적용된 생태학이라는 관점에서 출발한다.[46] 물론 벤튼은 역사유물론에는 생태 위기를 인지하고 설명할 개념적 수단들이 없음을 인정하지만, 마르크스의 이론틀을 그대로 유지한 채 생태적 한계와 조건을 개념화하고 자연과 인간의 필요충족적 상호작용에 적합한 경제이론을 재구성하려고 시도한다.[47]

이러한 생태사회주의는 여러 각도에서 비판받는다. 생태사회주의는 인간의 자연관 형성에 영향을 미치는 생산양식을 무시하는 태도를 지닐 가능성이 있고 계급투쟁에 대한 관심을 소홀히 하고 있다는 비난을 받는다.[48] 또한 생태사회주의가 사회주의의 범주에 들 만큼 그렇게 사회주의적이지 못하다는 비난과[49] 자의적으로 마르크스주의적이며, 마르크스 이론가들에게 호소할 수 있도록 디자인되어 있다는 주장이 있다.[50] 그리고 생태주의와 사회주의의 접합이라고 주장하는 생태사회주의가 사회주의의 일종으로 인정받기 위해서는 스스로의 이데올로기를 자본주의에 대한 비판으로 한정시킨 후 미래의 사회경제적 진보에 대한 폭넓은 원리를 제시하여야 하며, 사회 변화에서 생산양식의 중요성을 인정해야 한다고 주장하는 비판가도 있다.[51] 한편 에거는 생태학적 마르크스주의가 자본주의의 팽창주의적 역동성 속에서 낭비적 산업생산의 원인을 찾아낸다는 점에서 틀림없이 마르크스주의적이라고 주장하기도 한다.[52]

그런데 그룬트만은 마르크스의 이론체계가 여전히 설득력이 있다고 말할지라도 이 말이 곧 생태문제들을 이해하는 데에 만족스러운 참고사항을 그의 이론체계가 우리에게 제공하고 있다는 것을 의미하지는 않는다고 본다. 그룬트만의 이러한 주장은 마르크스를 '녹색' 마르크스로 재창조하려는 몇몇 시도들, 다시 말해서 외견상 녹색을 띠는 것처럼 보이는 마르크스의 명제들을 편집하여 그것에 의존하는 태도와는 물론 구별된다.[53] 그룬트만이 보기에 '생태적 마르크스'의 '재창조'는 흥미로운 통찰을 보여주지 못한다. 왜냐하면 비록 마르크스가 생태학자가 될 수 있는 가능성을 가지고 있었을지는 몰라도 그는 분명 생태학자는 아니라고 보기 때문이다.[54] 여기서 말하는 '생태적 마르크스'란 마르크스를 생태적으로 재해석한 마르크스를 의미한다. 다시 말해서 마르크스의 전 저작 가운데서 생태적 관심을 나타내는 문장을 인용하여[55] 마르크스를 생태적 마르크스로 만드는 것은 그렇게 올바르지도 정직하지도 않은 태도이다.

앞에서 그룬트만이 마르크스 사상 가운데 개발되고 재구성될 수 있는 여지가 있다고 주장한 바를 서술한 적이 있다. 그런데 그룬트만에 따르면 많은 사람들이 인간의 자연 지배를 오해해왔고, 이러한 인식이 마르크스를 분석하는 데에도 적용하여 마르크스를 좁게 해석한다고 지적한다. 그룬트만은 생태 문제를 논의하는 사상가들은 대부분 '자연 정복' 또는 '자연 지배'라는 개념을 매우 중시해왔고, 그들은 공통적으로 인류의 자연에 대한 근대적 태도, 즉 자연을 정복하려는 인류의 시도는 자연을 파괴하는 결과를 초래해왔으며 그것이 생태문제를 일으키는 궁극적 원인으로 보고 있다고 분석한다. 이 때문에 그들은 자연에 대한 근대적 태도를 거부하고 생태 중심적 관점을 지니게 된다는 것이다. 그러나 그룬트만은 이러한 파악은 지배의 의미를 잘못 이해한 것으로 본다. 그는 지배라는 개념을 목적과 관심이라는 개념과의 관계에서 파악하고, 자연을 지배하는 인간의 능력이 인간이 미리 구상한 목적과 관심에 위배되는 결과를 초래할 때 그 지배 능력은 지배개념의 올바른 정의에 포함시킬 수 없다고 본다. 힘을 지닌 사람에게 생존의 위험을 가져다 주는 그러한 힘은 결코 지배에 기여하지 못한다는 것이다. 그러므로 그룬트만은 '자연의 지배'라는 개념은 '자연에 대한 의식적 통제'라는 뜻으로 이해되어야 한다고 주장한다. 그렇다면 그에게는 인간 중심주의와 자연의 지배가 생태적 문제를 일으키는 원인이라기보다는 오히려 그 문제를 다루는 출발점이 된다고 할 수 있다.[56]

그룬트만에 따르면, 자연과 관계를 맺고 있다는 것, 다시 말해 자연을 조종하고, 지배하고, 이용하고, 유도하는 것 자체가 생태학적 문제의 근본적인 요소 또는 요인들이 된다는 것을 의미하는 것은 아니다. 생태학적 문제는 오직 자연을 다루는 특수한 방식들로부터 일어날 뿐이며, 이러한 사실을 토대로 하여 인간이 자연 속에 존재한다는 것과 그리고 자연을 지배하려는 인간의 시도는 양립할 수 있다는 것이다. 다시 말해서 인간은 자연 속에서 살면서 또 자연을 지배한다는 것이 그룬트만의 요점이다. 그의 입장에서 보면 인간중심적 관점을 생태학적 문제를 유발하는 경향에 대한 공범자라고 해서는 안 된다. 오히려 한층 더 나아가 그룬트만은 이러한 인간중심적 입장이야말로 '번성하는 자연' 개념들을 일관성 있게 말할 수 있는 유일한 입장이며, 또 비판적 기준이 개방되어 있으므로 생태학적 문제들에 대한 분석과 해결책을 용이하게 해주는 유일한 입장이라고 주장하면서,[57] 인간 중심적 생태마르크스주의를 정립하고자 하였다.

IV. 생태주의의 전망

1972년 로마클럽은 인류의 보편적 과제를 제시하는 《성장의 한계》라는 보고서에서 인구, 공업화, 환경오염, 식량 생산 및 천연자원의 이용이 현 추세대로 진행된다면 지구의 성장은 100년 이내에 한계에 도달할 것이라고 경고한 바 있다. 그리고 미국의 사회학자 하일브로너(R. Heilbroner)는 비극적 종말의 도래를 가져다 줄지 모르는 무자비한 환경파괴를 염려하면서 인류는 황폐화된 지구 위에서 새로운 야만상태로 전락할 것이라고 예언한 바도 있다. 서론에서도 말하였듯이, 이 시대의 최대담론 가운데 하나가 환경과 생태계에 관한 담론이다. 따라서 오늘의 현실을 진단하고 그 처방책을 제시하고자 하는 사회이론은 이 생태 문제를 무시하고서는 성립할 수 없다. 우리 시대라고 하여 세계의 모든 국가와 민족이 동일한 문제를 안고 있는 것은 아니다. 그러나 이 생태계 위기 문제는 긴박하게 안고 있든 느슨하게 안고 있든간에 전 인류가 공통적으로 안고 있는 문제이다. 생태문제는 우리 시대의 문제일 뿐만 아니라 우리 시대를 넘어서는 문제이기도 하기 때문에 현대를 사는 우리는 현실의 문제와 더불어 미래의 문제까지도 감싸 안아야 한다. 지구의 자연은 인류의 공동 자산이기에 관리 의무는 구성원 모두에게 주어져 있다. 건전한 삶의 조건은 인간 스스로가 만들어나갈 수밖에 없다는 것은 역사의 명령이다.

이러한 현실을 반영하여 오늘날 '생태주의'라는 새로운 사조가 풍미하고 있지만 그 인식틀은 다양하다. 그러나 극단적인 경우를 제외한다면 공통된 것은 기술적 합리성과 생태적 합리성의 조화로운 결합을 모색하고 있다는 것이다. 한 쪽이 다른 한 쪽을 굴복시킴으로써 문제를 해결하는 것이 아니라 둘을 화해시킴으로써 새로운 문명을 창출하자는 것이다.

주

1) '환경'이라는 말은 인간과 자연을 이원론적으로 분리시키는 것으로 인간과 자연과의 일체성을 드러내지 못하기 때문에, 그리고 '환경'이 단순히 자연환경만을 가리키는 것이 아니라 사회·역사적, 정치적, 문화적 환경을 두루 일컫는 말이기 때문에 '자연환경'이라고 제한적으로 사용하든지, 아니면 '생태계'라는 다른 용어를 사용하는 것이 좀더 바르다고 생각한다. 그러나 '환경'이라는 말을 많은 이들이 일반적으로 사용하기 때문에 이를 함께 사용하기로 한다.

2) 오라이어단(T. O'Riodoan)은 오늘날 환경론을 환경보존운동의 초기에 나타난 환경론자들의 이념적 논지나 사고방식 그리고 그들의 신념체계와 논의입장에 따라 크게 '기술중심주의'와 '생태중심주의'로 나누며, 생태중심주의를 순수생태주의와 부드러운 기술주의로 나눈다. 오라이어단에 따르면, 생태중심주의는 인

간의 존엄성을 위해 자연을 본질적으로 중요시하며, 생태학적 법칙이 사회와 인간을 지배한다고 본다. 그들은 생태윤리를 중시하며, 멸종 위기에 처한 희귀종과 독특한 자연경관의 보존을 강조한다. 그리고 부드러운 기술주의는 소규모 공동체를 통한 단일성 회복, 주거와 직업 및 여가의 분리현상을 해소하려고 노력하며, 개인 및 공동체의 발전을 통한 일과 여가개념의 통합을 겨냥한다. 그들은 공동체의 공공행사에 참여함을 중시하고, 소수의 권리보호에 대해 관심을 가지며, 대중 참여는 계속적 교육 및 정치적 기능에 의해 이루어진다고 본다. 그러나 이 두 흐름은 현대의 대규모 집약형 기술 및 이에 따른 엘리트 전문가의 요구를 부정하고 있는 점, 중앙집권적 국가권위 및 비민주적 제도와 기구를 비판한다는 점, 물질만능주의는 그릇된 것이며 경제성장은 먹고 살기 어려운 사람들의 기본적 요구를 충족시키는 쪽으로 획기적인 전환이 필요하다는 점을 다 같이 주장한다는 공통분모를 가지고 있다. 그러나 필자가 여기서 생태중심주의라고 범주화시킨 것은 오라이어단이 기술중심주의와 맞짝을 지우면서 분류한 것에 의존하였다기보다는 좀더 근본적인 세계관의 변혁을 모색하는 사조를 가리킨다. David Pepper, *The Roots of Modern environmentalism*(Croom Helm, 1984), pp. 26~34.

3) '심층생태학'이란 용어는 노르웨이 철학자 안 네스가 〈피상적 생태운동과 심층적이고 장기적인 안목을 지닌 생태운동〉이란 논문에서 처음 사용한 'deep ecology'의 역어이다. 'deep ecology'를 '근본생태학'으로 번역하기도 한다. Arne Naess, "The shallow and the deep, long-range ecology movement", in *Inquiry* 16(1973), pp. 95~100. 네스는 이 논문에서 생태적 조화와 균형의 철학을 의미하는 'ecosophy(생태철학)'이란 용어도 사용한다. 네스는 근본생태학의 두 주춧돌로 자기실현과 생명중심성을 들고 있다. 자기실현이란 생명체의 잠재력을 구현하는 것을 가리키고, 생명중심성이란 자연물(생태계, 생명체)이 존재할 고유한 권리가 있다는 것을 가리킨다.

4) Carolyn Merchant, *Radical Ecology*(Routledge, 1992)를 참조할 것.

5) *ASARM* 1993년 6월호에서 오라인 랑겔(Orin Langelle)이 "Revolutionary Ecology"라는 논문을 썼다.

6) David Pepper, *The Roots of Modern Environmentalism*(Croom Helm, 1984), p. 27.

7) 드볼과 세션은 생태계의 위기를 인간과 자연을 분리시키는 인간 중심주의적 세계관에 있다고 본다. 그들은 생명중심적 평등성, 생물학적 평등성을 주장한다. 그들은 생태의식의 배양을 강조하고, 이를 위한 방법론으로 직접 행동으로서의 생태적 저항, 그리고 공동체 건설이라는 두 가지를 제시한다(Devall and Session, *Deep Ecology*, Salt Lake City, 1985, pp. 9~14). 그리고 린 화이트의 다음 말을 참조하라. "우리가 지구 생태에 관해 무엇을 할 수 있는가는 인간과 자연의 관계에 관한 우리의 사고방식에 달려 있다. 우리가 새로운 종교를 발견

하든가, 아니면 지금까지의 인간 중심적인 철학과 종교를 근본적으로 재고하기 전에는 어떤 과학이나 기술로도 현재의 생태계 위기에서 벗어날 수 없다(Lynn White Jr., "The Historical Roots of Our Ecological Crisis", in *Science* No. 155, 1967, p. 1206).

8) 녹색당 내에도 '비전을 지닌, 전일적 녹색', '생태주의적 녹색 또는 순수녹색', '평화를 지향하는 녹색', '붉은 녹색' 등 느슨하고도 중복적인 노선들이 있기 때문에 그들의 입장을 단순화시키기는 어렵다. Charlene Spretnak · Fritjof Capra, *Green Politics*(Bear & Company, 1986 ; 스프레트낙 · 카프라 공저, 《녹색정치》, 강석찬 역, 정신세계사, 1990), pp. 36~37을 참조. 그리고 독일의 녹색운동에 대해서는 문순홍, 《생태위기와 녹색의 대안》(나라사랑, 1992), Manon Andreas-Grisebach, "Philosophische Traditionen im Politikverständnis der Grünen", *Vernunft und Politik*(Köln, 1988), S. 222~228 참조. 루돌프 바로는 자신의 독일 내 녹색당 활동의 주된 목적은 사회주의 세력을 반자본주의, 인간해방, 그리고 생태위기 해결에 근거하여 통합하는 것이며, 이로부터 생태운동은 궁극적으로 공산주의적 페스펙티브를 좇아야 한다고 주장하고 있지만, 그는 노동자계급의 중심성과 계급투쟁을 포기하고, 과학적 사회주의로부터 유토피안 사회주의로 귀환하였고 정치적으로 일 계급 중심에서 민중주의적 정향으로 나아가고 있다. R. Bahro, *From Red to Green*(London, 1984), pp. 119~221. 이러한 입장을 지닌 바로를 생태마르크스주의로 분류하기도 한다. 독일의 녹색당은 통독 이후 구 동독의 Bündnis 90과 결합하여 Bündnis 90 · Die Grünen으로 이름을 바꾸었다.

9) 카프라의 주장을 알기 위해서는 《현대물리학과 동양사상》(*The Tao of Physics* ; 범양사, 1979) ; 《새로운 과학과 문명의 전환》(*The Turning Point* ; 범양사, 1985) ; 《탁월한 지혜》(*Uncommon Wisdom* ; 범양사, 1989)를 참조.

10) Barry Commoner, *The Closing Circle-Nature, Man, and Technology*(New York, 1971 ; 베리 커머너, 《원은 닫혀야 한다》, 송상용 역, 전파과학사, 1980).

11) Jeremy Rifkin, *Entropy-A New World View*(제레미 리프킨, 《엔트로피》, 김명자 역, 정음사, 1984)를 참조. 엔트로피와 관련하여 G. N. 알렉시예프, 《에너지와 엔트로피-우주의 여왕과 그 어두운 그림자》, 이병식 외 역(일빛, 1991) 참조.

12) G. Hardin, "Tragedy of the commons", *Science* 162(1968), p. 1243~1248. .

13) G. Hardin, "Living ona lifeboat", *BioScince*, 24(1974) p. 10.

14) E. F. Schumacher, *Small is Beautiful-Economic as if People Mattered*(London, 1973)(슈마허, 《불교와 경제》, 김정우 역, 대원정사, 1987)를 참조. 그리고 이반 일리치의 저서, 특히 《그림자 노동》(Shadow Work), 박형규 역(분도출판사, 1988)과 《공생의 사회》(*La convivialityé, Tools for Conviviality*), 안응렬 역(분도출판사, 1978) 참조.

15) 김지하, 《타는 목마름에서 생명의 바다로》(동광출판사, 1991) ; 《밥》(솔, 1995) ; 《틈》(솔, 1995) ; 《생명》(솔, 1996) 참조.

16) Ernest Callenbach : Ecotopia (Bantam Book, 1975 ; 어니스트 칼렌바하, 《에코토피아》, 김석희 역, 정신세계사, 1991)를 참조.

17) 이정배 편저, 《생태학과 신학-生態學的 正義를 향하여》(종로서적, 1989)에서 생태학적인 신학을 모색하는 것과 다른 맥락이다. 이정배 교수는 자연에 대한 종교적, 철학적 이해를 위해서 이 책을 썼다.

18) Carl Amery, *Natur als Politik-Die oekologische Chance des Menschen*(Rowohlt, 1978), S. 167.

19) Tim Luke, "The Dreams of Deep Ecology", *Telos* No. 76(1988).

20) H. Ensenberger, "A critique of political ecology", *NLR* No. 84(1974), pp. 3~32 ; Ted Benton, "Marxism and Natural Limits-An Ecological Critique and Reconstruction", *NLR* No. 178(1989), pp. 52~53.

21) 북친을 사회생태주의, 또는 에코아니키스트(ecoanarchist)로 규정하기도 한다. 구승회, 《에코필로소피》(새길, 1995).

22) Murry Bookchin, *Toward Ecological Society*(Montreal, 1980), p. 67.

23) Murry Bookchin, "Deep Ecology versus Social Ecology", *Socialist Register* July-Sep(1988).

24) Murry Bookchin, *op. cit*(1980), pp. 40~43.

25) Murry Bookchin, *op. cit*(1988), p. 26.

26) Murry Bookchin, *op. cit.*(1980), pp. 42~43.

27) 제임스 오커너에 의하면 '생태마르크스주의(ecological Marxism)'라는 용어는 밴 에거가 그의 저서인 *Western Marxism An Introduction-Classical and Contemporary Sources*(1979)에서 처음으로 만들어 냈다고 한다. James O'Conner, *op. cit.*(1988), p. 16 ; 벤 에거, 《현대마르크스주의에 대한 이해》, 박재주 외 옮김(청하, 1987), pp. 484~534 참조.

28) 최병두, 〈사회체제와 환경론〉, 《환경사회이론과 국제환경문제》(한울, 1995), pp. 64~65 쪽.

29) 김환석은 최병두가 생태마르크스주의 시각을 크게 수용한다고 지적한다. 그러나 최병두는 생태마르크스주의의 범주에 속한다기보다는 전통적 마르크스주의의 시각을 고수하고 있는 듯이 보인다. 왜냐하면 최병두는 자본주의 사회에서 환경문제의 발생 원인을 자본의 이윤추구 즉 자본의 자기증식과정 때문이라고 본기 때문이다(김환석, 〈환경위기-자본주의의 위기인가, 포드주의의 위기인가〉, 《경제와 사회》 통권 제16호, 한울, 1992, p. 105). 김환석이 최병두를 계급적 시각에서 환경과 생태 문제를 접근하고 있다고 비판하고 있는 데 대해서, 최병두는 김환석의 입장이 '유연적 축적체제에 의한 녹색자본주의'라고 규정한다. 최병두, 〈자본주의 위기이며 동시에 포드주의 위기인 환경위기〉, 앞의 책,

p. 130.

30) 문순홍, 《생태위기와 녹색의 대안》(나라사랑, 1992), pp. 88~89.

31) 벤 에거, 《현대 마르크스주의에 대한 이해》, 박재주 외 역(청하, 1987), p. 486.

32) Henning Ottmann, *Der Begriff der Natur bei Marx, Zeitschrift fuer Philosophische Forschung* 39-2, 1985, S. 227 참조.

33) 특히 슈마허를 생태마르크스주의로 분류하는 것은 너무 지나치며 그의 논의를 볼 때 순수생태주의로 분류하는 것이 더 타당할 것이다.

34) Anthony Giddens, *A Contemporary of Historical Materialism*(Macmilian, 1981), p. 59.

35) Anthony Giddens, *op. cit*(1981), p. 60.

36) Noberto Bobio, "Which Socialism?", in *Marxism, Socialism and Democracy*, R. Bellamy (ed.)(Chicago, 1987), p. 176.

37) James O'Connor, "Socialism and ecology", in *Conference Papers by James O'Connor,* Santa Cruz, Capitalism, Nature, Socialism/Centre for Ecological Socialism Pamphlet No. 1, pp. 29~40. ; David Pepper, *Eco-Socailism,* (London and New York, 1993), p. 60에서 재인용.

38) 제임스 오코너, 〈국제적 상호의존성과 생태학적 사회주의〉, 쿠진스키 외 지음, 《전환기의 마르크스주의》(공동체, 1991), p. 257.

39) Reiner Grundmann, *Marxism and Ecology*(Oxford, 1991), pp. 1~2.

40) Thomas Ebermann, *Die Zukunft der Grünen*(Hamburg, 1985), S. 194~195.

41) Martin Ryle, *Ecology and Socialism*(London, 1988), 1장 참조.

42) Andre Gorz, *Und Jetzt Wohin?*(Berlin, 1991), S. 87~89.

43) James O'Conner, *op. cit*(1988), p. 11.

44) James O'Conner, *op. cit*(1988), p. 25.

45) James O'Conner, *op. cit*(1988), pp. 29~30.

46) Ted Benton, *op. cit*(1989), p. 54.

47) Ted Benton, *op. cit.*(1989), p. 63.

48) David Pepper, *op. cit*(1984), p. 201.

49) Magnus Enzenberger, "A Critique of Political Ecology", NLR, No.84(1974).

50) James O'Conner, *op. cit*(1988), p. 12.

51) David Pepper, *op. cit*(1984), p. 197.

52) 벤 에거, 앞의 책, p. 430.

53) Wolfdietrich Schmied-Kowarzik : Das dialektische Verhältnis des Menschen zur Natur(Verlag Karl alber GmbH, 1984) 참조. 코바르지크를 비롯한 여러 학자들은 마르크스가 〈파리 수고〉에서 말했던 '자연의 인간화와 인간의 자연화'라는 유명한 구절을 인용하면서 이것을 인간과 자연을 조화시키려는 청년 마르크스의 의도로서 해석하고 있다.

54) Reiner Grundmann, *op. cit*(1991), p. 6.
55) 마르크스와 엥겔스가 생태문제에 관심을 가진 것으로 해석되는 것으로 자주
    인용되는 문장들은 다음과 같다. *MEW.*, 23, S. 528. *MEW.*, 20, S. 275~276.
    MEW., 23, S. 529. *MEW.*, 25, S. 784. *MEW.*, 2, S. 279~280. S. 325~326.
56) Reiner Grundmann, *op. cit*(1991), p. 2.
57) Reiner Grundmann, *op. cit*(1991), pp. 23~25.

니힐리즘
Nihilism

김 기 봉

Ⅰ. 머리말

인간이 고뇌하고 노력하며 사는 한, 그리고 죽어야 할 존재임을 미리 아는 한, 인간은 자기 삶의 의미와 가치에 대한 회의로부터 벗어날 수 없을 것이다. 우리는 어디서 와서 어디로 가는가? 우리는 무엇 때문에 사는가? 지금까지 존재했던 모든 사상과 철학 그리고 종교의 가르침은 궁극적으로 이 문제들에 대한 대답들을 추구하였다. 그리고 학문적 활동은 이 대답들에 대한 수많은 해석과 주해를 생산하였다.

그런데 어느 시기에 인류가 기존의 위대했던 이 모든 대답들을 근본적으로 의심하기 시작했다면, 어떻게 될까? 그러면 니체(F. Nietzsche)가 말했듯이, '손님 가운데 가장 꺼림칙한 손님'인 니힐리즘이 도래한다.[1] 1887~1888년에 니체는 '우주론적 가치들의 붕괴'라는 제목으로 《권력에의 의지》(*Wille zur Macht*)의 첫 장을 다음과 같이 썼다.

> 니힐리즘이란 무엇인가? 그것은 최고의 가치들이 무가치하게 된다는 것이다. 그리고 이는 목표가 결여되어 있다는 것, 즉 '왜?'라는 물음에 대한 대답이 결여되어 있다는 것을 의미한다.[2]

서양의 지적 운동에서 이러한 니힐리즘의 대두는 근대라는 새로운 세계를 더욱더 혁명적으로 만들었다. 그것은 니체의 '신은 죽었다'라는 말로 대변되듯이, 중세 그리스도교의 목적론을 처단했을 뿐만 아니라, 소크라테스 이래의 '진리에 대한 지상명령(truth imperative)'을 허상으로 만들었다. 서양문명의 두 기둥이 헬레니즘과 헤브라이즘이라면, 니힐리즘이 파괴하려는 표적은 바로 이 두 기둥이었다. 소크라테스가 죽음 앞에서 의연할 수 있었던 것은 다이모니온(daimonion)이라는 진리의 내면적 소리를 들었다는 확신이 있었기 때문이고, 소크라테스의 이러한 죽음에 대한 철학적 해석으로부터 서양 지성사의 한 방향을 결정하였던 플라톤의 사상이 성립하였다. 십자가에서 예수의 죽음과 부활은 이 세상에서의 삶과 죽음이 전부가 아니라 하늘나라로 가기 위한 도정이라는 믿음을 만들어냈고, 이러한 그리스도교의 가르침이 중세인들의 삶 일반을 지배하였다. 그러나 갈릴레이의 지동설과 같은 자연과학의 연구성과는 물론 지리상의 발견을 통한 비유럽 세계의 발견은 중세의 그리스도교적 질서와 유럽 중심적 세계관에 대한 근본적 회의를 불러일으켰다. 이러한 회의로부터 근대 세계의 여명이 시작되었다.

그러나 절대적 진리와 믿음에 대한 확신을 갖는다는 것이 이제 불가능해졌다면, 유럽문화의 딜레마는 인간은 이제 어떤 가치와 의미체계에 따라 삶을 영위해야 하는가이다. 절대적 지식과 믿음의 체계가 더 이상 성립할 수 없다면, 인간에게 모든 것이 허용되는가? 이전의 고귀했던 모든 가치들이 더 이상 절대적이지 않고 상대적인 것으로 될 때, 그리고 인간 존재의 의미가 천상적 영원이 아닌 지상적 시간의 범주 속에서 파악되어야 할 때, 인간의 인식론적 그리고 실존적 회의는 필연적일 수밖에 없다. 모든 것이 상대화되고 시간적 한계를 가진다면, 궁극적인 가치를 가진 것은 없다. 모든 것이 무화(無化)된다면 근대인이 봉착했던 것은 가치의 '백지상태(tabular rasa)'이다. 이러한 가치의 '백지상태'는 인간 삶과 인식의 총체적 위기를 의미했다. 위기의 극복은 고비를 넘기는 것이고, 따라서 위기란 우리에게는 언제나 극복되어야 할 대상이다. 그러나 역으로 생각해볼 때, 위기가 없다면 발전이나

도약은 있을 수 없다. 한 인간의 삶이나 민족의 역사에서 위기의 순간
은 있다. 그런데 그 위기는 어디서 기원하는가? 새로운 문제상황에서
나온다. 새로운 문제는 일어났는데 기존의 문제틀(paradigma)로는 설명
이 불가능하거나 해결되지 않을 때, 위기상황은 발생한다. 중세를 '장
기 중세'로 보면, 중세는 위기가 상대적으로 적었던 시대이다. 이에 비
해 절대적 가치체계를 상실한 근대에는 계속적인 위기가 발생하였다.

　근대 위기의 근원은 무엇보다도 이성에 근거한 비판정신에 있다. 칸
트가 《순수이성 비판》(*Kritik der reinen Vernunft*, 1781)의 서문에서 말
했던 것처럼, "우리 시대는 본래적으로 모든 것을 비판의 대상으로 삼
아야 하는 비판의 시대이다.……이성은 비판에 의한 자유롭고 공개적
인 시험에 견디어 낼 수 있는 것만을 승인한다."[3] 모든 것이 이성의
태양 아래에 놓이게 되는 근대에 이르러 사람들은 모든 것에 비판의
메스를 가하였다. 그런데 비판의 메스에 의한 해부의 결과는, 칸트가
바랐던 대로, "인간 스스로가 그 책임이 있는 미성숙에서 벗어남"과
같은 '계몽'이 아니었다.[4] 비판이라는 무기를 가지고 전통적 가치를 공
격하는 계몽주의가 초래했던 것은, 인간 해방이 아니라 이성이라는 이
름으로 정당화되는 또 다른 신화였다. 다시 말해 '탈신화화'의 과정으
로서의 합리화는 전통과 권위로부터의 자유를 인간에게 선물했지만,
에리히 프롬(Erich Fromm)이 《자유로부터의 도피》(1941)에서 분석했듯
이, 그 자유의 무게를 견디지 못하는 인간은 히틀러와 같은 카리스마
적 존재에 자신의 운명을 맡기고자 했다.

　독일 나치즘에 의해 조직적으로 저질러졌던 '홀로코스트'와 같은 대
만행은 합리적 이성에 근거한 근대문명의 역설을 역사적으로 실증하였
다. 이러한 근대 서양문명의 역설을 호르크하이머(M. Horkheimer)와 아
도르노(T. W. Adorno)는 '계몽의 변증법'이라는 말로 규정하였다.[5] '계몽
의 변증법'이란 자유와 해방의 이념을 역사 속에 실현하겠다는 계몽의
결과가 오히려 관료제와 같은 억압의 수단을 생산해내고, 계몽이 이룩
한 과학과 기술이 산업사회에서 역으로 인간의 자기 해방이라는 본원

적 의미에서의 계몽이 타파해야 할 적으로 바뀌게 되는 과정을 가리키는 말이다.

계몽이 이렇게 변증법적으로 전환되는 과정에서 유령처럼 등장하는 것이 니힐리즘이다. '계몽의 변증법'이 합리화 과정의 이중성에서 기인했던 것과 같은 맥락에서, 니힐리즘과 계몽주의의 관계 또한 이중적으로 나타났다. 계몽주의가 인간 해방의 역사이면서, 동시에 인간 종속의 역사로 전화되었던 것과 관련해서, 니힐리즘에 대한 서로 모순적인 문제 제기가 생겨났다. 곧 근대 이전의 인간적 삶을 이끌어왔던 최고의 가치들을 부정하는 니힐리즘이라는 병 때문에 근대 이성이 광기로 변했는가, 아니면 반대로 니힐리즘은 계몽의 변증법으로 무력해진 인간의 실존적 상황을 궁극적으로 극복하기 위해서 나왔는가가 문제였다. 전자의 문제를 제기한 사람에 따르면, 니힐리즘은 계몽의 변증법적 전환과정에서 나타났던 근대의 소외되고 굴종적인 인간이 빠지기 쉬운 운명주의·패배주의 혹은 퇴폐주의를 의미한다. 그러나 후자와 같은 문제의식을 갖고 니힐리즘을 연구했던 사람한테 니힐리즘이란 계몽의 변증법이 만들어냈던 무기력한 상황을 넘어설 수 있는 새로운 인간을 탄생시키기 위한 운동이다.

전자의 '속류적' 니힐리즘에서 후자의 '실존주의적' 니힐리즘으로 질적인 전환을 완성했던 철학자가 니체이다. 니체는 모든 최고의 가치들을 전면적으로 부정하는 니힐리즘을 그리스도교적 세계관에서 해방된 근대적 인간이 직면해야 했던 시대적 문제가 아니라 인간의 실존적 문제로 상승시킴으로써, 니힐리즘을 완전히 새롭게 정의한다. 그에 의하면 니힐리즘은 천상적 가치와 세속적 가치, 혹은 절대적 가치와 상대적 가치 사이의 갈등을 끊임없이 고뇌했던 서양의 거대한 지적 운동의 근본 구조이다. 모든 시대가 신에 접해 있는 만큼, 역으로 모든 시대는 니힐리즘에 접해 있다. 절대보편의 진리를 추구했던 서양의 지적 운동의 이면에는 언제나 니힐리즘의 역사가 은폐되어 있었다. 니힐리즘의 관점에서 서양의 지성사를 본다면, 신의 명령을 어겼다가 에덴동산에서 쫓겨난 이브와 아담은 최초의 니힐리스트가 되며, 주어진 운명에 순종하기보다 운명과 끝까지 용감하게 싸워 인간의 실존적 삶을 구현했던 그리스 비극에 등장하는 영웅들은 우리가 모범으로 삼아야 하는 인간의 전형이 된다. 니힐리즘은 운명처럼 주어진 삶의 멍에에 도전하면서 기존의 권위적 가치를 거부하는 정신이 있었던 모든 곳에 존재한다. 이러한 방식의 니힐리즘에 대한 이해는 서양 지성사에서 니힐리즘을 이성에 반대하는 광기의 역사로 위치시키는 것이 아니라, 니힐리즘 그 자체를 지성사적 변화를 추동시키는 운동력으로 파악하게 만들었다. 이 맥락에서 하이데거는 니힐리즘에 대해 다음과 같은 말을 한다.

> 니힐리즘은 하나의 역사적 운동이다. 니체는 이러한 사실을 처음으로 인식하고 이해했던 것이며, 그는 '신은 죽었다'라는 말로 이러한 사실을 가리키고 있다. 니힐리즘은 하나의 역사적 운동이며 어떤 특정한 사람에 의해 표명된 임의의 '견해'나 '학설'이 아니다. 니힐리즘은 은폐된 서양역사의 —아직까지 거의 인식되지 않고 있는— 근본과정을 형성하는 역사적 운동이다. 따라서 니힐리즘은 여타의 역사적 운동들 가운데 하나가 아니라, 세계의 파멸조차도 귀결로서 낳을 수 있는 심층적 차원을 갖는 서양 역사의 근본운동이다.[6]

서양 지성사의 근본운동인 니힐리즘은 오늘날 포스트모더니즘에까지 이르렀다. 니힐리즘은 19세기에 이르러 그리스도교의 신으로 대표되었던 전통적 가치와 권위를 무화시킴으로써, '기획'으로서의 근대의 완성을 위한 한 방안을 제시하였다. 그런데 20세기가 저물어가는 지금에 이르러 포스트모더니즘이라는 새로운 니힐리즘이 출현하여 이번에는 '기획'으로서의 모던의 종말을 설파하고 있다. 따라서 니힐리즘과 모던과의 관계 설정은 포스트모던이라는 새로운 위기상황에 직면해서 적대적으로 바뀌게 되었다. 포스트모더니즘이 모더니즘의 해체를 주장한다면, 그 근거는 어디까지나 니힐리즘일 것이다. 이러한 맥락에서 포스트모던이라는 현위치에서 '니힐리즘의 역사화', 이것이 이 글의 과제이다.

Ⅱ. 근대적 니힐리즘의 전사(前史)

니힐리즘(nihilism)이라는 말은 라틴어로 '무(無)'라는 뜻을 가진 *nihil* 로부터 나왔다. 무란 무엇인가? '무' 의미의 변화는 니힐리즘의 역사를 반영한다. 무도 존재한다는 것을 처음으로 공식화했던 이는 그리스의 소피스트 가운데 하나인 프로타고라스(Protagoras)였다. 그러나 이러한 무의 존재론은 아리스토텔레스(Aristoteles)에 의해 가능성과 현실성이라는 존재의 두 양상으로 해소되었다. 아리스토텔레스에 따르면, 무란 존재의 결핍을 뜻하며, 이것은 가능성의 형태로 존재한다. 근본적으로 인과론적이었던 그리스인의 사고방식은 무에 대한 관념을 논리적 귀결에 따라 설명하였다. 따라서 무란 존재 가치가 없는 것이 아니라 존재의 현실이 없는 것이다.

그리스철학이 인과론적이었다면, 그리스도교의 사고방식은 어디까지나 목적론적이었다. 목적론적인 무의 설명은 창조론에 의거하였다. 창조란 무로부터 만드는 행위이다. 그리고 이러한 신의 창조행위에는 어떤 목적이 있다. 그리스도교의 교리에 따르면, 인간이란 삶과 죽음의 과정을 통해서 사라지는 존재가 아니라, 육체적 죽음에서 부활하여 천상에서의 새로운 삶으로 나아가는 존재이다. 그리고 이것이 무에서 인간을 창조한 신의 섭리이다. 이러한 교리에 입각해서, 교회는 존재를 무화시키는 사고나 행위를 이단으로 배격하였다. 무화(Annihilatio)의 능력은 오직 창조주인 신의 권능에 속하고, 창조주의 창조행위는 언제나 정당하기 때문에 무화란 있을 수 없다. 그러나 자연과학적 관찰과 발견의 성과들이 알려지면서 무에서의 창조라는 신의 권능에 대한 회의가 일어났다. 자연과학적 연구에 따르면, 자연현상은 그리스도교의 교리에 따라 설명되지 않고, 수학이라는 도구를 통해서 접근될 수 있는 것이다. 갈릴레이의 생각대로 "자연은 수학으로 쓰여진 책"이라면, 중세를 지배했던 단 하나의 책인 성서의 가치와 권위는 무화되는 위기에 봉착하였다. 사실상 중세의 후반에 나타난 유명론(norminalism)은 전체나 보편과 같은 추상적 개념은 실체가 아닌 이름일 뿐이라는 주장을 함으로써, 존재와 무에 대한 새로운 이해방식을 열어놓았다.

무에 대한 유명론적 재평가는 존재의 부정으로서의 무를 존재론적으로 성찰하게 만들었을 뿐만 아니라, 회의를 방법론적인 출발점으로 하는 근대 인식론을 태동시켰다. 근대철학의 창도자는 인식의 기점을 '생각하는 자아'로 설정했던 데카르트(Descartes)이다. 데카르트가 '생각하는 자아'를 존재의 첫번째 원리로 설정할 수 있었던 것은, 모든 존재의 무화를 통해서였다. 그러나 데카르트적 회의에 의한 존재의 무화과정의 불철저함은, 생각하는 내가 존재한다는 확실성의 궁극적인 근거를 다시 신에서 찾았다는 점에 있다.

인식론의 관점에서 이러한 신의 존재를 과학의 영역으로부터 배제할 수 있었던 것은 칸트의 비판철학을 통해서이다. 칸트 인식론의 정점은 그가 인식의 코페르니쿠스적 전환을 이룩했다는 데에 있다. 칸트의 코페르니쿠스적 전환이 의미하는 바는 인식의 중심은 자아 밖의 대상이 아닌 주체라는 것이다. 칸트에 따르면, 자연과 세계는 나의 표상으로만 존재한다. 다시 말해 주체와 독립적으로 있는 대상이 인식을 결정하는 것이 아니라, 인식주체가 인식대상을 구성한다. "자연이 어떻게 가능한가(Wie ist Natur möglich)?"를 물었던 칸트의 대답은, 자연이 가능할 수 있는 것은 우리의 오성적 소질을 매개로 해서일 뿐이라는 것이다.[7] 따라서 인식과정에서 인식주체는 인식을 만들어내는 '신'이 되었다. 자연 그 자체는 물질들의 세계이며, 여기서 물질은 인식 이전에는 '잡다한 것의 카오스'로 존재할 뿐이다. 즉 자연 그 자체는 법칙과 질서를 갖지 않으며, 우리가 자연에 그런 것들을 부과한다는 것이다. 따라서 이러한 칸트 인식론의 성립 근거는, 당시에 칸트철학을 비판했던 야코비(F. H. Jacobi)가 지적했듯이, '선험적 관념론에 의거한 무조건적인 니힐리즘 사상'이다.

칸트의 인식론이 주체 외의 존재를 부정하는 것에서 출발했던 이유는 갈릴레이·케플러 그리고 뉴턴에 의한 자연과학적 발견의 성과들을 통해서 자연과 세계의 인식에서의 세속화가 일어났기 때문이다. 자연과 세계의 탈신화화는 칸트가 3대 비판서를 통해서 고찰했듯이, "우리가 무엇을 알 수 있으며, 어떻게 행위해야 하며, 어떻게 판단을 내려야 하는지?"에 대한 근본적 문제를 제기시켰다. 그런데 이러한 문제 제기의 전제는 어디까지나 기존의 모든 가치체계와 권위에 대한 판단중지이다. 그리고 이러한 사변적인 판단 중지가 하나의 사회·정치적 실천으로 나타날 때 니힐리즘은 사회·정치적 혁명운동의 추진력으로 바뀌었다.

근대철학이 담지했던 비판정신의 역사현실적 토대는 중세적 종교관과 사회·정치적 질서를 근본부터 붕괴시킨 30년전쟁과 같은 재난의 경험이다. 종교적 명분으로 일어난 30년전쟁은 전 유럽을 전쟁의 소용돌이로 몰아넣은 대재난이었다. 긴 전쟁을 통해서 중세의 종교적 세계관은 결정적으로 의미를 상실하였다. 전쟁의 참상은 최후의 심판이 가까이 왔다는 위기의식을 정점에까지 상승시켰지만, 그것은 결국 도래하지 않았다. 이러한 대혼란을 통해서 사람들은 그리스도교적 가치와 권위가 전도되는 것을 현실로 경험하였고, 그 결과 만인의 만인에 대한 투쟁이 나타났다. 전통적 가치와 권위는 의미를 상실했지만, 새로운 정치 사회적 질서는 아직 이룩되지 않았다.

이 시점에서 사람들은 하나의 시대가 가고, 새로운 시대가 와야 함을 자각하였다. 중세적 가치와 권위에 대한 무화의 경험이 크면 클수록, 새 시대에 대한 사람들의 열망은 높아만 갔다. 현실과 기대 사이의 괴리가 크면 클수록, 기존 가치에 대한 부정의 힘은 더 강력하게 혁명적 실천운동으로 전화되었다. 근대는 이러한 혁명적 기운을 받고 잉태한 시대이다. 근대라는 시대 개념의 발명과 함께 그 이전의 시대는 중세가 되고, 근대는 중세와는 다르게 동 시대인들이 새롭게 설계하고 만드는 시대로 규정되었다.[8] 근대인들이 자기 시대인 근대가 중세와는 근본적으로 다른 시대라는 것은 강조하면 할수록 그들은 중세적 가치와 권위를 더욱더 전면적으로 부정해야만 했다. 이러한 맥락에서 니힐리즘은 근대의 정치·사회적 혁명을 열망했던 세력들의 모토가 되었다.

Ⅲ. 근대의 니힐리즘

중세적 가치들의 탈가치화를 주장하는 니힐리즘이 정치·사회적 운동 개념으로 전화되는 것은 1848~1849년의 유럽에서 일어난 혁명을 겪으면서였다. 1848~1849년에 유럽의 거의 전 지역을 휩쓸었던 혁명과 반혁명의 소용돌이는 유럽의 구질서를 붕괴시켰다. 구질서에 대한 부정은 니힐리즘이 역사에 본격적으로 개입할 수 있는 여건을 조성하였다. 이러한 맥락에서 헤르만 바게너(Hermann Wagener)는 니힐리즘에 대한 하나의 사전적 정의를 내렸다. "니힐리즘이란 '아니오'라고 말하는 것을 최고의 지혜로 여기는 관점이며, 무를 모든 것보다 우위에 놓는 부정의 정신이다."[9]

부정의 정신을 구현하는 니힐리즘에 대한 입장은 혁명에 대한 상반된 견해에 따라 두 가지로 나타났다. 먼저 니힐리즘에 대한 부정적 이해 방식은 1848~1849년 혁명을 통해 나타나는 전통적 가치관의 파괴를 중대한 위기로 간주하는 보수주의자에 의해 대변되었다. 시대의 변화를 막기 위해 전통적 가치들을 고수하기를 주장했던 보수 반동의 세력은, 니힐리즘이라는 말과 함께 패배주의·무정부주의 그리고 사회주의와 같은 부정적 현상을 연상하였다. 가톨릭 정치가인 요셉 마리아 폰 라도비츠(Joseph Maria von Radowitz)에 따르면, 니힐리즘은 그리스도교적 신앙을 절멸시킴으로써 유럽에 커다란 재앙을 불러들였다. 그는 말하기를,

어떻게 말하든간에, 이제까지 유럽사회를 유지하고 통제했던 그리스도교 신앙은 지난 세기에 강탈당하였다. 대중은 미분화되고 그들의 삶의 지침은 자기 중심적 사고에 따라 마련되었다. 이것이야말로 만인의 만인

에 대한 투쟁이며, 이것은 이미 이론적인 면에서는 무수한 형태로 관찰되었다. 그러나 우리가 사회구조의 쇠퇴를 자각하고, 전력을 다해 그것을 통제할 방도를 강구하지 않는 한, 멀지 않아 그것은 우리의 엄연한 현실로 될 것이다. ……따라서 우리가 정치나 실제생활에서 가장 고귀한 동기나 권리와 명예가 부여한 의무를 무시하고, 니힐리즘을 고수하는 한에서, 우리의 일상적인 상식조차 파국에 이르게 될 것이다.[10]

이에 반해 현실의 변화를 열망하였던 사람들이 보기에, 니힐리즘은 중세적 질서로부터 근대적 질서로 혁명적인 이행을 이룩하는 데 필요한 정치·사회적 운동 개념이다. 근대로 이행하는 것은 계몽주의가 정치·사회적 혁명을 추동하고, 자연과학이 산업과 기술의 혁명을 일으킴으로써 가능하였다. 이 과정에서 이전의 가치들의 탈가치화가 필연적으로 일어났고, 이러한 맥락에서 니힐리즘은 혁명 운동의 추진력이 되었다.

1. 1860년대 러시아의 니힐리즘

사회·정치적 운동의 맥락에서 니힐리즘 개념을 정식화하려는 최초의 시도는 1860년대 러시아의 인텔리겐치아에 의해 이루어졌다. 니힐리즘에 대한 가장 잘 알려진 정의는 투르게네프(Turgenev)의 소설 《아버지와 아들》(1862년)의 주인공 바자로프(Basarow)의 삶의 태도와 관련해서 내려졌다. "니힐리스트란 어떠한 원리 앞에서도 굽히지 않는 인간입니다. 그 원리가 어떠한 존경에 둘러싸여 있더라도 조금도 믿으려 들지 않는 인간이지요."[11]

왜 1860년대의 러시아에서 이런 인간의 유형이 나타났는가? 여기서 신세대인 니힐리스트와 구분되는 구세대는 1840년대의 러시아에 나타났던 헤겔주의자들이다. 1840년대의 러시아의 지식인들은 헤겔의 "현실적인 것은 이성적인 것이다"라는 말에 따라 자신들의 현실인 니콜라이 1세의 시대를 합리적인 것으로 받아들이고, 그것과의 화해를 모색하였다. 그러나 현실과 사유 사이의 불일치는 1840년대의 지식인들을 관념 속으로 도피하게 만들었다. 이들에게는 현실을 부정하거나 그것을 변혁시킬 힘이나 비전이 없었다. 이들은 관념 세계와 현실 환경 사이에서 파생되는 부조화 앞에서 무기력했던 이른바 '잉여인간'이었다. 그러나 "60년대에 접어들자 새로운 사회 집단, 특히 신학생들이 인텔리겐치아들 가운데서 전면에 나타나기 시작했다. 귀족은 주류에서 물러나고 좀더 더 엄격하고 더 금욕적이며 정신적인 그리고 보다 더 현실주의적이며 적극적인 형태가 출현했다. 원래는 1840년대에 속하고 있으나, 1860년대에는 앞서 언급한 '잉여 인간'으로서 나타나는 관념론자들은 항상 과거 시대의 인물들처럼 보였다. 허무주의자들이 등장하고 있었던 것이다."[12]

베르자예프의 말대로, 순수하게 러시아적 현상인 허무주의 즉 니힐리즘은 '러시아적 묵시록의 부정'이었다.[13] 러시아의 니힐리스트들이 공격목표로 삼았던 것은, 지상에서 인간 해방을 가로막았던 모든 이전의 가치들과 제도들이었다. 그런데 다른 서유럽의 나라들보다 근대사회로 이행하는 것이 훨씬 뒤졌던 러시아에서의 계몽운동이 니힐리스트에 의해 각성되었다는 것은, 근대화의 후진국이 심각하게 겪어야 했던 '비동시적인 것의 동시성'의 모순이다. 다시 말해 서유럽에서는 계몽주의자가 근대화의 선구자인 데 반해, 니힐리스트는 근대화가 동반하는 병리적 현상이 심각한 문제로 되었을 때 나타나는 계몽이라는 근대의 기획까지도 회의했던 인간 유형이다. 이러한 '비동시적인 것의 동시성'의 모순은 러시아 인텔리겐치아가 가진 양면성을 반영하였다. 곧 한편으로는 계몽주의라는 세계사적 보편을 러시아에 실현시키고자 했지만, 다른 한편으로 그들은 민족적이며 슬라브주의적 경향을 띠었다. 이러한 이중성은 러시아 니힐리즘의 성격을 결정하였다. "러시아의 니힐리즘은 정치적으로는 자유주의적이며, 철학적으로는 유물론적이고, 정신적으로는 무신론적이었다."[14] 러시아 니힐리스트들은 유물론적 세계관을 가졌던 한에서 신을 부정했지만, 그들의 자연과학에 대한 믿음은 거의 우상숭배적이었다. 그들은 데카르트적인 방법적 회의나 칸트와 같은 이성비판의 방향으로 나아간 것이 아니라, 모든 가치를 전면적으로 부정하고 모든 제도를 무조건적으로 파괴하는 니힐리즘 자체를 하나의 도그마로 만들었다.

그런데 이러한 러시아의 니힐리즘은 현실의 질곡에서 벗어나려는 1860년대 러시아 젊은 지식인들의 고뇌를 반영하였다. 이러한 맥락에서 니힐리즘이라는 말을 처음으로 유행시킨 투르게네프는 니힐리즘이라는 말을 결코 부정적으로 사용하지 않았다. 니힐리즘이란 그에게는 당시 러시아의 역사적 상황을 가장 정확하게 표현했던 말이었다.[15] 그에게는 니힐리스트란 썩을 대로 썩어서 더 이상 치유가 불가능했던 러시아를 새로이 건설할 '젊은 러시아'의 당파인이었다. 누구보다도 1863년에 《무엇을 해야 하는가?》(*What is to be done*)라는 유토피아 소설을 쓴 체르니셰프스키(Nikolai Tschernyschewskij)는 이러한 니힐리스트의 교육에 전념하였다. 그는 《무엇을 해야 하는가?》라는 소설을 통해서 러시아 니힐리스트를 위한 금욕적 생활의 지침을 주입시키고자 하였다.[16] 그러나 개인적인 엄격한 생활을 통해 러시아 사회가 변혁될 수는 없었다. 러시아의 니힐리스트들은, 베르쟈예프의 평가대로, "그들의 포부의 밑바닥에 가로놓인 격렬한 모순을 알아차리지 못하고 있었다. 그들은 인격의 해방을 요구하면서 그 해방을 위하여 일체의 신앙, 일체의 추상관념에 대한 반역을 선언했다. 인격의 해방을 부르짖으면서 인격의 질적 내용을 상실하게 했으며, 또한 내적인 생활을 경험하게 하고, 창조와 정신성의 풍요에 대한 인격의 권리를 부정했다."[17]

이러한 니힐리즘은 1870년대에 이르러 본격적으로 비판을 받았다. 누구보다도 도스토예프스키(F. M. Dostoevski)는 니힐리즘의 악마화를 그의 소설의 인물들을 통해서 심각하게 묘사하였다. 그는 《악령》, 《죄와 벌》 그리고 《카라마조프가의 형제들》에서, '신이 죽었다면, 모든 것이 허용된다'는 믿음을 삶의 원칙으로 전화시켰던 니힐리스트적 인간 유형을 적나라하게 그렸다. 이 소설들에 등장하는 키릴로프·라스콜리니코프 그리고 이반 카라마조프는 한편에서는 에고이즘적인 개인의 절대적 자유를 신봉하며, 다른 한편에서는 인간의 불합리한 현실을 극복하기 위해 신의 사랑이 아니라 이성에 근거해서 세계에 새로운 질서를 부여한다는 계몽주의적 믿음을 가졌던 모순적인 인간형이다. 이들은 선한 목적을 위해서는 어떤 범죄행위도 정당하다는 믿음을 가졌다. 이들에게는 니힐리즘이 더 이상 한 '분파'라기보다는 개종자를 만들어내는 '보이지 않는 교회'이다. 이들은 '잉여인간'이었던 1840년대의 관념론자들과 결별하는 새로운 인간형을 만들어내고자 했던 1860년대의 사고하는 리얼리스트이다. 이들은 "그들의 결론을 위해 그렇게 하는 것이 누구의 이익이 되든 가리지 않고 무엇이든 깨뜨릴 준비가 되어 있는 사람들"이었다.[18] 그들은 개구리의 해부를 통해 삶의 신비나 존재의 비밀을 해명할 수 있다고 생각했으며, 만약 영혼이 있다면 시체의 해부를 통해서 영혼이 드러나야 한다고 믿었던 유물론의 신봉자들이었다. 이러한 무신론적 유물론에 반대하였던 도스토예프스키는 그 대안으로 하나의 정신혁명을 꿈꾸었다. 그는 이러한 정신혁명을 《카라마조프가의 형제들》에서 이상적 인간으로 설정했던 알료샤와 같은 순수한 인간을 통해서 실현할 수 있다고 생각하였다. 그가 알료샤를 통해서 구현하고자 했던 것은, 전통적 러시아의 정교가 표방하는 그리스도교적 사랑과 사회주의적 개혁의 결합이었다. 이러한 맥락에서 그가 무엇보다도 위험스럽게 생각했던 것은 니힐리즘의 세례를 받았던 무신론적 사회주의였다. 니힐리즘의 무신론적 사회주의로 발전하는 데 결정적인 공헌을 했던 인물은 젊어서는 헤겔주의자로 출발했다가 나중에 혁명적 사회주의자로 탈바꿈한 벨린스키(W. Bjelinskij)였다. 벨린스키는 러시아의 혁명적 인텔리겐치아의 세계관을 낳게 만들었던 모든 원인을 선구적으로 고뇌하였다. 그는 말하기를, "개인이 고통을 겪고 있을 때 '일반자'가 살아 있다고 한들 그것이 네게는 무엇이란 말인가!" "거부야말로 나의 신이다!"[19] 그는 악과 모순으로 가득 찬 불완전한 세계를 인정할 수 없었기 때문에 무신론자가 되었고, 그런 불완전한 세계를 타파하고 좋은 세계를 만들기 위해 혁명적 사회주의가 되었다.

그런데 여기서 우리가 명심해야 하는 것은, 러시아의 인텔리겐치아들이 고뇌했던 것은 러시아의 장래였다는 사실이다. 그들이 사회주의자이든 슬라브주의자이든간에, 그들은 러시아라는 토양에 발 딛고 있던 지식인들이었다. 여기서 우리는 결론적으로 러시아의 니힐리즘의 지적 운동을 세 가지 방식으로 정리해 볼 수 있다.

첫째는, 러시아의 니힐리즘이 독일에서 넘어온 헤겔철학을 거부하고 러시아 역사현실의 모순을 철저히 고뇌하는 것에서 나왔다는 범위에서, 그것은 범슬라브주의의 경향을 가졌다. 러시아의 혁명적 인텔리겐치아가 전통과 종교를 부정함에도, 그들이 전체성을 갈구하고 그것을 절대적으로 신봉하는 러시아 정신에 뿌리박고 있는 한, 그들의 궁극적 목표는 위대한 러시아의 건설에 있었다. 따라서 범슬라브주의의 틀에 입각해서 본다면, 니힐리즘이란 슬라브주의가 설정한 목적을 이루기 위한 수단이다. 그리고 슬라브주의의 영향을 받은 혁명적 사회주의자들은 서유럽과는 다른 러시아의 특수한 길을 주장하였다. 대표적 인물로 헤르첸(A. Herzen)은 이미 근대화를 이룩한 서양인들의 소시민적 전락에 환멸을 느꼈으며, 따라서 러시아 농민의 전통 속에서 공동체적 이상 실현을 위한 하나의 가능성을 보고자 했다. 이렇게 해서 혁명적 사회주의자·나로드니키·무정부주의자 모두한테 슬라브주의는 하나의 동일한 사상적 뿌리였다.

둘째, 러시아 니힐리즘의 열기는 결국 사회주의 운동의 에너지로 수렴되었다. 곧 러시아의 인텔리겐치아들이 일체의 신앙과 관념을 거부하고 금욕주의적인 인격의 해방을 통해서는 사회구조적 모순이 타파될 수 없다는 것을 자각했을 때, 그들은 니힐리즘 대신 사회주의를 통해서 러시아에서 혁명을 성취하고자 하였다. 이 때문에 마르크스는 러시아 니힐리즘을 혁명의식이 러시아 특유의 방식에 따라 사회주의의 방향으로 이행하는 하나의 과정으로 평가하였다.[20]

셋째, 러시아 니힐리즘의 주류는 마르크스주의가 거리를 두었던 무정부주의나 테러리즘으로 발전하였다. 사회주의자들이 지배계급의 이해관계를 대변하는 국가 대신에 노동자 국가를 세우려 하였고, 범슬라브주의자들이 위대한 러시아제국을 꿈꾸었던 반면, 니힐리스트들은 모든 국가를 철폐하고 오직 무정부상태를 유발시켜서 개인의 절대적 자유를 실현시키기를 원했다. 러시아 니힐리즘의 이와 같은 극단화는 기존의 정치체계와 사회구조를 거부하는 모든 근대사상을 포괄하는 경향으로 나아갔다. 결과적으로 니힐리즘은 이데올로기적 혼란에 빠지게 되었고, 사회·정치적 운동 개념으로서의 니힐리즘은 그 매력을 상실하였다. 니힐리즘이라는 말은 19세기 말에 이르러 마르크스주의를 따르는 좌파들은 물론 사회혁명을 부정하는 우파들 모두에게 부정적인 용어로 전락하였다. 따라서 19세기말, 독일의 한 백과사전은 니힐리스트를 다음과 같이 정의하였다.

> 암살을 일삼는 '니힐리스트들'은, 바쿠닌이 '혁명적 교리문답'에서 말하듯이, 기존의 모든 시민적 질서 ……, 법률·풍습 그리고 도덕까지를 포함해서 모든 문명 세계를 파괴하기 위해서 사는 '철저한 혁명주의자들'이다.[21]

2. 니체의 니힐리즘

러시아의 니힐리즘 개념이 사회혁명을 위한 수단으로 이해되었다면, 니체에게 니힐리즘은 유럽의 모든 가치와 도덕체계의 절대성이 그 의미를 상실함으로써 발생한 근대문화의 병을 진단하고 또한 처방까지도 함의했던 근본개념이다. 먼저 근대문화의 위기로서의 니힐리즘은 러시아의 경우처럼 소수 엘리트의 의지가 아니라 탈신화화된 근대세계의 인간이 봉착했던 운명이었다. 니체는 말하기를, "니힐리즘의 출현이 불가피한 것은 무슨 이유 때문인가? 그것은 지금까지 우리들이 지켜 온 가치들이 최종적인 결론, 곧 니힐리즘이야말로 우리의 위대한 가치와 사상들이 마주치게 된 최종적인 결론임을 보여주고 있기 때문이다."[22]

라 하였다.

니체에 따르면, 지금까지 서양의 정신과 문화를 지탱해온 두 개의 위대한 가치체계는 그리스도교로 대변되는 신앙지상주의와 그리스철학 이래의 지성지상주의이다. 신앙지상주의에 의거하면, 우리 인식의 최종 근거는 신앙이다. 세계와 인간의 해명은 초월적 신에 대한 무조건적 믿음을 통해서만 가능하며, 이러한 신앙에 따라 인간의 도덕체계는 결정되었다. 그러나 르네상스 이후 이러한 신앙지상주의는 흔들리기 시작했다. 르네상스의 인간은 세계와 자연을 신의 섭리에 근거해서가 아니라 스스로의 관점에 따라 보고자 하였다. 그리고 계몽주의는 초월적 신앙 대신에 이성에 따라 우주와 세계의 법칙을 발견하고자 하였다. 이에 따라 아우구스티누스 이래로 공식화된 신앙과 인식 간의 위계질서는 역전되고, 인식을 이끄는 이성의 빛에 따라 신의 목적론적 섭리를 해명하려는 이신론(deism)이 대두하였다. 이러한 이신론적 세계관은 근본적으로 그리스철학이 성립시켰던 지성지상주의를 부활시켰다. 곧 계몽철학은 소크라테스나 플라톤처럼 학문적 탐구를 통해서 세계와 인간에 대한 보편적 진리에 도달할 수 있다는 믿음을 가졌다. 신앙이 아니라 이성의 빛에 의거해서 세계와 역사의 법칙을 해명할 수 있다는 계몽사상적 믿음은 진보사상이라는 낙관론적 세계관을 성립시켰다. 이러한 이성주의의 정점은 절대정신의 구현을 통해 그리스도교적 목적론을 세속화시킨 헤겔의 역사철학이다. 그런데 니체가 '신은 죽었다'는 선언을 통해 표명한 것은 이러한 모든 목적론과 낙관론의 종말이다. 니체가 보기에, 세계를 탈신화했던 근대문화는 니힐리즘에 이르게 하는 이러한 종말을 이미 내재하고 있었다. 곧 근대의 합리화 과정으로부터 '인식이라는 나무'의 열매를 먹은 근대인은, 베버가 정식화했던 것과 같은, 다음과 같은 그의 운명을 깨달아야 했다.

> 바로 궁극적이며 가장 숭고한 가치들이 공적인 사회로부터……그 모습을 감추어버렸다는 사실은, 우리들의 시대에 고유한 합리화와 지성화, 특히 주술로부터 세계의 해방을 특징으로 하는 우리 시대의 운명이다.[23]

근대에 이르러 모든 절대적 가치와 권위는 의미를 상실하고, 인간 자신이 가치와 의미의 창조자이면서 동시에 보증자가 되어야 한다는 것이 하나의 운명처럼 되었다면, 니힐리즘은 그런 근대인이 처한 운명에 대한 가장 영웅적인 삶의 방식을 제시하였다. 곧 전통적 가치와 의미체계의 무화를 주장하는 니힐리즘이 시도했던 것은 '모든 가치들의 가치전환적 실험'이다. 니힐리즘의 지적 운동이 궁극적으로 다다른 지점은 진리 인식의 '백지상태'였고, 그런 한에서 니힐리즘은 근대의 위기를 극단화시켰다.

니체가 보기에 니힐리즘은 근대문화의 위기이면서 동시에 그 위기를 극복할 수 있는 열쇠가 그 안에 담겨 있었다. 니체가 발견한 열쇠는 무엇보다도 지금까지의 모든 가치와 도덕체계의 근원에 있었던 비밀이었다. 그에 따르면, 중세 그리스도교의 신에 대한 믿음이나 근세 초의 이성주의적 역사철학의 배후에 있었던 것은 궁극적으로 권력에의 의지이다. 중세적 신앙체계의 근저에는 교회의 지배욕이 있었고, 근대 초의 이성주의를 작동시켰던 원리는 '아는 것은 힘'이라는 인식과 권력의 직접적인 결합이다. 니체는 권력에의 의지를 모든 인식 행위의 토대를 이루는 것으로 봄으로써 모든 가치들을 전도시켰으며, 더 나아가 니힐리즘을 수동적인 근대인의 운명이 아니라 적극적인 도약의 계기로 만들었다. 모든 인식과 가치의 체계가 근대에 이르러 상대화되고 주관적으로 되었다면, '너는 해야 한다'에 입각한 도덕체계는 우리에게 더 이상 의미가 없고, 대신에 '나는 원한다'로부터 새로운 삶의 방식을 확립해야 한다는 것이다. 따라서 모든 가치들의 무화를 초래시킨 니힐리즘은 우리를 나약한 존재로 만드는 것이 아니라 강하게 만든다고 니체는 보았던 것이다.

이러한 맥락에서 니체는 니힐리즘을 '수동적 니힐리즘'과 '능동적 니힐리즘'으로 나누었다.[24] 수동적 니힐리스트들은 허무의 현실을 직시하기보다는 운명적으로 받아들임으로써 그것을 회피하는 약자들이다. 그러나 능동적 니힐리스트들은 허무의 현실과 적극적으로 대결, 그 현실을 극복하려는 강자들이다. 따라서 소극적 니힐리스트들은 페시미즘(pessimism)에 빠지지만, 모든 가치들의 무화를 하나의 화두로서 고뇌하는 능동적 니힐리스트들은 그것을 백척간두 진일보(百尺竿頭 進一步)의 기회로 승화시킨다. 니체에 따르면, 모든 가치들의 무화라는 근대문화의 위기로부터 삶에 대한 의지를 상실하는 것은 불완전한 니힐리즘이며, 적극적으로 그런 운명과 대결하는 삶의 태도가 완전한 니힐리즘이다.

이러한 맥락에서 니체는 역사주의를 비판하였다. 니체가 생각하기에, 인간적 세계에 관한 사고의 역사화에 입각해서 역사학을 삶의 문제가 아니라 역사적 지식의 문제로 만드는 역사주의는 불완전한 니힐리즘의 전형이다. 각 시대의 역사적 지식을 개미처럼 모으기만 하는 역사학은 결국 역사적 상대주의와 대결하기보다 가치상대주의의 위기를 심화시킬 뿐이라는 것이다. 역사학은 과거의 사실이 어떠했는지를 우리에게 알려준다. 그러나 이러한 역사의 지식은, 가치의 상대주의를 염두에 둔다면, 지금 여기에 사는 인간들의 삶에 아무런 도움을 주지 못한다. 가치들은 날마다 무화되는데, 과거의 가치들을 안다는 것이 지금 우리에게 무슨 이득이 있는가? 소위 '역사주의의 위기'는 궁극적으로 가치상대주의의 문제이고, 이것은 근대문화가 봉착한 딜레마이다. 절대적 가치와 보편적 인식이 해체되는 근대에 이르러 모든 가치와 진리는 공간성과 시간성을 갖는다고 판명났다면, 모든 인간에게 유효한 영원한 진리나 최고의 가치는 더 이상 존재할 수 없다. 진리의 상대성의 문제를 일찍이 통찰했던 파스칼(Pascal)은 다음과 같이 말하였다.

위도는 모든 법률을 바꾸어놓는다. 자오선이 진리를 결정한다. 기본적인 법률도 수년이 지나면 변하게 된다. 정당성은 달력과 같은 것으로서, 토성이 사자좌에 들어가면 어떤 종류의 범죄가 발생한다. 강으로 구분되는 경계는 얼마나 기묘한 것인가! 피레네 산맥의 이쪽에서 진리인 것이 저쪽에서는 오류가 된다."[25]

　시간의 흐름 속에서 과거를 인식해야 하는 역사학은 어느 학문 분과보다도 진리의 상대성의 문제에 봉착하였다. '모든 시대는 신에 접해 있다'는 랑케의 공리가 역사 연구의 원칙이 되기 위해서는 신의 존재에 대한 믿음이 전제되어야 했다. 그러나 니체의 말대로 '신이 죽었다'면, 가치의 상대성에 근거해서 과거를 인식해야 하는 역사학은 역사주의의 위기를 극복할 수 없다. 역사주의가 가치의 상대성을 넘어서기보다 그것을 역사 인식의 기본전제로 삼는 한, 그것은 니체가 보기에 불완전한 니힐리즘이다. 역사주의와 함께 인간 의식의 단계는 인간의 진리가 초월적인 것이 아니라 시간의 흐름 속에서 생성하는 것이라는 데에 이르렀다. 그럼에도 불구하고 역사적 지식의 상대성의 문제를, 하이데거가 '현존재의 구조'라고 부르는, 인간 존재방식의 '역사성' 그 자체에서 통찰하지 못하고 역사적 회의주의를 초래했던 역사주의는, 변화 속에서 끊임없이 결단을 요구하는 현재적 삶을 위하여 어떤 좌표나 방향도 설정해주지 못한다. 만약 생성하는 진리 그 자체를 인식론적인 문제가 아니라 하이데거처럼 인간 존재방식의 근원적 구조로 본다면, '역사주의의 위기'란 문제가 아니라 열려진 미래를 향해 자기 자신을 과감하게 기투(企投)할 수 있는 존재론적 측면에서의 인간의 조건이 된다.[26] 따라서 만약 역사주의가 과거에 대한 역사적 지식의 상대성을 역사에 대한 객관적 인식을 도달할 수 있는 한계로 보지 않고, 현재의 삶의 문제로부터 새로운 역사를 만들 수 있는 계기로 본다면 역사적 지식의 상대성은 역사 인식에서의 원근법 문제로 이해될 수 있다. 절대적 지식체계나 가치가 더 이상 없다면, 사물이나 사태를 인식하는 데 관점은 필요 불가결하다. 관점이 없는 인식은 몰가치적이고, 그것은 인간의 인식이 아니다. 왜냐하면 니체 말대로, 모든 인식은 권력에 대한 의지에 따라 이루어지기 때문이다. 사태의 인식은 언제나 가치관여적이고, 인식의 가치를 결정하는 것은 관점이다. 그런데 인간이 관점을 갖게 되는 것은 능동적인 삶을 통해서이다. 따라서 모든 인식의 관점과 관심을 결정하는 것은 궁극적으로 삶을 계속적으로 유지하고 향상시키려는 힘이다. 이와 같은 사실을 니체는 그의 유명한 글 〈역사학의 삶을 위한 이로움과 해로움을 위하여〉에서 다음과 같이 정식화하였다.

> 삶이 인식과 과학을 지배해야 하는가, 아니면 인식이 삶을 지배해야 하는가? 양자 가운데 어느 쪽이 더 결정적인 힘을 갖는가? 이는 의심할 여지가 없다. 삶이 좀더 높고 지배적인 힘이다. 왜냐하면 삶을 파기하는 인식은 그 자신을 함께 파기하게 될 것이기 때문이다. 인식은 삶을 전제로 하고, 따라서 모든 지식은 그것의 계속적인 실존 곧 삶의 유지에 관심을 갖는다. 그래서 과학은 더 높은 감독과 감시 곧 건강론을 필요로 한다. 삶의 건강론은 과학의 바로 곁에 있으며, 이 건강론의 명제는 다음과 같은 것이 될 것이다. 비역사적인 것과 초역사적인 것은 역사학에 의하여 삶이 압도되는 것, 곧 역사적 질병에 대한 자연적인 대항 수단이다.[27]

니체에 따르면, 니힐리즘이란 근대의 발명품이 아니라 오랫동안 준비되어 있다가 근대에 이르러 일어난 사건과 같은 것이다. 따라서 모든 가치들의 무화는 근대의 병리적 현상이 아닌 인간이 마침내 자신의 삶의 주인공으로 도약할 수 있는 계기가 된다. 인간은 '결핍된 존재(Mangelwesen)'이다. 인간이 '결핍된 존재'인 이유는, 인간이 원죄를 지었기 때문이 아니라, 스스로를 초극해야 하는 존재이기 때문이다. 자기 자신을 넘어서기 위해서는 자기 부정의 단계를 철저히 경험해야 한다. 따라서 모든 가치들의 무화는 인간이 자기 자신을 넘어서기 위해서 갈 데까지 가보겠다는 결의로 작동한다. 니체에 의하면, 삶이란 어떤 궁극적인 목적도 없는 권력에의 의지에 의한 영원한 생성으로 이루어진다. '신이 죽었다'면, 우리에게는 어떤 종말의 약속도 없다. 그런 한에서 영원한 생성으로서 인간의 삶은 '동일한 것이 영구 회귀'하는 원을 구성한다. 인간은 살아 있는 동안 계속해서 돌을 굴려 올려야 하는 시지푸스의 운명을 가진다. 우리의 삶은 유한하고, 우리의 모든 노동은 시지푸스의 과제처럼 결국 헛된 일이 된다. 우리에게는 더 이상 그리스도교에서 말하는 것과 같은 구원은 없다. 그렇다면 우리는 어떻게 살아야 하는가? 니체는 니힐리즘의 완성을 통해서 이러한 인간의 운명을 탄식하기보다는, 그런 우리의 운명을 향해 온몸을 내던질 것을 역설하였다. 그리고 이것이 '결핍된 존재'로서 인간이 인간을 넘어설 수 있는 유일한 길이라고 니체는 보았다. 니힐리즘, 모든 가치들의 전도, 권력에의 의지, 동일한 것의 영구 회귀와 같은 중심개념으로 집약되는 니체의 사유과정은 결국 초인사상으로 귀착된다. 신이 죽었기 때문에 인간에게 척도와 중심이 되어야 하는 것은 오직 인간 자신일 수밖에 없다면, 인간은 초인이 되어야 한다.

> 초인은 니체의 의도와 견해에 의하면 이제까지의 인간을 단순히 확대한 것이 아니라 무조건적인 권력에의 의지로서 모든 인간 내에서 상이한 방식으로 실현되고, 이를 통해 그에게 존재자 전체, 즉 권력에의 의지에의 귀속성을 부여하고 자신을 진정으로 '존재하는 자', 다시 말해 현실과 '삶'에 밀착한 자로서 증거하는 저 최고의 명료한 인간형태이다. 초인은 이제까지의 가치들을 신봉하는 인간들을 뒤로 남겨 두고 그들을 '무시해버리며', 순수한 권력의 강화라는 관점에서 모든 권력들을 정당화하고 모든 가치들을 정립한다.[28]

그러나 이러한 니체의 초인사상은 제1차세계대전을 겪으면서 니체의 의도와는 아주 다르게 정치적으로 변질되었다. 에른스트 융어(Ernst Jünger), 오스발트 슈펭글러(Oswald Spengler), 카를 슈미트(Carl Schmitt)에 의해 니체의 니힐리즘은 우파적으로 해석되어, 결과적으로 독일민족을 세계의 지배민족으로 강력하게 만들어야 한다는 지배 이데올로기로 이용되었다. 또한 니체 니힐리즘은 나치즘 정치철학의 근간을 이루었던 카를 슈미트의 '적'과 '친구'라는 이분법적 사고가 체계화되는 데 결정적으로 작용하였다. 민족이라는 초개인적인 주체에 의해 구현되는 권력에의 의지는 나치즘에 의해 가장 극단적으로 발현되었다. 나치즘이 강조했던 것은, '민족은 모든 것'이고 '개인은 무'라는 것이다. 이러한 나치즘의 정치철학에 따르면, 무를 극복하기 위한 개인의 유일한 결단은 민족의 영광과 번영을 위한 전쟁에서 자기 자신을 희생시키는 것이다. 니체의 초인사상은 원래는 모든 인간존재를 위한 것이었으나,

그것은 변질되어 히틀러의 카리스마를 정당화했으며, 그에 대한 광신적 숭배를 이끌어냄으로써 나치즘을 정치종교로 만드는 데 기여했다.

나치즘과 최근의 민족주의의 광기로부터 우리는 니체의 니힐리즘 이론의 현실화에서 일어날 수 있는 '리스크'를 반성해보아야 한다. 우리는 어느 한도로 모든 전통적 가치들과 도덕체계들을 무화시켜야 하는가? 니체가 우리에게 요구했던 것은, 신을 살해했던 근대인은 이제 어떻게 살아야 하는가의 문제를 무에서 출발해서 철저히 고뇌하기를 시작해야 한다는 것이다. 그러나 이러한 끝없는 고뇌로부터 우리 스스로가 강해지기보다는 니체 자신처럼 미쳐버리거나, 아니면 모든 가치의 무화가 초래했던 위기에 직면하여 절망함으로써, 나치 체제 아래의 독일인들처럼 완전한 굴종의 상태로 빠져버린다면, 니힐리즘의 악마화는 언제든지 일어날 수 있다. 다시 말해 근대국가의 관료주의나 자본주의 체제 아래의 추상적 인간관계는 자아상실이나 인간소외를 초래했고, 이러한 상태에서 니힐리즘은 니체의 의도나 목표와는 정반대로 히틀러와 같은 악마를 부르는 주문이 되었다.

Ⅳ. 20세기 말의 니힐리즘

20세기 말에 이르러 니체가 니힐리즘 이론에 의거해서 내렸던 근대 문명의 위기에 대한 진단이 매우 정확했음을, 우리는 데리다나 푸코의 해체주의를 통해서 다시 한번 통렬하게 깨닫는다. 그러나 니체가 열망했던 초인은 도래하지 않았다. 그 대신 차라투스트라가 자기 민족에게 전한 음울한 예언은 우리의 참담한 현실로 나타났다.

아아 슬프도다! 인간이 인간을 넘어서는 갈망의 화살을 더 이상 쏘지 못하고 있으며, 활 쏘는 법도 잊어버리는 때가 오고 있다![29]

  우리는 신도 예언자도 없는 시대에 살고 있다. 니체의 영향을 받은 베버가 그의 불후의 명저 《프로테스탄트 윤리와 자본주의 정신》의 말미에서 했던 자본주의의 미래에 대한 어두운 전망은, 지금 우리 문명이 처한 딜레마를 가장 잘 지적하는 말일 것이다.

  앞으로 이 (자본주의라는) 철창 속에 누가 살게 될지, 이 거대한 발전 끝에 아주 새로운 예언자가 나타날지, 그렇지 않으면 옛 사상들과 이상들의 일대 부흥이 일어날지, 혹은 — 이 둘 가운데 어느 것도 아니라면 — 일종의 발작적인 자기도취로 꾸며진 기계화된 화석화가 일어날지, 어느 누구도 알 수 없다. 이 문화발전의 '최후의 인간'에게는 다음과 같은 말이 진리가 될 것이다. '정신이 없는 전문가, 가슴 없는 향락인'. 이러한 무가치한 인간은, 인류가 이제까지 도달하지 못했던 단계를 그들이 이룩했다고 자부할 것이다.[30]

  '최후의 인간'에 대한 이와 같은 염려는 현실 사회주의의 붕괴 후의 인류역사를 '역사의 종점에 선 최후의 인간'으로 진단했던 프랜시스 후쿠야마(Francis Fukuyama)에 의해 다시 나타났다.[31] 현실 사회주의의 종말을 '역사의 종말'로 보는 후쿠야마의 역사 종말론의 특이성은, 로마의 멸망 후나 중세말, 그리고 제1차세계대전 후에 나타난 슈펭글러의 종말론과 비교해 볼 때, 그가 종결된 '역사' 곧 자유민주주의적 자본주의를 위하여 찬가(讚歌)도 만가(輓歌)도 부르지 않는다는 데 있다.[32] 후쿠야마가 정말로 진지하게 생각해보고 싶었던 것은, 일관된 진보의 과정으로서의 '역사'가 자유민주주의로 끝났다는 것이 아니라, 만약 역사가 그런 방식으로 종결되었다면, 그 이후의 인간은 어떻게 살 것인가의 문제이다. 자유민주주의로 완성된 '역사'에서 살아야 하는 인간 삶의 미래를 그는 결코 밝게 보지 않았다. 따라서 후쿠야마는 베버의 진단을 좀더 심각한 어조로 바꾸어 말하였다.

  자유민주주의는 '가슴 없는 인간' 즉, 욕망과 이성만으로 만들어진 '패기'가 부족한 인간, 장기적인 사리사욕의 이해타산을 통해서 너저분한 욕구를 계속해서 채워나가는 데에만 눈치가 빠른 인간을 낳을 것이다.

이 최후의 인간은 타인보다도 훌륭한 존재로 인정받고 싶다는 욕망 따위는 털끝만큼도 갖고 있지 않으며, 그와 같은 욕망 없이 인간은 어떠한 미덕이나 업적도 이룰 수 없다. 자신의 행복에 만족하고, 하찮은 욕망을 뛰어넘을 수 없는 자신에게 아무런 수치심도 느끼지 않는 최후의 인간은 요컨대 인간이기를 포기한 존재인 것이다.[33]

인간은 인간답게 살기 위해서 계속해서 리스크(risk)가 필요하다. 따라서 구체적 사실들을 경험 과학적으로 연구함으로써 역사에 의미를 부여하기보다는, 사변적 방식으로 보편사의 방향과 의미를 반성해보고자 하는 후쿠야마가 던지는 질문은, 이제 인간이 보편적 역사의 과정에서 이룰 수 있는 모든 것을 달성했다면, 이후의 인간은 무엇을 위해서 자기 자신을 과감하게 내던질 수 있는가이다. 후쿠야마는, 헤겔의 역사철학에 의거해서, 인류의 역사는 한 사람의 자유로부터 소수의 자유로 진보했고, 그리고 만인의 자유의 실현이 인류 전체가 나아가야 할 역사의 방향이라는 보편적 합의가 현실 사회주의의 멸망과 함께 이루어짐으로써, 진보의 과정으로서의 '역사'는 완성되었다고 말한다. 그러나 우리는 이러한 역사의 이념적인 완성이 실제 역사의 종말을 낳지 않는다는 것을 걸프전쟁 및 발칸반도와 구소련 지역에서 일어났던 소수 민족들 사이의 분쟁 등과 같은 일련의 사태들을 통해서 알고 있다. 진보의 과정으로서의 '역사'가 끝났다는 역사철학적인 결론에도 불구하고, 인간은 계속해서 그의 생존의 문제를 위하여 현실의 역사 속에서 인내하며, 노력하고 그리고 고뇌해야 한다.

후쿠야마적 의미에서의 '역사의 종말'이 일어나지 않았다는 증거로, 냉전적 세계질서가 와해되고 나서 곧바로 세계를 혼돈으로 내몰았던 민족주의와 근본주의(fundamentalism)에 의한 시대착오적 야만과 광기의 현상들이 지적될 수 있다. 민족주의와 근본주의의 광신자들은 20세기 말에 등장하는 새로운 유형의 니힐리스트들이고 테러리스트들이다. 이들에게는 같은 혈통, 같은 종교 혹은 같은 문화만이 전부이고, 그 밖의 다른 모든 것들은 무이다. 민족주의자들은 자신들의 민족만으로 구성되는 정치적 공동체를 역사의 이상으로 삼음으로써, 그 이상의 실현을 방해하는 다른 민족은 멸종되어야 한다는 주장을 서슴없이 한다. 근본주의자들에 의한 근대적 가치들의 무화는 그동안 서구화의 방식으로 추진되었던 근대화에 대한 가치의 전도를 목표로 하였다. 전통적 가치와 의미의 체계들을 무화시키는 근대화는, 뒤르켕(Émile Durkheim)이 아노미라고 개념지었던, 가치의 무정부 상태를 동반하였다. 가치들의 전도는 일어났지만, 그러한 가치의 공백을 메울 수 있는 새로운 가치체계를 대부분의 비유럽의 후발 산업국가들은 아직 형성시키지 못하였다. 이러한 가치의 부재에 대한 위기감과 상실감이 크면 클수록, 사람들은 다시 탈세속화와 재신화화의 욕구를 가졌다. 그 욕구를 채워줄 수 있는 것은 산업화의 정도나 문화의 방식에 따라 다양하게 나타났다. 지구의 한쪽에서는 대체신앙적 대상으로 민족이나 종교가 각광받았던 반면, 다른 한쪽에서는 포스트모더니즘의 미학이 생산해내는 새로운 물신주의와 우상숭배가 등장하였다.

마르크스의 모더니즘에 대한 비판의 핵심은, 자본주의적 사회구성체는 추상적 인간관계를 통해서 인간의 소외를 초래했다는 것이다. 이에 비해 포스트모던에 이르러 인간 소외의 형태는 더 심각한 방식으로 발전하였다. 현시대에서 일어나는 비인간화의 현상들은 주체의 죽음, 자아의 상실, 주체의 파편화 등과 같은 새로운 용어들을 통해서 문제화되었다. 포스트모던 시대에서는 마르크스가 구원자로 희망을 걸었던 프롤레타리아트와 같은 역사의 보편적 주체를 더 이상 기대할 수 없다. 토니 스코트(Tony Scott) 감독의 〈더 팬〉(The Fan)이라는 영화에 나오는 주인공처럼 자아를 상실하고 야구장의 스타를 통해서 대체적 자기를 구현해 보려는 것이 이 시대 '최후의 인간'의 한 유형이다. 이 시대의 나르시스트들은 더 이상 거울을 보지 않는다는 것이다. 왜냐하면 거울 속의 나를 볼 주체가 이제는 존재하지 않기 때문이다. 그 대신 유명 운동선수나 어느 날 갑자기 대중매체를 통해 뜨게 되는 스타와 자기를 동일시함으로써 자기 아닌 자기를 보고 열광한다. 주체의

상실과 함께 이 시대의 니힐리즘은 어느 때보다 심각한 광기를 생산해
내고 있다. 카리스마적 권위를 낳는 영웅적 니힐리즘이 아니라 대중적
니힐리즘은 가장 퇴폐적인 결과를 가져온다. 이 시대의 퇴폐적 행위의
주체들은 이전의 세기 말에서의 지적 엘리트들이나 예술가들이 아니
다. 공주병·왕자병 등과 같은 병리적 현상은 일상적이고 대중적으로
만연되어 있다.

하이데거가 일찍이 통찰했듯이, 이 시대를 병들게 만든 니힐리즘의
가장 큰 원인은 '존재 역사의 망각'에서 기인하였다. 따라서 우리에게
이제 정말 소중한 것은 존재자를 다시 존재하게 만드는 처방이다. 어
디서 우리는 그런 처방을 구할 수 있는가? 이러한 물음과 함께, 우리
문명의 구원을 위하여 우리는 니체의 니힐리즘 이론을 다시 검토해보
아야 한다. 니체가 말했듯이, 니힐리즘은 모든 가치들을 무화시켰다.
그러나 이러한 가치들의 무화가 니힐리즘의 끝은 아니다. 왜냐하면 인
간이 계속 살려고 애쓰는 한, 인간의 권력에의 의지는 고갈되지 않으
며, 끊임없이 자기 자신을 넘어서려는 새로운 인간은 언젠가는 나타나
게 될 것이기 때문이다. 불완전한 니힐리즘은 모든 가치들의 무화 경
험을 통해 주체성을 상실하는 노예와 같은 인간을 만들어내지만, 완전
한 니힐리즘은 깨달음을 얻기 위해 무의 화두를 자나 깨나 잡고 있는
선승(禪僧)처럼 백척간두 진일보의 순간을 위해 정진한다. 모든 가치들
을 무화시키는 니힐리즘은 신 없는 세상에서 인간이 존재의 의미를 묻
는 처절한 고뇌의 방식이다. 따라서 우리가 이 세상에서 삶을 포기하
지 않는 한, 니체적 의미에서 초인은 아니지만 우리 자신이 존재 망각
의 무의미한 삶을 극복하기 위한 새로운 존재자가 되어야 하며, 그렇
지 않고는 우리 시대의 불완전한 니힐리즘을 극복할 다른 대안이 없다
는 것이 우리 문명이 처한 딜레마이다.

소위 '포스트모던'이라는 담론의 구성체는 우리의 삶을 절멸시키는
독약이기도 하며 또한 그 독약을 해독시킬 수 있는 유일한 수단이기도
한 니힐리즘의 이중적 측면을 단적으로 반영한다. 포스트모던에서의

니힐리즘이 무화시켰던 것은 모던적 역사의 거대 서사(the grand narrative)이다. 포스트 모던은 모던주의의 중심을 형성했던 이성·주체·계몽·해방 그리고 과학 등과 같은 고귀한 가치들을 해체시켰다. 이러한 해체 이후에 남아 있는 것은 무엇인가? '진리란 무이다'라는 허무한 가치를 갖고 인간은 살 수 있는가? 모던의 문명이 초래했던 파국을 통해서 진리가 무화되는 순간을 경험한 근대인이 깨닫는 것은, '진리란 무이다. 그렇기 때문에 모든 것이 허용된다'가 아니라 '이제 모든 것이 허용되고, 어떤 일도 일어날 수 있다. 그렇기 때문에 모든 진리는 무가 될 수 있다'는 소위 '리스크 사회(the society of risk)[34]가 낳은 새로운 문명사적 허무이다. 리스크 사회에서 우리는 복제인간을 만들어내는 불장난을 할 수도 있고, 핵폭탄으로 지금까지 이루어 놓았던 인류문명 전체를 무화시킬 수도 있다. 이러한 문명사적 허무에 직면한 우리는 어떻게 살아야 하는가? 니체가 말하듯이, 인간은 결국 초극해야 할 존재이다. 인간은 언제나 '결핍된 존재'이다. 무서운 사실은, 아니 아직도 우리에게 희망으로 남아 있는 것은, 인간이 계속해서 결핍을 느낀다면 인간이 겪어야 할 허무의 체험은 끝나지 않았고, 그런 한에서 인간은 스스로를 넘어설 수 있는 기회를 여전히 갖고 있다는 것이다. 니힐리즘의 가장 큰 비밀은, 인간은 인생의 허무함 때문에 좌절하기보다는, 니힐리즘을 통해서 그러한 인간의 운명에 영웅적으로 맞설 수 있다는 것이다. 이것이 바로 니체가 우리에게 전하고자 했던 '운명애(運命愛)'의 메시지이다.[35]

주

1) F. Nietzsche, *Wille zur Macht*, "Vorrede" N. 2, Kröner Taschenausgabe(1952), Band 78, p. 3.

2) F. Nietzsche, *Werke in drei Bänder. Dritter Band*, hg. von K. Schlechta, München 1954~56, p. 557(이하 Bd. Ⅲ으로 약함)..

3) I. Kant, *Kritik der reinen Vernunft*(1781), AA Bd. 4(1903 ; Ndr. 1968), p. 9,

Amn.

4) I. Kant, "Beantwortung der Frage : Was ist Aufklärung?", *Berl. Monatsschr.* 4(Dez. 1784).

5) M. Horkheimer, T. W. Adorno, *Dialektik der Aufklärung*(Frankfurt/M., 1969).

6) 마틴 하이데거, 《니체와 니힐리즘》, 박찬국 역(지성의 샘, 1996), p. 39.

7) I. Kant, *Prolegomena zu einer jeden künftigen Metaphysik, die als Wissenschaft wird auftreten können*, 1783, 36장(Ⅲ 79~81).

8) 독일의 역사가 코젤렉에 따르면, 이러한 근대에 이르러 집합단수로서 '역사' 라는 개념이 탄생된다. 근대 이전의 역사는 '무엇에 대한 이야기'이거나 '언제 부터 언제까지의 이야기'를 의미하였고, 여기에서 이야기되고 기술되는 역사란 어디까지나 과거에 일어났던 일이었다. 그러나 근대의 역사관은 집합단수로서 '역사'의 발명과 함께 역사인식에서 하나의 코페르니쿠스적 전환을 이룩하였다. 집합단수로서의 '역사'가 뜻하는 바는, 단순한 과거의 이야기가 아니라 인간이 주체적으로 만들고 계획하는 역사이다. 역사란 기술되는 것일 뿐만 아니라, 우 리가 그것을 만들고 계획할 수 있다는 생각은, 역사적 시간의 중심을 과거가 아닌 현재와 미래로 옮겨 놓았다. 결국 이런 만들고 계획하는 '역사'의 탄생은 근대를 혁명의 시대로 만들었다. 근대인들은 진정한 역사란 혁명을 통해서 만 드는 것이라는 생각을 하였으며, 이에 따라 그들은 진정한 역사의 창조를 위하 여 역사에 복무해야 한다는 믿음을 가졌다(이러한 근대와 역사 개념 사이의 관계는 R, Koselleck, "'Neuzeit'. Zur Semantik moderner Bewegungsbegriffe", *Vergangene Zukunft. Zur Semantik geschichtlicher Zeiten*, Frankfurt/M., 1979, pp. 300~348 참조).

9) H. Wagener, *Staats—und Gesellschaftslexikon.* Bd. 14(1863), p. 463.

10) Joseph Maria von Radowitz, *Gespräche aus der Gegenwart über Staat und Kirche*, Stuttgart, 1851(2 Aufl.), pp. 320ff.

11) 투르게네프, 《아버지와 아들·연기》, 이철 역(범우사, 1990), p. 36.

12) 니콜라이 베르자예프, 《러시아 지성사》, 이경식 역(종로서적, 1980), p. 44.

13) 같은 글, p. 45.

14) Hermann L. Goldschmidt, *Der Nihilismus im Licht einer kritischen Philosophie*(Thayngen - Schaffhausen 1941), p. 12.

15) 투르게네프는 나중에 회고해서 말하기를, "나는 이 말을 비난이나 욕으로 사 용하지 않았다. 오히려 나는 역사적 사실을 유일하게 옳게 표현했던 말로 사용 하였다. 하지만 이 말은 잘못된 비난의 도구로 되어서, 이제는 거의 모욕의 낙 인을 찍는 말로 전락되었다."(Turgenev, *Literatur - und Lebenserinnerung*, Deutsche Rundschau 10/5, 1884, p. 253).

16) 체르니셰프스키는 무엇보다도 뛰어난 경제학자였다. 그는 러시아가 자본주의 의 발전을 단축하고 더 낮은 경제체제를 통해서 곧 바로 공산주의로 이행할

수 있다고 주장하였다. 이러한 그의 경제학 이론에 관심을 가졌던 마르크스는 그의 이론을 알기 위해 러시아어를 배웠다고 전한다.

17) 베르자예프, 앞의 글, p. 55.

18) James M. Edie et al., *Russian Philosophy*(Chicago, 1965), vol. II, p. 48.

19) 베르자예프, 앞의 글, p. 40에서 재인용.

20) Marx, "Entwürfe einer Antwort auf den Brief von V. Sassulitsch(1881/82)", *MEW* Bd. 19(1962), 384ff.

21) *Staatslexikon*, Bd. 2(1889), p. 129.

22) F. Nietzsche, Bd. III, p. 635.

23) M. Weber, *Gesammelte Aufsätze zur Wissenschaftslehre*(Tübingen, 1988), p. 612.

24) F. Nietzsche, Bd. III, p. 557~558

25) Pascal, *Pensées*, ed. Garnier no. 294(Paris, 1957) , p. 151.

26) 하이데거에 따르면, 역사에 대한 역사학적 해명의 가능근거는 '역사성'이다. 왜냐하면, "'역사학에서 역사적 세계의 건설'을 가능하게 만드는 전제"는 '역사성'에 근거하기 때문이다. 하이데거가 보기에, 역사의 시간성은 궁극적으로 현존재의 유한성에 근거한다. 좀더 자세히 말하면, 현존재는 "'역사 속에 서 있기' 때문에 시간성을 갖는 것이 아니라, 오히려 그 반대로 현존재가 근본적으로 시간적 존재이기 때문에 현존재는 역사적으로만 존재하고 또한 존재할 수 있다." 따라서 하이데거에 따르면 '역사주의의 위기'의 근본 원인은, 유한자로서의 현존재의 존재구조가 시간적이기 때문에 모든 역사에 대한 인간의 사고가 역사적으로 되었다는 것을 통찰하지 못한 데에서 기인한다. 다시 말해 니체와 하이데거에 의한 역사주의 비판의 핵심은, 역사가 삶의 존재방식을 규정하는 것이 아닌, 인간의 현존재적 삶의 구조가 역사인식의 관점을 결정한다는 것을 역사주의자들이 깨닫지 못했다는 것이다(M. Heidegger, *Sein und Zeit*, Tübingen 1927, p. 396).

27) F. Nietzsche, "Unzeitgemäße Betrachtungen. Zweites Stück. Vom Nutzen Nachteil der Historie für das Leben"(1874), *Werke in drei Bänder. Erster Band*, hg. von K. Schlechta, München, 1954~1956, p. 282.

28) 마틴 하이데거, 《니체와 니힐리즘》, p. 34.

29) F. Nietzsche, *Also sprach Zarathustra*, Werke Bd. 2, p. 284.

30) Max Weber, *Gesammelte Aufsätze zur Religionssoziologie*, Bd. 1(Tübingen 1920), p. 204.

31) 프랜시스 후쿠야마, 《역사의 종말. 역사의 종점에 선 최후의 인간》, 이상훈 역(한마음사, 1992).

32) 독일의 시사 주간지 *Spiegel*과의 인터뷰에서 그는 다음과 같이 말한다. "역사의 종말이 좋을지 어떨지는 나 역시 모른다. 단지 내가 말할 수 있는 것은, 그

러한 종말이 올 것이고, 이미 와 있다는 사실이다. 인간의 삶이 진보를 통해서 정말로 향상되고 행복해지느냐는 역사적 과정 자체의 문제가 아니다(그것은 결국 인간의 문제이다)."(Fukuyama, "Der Mensch braucht das Risiko", *Spiegel* 15 (1992), p. 258).

33) 프랜시스 후쿠야마, 《역사의 종말. 역사의 종점에 선 최후의 인간》, p. 22.

34) 지금 우리가 살고 있는 사회를 '리스크 사회'라는 개념으로 문제화시켰던 이는 독일의 사회학자 울리히 벡(Ulrich Beck)이다. 그의 주장에 따르면, 20세기 말에 이르러 계급사회로서 산업사회가 종말을 고하고, 생태계 파괴의 위협이 인류의 생존을 결정하는 중심문제로 되었다는 사실을 자각해야 하는 리스크 사회가 도래했다는 것이다. 따라서 그는, 초기 산업사회에서는 '나는 배고프다'라는 담론을 통해서 노동자들이 계급적 유대를 형성하고 노동운동을 전개했지만, 리스크사회에서는 '나는 불안하다'에 근거해서 새로운 시민사회의 유대를 형성해야 하며, 그를 통해서 소위 신사회 운동들을 일으켜야 한다고 역설한다(울리히 벡, 《위험사회, 새로운 근대(성)를 향하여》, 홍성태 역, 새물결, 1997)

35) 이러한 맥락에서 유럽 니힐리즘의 본질과 기원을 문화학의 관점을 통해서 해명하고자 했던 요한 고스드블롬(John Goudsblom)은 유럽문화 전반이 니체가 제기했던 니힐리즘의 문제에 봉착해 있다고 보는 한편, 그 해결책 역시 니체가 제시했다는 결론에 도달한다. 따라서 그는 "니힐리즘에 관한 모든 문헌이 니체에 대한 광범위한 주석에 불과하다고 해도 과언은 아닐 것"이라고 말한다(고드스블롬, 《니힐리즘과 문화》, 천형균 역, 문학과 지성사, 1988, p. 44).

바쿠닌(M. A. Bakunin) 569, 570
바흐만(J. Bachman) 270
바흐친(M. Bakhtin) 629, 630, 638
발(M. Bal) 663
발라(L. Valla) 27
발레리(P. Valéry) 628
발리바르(E. Balibar) 431, 449
버크(E. Burke) 203, 290, 304, 311,
  313, 315, 316, 326
버크(P. Burke) 629, 630
버클리(G. Berkeley) 223
벌린(I. Berlin) 74
베네딕트(R. Benedict) 257
베데킨트(F. Wedekind) 638~640
베르니에(F. Bernier) 262
베른슈타인(E. Bernstein) 132, 430,
  488, 491, 492, 497~498, 592
베를링구에르(E. Berlinguer) 603, 604
베리제리오(P. P. Vergerio) 17
베버(M. Weber) 48, 99, 101, 203, 724,
  731
베벨(A. Bebel) 564
베유(S. Weil) 294
베이컨(F. Bacon) 686
베자(T. Beza) 47
벤담(J. Bentham) 77, 82, 127, 143,
  146~148, 150~164, 186
    ~의 정책론 151
    ~의 윤리론 143
    ~의 정치사상 156, 158
벤톤(T. Benton) 695, 700
벨(D. Bell) 305
벨린스키(W. Bjelinskij) 721
보날(L. Bonald) 304, 308, 319
보댕(J. Bodin) 46
보들레르(C. Baudelaire) 622, 632, 641
보르만(M. Bormann) 335

보비오(N. Bobbio) 697
보쉐(J. B. Bossuet) 46
보카치오(G. Boccaccio) 25, 27, 29
볼링브로크(Bolingbroke) 287, 288
볼테르(Voltaire) 265, 284
부겐하겐(J. Bugenhagen) 47
부르드외(P. Bourdieu) 228
부르주아(L. Bourgeois) 96
부르크하르트(J. Burckhardt) 57, 213
부버(M. Buber) 403
부오나로티(F. Buonarotti) 550, 551
부처(M. Butzer) 47
부하린(N. I. Bucharin) 373, 572, 573,
  580~581, 669
북친(M. Bookchin) 693, 696
뷔퐁(G. L. L. Buffon) 264
뷰데(G. Budé) 24
브누와(A. de Benoist) 305
브래들리(F. H. Bradley) 212
브레몽(C. Bremond) 663
브레즈네프(L. I. Brezhnev) 583, 608
브레진스키(Z. Brzezinski) 350, 352, 353
브레히트(B. Brecht) 635, 638
브렌타노(L. Brentano) 99
브로델(F. Braudel) 171
브루노(Bruno) 261
브루니(L. Bruni) 17, 28, 29, 283, 284
브루크(M. van den Bruck) 322, 339
브뤼에르(La Bruyère) 284
브리앙(Briand) 532
블란드(H. Bland) 460
블랑키(A. Blanqui) 204, 552
블록(A. Bullock) 11
블루멘바흐(J. F. Blumenbach) 65,
  272, 273
블룸(L. Blum) 504
비버리지(W. H. Beveridge) 75, 94

주제별 찾아보기

필자 소개(논문 게재순)

김영한 서강대학교 사학과 교수. 서울대학교 사학과를 졸업하고 동 대학에서 석사학위를, 서강대에서 박사학위를 취득하였다. 저서로는 《르네상스의 유토피아 사상》《르네상스 휴머니즘과 유토피아니즘》 등이 있다.

박준철 한성대학교 사학과 조교수. 한양대학교 사학과를 졸업하고 미국 인디애나대학에서 석사학위를, 오하이오 주립대학교에서 〈필립 멜란히튼의 독일 대학 개혁과 그 중요성〉으로 박사학위를 취득하였다.

박우룡 한국외국어대학교 사학과 겸임교수. 한국외국어대학교 영어과를 졸업하고 서강대에서 사학과 석사학위를, 그리고 〈영국의 신자유주의와 지식인의 사회개혁 : 1881~1914〉로 박사학위를 취득하였다. 《사회과학과 혁명》을 번역하였다.

강정인 서강대 정치외교학과 부교수. 서울대 법학과를 졸업하고 미국 캘리포니아 주립대학(버클리 캠퍼스)에서 정치외교학 석사학위를, 그리고 〈정치참여 : 의미, 개념, 형태에 관한 연구〉로 정치학 박사를 취득하였다. 저서로는 《자유민주주의의 이념적 초상》《현대 민주주의론의 경향과 쟁점》(편저)《민주주의의 이해》《세계화, 정보화 그리고 민주주의》 등 다수가 있다.

이태숙 경희대학교 사학과 교수. 서울대학교 사학과를 졸업하고 서울대학과 일본 츠쿠바대학에서 석사학위를, 미국 캘리포니아 주립대학(버클리 캠퍼스)에서 〈E. G. 웨이크필드와 식민지체계화운동〉으로 박사학위를 취득하였다.

길인성 서강대학교 경제학과 부교수. 서울대학교 경제학과를 졸업하
고 미국 예일대학에서 경제학 석사학위와 〈미국 남부의 상인
과 농촌금융시장, 1870~1920〉으로 박사학위를 취득하였다.

조지형 이화여자대학교 사학과 조교수. 서강대 사학과를 졸업하고
서강대에서 석사학위를, 미국 일리노이 대학(어바나 - 샴페인
캠퍼스)에서 〈미국 법정신의 전환, 1787~1870〉으로 박사학위
를 취득하였다. 저서에는 《미국현대사》(공저)가 있고 《미국의
사상과 문화》를 번역하였다.

안윤모 서울여대 사학과 교수. 서울대 사학과를 졸업하고, 이화여자
대학교에서 석사학위와 〈도넬리와 미국 인민주의 운동〉으로
박사학위를 취득하였다.

황혜성 한성대학교 사학과 조교수. 서강대학교 사학과를 졸업하고
미국 하와이 대학에서 석사학위와 〈부커 워싱턴과 윌리암 드
보이즈의 인종정책 : 1895~1915〉로 박사학위를 취득하였다.
저서로는 *Booker T. Washington and W. E. B. De Bois : A
Study in Race Leadership, 1895~1915*, 《미국 현대사》(공저)
가 있고 《미국의 노예제도와 미국의 자유》를 공역하였다.

조승래 청주대학교 사학과 교수. 서강대학교 사학과를 졸업하고 동
대학에서 석사학위와 〈공화주의 연구〉로 박사학위를 취득하
였다. 저서로는 《국가와 자유 — 서양근대정치 담론사 연구》
가 있다.

김용우 서강대학교 사학과 강사. 서강대학교 사학과를 졸업하고 동
대학에서 석사학위와 〈프랑스 파시스트 이데올로기의 형성에
관한 연구〉로 박사학위를 취득하였다. 역서로는 《독일혁명사
2부작》(공역)이 있다.

원 철 영남대학교 사학과 교수. 서울대학교 사학과를 졸업하고 동
대학에서 석사학위와 《나찌즘 성립에 관한 연구 — 나찌즘의
사회적 배경—》으로 박사학위를 취득하였다. 역서로는 《제1

　　　　차세계대전의 기원》이 있다.

박　단 한성대학교 사학과 조교수. 서강대학교 사학과를 졸업하고
　　　　동대학원을 거쳐 프랑스 파리 1 대학(Panthéon-Sorbonne)에서
　　　　〈프랑스 노동총연맹의 통합활동(1929~1936)〉으로 박사학위
　　　　를 취득하였다.

육영수 중앙대 사학과 조교수. 미국 콜로라도대학 사학과를 졸업하고
　　　　워싱턴대학(시애틀)에서 역사학 석사학위와 〈변화와 지속 : 에
　　　　밀 바로와 생시몽주의, 1828~1865〉로 박사학위를 취득하였다.

유재건 부산대 사학과 부교수. 서울대학교 서양사학과를 졸업하고
　　　　동대학에서 석사학위와 〈맑스의 시대인식과 역사적 유물론〉
　　　　으로 박사학위를 취득하였다. 역서로는 《고대에서 봉건제로
　　　　의 이행》(공역)이 있다.

김명환 신라대학교 사학과 조교수. 서울대학교 서양사학과를 졸업하
　　　　고 동대학에서 석사학위와 〈초기 페이비언 사회주의 사상에
　　　　관한 연구〉로 박사학위를 받았다.

최영태 전남대학교 사학과 부교수. 전남대학교 사학과를 졸업하고
　　　　동대학에서 석사학위와 〈독일 사회민주주의 운동에서 E. 베
　　　　른슈타인의 수정주의〉로 박사학위를 취득하였다.

신행선 이화여자대학교 사학과 강사. 이화여자대학교 사학과를 졸업하고
　　　　동대학에서 석사학위를, 프랑스 파리 1 대학(Panthéon-Sorbonne)에
　　　　서 〈제 1 차세계대전 이전 파리 지역 노동자들과 전쟁문제(1908~
　　　　1914)〉로 박사학위를 취득하였다.

한정숙 서울대 서양사학과 교수. 서울대 역사교육과를 졸업하고 서
　　　　울대에서 석사학위를, 독일 튀빙겐대학에서 〈"농민유토피아"
　　　　로서의 사회주의? ― 20세기 러시아 인민주의자들 및 신(新)
　　　　인민주의자들의 농업사회주의 구상들(1900~1930)〉로 박사학
　　　　위를 취득하였다. 역서에 《봉건사회 Ⅰ·Ⅱ》《노동의 역사》
　　　　등이 있다.

하경수 성균관대 사학과 강사, 성균관대 사학과를 졸업하고 프랑스 국립 툴루즈(Toulouse) 2대학에서 석사학위와 〈양차대전 사이의 프랑스사회당 연구〉로 박사학위를 취득하였다.

조한욱 한국교원대 역사교육과 부교수. 서강대 사학과를 졸업하고 동 대학에서 석사학위를 취득한 후, 미국 텍사스 주립대학에서 〈미슐레의 비코를 위하여 : 미슐레가 번역한 비코의《신과학》에 대한 해석〉으로 박사학위를 취득하였다.《문화로 본 새로운 역사》《고양이 대학살》《금지된 지식 I·II》등 다수의 번역서가 있다.

신문수 서울대학교 영어교육과 교수. 서울대학교 영어교육과를 졸업하고 서울대학과 미국 캘리포니아대학(버클리 캠퍼스)에서 석사학위를 그리고 미국 하와이대학에서 〈허만 멜빌 연구〉로 박사학위를 취득하였다. 저서로는《허만 멜빌 : 탈색된 진실의 추구자》가 있고 역서에는《미국의 노예제도와 미국의 자유》(공역)가 있다.

박준건 부산대학교 철학과 부교수. 부산대학교 철학과를 졸업하고 동대학에서 석사학위와 〈노동의 변증법〉으로 박사학위를 취득하였다.

김기봉 성균관대학교 사학과 강사. 성균관대학교 사학과를 졸업하고 동대학에서 석사학위를, 독일 빌레펠트대학에서 〈역사주의와 신문화사 : 포스트모던에서의 역사서술〉로 박사학위를 취득하였다.